우리 시대의 고전 6

연옥의 탄생

자크 르 고프 지음 최애리 옮김

문학과지성사
1995

우리 시대의 고전 6
연옥의 탄생

초판 1쇄 발행_1995년 7월 20일
초판 3쇄 발행_1996년 7월 20일
재판 1쇄 발행_2000년 10월 10일
재판 7쇄 발행_2023년 6월 12일

지은이_자크 르 고프
옮긴이_최애리
펴낸이_이광호
펴낸곳_㈜문학과지성사

등록번호_제1993-000098호
주소_04034 서울 마포구 잔다리로7길 18(서교동 377-20)
전화_02)338-7224
팩스_02)323-4180(편집) 02)338-7221(영업)
전자우편_moonji@moonji.com
홈페이지_www.moonji.com

ISBN 89-320-1199-0

La naissance du Purgatoire by Jacques Le Goff
Copyright ⓒ Editions Gallimard, 1981
Korean Translation Copyright ⓒ Moonji Publishing Co., Ltd.
All rights reserved.
This Korean Edition is published by arrangement
with Editions Gallimard through Sibylle Books Literary Agency, Seoul

* 이 책의 한국어판 저작권은 Sibylle Books Literary Agency를 통해 Gallimard와의 독점 계약으로 ㈜문학과지성사에
있습니다. 저작권법에 의해 보호받는 저작물이므로 무단 전재 및 복제를 금합니다.

우리 시대의 고전 6

연옥의 탄생

자크 르 고프 지음 최애리 옮김

일러두기

고대 신화 및 종교들로부터 중세 신학을 거쳐 단테에 이르는 자크 르 고프의 이 방대한 연구서는 폭넓은 신화적·종교적 배경, 중세라는 이질적인 역사적 무대와 거기 등장하는 수많은 낯선 인물들을 위시하여 중세 카톨릭 교회 특유의 신학 개념들과 용어들로 인해, 역사나 신학을 전공하지 않은 독자로서는 대강의 맥락만을 따라가는 데에 만족하지 않는다면, 제대로 읽어내기 힘든 책이다. 역자로서도 사정은 마찬가지여서 번역하는 과정에서 수없이 사전들을 뒤적여야 했고, 이왕 그럴 바에야 그렇게 해서 얻어진 지식을 단편적인 것들이나마 역주로 실으면 일반 독자들에게 도움이 되리라는 생각을 하게 되었다. 그리고 이는 저자의 뜻에도 크게 어긋나지 않으리라 여겨지는 것이, 서양 독자들에게도 충분히 알려지지 않았으리라 생각되는 인물이나 교파 등에 대해서는, 저자 자신이 본문이나 각주를 통해 설명하고 있기 때문이다. 역주는 가능한 한 간단히 줄이려고 노력했으나 경우에 따라서는 그러한 요약마저도 상당한 길이를 요하는 것이 되기도 했고, 때로는 아무리 해도 충분한 설명을 찾을 수 없는 경우도 있었다. 독자의 이해를 돕는다는 것이 오히려 불완전하고 거추장스러운 곁텍스트를 덧붙이는 결과가 되지나 않았는지 때늦은 우려가 들기도 한다(역주는 각주 앞에 * 표를 달아 원주와 구별하였고, 원주에 대한 역주가 필요하다고 생각되는 경우에도 * 표를 달고 주를 붙였다).

또한 문제되지 않을 수 없는 것이 외국어의 표기인데, 인명의 경우에는 되도록 출신지를 조사하여 본래 발음대로 적는 것을 원칙으로 했지만, 중세 유럽의 다분히 메트로폴리탄적인 지식인 사회에 비추어볼 때 그러한 구별이 어렵거나 혹은 무의미한 때도 적지 않았다. 그러므로 경우에 따라서는 더 일반적으로 통용되는 라틴어 이름으로 적기도 했고(예: 토마스 아퀴나스), 또 어떤 경우에는 주요 활동 무대가 되었던 곳의 발음을 따르기도 했다(예: 롬바르디아인 피에르). 본문에는 해당 인명의 처음 나오는 우리말 표기에 불어 표기를 병기하고, 필요한 경우에는 각주에서 출신 국어 표기나 라틴어 표기를 밝혀두었다.

역자로서 고심한 또 한 가지 문제는 신학 용어의 번역 및 성경의 인용에 관한 것이었다. 불어 원문에는 존재하지 않는 까다로운 용어상의 문제가 생겨나는 것은, 신구 교회의 용어가 상당히 다르고 성경만 하더라도 서로 다른 번역본을 사용하고 있는 우리나라 특유의 실정 때문이다. 어느 한편의 용어를 택한다는 것은 곧 그 교회의 입장을 취하는 일로 간주될 수 있는 것이다(단적인 예로, '하느님'이냐 '하나님'이냐 하는 호칭 문제는 신앙적인 입장을 대변하는 문제가 될 수도 있다). 일견, 본서의 주제인 '연옥'이라는 것이 카톨릭 교회의 산물이니만치 카톨릭 용어들과 카톨릭 교회에서 사용하는 공동 번역 성서를 따라야 할 것처럼 보이기도 한다. 그러나, 저자의 입장은 신구 어느 교회에 속한 것이 아니라 객관적·역사적인 것이고, 이 책의 독자들도 반드시 카톨릭 신자에 국한되지는 않을 것이다. 그러므로, 역자는 카톨릭 고유의 용어는 그에 준하되 굳이 모든 용어를 카톨릭 식으로 통일하려고 애쓰지 않았다. 때로는 의식하지 못한 채로 역자에게 더 익숙한 개신 교회의 용어가 쓰이기도 했을 것이고, 때로는 카톨릭 고유의 용어라 할지라도 너무 어려운 한자말 같은 것은 쉽고 원어의 의미에 가깝게 고치기도 했다. 성서 인용에 있어서는 보다 직역에 가깝다는 관주 성경을 따랐다(가령, 연옥의 역사에서 핵심적인 개념들 중 하나인 '레프리게리움〔淸凉所〕'이 근거해 있는 누가복음 16장 24절은 "그 손가락으로 물을 찍어 제 혀를 축이게 해주십시오"라는 공동 번역보다 "그 손가락 끝에 물을 찍어 내 혀를 서늘하게 하소서"라는 관주 성경의 직역을 통해 더 잘 이해되는 것이다). 하지만 실상 카톨릭과 프로테스탄트의 용어 차이란 겉보기만큼 현격한 것이 아닐 터이다. 같은 하느님(하나님)을 믿는 자들로서 '아' 하고 '어'

하는 차이쯤은 서로 양해할 수 있는 것이 아닌가.

  그런가 하면, 어떤 신학 용어들에 대해서는 신구 교회의 구분을 떠나 우리말로 옮기는 자체에 어려움을 겪기도 하였다. 가령 속죄나 참회에 관한 다양한 용어들은(불어로도 항상 엄밀히 구분되어 사용되지 않는 것들도 있지만) 우리말로는 그렇게까지 구분되어 정의된 용어들을 찾을 수 없어 곤혹스러웠다. 역자 나름대로 역어들을 분류하고 정리하여 쓴다고는 하였으나, 신학자들이 보기에는 미흡한 점들이 한두 가지가 아닐 것이다. 질정을 바란다.

감사의 말

이 연구는 여러 사람의 도움을 입었다. 우선 사회과학고등연구소의 역사인류학 팀인 앙드레 뒤비, 마리-클레르 가스노, 조르제트 라가르드, 콜레트 리보쿠르, 장-클로드 슈미트, 그리고 내 동료이자 벗인 안 롱바르-주르당의 도움이 있었다.

파리에서는, 국립과학연구소(C. N. R. S.)의 텍스트 역사 및 연구 협회의 프랑소아 돌보와 모니크-세실 가랑, 그리고 뒤 캉주 위원회의 안-마리 보티에, 중세 철학 라틴어 어휘집의 아니 카즈나브, 그리고 솔슈아르 도서관의 직원들이 나로 하여금 그들의 역량과 친절을 누리게 해주었다.

로마에서는, 나의 벗들인 지롤라모 아르날디와 라울 만셀리가 그들의 학식과 배려를 베풀어주었다. 에콜 프랑세즈의 도서관에서는 노엘 드 라블랑 샤르디에르, 파스칼 코를 위시한 직원 모두의 비길 데 없는 도움을 받았다. 중세 연구팀장인 장 클로드 마리-비괴르와 에콜의 멤버인 자크 쉬폴로는 내게 여러 가지 도움을 주었다. 조르주 발레 원장과 앙드레 하르트만은 나를 그야말로 피아차 나보나 식으로 맞이하여 이 책의 대부분을 더할 나위 없는 환경 가운데서 쓰게끔 해주었다. 바티칸 도서관에서는 아고스티노 파라비치니-바글리아니, 루이-뒤발 아르누, 그리고 조셉 소제 예하께서도 그들의 학식과 친절을 아낌없이 나눠주셨다. 나는 또한 그레고리우스 교황 대학의 도서관에서도 아주 좋은 환경에서 일할 수 있었다. 독일역사연구소의 라인하르트 엘체 교수와 연구소 사서 골드브룬너 박사도 내 필요와 희망 사항들을 미리미리 해결해주었다.

  이 일의 여러 단계에서 그리고 특히 필사본의 고증에 있어서 더할 나위 없는 도움을 준 세 명의 친구, 피에르-마리 지 신부와 장-클로드 슈미트, 그리고 특히 자크 르벨에게 특별한 감사를 전한다.

  크리스틴 본느프와, 그리고 시몬 브로슈로는 이 책의 구체적 제작에 온갖 수고와 친절을 해주었다.

  이 모든 이들에게 심심한 사의를 표하는 바이다.

연옥의 탄생

차 례

일러두기/v
감사의 말/viii

제3의 처소 ─────────────── 19

연옥의 의의 19/ 연옥 이전 21/ 사고의 편의로서의 공간 26/ 연옥의 논리 및 발생 27/ 중간적 사고 30/ 형벌의 이미지: 불 33/ 생사간의 연대성 40/ 연옥에 관한 자료들 42/ 신학과 민중 문화 43

[I] 연옥 이전의 저승

제1장 고대의 상상 세계 ─────────── 49

힌두교의 세 갈래 길 50/ 이란: 불과 다리 53/ 이집트: 지옥에 관한 상상 세계 54/ 그리스·로마의 하계(下界) 방문 57/ 환생의 철학: 플라톤 59/ 선구자: 저승에 간 아이네아스 63/ 지옥에 간 길가메시 68/ 중립적이고 어두운 저승: 유대의 스올 69/ 유대-기독교의 계시적 이상 76/ 출전: 『바울 계시록』 89/ 유대인들이 중간적 저승을 발견하다 96/ 기독교의 연옥은 성서에 뿌리를 두고 있는가? 101/ 그리스도의 지옥 하강 107/ 죽은 자들을 위한 기도 109/ 휴식의 장소: '레프리게리움' 111/ 연옥에 관한 최초의 상상: 페르페투아의 이상 116

제2장 연옥의 아버지들 ──────── 122

알렉산드리아에서: 두 명의 연옥 '창건자'들 122/ 라틴 기독교: 저승의 발전과 미결 사항들 132/ 연옥의 진정한 아버지: 아우구스티누스 141/ 모니카의 죽음: 그녀를 위해 기도하시오 145/ 413년 이후. 전적으로 선하지 않은 자들을 위한 죽음과 심판 사이의 고통스러운 정화 152/ 아우구스티누스와 유령들 168/ 정화하는 불과 아우구스티누스의 종말론 173/ 연옥과 아를르의 세제르 179/ 이승 연옥의 역사: 연옥의 마지막 교부, 대그레고리우스 182

제3장 고중세: 교의의 침체와 상상 세계의 확대 ─── 197

세 명의 스페인인에 있어서의 아우구스티누스적 저승 201/ 다른 '야만적' 저승들 204/ 카롤링거 시대 및 카롤링거 이후 시대의 무관심과 전통주의 211/ 저승과 이단 217/ 일련의 이상들: 저승 여행 220/ 드리텔름의 이상: 정화에 배당된 장소 231/ 저승에 대한 바로크적이고 착란된 꿈: 베티의 이상 235/ 저승의 정치화: 비만왕 카를의 이상 239/ 전례: 연옥의 가까이와 멀리에서 246/ 망자추념례(亡者追念禮): 클뤼니 251

Ⅱ 12세기: 연옥의 탄생

도약의 세기 ──────── 259

제4장 정화하는 불 ──────── 264

12세기초: 기정 사실들과 미결 사항들 264/ 주저의 증인: 오노리우스 아우구스토두넨시스 268/ 불: 수도원 사회에서 273/ 도시 신학자들

277/ 속어 문학 278/ 네 명의 대신학자들과 불: 말세론의 초안 281/ 파리에서 가다듬어지다 300

제5장 로쿠스 푸르가토리우스: 정화를 위한 장소 ——— 302

1170~1180년: 작가들 및 연대들 302/ 연옥의 위조자 313/ 연옥에 간 최초의 인물들: 성베르나르 320/ 연옥에 관해 논한 최초의 신학자들: 성가대장 피에르와 투르네의 시몽 322/ 파리의 봄과 시토의 여름 327/ 연옥과 이단에 대한 싸움 331/ 교회법 학자들의 지체 340/ 1200년경: 연옥의 정립 342

제6장 시칠리아와 아일랜드 사이의 연옥 ——— 349

수도사들의 이상: 유령들 350/ 수도원에서 일어난 네 가지 저승 여행 356/ 시칠리아의 시도 394/ 연옥의 지옥화와 그 한계들 402

제7장 연옥의 논리 ——— 407

저승과 정의의 발전 409/ 죄와 참회의 새로운 개념들 415/ 연옥을 위한 질료: 사면 가능한 죄들 425/ 둘(또는 넷)에서 셋으로: 죄인들의 세 범주 433/ 논리적 체계와 사회적 현실들: 중심을 벗어난 중간 441/ 정신적 틀들의 변환: 수 445/ 공간과 시간 450/ 이승에의 회심과 개인적 죽음 451

Ⅲ 연옥의 승리

제8장 스콜라적 체계화 ——— 461

불완전한 승리 462/ 지상적 참회의 계속으로서의 연옥: 오베르뉴의 기욤 469/ 연옥과 탁발 교사들 477/ 연옥의 거부 532/ 교황이 연

옥에 관해 내린 최초의 정의(1254) 542/ 제2차 리용공의회와 연옥
(1274) 543/ 연옥과 정신의 태도들: 동방과 서방 547

제9장 사회적 승리: 목회와 연옥 ——————————— 551

시간의 계수 552/ 새로운 저승 여행들 563/ 설교에 나오는 연옥:
'예화'들 567/ 선구자: 비트리의 자크 568/ 연옥의 대중화에 힘쓴
두 인물 572/ 리에주의 고리대금업자: 연옥과 자본주의 578/ 연옥
이란 희망이다 582/ 연옥에서의 도미니크 수사들 599/ 연옥과 베긴
수녀회 603/ 연옥과 정치 606/ 『황금 전설』에서의 연옥 608/ 연옥
의 성녀, 루트가르데 614/ 산 자들과 죽은 자들: 유언과 기일표 617/
속어로 표현된 연옥: 불어의 경우 621/ 연옥을 위한 면죄: 1300년의
희년 625/ 연옥에 대한 적대감의 잔존 627

제10장 시적인 승리, 『신곡』 ——————————————— 633

단테의 연옥 체계 635/ 정화의 산 642/ 전진의 법 644/ 연옥과 죄
646/ 연옥문 밖 649/ 불 654/ 연옥과 지옥: 회개 656/ 희망 662/
산 자들의 도움 665/ 연옥의 시간 669/ 빛을 향하여 672

왜 연옥인가 ———————————————————————— 676

보유 Ⅰ 연옥의 서지/686
보유 Ⅱ '연옥'이라는 말의 역사/688
보유 Ⅲ 최초의 이미지들/697
보유 Ⅳ 최근 연구들/700

옮긴이의 말/708

연옥이라니──얼마나 엄청난 것인가!
(제노아의 성카타리나)

연옥은 시(詩)에 있어 천국과 지옥을 능가한다.
천국이나 지옥에는 없는 미래를 나타낸다는 점에서.
(샤토브리앙)

제3의 처소

16세기 카톨릭 교도들과 프로테스탄트 교도들 사이에 있었던 신랄한 논쟁에서 신교도들이 상대방에게 가장 격렬히 비난한 것은 연옥에 대한 신앙이었다. 루터가 "제3의 처소"라 일컬었던[1] 그러한 저승은 "지어낸" 것일 뿐 성서에는 나오지 않는 것이었다.

나는 이러한 제3의 처소에 대한 신앙이 고대 유대−기독교 이래 수세기에 걸쳐 어떻게 형성되었는가를 추적하고, 그것이 어떻게 중세 유럽 문명이 개화하던 12세기 후반에 탄생하여 이후 세기 동안 급속히 발전했는가를 보여주고자 한다. 그리고 그것이 기독교 서구 역사의 이 중요한 시기와 어떻게 긴밀히 연관되는지, 서기 천년에 뒤이은 2세기 반의 비약적인 발전에서 생겨난 새로운 사회 내에서 사람들이 그 구성원으로 받아들여지느냐 아니면 이단들의 경우처럼 배척당하느냐에 어떻게 결정적으로 작용했는지를 설명하고자 한다.

연옥의 의의

어떤 신앙의 역사적 전개를 추적하기란 불가능한 일일 때가 많

---

[1] 루터와 연옥에 대해서는 P. Althaus, "Luthers Gedanken über die letzten Dinge," in *Luther Jahrbuch*, XXIII, 1941, pp. 22~28 참조.

다. 설령 그 신앙이——연옥의 경우도 그렇지만——대개의 신앙들이 거기에서 발원하는 것처럼 보이는 아득한 시원(始原)으로부터 전해오는 요소들을 지니고 있다 해도 사정은 마찬가지이다. 그러나 연옥이란 기독교의 원시적 체계가 중세에, 그리고는 카톨릭적인 형태로 발전해감에 따라 덧붙여진 부수적 지엽만은 아니다. 저승은 여러 종교 및 사회들이 갖는 광대한 지평들 중 하나이다. 모든 것이 죽음에서 끝나지 않는다고 생각할 때 신자의 삶은 달라진다.

　연옥 신앙의 출현과 수세기에 걸친 형성 과정은 기독교적 상상 세계의 시공간적 구조의 실질적인 변모를 전제로 하는 동시에 그 변모를 초래한다. 그런데 시공간의 이러한 정신적 구조들은 한 사회의 사고 및 생활 방식의 기반이다. 고대 후기로부터 산업 혁명까지 지속된 긴 중세[2]의 기독교 세계가 그러했듯이 사회가 온통 종교로 침윤되어 있을 때에는 저승의 지리 곧 우주의 지리를 변경한다는 것, 내세의 시간을 즉 현세의 역사적 시간과 종말론적 시간 사이의 관계를 변모시킨다는 것은 느리지만 근본적인 정신적 혁명을 일으키는 것이다. 그것은 문자 그대로 삶을 바꾸는 것이다.

　그러한 신앙의 탄생이 그것을 낳은 사회의 심층적 변모들과 관련된다는 것은 분명하다. 저승의 이 새로운 상상 세계는 사회적 변화들과 어떤 관련이 있는가? 그리고 그것은 어떤 이데올로기적

---

*2) 고전 고대의 찬란한 문명과 르네상스의 문예 부흥 사이에 끼인 암흑기라는 전통적 중세 개념은 중세에 대한 역사학적 지식의 증대와 함께 많은 비판의 대상이 되었다. 그리하여 한편으로는 중세 암흑기의 통념이 무산되고 다른 한편으로는 개명한 시대 르네상스의 '중세적' 요소들이 드러나면서, 중세와 르네상스간의 단절보다는 연속성이 운위되는 것이 작금의 추세이다. 자크 르 고프는 이러한 관점에서 '긴 중세' 라는 개념을 제안하였다. 즉 기존의 중세 천년이 모두 일률적으로 말해질 수 있는 성질의 것이 아니고 또 중세와 르네상스 사이에도 단절보다는 연속성이 큰 바에야, 4~9세기의 중세 초기(고중세), 10~14세기의 중세 중기(본래적 의미의 중세는 이 시기에 해당한다), 14~16세기의 중세 말기(저중세), 그리고 이후 19세기까지의 앙시앵 레짐 시기 등을 총괄하여 그 전부를 중세라는 한 시대로 보자는 것이다.

기능들을 갖는가? 교회가 거기에 대해 엄격한 통제를 행사하고 저승에 대한 권리를 교회와 신 사이에 나눠가지려고까지 한다는 것은 그 의의의 중요성을 시사한다. 왜 죽은 자들을 헤매거나 잠자도록 내버려두지 않는가?

연옥 이전

연옥이 생겨난 것은 분명 "제3의 처소"로서였다.
이전의 종교들과 문명들로부터 기독교는 저승 개념을 물려받았다. 유대인들의 "스올 *shéol*"[3)]처럼 모든 죽은 자들이 가게 되는 단일한 저승과 로마인들의 하데스 Hadès[4)]와 엘리시움 Elysium[5)]처럼 무서운 세계와 행복한 세계라는 이원적 저승 중에서, 기독교는 이원적 모델을 택했고 그것을 독특한 방식으로 강화했다. 죽은 자들이 가게 될 좋거나 나쁜 두 공간을 천지 창조로부터 최후의 심판

---

*3) 구약 성서는 죽은 자들이 가게 되는 처소나 운명에 대한 아무런 공식적인 교리도 제시하지 않고 있으며 그러한 처소, 즉 음부(陰府)의 명칭도 여러 가지로 나오는데, 그중 가장 흔히 쓰인 대표적인 것이 '스올'이다. 이 말은 죽은 자의 무덤 또는 죽은 자들의 영혼이 가는 지하의 장소 등을 막연히 가리키는 용어로서, 70인역(셉투아긴타)에서는 '하데스'라는 말로 옮겨진다.

*4) 그리스 신화에서 하데스는 크로노스와 레아의 아들로, 죽음의 신이었다. 제우스가 하늘을, 포세이돈이 바다를 다스리는 것과 마찬가지로, 그는 저승을 다스렸다. 데메테르의 딸 페르세포네를 납치한 이야기로 잘 알려져 있는 그는 대지의 풍요와도 연관되어 플루톤('부자')이라는 별명으로 불리며, 풍요의 뿔을 들고 있는 모습으로 흔히 그려진다. 로마인들에게나 그리스인들에게나 이 말은 저승의 하계를 의미했다.

*5) Elysian Field(E), les Champs Elysées(F). 그리스 로마 신화에서 저승의 행복한 처소. 호메로스는 엘리시움을 세상의 끝, 오케아누스 강가에 있는 완전한 행복의 땅으로 묘사했고, 헤시오도스도 축복받은 자들의 섬을 그와 비슷하게 묘사했다. 처음에는 신들의 호의로 불멸을 얻은 자들이 가는 곳이었으나 차츰 축복받은 망자들이 그리고 더 나중에는 의로운 삶을 살았던 자들이 가는 곳으로 생각되었다.

에 이르는 기간 동안 땅속으로 치워두는 대신에, 기독교는 의인(義人)들, 적어도 그들 중 가장 선한 자들, 순교자들과 성인들이 죽음에 들어서는 순간부터 거하게 될 곳을 하늘에 두었던 것이다. 뿐만 아니라 기독교는 지상 낙원을 이 땅 위에 둠으로써, 고대인들에게는 시간 곧 기억의 향수 어린 지평밖에 갖지 않았던 저 황금 시대[6]에 세세토록 지상의 공간을 부여했다. 중세의 지도들은 그 낙원이 여호와께서 "동산에 물을 대기 위해"(창세기 2: 10) 지으신 네 줄기 강과 함께 극동(極東)에, 대장벽(大障壁)[7] 너머, 곡과 마곡[8]의 두려운 민족들 너머에 있는 것으로 그려보인다. 지옥-천국의 대비는 특히 땅-하늘이라는 대비에 기초하여 극대화되었다. 지하에 있기는 했지만 지옥은 이 땅이었고, 마치 그리스

*6) 그리스 신화에서 말하는 인류 역사의 제1기. 원죄 이전의 순수한 인간들이 아무런 노동도 필요없이 젖과 꿀이 흐르는 자연의 품안에서 영원한 봄을 누리는 것으로 묘사된다. 이어 사계절의 변화가 생기고 인간이 노동을 시작하는 백은(白銀) 시대와, 인성이 좀더 거칠어지기는 하지만 아직 죄는 짓기 전인 청동 시대, 온갖 범죄들이 횡행하기 시작하는 철기 시대가 나타난다.

*7) 이 대장벽 la grande muraille과 관련하여, 자크 르 고프의 다른 저서『서양 중세 문명』을 보면 이런 대목이 있다: "주엥빌은 다음과 같이 썼다. '타타르족은 본시 황량한 사막으로 이루어진 거대한 평원 출신들이다. 이 평원은 동쪽으로 세계의 끝을 이루는 전인미답의 불가사의한 일련의 바위들에서 시작된다. 타타르족의 증언에 의하면 아무도 이 바위들을 지나가본 적이 없다. 적그리스도가 모든 것을 파괴하러 오는 세계 종말시에 등장할 고그와 마고그족들이 이 바위에 갇혀 있다고 한다'"(유희수 역, 문학과지성사, 1992, pp. 178~79). '곡과 마곡'에 언급한 것으로 미루어보더라도, 바로 이 바위들이 본문에 나오는 대장벽에 해당하는 듯하다.

*8) 곡 Gog은 에스겔서, 38~39장에 나오는 마곡 Magog의 왕이다. "인자야 너는 마곡 땅에 있는 곡 곧 로스와 메섹과 두발 왕에게로 얼굴을 향하고 그를 쳐서 예언하여"(38: 2). 유대 역사가 요세푸스 Josephus(37~100)에 의하면 마곡 땅은 흑해 북동쪽, 아랄해 동쪽인 스키티아인의 땅이라고 한다. 로스는 민족의 명칭인 듯한데 어떤 학자들은 그것이 현대의 러시아라고 하며, 메섹과 두발은 지금의 터키 영토로 생각되는 흑해의 동남쪽 소아시아에 거주하였다. 그들이 등장하는 대목의 예언이 지니는 환상적인 성격 때문에 계시록에서는 말세에 반역할 민족들의 이름으로 곡과 마곡이 언급된다. "천년이 차매 사단이 그 옥에서 놓여나와서 땅의 사방 백성 곧 곡과 마곡을 미혹하고 모아 싸움을 붙이리니 그 수가 바다 모래 같으리라"(20: 7-8).

인들 사이에서 지계(地界) le monde chthonien가 천계(天界) le monde uranien에 대비되었듯이, 하계(下界) le monde infernal는 천계(天界) le monde céleste에 대비되었다.[9] 하늘에 대한 동경에도 불구하고 고대인들―― 바빌론인들과 이집트인들, 유대인들과 그리스인들, 로마인들과 이교도 야만인들 barbares païens[10] ―― 이 땅의 깊음을 두려워한 것은 천상의 무한, 때로 진노의 신들이 살기도 하는 무한을 희구하는 이상이었다. 기독교는 적어도 그 처음 세기들과 중세의 야만화 기간 동안에는 그 저승관을 완전히 지옥화 infernaliser하기에 이르지 못했다. 기독교는 사회를 하늘로 들어 올렸다. 예수 자신이 본보기가 되었으니, 그는 지옥에 내려갔다가 하늘로 올라갔던 것이다. 상징적 공간의 방위 체계에서 고대인들은 좌우의 대비에 우선을 두었으나, 기독교는 신·구약 성서에 여전히 나타나는 이 대립항을 중요시하면서도[11] 상하(上下)의 체계를 일찍부터 강화했다. 중세에는 이 상하의 체계가 사고의 공간화를

---

*9) 희랍어로 chthon은 '땅'을, 형용사형인 chthonios는 '땅속, 땅 밑'을 의미한다. 라틴어 infernus는 본래 '아래쪽의'라는 뜻으로, 명사형 infernus, inferni는 모두 '지옥'을 의미한다. 그러므로 le monde chthonien이나 le monde infernal은 둘 다 '지하계'로 옮겨 무방한 것이지만, 여기서는 말의 원의(原意)를 살려 '지계'와 '하계'로 각기 옮기기로 한다. 또한 본문의 맥락에서는 지상과 지하가 아니라 하늘과 땅의 대비가 문제되고 있으므로, 어느 경우에나 '지하계'보다는 지하까지도 포함하여 땅을 가리키는 '지계'나 위쪽 하늘과 대비되는 아래쪽 땅을 가리키는 '하계'라는 말이 나을 성싶다.

*10) '야만 barbare'이란 고대 그리스인들이 문명의 정도와는 무관하게 비(非)그리스인들을 통칭하는 말이었으며, 오랫동안 로마인들도 거기 포함되었었다. 그러나 로마 세계에서는 그 말이 그리스―로마 문명을 모르는 사람들 또는 단순히 문명을 모르는 사람들을 가리키게 되었고, 특히 A.D. 1세기 이후로는 로마 제국의 변경을 잠식해 들어오던 이민족들 즉 게르만의 여러 부족들을 가리키는 말이 되었다.

11) M. Gourgues는 *A la Droite de Dieu――Résurrection de Jésus et actualisation du Psaume CX, 1, dans le Nouveau Testament*, Paris, 1978에서 주장하기를 신약의 텍스트들은 그리스도의 자리가 성부(聖父)의 오른편이라는 데에 부차적 관심밖에 두지 않는다고 하였다.

통해 기독교적 가치들의 근본적인 변증법의 방향을 좌우할 것이다.

오르기, 더 높이 오르기, 여기에 영적이고 도덕적인 삶의 지향이 있었다. 반면 사회적 규범은 자기 처지를 벗어나려는 야심을 갖지 않고 또 낮아지거나 떨어지지 않도록 조심하면서 각자 자기 자리에, 신이 자신을 지상에 두신 그 자리에 머무는 것이었다.[12]

2세기와 4세기 사이 종말론적 지평에 덜 심취하게 된 기독교가 개인적 죽음과 최후 심판 사이에 영혼들이 처하게 될 상황에 대해 생각하기 시작했을 때, 그리고 기독교인들이 어떤 죄인들의 영혼들은 이 기간 동안 아마도 시련을 거쳐 구원될 수 있으리라고 생각했을 때——4세기 교회의 위대한 교부들이었던 암브로시우스, 히에로니무스, 아우구스티누스 등은 다소간의 편차는 있지만 모두 그렇게 생각했다——새로운 신앙, 12세기에 이르러 연옥을 탄생시키게 될 신앙이 나타났다. 그러나 이 신앙은 그러한 상황이나 시련이 어디에서 일어날 것인지는 분명히 하지 않았다. 12세기말까지 연옥이라는 말은 명사로 존재하지 않는다. 연옥 *le purgatoire* 이란 존재하지 않는다.[13]

---

12) C. Ginzburg, "High and Low: The Theme of Forbidden Knowledge in the XVIth and XVIIth century," in *Past and Present*, n. 73, 1976, pp. 28–41.

13) 연옥이 생겨나게 될 상황들을 환기하는 그 당시까지의 텍스트들은 '정화하는' 이라는 뜻의 형용사 purgatorius, purgatoria밖에는 쓰지 않았으며, 그것도 '정화하는 불 *ignis purgatorius*' '정화하는 형벌 *poena purgatoria*(또는 복수로 poenae purgatoriae)' 그리고 좀더 드물게는 (정화하는) '불꽃, 불가마, 처소, 강 *flamma, forna, locus, flumen*' 등의 표현에 한정되어 있었다. 12세기에는 때로 명사를 생략하여 '정화하는 형벌 속에서'를 'in purgatoriis (poenis)' 라고 쓰기도 했다. 아마도 이러한 관용 덕분에 '정화하는 불 속에서'에서 igne를 생략한 in purgatorio라는 표현이 생겨났을 것이다. 흔히 '연옥에서 *in purgatorio*' 라는 형태로 쓰인 중성명사 purgatorium의 탄생은 '정화하는 불 속에서 *in (igne) purgatorio*' 와의 유사성의 덕을 보았음직하다. 12세기말과 13세기초의 문헌에서 나타나는 in purgatorio라는 말은 그러므로 '연옥에서'인지 '정화하는 불 속에서'인지 구별할 수 없을 때가 많다. 그러나 그것은 더 이상 중요치 않다. 왜냐하면 이후로는 명사가 따라서 장소로서의 연옥이 존재하게 되었으므로 어느 쪽의 표현도 그곳을 가리키게 되었기 때문이다.

연옥을 하나의 장소로서 인식하게 되었음을 나타내는 연옥이라는 말의 출현, 즉 고유한 의미에서 연옥의 탄생이 신학 및 영성(靈性)의 역사가들에 의해 간과되어왔다[14]는 것은 주목할 만하다. 분명 역사가들은 말에 그다지 관심을 기울이지 않는다. 그러나 중세의 성직자들 *les clercs*[15]은 사실주의자이든 명목론자이든 말과 사물 사이에는 정신과 육체 사이 못지않게 긴밀한 연합이 있음을 잘 알고 있었다. 사상이나 망탈리테 *mentalité*처럼 심층으로부터 천천히 우러나는 긴 지속의 현상들을 다루는 역사가들에게는 말들──어떤 말들──은 특정 시점에서 나타나고 태어나며 그리하여 진정한 역사의 요건인 연대적 요소들을 지닌다는 이점을 지닌다. 물론 어떤 신앙의 연대를 사건의 연대처럼 확정하기란 불가능한 일이지만,

---

14) 연옥에 관한 연구에서 그 문제를 인식한 저자들은 드물고 그것도 대개 각주에서 간략하고 오도된 방식으로 다루었을 뿐이다. 두 편의 탁월한 기초 연구를 이룩한 Joseph Ntedika는 Hildebert du Mans에 관해 이렇게 말한다. "아마도 그가 purgatorium이라는 말을 사용한 최초의 인물일 것이다"(*L'Evolution de la doctrine du purgatoire chez saint Augustin*, p. 11, n. 17). 한때 Hildebert du Mans의 것으로 알려졌던 설교는 이미 오래 전부터 그의 것이 아님이 밝혀졌다(보유 II 참조). A. Piolanti는 "Il dogma del Purgatorio"(*Euntes Docete* 6, 1953, pp. 287~317)라는 뛰어난 글에서 이렇게 말하는 데 그친다. "이 세기(12세기)에 연옥론 *De Purgatorio*(이후로는 형용사가 명사로 전용되었다)의 최초의 시도들이 나타난다"(p. 300). 한편 Erich Fleischhak은 *Fegfeuer. Die christlichen Vorstellungen vom Geschick der Verstorbenen geschichtlich dargestellt*(1969)에서 "purgatorium이라는 말은 카롤링거 시대 이래로 정화 및 정화의 장소를 모두 가리키는 말로 쓰였다"(p. 64)고 썼지만 출전은 명시하지 않았다(당연히 할 수 없지 않은가!).
*15) le clerc는 말 그대로는 '성직자'이겠으나, 실제로 중세의 clerc는 오늘날의 '성직자'와는 거리가 있다. 당시에는 교육이 종교 기관(수도원 학교 및 도시의 성당 학교)에 의해 전담되고 있었으므로, 교사 및 학생들이 자연히 교회에 속하게 되기는 했으나, 그 상당수는(특히 도시 학교의 경우) 가르치고 배우는 일 외에 다른 종교적 임무는 맡지 않은 전문인들이었고, 대학이 생겨나면서부터는 그러한 경향이 더욱 강해졌다. 그러므로 clerc들은 '성직자' 또는 '문사(文士)' 어느 쪽의 역어로도 총칭하기 어려운 비동질적인 집단인 것이다. 통일된 역어로서 '문사'보다 '성직자' 쪽을 택한 것은 어떻든 모든 clerc들이 교회에 속해 있었고 tonsure(삭발)라는 공통된 종교적 형식을 받아들였다는 점을 감안해서이다.

긴 지속의 역사가 연대 없는 역사라는 생각도 버려야 한다. 연옥 신앙과 같이 천천히 일어나는 현상은 수세기에 걸쳐 역사적 흐름의 사각(死角) 지대에 잠재해 있다가 문득 흐름의 복판으로 끌려들며, 휘말려 사라지기는커녕 도도히 떠올라 그 존재를 증언한다. 로마 제국에서 13세기 기독교 세계에 이르기까지, 성아우구스티누스에서 토마스 아퀴나스에 이르기까지의 연옥을 논하면서 그 말이 1150~1200년 사이에 나타났다는 사실을 간과한다면, 아무리 박학을 늘어놓는다 하더라도, 이 역사에서 본질적인, 또는 적어도 아주 중요한 양상들을 놓쳐버리게 될 것이다. 뿐만 아니라 그렇게 되면 중세 기독교 세계의 한 결정적 시기와 관련된 사회의 심층적 변모를 조명할 가능성은 물론이고 연옥 신앙과 관련하여 사상 및 망탈리테의 역사에서 대단히 중요한 현상, 즉 사고의 공간화 *la spatialisation de la pensée*라는 현상을 살펴볼 기회도 놓치게 될 것이다.

사고의 편의로서의 공간

과학적 영역에서 공간이라는 개념이 갖는 중요성은 많은 연구들에 의해 지적되었다. 그로 인해 지리 역사학 *l'histoire géographique*의 전통은 활기를 띠었고, 지리학과 도시학도 면모를 쇄신했다. 공간 개념은 특히 상징적 차원에서 그 효율성을 드러낸다. 동물학자들에 이어 인류학자들은 영토 *le territoire*라는 현상의 근본적 성격을 규명했다.[16] 『숨겨진 차원 *The Hidden Dimension*』[17]에서 홀

---

16) 예컨대 다음과 같은 연구들이 있다. 지리학적 견지에서는 J. Jakle et als., *Human Space Behavior, A Social Geography*(Mass.: North Scituate, 1976); J. Kolars & J. Nystuen, *Human Geography: Spatial Design in World Society*, New York, 1974. 동물학적 견지에서는 H. E. Howard, *Territory in Bird Life*, London, 1920. 언어학적 견지에서는 B. L. Whorf, *Language, Thought and Reality*, New York, 1956. 범분야적 시각에서는 C.

E. T. Hall이 보여준 바로는 영토란 동물적·인간적 유기체의 연장으로, 그러한 공간 지각은 문화에 크게 의존하며(이 점에서 그는 다소 지나치게 문화주의적인지도 모르지만), 영토란 사고에 의해 편성된 공간의 내면화이다. 영토란 개인 및 사회들의 근본적 지평인 것이다. 한 사회가 그 지리적·경제적·정치적·이데올로기적 공간을 어떤 식으로 편성하느냐 하는 것은 그 역사의 매우 중요한 측면이다. 기독교 사회에 있어 내세의 공간을 편성한다는 것은 중대한 의의를 갖는 작업이었다. 죽은 자들의 부활을 믿는다 할 때, 저세상이 어떻게 펼쳐져 있느냐 하는 것은 부차적인 문제가 아닌 것이다. 그런데 한 사회가 이승의 공간을 편성하는 방식과 저승의 공간을 편성하는 방식 사이에는 관련이 있으리라고 생각된다. 왜냐하면 그 두 공간은 죽은 자들의 사회와 산 자들의 사회를 잇는 관계들을 통해 연결되기 때문이다. 1150~1300년 사이에 기독교는 이승과 저승의 대대적인 지도 개편을 단행했다. 중세 서구 사회 같은 기독교 사회에 있어 사물들은 지상과 천상에서, 이승과 저승에서, 동시에 ── 또는 거의 동시에 ── 살고 움직이는 것이었다.

연옥의 논리 및 발생

1150~1250년경 서구 기독교 신앙 속에 연옥이 자리했을 때, 그

R. Carpenter, *Territoriality: A Review of Concepts and Problems* in A. Roe & G. G. Simpson, *Behavior and Evolution*, New Haven, 1958; H. Hediger, *The Evolution of Territorial Behavior* in S. L. Washburn ed., *Social Life of Early Man*, New York, 1961; A. Buttimer, *Social Space in Interdisciplinary Perspective* in E. Jones ed., *Readings in Social Geography*, Oxford, 1975; A. Jammer, *Concepts of Space*, New York, 1960 (preface by Albert Einstein).

17) E. T. Hall, *The Hidden Dimension*, New York, 1966; 불역판 *La Dimension cachée*, Paris, 1971.

것은 무엇이었던가? 그것이 하나의 중간적 저승 *un au-delà intermédiaire*으로서 어떤 죽은 자들은 거기에서 시련을 겪으며 그 시련은 산 자들의 대도(代禱) *les suffrages*[18]——영적인 도움——에 의해 단축될 수 있다, 라는 개념에 도달하기까지는 오랜 기간에 걸친 사고와 상상 작용, 신앙과 행위, 신학적 논쟁, 그리고 아마도 우리가 잘 알 수 없는 사회 심층에서의 운동들이 필요했을 것이다.

이 책의 제 I 부는 12세기에 이르러 연옥으로 구조화될 요소들의 수세기에 걸친 형성에 바쳐질 것이다. 그것은 과거의 유산 및 거기에 대한 단절, 그리고 내적·외적 갈등의 한복판에서 형성된 라틴 기독교의 종교적 사고의 독창성에 관한 고찰이라 할 수 있다.

연옥에 대한 신앙은 우선 불멸성과 부활에 대한 신앙을 내포한다. 왜냐하면 인간이 죽음에서 되살아난다 할 때 그의 죽음과 부활 사이에는 무엇인가가 일어날 터이니까. 연옥은 불멸성이 일회적인 삶을 통해 얻어지는 것일 때 어떤 인간들이 영생에 도달하도록 주어진 보완적 장치였다. 힌두교나 카타르교[19]처럼 계속적인 환

---

*18) 우리말 카톨릭 용어로는 이것을 연도(鍊禱)라고 한다(최형락 신부, 『가톨릭 교리 용어집』, 계성출판사, 1987). 죽은 자들의 시련을 돕는다는 뜻일 터인데, suffrages 란 '~에게 투표하다, 투표로써 ~를 지지하다'라는 뜻의 라틴어 suffragor에서 나온 것이니만큼, '~를 위하여, ~를 대신하여' 하는 기도라는 뜻에서 '대도(代禱)'가 그 본래의 기능을 더 잘 나타내는 것으로 생각된다. F. 홀뵈크의 『연옥』의 우리말 번역(남현욱 역, 카톨릭 출판사, 1987)에서는 대원(對願)이라는 용어가 사용되고 있다.

*19) 11~13세기에 성행했던 기독교의 한 이단 분파. 신(新)마니교적 이원론에 기초하여, 이 물질 세상은 악마의 지배하에 있다고 본다. 단, 영혼은 악마가 만들 수 없는 것으로, 천상의 천사들로부터 이 세상 육신 속으로 납치 내지는 유배되어 있다고 한다. 그러므로 그들의 종교적 목표는 영혼을 육신 즉 악마의 지배로부터 해방하여 천상의 본래 위치로 돌아가게 하는 것인데, 그러기 위해 영혼은 우선 일련의 환생을 통해 악을 인식함으로써 완전해져야 한다는 것이다(카타르교의 역사적 배경에 대해서는. 제5장 주 53 참조).

생을 믿는 종교들에는 그러므로 연옥 신앙이 없다.

연옥의 존재는 또한 죽은 자들의 심판이라는 관념에 기초해 있다. 이러한 관념은 여러 종교에 널리 유포되어 있으나, "이 심판의 양상들은 문명에 따라 매우 달랐다."[20] 연옥의 존재를 상정하는 심판이란 매우 특이한 것으로, 그것은 실상 이중적 심판 즉 죽음의 순간에 첫번째 심판을, 세상의 종말에 두번째 심판을 맞게 된다는 신앙에 기초해 있다. 그것은 이 두 가지 심판의 중간에 다양한 요인들에 따른 형벌의 완화 내지 단축이라는 복잡한 심리(審理) 과정을 둔다. 그러므로 그것은 고도화된 정의 관념 및 형벌 체계의 투영을 전제로 한다.

연옥은 또한 개인적 책임 및 자유 의지라는 관념 즉 인간은 원죄로 인해 죄성(罪性)을 타고나지만 그렇더라도 각 사람은 자기 책임하에 지은 죄에 따라 심판받는다는 생각과 결부되어 있다. 중간적 저승인 연옥은 성인들이나 의롭다 함을 입은 자들의 무오(無汚)함과 범죄한 자들의 용서할 수 없는 죄성 사이에 있는 중간적 죄와 긴밀한 연관이 있다. 아우구스티누스와 대(大)그레고리우스의 이른바 '가벼운 *léger*' '일상적인 *quotidien*' '의례적인 *habituel*' 죄라는 막연한 관념이 마침내 '사면 가능한 *véniel*'[21] 죄의 범주에 이르게 되는 것은 연옥 신앙의 성장에 조금 앞선 일이며, 연옥 탄생의 조건들 중 하나였다. 앞으로 살펴보게 될 다소 더 복잡한 사정이 있기는 하지만, 연옥이란 근본적으로 사면 가능한 죄들을 정화(淨化)하는 장소로서 나타났다.

---

20) *Le Jugement des morts*(Egypte, Assour, Babylone, Israël, Iran, Islam, Inde, Chine, Japon). Coll. Sources orientales, IV, Paris, éd. du Seuil, 1961, p. 9.

*21) 말 그대로는 '용서받을 수 있는'이 되겠다. 우리말 카톨릭 용어에서는 인간의 죄를 원죄(原罪)와 본죄(本罪)로 나누고 본죄를 다시 대죄(大罪)와 소죄(小罪)로 나누는데, 이 소죄가 사면 가능한 죄에 해당할 것이다. 그러나 소죄라는 말은 peccata minima, peccata minuta 등에 해당하므로, peccata venialis는 어의대로 옮기는 편이 나을 성싶다.

징계의 장소로서의 연옥을 믿는다는 것은 영혼과 육체간의 관계가 규명되었음을 전제로 한다. 실상 아주 일찍부터 교회는 불멸의 영혼이 육체를 떠나면 세말(世末)에 육체가 부활할 때에야 그것을 되찾으리라고 가르쳤다. 그러나 연옥에 관한 한 영혼의 육체성이나 비육체성이란 문젯거리가 되지 않았던 것으로 보인다. 육체와 분리된 영혼들은 그 나름의 물질성을 지니고 있었으며 그래서 연옥의 형벌들은 그들에게 마치 육체적인 것과 같은 고통을 줄 수 있었다.[22]

중간적 사고

연옥은 여러 가지 면에서 중간적 장소이다. 시간적으로 그것은 개인적 죽음과 최후 심판 사이의 중간에 온다. 물론 연옥이 그러한 시간적 위상을 얻기까지는 오랜 모색의 기간이 필요했으며, 이 문제에 있어 결정적인 역할을 했던 성아우구스티누스도 연옥이 이렇게 중간적인 시간에 위치한다고 명백히 말한 적은 없다. 연옥이 지상적 시간에 속하느냐 종말론적 시간에 속하느냐는 오랜 논란거리였으니, 연옥은 이승에서 참회를 통해 이미 시작되는 한편 궁극적 정화는 최후 심판의 순간에야 비로소 이루어질 것이기 때문이었다. 그러나 차츰 연옥은 종말론적 시간으로 넘어가기 시작했으

---

22) 육체를 떠난 영혼에게 육체적인 불의 고통을 느끼게 한다는 어려움에 특히 민감했던 것은 토마스 아퀴나스였다. 그는 성서의 권위(마태 25: 41) 및 귀신 *démons*과 육체를 떠난 영혼 *âmes séparées*간의 유추에 의거하여 이렇게 말한다. "그러므로 육체를 떠난 영혼도 육체적인 고통을 당할 수 있다"(『신학대요』, 보유, 제70문, 제3조). 영혼의 육체성이라는 문제는 아마도 9세기의 Scot Erigène와 그 제자였던 12세기의 Honorius Augustodunensis에게도 골칫거리였던 듯하다. Cf. Cl. Carozzi, "Structure et fonction de la vision de Tnugdal," in *Faire Croire*, actes du colloque de l'Ecole française de Rome(1979); A. Vauchez, éd., Rome, 1980.

며, 그리하여 한때는 일순간에 불과했던 심판의 날이 상당한 기간으로 늘어나게 되었다.

연옥이란 또한 공간적으로도 천국과 지옥의 중간에 위치한다. 그러나 그것은 오랫동안 그 양극의 인력 가운데 있었다. 연옥이 존재하기 위해서는 그것이 예비 낙원 le pré-paradis, 즉 초대 기독교 시절에 상상되었던 레프리게리움 refrigerium[23]이나 신약 성서의 나사로와 악한 부자 이야기(누가 16: 19~26)에 나오는 "아브라함의 품"을 대신해야만 할 것이다. 또한 연옥은 오랫동안 지옥의 구분하기 어려운 일부, 게헨나 géhenne[24]의 윗부분으로 간주되었던 만큼, 지옥과도 분리되어야 할 것이다. 천국과 지옥 사이의 이 줄다리기는 기독교인들에게 있어 연옥이라는 것이 사소한 문제가 아니었음을 짐작케 한다. 단테가 저승의 세 영역에 그처럼 숭고한 표현을 부여하기까지 연옥이라는 저승의 신세계는 어렵고 오랜 탐색을 거쳐야만 하는 것이다. 뿐만 아니라 마침내 정립된 연옥도 진정한, 완전한 중간은 아닐 것이다. 미래의 선택된 자들을 위한 정화의 장소인 연옥은 천국 쪽에 가까우며, 따라서 위쪽으로 따라 올라간 중간이 될 것이다. 그러한 연옥이란 봉건적 사고의 특징인 중심이 치우친 균형 체제, 동시대의 봉신(封臣) 제도나 결혼 제도의 유형에서 보듯 대등한 관계이면서도 봉신은 영주에게 예속되고

---

*23) refrigero라는 말은 '서늘하게 하다' 라는 뜻으로부터 '휴식하게 하다' 라는 뜻도 갖는다. 인용된 누가복음의 비유에서 악한 부자가 나사로의 손가락으로 물 한 방울을 찍어 혀를 서늘케 해주기를 (ut *refrigeret* linguam meam) 간청하는 대목 (16: 24)에서도 보듯이 이 서늘함이란 게헨나의 뜨거움 (고통)으로부터의 휴식인 것이다. 그러므로 refrigerium은 '서늘한 장소' 또는 '휴식처'가 될 것인데, 우리말로는 그 두 가지를 모두 나타내기 어렵다. 말의 원뜻을 살려 '청량소(淸凉所)'라고 옮길 수도 있겠으나, 이 말은 '서늘한 장소, 휴식처'라는 장소를 가리킬 뿐 아니라 '서늘함, 휴식'이라는 추상명사로도 쓰이므로 통일된 역어를 찾기 어렵다. 차라리 '레프리게리움'이라는 원어를 그대로 쓰는 편이 낫지 않을까 한다.

*24) 신약 성서에 나오는 영벌(永罰)의 장소.

아내는 남편에게 예속되는 평등 속의 불평등 체제의 일환이다. 연옥은 모면한 지옥과 이미 반쯤 도달한 천국 사이에서 동등한 거리를 취하고 있지 않다. 그리고 사실 연옥이란 진정한 중간은 될 수 없는 것이, 천국이나 지옥이 영원한 데 비해 그것은 잠정적이고 과도적인 단계에 불과하기 때문이다. 그러나 그것은 이승의 시간과 공간과는 다르며, 중세의 이른바 '경이로운 *merveilleux*' 25) 상상 세계에 속한다.

아마도 본질적인 것은 논리의 차원에 있을 것이다. 연옥이 태어나기 위해서는 중간의 개념이 일관성을 지녀야 하고 중세인들이 사고하기에 편리해야 한다. 연옥이란 하나의 체계, 저세상 처소들의 체계에 속하며, 다른 저세상 처소들과의 관계 속에서만 존재하고 의의를 갖는다. 나는 독자에게 그 점을 잊지 말기를 부탁한다. 그러나 연옥은 저승의 3대 처소들 중에 가장 오래 걸려 정의된 것이고 그 역할은 가장 문젯거리였으므로, 지옥이나 천국에 대한 자세한 논급 없이도 연옥을 다루는 것이 가능하고 또 바람직할 것으로 보였다.

논리적·수학적 구조인 '중간'이라는 개념은 중세의 사회적·정신적 현실들의 깊은 변모와 관련된다. 권력 있는 자들과 가난한 자들, 성직자들과 속인들이라는 이분법에 속하지 않는 중간적 범주, 중간 계급 내지는 제3계급을 도입하게 되는 것도 같은 필요에서 나온 현상으로, 변모한 사회를 반영한다. 그것은 클로드 레비-스트로스 Claude Lévi-Strauss가 그 중요성을 지적한 바 있는, 사회의 사고 편성에 있어 이원적 체제에서 삼원적 체제로의 이행에 해당하는 것이다. 26)

---

*25) 중세 허구 문학 특유의 비현실적이고 환상적인 성격을 말한다.

26) Cl. Lévi-Strauss, "Les organisations dualistes existent-ils?," in *Anthropologie structurale*, I, Paris, 1958, p. 168.

형벌의 이미지: 불

유대의 스올이 불안하고 슬프지만 형벌은 없는 곳이었던 반면 연옥은 죽은 자들이 시련(들)을 겪는 곳이다. 이 시련들은, 앞으로 보게 되겠지만, 여러 가지일 수도 있고, 저주받은 자들이 지옥에서 겪는 것들과도 비슷하다. 그러나 그 중에서 가장 흔한 두 가지는 혹열(酷熱) l'ardent과 빙한(氷寒) le glacé으로, 특히 불에 의한 시련은 연옥의 역사에서 으뜸가는 역할을 했다.

인류학자·민속학자·종교사가 들은 신성한 상징으로서의 불을 잘 안다. 중세의 연옥에서 그리고 그에 앞선 연옥의 모형들에서, 불은 종교인류학의 전문가들이 찾아낸 거의 모든 형태로 나타난다. 불테, 불못과 불바다, 화염 고리, 불의 장벽과 구덩이, 불을 내뿜는 괴물의 아가리, 뜬 숯, 불꽃 형상의 영혼, 불의 계곡, 불의 산 등등.

이 신성한 불이란 대체 무엇인가? 반 데르 뢰브 G. Van der Leeuw의 지적에 의하면, "입문 의례에서 그것은 지나간 삶의 기간을 말소하고 새로운 삶을 가능케 하는 불이다."[27] 그러니까 그것은 이 과도적 처소에 걸맞는 통과 의례라 할 수 있다. 연옥이란 반 게넵 Van Gennep의 이른바 변경(邊境) 의례 les rites de marge에 속하는 것으로, 통과 의례의 처음과 마지막인 분리와 통합의 단계만을 염두에 두는 인류학자들은 간혹 변경 의례의 중요성을 놓치곤 했다.

그러나 이 불의 의미는 보다 더 심원하다. 칼-마틴 에즈먼 Carl-Martin Edsman은 중세 이래 현대에 이르기까지 여러 시대의 민

---

27) G. Van der Leeuw, *La Religion dans son essence et ses manifestations*, trad. franç., Paris, 1955, p. 53.

담·전설·연극 등을 통해 갱생의 불이라는 이미지가 나타나며, 그것은 신적인 불 *ignis divinus*이라는 개념의 본산으로 보이는 인도와 이란, 고대 로마나 그리스에서 볼 수 있는 것과도 유사함을 잘 보여준 바 있다.[28] 그러니까 연옥은 11~13세기 기독교 세계를 무대로 하여 되살아난 인도-유럽어족의 문화적 원형에 속하는 것이라 할 수 있다. 근자에 조르주 뒤비 Georges Duby를 위시한 연구가들이 조명한 바 있는 삼분 기능적 체제 *schéma trifonctionnaire*[29]의 출현(또는 재출현)도 연옥의 탄생과 대체로 시기를 같이한다. 화덕의 불, 대장간의 불, 화장대(火葬臺)의 불. 정화하는 불은 그 옆에 나란히 놓일 수 있을 것이며, 민중 문화에서는 사실상 그러했다.

이 불은 젊음을 소생시키고 불멸을 주는 불이다. 그것을 구현하는 대표적인 예가 테르툴리아누스 이래로 중세 기독교에 전해온 불사조의 전설이다. 불사조는 부활할 인간의 상징이 된다. 성암브

---

28) C.-M. Edsmann, *Ignis divinus. Le feu comme moyen de rajeunissement et d'immortalité: contes, légendes, mythes et rites*, Lund, 1949. 오래 되기는 했지만 선구적이고 고전적인 연구 J. G. Frazer, *Myths of the Origin of Fire*, London, 1930과 Gaston Bachelard, *Psychanalyse du feu*도 빠뜨릴 수 없다. 이란의 신성한 불에 대한 연구로는 K. Erdmann, *Das iranische Feuerheiligtum*, Leipzig, 1941이 있다. *Lexicon für Theologie und Kirche*, 4, 1960, pp. 106~07에 나오는 "Feuer"(A. Closs); A. Michel, *Dictionnaire de théologie catholique*, V/2, Paris, 1939에 나오는 "Feu de l'Enfer" "Feu du Jugement" "Feu du Purgatoire"; J. Gaillard, *Dictionnaire de spiritualité*, V, Paris, 1964에 나오는 "Feu" 등의 기사들은 불의 종교가 갖는 고대적 형태를 별로 다루지 않고 있다. 위경 복음서들에서는 불에 의한 세례가 다양한 형태로 발견된다. 3세기 전반 (이집트의) 그리스어 원본에서 나온 *Deux livres du jeu*에서는 부활한 예수가 제자들에게 물과 불과 성령으로 삼중 세례를 준다(E. Hennecke-W. Schneemelcher, *Neutestamentliche Apokryphen*, 3ᵉ éd., I. Tübingen, 1959, p. 185). 영지주의자들과 마니교도들에 의해 사용되었으며 아마도 2세기 이집트에서 나온 것으로 보이는 『빌립보 복음 *Evangile de Philippe*』에서는 물과 불에 의한 세례를 볼 수 있다(*ibid.*, p. 198).

*29) 기도하는 계급 *oratores*(celui qui prie), 싸우는 계급 *bellatores*(celui qui combat), 일하는 계급 *laboratores*(celui qui travaille)이라는, 세 가지 기능을 갖는 계급들로 이루어지는 체제.

로시우스의 것으로 잘못 알려졌던 한 텍스트는 이 전설에 "불이 각 사람의 공력을 시험하리라"(고린도전서 3: 13)는 사도 바울의 말을 적용하고 있으며, 이 성구(聖句)는 중세 기독교가 연옥을 탄생시키기 위한 성서적 기초가 된다.

이 유산에 비추어볼 때, 중세의 연옥 형성에 있어 중심적 위치를 차지한 정화하는 불 *le feu purgatoire*[30]의 세 가지 특징이 밝혀진다.

첫째, 젊음을 소생시키고 불멸을 주는 불은 "통과하는 불"이다. 사도 바울은 고린도전서의 위에 인용한 대목에서 그 의례를 잘 설명한 바 있다. "그는 구원을 얻되 불 가운데서 *quasi per ignem* 얻은 것 같으리라"(3: 15). 연옥은 분명 과도적 처소(또는 상태)이며, 연옥의 상상적 여행들은, 반복하거니와, 상징적 통과이다. 이 불의 통과는 연옥이라는 것이 일종의 심리(審理) 과정으로서 상정되느니만큼 중세인들에는 매우 중요해질 것이다. 불의 시련은 신명 심판(神明審判) *ordalie*이다. 그것은 연옥에 있는 영혼들에 대해서뿐 아니라 연옥을 지나가도록 허용된——단순한 구경꾼으로서가 아니라 위험을 무릅쓰고——산 자들에게도 그러하다. 먼 고대로부터 그리스·로마를 지나 내려오는 전통들, 인도 유럽어족의 불을 계승한 전통들에 야만적 신앙과 관습의 유산을 결합한 사람들에게 이 의례가 얼마나 매혹적이었는지는 쉽게 짐작할 수 있는 일이다.

그러므로 또한 연옥이나 적어도 그 입구를 지상에 위치시키려는 시도 속에서 특히 주의를 끌었던 자연 지리적 요소가 화산(火山)이라는 것도 이해할 수 있다. 화산은 불을 뿜는 우물 즉 분화구를 가진 산으로서 연옥의 물리적·상징적 구조의 본질적인 세 요소를 모두 지니고 있다. 연옥의 위치를 찾는 사람들이 시칠리아 주위,

---

*30) 홀뵈크 『연옥』의 우리말 번역에서 사용된 정죄화(淨罪火)라는 역어는 정확한 용어이기는 하나 한자 병기 없이 쓸 경우 의미 전달이 쉽지 않을 듯하여 말 그대로 '정화하는 불'로 옮긴다.

스트롬볼리와 에트나 두 화산 사이를 얼마나 배회하는가는 앞으로 자세히 보게 될 것이다. 그러나 아일랜드인들과 영국인들과 시토회(會)[31] 수사들이 성패트릭의 연옥과 거기에서 곧 발전한 잘 조직되고 통제된 순례에서 얻었던 것과는 달리 시칠리아에는 그럴 만한 환경이 되어 있지 않았다. 이단 혐의를 받는 군주와 그리스 정교 사제들, 마호메트 교도들이 뒤섞여 있던 프리드리히 2세[32]의 시칠리아는 연옥이나 그 중요한 입구들 중의 하나가 거기 위치할 만큼 충분히 카톨릭적이지 못한 것으로 보였고, 에트나는 그 특유의 지옥적인 이미지를 벗어버리지 못했다.

중세의 정화하는 불이 갖는 두번째 특징은 그것이 우선적이고 심지어 배타적인 위치를 차지하기는 해도 일반적으로 물과 불의 이원적 이미지를 이룬다는 것이다. 중세 전사(前史)에 속하는 문헌들에서 이 이원적 이미지는 대개 뜨거운 곳과 습한 곳, 더운 곳과 추운 곳, 불타는 요소와 얼어붙는 요소의 병치라는 형태로 나타난다. 그리고 연옥의 죽은 자들이 처해지는 기본적인 시련은 단순히 불만을 통과하는 것이 아니라 물과 불을 차례로 통과하는 일종의 "스코틀랜드식 냉온탕" 시험 같은 것이다.

칼-마틴 에즈먼은 코카서스의 고행자들이 벗은 채로 불 속과 얼

---

*31) 1098년 로베르 드 몰렘 Robert de Molesme이 창설한 수도회. 성브누아(베네딕트)의 규율을 엄격히 따르는 금욕과 노동을 통한 수도 생활을 목표로 했다. 시토회의 발전에 가장 큰 역할을 한 인물은 1112년에 수도원에 들어온 성베르나르 St. Bernard 이다. 1119년 제3기 수도원장이었던 영국인 스티븐 하딩 Etienne Harding이 제정한 '자비의 헌장'을 통해 조직을 정비한 교단은 곧 세를 확장하여 지원(枝院)이 1153년에는 343군데, 1300년에는 694군데로 늘어났으며, 스웨덴에서 포르투갈, 스코틀랜드에서 지중해 동부에까지 퍼져나갔다. 그러나 그들은 근검한 노동(농업)으로 막대한 부를 축적하게 되었으며, 그 결과 14세기에 들어서는 차츰 쇠퇴하였다.

*32) 프리드리히 2세: 1194~1250. 독일 황제 하인리히 6세와 시칠리아 여왕 콘스탄스의 아들로 태어나 1197년에 시칠리아 왕, 1212년에 독일 황제가 되었다. 독일 본국내 제후들간의 세력 다툼보다 시칠리아를 발판으로 한 이탈리아 정책에 더욱 힘썼던 그는 교황권과 자주 대립하였고, 파문당하기도 했다. 회의주의적 성향으로 인해 당대의 적그리스도로 일컬어졌으며, 정통 신앙을 표방하기는 했으나, 문화적으로는 비

음 속을 번갈아 오가며 산다고 하는 고대 로마의 문헌들을 적절히 인용한다. 키케로[33]는 "벗은 채로 살며 코카서스의 눈과 겨울의 혹독함을 고통 없이 견뎌내는가 하면 불 속에 뛰어들어 신음 소리 하나 없이 몸을 태우는 현자들"에 대해 말한다.[34] 발레리우스 막시무스[35] 또한 "평생을 벗고 살며 때로는 코카서스의 차디찬 얼음에 단련하고 때로는 신음 소리 없이 불꽃에 들어가는 자들"에 관해 말한다.[36]

불과 물(찬물)의 이원적 이미지는 기독교 초기에 나타나 연옥의 전사에서 상당한 역할을 했을 불세례라는 의례(儀禮) les rites 속에서도 발견된다. 기독교인들에게 이 의례가 나타나는 것은 마태복음과 누가복음의 세례 요한에 관한 대목에서이다. 마태는 요한의 다음과 같은 말을 인용한다. "나는 너희로 회개케 하기 위하여 물로 세례를 주거니와 내 뒤에 오시는 이는 나보다 능력이 많으시니 나는 그의 신을 들기도 감당치 못하겠노라. 그는 성령과 불로 너희에게 세례를 주실 것이요"(마태 3: 11). 누가(3: 16)도 세례 요한의 같은 말을 기록하고 있다.

이 불세례라는 개념은 인도 유럽어족의 옛 불 신화에서 나온 것으로, 유대 기독교의 계시(啓示)[37] 문학에서 구체화되었다. 최초의

잔틴 및 이슬람적 요소들을 포용하였다(시칠리아는 8세기말까지 비잔틴령이다가, 9~10세기에는 이슬람의 지배를 받았고, 11세기 이후에야 서구 세계에 포함되었다).

*33) 키케로: B. C. 106~43. 로마의 유명한 정치가, 웅변가, 문인.

34) *Tusculanes*, v. 77.

*35) 발레리우스 막시무스: B. C. 1세기~A. D. 1세기 사이에 활동한 로마 역사가. 아홉 권으로 된 『기억할 만한 사실들과 말들 *Factorum ac dictorum memorabilium*』은 고대와 중세에 큰 인기를 누렸다.

36) *Factorum et dictorum memorabilium libri novem*, III 3, ext. 6. 에즈먼이 지적하듯이, 모차르트의 「마적(魔笛)」에서 "타미노와 파미나는 두 개의 동굴을 지나는데, 첫번째 동굴에는 폭포가 있고 두번째 동굴은 불로 가득하다".

*37) 'apocalypsis'라는 말은 '(신적인 신비의) 드러냄'을 뜻하는 것으로, 그 신비란 주로 신의 본성 또는 세상의 종말에 관한 것이다. 계시 문학은 유대교와 기독교에서 모두 씌어졌는데, 그 중 하나(다니엘서)는 유대(히브리) 정경에, 또 하나(요한 계

기독교 신학자들, 특히 그리스인들은 거기에 대해 민감했다. 오리게네스는 누가복음 3장 16절에 다음과 같은 주석을 붙인 바 있다. "우선 물과 성령으로 세례를 받아야 한다. 그러면 세례받은 자는 불의 강에 이르러 물과 성령의 그릇을 간직한 것을 보임으로써 그리스도 예수 안에서 불로 세례를 받을 자격을 얻게 된다"(『누가복음 강해』 제26강화). 에즈먼은 마태복음 13장 45~46절에 나오는 진주("또 천국은 마치 좋은 진주를 구하는 장사와 같으니 극히 귀한 진주 하나를 만나매 가서 자기 소유를 다 팔아 그 진주를 샀느니라")에서 물과 불을 결합한 그리스도의 상징을 발견한다. "정통" 기독교에서는 불에 의한 세례가 비유적인 것이었으나, 어떤 이단 분파들(세례파 *les baptistes*, 메살라파 *les messaliens*, 이집트의 고행자들 *les ascètes égyptiens*)[38]과 카타르 교도들에게서는 그렇지 않았다. 12세기의 카타르 교도들에게 "정통주의적" 반대자 에크베르트 Ecbert가 조롱적으로 비난한 것도 진짜 "불 속에서"가 아니라 "불 옆에서" 세례를 받는다는 것이었다.

고대의 종교 및 신화에서 불은 다중적이고 다양한 성격을 갖는다. 유대-기독교 상징 체계 속에서도 그러하며, 정화하는 불의 다양한 기능과 의미들에 있어서는 한층 그러하다. "신격화하고 생명을 주는 동시에 징계하고 무화(無化)하는" 불의 이 다양한 양상 가운데에서 에즈먼은 "신적 존재의 상이한 측면들"을 보며 따라서 불의 다중적인 외관을 신성의 단일성으로 환원한다. 이 모델은 고대에서 13세기에 이르기까지 정화하는 불에 대한 기독교적 해석의 다양성을 설명하는 데 도움이 된다. 때로는 동일한 불에 대해 말

시록)는 신약 성서에 포함되었다. 그 밖의 계시 문학은 모두 위경에 속하며, 외경들에서도 그 영향을 찾아볼 수 있다.

*38) 이 이단 분파들에 대해서는 잘 알 수 없다. 이집트의 고행자들이란 은둔주의가 성하던 3세기경 이집트의 사막에 은거하여 금욕 수도 생활을 하던 이른바 '사막의 교부들'을 가리키는 듯하고, 메살라파는 교회의 교부들이 '열광적 *enthusiastic*'이라고 일컫던 초기 기독교의 한 분파라는 것밖에는.

하는 것이 아니라는 인상이 들 수도 있으나, 이 다양성은 고대의 신적인 불이 갖는 다의성에 의해 설명된다. 그것은 때로는 정화하는 불로 나타나며, 때로는 무엇보다도 징계적인 것으로, 또 때로는 시험적인 것으로 나타난다. 그것은 때로는 현재적이고 때로는 미래적이며 대개는 현실적이지만 가끔은 영적이고, 몇몇 인간들에 관여할 수도 있고 온 세상에 관여할 수도 있다. 그러나 그것은 항상 같은 불이며, 정화하는 불은 그 복잡성 가운데에서 인도 유럽 어족의 기원에 있는 신성한 불, 신적인 불의 다중적 외관을 계승한다.

아우구스티누스는 의미의 근본적인 변화들에도 불구하고 고대의 불이라는 개념의 몇몇을 기독교적 개념들과 이어주는 지속성을 파악한 것으로 보인다. 『신국론』에서 그는 "스토아주의자들은 이 감각 세계를 구성하는 네 요소 중 하나인 불은 살아 있고 현명하며 세계와 그 안에 있는 모든 것의 창조자라고, 요컨대 그것이 신이라고 생각한다(제8권 5절)"라고 말한 바 있다. 분명, 기독교에 있어 불은 아시시의 프란체스코가 잘 말한 대로 피조물에 지나지 않는다. 그러나 에즈먼의 적절한 표현대로 "저승 불의 복잡성은 그 일반적이고 특수한 모든 형태——예컨대 불의 강이라든가——에도 불구하고 동일한 신적 불의 다양한 기능들로 설명된다." 이 말은 정화하는 불에도 그대로 적용된다. 그러나 정화하는 불의 이 의미심장한 과거에 대해 중세인들——성직자들이건 일반 대중이건——이 아는 것은 성서뿐이었으니, 그들에게 성서는 신성한 전통의 필요 충분한 권위였다. 그러나 나는 이 긴 유산을 밝히는 것이 좋으리라고 생각한다. 그럼으로써 중세 연옥 역사의 몇 가지 혼란스러운 측면을 조명할 수 있을 것이며, 이 역사 속에서 나타난 주저와 논란과 선택을 더 잘 이해할 수 있을 것이다. 특히 그것은 연옥이 성공한 이유들 중의 하나가 매우 오랜 상징적 현실들을 재현한 데 있다는 사실을 설명해준다. 전통에 뿌리박은 것이야말로 가장 성공할 가능성이 있으니, 연옥이란 기독교의 새로운 관념이지만 이전의 종교들로부터 그 주요한 장치들의 일부를 차용한 것이다. 기독교 체계내에서 신적인 불은 의미를 달리하며 역사가는 우선 이 변화에 민감해야 한다. 그러나 또한 그는 활발한 변화 가운데서도 변치 않는 이 질료의 영속성에도 주목해야 한다. 혁명은 전에 없던 것을 새로이 창조하는 것이라기보다는 이전 것들의 의미를 변화시키는 것이다. 기독교는 혁명 내지는 혁명의 본질적인 장치이다. 그것은 젊음을 되찾게 하고 불멸로 만들어주는 불을 가져다가 의례와 관계된 신앙이 아니라 신의 한 속성으로 만들었으니, 그 불의 사용은 인간의 이중적 책임에 의해 결정된다. 즉 정화하는 불을 겪느냐 겪지 않느냐는 죽은 자들의 생전의 행위들에 달려 있으며, 정화의 기간을 얼마나 단축시키느냐는 산 자들의 열성에 달려 있는 것이다. 정화하는 불은 '정화에 의한 구원'이라는 의미심장한 상징성을 견지하면서 복잡한 정의 체계의 한 도구가 되었으니, 그러한 불을 믿는 사회는 소생시키는 불을 믿던 사회와는 전혀 다른 것이었다.

생사간의 연대성

끝으로 연옥이란 죽은 자들이 그곳에서 겪는 시련이 산 자들의 대도(代禱)에 의해 단축될 수 있는 중간적 저승이다. 초기 기독교인들이 죽은 자들을 위한 기도의 효력을 믿었다는 것은 묘비명, 전례 용어, 그리고 3세기초의 『페르페투아 수난』처럼 장차의 연옥을 묘사한 여러 문헌들에서 알 수 있거니와, 이러한 믿음이야말로 연옥의 창조에 이르게 될 신심의 원천이라 하겠다. 아우구스티누스가 『고백록』에서 장차 연옥에 이르게 될 성찰을 하는 것이 어머니 모니카를 여읜 심정을 토로하는 자리에서라는 것은 의미심장한 사실이다.

대도의 효력에 대한 기독교인들의 이 믿음은 뒤늦게야 사후 정화(死後淨化)에 대한 믿음과 결합된다. 조셉 느테디카Joseph Ntedika가 잘 보여준 대로, 아우구스티누스에게서도 그 두 가지 신앙은 사실상 서로 만남이 없이 따로따로 성립되었다. 죽은 자들을 위한 대도는 죽음을 사이에 두고 산 자들과 죽은 자들 사이에 긴밀하고 지속적인 유대가 있을 것을, 가령 유증(遺贈)으로써 대도의 비용을 대고 또는 신심회(信心會) *les confréries*[39]로써 대도의 수행을 의무화하는 연계 제도가 존재할 것을 전제로 한다. 이러한 연계들이 성립하는 데에도 시간이 걸렸다.

죽음에 대해 이러한 권리를 갖는다는 것은 산 자들의 권한을 얼마나 증폭시키는 일인가! 뿐만 아니라 사후까지 계속되는 연대성이란 이승에서부터 공동체들——혈족은 물론이고 종교 공동체나 신심회 같은 인위적 가족——의 유대를 얼마나 강화하는가. 또 교회에 있어서는 그것이 얼마나 큰 권력의 도구가 되는가. 교회는 연옥에 있는 영혼들도 전투적 교회 *l'eglise militante*[40]의 구성원들로 간주하며 따라서 그들에 대해 (부분적인) 권리를 주장한다. 그리하여 명목상으로는 저승에서의 정의가 신의 관할이라고 하면서, 실

---

*39) confrérie를 『서양 중세 문명』의 역자는 '의형제단'이라는 말로 옮기고 있다. "(의형제단의) 기원에 대해서는 알려진 것이 거의 없고 이것과 동업 조합과의 관계도 모호하다. 동업 조합이 본질적으로 같은 직업을 가진 사람들로 구성되었다면, 의형제단은 주로 종교로 맺어진 단체이다. 물론 간혹 의형제단이 직업적 범주와 일치하는 경우도 있다. 예컨대 성묘(聖墓)의 보호를 받는 이발사 의형제단이니 약제사 의형제단이니 외과 의사 의형제단이니 하는 단체들이 있었고 [······] 그렇지만 14세기에는 의형제단이 특정한 사회 계층과 일치했다. 이러한 의형제단 중에는 교회가 각별히 신경을 썼던 처녀 의형제단과 과부 의형제단이 있었다"(p. 372). 그런데 우리말에서 '의형제를 맺는다'고 하면 여기서 말하는 것보다 훨씬 더 개인적이고 친밀한 관계를 의미하는 것이 아닌지. '의형제단'의 '의형제'라는 어감이 너무 강한 데 비해 종교적인 동질성은 간과되는 듯하여, '신심회'라는 역어를 써보았다.

*40) 본서 제5장, pp. 342~45 참조.

제로는 신의 재판권을 밀치고 교회의 재판권을 앞세우게 되는 것이다. 이것은 영적인 권력일 뿐 아니라 극히 명백한 재정적 이득으로, 가장 그 덕을 보게 되는 것은 새로운 신앙의 열정적 전파자로 나설 탁발(托鉢) 교단 les ordres mendicants[41]의 수사들이다. 결국 그것은 가히 '지옥적인' 면죄 체계의 더없이 풍부한 토양이 될 것이다.

연옥에 관한 자료들

나는 독자에게 나와 함께 연옥에 관한 자료들을 펼쳐보기를 권한다. 이렇게 직접 접할 때에야 비로소 납득이 가리라 생각하기 때문이다. 그러한 문헌들은 위대한 신학자들의 것일 때도 미미한 익명 필사자들의 것일 때도 있고, 높은 문학적 가치를 지닌 것도 단순한 전달의 도구인 것도 있다. 그러나 그것들은 대개가 최초로 번역된 것으로, 상상적인 것의 매력과 새로운 신앙에 대한 열기와 내적·외적 세계의 발견의 설레임을 어느 정도씩 지니고 있다. 어떤 처소에 대한 신앙과 그 처소 자체가 천천히, 항상 확실하게는 아니지만 역사의 모든 복잡성 가운데에서, 형성되어가는 것을 보는 데에는 그것이 가장 좋은 방법이다.

이 텍스트들은 흔히 반복적이나, 그럼으로써 하나의 전체를, 그럼으로써 역사를 이룬다. 이 책에서 종종 만나게 될 반복은 현실을 반영한 것이다. 역사의 이 반복되는 부분을 삭제한다는 것은 역사를 변형하고 왜곡하는 것이다.

우리는 현대 서구 세계의 기초들이 형성되는 중세 초기의 주요

---

*41) 탁발 수사란 가난의 서원을 하고 노동과 자선에 의지하여 살아가는 자를 말한다. 오늘날 남아 있는 탁발 교단으로는 도미니코회·프란체스코회·아우구스티누스회·갈멜회 등이 있다(자세한 것은 제5장 주 40 참조).

단계들에서 저승의 지리와 그 의의가 어떤 것인가를 보게 될 것이다. 오늘날 우리는 예전에 저제국 *Bas Empire*이라든가 고중세 *Haut Moyen Age*라고 부르던, 그리고 좀더 정확히는 뒤처진 고대 *Antiquité tardive*라고 불러야 할 3~7세기에 걸친 긴 변천기의 독창성을 더 잘 알게 되었다. 이 시기에 고대의 유산들은 정제되었고 기독교는 새로운 습관들을 형성했으며 인류는 물리적·영적 생존을 위해 투쟁했다. 천국과 지옥 사이에서, 세상의 종말이 가까웠다는 믿음 속에서, 연옥이란 거의 사치에 가까운 것으로 심층에 묻혀 있었다. 봉건 제도가 생겨나던 8~11세기에 신학과 종교적 관행은 거의 정태적이었고 연옥은 그 발생의 예비적 단계에 머물러 있었으나, 수도원의 상상력은 어둠 속에 번득이는 섬광들로 저승의 구석구석을 탐사한다. 위대한 창조의 세기였던 12세기는 또한 연옥이 탄생하는 시기이며, 연옥은 그 당시 정립된 봉건 체계 가운데에서 비로소 그 모습을 드러낸다. 분출의 시대 뒤에는 질서의 시대가 온다. 연옥을 통해 저승을 통제할 수 있게 됨으로써 죽은 자들은 사회의 일반적 테두리 안에 영입되며, 연옥이 새로운 사회에게 제공하는 보완적 기회들도 전체적 체계 안에 통합된다.

신학과 민중 문화

나는 독자에게 다음 두 가지 사항을 더 밝혀두어야겠다. 첫째는 이 책이 신학에 할애한 자리에 관해서이다. 나는 신학자도 신학사가도 아니다. 교의(教義)가 된 신앙이 문제이니만큼 이 역사에서 신학적 형성의 역할은 분명 중요하며, 나는 신학의 몫을 제대로 인정하기를 원한다. 그러나 나는 연옥 신앙이 다른 경로들에 의해서도 성립되었다고 생각하며 내게 특히 흥미로운 것은 이러한 경로들이다. 왜냐하면 그 경로들을 통해 우리는 신앙과 사회간의 관계, 정신적 구조, 역사 속에서 상상적인 것의 위치 등에 관해 더 많은 것을 알 수 있기 때문이다. 나는 현대 카톨릭 신학에 있어 연옥이란 어떤 장소가 아니라 상태임을 모르지 않는다. 트렌토공의회 Concile de Trente⁴²⁾의 교부들은 다른 문제들과 마찬가지로 이 문제에 대해서도 종교를 미신으로 오염시킬 것을 우려하여 연옥이라는 개념의 내용을 교의 밖에 두었다. 그리하여 연옥의 위치나 거기에서 겪는 고통의 성격은 교의에 의해 정의되지 않았으며 자유로운 의견들에 맡겨져 있었다.

그러나 나는 이 책에서 연옥 신앙의 성공에서 주요한 역할을 한 것이 장소로서의 연옥 개념 및 그와 연관된 이미지들임을 보여주고자 한다.⁴³⁾ 그렇다는 것은 평신도들뿐 아니라 12~13세기의 신학자들과 교회 권위자들에게도 마찬가지였다. 1150년 이후 제2중세⁴⁴⁾의 인간들에게 연옥이란 무엇이었던가를 모든 차원에서 다른 누구보다도 더 잘 표현한 이는 평신도 가운데서 나온 천재이자 박학자였으니, 연옥의 역사에서 가장 훌륭한 신학자는 단테이다.

두번째로 내가 독자에게 환기하고자 하는 것은 연옥의 탄생에 있어 민중 문화가 차지하는 위치이다. 이 위치는 두말할 것도 없

---

*42) 공의회란 기독교회에서 주교들을 위시한 지도자들이 모여 교의, 교회 행정, 규율 등등의 문제를 논의하는 모임을 말한다. 전교회의 주교들이 모이는 것을 특히 보편 *ecumenical* 공의회라 하며, 총대주교 관구내의 주교들이 모이는 것은 시노드 *synod*라 한다. 트렌토공의회(1545~1563)는 프로테스탄트교에 대항하며 카톨릭 교회의 내적 혁신을 꾀한 것으로, 연옥을 교의로 확립하되 연옥에 관한 민중적 상상에는 거리를 두었다.

43) "정제된" 그러나 편협한 신학적 연옥관으로는 가령 다음과 같은 것이 있다. "나사로의 손가락과 악한 부자의 혀에 관해 말씀하실 때 예수께서는 민중 언어의 필요성을 따른 것이나, 이로 인해 영혼과 육체를 불가분의 것으로 생각하는 데 익숙해진 사람들은 육체와 분리된 영혼에게도 그 나름의 육체가 있는 것이라고 상상하게 되었으니, 교의의 진정한 철학에는 그만큼 장애가 되었다" (J. Bainvel, article "Ame," in *Dictionnaire de théologie catholique*, I, Paris, 1909, p. 1001). 그런 식으로 생각한다는 것은 역사의 이해를 거부하는 것이다.

*44) 본장 주 2 참조.

이 중요하며 이 책에서 여러 차례 환기될 것이다. 형성되어가는 연옥의 몇몇 본질적 요소들 뒤에는 민중 전통——단순히 대중의 문화 *la culture de masse*라는 뜻이 아니라 특정한 민중적 문화 *la culture folklorique*라는 뜻으로——이 존재하고 작용한다. 그러한 예를 세 가지만 들자면, 우선 정화하는 불은 칼-마틴 에즈먼이 보여주었듯이 민담·전설·민중극 등을 통해 이해되는 의례와 신앙에 속한다. 다음으로, 저승 여행은 민간 전승의 요소들과 식자(識者) 문화의 요소들이 긴밀히 얽히는 쟝르에 속한다.[45] 끝으로, 연옥에 관한 예화(例話) *exempla*들은 흔히 민담에서 나왔거나 민담과 유사하다. 여러 해 전부터 몇몇 동료 및 친구들과 함께 나는 사회과학고등연구원 Ecole des Hautes Etudes en Sciences Sociales에서 세미나의 형식으로 중세의 식자 문화와 민중 문화간의 관계에 대한 연구를 계속해왔다. 그러나 나는 연옥이라는 주제를 다루면서는 별로 이 방면으로 나가지 않았다. 그와 같은 주제에 있어서는 너무 불확실한 것들이 많아서 민중 문화의 부정할 수 없는 몫을 쉽사리 구체화하고 심화하고 해석할 수 없기 때문이다. 그러나 이 문화가 연옥의 탄생에 있어 일역을 했다는 점은 인정해야 한다. 연옥이 탄생한 시대는 또한 민간 전승이 식자 문화에 가장 활발히 작용했으며 교회가 고중세에 파괴하고 은닉하고 간과했던 전통들을 한층 폭넓게 받아들인 시대이다.[46] 이러한 시대적 추세 또한 연옥의 탄생에 기여했던 것이다.

---

45) Heinrich Günter는 이렇게 썼다. "저승관은 어느 시대에나 유포되어 있는 민중적 모티프로서 신비적 사색만큼이나 오랜 것이다"(*Die christliche Legende des Abendlandes*, Heidelberg, 1910, p. 111).

46) J. Le Goff, "Culture cléricale et traditions folkloriques dans la civilisation mérovingienne," in *Pour un autre Moyen Age*, Paris, 1977, pp. 223~35; "Culture ecclésiastique et culture folklorique au Moyen Age: saint Marcel de Paris et le dragon," *ibid.*, pp. 236~79; J.-Cl. Schmitt, "Religion populaire et culture folklorique," in *Annales E. S. C.*, 1976, pp. 941~53.

I
연옥 이전의 저승

제1장
고대의 상상 세계

　중세의 연옥은 아주 옛적부터 통용되던 모티프들을 재활용했으니, 예컨대 암흑·불·고문, 시련과 통과의 다리, 산·강 같은 것들이다. 반면 초장(草場)이나 방황 같은 요소들은 받아들일 뻔했으나 결국에는 거부했고, 환생이나 윤회 같은 것은 처음부터 거부했다. 그러므로 나는 우선 다른 곳으로부터 그리고 먼 곳 때로는 시공간적으로 매우 먼 곳으로부터 온 이 모티프들을 살펴보기로 하겠다.
　연옥의 연구에 이 고대 종교들을 포함시킨다는 것은 연옥을 공통된 문제──저승의 구조, 저승의 기능을 보여주는 상상 세계──에 대한 많은 해답들의 하나로 본다는 것이다. 어떤 경우에 다른 종교들에 대한 이 참조는 사실적이고 역사적인 유산의 실재를 보여줄 것이다. 예컨대 불이라는 모티프는 고대 인도로부터 기독교 서구로 전해진 것이지만, 연옥의 불은 여러 시대에 걸쳐 도처에서 일구어졌던 불들을 합친 것이다. 이집트의 저승관은 이후의 저승들을 지옥화하는 데 큰 영향을 미친 것으로 보인다. 그런가 하면 어떤 경우에는 다른 종교적 저승들과의 비교란 논리적인 가치밖에 없을 것이며, 공통의 문제에 대한 다양한 해결책으로서의 여러 저승 체계들을 보여주는 데 그칠 것이다. 이 해결책들과 기독교의 연옥이라는 해결책 사이에 만남이 있을 때, 확실한 영향 관계가 없다면, 그것은 답변의 동일성에 의한 것이 아니겠는가? 영지(靈知)주의자들 *les gnostiques*¹⁾의 고뇌에 찬 지옥의 시간 *le temps de l'Enfer*²⁾과 기독교인들의 불안하지만 희망이 있는 연옥의 시간 *le temps du Purgatoire*이란 시간에 대한 동일한 감수성이 두 가지 사고에 각기 다른 방식으로 나타난 것이 아니겠는가?

끝으로, 이 다양한 전통들을 정리해본다는 것은 기독교의 연옥과 그 이전의 저승에 대한 상상 세계간의 관계가 계보적인 것이 아니라 역사적인 것임을 나타내는 것이다. 연옥은 일련의 신앙들과 이미지들——설령 그것들이 통시적인 것이라 해도——에 의해 자동적으로 태어난 것이 아니라, 우연과 필연이 뒤섞인 역사의 결과이다.

힌두교의 세 갈래 길

고대 인도에서, 베다³⁾ 시대 말에 최초의 우파니샤드들⁴⁾이 나타

---

*1) '그노시스 *gnosis*'란 '인식'을 뜻하며, 따라서 그노스티시즘(우리말로는 이것을 '영지주의'라고 옮기는 것이 상례이다)이란 '인식을 통한 구원'을 믿는 종교라고 단순화할 수 있다. 철저한 선악 이원론적 세계관에 바탕을 두고 있는 그들은 인간 존재가 선한 근원으로부터 나왔으나 악한 세상에 유배되어 살아간다고 보며, 구원 곧 진정한 근원에로의 귀환은 비의적 '인식'을 통해서만 가능하다고 믿는다. 이러한 형이상학적 태도의 기원은 고대 이란 종교로 거슬러 올라가며 고대 이집트나 메소포타미아의 종교에서도 유사점이 발견된다. 또 이후 서구 역사에서도 여러 시기에 여러 양태로 발현되나, 특히 그노스티시즘이라고 하면 그것이 A.D. 1~2세기경 기독교와 혼효된 형태로 나타나 초대 교회의 교부들과 갈등을 일으켰던 무수한 이단 비교(秘敎)들을 가리킨다. 그노스티시즘은 인식을 통한 인간의 자력적인 구원을 믿으므로, 그리스도의 대속(代贖)을 통한 은혜로서의 구원을 믿는 기독교와는 정면으로 배치되는 것이다.

*2) 영지주의의 견지에서, 인간 영혼은 본질적으로 이 악한 물질 세상에 속한 것이 아니며, 삶의 시간이란 천상적 근원에로의 귀환 이전에 겪어야 하는 '지옥의 시간'이다.

났을 때(B.C. 6세기), 죽은 자들에게는 세 갈래 길이 주어졌는데, 그 어느 한 길로 가게 되느냐는 그들의 공덕에 달려 있지만 심판은 없었다. 죽은 자들은 화장되었으므로, 그 첫번째 길은 불을 통과해간다. 의인들은 "화염에서 낮으로, 낮에서 차는 달(달이 차는 보름간)로, 차는 달에서 돋는 해(해가 돋는 일 년 중 여섯 달)로, 돋는 해에서 신들의 세계로, 신들의 세계에서 태양으로, 태양에서 섬광의 세계로 나아가, 이 섬광의 세계에서 그곳으로 그들을 도우러 오는 영적인 존재에 의해 브라만[5]의 세계들로 인도되며, 이 브라만의 세계들로부터 측량할 수 없이 먼 곳에서 살게 된다. 그들은 결코 돌아오지 않는다."

그런가 하면, 웬만한 공덕을 쌓은 자들은 "연기 속으로 들어가, 연기에서 밤으로, 밤에서 이우는 달(달이 이우는 보름간)로, 이우는 달에서 저무는 해(해가 저무는 일 년 중 여섯 달)로, 저무는 해에서 혼백들의 세계 le monde des Mânes로, 이 세계에서 달 속으로

*3) 인도 최초의 인더스 문명을 정복한 아리안족의 현인들이 신들로부터 계시받았다고 하는 네 권의 지혜서(그 시기는 대략 B.C. 1500~1200으로 추정됨)를 『베다』라고 한다. 이는 산스크리트어로 '지식'이라는 뜻이며, 모든 신적 지혜를 담고 있는 것으로 믿어지는 이 책들은 힌두교의 가장 오랜 경전이 되었다. 『리그-베다』『사마-베다』『야주르-베다』『아타르바-베다』의 네 권과 거기 덧붙여진 주석들 즉 『브라마냐』『아라니아카』『우파니샤드』 등을 통틀어 '베다 문학'이라고 일컫는다. 이 아리안족은 B.C. 6세기경 페르시아에 의해 정복되었다.
*4) 『브라마냐』『아라니아카』에 이어 베다 전통의 마지막 단계에 해당하는 일련의 텍스트들. '우파니샤드'라는 말은 '(스승 곁에 앉아 받는) 수업'을 뜻한다. 앞의 두 책이 주로 『베다』 각 권에 대한 제의적 주석을 내용으로 하는 반면, 『우파니샤드』들은 점차로 베다의 신들 및 그들에게 바치는 제사보다 철학적이고 신비적인 물음들에 관심을 기울이게 된다. 이는 B.C. 1000년경에 시작하여 B.C. 600년경에 주로 활동했던 힌두 교사들의 시각을 반영하는 것으로, 인도 철학의 기초를 이룬다. 모두 108권으로 알려져 있으나 실제로는 200권이 넘고, 근래까지도 쓰여졌다.
*5) 힌두 철학에 나오는 우주의 궁극적 실체. 베다의 다신적(多神的) 신화가 유일신을 중심으로 재편성되어가는 추세 가운데서 이러한 신이 비인격화, 개념화된 것이라 할 수 있다. '보편' '단일' '다중적인 일자' 등으로 불리는 중성적인 지고(至高)의 실체이다.

간다." 거기에서 그들은 신들에게 먹히며, 땅 위로 되돌아와 완성을 위한 환생과 재생의 윤회를 시작하는데, 그 하나하나가 낙원 *paradis*을 향한 단계이다.

끝으로, 돌이킬 수 없이 악한 자들은 "벌레나 곤충이나 짐승의 형태로" 징벌적 재생을 겪다가 마침내 지옥에 떨어진다.[6]

『이샤 우파니샤드 Isha Upanishad』는 이 지옥에 대해 이렇게 말한다. "태양이 없다고 하는 이 세계들은 암흑에 싸여 있다. 죽어서 거기에 들어오는 것은 그들의 영혼을 죽인 자들이다." 그러나 또 다른 문헌들은 이 죽은 자들의 운명이 단번에 정해지지 않음을 시사한다. 그것은 그들이 두 마리 개가 지키는 문간을 지날 것이냐에 달려 있다. 만일 그들이 그 문을 지날 수 있다면, 그들은 로마의 엘리시움 Elysium[7]이나 게르만의 발할라 Walhalla[8]에 가까운 좀 더 나은 곳, "빼앗기지 않을" 초장으로 가게 될 것이다. 거기에서 그들은 지옥의 왕이 된 최초의 인간 야마 Yama[9]——인도 유럽계의 아담에 해당한다——의 축제에 참석하게 된다. 만일 그들이 그 문을 지나지 못한다면, 그들은 지옥의 암흑 속으로 가거나 지상으로 돌아와 유령의 형태로 떠돌며 비참하게 헤매게 될 것이다.[10]

이 다양한 전통들에는 연옥에서 다시 발견하게 될 요소들인 구

---

6) 이 인용문들은 『찬도가 우파니샤드 *Chandogya Upanishad*』에 나오는 것으로, Jean Varenne, "Le Jugement des morts dans l'Inde," in *Le Jugement du morts* (Sources orientales, IV), Paris, 1961, pp. 225~26에서 재인용.

*7) 서론, 주 5) 참조.

*8) 게르만 신화에서 용감히 싸우다 죽은 전사들이 가게 되는 곳. 그것은 주신(主神) 오딘이 다스리는 거대한 궁전으로, 전사들은 낮에는 시간의 종말에 있게 될 악마들과의 싸움에 대비하여 전투를 계속하고, 밤에는 성대한 주연(酒宴)을 벌인다.

*9) 힌두교에서 죽음의 신이자 최초의 필멸의 인간. 그는 저승의 최고 심판자이며 지옥의 왕이다.

10) *Ibid.*, pp. 215~16. L. Schermann, "Eine Art visionärer Höllenschilderung aus dem indischen Mittelalter. Nebst einigen Bemerkungen über die älteren Vorstellungen der Inder von einer strafenden Vergeltung nach dem Tode," in *Festchrift Konrad*

원의 중간 길, 불을 통한 통과, 어둠과 빛 사이의 변증법, 죽음과 결정적 구원 사이의 점진적 향상, 유령으로 헤매게 될 영혼들을 받아들이는 곳으로서의 저승 등이 들어 있다. 그러나 심판이 없다는 것, 환생이 중심적 위치를 차지하는 것 등은 기독교의 저승 체계와 매우 다르다.

이란: 불과 다리

이란에서 저승에 관한 교리 및 이미지들 중 특히 인상적인 것은 불의 편재(遍在)이다. 그러나 조로아스터교[11] 종말론의 몇몇 특징들은 기독교의 연옥에 이르게 될 개념들에 직접적인 영향을 미친 바는 분명히 없지만 그것들을 상기케 한다.[12] 우선 심판 이전의 죽은 자들의 처소의 '낙원적' 해석과 '지옥적' 해석간의 주저가 연옥과 비슷하다. 『베다』에서는 야마의 왕국인 이 처소가 때로는 빛의 낙원이고 때로는 음산한 지하 세계, 비탈길을 따라 내려가게 되는 심연이다.[13] 또한——인도에서 만나게 되는 것처럼——땅을 하늘과 이어주는 다리, 죽은 자가 역시 일종의 도덕적 가치를 갖는 힘

Hofmann *Romanische Forschungen* 5, 1890, pp. 539-82.
*11) 고대 이란의 다신교는 B.C. 6세기경 예언자 차라투스트라(조로아스터)에 의해 일신교로 개혁되었다. 차라투스트라에 의하면 악의 근원은 최고신 아후라 마즈다가 세상을 창조하면서 자유 의지를 허용하여 두 쌍둥이 아들인 선신과 악신간에 영원한 투쟁이 시작된 데 있다. 그러나 이 세상은 곧 대화재로 타 없어질 것이고, 선신을 따르는 자들만이 새로운 창조에 참여할 것이다. 그전에 죽은 자들은 '복수의 다리'를 건너 선인들은 천국에서, 악인들은 지옥에서 기다리게 되리라고 한다. 전파 과정에서 조로아스터교는 다소 변질되어, 이란의 고대 신들을 재도입하고 차라투스트라를 신격화했으며 아후라 마즈다의 후신(後身) 오르마즈드와 그의 쌍둥이 형제인 악신(惡神) 아리만을 대립시키는 극단적 이원주의로 경직되었다.
12) Cf. J. D. C. Pavry, *The Zoroastrian doctrine of a future life*, New York, 1926; J. Duchesne-Guillemin, *La Religion de l'Iran ancien*, Paris, 1962.

과 재주의 시련을 위해 건너가는 다리가 있다는 점도 연옥을 생각 나게 한다.[14]

끝으로, 그들이 행한 선과 악의 무게가 비슷한 영혼들을 위해서는 중간적 장소가 존재한다. 그러나 전문가들은 그것이 일종의 연옥이 아니라는 점을 경고한다. 왜냐하면 조로아스터교에서 기독교의 연옥에 비교될 수 있는 것은 그러한 중간적 장소가 아니라 오히려 지옥——그 또한 일시적이라는 점에서——이기 때문이다.[15]

이집트: 지옥에 관한 상상 세계

고대 이집트의 긴 역사는 죽은 자들의 심판과 저승에 관한 신앙들을 몇 가지 단순한 관념들로 요약하는 것을 허용하지 않는다. 그러한 신앙들은 수세기에 걸쳐 변천을 겪었고 사회 계층에 따라 달랐던 것으로 보인다. 죽은 자들의 심판이라는 관념은 이집트에서는 매우 오랜 것이다. 장 요요트 Jean Yoyote가 지적하듯이 "고대 이집트인들의 발명인 심판이라는 개념과 거기에 대한 두려움 및 희망은 그들 이후에 크게 발전할 것이었다."[16]

이집트의 지옥은 특별히 인상적이고 세련된 것이다. 그것은 성벽과 문들이 있는 광대한 지역으로, 거기에는 진흙 수렁이나 불못

---

*13) 조로아스터 이전의 고대 이란 종교는, 고대 이란과 북인도의 언어적·인종적 유사성에 근거하여, 조로아스터교의 경전 『아베스타』와 힌두 경전 『베다』의 공통 요소들로부터 재구성되어왔다. 본문에서 조로아스터교 종말론을 논하면서 『베다』나 야마의 왕국을 운위하는 것도 그러한 맥락에서일 것이다(저자는 조로아스터 이전·이후의 고대 이란 종교를 일괄하여 '조로아스터교'라 칭하는 듯하다).

14) G. A. Frank Knight, "Bridge," in "ERE," t. 2.
15) J. Duchesne-Guillemin, *La Religion de l'Iran ancien*, p. 335.
16) J. Yoyote, "Le Jugement des morts dans l'Egypte ancienne," in *Le Jugement des morts*, p. 69.

들에 둘러싸인 신비한 방들이 있었다. 마스페로 Maspéro는 이집트의 죽은 자는 산과 깎아지른 벼랑들을 기어올라가야 한다는 것을 지적한 바 있다. 이집트 저승의 상상적 지리는 매우 발전하여 석관(石棺) 위에 새겨진 저승 지도들이 발견되기도 했다. 그곳에는 많은 혹독한 형벌들이 있었으며, 이 벌들은 영혼과 육체에 모두 미치는 것이었다. 그것들은 물리적인 동시에 정신적인 것으로, 신들로부터 유리됨이 그 특징이었다. 본질적인 감각은 폐쇄와 영어(囹圄)의 그것이었다. 그곳에서 받게 되는 형벌들은 유혈낭자한 것이었고 불에 의한 무서운 벌들도 많았다. 그러나 기독교의 연옥은 그 가장 지옥적인 형태에서도 이집트 지옥의 어떤 고문들——감각 기관의 상실이라든가 인성(人性)의 분열 같은——과는 거리가 멀다. 이집트인들은 저승관에서 지형학적인 상상을 매우 발전시켰다. 집, 방, 둥지, 기타 다양한 장소 등 '수용처(收容處) les réceptacles'들은 거기에서 복잡한 주거 체계를 형성한다.[17] 그러나 고대 이집트인들에게는 연옥이 없다. 에릭 호르눙 Erik Hornung은 저승의 인간을 지칭하는 이집트 어휘의 풍부함에도 불구하고 그것은 "복된 자들"과 "저주받은 자들"이라는 엄격히 대비되는 두 가지 범주에 국한된다는 것을 분명히 지적한다. 중간적인 상태나 단계, 정화의 과정 등은 없다.

죽은 자들이 악을 많이 행한 자들, 선을 많이 행한 자들, 선행과 악행이 비등한 사람들의 세 부류로 나뉘는 것은 B.C. 1세기와 A.D. 2세기 사이에 씌어진 시-오시르 Si-Osire의 저승 여행이라는 데모트(속어로 된)[18] 이야기에서부터이다. 그러나 거기에도 정화의 과정은 없다. A.D. 2세기 이후 콥트어[19] 계시록——『베드로 계시

---

17) E. Hornung, *Altägyptische Höllenvorstellungen. Abhandlungen der sächsischen Akademie der Wissenschaften zu Leipzig*, Philologisch-historisch Klasse, Bd 59, Heft 3, Berlin, 1968.

*18) 데모트 서체 *écriture démotique*(民用書體)란 B.C. 7세기초부터 A.D. 5세기경까지 필

록』이나 『바울 계시록』──들에서는 개인적 운명들이 조금씩 달라지기 시작하지만, 이집트에는 그러한 전례가 없다.[20]

그러나 이러한 이집트의 배경에 언급하지 않을 수 없는 것은 기독교 기원을 전후하여 이집트 특히 알렉산드리아와 기독교 수도원들에서 저승 특히 지옥의 이미지를 형성하는 데에 큰 역할을 한 많은 유대, 그리스, 콥트 문헌들이 씌어졌기 때문이다. 버지 E. A. W. Budge는 이 지옥적 유산의 성격들을 이렇게 지적한다. "저세상에 관한 모든 책들에서 우리는 불못들과 캄캄한 심연과 살상(殺傷)하는 칼들, 끓으며 흐르는 물, 악취, 불뱀, 끔찍한 괴물들, 짐승의 머리를 가진 생물들, 온갖 형상의 잔인하고 살인적인 존재들⋯⋯ 우리가 옛 중세 문학에서 친숙한 것들과 유사한 이미지들을 발견한다. 근대 국가들은 그들의 지옥 개념의 상당 부분을 이집트로부터 이어받고 있음이 명백하다."[21] 중세 기독교 세계에서 자주 만나게 될 지옥화된 연옥은 분명 어느 정도 이 이집트의 유산에서 나온 것이다.

───────

사본에 주로 쓰이던 약식 상형 서체를 말한다. 이는 이전의 어려운 히에라트체 *écriture hiératique* (草書體)를 단순화한 것으로, B. C. 5세기경이 되면 종교적 목적으로는 히에라트체가 계속 쓰이지만 그 밖의 문학적·상업적 문서들에는 데모트체가 쓰이게 된다. 본문에서는 'un récit démotique(en langue vulgaire)'라고 하여 마치 '데모트어'라는 속어가 있었다는 것처럼 들리는데, 데모트, 히에라트는 모두 상형 서체의 구분일 뿐, 고대 이집트에 그렇게 두 가지 언어가 있었는지는 알 수 없는 일이다. 그러니까 정확히는 데모트 서체로 씌어진, 종교적이 아닌, 일반 민중의 이야기라는 뜻으로 새겨야 할 것이다. 일반적으로 '데모트어'라고 하면 고대 희랍어에 대비되는 현대 그리스어를 가리킨다.

*19) A. D. 2세기경부터 쓰이기 시작한 언어로, 고대 이집트어의 마지막 단계에 해당한다. 이집트어의 이전 단계들이 히에라트체나 데모트체로 표기되던 데 비해, 콥트어는 희랍어 알파벳과 데모트체에서 차용한 일곱 글자로 표기되었다. 콥트어는 또한 이전 이집트어의 종교적 용어 및 표현들도 희랍어에서 차용한 말들로 대치했다.

20) *Ibid.*, pp. 9~10.
21) E. A. W. Budge, *The Egyptian Heaven and Hell*, t. III, London, 1906, introd. p. xii ; C. M. Edsman, *Le Baptême de feu*, p. 73에 인용, 해석되어 있음.

그리스·로마의 하계(下界) 방문

고대 그리스·로마가 기독교적 저승 이미지에 기여한 바가 있다면 그것은 바로 하계 방문 *catabasis*[22]의 주제를 통해서이다. 그리스도에게서 다시 발견될 이 주제는 고대 그리스에서는 친숙한 것으로, 오르페우스,[23] 폴룩스,[24] 테세우스,[25] 헤라클레스[26] 등이 모두 그림자들의 처소인 지옥으로 내려간다. 가장 유명한 지옥 하강 중의 하나가 『오디세이아』 제11권에 나오는 율리시스의 그것이다.[27]

---

*22) catabasis는 본래 '하강'이라는 뜻이지만, 일반적으로는 '하데스로 내려감'을 의미한다. 신이나 영웅들이 하데스로 내려가는 것은 고대 신화들에서 공통적으로 발견되는 주제로, 어둠(죽음)의 세계를 정복함으로써 영지주의적 인식, 권능 등에 도달하게 된다.

*23) 오르페우스가 에우리디케를 되찾기 위해 하데스로 내려가는 것은 유명한 이야기이다.

*24) 카스토르와 폴룩스는 제우스와 레다 사이에 태어난 쌍둥이 아들이다. 카스토르가 죽자 폴룩스는 자신도 죽게 해달라고 빌었으며, 이를 불쌍히 여긴 제우스는 그들이 하루씩 번갈아 죽고 또 살게끔 했다. 즉 카스토르가 지상에 있는 날은 폴룩스가 하데스에, 폴룩스가 지상에 있는 날은 카스토르가 하데스에 가게 한 것이다. 또는 후세의 전설에서는 폴룩스만이 신적인 불멸의 존재로 간주되어, 하루는 올림포스에서 또 하루는 하데스에서 카스토르와 함께 지내게 되었다고도 한다.

*25) 해신(海神) 포세이돈의 아들로, 아테네의 국가적 영웅이다. 그에 관한 전설 중에 라피트족의 왕 피리투스와 함께 페르세포네를 빼앗으러 하데스에 내려갔다는 이야기가 있다. 테세우스는 헤라클레스의 도움으로 풀려나지만 피리투스는 그대로 하데스에 붙잡혀 있게 된다고 한다.

*26) 제우스와 알크메네 사이에 태어났다고 하는 전설적 영웅. 열두 가지 어려운 과제를 완수한 것으로 유명하다. 그 중 열두번째로 꼽히는 과제가 하데스에 내려가 하데스를 지키는 개 케르베로스를 훔치는 것이다. 헤라클레스는 하데스의 왕(하데스)을 이기고 잡혀 있던 테세우스를 풀어주었다고 한다.

*27) 키르케는 율리시스(오디세우스)가 귀향하기 위해서는 하데스에 내려가 예언자 티레시아스의 혼백으로부터 충고를 들어야 한다고 알려준다. 티레시아스는 그에게 귀향이 어려운 이유가 해신(海神) 포세이돈의 아들 폴리페무스를 죽인 데 있다고 하며, 집에 돌아가면 그 보상으로 포세이돈에게 제사를 지내라는 충고를 해준다.

그러나 원본에는 죽은 자들의 심판이나 도덕적 제재(制裁) 및 징계적 고문이라는 개념이 없었으며, 수많은 첨작이 가해진 것으로 알려져 있다. 호메로스의 지옥은 동양의 지옥들에 비하면 빈약해 보인다. 그 일반적 지리적 요소들 가운데 연옥의 발생에서 재발견될 것들로는 섬(키르케의 섬),[28] 바다 위로 깎아지른 동굴들이 많은 산, 그야말로 지옥적인 분위기인 아베르누스[29]로 내려가는 이야기 등이 있다. 죽은 자들의 소환은 공식적 기독교에서는 발견되지 않을 것이다. 왜냐하면 연옥의 특정한 영혼들을 특정한 산 자들에게 나타나게 하는 것은 신뿐이기 때문이다.[30] 한편, 헤시오도스[31]의 타르타로스[32] 이야기는 짧다(『신통기(神統記)』, 695~700, 726~33).

고대 그리스가 저승의 개념에 기여한 것은 긴 안목으로 보아 특

---

*28) 『오디세이아』에서 율리시스의 배가 좌초하게 되는 섬. 거기서 율리시스의 부하들은 여신 키르케의 술을 마시고 돼지로 변한다. 율리시스만이 마법을 모면하고 키르케를 설득하여 부하들을 원상으로 돌아오게 한 뒤, 한동안 그녀와 함께 지내다가 그녀의 권유로 하계 여행을 하게 된다.

*29) 나폴리 근처의 깊은 호수. 깊이를 알 수 없고 음침한 숲 가운데 있으며 주변의 늪들에서 유황내가 난다는 등의 이유로 해서 지옥의 입구라고 여겨졌다.

30) 예컨대 Victor Bérard, *Les Navigations d'Ulysse, IV, Circé et les morts*, Paris, 1929, pp. 281~372를 참조할 것. 이 연구는 실제의 지리적 장소들을 탐구하는 데 지나치게 몰두해 있다. 이 지리적 사실주의는 때로 상상 세계의 구조와 문화적 전통의 결합이라는 본질적 요소를 가린다. 예컨대 연옥관에 있어 찬 것과 더운 것의 환기를 각기 지중해적 작가들과 북해적 작가들의 것으로 분류하고자 하였다. 그러나 이미 살펴보았듯이 본래부터 더운 것과 찬 것은 쌍을 이루며 그 기원은 아마도 인도 유럽계 전통에 있을 것이다. 거기에서 티벳이나 코카서스 기후의 반영을 보아야 할 이유는 없다.

*31) 헤시오도스: B. C. 8~7세기경 고대 그리스 시인. 『신통기 *Theogonia*』에서 그는 신들에 관해 전해내려오는 이야기들을 일관되게 엮어나가는 가운데 자신의 세계관 및 윤리관을 피력하였다. 이 작품은 고대 신화에 관한 귀중한 자료로 꼽힌다.

*32) 그리스 신화에서 말하는 우주의 기초. 지옥 아래쪽으로, 땅과 하늘 사이의 공간만한 거리에 있으며, 올림포스 이전 세대의 신들이 패배당한 뒤 거기에 떨어졌다고 한다. 제우스는 자신에게 거역하는 신들을 타르타로스에 가두겠다고 위협했으며, 그래서 타르타로스는 차츰 대죄를 지은 자들이 가는 지옥으로 간주되어, 하데스와 거의 동일시되었다.

히 두 가지 지적 체계에서인데, 그것들이 기독교적 사고에 어떤 영향을 미쳤는지는 알기 어렵다.

환생의 철학: 플라톤

중간적 저승의 견지에서 영혼들의 사후 운명에 관한 플라톤의 사상을 요약하려 한다는 것은 무모한 일이다. 나는 빅토르 골드슈미트 Victor Goldschmidt를 길잡이로 삼는다.[33] 플라톤주의에서는 과오에는 의지 즉 책임의 몫과 함께 복잡한 과정을 통해서만 지워질 수 있는 무지의 몫이 있다는 생각이 지배적이다. 그러므로 영혼들의 운명은 그들 자신의 선택인 동시에 신들의 심판에 달려 있다.

죽은 자들의 운명은 대개 죽은 자가 다소간에 자유롭게 선택하는 환생의 형태를 취하나, 이 환생 형태는 신들의 중재에 의해 변화나 좌절을 겪을 수도 있다. 악한 자들은 비천한 사회적 신분의 인간이나 혐오스러운 짐승들의 몸으로 격하되는 변형을 겪거나 신들로부터 지옥의 벌들을 받는다. 이 징벌들은 『국가』 제10권 (615 e) 에서 거론된다. 거기서 우리는 불로 된 인간들이 폭군들의 손발과 머리를 묶으며 그들을 땅에 던지고 가죽을 벗겨 끌고 가는 것을 볼 수 있다. 이는 『베드로 계시록』의 한 대목 (5 : 30) 을 상기시킨다. 플라톤적 이상 즉 철학에 도달하여 "순수하고 정의롭게" 철학을 실천한 자들은 완전한 명상에 이르게 되는데, 그것은 대개 "복된 자들의 섬"에서이다. 저승에서의 운명은 항상 장소화·공간화될 필요가 있는 것이다.

---

33) V. Goldschmidt, *La Religion de Platon*, Paris, 1949, 특히 "Châtiments et récompenses," pp. 75~84.

여러 가지 고찰의 결과 플라톤은 사후의 중간적 도정들이 필요하다고 생각하게 되었다. 가령 『국가』가 강하게 표현하듯이(X, 615 a~b) 벌이 죄에 비례해야 한다는 생각이나, 중간 정도로 유덕한 자들의 사후 운명에 관한 개념 같은 것들이 그러했다. 플라톤에 의하면, 그들은 환생의 과정을 계속 통과하나 그러는 사이사이 "순수하고 땅의 높은 곳들에 위치한 처소에서"(『파이돈』, 114c, 1~2) 모종의 보상을 맛본다.

구약 성서와 마찬가지로, 저승에 관한 플라톤 사상도 여전히 근본적으로 이원적이다. 윤회에서 영혼들은 때로는 더 악한 영혼들로 때로는 더 나은 영혼들로 돌아온다. 신들의 심판은 어떤 인간도 간과하지 않을 것이며, 플라톤은 인간들에게 경고한다. "그대는 심판을 모면할 수 없다. 그대가 아무리 작아져서 땅속 깊이 숨더라도 또는 하늘에 오를 만큼 커지더라도"(『법률』 X, 905a). 이러한 대목은 시편 제139편 9절을 상기시킨다.

> 내가 하늘에 올라갈지라도 거기 계시며
> 음부에 내 자리를 펼지라도 당신은 거기 계시니이다

"그대는 신들에게 마땅히 치를 바를 치러야 한다. 그대가 이곳에 남게 되건 하데스로 가게 되건 또는 더욱 도달하기 어려운 어떤 곳으로 가게 되건간에"(『법률』 X, 905a). 에르Er의 유명한 신화[34]에

---

*34) 『국가』 제10권에 나오는 이야기. 에르는 전투에서 죽었는데, 그의 시체는 스무 날이 넘도록 성한 채로 있다가 화장을 하려고 장작더미 위에 뉘어놓자 되살아났다. 그가 저세상에서 보고 온 바에 따르면, 죽은 자들은 선악간에 심판을 받아 선인들은 하늘로 악인들은 땅속으로 보내지며 각기 여행을 마치고서 초장으로 돌아온다. 천년이 걸리는 땅속의 여행 동안 악인들은 자신의 죄에 대해 벌을 받는데, 그리고 나서도 구제할 수 없는 악인들은 타르타로스에 던져진다. 초장에 모인 영혼들은 다시 여행길에 올라 빛의 중심, 천구(天球)와 운명의 중심에 이르러 제비뽑은 순서대로 자신이 원하는 환생의 형태를 선택한다.

서 경이로운 초장에서 만나게 되는 자들에게는 두 가지 방향만이 가능하다. 어떤 자들은 하늘에서 오며 다른 자들은 천년의 여행 끝에 땅속으로부터 온다.

그러나, 그의 철학뿐 아니라 아테네의 법 체계와도 분명 연관되는(죽은 자들의 심판이 존재하는 모든 종교들에서는 지상적 정의와 저승에서의 신적 정의 사이에 상호 관계가 있다) 형벌의 비례성이라는 관념을 발전시켜, 플라톤은 인간 영혼들에게 닥칠 수 있는 여러 가지 상황들을 상상한다. "영혼의 품성 변화가 별로 없거나 미미한 자들은 수평적으로만 이동한다. 좀더 자주 그리고 더 깊이 불의에 빠지는 자들은 깊은 곳으로, 하데스라든가 하는 이름으로 그들의 공포와 악몽을 지배하는 낮은 처소들로 옮겨진다. 영혼이 악한 쪽 혹은 선한 쪽으로 깊은 변화를 겪을 때, 만일 신적인 미덕에 물들어 거의 신적이 된다면 그것은 신성한 길을 통해 새롭고 더 좋은 곳으로 가게 된다. 만일 그 반대라면, 영혼이 자기 삶의 자리를 옮겨가는 것은 반대의 처소들을 향해서이다"(『법률』, 904c~05a).

형벌의 단계화, 중간적 징계들을 가능케 하는 것은 특히 환생에 대한 신앙이다. 오르페우스교[35]에서도 이러한 경향이 발견된다. 본

---

*35) B.C. 7~6세기경에 나타난 비의적(秘義的) 종교로서, 우주 및 인간에 대한 독특한 개념에 근거해 있다. 태초에는 크로노스만이 있었고, 거기에서 카오스와 에테르가 나오고…… 하는 식의 우주론(이것은 헤시오도스의 우주론과 정확히 일치하지는 않는다)은 여전히 신화적이지만, 인간관에 있어서는 그노스티시즘의 큰 줄기에 속한다고 할 수 있다. 즉, 영혼은 본래 불멸이며 천상에 속하는 것이었으나 무엇인가(일종의 원죄)에 의해 더럽혀져서 실추되어 인간이나 동물의 육신적 형태로 지상에서 살게 되었으며, 여러 육신으로 환생을 거치면서 정화되어 마침내 완전한 갱생에 이르면 신들과 더불어 천상에서 살게 된다는 것이다. 특히 한 육신에서 다른 육신으로 넘어갈 때는 지옥에서 속죄를 해야 하며, 이처럼 단계적인 구원을 완수하기 위해 인간은 (저승에서 돌아온 오르페우스에 의해 계시된) 비의에의 입문 의식을 거쳐야 한다. 그러지 않으면 영혼은 끝없는 윤회에서 헤어나지 못하거나 아니면 지옥의 암흑 속에 영영 갇히고 말 것이다. 피타고라스, 플라톤 등의 철학자들도 오르

래부터 오르페우스교에서는 "지상적 삶이 이어지는 사이사이에 하데스에서의 속죄가 이루어진다고 믿었던 것으로 보인다."[36] 오르페우스교가 기독교에 미친 영향은 이따금 지적되어왔다. 고대 유대교에는 천상의 복락과 지옥의 고통 사이에 중간적 상태가 없고 연옥은 그리스 기독교에서 나타나기 시작한 것이니만큼, 영원한 벌을 받을 만큼 죄를 짓지 않은 영혼들이 정화를 완성하는 곳이라는 기독교적 연옥 개념은 이교적 헬레니즘, 특히 오르페우스교에서 오는 것이라는 주장이다.[37] 만일 이러한 경향이 존재했다면, 내가 보기에는, 그것은 우선 유대 사회에 침투했을 것이다. 유대의 계시 문학과 특히 기독교 기원을 전후한 랍비[38]들의 가르침에는 장차 기독교의 연옥이 될 만한 바탕이 충분히 마련되어 있다. 그러나 팔레스타인과 이집트에서 이 유대교인들(그리고 나중에는 기독교인들)은 신비 종교들이 크게 발전한 그리스적 환경 속에 있었던 것이 사실이다.

플라톤이 인용한 한 단편(『메논』, 81b)에서 지옥에서의 정화의 기간을 8년으로 잡은 핀다로스 Pindare[39]는 이러한 경향의 증인이라 할 수 있다. 그는 B.C. 6세기초의 시칠리아 신비교를 다룬 한 송가에서 이렇게 말한다.

그것(공덕을 갖춘 부요함)은 반짝이는 별이요 인생의 진정한 영화(榮華)이다. 아! 더구나 그것을 소유한 자가 미래를 알기까지 한다면! 죽음

페우스교의 영향을 많이 받은 것으로 여겨진다.
36) A. Boulanger, *Orphée. Rapports de l'orphisme et du christianisme*, Paris, 1925.
37) *Ibid.*, p. 128.
*38) 히브리어의 '랍비'는 '나의 선생'이라는 뜻으로, 율법을 연구하는 서기관에 대한 존경의 호칭이다. 그리스어로는 '디다스칼로스' 즉 '선생'으로 옮겨졌다. 이 용어는 흔히 히브리인들이 종교적 스승을 지칭할 때 쓰였으나, 뒤에는 단순한 경칭으로도 사용되었다.
*39) 핀다로스: B.C. 518~438. 고대 그리스의 서정시인.

이 닥칠 때에 죄인들의 영혼은 즉시로 고통을 당한다는 것을. 지하에서는 심판관이 제우스의 왕국에서 저지른 죄들에 대해 가차없는 심판을 내린다.[40]

선구자: 저승에 간 아이네아스

이제 베르길리우스 Virgile[41]의 『아이네이스 Aeneis』에 나오는 아이네아스 Aeneas의 지옥 하강에 특별한 주의를 기울여야겠다.

이 일화에는 저승의 지형학적 묘사가 들어 있는데, 이것은 고대의 지옥에 대한 대부분의 묘사들보다(몇몇 이집트의 묘사들을 제외한다면) 훨씬 더 자세하다. 브룩스 오티스 Brooks Otis는 그 체계적 지도를 그리기까지 했다. 우선, 거기에 내려갈 때는 전정(前庭) *vestibulum*[42]을 거치게 되는데, 이 전정은 우물과 함께 지옥-연옥

---

40) Pindare, t. I., Coll. G. Budé, Les Belles Lettres, trad. Aimé Puech, Paris, 1922, p. 45.

*41) Publius Vergilius Maro(B. C. 70~19). 로마의 대표적 시인.『목가집(牧歌集) Bucolica』(B. C. 42~39), 『농경시(農耕詩) Georgica』(B. C. 36~29)에 이어 『아이네이스 Aeneis』(B. C. 26~19)를 썼다. 로마인들도 그리스인들의『일리아스』에 비견할 만한 국민적 서사시를 갖게 하겠다는 포부에서 구상된 이 마지막 작품은 트로이 함락 이후 로마의 건설 과정을 다룬 것으로, 아우구스투스 황제가 이룩한 '로마의 평화 pax Romana' 라는 황금 시대의 재도래가 예고하는 인류 역사의 웅대한 비전을 보여준다. 특히 제6권에서 주인공 아이네아스는 하계에 내려가 앞서간 인간들의 운명을 보며, 망부(亡父) 안키세스로부터 장차의 역사에 관한 예언을 듣게 된다.

*42) vestibulum(vestibule)이라는 말은 대개 '현관, 입구' 등으로 옮겨지는데, 문맥상 '현관(건축물의 경우에만 해당되므로)'이나 '입구(라는 말은 단순히 문을 의미할 수도 있으므로 문전의 일정한 공간을 가리키기에는 적당치 않다)'로는 번역이 어려울 때가 많다. '전정(前庭)'이라는 번역은 주로 해부학 용어로 쓰이는 것이지만, 문자적 의미를 살려 일반화해보면 어떨까 싶다. 본서의 영역자는 vestibule이라고 그대로 옮겨 적고 있지만, Loeb판『아이네이스』의 영역자는 entrance라는 본문 번역에 주를 달아 entrance court라는 말로 다시 설명하고 있다. 아이네아스는 이 전정에서 슬픔과 원한, 질병과 노년, 공포, 기아(饑餓), 가난, 죽음, 고통, 잠, 죄의 기쁨, 전쟁, 광기와 분투, 거짓된 꿈들 등등의 의인화된 형상들을 본다.

의 입구에서도 흔히 발견되는 것이다. 그리고는 무덤 없이 죽은 자들의 벌판,[43] 스틱스Styx강,[44] 눈물의 벌판,[45] 그리고 그 너머의 초장[46]이 나오고 거기서 길이 갈라져 왼쪽 길은 타르타로스(지옥)로, 오른쪽 길은 디스(지옥의 왕 플루토)[47]의 성벽을 지나 아늑한 낙원적 처소 엘리시움에 이른다. 그 뒤편에 신비한 숲과 망각의 강 레테[48]가 있다.[49]

에드워드 노든 Edward Norden이 그의 유명한 주석에서 지적한 대로, 이러한 묘사의 구성 요소들은 베르길리우스를 안내자이자 시적 전범으로 삼을 단테의 『신곡』에서뿐 아니라, 연옥이 형성되어가는 과정에서 자주 나타날 중세의 이상(異像)들[50]에서도 발견될

---

*43) 무덤 없이 죽은 자들은 백년을 강둑에서 헤맨 뒤에야 스틱스강을 건너게 된다.
*44) 지옥의 강. 신들이 이 강에 두고 한 맹세는 깨뜨릴 수 없는 것으로 되어 있다.
*45) 스틱스강을 건너 지옥을 지키는 개 케르베로스로부터 간신히 벗어난 아이네아스 일행은 갓난아기 영혼들의 울음 소리로부터 시작하여 거짓 고소로 처형당한 자들, 자살자들, 불행한 사랑으로 인해 죽은 자들 등이 비탄하는 벌판 *Lugentes Campi*에 이르게 된다.
*46) 이 초장에는 전쟁터에서 죽은 자들이 있다.
*47) Dis는 Pluto의 다른 이름이다.
*48) 엘리시움의 가장자리에 흐르는 강. 다시금 육신을 지니고 살게끔 태어나게 될 자들은 이 강물을 마심으로써 지난 기억들을 씻어버린다. 아이네아스의 망부 안키세스는 이 강가에서 장차 태어날 그들의 후손들을 가리켜보이며 로마의 장래를 예언한다.
49) Brooks Otis, *Virgil. A Study in Civilized Poetry,* Oxford, 1964.
*50) 이때 vision이란 성서의 이른바 '이상(異像)'에 해당한다. 이 '이상'이라는 말은 한자 병기 없이는 이해되기 어려울 뿐더러 성서 밖에서는 잘 쓰이지 않는 듯하나, 주관적인 '환상, 환시'나 신적인 '계시'와는 다른 것이므로, 더 나은 역어가 없는 한 그냥 쓰기로 한다. 구체적인 문맥에서라면 '이상(理想)'과 혼동될 염려도 별로 없을 것이고, 혼동의 여지가 있는 곳에서는 한자를 병기하기로 하겠다. 『기독교 대백과사전』(기독교문사, 전16권, 1985)에서도 vision은 '이상(異像)'으로 실려 있다.
51) E. Norden, *P. Vergilius Maro. Aeneis Buch VI,* 4ᵉ éd., Darmstadt, 1957, pp. 207~349. 기독교의 반응에 대해서는 P. Courcelle, "Les Pères de l'Eglise devant les enfers virgiliens," in *Archives d'histoire doctrinale et littéraire du Moyen Age,* p. 22, 1955를 참조.

것이다.[51]

예컨대 아이네아스가 전정에 이르렀을 때:

거기에서 신음 소리가 들려왔다 그리고 끔찍한
채찍질 소리 그리고는 쇠사슬을 끄는 소리가
아이네아스는 멈춰섰고 공포에 질려 꼼짝하지 않았다 (제 557~59행).[52]

이런 대목은 『베티의 이상 Visio Wettini』(9세기), 『트누그달의 이상 Visio Tnugdali』(연옥이 아직 분명치 않았던 12세기 중엽)뿐 아니라 연옥이 처음으로 등장하는 『성패트릭의 연옥』(12세기말)이나 단테에게서도 나타난다.[53] 「지옥편」에서 베르길리우스의 반향이 발견되는 것은 말할 것도 없고, 「연옥편」에서는 아직 한숨들이 있기는 하지만,

오! 이 도착하는 길들은 얼마나 다른가
지옥의 길들과는! 여기서는 노래의 한가운데로
들어가건만, 거기서는 쓰라린 비탄 가운데로 가야 했으니.[54]

마찬가지로, 지옥에 내려간 아이네아스도 아래서부터 저 위에 빛나는 들판을 가리켜보인다.[55] 심연으로부터 위쪽의 빛을 향하는

---

52) *Hinc exaudiri gemitus, et saeva sonare*
    verbera, tam stridor ferri tractae catenae
    constitit AEneas, strepituque exterritus haesit. (vv. 557~59)
*53) 『베티의 이상』, 『트누그달의 이상』, 『성패트릭의 연옥』, 단테 등은 본서의 제3장과 제6장, 그리고 제10장에서 자세히 논의될 것이다.
54) *Ahi quanto son diverse quelle foci*
    dall'infernali! chè quivi per canti
    s'entra, e là giù per lamenti feroce. (*Purgatoire*, XII, 112~14)

시선과 몸짓의 이러한 전형적인 동작은 계시록들(요한계시록 21: 10; 위경인 『베드로 계시록』 5: 4 이하)이나 전(前)-연옥 *pré-purgatoire*에 대한 중세의 이상(『퍼시의 이상 *Visio Fursei*』『베티의 이상』『트누그달의 이상』) 그리고 특히 나사로와 악한 부자의 일화에서 발견된다. 악한 부자는 "음부에서 고통중에 눈을 들어 멀리 아브라함과 그의 품에 있는 나사로를 본다"는 것이다(누가 16: 23). 이 대목은 연옥의 기독교적 전사(前史)에서 중요한 역할을 할 것이다.

에드워드 노든은 또한, 단테에게서나 베르길리우스에게서나 이 일화의 시간 설정이 일정치 않기는 해도, 두 시인 모두 저승 여행의 시간이 하루(24시간) 또는 하룻밤으로 한정되어 있다는 생각에서는 같다는 점을 지적한다. 『아이네이스』에서는 진짜 그림자들이 (v. 893 sqq.) 나오는 시각인 자정이 되기 전에 지상으로 다시 올라가야 하며, 『신곡』에서 여행은 24시간 동안 계속된다(「지옥편」 XXXIV, 68 sqq.). 계시록들과 중세의 이상들에서 저승 여행은 대개 새벽 전에, 닭이 첫 울음을 울기 전에 끝나야 한다. 이는 성패트릭

---

55) 〔……〕 *camposque nitentis*
   desuper ostentat 〔……〕. (*Aeneis*, VI, 677~78)

   *여기서 저자는 "아래서부터 저 위에 빛나는 들판을 가리켜보인다 *Enée* 〔……〕 *montre d'en bas les champs brillants de lumiére au-dessus*"고 하면서 다소 착오를 일으키고 있는 듯하다. 인용된 것은 안키세스가 어디 있는가를 묻는 아이네이스를 데리고 언덕에 올라간 무사이우스가 아래편 들판을 가리켜보이는 대목이며, 이 경우 desuper는 '(언덕) 위로부터 *from above*'로 해석되는 것이 보통이다. "만일 네 마음의 소원이 그러하다면, 이 언덕을 올라보라, 내가 네게 쉬운 길을 보여주리라. 그는 말하고 앞장서 올라갔다. 그리고는 그 위로부터 빛나는 들판을 가리켜보인다. 그리고 그들은 산꼭대기를 떠난다"(제675~78행). 저자가 말하는 "심연으로부터 위쪽의 빛을 향하는 시선"은 오히려 『아이네이스』 제680행의 "저 위의 빛을 향해 갈 갇힌 영혼들을 *inclusas animas superumque ad lumen ituras*" 같은 데서 잘 나타나는데, 이때 '위쪽'이란 그 영혼들이 다시금 육신을 입고 태어날 지상의 세계를 가리키는 것이므로, 단테가 그려보이는 저승에서의 영혼의 상승이나 게헨나에 떨어진 부자가 천국의 나사로를 바라보는 시선과는 본질적으로 다른 것이다.

의 연옥에서도 마찬가지이며, 여기서는 이러한 시간 엄수의 요구가 신명 심판의 일부를 이룬다.

기독교적이고 중세적인 미래에 있어 『아이네이스』 제6권의 가장 중요한 대목은 이렇다: "그리하여 영혼들은 두려워하고 욕망하고 괴로워하고 기뻐하며, 어둠과 눈먼 감옥에 갇혀 더 이상 빛을 분간치 못한다. 그리고, 마지막 날에 생명이 그들을 떠날 때에도, 모든 악과 육체의 질역(疾疫)들이 이 가련한 자들에게서 완전히 가시지 않는다. 오랜 세월 동안 질겨진 많은 악이 놀랄 만큼 깊이 뿌리박았음에 틀림없다. 그러므로 그들은 징벌에 처해져 해묵은 악을 고통으로써 속죄해야 한다. 어떤 자들은 힘없이 공중에 매달려 바람을 맞으며, 어떤 자들에게서는 죄의 더러움이 거대한 소용돌이 아래서 씻어지거나 또는 불 속에서 태워 없애진다."[56]

여기에는 고통과 기쁨의 혼합, 가려진 듯이밖에 보이지 않는 천상의 빛, 영어(囹圄)의 분위기, 형벌에의 노출, 속죄와 정화의 결합, 불에 의한 정화 등 연옥의 형성에서 나타나게 될 모든 주제들이 들어 있다.

한편 역사적으로 확인된 선후 관계가 있으니, 바빌론에서 유대

---

*56) 저자는 Trad. A. Bellessort, Coll. Budé, pp. 191~92를 인용하였다. 우리는 Loeb판 『아이네이스』 제6권, 733~42행을 되도록 직역하였다.

> hinc metuunt cupiuntque, dolent gaudentque, neque auras
> dispiciunt clausae tenebris et caecere caeco.
> quin et supremo cum lumine vita reliquit,
> non tamen omne malum miseris nec funditus omnes
> corporeae excedunt pestes, penitusque necesse est
> multa diu concreta modis inolescere miris.
> ergo exercentur poenis veterumque malorum
> supplicia expendunt: aliae panduntur inanes
> suspensae ad ventos, aliis sub gurgite vasto
> infectum eluitur scelus aut exuritur igni;

기독교에로의 그것이다.

지옥에 간 길가메시

바빌론인들에게 있어 저승의 풍경은 한층 더 생생하고 인상적이다. 그것은 지옥 여행에 관한 놀라운 이야기들에서 나타난다. 우르Ur[57]의 왕 우르-남무Ur-Nammu의 지옥 하강은 중동 및 유럽에서 이 쟝르의 가장 오랜 문헌이다(B.C. 8세기). 그보다 앞선 것으로는 이집트의 이야기 한 편이 있을 뿐이다. 영웅은 지옥의 왕 네르갈Nergal[58]의 심판을 받으며, 불에 대한 암시가 나오고, 산 가까이에 강이 있고, 저세상은 "암흑"으로 덮여 있다.

저 유명한 길가메시 Gilgamesh[60] 서사시에는 지옥에 대한 이야기

---

*57) B.C. 2000년대에 메소포타미아 지방에 있었던 왕국. 우르-남무는 제3 우르 왕조(B.C. 2112~2004년경)의 창건자이다. 구약 성서의 창세기 11장에 의하면 우르는 아브라함의 고향이다.

*58) 메소포타미아 종교에서 메마른 땅과 전쟁의 신. 죽은 자를 소생시키고 농작물과 가축을 자라게 하며 인간의 기도를 들어주는 호의적인 신으로 또는 역병과 기아와 파괴의 신으로도 묘사된다. 그는 마귀들의 호위를 받으며 하계에 내려가서 하계의 여왕 에레슈키갈 Ereshkigal을 죽이겠다고 위협하여 그녀와 결혼함으로써 하계의 왕이 되었다고 한다.

59) E. Ebeling, *Tod und Leben nach den Vorstellungen der Babylonier*, Berlin-Leipzig, 1931. 고대 그리스인들에게 있어 암흑의 "신성한" 가치의 애매성에 대해서는 Maja Reemda Svilar, *Denn das Dunkel ist heilig. Ein Streifzug durch die Psyche der archaischen Griechen*, Berne-Frankfurt, 1976 참조.

*60) 메소포타미아 신화의 주요 인물 중 한 사람. 우룩 왕조(B.C. 3500년경)의 왕. 친구 엔키두와 함께 거인 후와와(훔바바)를 무찌르고 돌아오던 길에 여신 이난나를 만난다. 길가메시가 자신의 사랑을 받아주지 않자 화가 난 여신은 하늘의 황소를 보내어 그를 죽이려 하나 엔키두가 그것을 죽인다. 한편 후와와를 시켜 삼나무숲을 지키게 했던 바람의 신 엔릴은 거인이 죽은 것을 알고 화가 나서 엔키두를 죽게 한다. 친구의 죽음을 슬퍼하는 동시에 자신 또한 언젠가는 죽으리라는 것을 실감한 길가메시는 영원한 생명을 찾아 떠난다. 오랜 방랑 끝에 지쳐서 집으로 돌아오던

가 두 번 나오는데, 그 중 길가메시 자신과 관련된 이야기에서는 지옥이 별로 자세히 그려지지 않는다. 주인공이 불멸을 얻지 못하자, 신들은 그에게 지옥에서 선택된 자리를 준다. 그러나 이러한 호의는 그 자신의 공덕의 결과라기보다 신분과 관계된 것으로, 신들의 임의적인 결정에 달려 있다.[61] 반면 길가메시의 친구 엔키두 Enkidou는 죽기 전에 지옥을 방문하여 그곳을 좀더 상세히 묘사한다. 그곳은 먼지와 어둠의 왕국, "광활한 땅" "돌아오지 못하는 땅"으로, 죽은 자들이 내려가는 곳, 산 자들의 부름을 받은 어떤 영혼들만이 다시 올라올 수 있는 곳이다. 그곳은 신들의 "그물"에, 감옥에 잡힌 자들이 가게 되는 땅이다. 이러한 저승관에서 아마도 가장 불안한 것은 산 자들과 죽은 자들 모두가 "화가 난" 죽은 자들로부터 괴로움을 당한다는 것이다. 산 자들로부터의 보살핌도 무덤도 얻지 못한(산 자들의 보살핌에 대한 이 호소는 연옥 체계에서 아주 큰 역할을 할 것이다) 이들은 에킴무 ekimmu라고 하는데, 이들의 그림자는 땅의 거민들을 사로잡는 유령이 되어 돌아오거나 지옥에서 다른 죽은 자들을 괴롭힌다.

중립적이고 어두운 저승: 유대의 스올

이 같은 신앙들의 몇몇과 구약 성서가 보여주는 유대 신앙과의 친족성은 이미 지적한 바 있거니와, 이는 바빌론인들과 히브리인

길에 그는 젊음을 소생케 하는 풀을 찾아내지만, 그가 먹을 감는 사이에 풀 냄새를 맡은 뱀이 그것을 먹어버리고, 길가메시의 여행은 허사로 돌아간다. 이 같은 이야기들은 옛 바빌론 시대부터 내려오는 수메르어 단편들과 B. C. 1000년대에 재정리된 아카드어본으로 전해진다.

61) J. M. Aynard, "Le Jugement des morts chez les Assyro-Babyloniens," in *Le Jugement des morts* (Sources orientales, IV), pp. 83~102.

들간의 관계, 특히 바빌론 유수(幽囚)[62]를 생각한다면 전혀 놀라운 일이 아니다.[63]

아시리아의 지옥 아랄뤼 arallû 는 히브리의 스올이나 그리스의 하데스——이 두 가지가 좀더 창백해 보이기는 하지만——에 가깝다. 친족성은 특히 아랄뤼와 스올 사이에서 잘 나타난다. 스올에 '내려가고' '올라오는' 것도 그러한 예이다. 요셉이 죽었다고 생각한 야곱은 말한다. "내가 슬퍼하며 스올에 내려 아들에게로 가리라"(창세기 37: 35). 사무엘의 모친 한나는 이렇게 주를 찬미한다. "여호와는 죽이기도 하시고 살리기도 하시며 스올에 내리게도 하시고 올리기도 하시는도다"(사무엘 상 2: 6). 사울이 엔돌의 신접한 여인에게 청하여 죽은 자들 가운데서 사무엘을 불러올리라고 하자 그녀는 말한다. "내가 유령이 땅에서 올라오는 것을 보나이다" "한 노인이 올라오는데"(사무엘 상 28: 13~14). 시편 제18편에서는 덫의 이미지가 발견된다. "스올의 그물이 나를 두르고 사망의 올무가 내게 이르렀도다"(18: 6). 제116편에서는 "사망의 줄과 스올의 그물이 나를 얽고"(116: 3).[64] 마찬가지로 웅덩이의 이미지도 발견된다. "여호와께서 내 영혼을 스올에서 끌어내사 구덩이(웅덩이)로 내려가는 자들 가운데서 나를 살리셨나이다"(33: 3). "주께서 나를 깊은 웅덩이 어두운 곳 음침한 데 두셨사오며"(88:

---

*62) B. C. 588~877년과 587~866년 유대 왕국이 정복됨에 따라 유대인들이 바빌론으로 끌려간 일을 말한다. 바빌론 유수는 B. C. 538년 바빌론을 정복한 페르시아(바사)의 대(大)퀴로스(고레스)가 유대인들의 팔레스타인 귀환을 허락함에 따라 형식상으로는 종결되었다. 그러나 귀환은 산발적으로 이루어졌으며, 많은 유대인들이 페르시아에 그냥 남아 디아스포라가 형성되었다.

63) P. Dhorme, "Le Séjour des morts chez les Babyloniens et les Hébreux," in *Revue biblique*, 1907, pp. 59~78.

64) 스올의 그물은 사무엘 하, 22: 6과 욥기, 18: 7~10에서도 발견되며, 이 주제는 이집트인들에게서도 나타난다. Cf. M. Eliade, *Images et Symboles. Essais sur le symbolisme magico-religieux*, Paris, 1952, pp. 124~52.

6). 시편 제40편에서는 심연의 이미지와 진창의 이미지가 연결된다. "나를 기가 막힐 웅덩이와 수렁에서 끌어올리시고"(40 : 2). 니콜라스 트롬프 Nicholas J. Tromp에 의하면, 보르 *bôr*라는 말[65]의 의미는 물통・감옥・무덤, 지하 세계의 구덩이 등으로 변해왔다고 하는데, 이러한 의미 변천은 시사적이다. 시편 제55편에 나오는 "파멸의 웅덩이"(55 : 23)는 그림 Grimm의 동화 『횔레 부인 Frau Hölle』(독일어 Hölle는 지옥이라는 뜻)에서 저세상의 입구에 있는 웅덩이와 가깝다. 먼지는 흔히 구더기와 연관되며 구약 성경에서도 나타난다. "그들이 스올에 있는 내 곁으로 내려와 함께 먼지가 되겠느냐"(욥기 17 : 16) "이 둘이 일반으로 흙 속에 눕고 그 위에 구더기가 덮이는구나"(21 : 26).

저세상의 지옥 스올이라는 히브리 고유의 단어는 구약에서 특히 흔히 나온다.[66] 그 특징들 중 어떤 것들은 지옥 특유의 것이며 기독교의 연옥에서는 발견되지 않는다. 예컨대 삼키는 괴물의 이미지 같은 것은 아마도 이집트에서 온 것으로 보이며,[67] 저세상을 도시에 비유한 것은 우가리트 문헌들[68]에서 이미 나타나는 것으로 단

---

*65) 이 말은 히브리어로 '구덩이' 라는 뜻이다. 구약에서는 죽은 자들의 세계가 여러 가지로 지칭되는데, 이 명칭들의 대부분은 보통명사를 특별히 적용한 것일 뿐이다. 그 중 한 가지가 '보르'이고, 가장 많이 쓰인 것이 '스올' 이다.

66) 구약 성서를 읽는 외에 나는 다음 책들을 참조했다. J. Pedersen, *Israel, its life and culture*, I-II, London-Copenhagen, 1926, p. 460 sqq; R. Martin-Achard, *De la mort à la Résurrection d'après l'Ancien Testament*, Neuchâtel-Paris, 1956; N. J. Tromp, *Primitive Conceptions of Death and the Other World in the Old Testament*(Biblia et Orientalia, 21), Roma, 1969. 트롬프의 연구는 라스 샴라에서 발견된 우가리트 문헌들에 비추어 구약 성서를 재조명한 것이다.

67) Cf. Znadef, *Death as an Enemy according to Ancient Egytian Conceptions*, Leyde, 1960.

*68) 우가리트란 지중해 동부에 있던 고대 도시로, 그 유적이 시리아 북부 라스 샴라 Ras Shamra에서 발견되었다. 가장 오랜 지층은 신석기 시대까지 거슬러 올라가나, 우가리트의 전성기는 B. C. 16~14세기경이었던 것으로 보인다. 고대 시리아(북가나안) 고유의 문명을 이룩했던 이 도시는 B. C. 1200년경 북부 해상 민족의 침입과 기

테의 "고통의 도시 *città dolente*"(「지옥편」 III, 1)를 예고한다. 다른 특징들은 히브리 사상에 고유한 것으로, 예컨대 스올이라는 개념과 대양이나 사막의 이미지로 나타나는 혼돈의 상징성간의 밀접한 관계가 그러하다. 아마도 기독교 중세에 있어 바다나 외딴 숲 또는 황야를 헤매는 성자 및 은자들과 연옥과의 관계는 좀더 면밀히 살펴볼 필요가 있을 것이다.

스올은 지옥과 연옥에 모두 어둠, 죽은 자들의 지하 세계가 잠겨 있는 어둠이라는 개념을 남겼다. 연옥의 영혼들은 그 어둠을 벗어나 빛을 향해 갈 것이다. 이 주제는 특히 욥기에서 자주 나타난다.

> 내가 돌아오지 못할 땅 곧 어둡고 죽음의 그늘진 땅으로 가기 전에 그리하옵소서 이 땅은 어두워서 흑암 같고 죽음의 그늘이 져서 아무 구별이 없고 광명도 흑암 같으니이다. (10: 21~22)[69]

스올의 풍경 가운데에서 기독교의 지옥과 연옥에서 다시 발견될 중요한 두 가지 요소는 산과 강이다. 시편 제42편 7절의 어떤 이본들은 "고뇌의 산"에 언급하며, 욥기에서는 스올의 입구에서 건너게 되는 강이 두 번이나 나타난다.[70]

근·지진 등으로 인해 몰락한 것으로 추정된다. 발견된 우가리트 문헌들은 B. C. 14세기경의 것으로 그 중에는 고대 가나안의 신화를 보여주는 자료들도 들어 있어 구약 성서의 해석에 새로운 빛을 던져주었다.

69) 그리고 욥기, 12: 22, 17: 13, 18: 18, 19: 8, 28: 3, 38: 16~17에서도.

*70) 우리말 번역(관주 성경, 공동 번역)이나 영역본(King James Version, Revised Standard Version)에서는 '칼, 무기'의 뜻으로 옮겨진 말이, 저자가 인용하고 있는 예루살렘 성경에서는 Canal로 번역되고 있다. 여기서 욥기의 이 귀절들이 인용된 것도 이 Canal이라는 말이 "스올의 입구에서 건너게 되는 강"을 환기하는 때문이다. 칼과 강——히브리 원어가 그 두 가지 뜻을 모두 갖는 것인지?

그는 사람의 혼으로 구덩이에 빠지지 않게 하시며 그 생명으로 칼에 멸망치 않게 하시느니라. (33: 18)

만일 그들이 청종치 아니하면 칼에 망하며 지식 없이 죽을 것이니라. (36: 12)

트롬프는 구약의 다른 해석들에 반박하여, 스올을 묘사하는 말들은 분명 어떤 장소에 해당되는 것이며 은유가 아님을 설득력 있게 주장한다. 그러나 그는 '스올'이라는 말이 점차로 "문학적" "윤리적" 의미를 지니게 되었으며 스올에 이은 신약의 하데스라는 말도 같은 방향으로 변천해왔다고 생각한다.

어쨌든 옛 성경의 스올은 본질적으로 하늘과 땅을 강하게 대립시키는 이원적 체계 속에 나타난다. 예컨대 시편의 기자는 여호와에게 말한다:

내가 하늘에 올라갈지라도 거기 계시며 스올에 내 자리를 펼지라도 거기 계시니이다. (139: 8)

그리고 이사야도 여호와의 말씀을 이렇게 옮기고 있다:

나는 만물을 지은 여호와라 나와 함께한 자 없이 홀로 하늘을 폈으며 땅을 베풀었고 (44: 24)

땅이란 실상 산 자들의 세계와 죽은 자들의 세계를 모두 합해 가리키는 것이나, 지표면의 거주지라기보다는 지하의 거처이다.

아주 드물기는 하지만 삼분적 체계(단테의 그것처럼, 저승을 지하의 지옥, 지상의 연옥, 천상의 천국으로 나누는)가 발견되기도 한다. 하지만 예레미야는 포로가 된 히브리인들에게 여호와의 권능

을 상기시키며 이렇게 말한다:

> 너희는 이같이 그들에게 이르기를 천지를 짓지 아니한 신들은 땅 위에서 이 하늘 아래서 망하리라 여호와께서 그 권능으로 땅을 지으셨고 그 지혜로 세계를 세우셨고 그 명철로 하늘들을 펴셨으며 (예레미야 10: 11~12)

예언자는 그러니까 하늘과 하늘 아래 세상과 땅(세상 아래)을 구별하는 것이다. 마치 사도 바울이 빌립보서에서 말하듯이:

> 하늘에 있는 자들과 땅에 있는 자들과 땅 아래 있는 자들로 모든 무릎을 예수의 이름에 꿇게 하시고 (2: 10)

스올은 두려운 곳이기는 해도 고문의 장소로 보이지는 않는다. 그곳에서 발견되는 특이한 세 가지 형벌은 구더기가 끓는 침상, 갈증, 그리고 불이다. 첫번째 것은 거기에서 지옥 뱀의 선조들을 보려 하지 않는다면——내가 보기로는 그런 것 같지는 않다——기독교의 지옥과 연옥에서는 발견되지 않을 것이다. 나는 불에 대해서는 이미 환기한 바 있거니와 다시 말하게 될 것이다. 갈증에 대해서는 예컨대 예레미야의 다음과 같은 말을 상기할 수 있다:

> 무릇 여호와를 떠나는 자는 흙에 기록이 되오리니 이는 생수의 근원이신 여호와를 버림이니이다. (17: 13)

갈증은 연옥의 전사에서 중요한 기독교 문헌의 적어도 두 가지에서 발견된다. 그 하나는 불쌍한 나사로와 악한 부자의 이야기로, 부자는 하데스의 밑바닥에서 나사로가 손가락 끝에 물을 적셔 그의 혀를 서늘케 해주기를 간청한다(누가 16: 24). 다른 하나는 정화적 장소 *lieu purgatoire*에 관한 최초의 이상이라 할 수 있는 『페르페투아 수난』(3세기초)으로, 거기에서 갈증은 본질적인 요소이다.

구약 성경에 스올이 자주 등장하기는 해도 거기에 대한 정말로 구체적인 세부들은 거의 없는 것이 사실이다. 왜냐하면 여호와는 산 자들의 하나님이기 때문이다. 전도서가 말하듯이:

> 모든 산 자 중에 참여한 자가 소망이 있음은 산 개가 죽은 자보다 나음이니라. (9: 5)

예수는 이러한 사실을 한층 극명히 말한다:

> 죽은 자의 부활을 의논할진대 하나님이 너희에게 말씀하신 바 나는 아브라함의 하나님이요 이삭의 하나님이로라 하신 것을 읽어보지 못하였느냐 하나님은 죽은 자의 하나님이 아니요 산 자의 하나님이시니라. (마태 22: 31~32)

구약 성경에 의하면 여호와는 스올에 대한 전권(全權)을 갖고 있지만, 때 이르게 죽은 자를 거기에서 꺼내주거나 일단 스올로 내려간 자를 용서하거나 거기에서 머무르는 기간을 단축시키려는 의도를 보인 적은 결코 없다.

연옥에서도 의의를 지니게 될 지옥의 이미지들 외에 구약 성서가 기독교의 연옥을 예고하는 것은 별로 없다(뒤에서 살펴보게 될 『마카비 제2서』를 제외하고는).

구약 성서가 스올내에서도 자리들이 구별되며 하나님의 힘으로 거기서 건져질 수 있다는 것을 시사하는 대목은 두 군데뿐이다.

우선 구약은 스올에서도 특히 수치스럽게 죽은 자들, 할례(割禮)받지 않은 족속들, 살인의 희생자들, 처형당한 자들, 무덤 없는 주검들만이 가게 되는 가장 깊은 곳을 구별한다. 그러나 문제되는 것은 죽은 자들의 죄가 아니라 부정(不淨)함이다. 시편의 몇몇 대목들은 해방의 가능성을 환기한다:

여호와여 돌아와 나의 영혼을 건지시며 주의 인자하심을 인하여 나를 구원하소서 사망 중에서는 주를 기억함이 없사오니 스올[71]에서 주께 감사할 자 누구리이까. (6: 5~6)

양같이 저희를 스올에 가두기로 작정되었으니 사망이 저희 목자일 것이라 정직한 자가 아침에 저희를 다스리리니 저희 아름다움이 스올에서 소멸하여 그 거처조차 없어지려니와 하나님은 나를 영접하시리니 이러므로 내 영혼을 스올의 권세에서 구속하시리로다. (49: 14~15)

이는 내 영혼을 스올에 버리지 아니하시며 주의 거룩한 자로 썩지 않게 하실 것임이니이다 주께서 생명의 길로 내게 보이시리니 주의 앞에는 기쁨이 충만하고 주의 우편에는 영원한 즐거움이 있나이다. (16: 10~11)

유대-기독교의 계시적 이상

B. C. 2세기와 A. D. 3세기 사이에(그리고 그보다 더 오랜 기간 동안, 왜냐하면 히브리어 · 시리아어 · 콥트어 · 에티오피아어 · 아랍어 문헌의 그리스어 및 라틴어본들은 나중에야 빛을 보았으니까) 중동 특

---

*71) 이하 두 인용문에서의 '스올'은 우리말 성경에서는 '음부'로 번역되었다.

히 팔레스타인과 이집트에서 만들어진 일군의 문헌들은 저승의 개념 및 그에 관한 상상을 결정적인 방식으로 풍부하게 하였다. 이 문헌들의 대부분은 여러 공식 교회들에 의해 교의 및 신앙의 이른바 '정통 자료 les documents authentiques'로 받아들여지지 않았다. 그것들은 라틴 기독교회가 외경(外經) apocryphe이라 부른 텍스트들에 속한다(프로테스탄트들은 이 정경[正經] canon[72]이 아닌 옛 성경 문서들을 위경[僞經] pseudépigraphes이라고 부른다).[73] 하지만

---

*72) '캐논'이라는 그리스어는 본래 '자로 쓰이는 지팡이 같은 물건'을 가리키며, 비유적으로 '표준, 전범'을 의미한다.

*73) 기독교회는 그리스어를 쓰는 유대인들로부터 구약 성서를 전수(傳受)했으며, 따라서 그리스어로 된 알렉산드리아 성경이 초기 기독교 공동체의 공식적 성서가 되었다. 그런데 알렉산드리아 성경은 히브리 성경에는 없는 문서들을 싣고 있었으므로, 이들을 '숨겨진 문서들' 즉 'apocrypha'(단수는 'apocryphon,' 우리말로는 '외경')이라 한다. 히브리 기원에서 나온 것이든 그리스 기원에서 나온 것이든간에(물론 알렉산드리아 성경은 원전의 형태가 아니라 기독교회에서 사용된 형태로 전해지는 것이므로 그러한 문서들의 기독교적 기원도 무시할 수 없다) 그것들을 정경에 포함시키느냐 여부는 초대 기독교 시절부터, 특히 그것을 라틴어로 그리고 뒤에는 각국의 속어로 번역하는 과정에서, 중요한 문제가 되어왔다.

성서의 초기 라틴어 번역은 그리스어 역본을 기초로 만들어졌고 차츰 여러 다른 라틴어 역본들이 뒤섞여 쓰였으므로, 4세기말경에는 그러한 혼란을 정리하기 위해 통일된 새 번역이 요구되었다. 그리하여 히브리 성경에 기초한 히에로니무스(제롬)의 라틴어 번역이 8세기경 불가타 Vulgata ('일반본')로 인정되었으나, 이후로 점차 옛 라틴어 역본들이 섞여들면서 불가타에도 외경들이 포함되었다. 16세기의 종교 개혁과 함께 프로테스탄트들이 히브리 성경에 포함되지 않는 어떤 문서도 정경으로 인정하기를 거부하자, 로마 카톨릭 교회에서는 그에 맞서 트렌토공의회(1546)에서 라틴어 불가타 성경에 들어 있는 모든 문서들을 정경으로 간주한다는 입장을 명백히 하였다.

그러므로, '아포크리파'란 본래 히브리 성경에는 없고 기타 그리스어 역본들에는 들어 있는, 대략 B.C. 2~1세기로부터 A.D. 1~2세기 사이에 쓰여진 문서들을 가리키지만, 종교 개혁 이후로는 카톨릭 교회에서는 정경으로 인정하나 프로테스탄트 교회에서는 인정하지 않는 문서들 즉 라틴 불가타에 포함되었던 아포크리파들을 특히 가리키는 말이 되었다.

19세기에 들어 학자들은 카톨릭 교회에서도 프로테스탄트 교회에서도 정경으로 인정하지 않는 옛 유대 문서들을 지칭하는 새로운 말을 만들어냈으니, 그것이

그들 중 일부가 외경으로 치부된 것은 397년 성아우구스티누스가 주재한 공의회나 심지어는 (카톨릭 교회에 있어서는) 16세기의 트렌토공의회에 이르러서이다. 그러므로 그들 중 많은 것이 중세에는 영향을 가질 수 있었으니, 한편으로는 아직 외경으로 간주되지 않았으므로 교회가 그 사용을 금하지 않았기 때문이고, 다른 한편으로는 '정경' 문헌들로부터 제외된 채로 그것들이 여러 가지 경로로 다소간에 은밀하게 유포되었기 때문이다. 한 가지 특이한 경우는 사도 요한이 썼다고 하는 계시록인데, 그것은 그러한 종류의 다른 문헌들과 실질적으로 다르지 않으면서도 라틴 기독교의 정경으로 수용되었다.

유대-기독교의 이 외경 문학에서 내게 특히 흥미로운 것은 그 라틴어본들이나 라틴 기독교에 미친 영향을 통해 중세 라틴 기독

'pseudo-epigrapha' (우리말로는 '위경')이다. 그러니까 엄밀한 의미에서는 카톨릭 교회에서 인정하는 이른바 '제2경전(경외전서)'들이 '외경'이고, 그 밖의 것들은 '위경'이 될 것이다. 하지만 '거짓 저자를 내세운 문서'라는 뜻의 이 용어는 그 부적절성이 자주 지적되어왔다. 우선 위경 문서들은 거짓 저자의 이름조차 싣고 있지 않은 익명 문서인 경우가 흔하며, 또한 정경에 속하는 문서라 할지라도 저자의 이름이 사실이 아니거나 익명인 경우가 적지 않기 때문이다.

그래서 말의 넓은 뜻에서 '외경'과 '위경'은 모두 희브리 성경에 들지 못한 옛 유대 문서들을 가리키는 말로 혼용되기도 하며, 카톨릭 계열에서는 '외경'이라는 말을, 프로테스탄트 계열에서는 '위경'이라는 말을 더 잘 쓰는 경향이다. 본문에서 저자가 카톨릭의 '외경'을 프로테스탄트에서 '위경'이라 부른다고 하는 것은 이러한 맥락에서이다. 하지만 물론 저자가 여기서 다루고 있는 『에녹서』『에스드라 4서』(에스드라 상하서는 외경이지만) 등은, 엄밀히는, 모두 구약의 '외경'이 아니라 '위경'에 속하는 문서들이다.

한편, 신약 성서는 A.D. 1~2세기 동안 씌어진 문서들 가운데 교회가 성령의 영감으로 씌어진 것으로 인정한 27권으로 이루어지는데, 이 경우에도 정경이 수립된 것은 4세기에나 이르러서이다. 그러므로 정통과 이단간의 구분이 엄격하지 않았던 그 이전에 씌어진 정경 외의 문서들을 신약의 '외경'이라 한다. 그러나 구약의 '외경'과는 달리 이것들은 전적으로 '위경'들이며, 신약 정경 문서들의 저자명을 빌려 쓴 모작들이다. 정경과 마찬가지로 외경(위경)에도 복음서·행전·서신서·계시록 등이 있다.

교의 저승관에 작용한 문헌들이다. 연옥의 발생에 있어 위경의 복음서들보다 더 중요한 역할을 한 것은 저승에 관한 이상 내지는 상상적 저승 여행――계시록이라는 제목을 가졌든 안 가졌든――에 관한 이야기들이다. 그것들이 구체적으로 어떤 일반적 사회적 역사 맥락 속에서 만들어지고 퍼졌는지는 여기서 다루지 않겠다. 고유한 의미에서의 사회학적·역사적 분석은 연옥이라는 구체적인 개념이 발생하여 유포되는 시대 즉 12~13세기에 대해서만 하기로 한다. 그 이전 시기에 대해서는 이미지들과 관념들의 유산들을 살펴보는 데에 그치겠다. 이 계시 문학에서 중요한 역할을 한 한 가지 요소는 예수의 지옥 하강에 관한 믿음인데, 그 영향은 계시 문학 전체에 미친다. 나는 신약 및 기독교 자료들을 근거로 하여 거기에 대해 말하겠다. 이 계시록들의 대부분이 지옥 하강보다 천국 여행을 이야기하고 있다는 것은 괄목할 만한 사실로, 기독교가 나타난 무렵의 기다림과 희망의 분위기를 잘 보여준다.

유대 계시록들 가운데서 나는 『에녹서』와 『에스라(에스드라) 제4서』를, 기독교 계시록들 가운데서는 『베드로 계시록』『에스라(에스드라) 계시록』, 그리고 특히 『바울 계시록』을 택할 것이다.

『에녹서』[74]는 8세기의 단 하나의 필사본으로 남아 있는 라틴어 요약본 속에 아주 짧은 단편(斷片)으로 전해질 뿐이다. 현전하는

---

*74) 2세기말의 계시록적 분위기 가운데 쓰여진 책으로, 그리스어본에 기초한 에티오피아본이 가장 완전하나, 그리스어본의 서두와 말미가 발견되었고, 사해(死海) 사본(1940년대에 사해 근처 쿰란 동굴에서 발견된 사본들) 가운데에도 아람어로 된 단편들이 들어 있다. 구약 성서의 창세기에 나오는 인물 에녹을 중심으로 한 다섯 편의 이야기가 실려 있는데, 제1편은 대홍수 이전 반역한 천사들의 추락과 에녹이 천상을 여행하며 신적인 비밀을 계시받는 데 대한 것으로 B. C. 2세기말에 쓰여졌을 것으로 추정된다. 그 밖에, 제2편은 에녹의 '비유서'로 종말론적인 계시들을 담고 있고, 제3편은 천사 우리엘이 에녹에게 보여준 천문학적인 신비에 관한 것이며, 제4편은 에녹의 두 가지 환상 즉 대홍수의 환상과 아담의 타락 이래 메시아의 도래에 이르는 인류 역사의 환상을, 제5편은 자기 가족에게 남기는 에녹의 훈화를, 각기 담고 있다.

가장 완전한 본은 그리스어본에 기초한 에티오피아어본이다.[75] 원본은 셈어 아마도 히브리어로 써어졌을 것이며, B.C. 2~1세기에 작성되었고 이집트의 영향을 받았다. 그것은 복합적인 문헌으로, 그 가장 오랜 부분은 분명 계시 문학의 출현 시대 이전 즉 B.C. 170년보다 약간 전까지 거슬러 올라간다. 그러므로 그것은 계시 문학의 가장 오랜 증거들 중의 하나이다.

저승에 관한 것은 특히 제1부인 에녹의 승천서(昇天書) *le Livre de l'Assomption*에 들어 있다. 에녹이 천사들의 인도로 가게 된 곳은 "뜨거운 불 같은 주민들이 사는 장소(집)"와, 폭풍우·천둥·생명수 등의 처소였다. "그리고 나는 불의 강에 이르렀는데, 그 불은 물처럼 흘러 큰 바다로 나간다. 〔……〕 그리고 나는 큰 어둠에 이르렀다. 〔……〕 나는 겨울 암흑의 산들을 보았다. 〔……〕 그리고 심연의 입구를"(제17장). 그리고 나서 그는 지옥의 구덩이에 이른다. "그리고 나서 나는 깊은 심연을 보았다. 하늘의 불기둥들 가까이서. 그리고 나는 그것들 사이에 내려오는 불기둥들을 보았는데 그 높이와 깊이는 측량할 수 없다"(제18장). 에녹은 그래서 그를 동반하던 라파엘 천사에게 심판 이전에 죽은 자들의 영혼들은 어디 있느냐고 묻는다. 저승에 여러 영역들이 있고 죽은 자들이 심판을 기다리는 상태 또한 여러 가지라는 관념이 나타나는 것은 제22장에서이다. 아랄뤼나 스올을 지하 세계에 두었던 바빌론인들이나 히브리인들과는 반대로, 그러나 대개의 경우 이집트인들과 마찬가지로, 『에녹서』의 저자는 이 대기(待期)적 저승을 지표면의 머나먼 끝에 두는 것으로 보인다. "거기서부터 나는 다른 곳으로 갔고 그는 내게 서쪽에 있는 크고 높은 산과 단단한 바위들을 보여주었다. 거기에는 매우 깊고 매우 넓고 매우 미끄러운 네 개의 구덩

---

75) 나는 François Martin, *Le Livre d'Hénoch traduit sur le texte éthiopien*, Paris, 1906의 번역과 주해로 에티오피아본을 따른다.

이가 있었는데, 그 중 셋은 어둡고 하나는 환하고 한가운데에 샘물이 있었다." 라파엘은 에녹에게 설명한다: "이 구덩이들은 죽은 자들의 영혼들의 아이들을 모아두기 위한 것이다. 그들이 정해진 시간까지 심판날까지 거기에서 살도록. 그리고 이 오랜 기간은 (그들에게 내릴) 대심판까지 (계속되리라)." 에녹은 바라본다. "나는 죽은 자들의 아이들의 영혼들을 보며, 그들의 목소리는 하늘에까지 이르러 탄식한다."

네 개의 구덩이에는 죽은 자들이 그들 영혼의 죄성 여부에 따라 그리고 그들이 지상에서 고통을 겪었는지 여부에 따라 네 범주로 구분되어 들어 있다. 첫번째, 즉 맑은 샘 가까이 있는 밝은 구덩이에는 의로운 순교자들이 들어 있다. 두번째에는 다른 의로운 자들이 들어 있으니, 이들은 어둠 속에 있기는 하지만 최후의 심판 때에 영원한 보상을 받을 것이다. 세번째에는 지상에서 아무런 벌도 시련도 겪지 않았으며 최후 심판 때에 단죄될 죄인들의 영혼들이 들어 있다. 네번째 범주에 드는 것은 지상에서 박해받은 죄인들 특히 다른 죄인들에 의해 죽음을 당한 영혼들인데, 이들은 덜 벌을 받을 것이다.

여행을 계속하면서 에녹은 다시금 지옥을 만나는데, 이번에는 그 면모가 달라진다. "그래서 나는 말했다 '왜 이 땅은 축복받아 온통 나무들로 무성합니까? 이 (산들의) 가운데 있는 이 골짜기는 저주받았는데?' 그러자 에녹과 함께 가던 우리엘 천사가 대답한다: '이 저주받은 골짜기는 영원히 벌받은 자들을 위한 것이다'" (제27장).

그러므로 『에녹서』에서는 심판을 기다리는 중간적 장소로서 심연 또는 협곡인 지옥과 지상의 산의 이미지들이, 그리고 죽음과 심판 사이의 중간 상태 및 형벌의 여러 단계들(그러나 각 사람의 공덕은 이 벌들과 부분적으로밖에 관계가 없다)이라는 관념이 나타난다.

『에녹서』는 다양한 시대들로부터 유래한 부분들로 이루어져 있기 때문에 모순들이 있으며 특히 저승에 관해서 그러하다. 제1부 22장에서는 의로운 순교자들의 영혼들이 복수를 외치는 반면, 제5부에서는 모든 의로운 자들의 영혼들이 최후의 심판을 기다리며 천사들이 지키는 가운데 기나긴 잠을 잔다. 제2부(비유서, le Livre de Paraboles)에서 에녹은 기다림의 장소에 관한 전혀 다른 이상을 본다. 그는 하늘 끝에서 혹은 하늘 가운데서 천사들 사이 메시아의 옆에 의인들이 쉬는 침상들을 본다(제35장). 이 연장된 기다림의 이미지는 중세 연옥의 몇몇 전구(前驅)들 가운데서도 발견된다 (예컨대 에트나산 속에 있는 아더 왕이라든가).[76] 끝으로, 제39장에서는 죽은 자들의 영혼들이 산 자들을 위해 신들에게 중재를 드는 것을 본다. "그들은 간청하고, 중보 기도를 드리며 인간의 자녀들을 위해 기도한다." 저승에서의 공덕의 가역성(可逆性) *la réversibilité des mérites* 이라는 관념이 중세에 자리잡기까지는 매우 오랜 세월이 걸린다. 이 특권이 연옥의 영혼들에게 결정적으로 인정되는 것은 이 시기의 마지막에 이르러서이다.

『에스라 제4서』[77] 또한 여러 단편들을 수집하여 엮은 것으로, 아마도 B.C. 120년경 즉 유대 계시 문학 시대 말기에 젤로트당[78] 유대인에 의해 작성되었을 것이다. 그것은 시리아어 · 아랍어 · 아르

---

*76) 본서 제6장 참조.

*77) 1세기말 팔레스타인에서 제2신전의 파괴(70)의 여파로 씌어진 이 책은 정치적 · 종말론적 색채를 강하게 띠고 있다. 구약 성서의 인물 에스라가 보았다는 여섯 가지 이상의 기록으로 이루어져 있다.

*78) 신약의 복음서들에서 바리새파 · 사두개파 · 헤롯당파와 함께 자주 언급되는 유대인들의 파벌 중 하나. 이들은 모두 그리스도가 탄생하기 전 200년 동안 생겨난 당파들인데, 젤로트당이란 헬라어 '젤로테스'에서 유래한 것으로 우리말로는 '열심당'이라고 옮기는 것이 보통이다. 이들은 어떠한 희생을 치르고라도 로마에 항거할 것을 결심한 애국자들로, 반란을 일으켰고 로마에 세금 내기를 거부했으며 유대 율법을 어기는 자들을 엄단했다.

메니아어본들로 남아 있다. 그리스어 원본은 사라졌다. 여러 필사본 중 가장 오랜 것들은 9세기까지 거슬러가며 그 중에는 라틴어본이 하나 있는데, 나는 여기서 그것을 인용하겠다.[79]

에스라는 주께 청한다: "제가 당신께 은혜를 얻었을진대 주여 당신의 종에게 보여주소서. 죽은 뒤에나 지금이나 우리 각 사람의 영혼이 떠날 때, 우리는 당신이 피조물들을 회복하실 때가 오기까지 안식에 들 것인지, 아니면 지금부터 (죽음 뒤에) 징계를 받을 것인지."[80] 그는 이러한 대답을 듣는다. "지존자의 길을 멸시한 자들, 그의 법을 멸시한 자들, 하나님을 두려워하는 자들을 멸시한 자들은 안식처에 들지 못하고 유리하며 일곱 가지 다른 '방도(方途) via'로 징계당하며 고통하고 슬퍼하리라."[81] 이 '방도'들 중 다섯번째는 "크낙한 고요가 깃들인 안식처에서 천사들이 지키고 있는 다른 죽은 자들을 보는 데"[82]에 있다. 여기에서 우리는 『에녹서』 제5부에서 나오는 관념을 다시 볼 수 있다.

반면, 구원의(건강과 안전의) 안식처[83]에 약속된 일곱 반열(班列) ordines의 영혼들이 있다. 이 영혼들은 육신을 떠난 뒤 "칠일 동안 그들에게 예언되었던 현실을 자유로이 볼 수 있고, 그리고 나서 그들의 안식처에 모인다."[84] 그러므로 여기에는 대기 기간 동

---

79) *The Fourth Book of Ezra. The latin version*, ed. R. L. Bensly, introduction by M. R. James, Cambridge, 1895.

80) *Si inveni gratiam coram te, domine, demonstrate hoc servo tuo, si post mortem vel nunc quando reddimus unusquisque animam suam, si conservati conservabimur in requie, donec veniant tempora illa in quibus incipies creaturam renovare aut amodo cruciamur* (VII, 75).

81) [······] *in habitaiones non ingredientur, sed vagantes errent amodo in cruciamentis, dolentes semper et tristes per septem vias* (VII, 79~80).

82) *Quinta via, videntes aliorum habitacula ab angelis conservari cum silentio magno* (VII, 82).

83) *Habitacula sanitatis et securitatis* (VII, 121).

84) *Septem diebus erit libertas earum ut videant septem diebus qui predicti sunt sermones,*

안 징계당하는 자들과 조용히 두어지는 자들 두 부류의 영혼들밖에 없다.

여기서 흥미로운 것은 habitationes 또는 habitacula라고 하는 저승의 안식처에 대한 언급이다. 이러한 공간 개념은 다음과 같은 대목에서 한층 더 강화되고 확대된다. 지존자의 길을 존중한 자들은 일곱 반열로 나뉘어 안식할 것이다. 제5반열은 "그들이 이제 썩어질 몸에서 벗어났으며 다가올 분깃을 소유하리라는 것을 보고 기뻐하며, 또 그들이 벗어난 이 **비좁고** 고통으로 가득찬 세상을 보고, 그리고 복되고 불멸하는 자들로서 **광활한** 우주를 받아들이기 시작하는 것"[85]이다.

여기에서 표현되는 공간적 해방의 느낌, 저승의 사물들에 있어 이 공간에 대한 배려는 연옥의 탄생에 있어 근본적인 것이라고 생각된다. 연옥은 안식처 내지는 안식처들의 전체로, 닫힌 장소이다. 그러나 동시에 지옥에서 연옥으로, 연옥에서 천국으로, 영토는 확장되고 공간은 팽창한다. 단테는 그것을 장엄한 언어로 표현할 것이다.

『에스라 제4서』는 다른 고대 기독교 작가들에게도 관심의 대상이었다. 그 확실한 최초의 인용문은 연옥의 "아버지들" 중 한 사람인 알렉산드리아의 클레멘스에게서 발견되지만(『스트로마타』 Ⅲ, 16), 내가 방금 인용한 대목은 이미 4세기에 성암브로시우스의 주석 대상이 되었다.

그의 논저 『죽음의 유익에 관하여 De bono mortis』에서 성암브로시우스는 영혼의 불멸성을 입증하고 로마인들의 사치한 장례 풍습을 공박하고자 했다. "우리 영혼은 육신과 함께 무덤 속에 갇히는

---

et postea conjugabuntur in habitaculis suis (Ⅶ, 199~201).

[85] Quintus ordo, exultantes quomodo corruptibile effugerint nunc et futurum quomodo hereditatem possidebunt, adhuc autem videntes angustum et (labore) plenum, a quo liberati sunt, et spatiosum incipient recipere, fruniscentes et immortales (Ⅶ, 96).

것이 아니다. 〔……〕 사람들이 마치 육신만이 아니라 영혼까지 거기 있기라도 할 듯이 호화로운 무덤들을 만드는 것은 전적인 허사이다." "영혼들은 저 위에 그 안식처가 있다."[86] 그는 그리고 나서 『에스라 제4서』를 길게 인용하면서 그의 안식처(habitacula)란 우리 주님께서 말씀하신 "내 아버지의 집에는 거할 곳(mansiones)이 많도다"의 거할 곳(habitationes)과 같은 것이라고 한다. 그는 자신이 이교도 철학자로 치부하는 에스라의 말을 인용한 데 대해서는 사과하지만, 그것이 아마도 이교도들을 감화시키리라고 생각한다. 역시 에스라를 인용하여 영혼의 안식처에 대해 길게 설명한 뒤, 그는 의로운 영혼들의 "일곱 반열"의 분류를 다시 시도한다. 사실상 그는 영혼들이 징계당하는 일곱 가지 '방도'들과 선택된 영혼들의 일곱 '반열'들을 혼동하면서, 크낙한 고요가 깃들인 안식처들 in habitaculis suis cum magna tranquillitate을 암시한다. 그는 에스라가 의인의 영혼들은 행복과 불멸의 광활한 공간 속으로 들어가리라 한 것을 지적한다.[87] 그리고 나서 암브로시우스는 『에스라 4서』의 이 긴 주해를 결론지으며 에스라가 의인의 영혼들에 대한 이야기로 끝맺은 것을 치하한다. 왜냐하면 의인의 복락에 대해 말하는 것이 불경건한 자들의 불행에 대해 말하는 것보다 가치 있기 때문이다.

기독교 계시록들은 유대 계시록들의 연장선상에 놓이는 동시에 그것들과 현저한 차이를 보인다. 연장선상에 있다고 하는 것은, 그것들이 같은 맥락에 있으며 기독교 시대의 처음 두 세기 동안 유대교와 기독교는 분리된 종교로 말하기보다 유대-기독교로 말하는 것이 옳을 때가 많기 때문이다. 그러나 또한 예수의 존재 여부

---

86) *Animarum autem superiora esse habitacula* (*De bono mortis*, x, 44, Migne, *Patrologie latine*, t. 14, col. 560).

87) *Eo quod spatium, inquit (Esdras) incipiunt recipere fruentes et immortales* (*Ibid.*, col. 562).

및 메시아에 대한 상반된 태도에 따라 교의가 점차 분화되고, 사회적 소속도 차츰 달라지면서 현저한 차이들이 부각되었다.[88] 여기서 내가 『베드로 계시록』[89]을 고른 것은, 그것이 분명 가장 오랜 것이고, 처음 세기들 동안 가장 큰 성공을 거두었기 때문이다. 흥미로운 중세본들이 남아 있는 것으로 보아 『에스라 제4서』보다 더 인기가 있었으며, 중세에 큰 영향을 미쳤다는 점에서는 『바울 계시록』보다도 그렇다. 그것은 12세기말의 연옥 탄생이나 단테에 있어 결정적인 역할을 하게 될 『성패트릭의 연옥』에 기본적인 배경을 제공하였다.

『베드로 계시록』은 분명 1세기말이나 2세기초에 알렉산드리아의 기독교 공동체[90]에서 유대 계시록들과 그리스 민간 종말론의 영향을 받은 한 개종 유대인에 의해 쓰어졌다.[91] 그것은 2세기에 로마 교회가 채택한 정경 목록에 들어가나, 397년의 카르타고공의회에서 정경으로부터 배제된다. 그것은 특히 지옥의 형벌을 강조하여

---

88) 유대-기독교 계시 문학에 대해서는 J. Daniélou, *Théologie du judéo-christianisme*, I, Paris-Tournai, 1958, pp. 131~64 참조.

*89) 2세기 전반의 위경 작품으로, 사도 베드로의 이름을 빈 익명 저자는 정경의 복음서들과 요한 계시록에 의거하되, 세상의 종말에 대해 그와 예수 사이에 오갔다는 대화를 기록하고 있다. 그러나 요한 계시록과는 달리 영원한 상벌에 대해 길게 논하며, 죄인들이 겪어야 하는 고통에 대한 자세한 묘사는 오르페우스교나 피타고라스교의 종교 문헌에서 온 듯하다.

*90) 중동 지방은 바빌론에 이어 페르시아, 마케도니아 등에 의해 차례로 정복되었다. 마케도니아의 정복자들과 유대인들 사이에는 퍽 우호적인 관계가 성립되었던 듯, 알렉산더는 유대인들이 자신들의 율법을 지키는 것을 허락하고 안식년에는 조공을 면제하였으며 이집트에 알렉산드리아가 건설될 때에는 유대인의 이주를 장려하고 다른 피정복민들과는 구별되는 특권을 주었다. 그리하여 많은 유대인들이 알렉산드리아에 정착하였으며, 이 도시는 이후 수세기 동안 유대 사상의 중심지가 되었다.

91) 그 에티오피아본과 그리스본이 전한다. 이 사본들의 탁월한 독일어 번역이 E. Hennecke-W. Schneemelcher, *Neutestamentliche Apokryphen in deutscher Übersetzung*, vol. 3, II, Tübingen, 1964, pp. 468~83이다.

힘차게 묘사하고 있는데, 그 이미지들이 대부분은 유대교와 이란의 마즈다교의 헬레니즘 *l'hellénisme du mazdéisme iranien*을 통해 온 것들이다. 중세 저승 문학은 『베드로 계시록』에 나오는 죄와 죄인의 범주들에 따른 지옥 형벌들의 분류를 답습하고 있다. 13세기에는 고리대금업자가 연옥 신세를 지게 될 대표적인 부류였으므로, 나는 『베드로 계시록』에서 그들의 예를 드는 데 그치겠다. 그들은 고름과 피가 끓는 연못에 빠진다.

주제들은 지옥이 전통적으로 환기하는 바 어둠과 불의 편재이다. "나는 또 다른 곳을 보았는데, 그곳은 아주 어두웠고 형벌의 장소더라"(제21장), "그리고 어떤 이들은 혀로 매달렸는데, 그들은 중상하는 자요, 그들의 아래에는 불이 있어 그들을 괴롭게 하더라"(제22장), "그리고 또 다른 남자들과 여자들이 허리까지 올라오는 불길 속에 서 있더라"(제27장), "그리고 그들의 맞은편에는 혀를 깨무는 남자들과 여자들이 있었으며, 입 속에 타는 불이 있더라, 그들은 거짓 증거한 자들이라"(제29장) 등등.

『베드로 계시록』은 이원적 시각에 단단히 뿌리박고 있으며, 지옥 쪽을 더 즐긴다. 이러한 시각은 그 영향을 받은 다른 옛 기독교 문헌들에서도 발견된다. 예컨대 성키프리아누스가 썼다고 하지만 실제로는 아마도 노바티우스 Novatius[92]의 것일 『순교자 예찬 *De laude martyrii*』에서는 다음과 같은 대목을 볼 수 있다.

게헨나라고 하는 잔인한 곳은 탄식의 큰 신음으로 울려퍼진다. 불길이 타는 가운데 빽빽한 연기로 밤같이 어두운데 불은 사방으로 뻗쳐나가 새로운 불을 일으키고 뭉친 불덩이가 풀어지며 온갖 형태의 고문이 된다. 주님의 음성을 거부하고 그의 명령을 멸시한 자들은 그에 상응하는 벌을

---

*92) 노바티우스: 3세기 로마의 성직자. 교황 파비아누스가 데키우스의 박해 때 "굴복한" 배교자들에 대해 관용을 보인다는 이유로 반기를 들고 스스로 로마 주교가 되었다. 그래서 생겨난 것이 이른바 노바티우스의 교회 분리 *le schisme novatien*이다.

받으니, 그는 공덕에 따라 구원하시거나 죄를 심판하신다. 항상 하나님을 구하며 안 자들은 그리스도의 처소를 받게 되니, 거기에는 은혜가 거하며 찬란한 땅에 꽃핀 푸른 초장의 풀들이 덮여 있다.[93]

이 이원론과 어두운 색채들로부터 그러나 정의에의 호소가 떠오른다. 『베드로 계시록』의 천사들은 선포한다:

하나님의 정의는 의로시우며
그의 정의는 선하시다.

대조적으로, 중세에 많이 읽히고 인용된 『에스라 계시록』[94]은 연옥의 어떤 전조도 싣고 있지 않으나 그 몇 가지 요소들을 제공한다. 거기에는 불과 다리가 있으며, 계단을 거쳐 들어가게 되어 있다. 특히 거기서는, 단테가 기억하게 될 정치적 논쟁의 문헌들에 나오는 연옥에서 보게 될 것처럼, 이 세상의 권력자들을 만나게 된다.

『에스라 계시록』은 세 가지 본으로 전해진다. 고유한 의미에서의 『에스라 계시록』 『세드락 계시록』 그리고 『복자 에스라의 이상』. 이 마지막 것이 가장 오랜 것으로, 히브리어 원본의 라틴어 역본이다. 10~11세기의 것과 12세기의 필사본 두 가지로 남아 있다.[95]

에스라는 지옥의 일곱 천사들에게 이끌려 일흔 계단을 거쳐 지

---

93) A. Harnack, "Die Petrusapokalyse in der alten abendländischen Kirche," in *Texte und Untersuchungen zur Geschichte der altchristlichen Literatur*, X III, 1895, pp. 71~73.
*94) 『에스라 제4서』라고도 한다. 아마도 A. D. 1세기말 제 2성전 파괴의 여파로 씌어진 듯하다. 불가타 성경과 기타 로마 카톨릭의 여러 성경들에서 신약 성서에 포함되었던 것으로, 중심부인 3~14장(라틴어본의 1~2장, 15~16장은 후세의 기독교 작가에 의한 첨작이다)에 예언자 에스라에게 계시된 여섯 가지 이상들이 실려 있다.
95) *Apocalypsis Esdrae. Apocalypsis Sedrach. Visio Beati Esdrae*, ed. O. Wahl, Leyde, 1977.

옥으로 내려간다. 그는 불의 문들과 그 앞에 앉아 있는 두 마리 사자를 보는데, 그들은 입과 콧구멍과 눈으로 강한 불길을 내뿜는다. 그는 힘센 남자들이 불길 속을 지나며 전혀 그을리지 않는 것을 본다. 천사들은 에스라에게 설명하기를 그들은 그 이름이 하늘에까지 알려진 의인들이라고 한다. 다른 이들은 문을 지나가려다가 사자들에게 삼켜지며 불에 타버린다. 에스라는 주께 죄인들을 용서해주시기를 구하나 그의 간구는 들어지지 않는다. 천사들은 그에게 이 불행한 자들은 신을 부인했으며 주일마다 미사 전에 그들의 아내와 더불어 죄를 범했다고 일러준다. 그들은 다시 계단을 더 내려가 고통 가운데 서 있는 자들을 본다. 거기에는 불로 가득한 거대한 냄비가 있으며 그 불길 위를 의인들은 거침없이 지나나 죄인들은 악마에게 떠밀려 그 안에 떨어진다. 그는 불 속에 선 신하들에 둘러싸여 불의 보좌에 앉은 헤롯을 본다. 그는 동쪽으로 불의 대로를 보며, 세상의 많은 군왕들이 거기로 보내진다. 그리고 나서 그는 천국으로 가는데, 거기서는 모든 것이 빛이고 기쁨이고 구원이다. 그는 다시금 죄인들을 위해 간구하나 주님은 그에게 말한다. "에스라야 나는 내 형상을 따라 사람을 지었고 그들에게 죄짓지 말라 하였는데, 그들은 죄를 지었으니 그 때문에 고통 가운데 있는 것이다."

출전: 『바울 계시록』

이 모든 계시록들 중에서 중세의 저승 일반과 특히 연옥에 관한 문학에 가장 큰 영향을 미친 것은 『바울 계시록』이다. 그것은 이 계시 문학 전체에서 가장 뒤늦은 작품 가운데 하나로, A.D. 3세기 중반에 이집트에서 그리스어로 씌어졌을 것이 확실시된다. 『바울 계시록』은 아르메니아어·콥트어·그리스어·옛 슬라브어와 시리아어의 이본들로 남아 있으며, 라틴어본만도 여덟 가지나 된다. 가장 오랜 이본은 아마도 4세기 또는 늦어도 6세기 이전의 것이며, 이것은 가장 긴 것이기도 하다. 짧은 이본들은 9세기에 만들어졌다. 그 중에서는 제4이본이라 불리는 것이 가장 성공을 누렸으며, 37개의 필사본으로 남아 있다. 그것이 작품에 도입한 새로운 점들로는 대(大)그레고리우스에게서 유래한 다리〔橋〕의 이미지와 『베드로 계시록』 및 『시빌의 신탁집』[96]에서 유래한 불의 바퀴〔火輪〕 등이 있다. 중세 후기에 여러 가지 속어로 번역된 것은 대개 이 이본이다. 연옥의 역사에 있어 가장 흥미로운 것은 제5이본으로, 상층 지옥과 하층 지옥의 구분을 최초로 받아들이고 있다. 성 아우구스티누스가 도입하고 그레고리우스가 이어받은 이 구분은 6~12세기 사이에 지옥 위쪽에 또 다른 처소가 있다는 생각으로 발전했으며, 그 처소가 12세기말에 연옥이 되었던 것이다.[97]

---

*96) 『시빌의 신탁집』이란 그리스 신화에 나오는 여선지자 시빌의 신탁들을 모은 책으로, 전15권(제9, 10, 15권은 유실)에 여러 시대에 걸친 이교・유대교・기독교의 자료들을 싣고 있다. 헬레니즘기에는 동방의 국가들이 그리스에 그리고 나중에는 로마에 대항하는 선전 문학으로 시빌의 신탁들을 만들어냈으며, 유대교 및 기독교 부분은 반-로마, 반-이교를 기조로 하여 각기의 종교적 선전을 싣고 있는데 종말론적 색채가 강하여 유대-기독교 계시 문학의 일부를 이룬다. 하지만 이들 각 부분은 서로의 자료를 많이 이용하고 있으므로, 엄밀한 구분이 어려울 때도 많다. 가장 오래된 유대교의 '시빌'이 들어 있는 제3권은 B.C. 150년경에, 제4권은 A.D. 80년경에, 제5권은 125년경에, 각기 씌어졌을 것으로 추정된다. 초기의 유대 기독교 호교론자들은 이 책의 예언들을 진짜라고 믿었으며, 자신들이 믿는 교의가 그렇게 예언되어 왔다는 사실에 감명을 받았다. 안티옥의 테오필루스, 알렉산드리아의 클레멘스 등 2세기의 기독교 신학자들도 시빌이 구약의 선지자들 못지 않은 영감을 받은 것으로 생각했다.

97) 긴 이본은 M. R. James, *Apocrypha anecdota*(Texts and Studies, II, 3, 1893, pp. 11~42)에, 짧은 이본들 가운데 가장 잘 알려진 제4본은 H. Brandes, *Visio S. Pauli: Ein Beitrag zur Visionlitteratur, mit einem deutschen und zwei lateinischen Texten*, Halle, 1885, pp. 75~80에, 중세 불어본은 P. Meyer, "La descente de saint Paul en Enfer," in *Romania*, XXIV(1895), pp. 365~75에 각기 실려 있다. 다른 짧은 본들은 탁월한 서문과 함께 Theodore Silverstein, *Visio Sancti Pauli. The History of the Apocalypse in*

『바울 계시록』이 성아우구스티누스로부터 힐난을 받았음에도 불구하고 중세에 그처럼 성공을 누렸다는 사실은 주목할 만하다. 아우구스티누스가 이 작품을 비판한 이유는, 비단 그가 종말론적 관념들을 싫어했을 뿐 아니라, 이 작품이 그 전거로 내세우는 고린도후서와 모순되기 때문이다. 바울은 이렇게 말한다: "내가 그리스도 안에 있는 한 사람을 아노니 십사 년 전에 그가 셋째 하늘에 이끌려간 자라(그가 몸 안에 있었는지 몸 밖에 있었는지 나는 모르거니와 하나님은 아시느니라) 내가 이런 사람을 아노니 (그가 몸 안에 있었는지 몸 밖에 있었는지 나는 모르거니와 하나님은 아시느니라) 그가 낙원[98]으로 이끌려가서 말할 수 없는 말을 들었으니 사람이 가히 이르지 못할 말이로다"(고린도후서 12: 2~4). 거기에 대한 아우구스티누스의 논평은 다음과 같다:

교만한 자들이 어리석음 가운데서 『바울 계시록』이라는 것을 지어냈으니, 교회가 그것을 받아들이지 않는 것이 마땅하며, 허튼 이야기들로 가득차 있다. 그들은 그것이 그가 셋째 하늘에 이끌려갔을 때의 이야기이고 그가 들었고 다른 사람에게 다시 말하는 것이 허락되지 않은, 말로 할 수 없는 말의 계시라고 한다. 그들의 뻔뻔함은 두말할 필요도 없다. 그는 어떤 사람에게도 다시 말할 수 없는 것을 들었다고 하는데 그가 그

Latin together with nine Texts, London, 1935에 실려 있다.

*98) 신약 성서에는 '천국'이라는 말과 '낙원'이라는 말이 모두 나오는데, 이 두 가지는 해석에 따라서는 다른 것이 될 수 있다. 가령 십자가에 달리신 그리스도께서 한 강도에게 "내일 네가 나와 함께 낙원에 있으리라"고 하시는 대목의 '낙원'은 그리스도께서 부활 승천하시기 이전의 어떤 상태 내지는 장소를 가리키는 것일 터이므로 '천국'과는 분명 다른 것이다. 그러나 본서의 저자는 우리말에서라면 '천국'이 훨씬 자연스러울 문맥에서도 거의 '낙원'이라는 말을 쓰고 있으며, 드물게 '천국 *le royaume du ciel, le royaume céleste, le Ciel, les Cieux*'이라는 말을 쓰기는 하지만 '낙원'과 별다른 의미 구분을 하지 않는 것으로 보아 그 두 가지를 동일시하는 것으로 생각된다. 우리는 저자의 어법을 그대로 따르도록 하겠다.

것을, 어떤 사람에게도 다시 말할 수 없는 것을 말했겠는가? 뻔뻔하고 염치없이 감히 거기에 대해 말하려는 자들은 대체 누구인가?[99]

나는 여기서 제5이본을 살펴보기로 하겠다. 상하 두 지옥에 관한 짧은 서론(여기에 대해서는 뒤에서 다루기로 하겠다)에 이어, 사도 바울은 상층 지옥 즉 장차의 연옥으로 내려가는데, "그는 거기에서 신의 자비를 기다리는 자들의 영혼들을 보았다"는 것 외에는 거기에 대해 다른 아무 말도 없다.

이 짧은 이야기에서 가장 긴 부분은 지옥 형벌의 묘사인데, 그것들은 가장 자세한 세부까지 그리고 저주받은 자들의 신분과 계급까지 소상히 그리고 있다. 사도 바울은 죄인들이 불나무에 매달려 있는 것과 또 다른 죄인들이 일곱 빛깔 불길들이 타오르는 가마에서 고통당하는 것을 본다. 그는 저주받은 자들의 영혼들이 날마다 겪는 일곱 가지 형벌들과 제각기 추가로 받게 되는 무수한 벌들을 본다. 굶주림, 목마름, 추위, 더위, 구더기, 악취, 연기 등등. 그는 본다(나는 라틴어본의 반복되는 vidit라는 말을 그대로 옮기고 있다. 이 말은 자기가 본 것, 그리고 정상적으로는 보이지 않는 것을 드러내는 것을 특징으로 하는 계시 문학의 쟝르적 징표라 할 만하다), 불의 바퀴가 수천의 영혼들을 차례로 불사르는 것을. 그는 본다, 무서운 강에 걸려 있는 다리 위로 모든 영혼이 지나되 저주받은 자들의 영혼들은 무릎까지, 또는 배꼽까지, 입술이나 눈썹까지 빠지는 것을. 그는 본다, 고리대금업자들이(남녀를 불문하고) 자기 혀를 먹는 것을. 그는 본다, 정절을 더럽히고 어린 아이들을 죽게 한 젊은 여자들이 새카만 모습으로 용들과 뱀들에게 내버려진 것을. 그는 본다, 고아와 과부를 핍박한 자들이 벌거벗은 채 추운 곳에서 반은 타고 반은 어는 것을. 마지막으로(나는 이 정도로 나열

---

[99] Augustinus, *Tractatus in Joannem*, XCVIII, 8.

을 그치겠다) 저주받은 자들의 영혼들이 천사장 미가엘의 인도로 천국에 가는 의인의 영혼들에게 자기들을 위해 주께 중재해달라고 청하는 것을. 천사장은 함께 가던 바울과 천사들이 이들에게 레프리게리움이 허락되도록 간구할 것을 권유한다. 거대한 곡성의 합창이 자신의 수난과 그들의 죄악을 기억한 하나님의 아들을 하늘로부터 내려오게 한다. 그는 성미가엘과 성바울의 기도로 뜻을 굽혀 그들에게 토요일(안식일)[100] 저녁부터 월요일(제2일) 아침까지 (*ab hora nona sabbati usque in prima secunde ferie*) 휴식(*requies*)을 허락한다. 계시록의 저자는 주일을 찬미한다. 바울이 천사에게 지옥 형벌의 가짓수가 얼마나 되느냐고 묻자 천사는 십사만사천이라고 하면서, 덧붙이기를, 쇠로 된 혀를 넷씩 가진 사람 백 명이 천지창조 이래로 쉬지 않고 말한다 하더라도 지옥 형벌을 이루 다 헤아리지 못하리라고 한다. 『이상』[101]의 저자는 그의 계시록의 청자들에게 "오소서 창조주여 *Veni creator*"[102]를 읊으라고 권한다.

이러한 것이 연옥이 존재하기 전 중세에 가장 성공을 거둔 저승관의——12세기 사본에서의——구조이다. 거기에는 과도적 지옥으로 정의될 연옥에서 대부분 다시 발견될 형벌들이 묘사되어 있다. 특히, 상하 두 지옥을 구분한 점이나 지옥에서의 안식일 휴식이라는 개념 등에서는 저승에서의 형벌의 완화, 보다 신중하고 온화한 정의에의 필요를 느낄 수 있다.[103]

나는 마니교 *le manichéisme*[104]와 영지주의 *la gnose*까지 다루지는

---

*100) 알다시피 유대교의 안식일은 기독교 주일(主日)의 전날이다.
*101) 『바울 계시록』을 가리킨다.
*102) Veni Creator Spiritus란 성령을 찬미하는 노래로, 10세기경부터는 성령강림절의 만과(晚課)에, 12세기부터는 성령 강림의 시간인 제3과에 불렸다. 그러나 『바울 계시록』의 연대는 훨씬 이전이므로, 같은 Veni Creator를 말하는 것인지 분명치 않다.
103) 안식일의 휴식이라는 관념은 유대의 민간 신앙에서 온 것이다. Cf. Israel Lévi, "Le repos sabbatique des âmes damnées," in *Revue des Etudes juives*, 1892, pp. 1~13. 또한 Th. Silverstein, *Visio Sancti Pauli*, pp. 79-81: 'The Sunday Respite'도 참조할 것.

않겠다. 이들은 기독교와의 복잡한 관련에도 불구하고, 내가 보기로는, 매우 이질적인 종교이며 철학이라고 생각된다. 하지만 기독교 기원 이후 처음 세기들 동안 중동 지방에 존재했던 여러 종교들 및 민족들간에 접촉이 있었다는 사실만으로도 우리는 기독교에, 우선은 그리스 기독교와 그리고 라틴 기독교에, 영향을 미쳤을 가능성이 있는 이 교의들을 잠시 살펴보지 않을 수 없다.

영지주의에서는 비록 감옥, 밤, 웅덩이, 사막 등으로서의 지옥 개념이 발견되기는 하지만 이 세상과 지옥을 동일시하는 경향이 있으므로, 속세에 대한 경멸(contemptus mundi)이 최고조에 달했을 때에도 이러한 동일시를 하지 않았던 중세 서구 기독교와의 유사성은 극히 제한된다. 또한 만다고 les mandéens[105]나 마니교에서 믿는 대로 지옥을 다섯 층으로 나누는 것도 기독교의 저승관과는 무관해 보인다. 그러고 나면 어둠에 대한 고착(固着)만이 비슷한데, 이것은 지옥적인 의미보다는 긍정적 신비적인 의미로 이해될 수 있다. 그러나 그것은 너무나 일반적인 성스러움 le sacré의 양상이므로, 이 개념을 중심으로 마니교와 기독교의 접근을 꾀한다는 것은 그다지 의미있는 일로 보이지 않는다. 시간의 고뇌를 필수적인 악으로 인지하고 지옥이란 순수 지속의 끔찍한 구현이라고 보는 것 또한 영지주의나 마니교를 기독교와 다르게 하는 점이라고

---

*104) 마니(216~277)가 창시한 종교. 조로아스터교·그노스티시즘·유대교·기독교·불교 등의 신화들로부터 차용하여 근본적 이원주의를 주장한다. 현세의 삶은 어둠의 물질 세계와 그로부터 벗어나고자 애쓰는 빛과의 싸움이라고 보며, 영혼에게 그 진정한 기원을 상기시키기 위해 신이 보낸 예언자들 중 마지막 사람이 마니라고 한다. 이러한 교의는 핍박을 받으면서도 중국·이탈리아·북아프리카에까지 퍼졌고, 14세기까지 살아 남았다(성아우구스티누스도 처음에는 마니교도였었다). 마니교적 이원주의는 11세기경부터 중세 유럽에도 나타났으며, 보고밀파·카타르파 등도 그와 맥을 같이한다.

*105) 기독교 기원 무렵 중동 지방에 존재했던 종교. 유대교 및 기독교의 그노스티시즘과 마니교, 사산 왕조의 파르시교(조로아스터교가 인도에 전해진 것) 등이 혼효된 것으로, 만다 다이예 Mandâ d'Haiyé를 천상의 주신(主神)으로 한다.

생각된다.[106]

고대 저승들에 대한 이 길고도 간략한 개관은 기원을 찾자는 것이 아니다. 역사적 현상들은 아이가 모태에서 나오듯 그렇게 나오는 것이 아니다. 모든 사회와 시대는 각기 자신의 유산들 가운데에서 선택을 한다. 내가 밝히고 싶은 것은 다만 라틴 기독교가 개인적 죽음과 일반적 심판 사이에 포함된 기간 동안 지옥과 천국 사이에 중간적 저승을 선택했다는 것이다. 이러한 선택은 두 차례에 걸쳐 이루어졌는데, 3~7세기의 선택은 이러한 체계에 포함된 논리를 끝까지 밀고 나가지 못한 것이었고, 12세기 중엽~13세기 중엽의 선택이 결정적인 것이었다.

이러한 개관은 두 가지 견지에서 우리의 연구에 도움을 준다. 우선 거기에서 우리는 기독교인들이 그들의 연옥을 위해 선택할 특정 요소들 및 이미지들을 찾아볼 수 있다. 연옥의 몇몇 특징적 양상들은 비록 그것들이 새로운 체계 속에서 의미 변화를 겪는다 하더라도 그 유래를 알 때 더 잘 이해될 수 있다. 한편, 여러 가지 연옥으로 발전할 수 있었을 이 고대의 신앙 및 이미지들은 어떤 역사적·논리적 조건들이 기독교의 연옥이라는 개념이 발생하는 것을 가능케 했을지, 또는 어떤 조건들이 그러한 개념을 무산시켰을지에 대한 정보들을 제공한다. 그 모든 저승관의 저변을 이루는 정의 및 책임이라는 개념은——사회적·정신적 구조들과 관련하여——차등적 형벌 체계로 발전하는 데에 이르지 못했다. 당시로서 그러한 차등적 형벌 체계를 만족시킬 수 있었던 것은 윤회 사상 뿐이었던 것으로 보인다. 신들에게는 섬세함이 없지 않았지만

---

[106] 나는 특히 다음 연구들을 읽었다. H.-Ch. Puech, "La Ténèbre mystique chez le pseudo-Denys l'Aréopagite et dans la tradition patristique" (1938)(*En quête de la Gnose*, I, Paris, 1978, pp. 119~41에 재수록), "Le Prince des Ténèbres en son royaume," in *Etudes carmélitaines*, 1948, pp. 136~174(volume consacré à Satan). 지옥에서의 시간의 고뇌에 대해서는 *En quête de la Gnose*, I, p. 247 sqq. 참조.

그들은 그것을 다른 문제들——예컨대 희생 제의 같은——에 유보했다. 대강의 선별이 중요시되고 미묘한 세부들은 불필요하게 여겨지던 시대에 다소간에 선한 자들, 다소간에 악한 자들의 운명에 관심을 기울인다는 것은 사치였을 것이다. 더구나 이러한 사회들이 지니고 있던 시간관——피에르 비달-나케 Pierre Vidal-Naquet 가 보여주었듯이 순환적 시간 le temps circulaire과 영원 회귀 l'éternel retour라는 관념은 과장되어온 것이 사실이지만——으로서는 개인적 죽음과 영원한 운명 사이의 불확실한 시간을 정립하기 어려웠을 것이다. 마찬가지로, 하늘과 땅(지옥의 지하 세계로서 이해된) 사이에, 그리스인들이 우라노스(하늘)와 크톤(땅)이라고 불렀던 것들 사이에, 어떻게 제3의 저승을 끼워넣겠는가? 어쨌든 황금 시대 이래로 영원한 행복의 상상 세계로부터 버림받은 이 땅 위에는 그럴 자리가 없었다.

유대인들이 중간적 저승을 발견하다

기독교 기원의 이 변화 많은 전환점에서 유대 종교 사상 속에 일어난 한 가지 변천은 이후의 연옥 개념에 결정적인 것으로 보인다. 그러한 변천은 기독교 기원 이후 처음 두 세기의 랍비 문헌들에서 찾아볼 수 있다.

그것은 우선 저승 지리가 한층 자세해지는 것으로 나타난다. 기본적으로——대다수의 문헌들에서——큰 변화는 없다. 영혼들은 죽음 뒤에 중간적 장소인 스올로 가거나 아니면 곧장 영벌(永罰)의 장소인 게헨나와 영원한 포상(褒賞)의 장소인 낙원 중 한곳으로 가게 마련이다. 하늘들은 본질적으로 신의 처소이나 어떤 랍비들은 의인의 영혼들도 하늘에 있다고 한다. 이런 경우 그 영혼들은 일곱 하늘 중 가장 높은 일곱번째 하늘에 있다.[107] 그러나 땅에 관해서는 저승의 크기와 그 위치에 대해 의문이 생긴다. 스올은 항상 땅 밑에 있는 어두운 곳으로, 구덩이와 무덤들의 전체, 죽은 자들과 죽음의 세계이다.

게헨나는 심연과 그것을 뚜껑처럼 덮고 있는 땅 아래 있다. 거기에 가려면 바다 밑을 통해서나 사막을 파서 또는 어두운 산들의 뒤로 해서 돌아가야 한다. 그것은 그것을 데우는 불(게헨나의 불)이 지나는 작은 구멍으로 땅과 통한다. 어떤 이들은 이 구멍이 예루살렘 가까이, 힌놈 골짜기[108]에 있으며 거기서 두 그루 종려나무 사이에 셋 아니면 일곱 개의 입구를 열고 있다고 한다.

게헨나는 어마어마하게 크며 그 넓이는 에덴의 60배나 되고 심지어 어떤 이들은 그 넓이를 알 수 없다고까지 한다. 왜냐하면 그것은 무수한 불신자들을 받아들이도록 만들어졌으므로 새로운 손님들을 맞이하기 위해 매일 커지기 때문이다.

에덴 동산은 천지창조 때의 그것이다. 아담의 지상 낙원과 의인들의 천상 낙원 사이에는 아무런 구별이 없다. 그것은 게헨나의 맞은편이나 옆에, 어떤 이들에게는 아주 가깝고 어떤 이들에게는 좀더 멀리 있는데, 어떻든 건널 수 없이 단절되어 있다. 어떤 이들은 그 넓이가 이 세상의 60배라고 하고 또 어떤 이들은 그 또한 측

---

*107) 구약 성서에 가끔 나오는 "하늘들의 하늘"(신명기, 10:14; 열왕기, 8:27; 시편, 48:4)이라는 표현은 히브리어의 평범한 최상급에 지나지 않으며, 하늘이 여러 층으로 되어 있다는 개념은 구약 어디서도 발견되지 않는다. 그러나 위경인 『에녹서』 같은 데서는 실제로 일곱 하늘, 즉 칠층천(七層天)이라는 개념에 접하게 되는데, 이 칠층천은 뒤에 유대 및 아랍의 민간 전승에서 흔한 문구가 되었다. 한편 신약 성서에서는 사도 바울이 이끌려갔었다고 하는 이른바 "셋째 하늘"(고린도후서, 12:2)이 하늘의 층에 언급한 유일한 예가 될 것이다.

*108) 예루살렘 남쪽에 있는 골짜기. 열왕기 하 23장, 역대 하 28장, 예레미야 7장 등을 보면 이 골짜기에 도벳 사당을 세우고 우상의 제물로 어린 아이들을 불살랐다고 한다. 이 '게-힌놈(힌놈 골짜기)'이라는 이름에서 나온 '게헨나'(쓰레기가 끊임없이 타고 있는 장소를 지칭)라는 말이 신약에서는 저승의 형벌 장소를 가리키게 되었다.

량할 수 없다고 한다. 거기에도 문이 있는데, 대개 셋이라고 한다. 어떤 랍비들은 거기에 갔으며, 알렉산더 대왕은 그 문 하나를 지나려 해보았지만 허사였다고 한다. 거기 있는 의인들 가운데는 아브라함도 있으며, 그는 거기서 자기 자손들을 맞이한다.[109]

특히 어떤 랍비 학파들에서는 저승에서의 운명에 대한 삼분적 개념이 나타난다. 제2 성전의 파괴(70)[110]와 바르 코흐바 Bar Kochba의 반란(132~35)[111] 사이의 시기에 나온 두 편의 논저들은 이 새로운 가르침을 분명히 입증해준다.

그 첫번째는 새해(로슈 하-샤나)에 관한 것으로, 다음과 같은 대목을 읽을 수 있다:

> 샴마이파[112]에서는 가르치기를 심판 때에는 완전한 의인들, 완전한 불신자들, 그리고 중간 사람들의 세 부류가 있으리라고 한다. 완전한 의인들은 즉시로 영구한 삶을 위해 녹명(錄名)되고 인(印)침을 받고, 완전한 불신자들 또한 즉시로 게헨나에 가도록 녹명되어 인침을 받으니, 기록된 대로이다(다니엘 12: 2). 중간 사람들은 게헨나에 내려갔다가 다시 올라

---

109) J. Bonsirven, *Eschatologie rabbinique d'après les Targums, Talmuds, Midraschs. Les éléments communs avec le Nouveau Testament*, Roma, 1910.
*110) 유대 왕 헤롯 18년(B.C. 20-19)부터 재건되기 시작한(A.D. 62-64년경 완성) 예루살렘 성전이 A.D. 70년 디도(티투스)의 군대에 의해 완전히 파괴된 일을 가리킨다.
*111) 유대인들이 로마에 항거하여 일으킨 두번째 반란. 당대의 지적 영도자였던 랍비 아키바, 영적 지도자였던 제사장 엘레아살, 팔레스타인 유대인들의 정치적·군사적 지도자였던 바르 코흐바가 주동이 되었다. 반란의 원인은 명확치 않으나, 하드리아누스 대제가 예루살렘에 그리스-로마식 도시를 건설하고 여호와의 성전 폐허에 유피테르 신전을 세우려 했기 때문이라는 설과 할례를 금했기 때문이라는 설이 있다.
*112) 기독교 기원 무렵 유대 분파의 하나였던 바리새파의 한 지파. B.C. 1세기에 유력한 두 명의 바리새 지도자들이 자신들의 가르침을 전수해나갈 학파를 창시하였으니, 곧 힐렐Hillel파와 샴마이Shammai파이다. 전자는 보다 온건하여 가난한 자들에게 관대하였고 로마 법을 유대 정통주의와 양립할 수 있는 것으로 수용하기도 했던 반면, 후자는 보다 완고하였고 로마에 대해 철저히 배타적이었다.

오게 되니, 이 또한 기록된 대로이다(스가랴 13: 9; 사무엘 상 2: 6). 그러나 힐렐파에서는 가르치기를, 자비가 풍부한 자는 자비에로 기울어지니 다윗이 기도하는 자에게 귀 기울이시는 하나님을 찬양한 것은(시편 116: 1) 이들을 두고 한 말이라고 한다. 〔……〕 이스라엘인이건 이방인이건 육신에 죄를 범한 자들은 열두 달 동안 게헨나에서 벌을 받은 뒤에 소멸될 것이다.

두번째는 법정(산헤드린)에 관한 것으로, 거의 같은 내용을 담고 있다:

> 샴마이파에서는 말한다. 세 부류가 있으니, 어떤 이들은 영생을 얻고, 어떤 이들은 영원한 수욕(羞辱)과 경멸을 받으며, 그리고 죄인들 가운데서 죄가 덜한 자들은 스가랴 13장 9절에 이른 대로 게헨나에 내려가서 벌을 받은 뒤 고침을 받고 올라오리라고. 사무엘 상 2장 6절에서 하나님은 죽이기도 살리기도 하신다고 한 것은 그들을 두고 한 말이다. 힐렐파에서는 말하기를, 하나님은 자비가 풍부하시니(출애굽기 38: 6) 다윗의 시편 116편 1절은 모두 그들을 두고 한 말이라고 한다.
>
> 이스라엘의 죄인들 중 육신에 죄를 범한 자들과 열국(列國)의 죄인들 중 육신에 죄를 범한 자들은 게헨나에 내려가서 열두 달 동안 벌을 받은 뒤 그들의 영혼은 소멸되고 그들의 육신은 소각되니, 게헨나는 재가 된 그들을 토해내며 바람이 재를 흩어 의인들의 발에 밟히게 할 것이다. (말라기 4: 3, 3: 21)

끝으로, 미슈나[113]의 가장 위대한 학자들 중 한 사람으로 바르

---

*113) Mishnah 또는 Michna. 유대교에서 토라(히브리어로 모세 5경을 지칭)를 해석한 일정 수의 랍비들의 가르침과 결정들을 일컫는 말. 이 구비 전승은 2세기에 히브리어로 문자화되었다. 미슈나는 농업, 절기, 여성, 민법 및 형법, 예배, 제의적 정함과 부정함 등 전6부로 나뉘는 63편의 논저들로 이루어져 있다.

코호바의 혁명이 실패한 뒤 고문을 당해 죽었던 랍비 아키바Rabi Aqiba[114]도 같은 교의를 가르친다.

그는 "다섯 가지가 열두 달 동안 계속된다고 말했다. 홍수 세대의 심판과, 욥의 심판, 이집트인들의 심판, 장차 올 곡과 마곡의 심판, 그리고 기록된 바(이사야 66: 23) 죄인들이 게헨나에서 받게 될 심판이 그것들이다."[115]

그러니까, 전적으로 선하지도 전적으로 악하지도 않은 중간 범주의 사람들이 있으며, 이들은 죽은 뒤 과도적 형벌을 겪고 나서 에덴에 가게 되는 것이다. 그러나 이 속죄 expiation[116]는 최후 심판

---

*114) 랍비 아키바: 50년경~135년경. 당대의 지도적 랍비. 바르 코호바의 반란에서 영적인 지도자였으며, 로마인들에게 잡혀 고문을 당해 죽었다.

115) J. Bonsirven, *Textes Rabbiniques des deux premiers siècles chrétiens pour servir à l'intelligence du Nouveau Testament*, Roma, 1955, pp. 272, 524. René Gutman이 내게 지적해준 바로는, "『랍비 나탄의 원칙들』이라는 탈무드의 논저는 죄인들의 영혼들이 쉬임 없이 웅웅거리며 온 세상을 떠돈다고 한다. 한 천사가 세상의 한 끝에 다른 한 천사가 다른 한 끝에서, 이 영혼들을 앞뒤로 까부른다. 랍비들은 죄지은 영혼들을 정화하여 하늘에 이르게 하기 위해 무서운 강풍 속에 던지고 내굴리는 일종의 공중 연옥을 상상했던 것이다."

*116) 속죄나 회개에 관한 여러 가지 용어들은 앞으로 숱하게 나올 것인데, 혼동을 피하기 위해 대강 다음과 같이 역어를 통일하기로 한다. 우선 expiation이나 propitiation은 가장 일반적인 의미의 '속죄'(두 단어 모두 희생을 바쳐 신의 노여움을 풀고 자비를 구한다는 의미이다)로 한다. 일반적인 의미의 pénitence는 '참회'로, 참회를 이루는 구체적인 과정들인 contrition, confession, pénitence는 각기 '통회' '고해'(카톨릭 교회는 참회의 과정 전체를 '고백 성사' 또는 '고해 성사'라고 하지만, 특히 죄를 고백하는 과정을 '고해'라고 해도 좋을 것이다), '참회' (카톨릭 교회에서는 이 과정을 보속(補贖)이나 '속죄'라고도 한다)로 한다. pénitence의 경우 '참회'와 '보속'을 구별하여 옮기려고도 해보았으나, 의미상으로 그렇게 확연히 구별되지 않고 두 가지 모두를 가리키는 경우도 많으므로, '참회'로 통일하고 문맥에 따라 독자의 이해에 맡기는 편이 나을 성싶다. 이따금씩 나오는 satisfaction이라는 용어는 '참회의 완수'라고 옮기기도 했으나(예컨대 jusqu'à la satisfaction이라든가), 문맥에 따라서는 협의의 pénitence와 동의적인 때도 있었으며 이럴 때는 '보속'이라는 역어를 간혹 썼다. repentir나 repentance는 '회개'나 '회오(悔悟)'로 옮겼다. 아울러, rédemption은 '구속' 또는 '대속'(代贖,

뒤에, 그리고 특정한 장소가 아니라 게헨나에서 이루어질 것이다. 그러나 이러한 개념은 게헨나에서 이 과도적 형벌들이 집행되는 상층부를 구분하게끔 할 것이다.

이상에서 우리는 저승을 공간화하고 일시적 처벌을 받는 중간 범주를 만들어내는 경향을 볼 수 있다. 12세기에 스콜라 철학의 주창자인 도시 학교 교사들이라는 새로운 지식인 계층이 나타난 것이 고유한 의미에서의 연옥의 탄생에 기여한 결정적인 요소들 중의 하나이듯이, 기독교 기원 이후 처음 두 세기에는 사회 구조 및 유대 공동체들의 정신적 기반의 변천과 관련된 랍비들의 가르침 및 주석의 발전이 유대인들을 연옥 개념의 가장자리로 이끌었다고 할 수 있다.[117]

기독교의 연옥은 성서에 뿌리를 두고 있는가?

기독교의——카톨릭 기독교의, 왜냐하면 프로테스탄트 기독교는 그것을 거부했으니까—— 연옥 교의는 16세기의 트렌토공의회에서 비로소 정립되었다. 트렌토공의회 후에 카톨릭의 연옥 이론가들인 벨라르미노 Belarmino 추기경[118]과 쉬아레즈 Suarez[119]는 여

예수 그리스도의 '대속적 죽음'이 문제되는 경우), rachat는 '속량(贖良)'으로, rémission은 '사면,' indulgence는 '면죄'로 한다.

117) 이 랍비 문헌들의 맥락에 관해서는 고전적 저서인 P. Volz, *Die Eschatologie der jüdischen Gemeinde im neutestamentlicher Zeitalter*, Tübingen, 1934 참조.

*118) 벨라르미노: 토스카냐 1542~로마 1621. 이탈리아의 추기경. 신학자. 종교 개혁의 프로테스탄트 교의들에 반대하는 로마 교회의 가장 강력한 옹호자들 중 한 사람이었다. 1560년 예수회에 들어가 1570년 서품을 받고 신학을 가르치기 시작했으며, 1599년 추기경이 되었다. 카톨릭의 전통적 교의를 옹호하는 역작들을 남겼으며, 그 중 대표적인 것이 『이 시대의 이단들에 맞선 기독교 신앙의 반박들에 관한 논의 *Disputationes de Controversis Christianae fidei adversus huius temporis haereticos*』 (1586~1593)이다.

러 가지 성서적 문헌들을 제시했다. 여기서 나는 그 가운데 중세 좀더 구체적으로는 14세기초까지 연옥의 탄생에 실제적 역할을 했던 것들만을 다룰 것이다.

구약의 단 하나의 문헌은 『마카비 제2서』[120]에 나오는 것인데, 신교도들은 이 책을 정경으로 치지 않지만, 아우구스티누스에게서 토마스 아퀴나스에 이르기까지 고대 및 중세의 기독교 신학은 그것을 연옥 신앙의 존재를 입증하는 전거로서 보전해왔다. 이 문헌에서는 유대 전사들이 무엇인가 알 수 없는 과실을 범한 탓으로 죽음을 당한 한 전투 뒤에 유다 마카비[121]가 그들을 위해 기도할 것을 명하고 있다.

그래서 모두가 숨은 것들을 드러내시는 공정한 심판관이신 주의 행하심을 찬양하고 범한 죄가 완전히 지워지도록 청하기 위해 기도드리기 시작했다. 그러고 나서 용감한 유다는 무리에게 실족한 자들의 과오로 인해 일어난 일들을 명심하고 모든 죄를 멀리하여 스스로 정결히 할 것을 촉구했다. 그러고는 약 이천 드라크마를 모아서 죄를 위한 희생을 드리

---

*119) 쉬아레즈: 그라나다 1548~리스본 1617. 철학자·신학자. 14세 때 살라망카에 가서 캐논법을 공부했고, 거기서 예수회에 가입했다(1564). 1571년까지 철학 및 신학 공부를 계속했고, 1572년 서품을 받았다. 이후 철학과 신학을 가르쳤으며, 1597년에는 코임브라 대학 교수가 되었다. 예수회의 교의를 충실히 반영한 저서들을 남겼다.

*120) 카톨릭 기독교에서 외경(제2경전)으로 인정하는 역사서 중에 『마카비 제1서』와 『마카비 제2서』가 있다. 『마카비 제1서』는 정통 유대 신앙을 탄압한 시리아의 안티오쿠스 4세(에피파네스, B. C. 175~165 재위)에 대한 유대인의 저항과 결국 유대의 독립을 가져다준 마카비 전쟁에 대한 가장 훌륭한 자료이다. 『마카비 제2서』는 『제1서』와의 연속성이 없는 독립적인 작품으로, 『제1서』에 나오는 몇 가지 사건들에 대한 신학적인 해석이다. 이 책은 하나님의 주권적 주재성과 유대교에 대한 하나님의 목적을 두드러지게 강조하고 있으며, 바리새적인 교리 특히 종말론의 교리를 그대로 반영하고 있다.

*121) 마카비 전쟁에서 제사장 맛다디아에 이어 유대편을 승리로 이끈 그의 셋째 아들이 마카비('망치'라는 뜻)라는 이름으로 알려진 유다이다.

도록 예루살렘에 보냈으니, 부활을 기다리는 자로서 아주 선하고 고결하게 행하였다. 만일 그가 쓰러진 병사들이 다시 일어나리라고 생각지 않았더라면 죽은 자들을 위해 기도하는 것은 쓸데없고 어리석은 일이었을 것이다. 그러나 만일 그가 경건한 가운데 잠든 자들에게 지극히 아름다운 상이 준비되어 있을 것을 기대하였다면 성스럽고 경건한 생각이었다. 그러므로 그는 죽은 자들이 그들의 죄로부터 구원받도록 그들을 위한 이 속죄 희생을 드리게 하였다. (12: 41~46)

고대 유대교의 전문가들이나 성서 주석가들도 다른 곳에서는 발견되지 않는 신앙과 관습에 언급한 이 난해한 텍스트에 대해 일치된 해석을 내리지 못하고 있다. 나는 이 논쟁에 끼여들 생각은 없다. 내가 보기에 본질적인 것은, 교회의 교부들과 마찬가지로 중세 기독교인들도 이 텍스트에서 장차의 연옥이 될 두 가지 근본적인 요소를 발견했다는 사실이다. 즉 죄의 사후 속량(贖良) rachat 과 산 자들이 속량 가능한 죽은 자들을 위해 드리는 기도의 효력이 그것이다. 덧붙여 말하자면, 그것은 중세 기독교인들에게는 필수적인 텍스트였으니, 왜냐하면 그들에게는 모든 현실 더구나 신앙의 진리는 예표(豫表)적 상징 교의 *la doctrine du symbolisme typologique*[122]를 따라 성서에서 이중적 기초를 지녀야 했기 때문이다. 즉 신약의 모든 진리에는 구약의 예고적 대목이 대응하는 것이다. 그러면 신약은 어떠한가? 세 대목이 특별한 역할을 하였다.

그 첫번째는 마태복음에 들어 있다:

---

*122) 중세적 의미 체계에 의하면 의미는 우선 문자적 의미와 영적 의미로 나뉘며, 영적 의미는 다시 교훈적 *tropologique*, 예표적 *typologique*, 내세적인 *anagogique* 세 가지 의미로 나뉜다. 교훈적이라는 것은 사건들이 실천해야 할 윤리적 내용을 보여줄 때를, 예표적이라는 것은 구약의 사건들이 신약에 일어날 사건들을 미리 나타낼 때처럼 믿어야 할 내용을 보여줄 때를, 그리고 내세적이란 구약 및 신약의 사건들이 하늘의 승리한 교회를 보여줄 때를 각기 가리킨다.

그러므로 내가 너희에게 이르노니 사람의 모든 죄와 훼방은 사하심을 얻되 성령을 훼방하는 것은 사하심을 얻지 못하겠고 또 누구든지 말로 인자를 거역하면 사하심을 얻되 누구든지 말로 성령을 거역하면 이 세상과 오는 세상에도 사하심을 얻지 못하리라. (12: 31~32)

이것은 주요한 대목이다. 간접적으로——그러나 전제 사항들의 석명(釋明)에 의한 주석은 기독교에서 의례적인 것이고 내게는 논리적으로도 전적으로 근거 있다고 보인다——그것은 저세상에서의 죄의 속량의 가능성을 시사하고 긍정한다.

두번째 텍스트는 누가복음에 나오는 거지 나사로와 악한 부자의 이야기[123]이다:

한 부자가 있어 자색 옷과 고운 베옷을 입고 날마다 호화로이 연락하는데 나사로라 이름한 한 거지가 헌 데를 앓으며 그 부자의 대문에 누워 부자의 상에서 떨어지는 것으로 배불리려 하매 심지어 개들이 와서 그 헌데를 핥더라. 이에 그 거지가 죽어 천사들에게 받들려 아브라함의 품에 들어가고 부자도 죽어 장사되매 저가 음부에서 고통중에 눈을 들어 멀리 아브라함과 그의 품에 있는 나사로를 보고 불러 가로되 아버지 아브라함이여 나를 긍휼히 여기사 나사로를 보내어 그 손가락 끝에 물을 찍어 내 혀를 서늘하게 하소서. 내가 이 불꽃 가운데서 고민하나이다. 아브라함이 가로되 얘 너는 살았을 때에 네 좋은 것을 받았고 나사로는 고난을 받았으니 이것을 기억하라. 이제 저는 여기서 위로를 받고 너는 고민을 받느니라. 이뿐 아니라 너희와 우리 사이에는 큰 구렁이 끼어 있어 여기서 너희에게 건너가고자 하되 할 수 없고 거기서 우리에게 건너

---

123) '비유'가 아니라 '이야기'라는 말을 쓰면서 나는 그것이 '비유'가 아니라 '예화 exemplum'라고 설명한 12세기의 대식가 피에르 Pierre le Mangeur를 따르고 있다.

올 수도 없게 하였느니라. (16: 19~26)

이 텍스트는 저승에 관해 세 가지 세부적인 사실을 알려준다. 즉, 음부(하데스)와 의인들의 대기 장소(아브라함의 품)는 서로 보일 만큼 가깝지만 그 사이에는 건널 수 없는 구렁이 가로놓여 있다는 것, 음부에는 미르체아 엘리아데Mircea Eliade가 "죽은 자들의 목마름"이라 이름한[124] 그리고 레프리게리움이라는 개념의 기초가 될 이 특징적인 목마름이 있다는 것, 그리고 의인들의 대기 장소는 아브라함의 품으로 지칭된다는 것 등이다. 아브라함의 품은 기독교에서 나타나는 최초의 연옥에 해당한다.

마지막 텍스트는 가장 많은 주석의 대상이 된 것으로, 사도 바울이 고린도 교회에 보낸 첫번째 편지(고린도전서)에 나온다:

이 닦아둔 것 외에 능히 다른 터를 닦아둘 자가 없으니 이 터는 곧 예수 그리스도라. 만일 누구든지 금이나 은이나 보석이나 나무나 풀이나 짚으로 이 터 위에 세우면 각각 공력(功力)이 나타날 터인데 그날이 공력을 밝히리니 이는 불로 나타내고 그 불이 각 사람의 공력이 어떠한 것을 시험할 것임이니라. 만일 누구든지 그 위에 세운 공력이 그대로 있으면 상을 받고 누구든지 공력이 불타면 해를 받으리니. 그러나 자기는 구원을 얻되 불 가운데서 얻은 것 같으리라. (3: 11~15)

이는 분명 매우 난해한 텍스트이나 중세의 연옥 발생에는 본질적인 텍스트이다. 바울의 이 텍스트를 주석하는 것만으로도 연옥의 발생을 거의 추적할 수 있다.[125] 저승에서의 운명이 각 사람의

---

124) M. Eliade, *Traité d'histoire des religions*, Paris, 1953, pp. 175~77.
125) 이 텍스트에 대한 고대 및 중세 교부들의 주석을 분석한 탁월한 두 편의 연구가 있다. A. Landgraf, "I Cor. 3, 10~17, bei den lateinischen Vätern und in der Frühscholastik," in *Biblica*, 5, 1924, pp. 140~72; J. Gnilka, *Ist 1 Kor. 3, 10~15 ein*

자질에 따라 다르며 보상과 징벌이 공덕과 죄에 비례한다는, 그리고 각 사람의 궁극적인 운명을 정하는 결정적인 시험이 저승에서 일어난다는 생각은 아주 일찍부터 일반적인 방식으로 생겨난 것이다. 그러나 여기서는 이 시험의 시기를 최후 심판 때로 보는 듯하다. 바울의 생각은 이 점에서 유대교에 매우 가깝다. 바울의 이 텍스트는 상당한 영향력을 지니게 될 것인데, 여기서 주목해야 할 또 한 가지 요소는 불에 대한 언급이다. 마치(*quasi*) 불을 통과하는 것처럼이라는 표현은 바울의 불에 대한 은유적 해석들을 가능케 하였거니와, 전체적으로 보아 이 텍스트는 사실적인 불에 대한 신앙을 정당화할 것이다.

불의 역할은 여기에서도 발견된다. 연옥은 장소로서 인식되기 이전에 우선 불로서 인식되었으니, 이 불이 딱히 어디 있는 것이라고 말하기는 어렵지만 그 안에는 연옥의 터전이 될 교의가 응축되어 있다. 그러므로 거기에 대해 한마디 더 해야겠다. 이 불의 성질에 대해서는 교부 시절부터 많은 논의가 있었다. 그것은 징계의 불인가 정화의 불인가 아니면 시험의 불인가? 현대 카톨릭 신학은 지옥의 형벌적 *punitif* 불, 연옥의 속죄적 *expiateur* · 순화적 *purificateur* 불, 최후 심판 때의 시험적 *probatoire* 불을 구분하지만, 그것은 뒤늦은 합리화이다. 중세에는 이 모든 불들이 다소간에 혼동되었으니, 우선 연옥 불은 지옥 불의 형제, 영원하지는 않지만 그래도 활동하는 동안에는 그 못지않게 타오르는 형제이고, 또한 심판의 불이 죽음 직후 개인적 심판 때에 나타나면서부터는 연옥의 불과 심판의 불이 실제로 흔히 혼동될 것이다. 신학자들은 연옥의 특정 국면들을 강조하며 중세 설교자들도 마찬가지였으니, 단순한 신자들 또한 같은 태도를 지닐 수밖에 없었을 것이다. 연

Schriftzeugnis für das Fegfeuer? Eine exegetisch-historische Untersuchung, Düsseldorf, 1955; C.-M. Edsman, *Ignis Divinus*, cité p. 19, n. 2.

옥의 불은 동시에 형벌이자 정화이자 신명 심판이며, 그것은 에즈먼이 밝힌 바 인도 유럽계의 불이 갖는 다의적인 성격에 일치한다.

신약 성서에서 나온 한 가지 일화도 기독교 저승의 일반적 개념에 있어——연옥의 역사에서는 아닐지라도——중요한 역할을 하였다. 그것은 그리스도의 지옥 하강이다. 그것은 신약 성서의 세 대목에 근거해 있다. 우선 마태복음에서 "요나가 밤낮 사흘을 물고기 뱃속에 있었던 것같이 인자도 밤낮 사흘을 땅속에 있으리라"(12: 40), 사도행전에서 "(다윗이) 미리 보는 고로 그리스도의 부활하심을 말하되 저가 음부에 버림이 되지 않고 육신이 썩음을 당하지 아니하리라 하시더니"(2: 31), 그리고 바울이 로마인들에게 보낸 편지(로마서)에서 믿음에서 난 의와 옛 율법에서 난 의를 대비하여 "믿음으로 말미암는 의는 이같이 말하되 네 마음에 누가 하늘에 올라가겠느냐 하지 말라 하니 올라가겠느냐 함은 그리스도를 모셔내리려는 것이요 혹 누가 음부에 내려가겠느냐 하지 말라 하니 내려가겠느냐 함은 그리스도를 죽은 자 가운데서 모셔올리려는 것이라"(10: 6~7)고 한 것이다.

그리스도의 지옥 하강

이 일화는, 그리스도의 신성에 대한 증거이자 장차의 부활에 대한 약속이라는 고유한 기독교적 의미를 갖는 외에도, 죠셉 크롤 Joseph Kroll이 잘 연구한 바[126] 있는 오랜 동양 전통 안에 위치한다. 그것은 신의 싸움, 태양과 어둠의 싸움이라는 주제인데, 태양

---

[126] J. Kroll, *Gott und Hölle. Der Mythos vom Descensuskampfe*, Leipzig-Berlin, 1932; W. Bieder, *Die Vorstellung von der Höllenfahrt Jesu Christi*, Zürich, 1949.

과 적대적인 힘들이 싸우는 이 어둠의 세계는 죽은 자들의 세계와 유사하다. 이 주제는 축사(逐邪) exorcisme의 주문들, 찬가, 새벽 기도 les laudes,[127] 미사의 수식 문구 les tropes 등 중세 전례와 그리고 마침내 중세말의 극(劇)에서 큰 성공을 거둘 것이다. 그러나 이 일화가 중세에 널리 퍼진 것은 외경인 『니고데모 복음』[128]에 나오는 자세한 이야기를 통해서이다. 즉 그리스도는 지옥에 내려갔을 때 거기 갇혀 있던 자들의 일부 그러니까 그가 지상에 오시기 이전에 살았으므로 세례받지 못한 의인들, 주로 족장들과 예언자들을 거기서 끌어냈다는 것이다. 그러나 그는 지옥을 일곱 개의 봉인(封印)으로 영원히 봉했으므로 그가 거기 남겨둔 자들은 세상 끝날까지 거기 갇혀 있을 것이다. 이 일화는 연옥과 관련하여 삼중의 중요성을 갖는다. 우선 그것은, 비록 예외적이라 할지라도, 어떤 사람들의 운명은 죽은 뒤에도 달라질 수 있다는 것을 보여준다. 그러나, 둘째로, 지옥은 세상 끝날까지 봉해졌으므로 지옥에서는 그러한 가능성이 사라지게 된다. 셋째, 그리하여 저승의 새로운 장소인 림보 les limbes[129]가 생겨나는데, 림보의 탄생은 연옥의 탄생과 거의 동시대에 그러니까 12세기에 일어난 저승 지리의 대대적인 개편 가운데서 일어났다.

---

*127) 로마 전례에 따른 성무 일과(聖務日課)는 조과(朝課, Matine 또는 Nocturne), 찬과(讚課 또는 새벽 기도) laude, 3시과 Terce, 6시과 Sexte, 9시과 None, 만과(晩課) Vesper, 종도(終禱) Compline로 이루어진다.

*128) 『니고데모 복음』에서는 그리스도의 탄생과 생애, 최후의 만찬, 소송, 십자가에서 시신을 내림, 아리마대 요셉의 투옥 등에 이어 그리스도의 지옥 하강, 아담과 에녹과 엘리야의 해방이 다루어진다. 『니고데모 복음』은 그리스도의 지옥 하강 일화뿐 아니라, 중세 성배(聖杯) 문학의 출전들 중 하나가 된 아리마대 요셉의 이야기로도 특기할 만하다.

*129) 카톨릭 기독교에서, 영벌의 저주는 받지 않았지만 천국에서 하나님과 영생을 누리는 기쁨을 박탈당한 영혼들이 가게 되는 곳으로, 천국과 지옥의 변경(邊境)에 위치한다. '림보'라는 말은 '변경'을 의미하는 튜튼어에서 유래한다. 그 형성 과정에 대해서는 뒤에서 자세히 논의될 것이다.

죽은 자들을 위한 기도

가장 중요한 것은 기독교인들이, 아마도 아주 일찍부터, 그들의 죽은 자들을 위해 기도하는 관습을 가지게 되었다는 것이다. 고대에 비하면 이러한 관습은 새로운 것이었다. 살로몽 레나크 Salomon Reinach의 적절한 표현을 빌리자면, "이교도들은 죽은 자들에게 기도하는 반면, 기독교인들은 죽은 자들을 위해 기도한다."[130] 물론, 신앙이나 사고 방식 같은 현상들은 갑자기 나타나는 것이 아니므로, 산 자들이 저승에서 고통받는 죽은 자들을 위해 중재를 드는 것은 몇몇 이교 사회에서도——특히 민간 차원에서——찾아볼 수 있다. 오르페우스교의 경우가 그러하다:

> 오르페우스가 말한다: 인간들은 불순종하던 조상들을 위해 성스러운 행동들을 수행한다. 너는 그들에 대해 힘을 가지고 있으니 [······] 너는 그들을 큰 고통과 엄청난 고문 가운데서 구원한다.[131]

이러한 관행은 기독교 기원을 전후하여 발전했으니, 이 또한 여러 민족 및 종교의 탁월한 집합지이던 이집트에서 특히 잘 나타나는 시대적 현상이다. 시칠리아의 디오도로스 Diodore de Sicile[132]는

---

130) Salomon Reinach, "De l'origine des prières pour les morts," in *Revue des Etudes juives*, 41(1900), p. 164.
131) *Orphicorum Fragmenta*, ed. O. Kern, Berlin, 1922, p. 245, cité par J. Ntedika, *L'Evocation de l'au-delà dans la prière pour les morts. Etude de patristique et de liturgie latines*(IVᵉ~VIIIᵉ siècles), Louvain-Paris, 1971, p. 11.
*132) 디오도로스: 시칠리아 B. C. 90~20. 그리스 역사가. 로마에 살면서 이집트를 위시한 여러 지방을 여행했다. 전40권으로 된 그의 『역사 도서관』은 태초로부터 카이사르에 의한 고올 정복에 이르기까지의 역사로, 그 중 트로이 전쟁 이전을 다룬 제1~5권과 B. C. 480~302년을 다룬 제11~20권이 현존하는데, 별 독창성 없는 작품이

B.C. 50년경에 이집트로 여행을 갔다가 이집트인들의 장례 풍습에 충격을 받았다. "죽은 자가 들어 있는 관이 배에 실리는 순간 살아남은 자들은 하계의 신들을 부르며 그를 경건한 자들을 위한 곳에 받아달라고 청한다. 무리는 고인이 하데스에서, 선한 자들의 사회에서 영생을 누리기를 청하는 기도를 수반하는 아우성을 친다."[133]

디오도로스의 여행 이전의 반세기 동안 알렉산드리아의 한 유대인에 의해 씌어진 『마카비 제2서』의 앞서 인용되었던 대목도 분명 그러한 맥락에서 이해되어야 할 것이다. 그것은 유다 마카비의 시절(B.C. 170경)에는 죽은 자들을 위해 기도하는 관습이 없었고 그의 혁신이 놀라운 것이었다는 사실과 한 세기 후에는 일부 유대인들 사이에 이러한 관습이 있었다는 사실을 말해준다. 사도 바울이 고린도전서에서 부활이 사실임을 확언하면서 말하고 있는 이상한 관습도 이러한 종류의 신앙들과 결부시켜야 할 것이다. "만일 죽은 자들이 도무지 다시 살지 못하면 죽은 자들을 위하여 세례받는 자들이 무엇을 위하여 하겠느냐 어찌하여 저희를 위하여 세례를 받느뇨?"(15: 29~30). 이 죽은 자들을 위한 세례는 기독교의 세례가 아니라 유대교로 개종한 그리스 개종자들이 받던 세례이다.

죽은 자들을 위한 기도들에 관해 기독교의 처음 세기들로부터 남아 있는 비문(碑文)과 전례의 풍부한 자료들은 종종 기독교의 연옥 신앙이 고대로부터 내려오는 것임을 입증하기 위해 쓰인다.[134] 그러나 이러한 해석들은 내가 보기로는 오도된 것이다. 죽은 자들에게 허용해주시기를 신께 간구하는 은혜는 본질적으로 낙원적이

기는 하나 고대 로마에 관한 귀중한 자료이다.

133) Diodore de Sicile, I, 91, cité par S.Reinach, p. 169.

134) H. Leclercq, article "Défunts," in *Dictionnaire d'Histoire et d'Archéologie ecclésiastiques*, t. IV, col. 427~56 et article "Purgatoire," *ibid.*, t. XIV/2, 1948, col. 1978~1981; F. Bracha, *De existentia Purgatorii in antiquitate christiana*, Cracovie, 1946.

며 어떻든 평화와 빛으로 정의되는 상태이다. 죽은 자의 영혼의 구속(救贖) *rédemption*에 대해 말하는 비문이 발견되는 것은 5세기 말(또는 6세기초)에나 이르러서이다. 브리오르 Briord의 한 갈로 로만 여인 Gallo-Romaine[135]의 것인 그 비문에는 "그녀의 영혼의 구원을 위하여 *pro redemptionem animae suae*"라는 말이 새겨져 있다.[136] 한편, 이러한 비문이나 기도들에는 복음서 이래로 전통적인 "아브라함의 품" 밖에 다른 구속이나 대기의 장소가 없다. 그러나 산 자들이 그들의 죽은 자들의 운명에 대해 염려하며, 또한 산 자들이 죽은 자들의 보호를 청하는 것이 아니라 오히려 죽은 자들을 돕기 위해 기도를 하는 관계가 이루어지는 것은 뒤에 연옥 신앙이 발전하게 될 터전이 된다.

휴식의 장소: '레프리게리움'

이러한 텍스트들 중 몇몇은 '레프리게리움'이라는 장소에 언급하는데, 이것은 아브라함의 품과 매우 가깝지만 그것과 항상 동일시할 수는 없다.

'레프리게리움 *refrigerium*' 또는 '레프리게라레 *refrigerare*'라는 말은 여러 묘비명들에 나오며, '평화 *pax*'라는 말과 잘 연결된다. "평화와 레프리기움 가운데, 레프리게리움 안에 있기를 *in pace et refrigerium, esto in refrigerio*" "그대 영혼이 레프리기움에 있기를 *in refrigerio anima tua*" "신이 그대의 영을 서늘케(휴식하게) 하시기를 *deus refrigeret spiritum tuum*."[137]

---

*135) 고올 Gaule(옛 프랑스)이 로마의 지배와 영향하에 있던 시대를 갈로-로만 시대라고 한다. 카이사르가 고올을 정복한 B. C. 58년부터 게르만 민족의 대이동이 일어나고 서로마 제국이 몰락하는 5세기경까지가 될 것이다.

136) *Dictionnaire d'Histoire et d'Archéologie ecclésiastiques*, t. XIV/2, col. 1980~1981.

크리스틴 모르만Christine Mohrmann의 탁월한 문헌학적 연구는 고전 라틴어에서 기독교 라틴어에 이르기까지 레프리게리움이라는 말의 의미 변천을 잘 정의하고 있다. "막연하고 유동적인 의미 외에 refrigerare와 refrigerium은 기독교 용어에서 특정한 기술적 의미, 즉 천상의 복락이라는 의미를 갖는다. 이 refrigerium은 이미 테르툴리아누스Tertullianus[138]에게서도 나오는 말로, 테르툴리아누스의 개인적 신앙에 따르면 그리스도가 아브라함의 품으로 돌아오기를 기다리는 영혼들의 잠정적 희락과 동시에 순교자들이 죽은 뒤 누리게 될 그리고 궁극적인 신의 심판 후에 선택된 자들에게 약속된 낙원의 최종적 복락을 모두 가리킨다…… 후세의 기독교 작가들에게 있어 refrigerium이라는 말은 일반적으로 신이 그의 선택한 자들에게 약속한 내세의 복락을 나타낸다."[139]

레프리게리움이 연옥의 전사에서 특별한 위치를 차지하는 것은 크리스틴 모르만이 시사하는 바 테르툴리아누스의 개인적 개념 때문이다. 실상 레프리게리움이란, 앞에서 보았듯이, 거의 낙원적인 복락의 상태를 가리킬 뿐 장소를 나타내지는 않는다. 그러나 테르툴리아누스는 특정한 레프리게리움, 즉 중간적 레프리게리움

---

137) *Ibid.*, t. IV, col. 447.
*138) 테르툴리아누스: 카르타고 150/160~222? 일명 Africanus Tertullianus. 초기 기독교의 신학자. 교회 라틴어를 확립하여 이후 천년간의 서구 기독교 어휘 및 사상의 형성에 큰 영향을 미쳤다. 당시 로마에 버금가는 문화와 교육의 중심지이던 카르타고에서 태어나 문법·수사학·문학·철학·법학 등 다방면의 교육을 받고, 로마에 가서 기독교에 접하고 개종하였다. 카르타고로 돌아온 그는 아프리카 교회의 지도적 인물이 되었다. 격한 문체와 준엄한 교훈으로 유명하다. 『열국(列國)에 대하여 *Ad nationes*』(197), 『호교론(護敎論) *Apologeticum*』(197), 『세례에 관하여 *De baptismo*』『마르키온에 반대하여 *Adversus Marcionem*』(210), 『병사의 관(冠)에 관하여 *De corona militis*』 등 많은 저서를 남겼다.
139) C. Mohrmann, *Locus refrigerii* in B. Botte——C. Mohrmann, *L'Ordinaire de la messe. Texte critique, traduction et études*, Paris-Louvain, 1953, p. 127; C. Mohrmann, "Locus refrigerii, lucis et pacis," in *Questions liturgiques et paroissiales*, 39(1958), pp. 196~214.

*refrigerium interim*을 상정했다. 개인적 죽음과 최종적 심판 사이에 특별한 대기 처분을 받을 만하다고 판정된 자들에게는 중간적 휴식 *le rafraîchissement intermédiaire*이 배정되리라는 것이다.

아프리카누스 테르툴리아누스는 "모든 영혼은 주의 (심판) 날까지 지옥에 갇혀 있었다"고 주장하는 논저를 썼다(『영혼에 관하여』 LV, 5). 그것은 스올이라는 구약적 개념을 그대로 따른 것으로, 이 지옥은 지하에 있으며 그리스도는 사흘 동안 거기에 내려갔었다고 한다(*ibid.*, LIV, 4).

테르툴리아누스는 그의 저서 『반(反)마르키온』과 논저 『일부일처제에 대하여』에서 자신의 저승관을 소상히 피력하면서 레프리게리움이라는 개념을 밝히고 있다. 마르키온[140]은 순교자들뿐 아니라 단순한 의인들도 죽은 뒤 즉시 하늘에 받아들여진다고 주장하는 반면, 테르툴리아누스는 가난한 나사로와 악한 부자의 이야기에 비추어볼 때 부활을 기다리는 의인들의 거처는 하늘이 아니라 중간적 레프리게리움 즉 아브라함의 품이라고 본다. "이 아브라함의 품이라는 장소는 하늘에 있지는 않지만 지옥보다는 위이며, 의인의 영혼들에게 중간적 휴식을 준다. 만물이 소진하여 일반적 부활과 보상의 수행이 일어나기까지"(『반마르키온』 IV, 34).[141] 그때까지 아브라함의 품은 "신실한 영혼들의 잠정적 거처"[142]이다.

---

*140) 마르키온: 85년경~160년경. 한 영지주의적 이단의 주창자. 소아시아 출신으로 로마에 가서 영지주의에 접했으며, 144년 로마에서 파문되어 자신의 교회를 세웠다. 그에 의하면, 허영과 진노의 창조주(구약의 신)가 지은 이 악한 물질 세상으로부터 인류를 구원하기 위해 지고지선의 신(신약의 신)은 그의 아들 예수 그리스도를 보내어 대속의 죽음을 죽게 한 것이라고 한다. 그러니까 구약의 신과 신약의 신을 별개로 보고, 선악 이원론을 적용한 것이라고 할 수 있다. 이러한 분파는 지중해 분지와 메소포타미아 지방으로 번져나가 400년경까지 번성했다.

141) *Eam itaque regionem, sinum dico Abrahae, etsi non caelestem, sublimiorem tamen inferis, interim refrigerium praebere animabus iustorum, donec consummatio rerum resurrectionem omnium plenitudine mercedis expungat.*

142) *Temporale aliquos animarum fidelium receptaculum.*

결국, 테르툴리아누스의 사고는 매우 이원적이다. 그에게는 상반된 두 가지 운명이 있다. 그 하나는 고통 *tormentum*, 고난 *supplice*, 고문 *cruciatus* 등으로 표현되는 징벌의 운명이고, 다른 하나는 레프리게리움이라는 말로 표현되는 보상의 그것이다. 이 운명들이 각기 모두 영원하다는 것은 그의 두 논저에 나타나 있다.[143]

반면 테르툴리아누스는 죽은 자들을 위해 그들의 기일에 드려지는 봉헌을 매우 강조하며, 경건한 관행은 성서적 기초가 없이도 전통과 신앙에 기초할 수 있음을 강조한다. 마태복음 12장 32절과 고린도전서 3장 10~15절을 보류한다면, 연옥의 경우가 거의 그러할 것이다. "죽은 자들을 위한 봉헌을 우리는 기일에 한다. 〔……〕 이러한 관행들과 비슷한 다른 관행들에 대해 성서에서 공식적 법칙을 찾는다면 발견하지 못할 것이다. 전통이 그것들을 보장하며, 관습이 그것들을 확실히 하고, 신앙이 그것들을 준수한다"(『병사의 관(冠)』 III, 2~3).[144]

연옥의 전사에 있어 테르툴리아누스의 새로운 점이 있다면, 그것은 의인들이 영원한 레프리게리움을 알기 전에 중간적 휴식을 거친다는 점이다. 그러나 이 휴식의 장소는 새로운 곳이 아니라 아브라함의 품이다. 테르툴리아누스의 중간적 레프리게리움과 연

---

143) 헤롯의 고문과 요한의 레프리게리움, 혹은 고문의 혹은 레프리게리움의 보상 *Herodis tormenta et Iohannis refrigeria; mercedem* 〔……〕 *sive tormenti sive refrigerii*(*Adv. Marc.*, IV, 34); 레프리게리움의 또는 고문의 영원한 판결에 의해 *per sententiam aeternam tam supplicii quam refrigerii*(*De anima*, XXXIII, 11); 이제 여기서 고문과 레프리게리움이 *supplicia iam illic et refrigeria*(*De anima*, LVIII, 1); 영원한 고문에 대한 두려움과 영원한 레프리게리움에 대한 소망 *metu aeterni supplicii et spe aeterni refrigerii*(*Apologeticum*, XLIX, 2); 혹은 고문에 혹은 레프리게리움에 운명지어지다, 둘 중 하나에 영원히 *aut cruciatui destinari aut refrigerio, utroque sempiterno.* Cf. H. Fine, *Die Terminologie der Jenseitsvorstellungen bis Tertullian*, Bonn, 1958.

144) Trad. de J. Goubert et L. Cristiani, *Les plus beaux textes sur l'au-delà*, Paris, 1950, p. 183 sqq.

옥은 본질——여기는 휴식하는 대기 상태이고 저기서는 징벌과 속죄를 포함하는 정화적 시련이다——에 있어서뿐 아니라 시간적으로도 다르다. 레프리게리움은 부활 때까지인 데 비해 연옥은 단지 속죄가 끝날 때까지인 것이다.

중간적 레프리게리움에 대해서는 많은 논란이 있었다. 가장 시사적인 것은 고대-기독교 예술사가인 알프레트 슈투이버 Alfred Stuiber가 드 브륀 L. de Bryune을 위시한 많은 비평가들과 벌인 것이다.[145] 드 브륀은 그의 반대를 이렇게 피력한다: "이 이론에 따르면 [……] 원시 분묘 예술의 주제 선택 및 형상화에 있어 결정적인 것은 초대 기독교인들이 지하의 하데스라는 잠정적이고 불확실한 해결 속에서 최후의 부활을 기다려야 하는 그들의 죽은 자들의 영혼의 즉각적인 운명에 대해 확신을 갖지 못했다는 점이 될 것이다. 그러나 카타콤 예술의 가장 근본적인 경향들 중 하나인 낙관주의와 경쾌함에 비추어볼 때 그러한 주장이 진실임직하지 않다는 것은 누구나 알 수 있을 것이다."[146]

"진실임직하지 않다는 것은 누구나 알 수 있을 것"이라는 말에 주목할 필요가 있다. 그것은 몇몇 전문가들에게 공통되리라고 상정되는 입장을 독자 전체에게 확대하는 전문가 특유의 단순함을 보여줄 뿐 아니라 논증이 기대되는 곳에서 자명성을 단언하고 있다.

그러나 문제를 분명히 이해하고자 한다면, 드 브륀의 지적은 두 가지 중요한 점에서 옳은 것으로 보인다. 첫째, 알프레트 슈투이버가 의거해 있는 분묘 예술 작품들의 대부분에 대한 분석은 중간적 레프리게리움에 대한 불확실한 신앙을 확인시켜주지 않는다.

---

145) A. Stuiber, *Refrigerium interim. Die Vorstellungen vom Zwischenzustand und die frühchristliche Grabekunst*, Bonn, 1957; De Bruyne, "Refrigerium interim," in *Rivista di archeologia cristiana*, 34, 1958, pp. 87~118 et *ibid.*, 35, 1959, pp. 183~86.

146) De Bruyne, 1959, p. 183.

왜냐하면, 드브륀이 전문가답게 지적하듯이, 카타콤 예술은 불안 보다는 확신을 표현하며──중세 연옥에서도 다시 발견될 것이지만──중간적 레프리게리움처럼 미묘한 개념의 형상적 재현은 실현하기 매우 어렵다. 그러나 반면 이러한 낙관주의는 이미 매우 구속적이던 교회 권위들에 의해 부과된 또는 적어도 강화된 것으로, 심판과 부활 이전의 저승에서의 운명에 대해 기독교인 대부분이 아마도 가지고 있었을 불안을 감추지 못할 것이다. 이 불안에는 적어도 두 가지 근거가 있었다. 그 하나는 교의상의 것으로, 성서 및 기독교 신학은 당시에 이 영역에 있어 분명한 개념들을 갖고 있지 못했다는 점이다. 다른 하나는 실존적인 것으로, 투쟁적 낙관주의의 이면에는 고대 말기 이교도들에게서와 마찬가지로 기독교인들에게 있어서도 불안이 있었기 때문이다. 이러한 초조감에 대해서는 도즈 Dodds가 잘 분석한 바 있다.[147]

연옥에 관한 최초의 상상: 페르페투아의 이상

그렇다 하더라도 레프리게리움의 개념 및 이미지는, 테르툴리아누스가 살던 사회내에서, 연옥의 상상 세계를 그린 최초의 텍스트에 영감을 준 것이 사실이다.

그것이 『페르페투아와 펠리키타스의 수난』으로, 그 성격이나 내용에 있어 매우 특별한 텍스트이다.[148] 203년 셉티무스 세베루스[149]

---

147) E. R. Dodds, *Pagan and Christian in an Age of Anxiety*, Cambridge, 1965.
148) *Passio sanctarum Perpetuae et Felicitatis*, éd. C. van Beek, Nimègue, 1936. F. J. Dolger, "Antike Parallelen zum leidenden Dinocrates in der *Passio Perpetuae*," in *Antike und Christentum*, 2, 1930, 1974, pp. 1~40은 이 텍스트 주변의 일반적 분위기를 보여주기는 하지만 텍스트 자체의 고유한 의미에는 충분히 접근하지 못하고 있다. E. R. Dodds, *Pagan and Christian in an Age of Anxiety*, pp. 47~53은 『페르페투아 수난』에 대한 흥미로운 주해를 제공하나, 연옥의 전사와는 전혀 다른

에 의한 아프리카 기독교도들의 박해 때에 페르페투아와 펠리키타스라는 두 여자와 사투루스, 사투르니누스, 레보카투스라는 세 남자로 이루어진 다섯 명의 무리가 카르타고 근처에서 처형당했다. 그들이 순교에 앞서 옥에 갇힌 동안, 페르페투아는 사투루스의 도움을 받아 자신의 회상을 글로 써서 혹은 구두로 다른 기독교도들에게 전해지게 했다. 그 기독교도들 중 한 사람이 이 텍스트를 썼고 거기에 순교자들의 죽음을 서술한 서문을 붙였다. 가장 엄격한 비평가들도 이 텍스트의 형식이나 내용의 근본에 있어 진정성을 의심하지 않는다. 이 소책자는 그것이 만들어진 상황, 그 어조의 단순성과 진실성으로 인해 기독교 문학은 물론 문학 일반의 가장 감동적인 증언들 중 하나로 꼽힌다. 감금되어 있는 동안 페르페투아는 꿈속에서 죽은 남동생 디노크라투스를 본다.

며칠 후 우리가 모두 기도하고 있었을 때, 갑자기 내게 목소리가 들려왔고, 나는 나도 모르게 디노크라투스의 이름을 입에 올렸다. 나는 그 이전에는 그에 관해 생각해본 적이 없었으므로 깜짝 놀랐다. 나는 그의 죽음을 고통스럽게 회상했다. 나는 곧 그를 위해 내가 무엇인가를 구할 수 있으며 그렇게 해야 한다는 것을 깨달았다. 나는 긴 기도를 시작했고 주께 간구했다. 바로 그날 밤부터, 나는 디노크라투스가 다른 많은 사람들과 함께 있던 캄캄한 곳에서 나오는 것을 보았는데, 그는 불에 그을리고 갈증에 허덕였으며 누더기를 걸친 더러운 모습으로 얼굴에는 죽을 때 그랬듯이 상처가 나 있었다. 디노크라투스는 내 친동생으로, 일곱살 때 병으로 죽었는데, 얼굴에 악창(惡瘡)이 나서 그의 죽음은 보기에도 끔찍했었다. 나는 그를 위해 기도했지만, 나와 그 사이의 거리는 너무 멀어

시각에서이다.
*149) 로마 황제(193~211 재위). 무력으로 황제 자리에 올랐으며, 원로원의 권리를 모두 빼앗고 관료적 중앙 집중적 제국을 지향했다. 그의 뒤를 이은 두 아들이 카라칼라 황제와 게타 황제이다.

서 우리는 만날 수가 없었다. 디노크라투스가 있는 곳에는 물이 가득한 수반이 있었는데, 가장자리가 어린 아이에게는 너무 높았다. 디노크라투스는 그 물을 마시고 싶은 듯이 발돋움을 했다. 나는 수반에 물이 있는데도 수반 가장자리가 높아서 그가 마시지 못하는 것을 보고 마음이 아팠다. 나는 잠이 깨었고, 내 동생이 시련 가운데 있음을 알았다. 그러나 나는 시련 속에서 그를 위로할 수 있음을 의심치 않았다. 나는 매일 그를 위해 기도했고, 그러다가 우리는 황궁 감옥에 오게 되었다. 우리는 게타[150]의 생일을 위해 황궁에서 벌어지는 경기에서 싸우게 될 것이다. 그렇지만 나는 밤낮으로 그를 위해 기도했고, 내 기도가 들어지기를 눈물로 호소했다.[151]

며칠 후 페르페투아는 새로운 이상을 본다:

우리가 차꼬에 채이던 날, 나는 또 꿈을 꾸었다. 나는 전에 보았던 곳을 보았는데, 디노크라투스는 깨끗한 몸에 옷을 잘 입고 시원해진 (refrigerantem) 모습이었으며, 상처가 있던 자리는 아물어 있었다. 전에 본 수반의 가장자리 돌은 어린 아이의 배꼽 높이 정도로 낮아져 있었고 거기서 물이 쉼 없이 흘러나왔다. 그리고 수반 가장자리에는 물이 가득한 황금잔이 놓여 있었다. 디노크라투스는 거기에 다가가서 마시기 시작했는데, 아무리 마셔도 잔이 비지 않았다. 갈증이 가신 그는 아이들이 하듯이 물을 가지고 놀기 시작했다. 나는 잠이 깨었고, 그가 고통에서 벗어난 것을 알았다.[152]

여기서 중요한 말은 refrigerantem으로, 그것은 분명 레프리게리

---

*150) 로마 황제(211~212 재위). 셉티무스 세베루스의 아들로, 형 카라칼라와 함께 권력을 이양받았으나, 1년 뒤 형에게 살해당했다.
151) Ed. Van Beck, p. 20.
152) *Ibid.*, p. 22.

움이라는 개념을 환기한다.

이 예외적인 텍스트는 3세기초에는 절대적으로 새롭지도 전혀 고립된 것도 아니다. 2세기말의 것으로 추정되는 그리스의 한 외경 『바울과 테클라의 행적』[153]에는 젊어서 죽은 한 여자의 이야기가 있다. 거기에서 이교도 여왕 트리페나는 자신의 양녀인 기독교도 처녀 테클라에게 자신의 죽은 친 딸 팔코닐라를 위해 기도해달라고 한다. 테클라는 팔코닐라의 영원한 구원을 위해 신께 기도한다.

간혹 『페르페투아와 펠리키타스의 수난』의 저자로 추정되기도 하는——이것은 분명 사실이 아니다——테르툴리아누스는 그들이 수난 당할 때 카르타고에 살았고 『바울과 테클라의 행적』을 알고 있었으며 그의 『세례론 De baptismo』에서 그것을 인용하는 한편, 기독교도 과부들은 죽은 남편을 위해 기도하고 그가 중간적 레프리게리움을 얻을 수 있도록 간구해야 한다고 말했다.[154]

연옥의 전사에 있어 『페르페투아와 펠리키타스의 수난』의 중요성은 과장해서도 축소해서도 안 된다.

여기서는 고유한 의미에서의 연옥이 문제되지 않으며 이 두 이상에 나오는 어떤 죽은 자의 이미지도 중세 연옥에는 나오지 않는다. 디노크라투스가 있던 정원은 거의 낙원적이며, 골짜기도 들판도 산도 아니다. 그를 괴롭히는 갈증과 무력함은 도덕적이라기보다 심리적인 악으로 지적된다. 문제되는 것은 심리-생리적인 고통 즉 labor이지 연옥의 전조들과 연옥 자체에 관한 모든 텍스트들에서처럼 형벌 poena이 아니다. 여기에는 심판도 형벌도 없다.

그러나 이 텍스트는, 성아우구스티누스에게서부터 이미, 연옥에

---

153) L. Vouaux, *Les Apocryphes du Nouveau Testament. Les Actes de Paul et ses lettres apocryphes*, Paris, 1913.

154) *Enimvero et pro anima eius orat, et refrigerium interim adpostulat ei*(* 진정 그의 영혼을 위해 기도하고 그의 중간 휴식을 간구해야 한다, *De monogamia*, X, 4).

이르게 될 성찰의 전망 속에서 사용되고 해석될 것이다. 우선은 장소가 문제인데, 그것은 스올도 하데스도 아브라함의 품도 아니다. 이 장소에 있는 것은 아주 어린 나이에도 불구하고 죄의 가시(可視)적인 기호인 상처(처음 보았을 때 얼굴에 나 있다가 두번째 보았을 때 사라졌다는 상처——vulnus, facie cancerata——는 기독교 체계에 따르면 죄의 가시적인 기호이다)를 지닌 자이다. 그는 저승에서 벌받는 자들의 특징적인 고통인 갈증에 시달린다.[155] 그는 그의 용서를 얻기에 합당한 자의 기도 덕분에 구원된다. 우선은 육친의 정——페르페투아는 그의 친누이이다——에 의해, 그리고는 그녀의 공덕에 의해——장차의 순교자인 그녀는 자신의 가까운 자들을 위해 신에게 중재를 들 권리가 있다.[156]

---

155) "죽은 자들의 갈증"에 대해서는 M. Eliade, *Traité d'Histoire des religions*, Paris, 1953, pp. 175-77 참조. 나는 지옥과 지역적 기후와의 연관 즉 갈증과 불은 "아시아적" 지옥관과 관련이 있고 "강하된 온도"(추위, 얼음, 얼어붙은 늪 등등)는 "북구적" 지옥관과 관련이 있다는 주장은 믿지 않는다. E. R. Dodds는 *Pagan and Christian in an Age of Anxiety*, pp. 47-53에서 『페르페투아 수난』에 나오는 수반(水盤)이 세례를 환기한다는 지당한 지적을 하였다. 디노크라투스가 세례를 받았는지 여부는 고대 작가들 특히 성아우구스티누스의 관심을 끌었다.

156) H.-I. Marrou는 죽기 바로 얼마 전에 P. A. Février, "Le culte des martyrs en Afrique et ses plus anciens monuments," in *Corsi di cultura sull'arte ravennate e bizantina*, Ravenne, 1970, p. 199를 인용하면서 refrigerium 개념에 있어 아프리카의 한 흥미로운 묘비명에 주의를 환기하였다: "티파사의 무덤들에서 발견되는 흥미롭고 새로운 한 가지 세부는 수조(水槽) 및 우물의 존재이며 물에 부여된 중요성이다. 물은 식사의 요소들 중 하나로 나올 뿐 아니라 무덤 위에 뿌려지는바, 그것은 텍스트들이 말하는 refrigerium에 필요한 것이 아닌가 하는 의문이 생긴다. 주지하듯이 refrigerium이라는 말은 그 최초의 의미에서부터 이교도였다가 후에 기독교도가 된 고대인들(사도행전 3: 20)에게 저승의 행복을 환기하는 역할을 한 가장 의미심장한 이미지들 중 하나이다. 이 말은, 확대된 의미로는, 다소간에 직접적인 상징주의가 이 희망된 행복과 연관시킨 이 장례 식사를 가리켰다. 우리 것과 같은 기념물을 두고는 바다 짐승들의 장식 위에 뿌려진 한 층의 물은 장례 연회와 관련된 레프리게리움 즉 휴식의 개념을 어느 정도 구체적으로 실현하게 한다고 상상할 수 있다"("Une inscription chrétienne de Tipasa et le refrigerium," in *Antiquités africaines*, t. 14, 1979, p. 269).

나는 카톨릭 교회가 성인력(聖人曆)을 엄격히 개정하는 시점에 새삼스레 수호 성녀들을 만들려는 것이 아니다. 그러나 이 감탄할 만한 텍스트에서, 그처럼 감동적인 성녀의 수호 아래 연옥이 태동했다는 것은 인상적인 일이다.

제2장
연옥의 아버지들

알렉산드리아에서: 두 명의 연옥 '창건자'들

연옥의 진정한 역사는 역설, 이중의 역설로 시작한다.

연옥 교의의 '창건자'라고 불려 마땅한 이들은 그리스 신학자들이다. 그런데 그리스 기독교는 그들의 영향을 받기는 했어도 정통한 의미에서의 연옥 개념에는 이르지 못했으며, 중세에는 연옥이 그리스 기독교와 라틴 기독교 사이의 주요한 분쟁거리들 중 하나가 되기까지 했다. 게다가 이 그리스 신학자들이 상정한 연옥은 라틴 기독교의 견지에서나 그리스 기독교의 견지에서나 명백히 이단적인 이론에 의거해 있다. 연옥 교의는 이렇듯 역사의 아이러니 위에서 출발한다.

이 책에서 그리스 기독교의 저승 개념은 그것이 1274년 리용의 제2차 공의회와 그리고 이 책의 연대적 범위에서는 벗어나지만 1438~1439년의 피렌체공의회를 통해 어떻게 라틴 기독교의 연옥관과 대립하는가 하는 견지에서만 다루어질 것이다. 왜냐하면 고대 말기부터 벌어지기 시작한 두 교회간의, 두 세계간의 간극으로 인해 연옥의 역사는 라틴 서구만의 것이 되었기 때문이다. 그러나 연옥의 발생에 있어서는 연옥의 두 '발명자'들인 알렉산드리아의 클레멘스 Clément d'Alexandrie[1]와 오리게네스 Origène[2]의 성격을 규명할 필요가 있다. 알렉산드리아가 "기독교 문화의 극(極)"(H.-I., Marrou)이자 헬레니즘과 기독교의 합류점이던 시절에, 그들은 그곳의 기독교 신학을 대표하는 인물들이었다.

그들의 교의는 한편으로는 그리스의 몇몇 이교 철학 및 종교 사조들에, 다른 한편으로는 성경과 유대-기독교의 종말론에 대한 독창적 성찰에 기초해 있다.[3] 그들은 고대 그리스로부터 신들이 내

---

*1) 클레멘스: 아테네? 150년경~카파도키아 215년경. 그리스의 기독교 작가. 이교도이다가 개종한 그는 알렉산드리아에 정착하여(180~202년경) 기독교 교리 문답 교육의 지도자로서 그곳의 기독교 공동체를 이끌었다. 그리스인들에게 있어 철학은 유대인들에게 있어 모세법과 마찬가지로 진리에 이르기 위한 예비 단계라고 하면서, 그리스 철학 교육을 받은 사람들에게 기독교를 이해시키고자 하였다. 기독교의 진리는 이단 그노시스에 반대되는 "완전한 그노시스"라는 것이 그의 생각이었다. 대표적 저서로는 3부작인 『웅변술 Protreptikos』 『교육자 Paidagogos』 『스트로마타(잡문집) Stromateis』 등이 있다.

*2) 오리게네스: 알렉산드리아 185년경~튀로스 254년경. 초기 그리스 교회의 가장 중요한 신학자, 성서학자. 기독교 가문 출신으로, 스승이었던 알렉산드리아의 클레멘스에 이어 알렉산드리아 교리 문답 교육의 우두머리가 되는 한편, 신플라톤주의자였던 암모니오스 사카스의 문하에서 철학을 깊이 연구했다. 학자로서나 설교자로서나 명성이 높아졌고, 카이사르령 팔레스타인의 교회 감독으로 임명되어 거기 정착했다(231). 데키우스 치하에서 고문을 당했으며 그 상처로 인해 죽었다. 그의 필생의 저작은 구약 성경의 히브리어본과 그리스어 역본들을 나란히 실어 대조할 수 있게 한 『헥사플라 Hexapla』이지만, 그 밖에도 많은 금욕적이고 독단적인(『원칙론 De principiis』) 그리고 논쟁적인(『반(反) 켈수스 Contra Celsum』) 저술들과, 특히 성서를 문자적·윤리적·신비적인 삼중 의미로 해석한 주해서들을 남겼다. 이른바 정통 그노시스를 대변하는 그는 신플라톤주의 이론들을 포괄하는 기독교의 완전한 체계를 최초로 제시했다. 훗날 그의 주장은 여러 가지 점에서 단죄되었다(콘스탄티노플공의회, 553).

3) 연옥의 발생이라는 시각에서 알렉산드리아의 클레멘스와 오리게네스에 대한 연구로는 G. Anrich, "Clemens und Origenes als Begründer der Lehre vom Fegfeuer," in *Theologische Abhandlungen*, Festgabe für H. H. Holtzmann, Tübingen, Leipzig, 1902, pp. 95~120, 카톨릭적 관점에서 잘된 연구로는 A. Michel, "Origène et le dogme du Purgatoire," in *Questions ecclésiastiques*, Lille, 1913(저자 자신이 "Purgatoire" du *Dictionnaire de Théologie catholique*, col. 1192~96으로 요약), 연옥의 전사라는 관점

리는 징계는 형벌이 아니라 교훈과 구원의 수단이며 정화의 과정을 이룬다는 생각을 이어받았다. 플라톤에게 있어 징계란 신들의 은덕이다.[4] 클레멘스와 오리게네스는 거기에서 '벌하다' 와 '교훈하다' 는 동의어이며[5] 신의 모든 징계는 인간의 구원을 위한 것[6]이라는 개념을 끌어냈다.

플라톤 사상은 오르페우스교에 의해 통속화되고 피타고라스주의 *le pythagorisme*[7]에 의해 유포되었다. 그리하여 정화로서의 지옥 벌이라는 개념은 베르길리우스의 『아이네이스』 제6권 (741~42, 745~47)에서도 발견된다:

······어떤 자들에게서는 거대한 소용돌이의 바닥에서
죄의 더러움이 씻어지거나 불로써 타없어진다
[········]
오랜 나날 뒤에야 마침내 흘러간 세월이
오점들을 지우고 영혼의 정수(精粹)를
순수하게 하기까지······[8]

에서 짧지만 정당한 지적들을 보여주는 것으로는 A. Piolanti, "Il Dogma del Purgatorio," in *Euntes Docete*, 6, 1953, 불에 의한 세례라는 관점에서는 C.-M. Edsman, *Le Baptême de feu*, pp. 3-4, 고린도전서의 주석이라는 관점에서는 J. Gnilka, *Ist 1 Kor. 3, 10-15 ein Schriftzeugnis für das Fegfeuer?*(특히 p. 115) 등이 있다.

4) G. Anrich가 p. 99, n. 7과 p. 100, n. 1에서 인용하는 주요 텍스트들은 『고르기아스』 34, 478과 81, 525; 『파이돈』 62, 113d; 『프로타고라스』 13, 324b; 『법률』 V, 728c이다.
5) Clément d'Alexandrie, *Stromata*, V, 14 et VII, 12.
6) Origène, *De principiis*, II, 10, 6 et *De oratione*, 29.
*7) B. C. 5세기경 피타고라스가 창시했다고 하는 철학 유파. 영혼의 정화를 통해 윤회로부터 벗어나는 것을 목표로 하는 거의 종교적인 집단을 이루었다. 이 같은 자기 완성을 위한 공동체 생활이나 영혼의 윤회라는 개념 등은 오르페우스교에서 온 것으로 보인다.
8) ······*aliis sub gurgite vasto*
   infectum eluitur scelus, aut exuritur igni

성경으로부터 클레멘스와 오리게네스는, 우선 구약에 나오는 신적인 도구로서의 불과, 신약에 나오는 불에 의한 세례라는 복음적 개념 및 사후의 정화 시험이라는 바울적 개념을 받아들인다.

첫번째 개념은 자주 인용되는 구약 성경 텍스트들의 해석에서 비롯된다. 클레멘스와 오리게네스의 플라톤주의적 기독교관은 그들로 하여금 낙관적인 입장들을 취하게 했다. 예컨대 클레멘스에게 있어 신은 보복적일 수가 없다: "신은 보복을 하지 않는다. 보복이란 악을 악으로 갚는 것인데, 신은 선을 위해서만 징계하기 때문이다"(『스트로마타』 VII, 26). 이러한 개념은 두 신학자들로 하여금 구약 성경에서 신이 명백히 진노의 도구로서 불을 사용하는 대목들, 예컨대 그가 아론의 아들들을 불에 삼켜지게 할 때: "아론의 아들 나답과 아비후가 각기 향로를 가져다가 여호와가 명하시지 않은 다른 불을 담아 여호와 앞에 분향하였더니 불이 여호와 앞에서 나와 그들을 삼키매 그들이 여호와 앞에서 죽은지라"(레위기 10: 1~2), 또는 신명기 32장 22절: "내 분노의 불이 일어나서 음부 깊은 곳까지 사르며 땅의 그 소산을 삼키며" 같은 대목들을 완곡한 의미로 해석하게 한다. 오리게네스는 그의 『레위기 주석』에서 이런 대목이야말로 인간을 그의 유익을 위해 징계하시는 신적 배려를 보여주는 것이라고 한다. 또한 오리게네스는 신 자신이 불로 나타나는 구약의 대목들을 진노의 신의 표현이 아니라 삼키며 태우는 정화자인 신의 표현으로 해석한다. 그의 이러한 태도는 "내 진노에 불이 붙어 너희 위에 타리라"는 예레미야 15장 14절을 주해한 『예레미야 주석』 제16 강화(講話)에서나 『반(反)켈수스』에서

[········]
donec longa dies perfecto temporis orbe
concretam exemit labem, purumque relinquit
aetherium sensum ······

도 마찬가지이다.

두번째 개념은 세례 요한의 설교에 관해 "나는 너희에게 물로 세례를 주거니와 나보다 강한 자가 오시리니 〔……〕 그는 성령과 불로 세례를 주시리라"고 한 누가복음 3장 16절에 대한 성찰에서 비롯된다. 오리게네스는 이 구절을 이렇게 해석한다(『누가복음 강해』 제24 강화):

> 요한이 요단강가에서 세례받으러 오는 자들 가운데 어떤 이들은 용납하고 어떤 이들은 '독사의 자식들아, 운운' 하며 쫓아버렸듯이, 주 예수 그리스도께서도 불의 강에(*in igneo flumine*) 불의 창(*flammea rompea*)을 들고 서서 죽은 뒤 낙원에 가게 될, 그러나 정화를 받지 못한(*purgatione indiget*) 모든 자들에게 이 강에서 세례를 주어 원하는 곳으로 가게 해주신다. 그러나 첫번째 세례의 표지가 없는 자들에게는 불에 의한 세례가 주어지지 않는다. 우선은 물과 성령으로 세례를 받아야만 불의 강에 이르러 물과 성령에 의한 세례의 표지를 내보이고 예수 그리스도 안에서 불의 세례를 받을 수 있게 된다.

끝으로 오리게네스는, 불경건한 자는 신의 진노의 대상이 되며 의로운 자는 그의 보호를 받으리라고 하는 시편 제36편에 관한 그의 제3 강화에서, 바울이 불에 의한 최후의 정화에 언급하는 고린도전서의 대목을 주해한다:

> 나는 우리 모두가 반드시 이 불에 이르리라고 생각한다. 우리가 바울이건 베드로이건 우리는 이 불에 이른다고 〔……〕 마치 홍해 앞에서처럼 만일 우리가 이집트인이라면 우리 안에서 발견된 죄로 인해 우리는 이 불의 강 또는 호수에 빠질 것이요 〔……〕 아니면 우리가 역시 불의 강으로 들어가더라도 마치 히브리인들을 위해 물

이 양옆으로 갈라져 벽이 되었듯이 불은 우리를 위해 벽이 되고 우리는 불기둥 구름 기둥을 따라갈 것이다.

알렉산드리아의 클레멘스는 금생(今生)과 내세에서 두 가지 범주의 죄인들과 두 가지 범주의 징계들을 구분한 최초의 인물이다. 금생에서 개선할 수 있는 죄인들이 받는 징계는 "교훈적 διδασκαλικός"이요, 고칠 수 없는 자들이 받는 징계는 "형벌적 κολαστικός"이다.[9] 내세에는 두 가지 불이 있는데, 고칠 수 없는 자들의 몫은 "삼키고 태우는" 불이고, 그렇지 않은 자들의 몫은 "대장간의 불처럼 태우는" 것이 아니라 "영혼을 뚫고 지나가는" "신중"하고 "현명한 φρόνιμον" 불, "성화(聖化)하는" 불이다.[10]

오리게네스의 개념들은 보다 세밀하고 광범하다. 앞에서 보았듯이, 그는 모든 사람들이, 왜냐하면 전적으로 무죄한 인간은 없으므로, 의인들까지도 불을 통과해야 한다고 생각한다. 육체와 결합했다는 사실만으로도 모든 영혼은 더럽혀진 것이다. 『레위기 강해』의 제8 강화에서 오리게네스는 욥기 14장 4절 "대관절 누가 정결한 자와 부정한 자를 가르겠는가?"에 의거해 있다. 그러나 의인들에게는 이 불의 통과가 세례이다. 불은 영혼을 무겁게 하던 납을 녹여내어 정금으로 만든다.[11]

오리게네스에게 있어서나 클레멘스에게 있어서나, 두 종류의 죄인들 또는 좀더 정확히 말해 인간 본성에 내재하는 오점들(ρύπος, 라틴어로는 sordes에 해당할 것이다)밖에 지니지 않은 의인들과 원칙적으로 치명적인 죄들(πρὸς θάνατον ἁμαρτία, 라틴어로는 peccata)

---

9) *Stromata*, IV, 24.
10) *Ibid.*, VII, 6.
11) Origène, *In Exodum*, homélie 6, in *Patrologie Grecque*, XIII, 334~35, *In Leviticum*, homélie 9, 12, 519.

로 무거워진 고유한 의미에서의 죄인들이 있다.

오리게네스 특유의——그리고 그를 이단이게 하는—— 개념은 끝내 완전히 정화되어 낙원에 이르지 못할 만큼 그렇게 악하고 고질적이고 고칠 수 없는 죄인이란 없다는 것이다. 따라서 지옥 또한 일시적인 것이 된다. 안리히 G. Anrich가 잘 지적한 대로, "오리게네스는 지옥 그 자체를 연옥으로 보았다." 실상 오리게네스는 플라톤 철학, 오르페우스교, 피타고라스교 등에서 유래한 정화 κάθαρσις 이론을 끝까지 밀고 나간 것이다. 그는 윤회나 연속적 환생이라는 이교 그리스적 개념은 기독교와 양립 불가능하고 따라서 인정할 수 없으므로 그 이론의 기독교적일 수 있다고 생각되는 이 형을 믿었으니, 사후의 영혼은 지속적 발전과 부단한 완성을 통해 처음에는 아무리 죄에 물들었더라도 마침내는 신의 영원한 관조에 이를 수 있다는 것이다. 그것이 바로 아포카타스타시스(άποκατάστασις)[12]이다.

두 범주의 죽은 자들, 즉 단순히 더럽혀진 죄인들과 고유한 의미에서의 죄인들에게는 두 가지 유형의 정화하는 불이 적용된다. 전자들에게 그것은 심판의 영 *l'esprit de jugement*이며, 그들이 그것을 지나가는 데는 일순간밖에 걸리지 않는다. 반면 후자들은 연소의 영 *l'esprit de combustion* 속에 다소간 오래 머무른다. 이 징계는 매우 고통스러우나 오리게네스의 낙관주의와 배치되지는 않으니, 징벌이 준엄할수록 구원은 확실히 보장되기 때문이다. 고통의 구

---

*12) '아포카타스타시스'란 사물을 본래의 상태로 되돌려놓는 것, 즉 '복원'이나 '회복'을 의미한다. 이 말은 플라톤, 아리스토텔레스에게서 이미 발견되는 것이지만, 성경에서는 "하나님이 영원 전부터 거룩한 선지자의 입을 의탁하여 말씀하신 바 만유(萬有)를 회복하실 때까지는 하늘이 마땅히 그를 받아두리라"(사도행전 3:21) 같은 구절에서 찾아볼 수 있듯이 특히 피조물이 하나님과 관계를 회복하여 그 본래의 상태로 돌아가는 것을 말한다. 오리게네스의 독창성은 이러한 회복이 보편적이며 따라서 심지어 악마도 구속(救贖)되고 악 자체가 소멸하리라고 보는 데 있다. 이러한 개념은 영지주의적 세계관과 일맥상통하는 바 있다.

속적 가치에 대한 오리게네스의 이러한 생각은 중세말 15세기에 이르러서야 재발견될 것이다.

알렉산드리아의 클레멘스에게 있어 속죄 가능한 죄인들의 영혼을 관통하는 "현명"한 불은, 미셸 A. Michel이 잘 보았듯이, 물질적인 불인 동시에 "은유적인" 불이요 "영적인" 불이다(『스트로마타』 VII, 6; V, 14). 혹자들은 오리게네스에게 있어 단순히 더럽혀진 영혼들이 통과하는 심판의 불은 '사실적인' 불이고 죄인들을 괴롭히는 연소의 불은 '은유적인' 불이라고 구분하기도 했다. 왜냐하면 결국 구원될 죄인들이라면 불에 타버릴 수 없을 것이기 때문이다. 그러나 인용한 텍스트들(『원칙론』 II, 10; 『반 켈수스』 IV, 13; VI, 71 등등)은 이러한 해석을 가능케 하는 것으로 보이지 않는다. 두 가지 경우에 모두 불은 정화하는 불이며, 그것은 물질적이지는 않지만 은유적이지도 않다. 그것은 사실적이지만 영적이고 희박하다. 이 불에 의한 정화는 언제 일어나는가? 오리게네스는 그 점에 있어 매우 분명하다. 그것은 부활 후, 최후의 심판 때이다.[13] 이 불은 결국 인도-유럽 계열의 오랜 신앙에서 유래하는 세계 종말의 불에 불과하며, 스토아 철학자들은 에크퓌로시스(ἐκπύρωσις, 대화재)라는 개념으로 그것을 받아들였었다.

유대 계시록에서 세상 종말의 불에 관한 가장 의미심장한 텍스트는 다니엘의 꿈 가운데 나오는 "옛적부터 항상 계신 이"에 관한 이상이다:

> 내가 보았는데 왕좌가 놓이고 옛적부터 항상 계신 이가 좌정하셨는데 [……] 그 보좌는 불꽃이요 그 바퀴는 붙는 불이며 불이 강처럼 흘러 그 앞에서 나오며 [……] 짐승이 죽임을 당하고 그 시체가 상한 바 되어 붙

---

13) 예컨대 『예레미야 강해』 제2 강화; 『레위기 강해』 제8 강화; 『출애굽기 강해』 제6 강화; 『누가복음 강해』 제14 강화 등.

는 불에 던진 바 되었으며 (7: 9~12)

그러나 오리게네스는 종말론적 시간에 대해 매우 개인적인 개념들을 가지고 있다. 한편으로 그는 의인들은 일순간에 불을 통과하여 심판 이후 제8일에는 이미 낙원에 이르는 반면 죄인들의 불은 마지막 날이 지난 뒤 심지어 세세토록 그들을 불사르리라고 생각한다. 그러나 여기서 '세세토록 *pendant les siècles des siècles*' 이라는 말은 기나긴 기간을 의미할 뿐 영원을 의미하지는 않는 것이, 조만간에는 만인이 낙원에 이를 것이기 때문이다(『누가복음 강해』 제24강화). 다른 한편으로 오리게네스는, 나름대로의 계산에 따라, 현세의 삶이 제8일 이전의 1주일 동안 계속되듯이 죄인들이 연소의 불 속에서 정화를 겪는 것도 1주일 또는 2주일, 즉 아주 오랜 기간이 걸리리라고 한다. 그리하여 제3주가 되어야 비로소 그들은 깨끗해지리라는 것이다(『레위기 강해』 제8강화). 이러한 계산은 어디까지나 상징적인 것인 반면, 앞으로 보게 될 13세기의 연옥 체류 기간에 관한 셈은 실제 기간에 대한 산술이 될 것이다. 하여간 연옥의 기간을 셈하는 것은 이때 이미 시작되었다고 할 수 있다.

죽은 자들이, 영혼들이, 개인적 죽음과 최후의 심판 사이에 어떤 처지에 놓이게 될는지에 대해서 오리게네스는 아주 막연한 말 밖에 하지 않는다. 그는 의인들은 죽은 뒤 곧 낙원으로 가지만, 이 낙원은 영혼이 최후의 심판과 길든 짧든 불에 의한 시험을 겪은 뒤에야 이르게 될 진정한 환희의 낙원과는 다르다고 한다.[14] 그것은 아브라함의 품에 비길 만한데, 내가 틀리지 않는다면, 오리게네스는 결코 거기에 대해 말한 적이 없다. 오리게네스는 개인적 죽음과 최후 심판 사이에 죄인들이 어떻게 될지에 대해 말하지 않는다. 왜냐하면, 많은 당대인들과 마찬가지로 그러나 분명 그들

---

14) 『원칙론』 II, 11, n. 6; 『에스겔서 강해』 제13강화, n. 2; 『민수기 강해』 제26강화.

대부분보다 더욱, 오리게네스는 세상의 종말이 임박했다고 믿었기 때문이다: "불에 의한 세상의 연소가 다가왔다. 〔……〕 땅과 모든 원소들이 이 세기의 말에 불 속에 살라지리라"(『창세기 주해』 제6 강화). 또는 "그리스도는 마지막 때에 오셨으니, 세상의 종말은 이미 가까웠다"(『원칙론』 III, 5~6). 개인적 죽음과 최후의 심판 사이, 오늘과 세상의 종말 사이의 중간적 시간은 너무 짧아서 거기에 대해 생각할 가치가 없다. 불 시험은 "삶의 출구에서 우리를 기다리는 시험과도 같다"(『누가복음 강해』 제24 강화).

그리하여 오리게네스의 연옥은 그의 종말론과 일시적 지옥관 사이에 끼어 사라져버린다. 그러나 사후(死後) 저승에서의 정화라는 구체적인 개념은 최초로 표명되었다. 가벼운 죄들과 죽음에 이르는 죄들간의 구분도 생겨났다. 나아가 인간들을 세 가지 범주로 구별하는 것도 이미 시작되었다고 할 수 있다. 즉, 심판의 불을 지나가기만 할 뿐 곧장 낙원으로 가는 의인들, 연소의 불 속에 잠시만 머무는 가벼운 죄인들, 그리고 거기서 아주 오래 머무는 중죄인들, 이라는 구별이 그것인데, 여기서 사실 오리게네스는 고린도전서 3장 10~15절의 은유를 발전시키고 있는 것이다. 우선 그는 사도 바울의 말을 인용하여 두 가지 범주를 만들어낸다. 즉 금이나 은이나 보석은 의인에 해당하고, 나무나 짚은 '가벼운' 죄인들이다. 그는 거기에 세번째 범주를 덧붙여 쇠와 납, 청동은 '무거운' 죄인이라고 한다.

저승에서의 정화 기간에 대한 계산도 시도되었다. 참회와 저승에서의 운명간의 긴밀한 연관도 지적되었다. 알렉산드리아의 클레멘스에게 있어 개전(改悛) 가능한 죄인들의 범주는 회개하고 죽는 순간에 신과 화해한 그러나 참회를 행할 시간이 없었던 죄인들로 이루어진다. 오리게네스에게 있어 아포카타스타시스란 실상 참회의 긍정적이고 전진적인 과정이다.[15] 그러나 이러한 저승관에는 진정한 연옥의 개념이 되기에 아직 몇 가지 근본적인 요소들이 결여

되어 있다. 연옥의 시간은 최후 심판의 시간과 혼동되어 제대로 정의되지 못했다. 이러한 혼동이 불만족스러운 것이었으므로 오리게네스는 세계 종말을 확대하는 동시에 일순간으로 집약시키고 또 그것을 임박한 것으로 만들어야 했다. 연옥은 지옥과 구별되지 않았으며, 그 독창성이 될 일시적 잠정적 성격은 부각되지 않았다. 또한 죽은 자들만이 다소간에 무겁거나 가벼운 그들의 죄짐을 지닌 채로, 그리고 신은 건전한 심판관의 호의를 가지고서, 이 사후 정화에 책임이 있을 뿐, 살아 있는 자들은 거기 개입하지 않았다. 끝으로, 연옥이라는 장소가 없었다. 정화의 불을 '영적인' 동시에 '보이지 않는' 불로 만듦으로써 오리게네스는 연옥의 상상 세계를 봉쇄하였다.

라틴 기독교: 저승의 발전과 미결 사항들

연옥의 전사가 결정적인 방식으로 풍부해지는 것은 4세기말~5세기초 성아우구스티누스와 함께, 그러니까 이번에는 라틴 기독교인들에게서이다.

3세기 중엽의 성키프리아누스 Cyprien[16]는 미래의 연옥 교의에 중대한 기여를 한 것으로 평가되어왔다. 그는 『안토니아누스에게

---

15) K. Rahner, "La doctrine d'Origène sur la pénitence," in *Recherches de Science religieuse*, 37, 1950.
*16) 키프리아누스: 카르타고 3세기초~카르타고 258. 초기 기독교 신학자이자 카르타고 주교로서 로마가 기독교를 박해하던 시절에 북아프리카의 기독교인들을 인도했고, 자신도 처형당함으로써 아프리카 최초의 주교 순교자가 되었다. 부유한 가문 출신으로 법학을 공부했으나 기독교로 개종하여 2년 만에 카르타고 주교로 선출되었다. 데키우스의 박해(250-251) 때에 배교한 기독교인들에 대한 관용을 설교했고, 258년 발레리아누스의 박해 때에 순교했다. 주요 저서로는 『배교자들에 대하여 *De lapsis*』『교회의 단일성에 대하여 *De Ecclesiae Catholicae Unitate*』 등이 있다.

보내는 편지』에서 두 종류의 기독교인들을 구분한다: "용서를 기다리는 것과 영광에 이르는 것은 별개의 문제이다. 감옥에서(in carcere) 마지막 한푼까지 치르고서야 나오게 되는 것과 즉각적으로 믿음과 덕의 보상을 받는 것, 불 속에서의 긴 고통을 통해 죄를 벗고 정화되는 것과 순교를 통해 모든 과오를 일시에 청산하는 것, 심판날까지 기다려 주의 심판을 받는 것과 즉시로 그에게서 면류관을 받는 것은 별개의 문제이다."[17] 이 대목을 다음과 같이 해석한 이도 있다: "이 정화하는 불, 무덤 너머의 이 불은 연옥일 수밖에 없다. 분명한 표현은 후대에야 발견될 것이지만, 키프리아누스는 이미 테르툴리아누스보다 발전해 있다."[18] 이러한 해석은 기독교 교의가 처음부터 연옥 신앙을 배태하고 있었으며 그것을 향해 느리지만 확실한 진전을 해왔다고 보는 이른바 진화적 연옥 개념을 대표한다. 그러나 내가 보기에 역사적 현실은 전혀 다르다. 천년왕국설 *le millénarisme*[19]이라는 다분히 임의적으로 구원하거나 파괴할 전격적인 종말론에 대한 신앙의 창궐에 맞서, 교회는 역사적 조건들과 사회 구조 및 교회내에서 점차로 정통화해가던 전통 등과의 관련 하에 일정한 요소들을 정리하여 체계화하였다. 그리하여 그것들은 12세기에 연옥을 근간으로 하는 저승 체계를

---

17) *Aliud pro peccatis longo dolore cruciatum emundari et purgari diu igne, aliud peccata omnia passione purgasse, aliud denique pendere in die judicii ad sententiam Domini, aliud statim a Domino coronari.*

18) A. Michel, article "Purgatoire," in *Dictionnaire de théologie catholique*, col. 1214.

*19) 최후의 심판 이전에 그리스도가 지상에 재림하여 천년 동안 계속될 왕국(천년왕국, *millenium*)을 세우리라는 설. 그 천년 동안 사탄은 사슬에 묶이고, 순교자들과 그리스도에게 신실했던 자들은 다시 살아나(이것이 이른바 '첫째 부활'이다) 그리스도와 함께 다스릴 것이다. 천년이 끝나갈 무렵 사탄은 활동을 재개하여 험난한 투쟁 끝에 마침내 최후의 심판에서 결정적으로 정복되며, 그리고 나서 죄인들은 영원한 불못으로, 의인들은 영원한 천국으로 갈 것이다. 이러한 내용을 싣고 있는 요한계시록 20: 1~5는 명백한 해석이 어려운 대목이만, 초기 기독교 이래로 그리스도의 재림 시기가 구체적으로 임박했음을 주장하는 많은 이단 분파들이 있어왔다.

이룰 것이지만, 그러기 전에 무산될 가능성도 있었고, 5세기초, 6세기말과 8세기초 사이, 그리고 12세기에는 크게 발전한 반면, 오랜 침체를 겪기도 했으며 그러한 침체는 결정적인 것이 될 수도 있었다. 나는 키프리아누스에게서 유사 연옥 교의를 보기를 거부하는 제이 P. Jay의 의견이 타당하다고 본다. 『안토니아누스에게 보내는 편지』에서 문제되는 것은 박해를 견뎌내지 못하는 기독교인들, 즉 믿음이 약한 자들 및 배교자들 les lapsi et les apostats과 순교자들간의 비교이다. 요는 저승에서의 '정화'가 아니라 이승에서의 참회가 문제인 것이다. 여기서 말하는 감옥이란 아직 존재하지도 않았던 연옥의 그것이 아니라 교회적인 참회 훈련이었다.[20]

기독교가 더 이상 박해의 대상이 아니라 로마 세계의 공식 종교가 되던 시기인 4세기의 교부들과 교회 작가들은 다양성에도 불구하고 상당히 일관된 전체를 이룬다. 그들에게 있어 인간의 사후 운명에 대한 성찰은 특히 다니엘의 꿈(다니엘서 7: 9~12)과 바울의 텍스트(고린도전서 3: 10~15)로부터, 그리고 좀더 드물기는 하지만, 정화하는 불이라는 오리게네스적 개념이나 테르툴리아누스의 레프리게리움으로부터 발전한다. 오리게네스의 시각은 특히 『시빌의 신탁집』의 기독교 부분에 영향을 미쳤으며, 그 덕분에 어느 정도 후세까지 전해졌다.

락탄티우스 Lactance[*21]는 의인들까지를 포함한 모든 죽은 자들이 불 시련을 겪는다고 생각한다. 그러나 그는 이 시련이 최후 심판 때에 있으리라고 한다. "하느님께서 의인들을 심문하실 때, 그는

---

20) P. Jay, "Saint Cyprien et la doctrine du Purgatoire," in *Recherches de théologie ancienne et médiévale*, 27, 1960, pp. 133~36.
*21) 락탄티우스: 키르타 근교 260경~트레브 325경. 기독교로 개종한 라틴 수사학자. 일곱 권으로 된 기독교 호교론 『신적인 제도 Divinae institutiones』의 저자로서 저자 자신이 그 『요약』도 썼는데, 이는 기독교적 인생관을 체계적으로 기술한 최초의 라틴어 저작으로 꼽힌다. 그 밖에 『박해자들의 죽음에 대하여』(315경), 『신의 진노에 대하여』 등의 저서도 있다.

또한 불로써 그렇게 하실 것이다. 죄의 비중이나 수효가 더 많은 자들은 불에 싸여 정화될 것이고, 완전한 의(義)나 성숙한 덕이 드러나는 자들은 이 불길을 느끼지 못할 것이다. 그들에게는 이 불을 밀어내는 무엇인가가 있는 것이다"(『제도』 VII, 21, *PL*, VI, 800).

푸아티에의 힐라리우스 Hilaire de Poitiers,[22] 암브로시우스 Ambroise,[23] 히에로니무스 Jérome[24] 그리고 4세기 중반에 살았던 암브로시아스테르 Ambrosiaster라는 미지의 인물은 인간의 사후 운명에 대해 오리게네스와 비슷한 생각을 가지고 있었다.

푸아티에의 힐라리우스는, 최후의 심판을 기다리는 동안 의인들은 아브라함의 품에서 쉬는 반면 죄인들은 불의 고통을 당하리라고 생각한다. 최후의 심판 때에 의인들은 바로 낙원으로 가며, 불

*22) 힐라리우스: 푸아티에 315년경~367년경. 라틴 교회의 교부. 신플라톤주의로부터 개종한 그는 350년경 푸아티에 주교가 되어 아리우스주의에 맞서 싸웠으며, 그로 인해 356~360년에는 프리지아 지방으로 유배되기도 했다. 그리스 기독교 사상을 서방 기독교에 소개한 최초의 라틴 작가였다. 주요 저서로『삼위일체에 관하여 *De trinitate*』(전12권),『신비론 *Tractatus mysteriorum*』등이 있다.

*23) 암브로시우스: 트레브 330~340년경~밀라노 397. 교부들의 한 사람. 로마 제국의 고위 관리였던 그는 대중의 지지로 밀라노 주교가 되었다. 이교도들과 이단들을 단호히 배척했으며, 테오도시우스 황제와의 알력을 통해 교회-국가간의 관계에 한 전범을 제시했다. 기독교 및 이교의 그리스 학문에 통달하여 이를 성서 해석과 설교에 원용했으며, 그의 설교들은 라틴 웅변의 걸작으로 꼽힌다. 히포의 성아우구스티누스가 개종한 것도 이러한 설교들을 통해서였다. 뿐만 아니라 그는 음악적 재능도 뛰어나 그가 지은 찬가들은 회중을 사로잡았다고 한다. 대표적 저서로『성직자의 의무에 관하여 *De Officiis ministrorum*』가 있다.

*24) 히에로니무스: 달마티아, 스트리돈 347년경~베들레헴 420. 성서 번역자, 수도원의 지도자. 라틴 교부들 중에 가장 박학한 인물이었다고 전한다. 로마에서 고전을 공부하고 고을을 여행한 뒤, 시리아의 칼키스에서 은수자가 되었다(375~378). 다마스쿠스 교황의 비서를 지낸 뒤 베들레헴으로 은퇴하여 여러 수도원을 세웠다. 많은 성서적·금욕적·수도원적·신학적 저작들을 남겨 중세에 큰 영향을 미쳤다. 그의 무엇보다도 중요한 업적은 성서를 라틴어로 번역한 것으로(405), 8세기경부터는 그의 번역이 라틴 불가타(일반본)로 받아들여졌다. 그 밖에도 유세비우스『연대기』의 번역 및 속편, 그 이전 기독교 작가들에 대한 연구인『위인들에 관하여 *De viris illustribus*』(392), 은수자들의『전기』등과 많은 서한을 남겼다.

신자들과 불경건한 자들 les infidèles et les impies은 바로 지옥으로 간다. 그 밖의 사람들, 죄인들 모두는 심판을 받을 것이고, 회개치 않는 죄인들은 지옥에서 중벌을 받을 것이다. 힐라리우스는 시편 제54편에 대한 주석에서 이렇게 말한다: "심판의 불로써 우리를 태울 정화"라고.[25] 그러나 이 불은 죄인들 모두를 태우는가 아니면 그들 중 일부인가? 힐라리우스는 이 점에 관해서는 명백히 말하지 않는다.

성암브로시우스는 어떤 점에서는 더 상세하면서도 더 애매모호하다. 우선 그는 앞에서 보았듯이 영혼들은 『에스라 제4서』에서 말하는대로 여러 다른 처소들에서 심판을 기다리리라고 생각한다. 그리고는 부활 때에 의인들은 바로 낙원으로, 불경건한 자들은 바로 지옥으로 가리라고 한다. 죄인들만이 심판을 받게 될 것인데, 불의 통과──그는 이것을 마태복음에서 세례 요한이 예고한 불세례로서 정의한다──로써 그리할 것이다. "다시 일어난 자들 앞에는 불이 있으니, 모두가 반드시 거쳐야 하는 불이다. 그것은 세례 요한이 성령과 불에 의한 세례라고 예고했던 불 세례(마태 3: 11)이며, 낙원 입구를 지키는 그룹[26] 천사의 화염검(창세기 3: 24)이다. 모든 이가 불로써 시험을 받을 것이다. 낙원으로 들어가기를 원하는 모든 이들은 불에 의해 시험을 겪어야 하는 것이다."[27] 암브로시우스는 부연하기를, 예수와 사도들과 성인들조차도 불을 거쳐서 낙원에 들어갔다고 한다. 이러한 주장은 의인들이 심판받지 않고 바로 낙원에 간다는 주장과 어떻게 부합할 수 있는가? 암

---

25) *emundatio puritatis* [……] .*qua iudicii igni nos decoquat* (*PL*, IX, 519A).

*26) chérubin(F), cherubim(E). '게루빔'이라고도 한다. 성 암브로시우스 이래로 천사들은 9계급으로 인식되어왔다. '스랍' 또는 '세라핌'이라고 하는 치품(熾品) 천사가 제1급, '그룹' 또는 '게루빔'이라고 하는 지품(智品) 천사가 제2급이다.

27) *In Psalmum CXVIII, sermo* 20, *PL*, 15, 1487~88. 그 밖에 *In Psalmum CXVIII, sermo 3*, *PL*, 15, 1227~28과 *In Psalmum XXVI*, 26, *PL*, 14, 980~81도 참조할 것.

브로시우스는 의견이 일정치 않으며 명확한 생각을 가지고 있지 않았다. 또한 그에게는 세 종류의 불이 있었던 것으로 보인다. 순은(純銀)인 의인들에게 이 불은 마치 청량케 하는 이슬처럼(여기에서 차가움과 뜨거움의 종합으로 그리스도의 상징인 진주라는 개념이 발견된다) 청량할 것이다. 납(鉛)인 불경건한 자들과 배교자들과 신성 모독자들에게 이 불은 징벌이고 고문일 것이다. 은과 납이 섞인 죄인들에게 그것은 정화하는 불일 것이다. 이 불이 주는 고통은 녹여야 할 납의 양 즉 그들의 과오의 경중에 비례하는 시간 동안 지속될 것이다. 이 불은 본질에 있어 '영적'인가 '사실적'인가? 암브로시우스는 오리게네스의 영향을 많이 받았지만, 그 점에 있어서도 주저하며 일정한 견해를 갖지 못하고 있다. 결국 암브로시우스는 오리게네스보다는 바울의 영향에 이끌려 모든 죄인들은 과오에도 불구하고 믿음을 가졌을 터이므로 불을 통해 구원되리라고 생각한다. "그리고 만일 주께서 그의 종들을 구원하신다면, 우리는 믿음에 의해 구원될 것이지만, 불을 지나는 것처럼 그리할 것이다."[28] 그러나 암브로시우스는 죽은 자들의 고통을 덜어주기 위한 산 자들의 기도에 효력이 있을 수 있음을, 형벌의 완화를 위한 대도의 가치를 분명히 긍정하였다. 특히 알려진 대로 그와 굴곡이 심한 관계에 있었던 테오도시우스 황제[29]에 관해 "허락하소서, 주여, 당신의 종 테오도시우스에게 안식을. 당신의 성도들을 위해 예비하신 안식을 〔……〕 나는 그를 사랑하였으며, 그 때문에

---

28) et si salvos faciet Dominus servos suos, salvi erimus per fidem, sic tamen salvi quasi per ignem(Explanatio Psalmi XXXVI, n. 26, *Corpus Scriptorum Ecclesiasticorum Latinorum*, 64, p. 92).

*29) 테오도시우스: 346~395. 로마 황제(379~395). 기독교를 로마의 국교로 삼고 이교를 물리치는 데에 여러 가지로 힘썼다. 밀라노에 체류하던 중 테살로니가에서 봉기를 일으킨 7000명의 주민을 학살하라는 명령을 내렸고, 그 때문에 성암브로시우스에 의해 파문되었다(390). 이 일은 로마 국가가 교회에 순종한 최초의 사건으로 꼽힌다.

나는 영생의 처소로 그와 함께 가기를 원하나이다. 내 기도와 탄식으로 그가 저 위에서, 그가 잃어버린 자들이 그를 부르는 주의 성산(聖山) 위에서 받아들여지지 않는 한 나는 그를 떠나지 않겠나이다."[30)]

형제 사튀로스가 죽었을 때, 그는 그가 생전에 도와준 불행한 자들의 눈물과 기도가 그에게 신의 용서와 영원한 구원을 얻어줄 수 있기를 바란다.[31)]

죽은 자들의 저승에서의 운명에 대한 암브로시우스의 이 두 언급은 그것들이 연옥의 역사에 미칠 영향과는 다른 이유에서도 또한 흥미롭다. 저승에 있는 속인들──왕과 황제들──에 대한 이 상은 교회의 정치적 무기였다. 테오도릭,[32)] 칼 마르텔,[33)] 샤를마뉴[34)] 모두의 경우에 그러할 것이며, 단테도 그것을 기억할 것이다. 교회로서는 군주들을 순순히 다룰 이보다 더 좋은 수단이 어디 있었겠는가? 불순종하면 저승에서 그들을 기다리는 벌과 그들의 구원을 위한 교회의 대도의 비중을 환기하는 것보다? 특히 암브로시우

---

30) *De obitu Theodosi*, 25, *CSEL*, 73, pp. 383~84.
31) *De excessu Satyri*, I, 29, *CSEL*, 73, p. 225.
*32) 테오도릭: 455년경~라벤나, 526. 오스트로고트족의 왕(474~526). 자기 부족의 볼모로 콘스탄티노플에 잡혀 있던 그는 부족을 이끌고 로마로 진군하여 오도아케르를 폐위한 뒤 독립 왕국(488~493)을 세우고 주변 지방들을 정복하였다. 그는 서로마 제국의 후계자를 자처하였으며 모든 사람에게 로마 시민권을 주었고 문예를 장려하였다. 특히 카톨릭 교회에 대한 관용책을 썼으나, 말년에는 비잔틴 제국의 종교적 비관용 정책에 대한 반발로 교황과 절연하고 카톨릭 교도들을 박해했다.
*33) 칼 마르텔: 688~741. 프랑크족의 궁신(宮臣). 권모를 써서 메로빙거 왕조를 통일하고 회교도들을 몰아냈으며 세력을 넓혔다. 그는 교회 재산을 세속화했으나 로마의 복음화 정책을 지지했고 특히 성보니파치우스를 보호했다. 그의 손자가 샤를마뉴이다.
*34) 샤를마뉴: 741~814. 프랑스 왕(768~814)이자 롬바르디아 왕(774~814)으로서 서유럽의 기독교 영토들을 거의 통일하고 신성 로마 제국의 황제가 되었다(800~814). 그는 정치적 세력을 확장했을 뿐 아니라 카롤링거의 르네상스라 불리는 문화적 부흥도 가져왔다.

스와 테오도시우스 황제간의 관계를 생각할 때, 이러한 배후의 역학을 무시할 수 없다. 그의 형제 사튀로스의 경우에는 산 자와 죽은 자간의 관계의 또 다른 양상이 나타나는 것을 볼 수 있다. 암브로시우스는 형제를 위해 기도한다. 그것은 저승에서의 가족적 구명망(救命網)이다. 그것은 중세에 그리고 연옥이라는 시각에서 더욱 강화될 것이다. 그러나 암브로시우스는 특히 사튀로스가 구한 자들의 대도에 관해 말하고 있으며, 여기에서 우리는 한 가지 사회적 현상을 본다. 즉 로마의 클리엔트 제도 *clientèle*[35]가 기독교적 차원으로 환치되는 것이다. 보호자가 죽은 뒤 피보호자들이 (다소간에 의무적으로) 행하는 이러한 상호 원조는 중세에 이르면 귀족, 수도원, 속세 수도원, 신심회 등의 차원에 속하는 또 다른 연대(連帶)들로써 대치될 것이다.

끝으로, 암브로시우스는, 앞으로 보게 되겠지만, 첫째 부활과 둘째 부활이 있다고 믿는다.

성히에로니무스는 오리게네스의 적(敵)이었지만 구원에 관해서는 극히 오리게네스적이다. 사탄과 신을 부인하는 자들과 불경건자들을 제외한 모든 필멸의 존재들, 모든 죄인들은 구원될 것이다. "우리는 신이란 없다고 마음에 말하는 모든 불신자들과 악마의 고통이 영원하리라고 믿는 것처럼, 기독교도인 죄인들을 위한 심판은 자비로운 것이리라고 믿는다."[36] "뜻을 다해 그리스도를

---

*35) 고대 로마에서 부유하고 세력 있는 파트론과 자유민인 클리엔트와의 관계. 클리엔트는 자신이 파트론에게 의존해 있음을 인정하고 그 대가로 보호를 받았다. 이러한 관계는 일찍이 B.C. 5세기부터 법제화되었으며, B.C. 1세기에는 세습적인 것이 되었다. 해방 노예들은 자동적으로 이전 주인의 클리엔트가 되었다. 파트론은 클리엔트를 법정에서 지지하고 일용할 양식이나 그에 상응하는 돈을 제공했고, 클리엔트는 매일 아침 파트론에게 문안 인사를 하고 사적이거나 공적인 생활에서 시중을 들었다. 클리엔텔라는 로마와 로마의 속주에서 중요한 사회적 관계를 형성했다.

36) *Et sicut diaboli et omnium negatorum atque impiorum qui dixerunt in corde suo: Non est Deus, credimus aeterna tormenta; sic peccatorum et tamen christianorum,*

믿는 자는 죄 가운데서 죽는다 할지라도, 믿음으로 영생을 얻는다."[37]

암브로시아스테르는 암브로시우스에 비해 특별히 새로운 점은 없으나 고린도전서 3장 10~15절의 최초의 진정한 주석의 저자라는 점에서 중요하다. 그 때문에 그는 연옥의 발생에 있어 핵심적인 이 텍스트의 중세 주석가들에게 큰 영향을 미쳤다. 힐라리우스나 암브로시우스와 마찬가지로, 그는 세 범주를 구분한다. 즉 성인들과 의인들은 부활 때에 곧장 낙원으로 가게 될 것이고, 불신자들과 배교자들, 무신론자들은 곧장 지옥으로 가게 될 것이며, 단순한 기독교도들은 죄인이었지만 믿음을 가진 한 일정 기간 동안 불에 의해 정화되고 빚을 청산한 뒤에 낙원에 갈 것이다. 사도 바울을 주해하면서 그는 이렇게 쓰고 있다:

> 바울은 말하기를 '그러나 불을 지나온 것처럼'이라고 하였다. 왜냐하면 이 구원에는 고통이 없지 않을 것이므로. 하지만 그는 '그가 불에 의해 구원받으리라'고는 말하지 않았으니, '그러나 불을 지나온 것처럼'이라고 할 때 그는 이 구원이 올 것이지만 불의 고통을 겪어야 하리라는 것을 보여주고자 하기 때문이다. 불에 의해 정화되어 그는 구원될 것이며, 불신자들 *perfidi* 처럼 영원한 불에 고통당하지는 않을 것이다. 만일 그에게 가치 있는 것이 조금이라도 있다면, 그것은 그가 그리스도를 믿었기 때문이다.[38]

---

quorum opera in igne probanda sunt atque purganda, moderatam arbitramur et mixtam clementiae sententiam iudicis(In Isaiam, LXVI, 24, PL, 24, 704B).

37) Qui enim tota mente in Christo confidit, etiam si ut homo lapsus mortuus fuerit in peccato, fide sua vivit in perpetuum.

38) Ideo autem dixit: sic tamen quasi per ignem, ut salvus haec non sine poena sit; quia non dixit: salvus erit per ignem; sed cum dicit: sic tamen quasi per ignem, ostendit salvum illum quidem futurum, sed poenas ignis passurum; ut per ignem purgatus fiat salvus, et non sicut perfidi aeterno igne in perpetuum torqueati ut ex aliqua parte

놀라의 파울리누스 Paulin de Nole[39]도 한 서한에서 우리가 심문받기 위해 지나가게 될 현명한 sapiens 불에 대해 말한다. 추위와 더위, 불과 물, 레프리게리움의 개념 등이 함께 발견되는 종합적인 방식으로 그는 이렇게 쓴다: "우리는 불과 물을 통과했으며, 그가 우리를 레프리게리움 가운데로 이끄셨다."[40] 한 편의 시에서 그는 각 사람의 공력 위를 지나갈 '심사하는 불 ignis arbiter'을 환기했다. "타지 않는, 그러나 시험하는 불길," 영원한 보상, 나쁜 부분의 연소, 육신이 연소된 뒤의 인간의 몫이 영생을 향해 날아가기 위해 불에서 벗어나리라는……[41]

연옥의 진정한 아버지: 아우구스티누스

연옥의 전사에 가장 중요한 요소들을 제공한 것은 기독교에 깊은 각인을 남긴 그리고 아마도 중세의 가장 큰 '권위 auctoritas'[42]였을 아우구스티누스 St. Augustin[43]이다.

---

operae pretium sit, credidisse in Christum(PL, 17, 211).
*39) 파울리누스: 보르도 353~캄파냐, 놀라 431. 라틴 기독교 시인. 오소니우스의 제자로서, 캄파냐의 총독이었으나, 393년 놀라에서 속세를 버렸으며, 뒤에 그곳의 주교가 되었다(409). 오소니우스에게 보낸 서한들과 35편의 시가 남아 있다.
40) Transivimus per ignem et aquam et induxisti nos in refrigerium.
41) Epist., 28 (CSEL, 29, pp. 242-44)와 Carmen, 7, pp. 32-43 (CSEL, 30, pp. 19-20).
*42) 중세 교육에서는 비교적 제한된 수의 일정한 고대 작품들이 교재로 쓰였는데, 6~13세기에 이르는 동안 이 작품들은 은연중에 공인된 일종의 '캐논'이 되었다. auctores란 이러한 캐논적 권위를 갖는 일련의 작가 및 작품들을 이르는 것이다.
*43) 아우구스티누스: 354~히포 430. 초기 서방 교회의 주요한 신학자. 로마령 아프리카에 있던 히포의 주교를 지냈다(396-430). 잘 알려진 대로, 어머니 모니카는 독실한 기독교인이었지만 그는 유아 세례를 받지 않았다. 19세 때 카르타고에서 학생 시절에 키케로를 읽고 철학에 경도되었다. 그가 먼저 신봉했던 것은 마니교였으나, 거기에 환멸을 느끼고 신플라톤주의에서 신의 존재, 악의 본질과 기원 등에 대한 해답을 구했다. 28세경 로마로, 그리고 밀라노로 가서 밀라노 주교 암브로시

『성아우구스티누스에게 있어 연옥 교의의 변천 *L'Evolution de la doctrine du Purgatoire chez saint Augustin*』(1966)이라는 탁월한 연구에서 조셉 느테디카는 이 문제에 관한 아우구스티누스의 수많은 텍스트들을 모두 검토했다. 그는, 대개의 경우 매우 적절하게, 연옥의 전사에 있어 아우구스티누스의 위치를 규명했으며, 다음과 같은 근본적인 사실을 보여주었다. 즉 아우구스티누스의 입장은 당연한 일이지만 변해왔고, 느테디카가 보기로는 413년 이후로 상당히 변했다는 것이다. 그는 그 이유를 저승에 관한 온정주의자들 *les miséricordes*과의 투쟁에서 찾고 있으며, 아우구스티누스가 그때부터 이 논쟁에 적극적으로 참여했다고 한다. 나는 장차의 연옥에 관한 아우구스티누스의 텍스트들을 인용하고 그 타당한 맥락을 밝히고 주해하는 데에 그치겠다. 나는 한편으로는 아우구스티누스의 사상 및 행동의 전체, 다른 한편으로는 오랜 기간에 걸친 연옥의 발생이라는 이중의 견지에서 그렇게 할 것이다.

나는 우선 한 가지 역설을 지적하고 싶다. 연옥 교의의 형성에 있어 성아우구스티누스의 중요성은 역설되어왔으며 또 그러는 것이 마땅하다. 그것은 연옥의 역사를 재구성하는 현대 역사학자들이나 신학자들의 견지에서 사실일 뿐 아니라 연옥을 정립한 중세 성직자들의 견지에서도 그러하다. 그러나 내가 보기에는 이 문제가 아우구스티누스의 특별한 관심사는 아니었던 것이 확실하다. 그가 자주 거기 언급한 것은 그것이 다른 당대인들의 관심사였으며 비록 지엽적이나마 그에게 있어 근본적인 문제들을 건드리기——오염시키기, 라는 것이 그의 관점이었을 것이다——때문이었을 것이다. 그에게 있어 근본적인 문제들이란 믿음과 행위, 신

우스를 만났고 그의 영향으로 386년 기독교로 개종했으며 이듬해에 그에게서 세례를 받았다. 아프리카로 돌아가 사제 서품을 받고(391) 히포의 주교가 되었고, 목회자·교사·설교자·재판관 등으로 봉사했다. 방대한 저작을 남겼으며, 가장 널리 알려진 것이 『고백록』과 『신국론』이다.

적인 계획 속에서 인간이 차지하는 위치, 산 자들과 죽은 자들의 관계, 현세적·사회적 의미에서 초자연적 의미에 이르는 일련의 의미 층위들내의 질서, 본질적인 것과 부수적인 것간의 구분, 영적인 진보와 영원한 구원을 향한 인간적 노력의 필요성 등이었다.

아우구스티누스의 입장이 여러 가지로 불분명했던 이유는 그가 이처럼 죽음과 최후 심판 사이의 인간의 처지에 대해 비교적 무관심했던 데에도 있는 것으로 보인다. 하지만 물론 더 깊은 이유들도 있을 것이다.

가장 중요한 이유는 시대적 정황에서 찾을 수 있다. 로마 사회는 야만족들의 도전, 새로운 지배적 이데올로기의 정립 등 로마 세계의 대위기를 가져온 크나큰 문제들에 직면해야 했다. 그 새로운 이데올로기가 저승에 관해 내세운 주장이 부활이며, 영생과 영벌간의 양자 택일이었던 것이다. 천년왕국설에 깊이 물들었으며 구체적으로든 막연하게든 최후의 심판이 가까웠다고 믿었던 이 사회는 죽음과 영원의 중간에 대한 성찰이 전제로 하는 사고의 세련에 진력할 만한 여유가 없었다. 물론 이 고대 말기의 남녀들에게 있어 저승에 대한 희망은 구원이라는 막연한 관념보다는 이승에서의 불의에 대한 저승에서의 보상이라는 개념에 기초한 것——왜냐하면 항상 그랬으니까, 그리고 폴 베인 Paul Veyne은 고대의 공공 배급(公共配給) évergétisme에 대한 연구에서 그 점을 입증한 바 있다——이었고, 이러한 공평성에 대한 요구를 만족시키기 위해서는 죽음 이후 구속(救贖)이 가져다주는 정의의 다변화가 필요할 것이었다. 그러나 그것은 사치였다. 12세기에 연옥이 태어나는 것은 그러한 사치가 필수품이 될 만큼 사회가 변했기 때문이다.

그러나 내가 보기에 아우구스티누스가 당시로서는 지엽적이던 이 문제의 몇몇 양상들에 대해 불확신을 표명한 것은 또 다른 개인적인 이유에서였을 것이다. 그 이유들은 다음에 내가 인용할 텍스트들에서 드러날 것이다.

우선은 이 문제에 관한 성서의 부정확성 내지는 자가당착들이 있다. 아우구스티누스는 감탄할 만한 주석가였으나 성서의 난해함이나 애매함을 숨기지 않았다. 12세기에 아벨라르Pierre Abélard[44]는 『가(可)와 부(否) Sic et Non』에서 혁신적인 방법을 사용한 것으로 간주되어왔지만 실상 그가 아우구스티누스에게로 돌아가고 있었을 뿐이라는 사실은 별로 지적되지 않았다. 사제이자 주교이며 기독교 지식인으로서 아우구스티누스는 종교와 바람직한 교육의 기초(*fondement*, 그는 고린도전서 3장 10~15절에 나오는 이 말을 무척 좋아했다)는 성서라고 믿었다. 성서가 분명치 않은 곳에서는 거기에 가능한 한 최대의 명료성을 부여하려 노력하되(이 또한 그가 지닌 깊은 경향이었다) 아무것도 확언할 수는 없음을 인정해야 한다. 구원에 관한 문제에 있어서는 비밀을, 그리고 특정 국면들에 있어서는 신비를 존중해야 하는 만큼 더욱 그러하다. 신이 성서와 예수의 가르침으로써 큰 윤곽을 제시한 그러나 그가 자신을 위해 자유로운 결정의 공간을 유보한 틀 안에서, 결정을 내리는 것은 신의 몫으로 남겨두어야 하는 것이다.

연옥과 관련하여 아우구스티누스의 중요성은 우선 그가 사용한 어휘에서 비롯된다. 그것은 중세에 오랫동안 통용될 것이다. 세 단어가 핵심적인데, 형용사 purgatorius, temporarius 또는 temporalis, 그리고 transitorius이다. purgatorius는 아우구스티누스의 생

---

*44) 아벨라르: 1079~1142. 프랑스 철학자·신학자. 특히 논리학에 뛰어나서 극단적인 명목론과 극단적인 실재론을 절묘하게 절충하였다. 교사로서 학생들의 큰 인기와 다른 교사들의 심한 적대감을 샀다. 엘로이즈와의 유명한 연애 사건으로 파란을 일으킨 후 수도원에 은거하며 일련의 신학적 저술들을 집필했다. 그러나 그로 인해 성베르나르가 주도한 상스공의회에서 파문을 당했고, 존자 피에르가 그를 받아준 클뤼니 수도원에서 병약하고 외로운 말년을 보내다 죽었다. 그의 『가(可)와 부(否) *Sic et non*』는 기독교회의 가르침 중 모순되게 보이는 것들을 교부들의 저작으로부터 모아, 표면적인 모순을 해소하고 수세기 동안 사용되어오는 동안 변한 말의 여러 가지 의미들을 구분하는 방법을 가르친 책이다.

각을 나타내기에는 너무나 편협한 말인 순화하는 *purificateur*보다는 정화하는 *purgatoire*으로 번역하는 편이 나을 듯한데, 정화하는 벌 *poena purgatoriae*(『신국론』 XXI, XIII, XVI), 정화하는 고통 *tormenta purgatoriae*(『신국론』 XXI, XVI), 정화하는 불 *ignis purgatorius*(『엔키리디온』, 69) 등의 어구를 이룬다.[45] temporarius는 예컨대 일시적 형벌 *poena temporariae* 같은 말로 쓰여 영벌 *poena sempiternae*과 대응되는 개념을 나타냈다. poena temporales라는 말은 에라스무스판 『신국론』에서도 발견된다.[46]

모니카의 죽음: 그녀를 위해 기도하시오

아우구스티누스는 우선 죽은 자들을 위한 대도의 효력을 긍정했다. 그가 처음으로 그렇게 한 것은 397~398년 『고백록』(IX, XIII, 34~37)에서 어머니 모니카가 죽은 뒤 쓴 기도 속에서 감정이 고조된 상태에서였다.

저로 말하자면, 육신의 약함이라는 비난을 받을 수도 있을 이 상처에서 마침내 치유되어, 오 우리 하나님이시여, 당신의 여종이었던 여인을 위해 전혀 다른 종류의 눈물을 당신 앞에 쏟아놓습니다. 이 눈물은 아담 안에서 죽는 모든 영혼의 위험을 보고 동요된 정신으로부터 흘러나오는 것입니다.

---

[45] 또한 정화의 불 *ignis purgationis*(*De Genesi contra Manicheos*, II, XX, 30), 교정적 불 *ignis emendatorius*(*Enarrationes in Psalmos*, XXXVII, 3)이라는 말도 나온다. 『신국론』 제21장 13절에는 정화적 형벌 *poenae purgatoriae*이라는 표현이 12행 중 세 번이나 나오는 대목이 있는데, 아우구스티누스는 여기에서 속죄적 형벌 *poenae expiatoriae*이라는 표현을 동의어로 사용하며, 그렇다는 것은 purgatoriae를 purificatrices라고 번역하기 곤란한 이유들 중 하나이다.

[46] *Bibliothèque augustinienne*, t. 37, pp. 817~18.

분명히, 그리스도 안에서 새 생명을 얻은 그녀는 육신의 속박에서 풀려나기까지 믿음과 행실에서 당신께 영광을 돌릴 만한 방식으로 살았습니다. 그러나 당신이 세례로써 그녀를 새롭게 하신 그 순간부터 당신의 가르침에 어긋나는 어떤 언사도 그녀의 입에서 나온 적이 없다고는 감히 말할 수 없습니다. 그런데 진리이신 당신의 아들께서는 이르시기를 "만일 어떤 사람이 형제에게 바보라고 하면 게헨나의 불에 던져지리라"(마태 5: 22)고 하셨습니다.

인간의 삶이란 아무리 칭찬할 만하다 하더라도 만일 당신이 그것을 체로 치실 때 긍휼을 베풀지 아니하신다면 얼마나 비참한 것이겠습니까! 그러나 당신께서는 죄를 악착같이 추궁하지 않으시므로 저희는 신뢰를 가지고서 당신 곁의 한 자리를 바라는 것입니다. 그렇지만 누가 당신께 자신의 공덕을 들어 말할 수 있으며, 당신께서 주신 것밖에는 무엇을 들어 말하겠습니까? 오! 만일 인간들이 스스로 인간에 불과함을 깨닫는다면! 그리고 자랑하는 자는 주 안에서 자랑하라 하였습니다!(고린도전서 1: 31).

그러니 저로서는, 오 내 찬미이며 내 생명이신 내 마음의 하나님, 그녀의 선행들에 대해 저는 기쁨으로 당신께 영광을 돌립니다만, 그녀의 선행들은 잠시 접어두고, 그녀의 죄들에 대해 저는 당신께 간구하나이다.

나무에 달려 우리 상처의 나음이 되신, 그리고 당신 오른편에 앉으사 저희를 위해 당신께 간구하시는 이를 인하여 제 기도를 들어주소서!

저는 그녀가 자비를 베풀었고 그녀에게 빚진 자들을 기꺼이 탕감하여 준 것을 압니다. 그녀가 만일 구원받아 깨끗해진 후 그 여러 해 동안 진 빚이 있다면, 당신께서도 그녀의 빚을 탕감해주소서. 탕감해주소서, 주여, 탕감해주시기를 간구하나이다! 그녀와 변론하지 마소서!(시편 142: 1). 당신의 말씀은 진리이시고 당신께서는 긍휼히 여기는 자에게 긍휼을 약속하셨사오니, 인자가 정의를 이기게(야고보 2: 13) 하옵소서! 만일 그들이 긍휼을 베풀었다면 그들은 당신 덕분에 그리한 것입니다. 당신께서 긍휼히 여기기 원하시는 자들을 긍휼히 여기시며 당신께서 자비를 베풀기를 원하시는 자들에게 자비를 베푸시는 이여!(출애굽기 33: 19).

그러나, 저는 믿사오니, 당신은 제가 당신께 구하는 것을 이미 행하셨을 것입니다. 하지만 제 입의 봉헌들을 허락하소서(시편 119: 108), 주여! 그리고, 사실, 그녀의 해방의 날이 다가오자, 그녀는 자신의 몸을 호화롭게 감싼다거나 향을 바른다거나 비석을 고르고 고향 땅에 무덤을 만드는 등의 생각은 전혀 하지 않았습니다. 아니지요, 그녀가 저희에게 부탁한 것은 그런 것이 아니라 다만 당신의 제단에서 자신을 기억해달라는 것이었습니다. 그것이 그녀의 바람이었습니다. 왜냐하면, 그녀는 단 하루도 거르지 않고 이 제단을 섬겼으니, 거기에서 거룩한 희생이 분배된다는 것을 알고 있었던 것입니다. 그 희생은 우리를 거스르는 증서(골로새 2: 14)를 무효로 만들고 원수를 이기셨으니, 원수는 우리를 참소할 빌미를 찾으며 우리의 잘못들을 헤아리지만, 우리를 승리케 하시는 이에게서는 아무 허물도 찾지 못하였습니다. 누가 그에게 그의 무죄한 피를 돌려드리겠습니까? 그가 우리를 사신 값을 누가 되갚아 우리를 그에게서 떼어놓을 수 있겠습니까?

우리 대속의 값이라는 이 신비에 당신의 여종은 믿음의 줄로 자신의 영혼을 결속시켰습니다. 아무도 그녀를 당신의 보호에서 떼어놓지 못하기를! 폭력에 의해서도 간계에 의해서도 사자와 용이 끼여들지 못하기를! 왜냐하면 그녀는 궤변에 능한 참소자에게 넘어가 사로잡힐까 두려워하여 자기에게 빚이 전혀 없다고는 대답하지 않을 것이기 때문입니다. 그러나 그녀는 대답할 것입니다. 스스로 빚지지 않고 우리의 빚을 대신 갚아주셨으며 아무도 그에게 그것을 되갚을 수 없는 이가 몸소 그녀의 빚도 갚아주셨노라고.

그러니 그녀는 자기 남편과 평화하기를! 그 남편 이전에도 이후에도 그녀는 아무와도 결혼하지 않았으며, 인내함으로 당신께 열매를 맺어드리면서 그를 섬겼습니다. 그 또한 당신께 얻어드리기 위해서!

그리고 내 주여, 내 하나님이여, 당신의 종인 내 형제들에게, 당신의 아들들이며 내가 그들을 위해 내 마음과 내 목소리와 내 글을 바치는 내 주들에게, 그들 중에서 이 글을 읽을 모든 사람들에게 당신의 제단에서 당신의 여종 모니카와 그의 남편 파트리키우스를 기억케 하옵소서. 이들의 육신을 통하여 당신은 저를 제가 알지 못하는 채로 이 세상에 들이셨나이다. 경건한 가운데 그들이 이들을 기억케 하옵소서, 이 지나는 광음 속에서는 제 부모였으며 우리 아버지와 우리 어머니인 카톨릭 교회 안에서는 내 형제들이며 순례하는 당신의 백성이 떠나온 날로부터 돌아갈 날까지 사모하는 영원한 예루살렘에서는 내 동포가 될 이들을. 그리하여 그녀가 내게 부탁한 최후의 소원은 이 고백들로 인하여, 제 기도만으로 보다 더 많은 사람들의 기도에 의하여 더욱 풍성히 이루어질 것입니다.

이 훌륭한 텍스트는 교의 해설은 아니지만, 거기에서 죽은 자들을 위한 대도의 효력에 관한 몇 가지 중요한 여건들을 찾아볼 수 있다.

모니카를 천국에, 영원한 예루살렘에 두고 안 두고의 결정은 전적으로 신에게 달려 있다. 아우구스티누스는 그러나 자신의 기도가 하나님을 감동시킬 수 있으며 그의 결정에 영향을 미칠 수 있다고 믿었다. 그러나 하나님의 심판은 임의적인 것이 아닐 터이며 그 자신의 기도는 부조리하지도 무모하지도 않다. 하나님의 자비가 허락될 수 있고 아들의 기도가 효력이 있을 수 있는 것은 모니카가 자신의 죄에도 불구하고——모든 인간은 죄인이니까——자신의 일생을 통해 구원받을 만했기 때문이다. 비록 분명한 말로 표현되지는 않았지만 짐작할 수 있는 것은, 하나님의 자비와 산 자들의 대도는 죽은 자들이 낙원에 들어가는 것을 앞당기기는 하지만 이승에서 큰 죄를 지은 자들이 그 문을 건너게 하지는 못한다는 점이다. 또한 짐작할 수 있는 것은, 연옥이 없기 때문에(아우구스티누스의 텍스트 어느 곳에도 대도와 정화하는 불을 연관시킬 만한 구절은 없다), 죄인이지만 구원받을 만한 자들이 구원받기 위해 이러한 원조를 받는 것은 죽음 이후 즉시 또는 적어도 이 대기를 위한 장소나 기간을 따로 정의해야 할 만큼 긴 시간이 흐르기 전의 일이리라는 것이다.

아우구스티누스가 옹호한 모니카의 공덕은 의미심장하다. 그것은 세례를 전제로 하며 믿음과 행위를 모두 포함한다. 그녀의 선한 행실들은, 가르침에 따르면, 채무자들의 빚을 탕감해주는 것(그리고 분명, 이 부유한 귀족에게 있어, 빚이란 도덕적인 동시에 물질적인 의미일 것이다), 일부일처제, 과부가 되었을 때 재혼을 포기한 것, 그리고 특히 성찬 신앙 *la piété eucharistique*이다. 이러한 것들은 낙원에 들어가기 위해서뿐 아니라 연옥에 들어가기 위해서도 필요하다. 자비의 행위, 성찬 신앙, 세속 결혼 제도의 존중 등은, 하나님의 자비와 산 자들의 대도에 힘입으면, 지옥을 벗어나 천국까지는 못 되더라도 연옥에는 들어갈 조건이 된다. 이 산 자들이란, 우선은 죽은 여인의 가장 가까운 혈육인 그녀의 아들이다. 그러나 또한 주교좌의 신도들과 작가의 독자들도 그녀의 아들을 통하여 어머니를 위해 효과적으로 기도하도록 고무될 수 있다.

몇 년 후, 시편 제37편에 대한 주석에서 아우구스티누스는 하나님께 구하기를 그의 단점들을 이승에서 고치사 저승에서 교정적 불(*ignis emendatorius*)을 겪지 않게 해주십사 한다. 여기에서 문제되는 것은 모니카를 위한 기도에서 이미 나타나 있는바 저세상에서의 구원은 이 세상에서의 공덕에 달려 있다는 생각뿐 아니라, 이생의 고난도 일종의 연옥이라는 그가 죽는 날까지 가지고 있던 개념이다.

끝으로, 426/427년 『신국론』에서 아우구스티누스는 죽은 자들을 위한 대도의 효력이라는 문제를 재론한다. 그러나 거기서는 그 한계를 분명히 규정하기 위해서이다. 마귀나 불신자나 불경건한 자, 그러니까 저주받은 자들을 위해서는 대도가 소용없는 것이다. 그것들은 일정한 범주의 죄인들에게만 유효하다. 이 범주는 명확히 정해지지는 않았지만 전적으로 선하지도 악하지도 않았던 삶을 살았던 자들이라는 특정한 방식으로 정의된다. 아우구스티누스는 마태복음 12장 31~32절에 기초해 있다: "그러므로 내가 너희에게 이르노니 사람의 모든 죄와 훼방은 사하심을 얻되 성령을 훼방하는 것은 사하심을 얻지 못하겠고 또 누구든지 말로 인자를 거역하면 사하심을 얻되 누구든지 말로 성령을 거역하면 이 세상과 오는 세상에도 사하심을 얻지 못하리라." 구원받을 수 있는 죽은 자들을 위해 효과적으로 기도할 수 있는 자들의 성격 또한 구체화된다. 그것은 교회 제도, 교회 그 자체 또는 몇몇 경건한 자들(quidam pii)이다.

그러므로 불의 징계를 받게 되어 있는 자들을 위해 기도하지 않을 이유는 지금이나 그때에나 악한 천사들을 위해 기도하지 않을 바로 그 이유이고, 또한 이제부터 인간들을 위해서는 기도하더라도 더 이상 죽은 불신자들이나 불경건한 자들을 위해 기도하지 않을 이유이다. 왜냐하면, 어떤 죽은 자들을 위해서는 교회 그 자체나 몇몇 경건한 자들의 기도가 들여질 수 있지만, 그것은 그리스도 안에서 거듭난 자들에게만, 그들의 육신에 거할 때의 삶이 그러한 자비를 못 받을 만큼 그렇게 악하지도 않았고 그러한 자비가 필요없을 만큼 그렇게 선하지도 않았던 자들에게만[47] 그러하다. 또한 마찬가지로, 죽은 자들의 부활 이후에 어떤 자들은 죽은 자들의 영혼이 겪는 시련을 겪은 후에, 이 자비를 받아 영원한 불에 던져짐을 면할 것이다. 사실, 현세에서는 아니더라도 내세에서는 용서를 받을 자들이 없다면, 어떤 자들이 현세에나 내세에나 용서받지 못하리라고 말할 수 없을 것이다. 그러나 산 자들과 죽은 자들의 심판자가 "오라,

---

47) *nec usque adeo vita in corpore male gesta est, ut tali misericordia iudicentur digni non esse, nec usque adeo bene, ut talem misericordiam reperiantur necessariam non habere.*

내 아버지의 축복받은 자들아, 창세부터 너희들을 위해 예비된 왕국을 소유하라"고, 또 다른 자들에게는 "물러가라, 저주받은 자들아, 악마와 그의 천사들을 위해 예비된 영원한 불 속으로 가라"고 말씀하셨을 때,[48] 하나님이 영벌 속으로 가리라 한 자들 중의 어느 하나라도 영벌을 받지 아니하리라고 말한다거나 또는 영벌을 받으리라고 생각하여 사람이 이생 자체에 절망하거나 영생을 의심하게 만드는 것은 극히 주제넘은 일이다.

413년까지 아우구스티누스는 심판의 불과 죽음 이후의 거처들, 특히 악한 부자와 나사로의 이야기 및 고린도전서의 주석에 기초한 의인들을 위한 아브라함의 품에 대한 3~4세기의 교부들의 가르침에 몇몇 개인적인 주를 다는 데 그쳤다. 398년 『마니교도들에 반대하는 창세기 주석』에서 그는 정화의 불을 저주와 구분한다: "그리고 이생 이후에는 정화의 불이나 영벌을 받을 것이다."[49] 399년 『복음서들에 대한 질문들』에서 그는 악한 부자처럼 구원받지 못할 죽은 자들과 자비의 공덕들로써 친구를 만들어 자신을 위한 대도를 준비해놓은 자들을 비교한다. 그러나 그는 누가복음(16: 9)에 나오는 '영원한 장막'에 받아들여지는 것이 이생 직후 즉 죽음 직후일지 아니면 세상 끝날에 부활과 최후의 심판이 있을 때인지는 알지 못한다고 고백한다.[50]

아마도 400~414년에 쓰여졌을 시편 주석에서 그는 특히 죽음 이후의 정화하는 불의 존재가 야기하는 난점들을 강조한다. 그것은 "애매한 문제(*obscura quaestio*)"라고 그는 선언한다. 그러나 그

---

48) 마태 25: 34, 25: 41~46.
49) *et post hanc vitam habebit vel ignem purgationis vel poenam aeternam.*
50) *Quanquam illa receptio, utrum statim post istam vitam fiat, an in fine saeculi in resurrectione mortuorum atque ultima retributione judicii, non minima quaestio est sed quandolibet fiat, certe de talibus qualis ille dives insinuatur, nulla scriptura fieri pollicetur.*

의 시편 제37편 주석에서 그는 중세에 연옥과 관련하여 크게 회자될 주장을 한다. "어떤 자들은 불에 의해 구원되지만, 이 불은 사람이 이생에서 겪을 수 있는 모든 것보다도 더 무서운 것이리라."[51]

413년 이후. 전적으로 선하지 않은 자들을 위한 죽음과 심판 사이의 고통스러운 정화

413년 이후, 죽은 자들의 운명 특히 사후 구원의 가능성에 대한 아우구스티누스의 견해는 구체화되고 엄격한 입장들을 향해 변해 간다. 아우구스티누스 사상의 전문가들 대부분은, 그리고 특히 조셉 느테디카는, 이 경직화에서 "온정주의적인" 해이한 사고에 대한 반발을 보았다. 아우구스티누스는 이러한 온정주의를 매우 위험한 것으로 보았으며 거기에서도 스페인 기독교도들을 통해 아우구스티누스에게 전해졌을 천년왕국설의 영향을 볼 수 있다. 나는 거기에서 또한 410년의 대사건의 반향도 보아야 하리라고 생각한다. 즉 알라릭 Alaric[52]과 오스트로고트족 les Ostrogoths[53]에 의한 로마 공략은 로마 제국과 로마의 불가침성에 종언을 고했을 뿐 아니

---

51) *Ita plane quamvis salvat per ignem, gravior tamen erit ille ignis, quam quidquid potest homo pati in hac vita*(Enarratio in Ps. XXXVII, 3; *CCL*, 38, p. 384).

*52) 알라릭: 다뉴브강의 델타 370년경~코센차 410. 위지고트족의 왕(395-410). 테오도시우스 황제를 섬기던 고트족 지휘관들 중 한 사람이었던 그는 황제가 죽자 제국의 일부를 점령하고 트라키아와 마케도니아를 황폐하게 만들었으며 아테네에 조공을 요구했다(395). 사태를 무마하기 위해 아르카디우스 황제는 그를 일리리아의 총독에 임명했으나, 그는 서로마 제국을 공격하고 북이탈리아에 침입했으며 로마를 약탈하는 등 전쟁을 일삼았다.

*53) 고트족의 한 분파. 3세기경 북해 북쪽에 제국을 건설하고 5세기말 테오도릭 대제 시절에 이탈리아에 고딕 제국을 세웠다. 테오도릭은 493년에 이탈리아 왕이 되어 526년에 죽었다. 535년 동로마 제국의 유스티니아누스가 선포한 전쟁이 20년간 계속되었고, 이후로 오스트로고트족은 다시 국가를 이루지 못했다.

라 어떤 기독교인들에게는 세상의 종말을 예고하는 것이었다. 한편 로마의 교양 있는 귀족 중 이교도로 남아 있던 자들은 기독교인들이 로마의 힘을 약화시켰으며 이러한 파국——그들은 그것을 세상의 종말까지는 아니더라도 질서와 문명의 종말로서 느꼈다——에 책임이 있다고 탄핵했다. 아우구스티누스가 『신국론 De civitate Dei』을 쓴 것은 이러한 상황, 이러한 고발에 대답하기 위해서였다.

이 "온정주의자들 les miséricordieux"에 대해서는 거의 알려진 바가 없다. 그들은 아우구스티누스가 그들에게 비난한 것 외에 무엇을 말했던가?[54] 아우구스티누스에 의하면 그들은 오리게네스의 후예들이다. 오리게네스는 파라카타스타시스 paracatastase[55]의 과정이 끝나면 사탄과 악한 천사들까지 포함한 모두가 구원되리라고 생각했다. 거기에 비해 온정주의자들은 사람들에게만 관심이 있다는 점을 그는 인정한다. 그러나, 비록 그들간에 미묘한 차이는 있을지언정, 모든 온정주의자들은 고질적인 죄인들도 전부 또는 일부라도 구원되리라고 믿는다. 아우구스티누스에 의하면 그들은 여섯 가지의 다양하지만 유사한 의견들을 표방한다. 그 첫째 의견에 따르면, 모든 인간들은 구원되되, 각기 정해진 기간 동안 지옥에 머무른 뒤에 그러할 것이다. 그 두번째 의견에 따르면, 성인들의 기도에 힘입어 최후 심판에서 모든 사람이 지옥을 거치지 않고 구원되리라고 한다. 세번째 의견은 모든 기독교인들이, 분리주의자 les schismatiques[56]이건 이단이건간에, 성찬을 받았으면 모두 구원

---

54) *Bibliothèque augustinienne*, vol. 37, pp. 806-09에 실린 G. Bardy의 "Les miséricordieux," note 45 참조.
*55) 앞에 나왔던 아포카타스타시스(본장 주 12)와 동일.
*56) 분리 le schisme란 교회내에서 단일성이 깨지는 것을 말한다. 초대 교회에서는 교회로부터 떨어져나가 다른 경쟁 교회들을 세우는 것을 말했고, 이는 기본 교의가 아닌 무엇인가에 대한 의견 불일치로 인한 경우가 대부분이었으므로 이단은 아니었다. 그러나 점차 이단과의 구별이 어려워졌고, 기본 교의에 관한 불일치로 인한 것이든 여타의 불일치로 인한 것이든 구별 없이 분리적인 것으로 보게 되었다. 교회

되리라는 것이다. 네번째는 이 호의를 분리주의자들과 이단들을 제외한 카톨릭들에 국한한다. 다섯번째 의견은 설령 그들이 죄 가운데서 살았다 할지라도 끝까지 믿음을 지킨 자들을 구원한다. 온정주의자들의 여섯번째 종류는 다른 행실은 어떠했건간에 보시(布施) *aumône*를 행한 자들이 구원된다고 믿는다. 더 자세히 들어갈 것 없이 우리는 이 분파들 내지는 이 고립된 기독교인들이 다소간에 오리게네스의 영향을 받기는 했어도 근본적으로는 성서의 한 대목을 문맥과 무관하게 문자 그대로 해석하고 있다는 것을 지적하는 데 만족하기로 하자.

여기에 대한 반박으로 아우구스티누스는 확실히 두 가지 불이 있다고 주장한다. 저주받은 자들, 대도가 소용없는 자들을 위한 불과 정화하는 불이. 그는 전자를 강조하며 후자에 대해서는 주저를 보인다. 그러므로 아우구스티누스의 관심은 장차의 연옥이 아니라 지옥이라고 말할 수 있다.

그가 죄인들과 죄들의 일정한 범주를 규정하기에 이른 것은 지옥을 정립하기 위해서였다. 조셉 느테디카는 세 종류의 사람들, 세 종류의 죄들, 그리고 세 종류의 운명들을 구분한다. 내가 보기에 아우구스티누스의 생각은 더 복잡한 듯하다(삼분법은 12~13세기 성직자들이 만들어낼 것이다). 사람들에는 네 종류가 있다: 불경건한 자들(불신자들 또는 범죄자들)은 곧장 지옥으로 가며 벗어날 길이 전혀 없다. 그와 대척되는 것이 순교자들, 성인들과 의인들로, 이들은 '가벼운' 죄는 지었더라도 즉시로 또는 아주 일찍 천국으로 간다. 두 극단 사이에 전적으로 선하지도 전적으로 악하지도 않은 자들이 있다. 전적으로 악하지 않은 자들은 역시 지옥에 가게 되어 있으나, 적어도 그들을 위해서는 희망을 가질 수 있고 앞

의 가장 큰 분리는 물론 1054년에 시작된 서방의 로마 카톨릭 교회와 동방의 그리스 정교간의 그것일 터이고, 종교 개혁도 일종의 교회 분리로 볼 수 있을 것이다.

으로 보게 되겠지만 대도를 통해 좀더 견딜 만한 지옥을 얻어줄 수도 있다. 그리고 남는 것이 전적으로 선하지는 않은 자들의 범주이다. 이들은 정화하는 불을 통해 (아마도) 구원될 수 있을 것인데, 이 범주에 속하는 자들은 많지 않다. 아우구스티누스는 이 불과 이 범주가 실제로 존재하는가에 대해서보다 만일 존재한다면 어떤 것일지에 대해 더 구체적인 생각들을 가지고 있었다. 이 불은 아주 고통스럽지만 게헨나의 불과는 달리 영원한 불이 아니며, 최후의 심판 때에는 작용하지 않고 죽음과 부활 사이에만 작용할 것이다. 한편 하나님께 중재를 들 수 있는 산 자들의 대도에 힘입어, 그리고 이 죄들에도 불구하고 결국에는 구원받을 만한 공덕이 있었다면, 고통의 완화를 얻을 수도 있다. 이러한 공덕들은 일반적으로 선한 삶과 그것을 개선하려는 부단한 노력에 의해, 자비로운 행위들의 수행에 의해, 그리고 참회의 실천에 의해 얻어진다. 12~13세기에 아주 중요해질 참회와 연옥간의 이러한 관계 수립은 아우구스티누스에게서 처음으로 명확히 나타난다. 결국, 아우구스티누스는 정화의 시간을 최후 심판으로부터 죽음과 부활 사이의 중간으로 옮겨놓을 뿐 아니라 그의 경향은 한층 더 뒤로 물러나 이승에서 정화가 이루어진다고 하는 것이다. 이러한 경향의 밑바닥에는 현세에서의 환란이야말로 정화의 주요한 형태라는 관념이 들어 있다. 거기에서 정화하는 불의 본질에 대한 그의 주저가 생겨난다. 만일 그 불이 죽음 후에 작용한다면 그것이 사실적인 것이라는 데 대해 반대가 없을 것이다. 그러나 그것이 이 땅에서의 일이라면 그것은 본질적으로 정신적인 것이다.

죄에 관해서는, 아우구스티누스는 '죄(*peccata*)'라기보다 '범죄(*crimina, facinora, flagitia, scelera*)'라고 이름한 아주 무거운 죄, 그 죄를 범한 자들을 지옥에 빠뜨리는 죄들과, 가족에 대한 애정의 과잉, 과도한 부부애 등과 같이 '가벼운' '경미한' '사소한' '일상적인'(*levia, minuta, minutissima, minora, minima, modica, parva, brevia, quotidiana*)' 죄들을 구별한다. 조셉 느테디카는 아우구스티누스가 중간적 죄들, 정화하는 불 속에서 사라질 죄들을 전체적으로도 구체적으로도 명명하지 않은 것은 그가 자기 사상이 온정주의자들에 의해 오도될까 저어했기 때문이리라는 가설을 주장한다. 물론 그랬을 수도 있다. 그러나 잊지 말아야 할 것은 아우구스티누스가 영혼의 삶을 사물화할 정신적 삶의 명세표보다는 인간들의 전체적 인성, 영적 삶의 전체성에 더욱 민감했다는 사실이다. 이 '범죄'들은 구체적인 비행이라기보다 범죄자들의 습성이다. 명명될 수 있는 것은 삶의 어쩔 수 없는 부산물인 일상적인 죄악들 뿐이며, 그것들을 명명하는 것은 영적 삶의 질에 있어 별 중요성이 없다. 그것들은 얼룩이요 찌꺼기요 하찮은 것으로, 축적되어 영혼을 침범하지 않는 한 쉽게 사라진다.

온정주의자들에 대한 아우구스티누스의 반대와 죽은 자들의 운명에 대한 그의 사고의 변천은 413년의 저술 『신앙과 행위에 대하여 *De fide et operibus*』에 나타나나, 특히 421년의 『엔키리디온 *Enchiridion*』과 426~427년의 『신국론』 제21권에서 표명된다.

그 사이에, 그는 친구들의 요청에 따라 자신의 생각을 좀더 구체화시켰다. 417년의 『다르다누스에게 보내는 서한』에서 그는 저승의 판도를 그려보였는데, 거기에 연옥의 자리는 없었다. 그는 사실 악한 부자와 나사로의 이야기로 돌아가 고통의 지대와 안식의 지대를 구별하기는 했으나, 어떤 이들처럼 그 두 지대를 모두 지옥에 두지는 않았다. 왜냐하면 성서에 예수가 지옥에 내려갔다라는 말은 있지만 그가 아브라함의 품을 찾아갔었다는 말은 없기 때문이다. 아브라함의 품이란 범죄하기 이전의 아담이 살던 지상 낙원을 일컫는 것이 아닌 일반명사 낙원일 뿐이다.[57]

---

57) *Porro si utraque regio et dolentium et requiescentium, id est et ubi dives ille torquebatur et ubi pauper ille laetabatur, in inferno esse credenda est, quis audeat*

419년, 케사르령(領) 마우리타니아의 빈센티우스 빅토르 Vincent Victor de Césarée de Mauritanie라는 사람이 아우구스티누스에게 구원받기 위해 세례가 필요한가를 물었다. 그에 대한 답변인 『영혼의 본질과 기원에 대하여』에서 아우구스티누스는 『페르페투아와 펠리키타스의 이상』에 나오는 디노크라투스의 예를 들면서 세례받지 않은 아이들은 낙원에 들어가기커녕 펠라기우스[58]파에서 생각하는 것과 같은 안식과 희락의 중간 지대에도 가지 못하리라고 한다(그러니까 그는 여기서 13세기식의 '아이들의 림보'를 부정하는 것이다). 낙원에 가기 위해서는 세례를 받아야 한다. 디노크라투스는 세례를 받았으나 그 후에, 아마도 아버지의 영향으로 배교했다가 결국 누이의 중재로 구원받았다는 것이다.

> *dicere dominum Iesum ad poenales inferni partes venisse tantum modo nec fuisse apud eos qui in Abrahae sinum requiescunt? ubi si fuit, ipse est intellegendus paradisus, quem latronis animae illo die dignatus est polliceri. Quae si ita sunt, generale paradisi nomen est, ubi feliciter vivitur. Neque enim quia paradisus est appellatus, ubi Adam fuit ante peccatum, propterea scriptura prohibita est etiam ecclesiam vocare paradisum cum fructu pomarum* (* 그러나 만일 저 부자가 고통당하던 고통의 지대나 저 가난한 자가 희락을 누리던 안식의 지대가 모두 지옥에 있다고 믿어야 한다면, 누가 감히 말하겠는가, 주 예수가 지옥의 형벌받는 장소에는 갔지만 아브라함의 품에서 쉬는 자들에게는 가지 않았다고? 그가 갔던 곳은 그날 강도의 영혼에게 약속되는 것이 합당하다고 판단되었던 바 낙원이라고 이해되어야 한다. 만일 그렇다면 즐겁게 사는 곳이 일반적으로 낙원이라는 이름이다. 아담이 죄 이전에 있었던 곳이 낙원이라 불린다고 해서 성서에서 교회가 과실들이 열리는 곳을 낙원이라 부르는 것이 금지되어 있는 것은 아니다).

*58) 펠라기우스: 영국? 354년경~팔레스타인? 418 이후. 영국인 아니면 아일랜드인으로, 380년경 로마에 가서, 비록 사제는 아니었지만, 성직자들과 속인들에게 모두 높이 평가받는 영적 지도자가 되었다. 그는 당대 로마인들의 영적인 나태가 은총 절대론적 신앙에서 나온 것이라 보고, 인간의 노력에 의한 구원을 강조했다. 그러나 인간에게 그러한 능력 및 책임, 자유 의지가 있다는 주장은 원죄를 사실상 부인하기에 이르러, 인간은 자력으로 구원에 이를 수 없으며 전적으로 신의 은총에 의지해 있다고 주장하는 아우구스티누스와 팽팽히 맞섰고, 그의 가르침은 마침내 단죄되었다.

다음에 인용하는 것이 『엔키리디온 Enchiridion』[59]과 『신국론』 제 21권의 유명한 대목들이다:

> 죄짐을 진 사람이 믿음의 이름만으로 불을 통과하여 구원되리라는 것이 사실이라면, 사도 바울의 "그는 구원을 받겠으나 불에서 나오는 것과 같으리라"고 한 말씀을 그런 뜻으로 이해해야 한다면, 믿음은 행위 없이도 구원할 수 있을 것이며, 야고보가 다른 동료 사도들에게 말한 것[60]은 사실이 아닐 것이다. 또한 사도 바울 자신이 "미혹을 받지 말라. 음란하는 자나 우상 숭배하는 자나 간음하는 자나 탐색하는 자나 남색하는 자나 도적이나 탐람하는 자나 술취한 자나 후욕하는 자나 토색하는 자들은 하나님의 나라를 유업으로 받지 못하리라"(고린도전서 6: 9~11)고 한 말에도 위배된다. 사실, 만일 이러한 범죄를 고질적으로 지은 자들도 그리스도에 대한 믿음의 이름만으로 구원받는다면, 어찌하여 하나님 나라에 들어가지 못하겠는가!
>
> 그러나, 그처럼 분명하고 명백한 사도들의 증언이 거짓일 리 없으므로, 그리스도라는 기초 위에 집을 짓는 자들, 금이나 은이 아니라 나무와 마른풀과 짚으로 짓는 자들, 불을 지날 때 그들이 지은 집은 타버리겠지만 기초 덕분에 멸망하지는 않을 자들에 관한 애매한 대목은 이 분명한 대목들과 모순되지 않는 방식으로 이해되어야 한다.
>
> 나무, 마른풀, 짚은 이 세상의 극히 합법적인 재보들에 대한 애착이 강하여 고통 없이는 그것들을 잃어버릴 수 없을 정도인 것을 의미할 수

---

[59] 그리스어로 '교과서'를 뜻하는 이 말은 16세기부터 오늘날과 같은 명성을 누리게 되었다.

*[60] '행위 없이 구원할 수 있는 믿음'에 반대되는 야고보의 말이란 믿음과 행함의 불가분성을 강조한 야고보서 2장 14-26절을 가리키는 것일 터이다. "내 형제들아 만일 사람이 믿음이 있노라 하고 행함이 없으면 무슨 이익이 있으리오. 그 믿음이 능히 자기를 구원하겠느냐. [……] 사람이 행함으로 의롭다 하심을 받고 믿음으로만 아니니라. [……] 영혼 없는 몸이 죽은 것같이 행함이 없는 믿음은 죽은 것이니라."

도 있다. 이 고통이 누군가를 태우러 올 때, 만일 그리스도께서 그의 마음속에서 기초의 역할을 한다면, 즉 그리스도보다 더 사랑하는 것이 없다면, 그는 불을 통해 구원될 것이다. 그러나 만일 시험의 때에 그가 그리스도를 소유하기보다 이 일시적이고 세속적인 재보들을 소유하기를 더 원한다면, 그것은 그가 그리스도를 기초로 갖고 있지 않기 때문이다. 그는 세상의 재보에 우선권을 주는 것인데, 집에서는 아무것도 기초보다 먼저 올 수는 없는 것이다.

실상, 여기서 사도가 말하는 불이란 "금이나 은이나 보석으로 집을 지은 자들"이나 "나무나 마른풀이나 짚으로 지은 자들"이 모두 통과하는 것으로 이해되어야 한다. 그래서 실제로 바울은 이렇게 덧붙이고 있다: "각각 공력이 나타날 것인데 그날이 공력을 밝히리니 이는 불로 나타내고 그 불이 각 사람의 공력이 어떠한 것을 시험할 것임이니라. 만일 누구든지 그 위에 세운 공력이 그대로 있으면 상을 받고 누구든지 공력이 불타면 해를 받으리니 그러나 자기는 구원을 얻되 불 가운데서 얻은 것 같으리라"(고린도전서 3: 13~15). 그러므로 그 중 어느 한 편만이 아니라 양편 모두가 불 시험을 거치는 것이다.

『엔키리디온』의 제67장과 68장에서 발췌한 이 텍스트는 아우구스티누스 사상의 여러 측면을 조명해준다. 사도 바울의 텍스트가 지닌 애매한 성격을 인정하면서 아우구스티누스는 같은 사도 바울의 명백한 텍스트들과 비교한다. 어려운 텍스트는 확실한 텍스트들에 비추어 해석해야 하는 것이다. 다른 한편으로, 그는 범죄한 자들(*homo sceleratus, crimina*)과 아주 가벼운 죄만을 지은 자들을 구별하는데, 그에게 있어 가벼운 죄의 원형은 합법적인 지상적 재보들에 대한 애착이다. 전자들도 후자들도 모두 심판날에 불 시험을 받을 것이나, 전자들은 불에 타서 멸망하는 반면 후자들은 구원받을 것이다.

그와 비슷한 무엇인가가 이생 뒤에도 일어난다는 것은 믿기 어렵지 않다. 사실 그러한가? 그것을 알아내기 위해서이건 아니건 그것을 궁구해 볼 여유는 있다. 어떤 믿는 이들은 (이런 경우에) 정화하는 불에 의해 그리고 그들이 '소멸할' 재물을 얼마나 사랑했는가에 따라 먼저 혹은 나중에 구원될 것이다. 그러나 "하나님의 나라를 유업으로 받지 못하리라"(고린도전서 6: 10)고 말해지는 자들은, 만일 합당한 참회로써 죄의 사면을 받지 못한다면, 결코 하나님의 나라를 유업으로 받지 못할 것이다. 합당하다는 것은 그들이 보시에 인색하지 않을 것을 의미한다. 성서는 보시를 중요시하며, 주님께서는 보시를 한 사람들을 그의 오른편에 보시를 하지 않은 사람들을 왼편에 앉히시고, 전자들에게는 "내 아버지께 복 받을 자들이여 나와 창세로부터 너희를 위해 예비된 나라를 상속하라" 하시고 후자들에게는 "저주를 받은 자들아 나를 떠나 마귀와 그 사자들을 위하여 예비된 영영한 불에 들어가라" 하시는 것이다(마태 25: 31~46).

그렇다고 해서 그런 죄를 지으면 "하나님의 왕국을 소유하지 못하리라"고 분명히 씌어 있는 극악한 죄들을 날이면 날마다 지으면서 보시를 베풀어 그런 죄들에 대한 사면을 얻을 수 있다고 생각해서는 안 된다. 필요한 것은 생활을 개선하고 보시를 통해 지난날의 과오에 대해 하나님께 용서를 구하는 것이지 항상 죄를 지으면서 사하심을 얻을 수 있다는 것이 아니다. "아무에게도, 사실상, 하나님께서는 죄지을 허가를 주시지 않았다"(집회서[61] 15: 21). 만일 사람이 마땅히 해야 할 보상을 게을리하지 않는다면, 하나님 당신의 자비하심을 인하여 이미 지은 죄들을 사하시기는 해도 말이다.

위와 같은 대목에서 아우구스티누스가 강조하는 것은, 불에 의해 구원되기 위해서는 현세의 삶에서 신앙과 행위를 일치시켰어야

---

*61) 불어로 Ecclésiastique라고 하는 것은 제2경전인 집회서(Liber Ecclesiastus)이고, Ecclésiaste는 정경에 속하는 전도서(Liber Ecclesiastes)이다.

한다는 점이다. 여기서는(『엔키리디온』, 69~70) 그것이 한층 분명하다. 보시를 베풀어야 할 뿐 아니라, "자신의 삶을 보다 낫게 바꾸어야 in melius quippe est vita mutanda" 한다. 그리고, 특히, 합당한 회개에 몸을 맡기고, 합당한 참회를 수행했어야 한다. 이 경우에 사면은 이생 뒤에 post hanc vitam, "일종의 정화하는 불에 의해 per ignem quemdam purgatorium" 얻어질 수 있다. 이 불에 대해 아우구스티누스는 별로 확고한 생각을 가진 것 같지 않으나 이 불은 영원한 불, 지옥의 불과는 다르다. 그는 영원히 괴롭히는 불과 정화하고 구원하는 불이라는 두 가지 불을 『신국론』의 제21권 26장에서 구분하고 있다. 어떻든 참회란 아주 효력 있는 것이어서, '범죄'라 불리는 죄들 중에서도 파렴치한 infanda 죄를 제외하고는 죄를 속량할 수 있었다. 연옥의 불은 참회의 명령을 받고 순종하지 않은 자들이나 그것을 따랐으되 완수하지 않은 자들의 몫이었다. 반면, 참회를 해야 하는데 순종하지 않는 자들은 불에 의해 정화될 수 없다.

『엔키리디온』제109~110권에서 아우구스티누스는 개인적 죽음과 최후 심판 사이에 영혼들을 맞이할 처소들에 언급한다. 즉, 성 암브로시우스가 명백히 인용한 바 『에스라 제4서』에서처럼, 안식의 장소들(그가 이름 들고 있지는 않지만 아브라함의 품)과 고통의 장소들(역시 이름하지 않은 게헨나)이 그것이다. 망자들의 영혼들은 성찬 희생, 보시 등 산 자들의 대도의 도움을 받을 수 있다. 아우구스티누스가 네 가지 유형의 사람들이라는 자신의 개념을 가장 잘 피력하는 것은 여기서이다. 선한 자들에게는 대도가 필요없다. 또한 악한 자들에게는 대도가 아무 소용도 되지 않는다. 남는 것은 전적으로 악하지 않은 자들과 전적으로 선하지 않은 자들이다. 그들은 대도가 필요하다. 거의 전적으로 선한 자들은 그 도움을 얻을 것이다. 거의 전적으로 악한 자들은 기껏해야 "좀더 견딜 만한 저주"를 얻는 데 그칠 것이다. 아우구스티누스는 그 점을 분명히 밝히지 않는다. 그는 지옥에서의 안식일적 휴식이나 덜 가혹한 고통을 생각했으리라고 짐작할 수 있다. 고통의 완화라는 개념은 여기서 '연옥'이 일반적으로 상정하는 바를 넘어서는 것 같다.

각 사람의 죽음과 마지막 부활 사이의 기간 동안에 영혼들은 은밀한 거처들에 있게 된다. 거기서 영혼들은 육신에 거하는 동안 스스로 얻은 분깃에 따라 합당한 대로 안식이나 고통을 맛볼 것이다.

그러나 영혼들을 위한 중보자(그리스도)의 희생이 드려지거나 교회에서 보시가 나누어질 때 망자의 영혼이 살아 있는 친지들의 기도에 의해 위로받으리라는 것은 부인할 수 없다. 그러나 이런 행위들은 그 덕을 볼 만한 삶을 살았던 자들에게만 소용된다.

실상, 이런 사후의 대도가 필요치 않을 만큼 선하지도, 대도가 소용되지 않을 만큼 악하지도 않았던 삶을 살았던 자들이 있다. 반대로, 대도가 필요없을 만큼 선한 삶을 살았던 자들이나 대도가 소용없을 만큼 악한 삶을 살았던 자들도 있다. 그러므로, 각 사람이 이생 이후에 위로 또는 화(禍)를 얻을 만한 공덕을 쌓는 것은 항상 이생에서이다. 아무도 자신이 이 세상에서 게을리한 것을 죽은 뒤에 하나님에게서 얻을 수는 없다.

그러므로, 교회가 하나님께 망자의 영혼을 부탁하기 위해 준수하는 관행들은 사도의 가르침에 위배되지 않는다. 그는 말하기를, "우리가 다 하나님의 심판대 앞에 서리라"(로마서 14: 10)고 하였다. 거기에서 "각각 선악간에 그 몸으로 행한 것을 따라"(고린도후서 5: 10) 얻으리라고. 왜냐하면 각 사람이 대도의 가능한 유익을 얻을 만한 공덕을 쌓느냐 못 쌓느냐는 현세의 삶 동안 정해질 문제이기 때문이다. 모든 사람이 거기서 유익을 얻는 것이 아니니, 그들이 이 세상에서 살았던 삶이 각기 다르기 때문이 아니라면, 왜 모든 이가 다 같은 유익을 얻지 못하겠는가?

그러므로 제단의 희생이나 보시가 세례받은 모든 망자들을 위해 드려질 때, 이것은 전적으로 선했던 자들을 위해서는 은혜의 행위이며 전적으로 악하지 않았던 자들에게는 속죄의 수단이다. 전적으로 악했던 자들을 위해 드려지는 희생은, 죽은 자를 위무할 수 없으므로, 산 자들에게 다소간의 위로가 될 뿐이다. 그것들이 거기에서 유익을 얻을 만한 자들에게 확보해주는 것은 완전한 사면이거나 아니면 적어도 보다 견딜 만한 저주이다.

『신국론』의 제21권(426~427)은 실상 지옥과 지옥의 형벌에 관한 것으로, 아우구스티누스의 주된 목표는 그 영원성을 강조하는 데 있다. 대도의 혜택을 입을 만한 망자들의 범주에 관하여 이미 인용한 바 있는 제24장 외에, 나는 제13장과 제26장의 대부분을 살펴보기로 하겠다.

제13장에서 아우구스티누스는 이승 또는 저승의 모든 고통이 정화적인, 따라서 일시적인 것이라고 보는 자들에게 반박한다. 그는 영원한 고통과 정화적인 또는 일시적인 고통을 다시금 구분한다. 그러나 이번에는 그는 정화적 고통의 존재를 좀더 분명히 인정하며 거기에 대해 좀더 자세히 설명한다.

제13장. 물론 플라톤주의자들도 모든 죄에는 벌이 따른다고 생각할 것이다. 그러나 그들은 모든 벌이 개선의 목적에 이용된다고 본다. 그것들이 인간의 법에 따라 부과되었건 신의 법에 따라 부과되었건, 이생에서건 사후에건, 그러한 벌이 이승에서 면제되었느냐 아니면 이승에서 죄값을 치르지 못한 채 죽었느냐에 따라. 베르길리우스의 저승관은 여기서 비롯된다. 죽음에 처한 지상적 육신과 지체들에 대해 말한 뒤 그는 영혼에 대해 이렇게 말한다: "그리하여 영혼들은 두려워하고 욕망하고 괴로워하고 기뻐하며, 어둠과 눈먼 감옥에 갇혀 더 이상 빛을 분간치 못한다. 그리고, 마지막 날에 생명이 그들을 떠날 때에도, 모든 악과 육체의 질역(疾疫)들이 이 가련한 자들에게서 완전히 가시지 않는다. 오랜 세월 동안 질겨진 많은 악이 놀랄 만큼 깊이 뿌리박았음에 틀림없다. 그러므

로 그들은 징벌에 처해져 해묵은 악을 고통으로써 속죄해야 한다. 어떤 자들은 힘없이 허공에 매달려 바람을 맞으며, 어떤 자들에게서는 죄의 더러움이 거대한 소용돌이 아래서 씻어지거나 또는 불 속에서 태워 없애진다." 그렇게 생각하는 자들은 죽음 후에 정화적 고통밖에는 인정하지 않는다. 물과 공기와 불은 흙보다 우월한 원소이므로 사람들은 흙과의 접촉에서 옮은 것에 대한 속죄 수단으로서 그 중 하나에 씻겨야 하는바, "허공에 매달려"라는 말은 공기를, "거대한 심연에서"는 물을 지칭하며, "불 속에서"는 불을 그 자체의 이름으로 지칭한다는 것이다. 우리로서는, 고백하거니와, 이 필멸의 삶에도 정화적인 고난이 있다고 생각한다. 고난을 통해서 삶이 개선되지 않거나 더 나빠지는 자들은 그러한 고난으로 괴로움을 당하지 않는다. 그러나 고난으로 징계를 받아 개전하는 자들에게는 그것이 정화적이다. 다른 모든 고난들은 일시적이거나 영원하거나 간에, 각 사람이 신의 섭리에 의해 취급되어야 하는 바에 따라, 지난날의 죄, 또는 거기 대해 벌을 받고서도 여전히 고치치 못한 현재의 죄들에 대한 대가로서, 또는 미덕들을 행사하고 분명하게 하기 위해 부과된다. 그리고 그러한 일은 인간들의 중재에 의해, 또는 선하거나 악한 천사들의 중재로 이루어진다. 만일 어떤 사람이 타인의 악이나 과오로 인해 어떤 악을 당한다면 무지에 의해서건 부당하게건 다른 사람에게 악을 행한 자는 진정 죄를 범하는 것이지만, 하나님은 죄가 없으시니, 그가 어떤 일을 행하시는 것은 비록 인간에게는 알려지지 않았을지언정 정의로운 판단에 의해서이다. 그러나 어떤 이들은 이생에서만 일시적인 고통을 겪는 반면, 다른 이들은 죽음 뒤에 겪으며, 또 어떤 이들은 이생 동안에도 이생 후에도 겪는다. 그러나 종국에는 모두에게 준엄한 최후의 심판이 있을 것이니, 죽음 이후의 고통을 견뎌낸 자들은 심판 이후에 올 영원한 고통 속에 떨어지지 않을 것이다. 왜냐하면 어떤 자들에게는 현세에서 사해지지 않은 것이 내세에 사해질 것이기 때문이다. 즉 내세의 영원한 고문으로 벌받는 것을 모면할 것이다. 우리는 위에서도 그렇게 말한 바 있다.

여기서 아우구스티누스가 말하는 대상은 기독교인들이 아니라 이교도 작가들, 이른바 플라톤주의자들이며, 그는 앞서 인용한 바 있는 『아이네아스』의 제6권에도 기독교의 저승관에 대한 예시가 들어 있다고 보아 베르길리우스도 거기 속하는 것으로 꼽는다. 그는 또한 그가 속죄적 *expiatoire*이라고도 부르는 정화적인 *purgatoire* 고통들이 있음을 강조한다. 그는 그것들을 이승 또는 저승에서 겪을 수 있다는 것을 인정한다. 그것들은 일시적 *temporaire*이다. 왜냐하면 그것들은 최후의 심판날에 끝날 것이고 그때에 그러한 고통을 당하던 자들은 천국으로 갈 것이기 때문이다. 이 마지막 단언은 매우 중요한 것으로, 중세 연옥 체계의 본질적 요소가 될 것이다. 끝으로 아우구스티누스는 현세적 삶 동안에 행실을 고친 자들만이 이 정화적 고통을 누릴 수 있으리라고 거듭 말한다.

『신국론』 제21권 26장에서 아우구스티누스는 보다 심오하고 미묘한 방식으로 고린도전서 3장 13~15절에 대한 주석을 재차 시도한다.

사도의 말에서 금과 은과 보석으로 된 기초 위에 집을 짓는 자를 보라. 그는 말하기를, 장가들지 않은 자는 하나님의 일을 생각하며 어떻게 하여야 하나님을 기쁘시게 할까를 생각한다(고린도전서 7: 32)고 하였다. 나무와 마른풀과 짚으로 집 짓는 다른 사람을 보라. 결혼하여 묶인 자는 세상의 일과 어떻게 하여야 아내를 기쁘게 할까를 생각한다(7: 33). 각 사람의 공력이 드러나리니 날이 이르매 알게 되리라(그것이 환란의 날이다), 왜냐하면 불 속에서 드러날 것이니까(3: 13), 라고도 그는 말하였다(이 환란을 그는 불이라고 부른다. 다른 데서는 이런 말도 읽을 수 있다: 화덕이 토기장이의 항아리들을 시험하나니 환란 때에 의인들을 시험하듯 하리라고). 각 사람의 공력을, 그 가치가 어떠한가를 불이 시험하리라. 만일 어떤 사람의 공력이 불을 견뎌내면(하나님의 일과 어떻게 하나님을 기쁘시게 할까를 생각하는 자들은 누구나 견디낼 것이다), 그가 그 위에 세운 것에 대해 상을 받으리라(즉 그는 그가 생각했던 바를 받으리라). 그러나 그의 공력이 불에 타버리는 자들은 해를 입으려니와 (그가 사랑하던 것들을 더 이상 갖지 못할 것이므로), 그 자신은 구원을 받겠으나(왜냐하면 어떤 환란도 그를 기초의 확고함에서 미끄러뜨릴 수 없으므로) 마치 불에서 나오는 것 같으리라(왜냐하면 그가 정욕으로써만 소유했던 것을 타는 듯한 고통 없이는 잃지 못할 것이므로). 바로 여기 이 불이야말로 양자 중 어느 한쪽도 저주하지 않되 한쪽은 부요하게 하고 다른 쪽에게는 손해를 가져오나, 양쪽을 모두 시험한다.

그는 불을 통과하여 구원받는 자들을 두 부류로 구분하나, 공력이 불을 견디낼 자들과 타버릴 자들 모두에게 시험은 공통된 것이라고 본다. 전자들은 거기에서 보상을 받아 즉시 천국으로 갈 것이고, 후자들은 손해를, 즉 속죄를 겪기 시작할 것이나 결국에는 그들도 구원될 것이다.

끝으로 아우구스티누스는 제26장 말미에서 사도 바울의 같은 텍스트를 재차 해석하면서 두 가지 세부를 덧붙인다. 우선은 정화적인 불이 육신의 죽음과 육신의 부활 사이의 "이 중간 시기에 *hoc temporis intervallo*" 이루어지리라는 것이고, 다음으로는 저주를 받거나 또는 정화하는 불에서 유익을 얻게 될 인간적 태도들이 어떤 것인가이다. 기준은 각 사람이 자기 삶을 짓는 기초의 본질에 있다. 유익한 유일한 기초는 그리스도이다. 만일 기초로서 그리스도보다 육신적 쾌락을 선호한다면 저주에 이를 것이다. 만일 반대로 이 쾌락들에 약간 탐닉했으나 그것들을 기초이신 그리스도의 자리에 놓을 정도는 아니라면, "이런 종류의 불에 의해" 구원될 것이다.

그러므로, 육신의 죽음과 육신이 부활하고 저주와 포상이 이루어질 마지막 날 사이의 이 중간 시기에 망자의 영혼이 이런 종류의 불을 겪는다면, 육신에 살 동안 나무나 마른풀이나 짚처럼 타버릴 행실이나 사랑을 하지 않았던 자들은 그것을 느끼지 못할 것이나 그러한 질료를 지니고 온 자들은 그것을 느낄 것이며, 이승에서건 이승과 저승에서건, 아니면 이승 아닌 저승에서건 그들은 세상에 속한 이러한 체질을 남김없이 태워버릴 일시적인 환란의 불을 발견할 것이지만 그러나 저주는 받지 않는다, 고 말한다면, 나는 거기에 반대하지 않는다. 왜냐하면 분명 그것은 사실이 아닌가? 실상, 원죄의 침투로 생겨난 육신의 죽음 그 자체도 이 환란에 속할 수 있으며, 따라서 죽음에 뒤이은 시간은 각 사람이 집 지은 바에 따라 달리 느껴질 수 있다. 순교자들을 영화롭게 할 박해들과 기독교인이면 누구나 받게 될 핍박들도 마치 불처럼 두 종류의 건축을 시험한다. 그것들은 그리스도를 기초로 갖지 않은 건축물들은 그 건축자들과 함께 태워버릴 것이며, 그리스도를 기초로 가진 어떤 건축물들은 타버리되 건축자는 남을 것이니, 그들은 구원을 받되 해가 없지는 않을 것이다. 그러나 어떤 건축물들은 타지 않으며 영구히 견딜 것이다. 또한 세말(世末) 적-그리스도의 시대에는, 전에 없었던 환란이 있을 것이다. 그때에 그리스도 예수라는 가장 견고한 기초 위에 금으로 또는 짚으로 세워진 건축물들이 얼마나 많겠는가. 전자와 후자를 이 불은 모두 시험하되, 전자에게는 기쁨을, 후자에게는 손해를 가져다줄 것이다. 하지만 이러한 건축물들을 지닌 자들은 견고한 기초로 인하여 어느 쪽도 아주 멸망하지는 않을 것이다. 그러나 육신의 상호 결합에 의한 쾌락을 배우자가 아닌 같은 남자들에게서 얻는 자들이 이런 육신적 쾌락을 그리스도보다 앞세운다면, 그는 그리스도를 기초로 갖지 못한 것이며 따라서 불에 의해 구원받지 못한다. 그는 전혀 구원받지 못할는지도 모른다. 왜냐하면 그는 거기에 대해 아주 분명히 말씀하신 구세주와 함께하지 못할 것이기 때문이다. 자기 아비나 어미를 나보다 더 사랑하는 자는 내게 합당치 않다. 자기 아들이나 딸을 나보다 더 사랑하는 자는 내게 합당치 않다(마태 10: 37). 그러나 자기 혈육을 육신적인 방식으로 사랑하되 그리스도보다 앞세우지 않는, 따라서 시련을 당할 때 그리스도를 빼앗기기보다는 차라리 그들을 빼앗기기를 택할 자들은 불에 의해 구원받을 것이다. 왜냐하면, 이러한 관계들의 상실에 의한 고통은 그의 애정의 강도에 비례하여 그를 태울 것이기 때문이다. 더구나, 자기 부모나 자식을 그리스도를 따라 사랑하여 그들로 하여금 그의 왕국에 이르며 그와 연합하도록 한 자들, 또는 그들이 그리스도의 지체라는 사실을 사랑하는 자들의 사랑은 나무나 마른풀이나 짚으로 된 건축물로 분류되기커녕 금과 은과 보석으로 된 건축물로 인정받을 것이다. 그가 그리스도를 위해 사랑하는 자들을 어떻게 그리스도보다 더 사랑할 수 있겠는가?

아우구스티누스와 유령들

연옥의 발생에 있어 그처럼 중요한 아우구스티누스의 개념들을 검토하면서 연관된 두 가지 문제를 살펴보지 않을 수 없을 것이다. 그 첫째는 421~423년 사이 놀라의 파울리누스에게 헌정된『죽은 자들을 위해 해야 할 배려들에 대하여 *De cura pro mortuis gerenda*』라는 소론에서 발견된다. 아우구스티누스는 이미『고백록』제9권에 실린 어머니 모니카를 위한 기도에서 언급한 바 있는 그가 좋아하는 주제들 중의 하나를 다시금 거론한다. 그는 어떤 기독교인들이 부유한 이교도들의 관습에 따라 치르는 호화로운 장례에 강경히 반대한다. 죽은 자들에게는 최소한의 배려로 족하며, 장례와 분묘에 있어 어떤 예의를 허용한다면 그것은 단순한 인간적 경의에 의해서이다. 가족들은 그로 인해 다소나마 위안을 얻는 것이지만, 이러한 만족은 없어도 무방하다. 그러나 이 소론의 제2부에서 아우구스티누스는 유령이라는 문제를 다룬다. 그는 우선 개인적인 예들을 들면서 유령의 실재를 확인한다.

어떤 유령들에 관한 이야기들은 이 논의에서 무시할 수 없는 문제와 연관된 것으로 보인다. 사람들의 말에 의하면 어떤 죽은 자들은, 잠자는 동안에나 기타 다른 방식으로, 산 자들에게 보인다고 한다. 그들의 시체는 무덤 없이 누워 있으며, 그들은 산 자들에게 그 위치를 알려주며 무덤을 만들어달라고 한다는 것이다. 이러한 이상들이 거짓이라고 대답한다는 것은 기독교 작가들의 글로 씌어진 증언들과 그러한 이상을 보았다고 단언하는 사람들의 확신에 감히 맞서는 것이다. 진정한 대답은 다음과 같다. 죽은 자들이 꿈에서 무엇인가를 말하거나 보여주거나 청할 때 의식이 있는 실재 존재들로서 행동한다고 생각해서는 안 된다. 왜냐하면 산 자들도 역시 산 자들의 꿈에 나타나되 스스로는 알지 못하기 때문이다. 그들은 그들을 꿈에서 보았다고 하는 사람들로부터 자신이 꿈에서 말하고 행한 것들을 전해 듣는다. 그러므로 내가 그의 꿈에 나타나 지나간 사건들과 미래의 사건을 일러주었다고 할 사람도 있을지 모른다. 그러나 나는 거기에 대해 전혀 알지 못하며, 그가 꿈을 꾸든, 내가 잘 때 그가 깨어 있든, 내가 깨어 있을 때 그가 자든, 아니면 우리 모두가 같은 시간에 잠을 자고 깨든, 그가 꿈에서 나를 보든, 개의치 않는다. 그러니 죽은 자들이 아무것도 알지도 느끼지도 못하는 채 산 자들의 꿈속에 보이며 그들이 말하는 것이 꿈에서 깨어나보니 옳더라고 해서 무엇이 놀라운가?

나는 이러한 유령들의 출현들에 천사들이 개입한다고 믿을 수도 있을 것이다. 그들은 하나님의 허락 내지는 명령으로 꿈꾸는 자에게 어떤 죽은 자들을 매장해야 한다든가 하는 것을 알려주는데, 죽은 자들 자신은 거기에 대해 전혀 모르는 것이다.

때로는 가짜 이상들이 사람들을 중대한 과오에 빠뜨리기도 하는데, 실상 그들은 거기에 빠져 마땅하다. 예컨대 어떤 이는 시적이고 진실이 아닌 허구가 우리에게 이야기하는 바(『아이네이스』 제6권) 아이네아스가 하계에서 보았다고 하는 것, 즉 무덤 없는 주검을 꿈에서 본다. 이 사람은 그에게 시인이 팔리누루스Palinure[62]의 입을 통해 한 말을 하게 한다.

그러고는 꿈에서 깨어나 꿈에서 고인이 무덤을 만들어달라고 하며 자신이 어디 누워 있는가를 알려주었던 바로 그곳에서 고인의 시체를 발견한다. 사실이 꿈과 일치하므로 그는 영혼들이 육신의 무덤 없이는 들어갈 수 없는 곳에 들어가게 하기 위해 그들을 매장해야 한다고 믿고 싶어질 것이다. 그러나 만일 그가 그렇게 믿는다면, 그는 진리의 길에서 멀리 벗어난 것이 아닌가?

그러나 인간은 워낙 약한지라 만일 자다가 죽은 자를 본다면 그의 영혼을 본 것으로 믿는다. 산 자의 꿈을 꿀 때는 그의 육신도 영혼도 아닌 그의 이미지를 보는 것이라는 사실을 완전히 납득하면서도, 죽은 자들도 산 자들과 똑같은 방식으로 즉 영혼의 형태가 아니라 그들의 외적인 모습으로 나타날 수 있다는 사실은 받아들이지 못한다.

이 한 가지 사실만은 보증할 수 있다. 밀라노에 있을 때, 나는 한 빚쟁이가 빚돈을 돌려받기 위해 얼마 전에 죽은 자가 서명한 차용증을 가지고 그의 아들을 찾아갔다는 이야기를 들었다. 사실 빚은 전에 청산되었다. 하지만 그 사실을 모르는 아들은 큰 근심에 빠졌고 아버지가 자신에게 유언을 하면서 거기에 대해 죽을 때 아무 말도 하지 않은 것을 이상하게 여겼다.

극도의 고민 속에서 그는 자기 아버지가 꿈에 나타나 차용증을 무효화하는 영수증이 있는 곳을 가르쳐주는 것을 보았다. 그는 그것을 찾아 빚쟁이에게 보여줌으로써 그의 거짓된 요구를 물리칠 뿐 아니라 돈을 갚을 때 아버지가 거슬러받지 못했던 잔돈까지 되받을 수 있었다. 그러니 이 경우에는 고인의 영혼이 아들을 위해 근심하고 그의 꿈에 나타나 그가 모르는 것을 가르쳐줌으로써 큰 근심에서 건져주었다고 이야기될 수 있을 것이다.

내가 아프리카로 돌아온 뒤 내 제자로 카르타고의 웅변 교수였던 에울

---

*62) 아이네아스의 일행으로 항해중에 뱃전에서 키를 잡고 졸다가 떨어져 죽는다. 무덤 없이 죽은 자들의 벌판에서 아이네아스를 만나 무덤을 만들어달라고 청한다(제1장 주 43 참조).

로기우스Eulogius가 이야기해준 바에 따르면, 앞에서 말한 이야기가 돌던 무렵 그리고 내가 아직 밀라노에 있었을 때에, 다음과 같은 일이 일어났다고 한다. 그는 키케로의 수사학 저서들에 관한 강의를 맡고 있었는데, 다음날 수업을 위해 준비하다가 애매한 구절에 부딪혀 이해할 수 없게 되었고, 근심하면서 잠이 들었다. 그런데 내가 그의 꿈에 나타나 그로서는 이해할 수 없던 구절들을 설명해주더라는 것이다. 물론 그것은 나였을 리가 없으며, 내가 모르는 채 내 이미지가 나타난 것이다. 나는 그때 아주 멀리 바다의 건너편에 있었고, 전혀 다른 일에 몰두하거나 아니면 다른 꿈을 꾸고 있었을 것이며 그의 염려 같은 것은 전혀 알 리 없었다.

이 두 가지 사실들은 어떻게 하여 일어났을까? 나는 모른다. 그러나 어떤 방식으로 일어났건간에, 죽은 자들이 산 자들과 꼭 마찬가지로 이미지의 형태로 우리의 꿈속에 나타난다고 믿어서 안 될 까닭은 없지 않은가? 누가 그들을 보는가? 어디서, 그리고 언제? 죽은 자들도 산 자들도 그것을 모르며 거기에 대해 개의치 않는다.

광란이나 무기력 상태 동안에 가질 수 있는 이상들에 대해 말한 후, 아우구스티누스는 이러한 신비들에 대해 너무 생각하지 말 것을 충고함으로써 끝맺는다:

행여 누가 내게 "네가 감당하지 못할 것을 구하지 말고 네 힘에 겨운 것을 듣지 말아라 하나님께서 네게 명령한 일에만 전념하고 알려주시지 않은 일을 캐내려고 애쓰지 말아라"(집회서 3: 21~22)는 성서 말씀으로 대답한다면, 나는 이 충고를 감사히 받아들이겠다. 실상 우리의 이해를 벗어나는 애매하고 불확실한 점들에 대해서는 적어도 그것들을 연구하지 말아야 한다는 그리고 유용한 것을 배우고자 할 때는 모르는 것이 해가 되지 않는다는 분명한 확신을 갖는 것이 유익하다.

소론의 일반적인 결론은 죽은 자들을 위한 대도의 유효성을 재확인하고 그러나 대도의 유익은 구원받을 자들만이 누릴 수 있다는 제한을 두는 것이다. 그러나 하나님이 그들을 위해 예비하신 분깃에 대해서는 알 수 없으므로 대도는 모자라기보다 넘치는 편이 낫다. 그리하여 그는 우리가 연옥에서 다시 만나게 될 죽은 자들을 위한 세 가지 원조, 즉 미사와 기도와 보시를 언급하기에 이른다.

문제 전체가 그렇게 해결되었으므로, 우리가 배려하는 죽은 자들은 제단에 드려지는 희생 *le sacrifice offert à l'autel*과 기도와 보시 가운데 행해지는 엄숙한 기도에서밖에는 유익을 얻지 못한다는 점을 굳게 확신하자. 그러나 이러한 간구가 모든 이에게 유익한 것이 아니라 생전에 그것을 누릴 만한 삶을 살았던 자들에게만 유익하다는 점을 유보해두자. 그러나 우리로서는 누가 이러한 공덕을 쌓았는지 분간할 수 없으므로, 그 유익을 얻을 수 있고 얻어야 하는 자들 가운데 아무도 빠뜨리지 않기 위해 모든 거듭난 이들을 위해 간구해야 한다. 왜냐하면 우리의 선행이 거기서 유익도 해도 얻지 못할 자들까지 위해서 행해지는 편이 거기서 유익을 얻을 자들을 위해 행해지지 않는 편보다 낫기 때문이다. 그러나 각 사람은 자기 친족을 위한 대도에 더욱 힘써야 하는 바, 그들 또한 그에게 같은 도움을 주겠기 때문이다.

내가 이 놀라운 텍스트들을 다소 길게 인용한 것은 유령들에게 있어 연옥은 큰 중요성을 가지게 될 것이기 때문이다. 연옥은 그들의 감옥이 될 것이고, 그들은 그들을 거기에서 구원하기 위한 열심이 부족한 산 자들에게 잠깐씩 나타나기 위해 그곳에서 나오게 될 것이다. 여기서도 아우구스티누스가 '권위'가 될 수 있다는 것은 중요하다. 민간의 미신들을 고발할 태세가 항상 되어 있던 이 기독교 지성인이 여기서는 일반의 사고 방식을 공유하는 것이다.

한편 그는 꿈과 이상의 해석 앞에서 어찌할 바를 모르고 있다. 기독교는 고대의 박학한 해몽술을 파괴했고 민간의 점술을 탄압하거나 거부한다. 꿈의 길들이 봉쇄되었으니, 악몽들이 태어날 것이다. 중세인들이 꿈의 세계를 되찾기까지는 오랜 세월이 걸릴 것이다.[63]

정화하는 불과 아우구스티누스의 종말론

다른 한편으로는, 비록 아우구스티누스가 그것들을 명백히 연관시키지는 않았지만, 정화하는 불이라는 개념과 일반적인 종말 교의 특히 천년왕국설에 대한 그의 입장을 분리해서는 안 된다.[64]

천년왕국설은 유대교로부터 계승된 일부 기독교인들의 믿음으로, 말세 초기의 천년 동안, 즉 매우 긴 시간 동안 행복과 평화의 기간이 있으리라는 것이다. 천년왕국설을 믿는 기독교인들은 특히 그리스인들 사이에 많았고, 거기서 천(千)을 나타내는 그리스어 킬리아로부터 그러한 교의의 처음 명칭이었던 킬리아주의 *le chiliasme* 라는 말도 생겨났다. 그들은 특히 요한계시록의 한 구절에 의거하여 그러한 믿음을 주장하거니와, 천년왕국설에 반대하는 기독교인들은 그 구절을 정경에서 삭제하려 했으나 허사였다:

또 내가 보좌들을 보니 거기 앉은 자들이 있어 심판하는 권세를 받았더라. 또 내가 보니 예수의 증거와 하나님의 말씀을 위하여 목 베임을

---

63) 나는 중세 서양에서의 꿈과 그 해석에 관한 연구의 윤곽을 "Les rêves dans la culture et la psychologie collective de l'Occident médiéval," in *Scolies*, I, 1971, pp. 123~30 (*Pour un autre Moyen Age*, pp. 299~306에 재수록)에서 제시한 바 있다.
64) 천년왕국설에 관해서는 *Bibliothèque augustinienne*, t. 37, Paris, 1960, pp. 768~71에 실린 『신국론』 제19~22장에 관한 G. Bardy의 주석과 *Encyclopedia Universali*, vol. 11, 1971, pp. 30~32에 실린 J. Le Goff의 "Millénarisme" 항목을 참조.

받은 자들의 영혼들과 또 짐승과 그의 우상에게 경배하지도 아니하고 이 마와 손에 그의 표를 받지도 아니한 자들이 살아서 그리스도와 더불어 천년 동안 왕 노릇을 하니 (그 나머지 죽은 자들은 그 천년이 차기까지 살지 못하더라) 이는 첫째 부활이라 이 첫째 부활에 참여하는 자들은 복이 있고 거룩하도다. 둘째 사망이 그들을 다스리는 권세가 없고 도리어 그들이 하나님과 그리스도의 제사장이 되어 천년 동안 그리스도로 더불어 왕 노릇을 하리라. (계시록 20: 4~6)

기독교인들 사이에서 천년왕국설의 유행은 2세기에 절정에 달했고 이후로는 쇠퇴했다. 그러나 이 믿음은 사라지지 않았고 중세에도 그 규모나 기간이 크건 작건 길건 짧건간에 이따금씩 다시 나타날 것이다. 그 대표적인 예가 13세기에 나온 피오레의 조아키노 Joachim de Flore[65]의 천년왕국적 사상의 반향일 것이다.

아우구스티누스는 『신국론』의 제20권을 종말론에 바쳤다. 그는 거기서 자신도 젊었을 때는 천년왕국주의자였음을 고백하면서 천년왕국설을 강경하게 비판한다. 그는 천년왕국이란 그리스도의 도래와 함께 시작되었으며 인간들에게는 첫째 부활 즉 영혼의 부활을 의미하는 세례에 의해 지속적으로 이어진다고 말한다. 미래의 천년왕국을 믿는다는 것은 이미 오신 구세주를 여전히 기다리는

---

*65) 피오레의 조아키노: 칼라브라 1130/1145~산 조반니 1202. 코라초의 시토회 수사로서, 피오레 수도단을 결성했다. 『두 언약의 일치』에서 그는 구약과 신약간의 일치를 지적하면서 그 일치는 다시금 세번째 시대를 예고하는 것이라고 하였다. 그리하여 인류 역사는 성부의 시대(구약 시대), 성자의 시대(신약 시대), 장차 도래할 성령의 시대로 나뉘며, 성령의 시대에는 전적으로 수도원적인 교회가 복음적 가난에로 회심한 인류를 다스리리라는 것이다. 그는 자신이 두번째 시대의 마지막을 살고 있고 세번째 시대의 도래가 임박하였다는 종말론적 신앙을 가졌으며, 성령의 최종 승리에 앞서는 선악간의 싸움을 강조함으로써 다분히 이원론적인 면모를 보이기도 했다. 이러한 생각들은 처음에는 이단시되지 않았으나, 그의 추종자들은 기성 교회에 반기를 들고 새 시대를 선포하는 등 물의를 일으켰다.

유대인들과 똑같은 과오를 범하는 것이다. 한편 아우구스티누스는 천년왕국을 알레고리적으로 해석한다. 천이란 십의 3승인 완전수 인바, 시간의 충만을 의미한다는 것이다. 다른 한편으로 아우구스티누스는 계시록이 예고하는 또 다른 일화 즉 천년왕국이 시작하기 직전까지 세상을 지배할 악마적 인물인 적-그리스도 Anté-Christ의 도래──천년 동안 묶이게 될 사탄도 그때는 풀려나 있을 것이다──에 관한 일화를 최소화한다. 아우구스티누스는 적-그리스도의 통치가 아주 짧을 것이며 이 통치 동안에도 그리스도나 교회는 사라지거나 인간들을 저버리지 않으리라고 단언한다. 최후 심판 이전에 있을 의인들의 첫째 부활에 대한 이러한 부정은 어떤 죽은 자들이 죽음과 부활 사이에 거치게 될 정화하는 불──죽음과 부활 사이에 다른 종말론적 사건은 일어날 수 없다──에 대한 확언과 연결된다. 이와 반대로 성암브로시우스는, 오리게네스가 킬리아주의를 가혹하게 비난했지만 자신의 아포카타스타시스 이론에 따라 영혼들이 정화의 여러 단계들을 거친다고 예견했던 것을 본받아, 장차 있을 여러 차례의 부활을 긍정했고 정화하는 불은 특히 첫째와 둘째 부활 사이에 작용하리라는 가설을 제출하였다(『시편 제1편 주석』, 주 54). [66]

---

66) 암브로시우스의 텍스트는 *Patrologie latine*, t.14, col. 950-51에 실려 있다. *Et ideo quoniam et Savaltor duo genera resurrectionis posuit, et Joannes in Apocalypsi dixit: Beatus qui habet partem in prima resurrectione*(Apocalypse, XX, 6) *isti enim sine judicio veniunt ad gratiam, qui autem non veniunt ad primam resurrectionem, sed ad secundam reservantur, isti urentur, donec impleant tempora inter primam et secundam resurrectionem, aut si non impleverint, diutius in supplicio permanebunt. Ideo ergo rogemus ut in prima resurrectione partem habere mereamur*(* 그러므로 구주께서는 두 종류의 부활을 두셨고 요한은 계시록에서 이르기를 "첫째 부활에 참여하는 자는 복이 있도다"(20:6)라고 하였다. 왜냐하면 저들은 심판 없이 은총에 이르기 때문이다. 첫째 부활에 이르지 못하고, 둘째 부활까지 보존되는 자들은 불에 태워질 것이다. 첫째 부활과 둘째 부활 사이의 시간을 채우기까지, 또는 만일 채우지 못했다면, 오래 고문 속에 머물 것이다. 그러므로 우리가 첫째 부활에 참

그리하여 아우구스티누스 이후로 천년왕국설과 연옥은 양립 불가능하게 되었다. 연옥은 천년왕국설의 만연에 대한 교회측의 대답으로서 나타났을 수도 있다. 그러나 정화하는 불에 대한 아우구스티누스의 사고가 불명확한 데에는 천년왕국 사상의 영향이 작용하지 않았는지 의문스럽다. 『신국론』 제21권 26장의 텍스트에서 보았듯이 아우구스티누스는 적-그리스도의 시대에 언급하면서 그 때에 정화하는 불의 활동이 한층 활발해질 것을 예견한다. 그는 천년왕국이 이미 시작되었으며 현세의 환란은 정화적 시련의 시작이라고 보았으므로, 정화하는 불의 시련을 위해 특정한 장소를 상정할 필요가 없었다. 조셉 느테디카는 아우구스티누스가 미래의 연옥 교의에 기여한 바를 정확히 평가하고 있는 것으로 보인다. "후세는 아우구스티누스 사상 가운데서 특히 두 가지 단서, 즉 정화하는 불이 가벼운 죄들에만 유효하다는 것과 이 불이 죽음과 부활 사이에 위치한다는 것을 수용 발전시킬 것이다"(p.68).

실상 이 두 가지가 아우구스티누스의 주요한 기여이다. 한편으로 그는 정화하는 불을 다음과 같이 매우 엄격히 정의했다. 즉 정화하는 불은 소수의 죄인들에게 적용될 것이고, 일종의 일시적 지옥과도 같이 아주 고통스러울 것이며(아우구스티누스는 "연옥의 지옥화"에 책임이 있는 대표적 인물들 가운데 한 사람이다), 어떤 현세의 고통보다 더한 고통을 주리라는 것이다. 다른 한편으로 그는 연옥의 시간을 개인적 죽음과 일반적 심판 사이의 기간으로 정의했다. 그러나 아우구스티누스는 연옥 체계의 두 가지 근본 요소를 규명하지 않았으니, 우선 연옥에 이를 죄인들(전적으로 선하지도 전적으로 악하지도 않은 자들) 및 죄들의 정의가 그 하나이다. 아우구스티누스에게 "사면 가능한" 죄라는 개념은 없다. 다른 한 가지는 연옥을 장소로 규정하지 않은 것인데, 여기에서 우리는 아우구

여할 만한 자격이 되기를 구하자).

스티누스가 더 멀리 나아가기를 거부하는 근본적인 이유들 중 한 가지를 본다. 즉 그는 천년왕국주의자들이나 온정주의자들에 맞서 연옥의 시간을 정의하되 그 장소나 구체적 내용은 정의하지 않는데, 왜냐하면 그러기 위해서는 다소간에 '민간' 신앙들──그가 거부하는 계시록적 또는 외경적 전통에 의해 전해오는──을 받아들여야 하기 때문이다. 이 지적인 귀족에게 있어 "민중적인 것"은 "속되고" "물질주의적인" 것과 마찬가지로 혐오스러운 것이었다. 리옹 제2차 공의회(1274), 피렌체공의회(1438), 트렌토공의회(1563)의 교부들이 연옥을 제도화하게 될 때, 그들 또한 연옥에 관한 온갖 상상들은 교의나 신앙의 진리에서 제외시켰으며, 적어도 트렌토에서는 상상적인 것들에 대한 불신의 분위기가 지배적이었다.

아우구스티누스는 의심과 주저에도 불구하고 정화하는 불을 인정했으며, 이 또한 연옥의 전사에 있어 그의 중요한 기여들 중의 하나이다. 왜냐하면 이 정화하는 불은 성아우구스티누스의 권위 하에 12세기말까지 전(前)-연옥의 정의적 특성으로 남을 것이며, 연옥이 분명히 장소로 정의된 후에는 그 근본적 요소가 될 것이기 때문이다. 그리하여 민중적 신앙이나 이미지들에 대한 불신이 어느 정도 줄어드는 1150~1250년 무렵에는 장소로서의 연옥이 태어날 수 있게 된다. 이 모든 역사에 있어 아우구스티누스의 위치는 부정적으로나 긍정적으로나 매우 시사적이다.[67]

기독교 신학은 어떤 죄인들에 대해 죽음 뒤에 속량(贖良)의 가능성이 있다는 교의를 공고히 하기 시작한다. 시기에 있어서는,

---

67) 『고백록』『엔키리디온』『신국론』『망자들을 위한 배려』의 번역은 *Bibliothèque augustinienne*의 해당 부분에서 취했으며, 내가 보기에 부적절한 듯한 몇몇 용어들만을 고쳤다. 예컨대 ignis purgatorius에서 purgatorius를 순화하는 purificateur 대신 정화하는 purgatoire로, poenae temporariae에서 temporariae를 시간적인 temporelles 대신 일시적인 temporaires로 고쳤다.

천년왕국설에 대한 투쟁으로 인해, 그러한 속량이 개인적 죽음과 일반적 심판 사이의 기간에 일어나리라는 견해가 지배적이 된다. 그러나 이 새로운 교의의 실제적인 적용에 있어 교회의 성직자들은 전반적으로 신중하다. 지옥을 텅 비게 하지 않기 위해서는 저승의 길을 너무 활짝 열면 안 되는 것이다. 특히 그들은 그러한 정화가 일어나는 상황이 물질화되는 데 대해 불안을 갖는다. 이 정화의 장소를 구체화한다는 것, 그것이 어떤 시련들로 이루어지는가를 구체적으로 그려준다는 것은 위험한 방향으로 나아가는 것이다. 물론 바울은 불 또는 그 비슷한 것(*quasi per ignem*)의 통과에 대해 말했고 따라서 그 이미지를 사용할 수는 있다. 불은 다소간에 비물질적일 수 있으며 경우에 따라서는 은유로 돌릴 수도 있기 때문이다. 그러나 말브랑슈Malebranche[68]의 이른바 "집안의 광녀 *la folle du logis*" 즉 상상력에 굴복하는 것은 악마와 그 환상의 먹이가, 이교적·유대교적·이단적이고 "민중적"인 상상력의 희생이 되는 것이다. 아우구스티누스가 중세에 제안하고 남겨준 것은 이러한 확신과 불신의 혼합이다.

연옥의 전사에 있어 또 하나의 중요한 이정표로 간주되는 인물은 아를르의 세제르Césaire d'Arles[69]이다. 피에르 제이 Pierre Jay는 아를르 주교의 두 편의 설교문에 대한 그릇된 해석에 정당한 평가를 내림으로써 연옥의 전사에 관한 중요한 자료들을 제공하였다.[70]

---

*68) 말브랑슈: 파리 1638~1715. 프랑스의 철학자이자 신학자. 오라토리우스 교단에 들어간 그는 서품을 받던 해에 데카르트의 철학을 발견하고 거기 심취하여, 데카르트주의를 종교적인 방향으로 발전시켰다. '집안의 광녀'라는 것은 상상력을 가리키는 그의 유명한 말이다.

*69) 아를르의 세제르: 샬롱-쉬르-손 470~아를르 542. 아를르 주교(503), 고올 수석 주교(514). 펠라기우스주의의 잔재를 청산하고 온건한 아우구스티누스주의를 확립하는 데 기여했다. 그 자신은 대단한 신학자는 못 되었으나, 탁월한 설교자였고, 그의 설교들은 그의 사후에도 자주 사용되었다.

70) P. Jay, "Le Purgatoire dans la prédication de saint Césaire d'Arles," in *Recherches de*

연옥과 아를르의 세제르

아를르의 세제르가 정화하는 불에 언급한 것은 두 차례, 설교 제167편과 제179편에서이다. 둘 중에 더 중요한 것은 제179편인데,[71] 그 일부는 『카톨릭 신학 사전 Dictionnaire de théologie catholique』에 미셸 A. Michel의 다음과 같은 번역으로 실려 있다. 그것은 고린도전서 3장 10~15절에 관한 주석이다:

> 이 텍스트를 곡해하는 자들은 잘못 안심할 수가 있다. 그들은, 그리스도라는 기초 위에서라면 대죄들을 짓더라도 불을 통과함으로써 per ignem transitorium 그 죄들에서 깨끗해질 수 있다고, 따라서 영생에 이를 수 있다고 생각한다. 형제들이여, 이러한 생각에서 벗어나라. 그처럼 쉽게 영생에 이를 수 있다고 생각한다면 큰 잘못이다. 사도가 "그 자신은 구원을 얻되 불 가운데서 나오는 것 같으리라"고 한 이 통과하는 불에서 transitorio igne 정화되는 것은 대죄들이 아니라 사소한 죄들이다. 사소한 죄들은 우리 생각에는 영혼을 죽이지 못할 것 같지만, 실제로는 영혼을 뒤틀리게 하여 극도의 환란을 거치지 않고서는 하늘의 신랑과 결합할 수 없게 한다. 우리는 끊임없는 기도와 잦은 금식으로써만 그런 죄들로부터 속량을 얻을 수 있다. 그리고 우리 힘으로 구속되지 못한 죄들은 사도가 고린도전서 3장 13절에서 "(각 사람의 행실이) 불로써 드러나리니 불이 각 사람의 공력을 시험하리라"고 한 불 속에서 정화될 것이다. 그러므로 우리가 이 세상에 사는 동안 고행을 하자. 〔……〕 그리하면 이 죄들이 이 세상에서 정화될 것이고 따라서 저승에서는 이 연옥의 불 feu du purgatoire이 우리에게서 삼킬 것을 전혀 또는 조금밖에 찾지 못할 것

---

théologie ancienne et médiévale, 24(1957), pp. 5~14.
71) Césaire d'Arles, Sermones, éd. G. Morin et C. Lambot, Corpus Christianorum, Turnhout, 1953, t. 104, pp. 682~87 et pp. 723~29.

이다. 그러나 우리가 고난 가운데 하나님께 영광을 돌리지 않거나 선한 행실로써 과오들을 속량하지 않는다면, 우리는 우리의 사소한 죄들이 나무나 마른풀이나 짚처럼 타버리기 위해 걸릴 시간만큼 오랫동안 **연옥의 불 속에 머물러야 할 것이다.**

어떻든 영생에 이르기만 한다면 연옥에 *au purgatoire* 머무르는 것쯤이야 대수롭겠느냐, 고는 아무도 말하지 말기를! 친애하는 형제들아, 그렇게는 말하지 말자. 왜냐하면 이 연옥의 불은 우리가 이 세상에서 생각할 수 있고 겪을 수 있고 느낄 수 있는 어떤 고통보다도 더 고통스러운 것일 터이니까.

그러나 세제르의 라틴어 원문이 말하는 바는 전혀 다르다. 위에서 "연옥의 불"이라고 번역된 것은 실상 정화하는 불 *ignis purgatorius*이며, "연옥에"라고 번역된 대목에는 그런 말이 전혀 없다.[72]

실상 세제르는 그 이전의 교회 교부들, 특히 성아우구스티누스가 쓴 것을 되풀이하고 있다. 아우구스티누스에 비해 그는 오히려 더 연옥과 거리가 먼데, 왜냐하면 그에게 있어 정화하는 불이란 단순히 심판의 불이기 때문이다. 피에르 제이가 정확히 지적하는 대로, "신학에 있어 지속적인 진보라는 개념에 너무 집착하지 말자. 그럼에도 불구하고 세제르가 연옥의 전사에서 자리를 차지하는 것은 역사에서는 곡해된 텍스트들도 다른 텍스트들 못지않게 중요성을 갖기 때문이다. 게다가 세제르의 텍스트들은 성아우구스

---

[72] *non pertinet ad me quamdiu moras habeam, si tamen ad vitam aeternam perrexero* (마침내 영생에 이르기만 한다면 기다리는 시간쯤은 문제되지 않는다). 어디서 기다리는 것인지는 말해지지 않았지만, 앞 문장으로 보아 정화하는 불을 가리키는 것임이 분명하다(*in illo purgatorio igne*: 그 정화하는 불 속에서). 피에르 제이는 토마스 아퀴나스도 성아우구스티누스의 시편 제37편에 대한 주석을 인용하면서 ille ignis purgatorii 즉 "이 연옥의 불"이라고 썼다는 사실을 지적한다. 그러나 그것은 13세기의 일인 것이다!

티누스의 것으로 간주되었던 만큼 한층 더 중세 성직자들의 주의를 끌었다. '아우구스티누스적인 권위'를 갖는 것으로서 아를르 주교의 표현들은 수세기를 관류하여 언젠가는 전혀 다른 관심을 가진 신학자들에 의해 체계적으로 이용될 것이다. 즉 사람들은 거기에서 연옥의 장소 및 기간이라는 문제의 대답들을 찾을 것이었다."

사실상, 세제르는 진짜 아우구스티누스의 텍스트들에서 거론된 두 가지 문제점을 확고히했고 그 중 하나를 더욱 구체화했다. 시편 제37편 주석에서 아우구스티누스는 "정화하는 불은 사람이 이 생에서 겪을 수 있는 모든 것보다도 더 무서운 것이리라"고 말했는데, 세제르는 이 의견을 반복하여 중세인들에게 연옥의 불의 무시무시한 이미지를 심어주는 데 기여했다. 아우구스티누스는 대체로 지옥에 이르게 되는 '범죄 crimina'에 해당하는 아주 중한 죄들과 그다지 문제삼을 것 없는 가볍고 미미한 죄들을 구분했는데, 세제르는 이 구분을 이어받아 더 구체화했다. 그는 전자들을 '대죄 crimina capitalia'라 불렀으며, 그레고리우스가 교의로 확립하게 될 대죄들은 거기에 기원을 두고 있다. 반면 그는 작은 죄들을 '작은 parva' '일상적인 quotidiana' '미미한 minuta' 죄들이라 부르고 그 죄들은 정화하는 불 속에서 깨끗해지리라고 했는데, 이것은 아우구스티누스에게는 없는 내용이다.

마침내, 세제르와 더불어, 죽은 자들과 저승의 운명에 대해 말하는 분위기가 변한다. 심판은 세제르가 즐겨 설교하는 주제였고, 그는 부활이나 천국보다도 지옥에 대해 길게 말하곤 했다. 그 자신이 한 설교에서 고백하듯이 그의 청중들은 그가 너무 무서운 (tam dura) 주제들에 대해서만 말한다고 비난하기도 했다. 그의 관심사는, 아우구스티누스보다도 한층 더, 영원한 불의 실재와 일시적인 불의 가혹함을 납득시키는 것이었다. 그는, 혹자가 지적하듯, "영원한 심판관 앞에 끌려간 자기 양떼의 이미지"에 사로잡혀 있었다. 그래서 그는 아우구스티누스에게는 없던 대죄 및 소죄들 les péchés capitaux et menus의 일람표를 만들었다. 이러한 태도는 사회와 종교의 야만화에 비추어 상당히 설명될 수 있다. 그러나 고유한 의미에서의 중세로 들어가는 시기를 특징짓는 이러한 현상은 흔히 생각되어온 것보다 한층 복잡하다.

우선 문화적 영적 수준의 이 저하에 대한 책임은 "야만인들"에게만 돌릴 것이 아니다. 내부의 "야만인들"인 농촌 대중이 기독교에 접한 것은 적어도 로마 세계의 외부로부터 온 침입자들과 이주자들의 정착만큼이나 중요한 현상이다. 이 "야만화"의 일면은 민주화이다. 여기서 사태는 한층 더 복잡해진다. 교회의 우두머리들은 평등한 종교를 설교하고 그들이 청중의 수준과 일치하기를 원하며 "민중"을 향한 노력을 한다. 그러나 이 민중이란 대다수가 자기 계급의 편견들을 지니고 현세적인 이해 관계들에 얽혀 있는 도시 귀족들이다. 촌놈에 대한 경멸과 이교에 대한 혐오, 미신으로 몰린 이국적 문화 행위들에 대한 그들의 몰이해 등은 그들로 하여금 공포의 종교를 설교하게 한다. 종교는 고통의 완화 과정들을 향해서보다는 지옥을 향해 더욱 기꺼이 돌아선다. 정화하는 불은 교부들, 특히 아우구스티누스에 의해 신중하게 점화되어 이 불안정한 세계에서 오랫동안 말〔斗〕 아래 감추어져 있을 것이며, 이 근본적인 갈등의 세계를 비추는 것은 게헨나 불의 음산한 불꽃과 다소간에 혼동되는 더욱 강력한 심판의 불이 될 것이다.

이승 연옥의 역사:
연옥의 마지막 교부, 대(大)그레고리우스

그러나 이러한 종말론적 시각이 지상의 극적인 상황 가운데 열렬한 목회적 열정에 의해 성숙되면서 정화하는 불은 한 교황에 의해 재점화된다. 알렉산드리아의 클레멘스와 오리게네스에 이어, 아우구스티누스에 이어, 연옥의 마지막 "기초자"는 대그레고리우스Grégoire le Grand[73]이다.

그레고리우스는 로마의 대귀족 집안에 속한다. 그는 회심(回心)하여 로마의 카일리우스Caelius에 있는 자신의 가족 별장들 중 하나에 수도원을 세우고 그곳의 수사가 되었으나 그 이전과 이후에도 고위직들을 맡고 있었다. 그는 총독으로서 비잔틴과 고트족 및 롬바르드족의 횡포와 흑사병에 시달리던 이탈리아에서 식량 조달의 문제를 담당했고, 그 후에는 교황의 대사로 콘스탄티노플에 있는 황제에게 파견되기도 했다. 590년에 그는 극적인 상황 가운데 교황직에 오르게 되었다. 두려운 징조들이 나타나는 가운데 테베레강은 무섭게 범람하여 도시를 침수시켰고, 무서운 흑사병이 창궐하여 인구의 9할을 죽게 했다. 이 흑사병은 반세기 전부터 중동과 비잔틴 제국과 북아프리카를 휩쓸던 이른바 유스티니아누스의 흑사병이라 불리는 최초의 흑사병으로서 대역병이 가장 기승을 떨친 경우였다. 세제르와 마찬가지로, 그리고 그의 직위와 성격과 역사적 시기에 비추어볼 때 그보다 훨씬 더, 그레고리우스는 종말론적 목회자가 될 것이었다. 말세가 임박했다고 믿은 그는 그가

---

*73) 대그레고리우스: 로마 540년경~604. 제64대 교황(590-604). 원로원 가문 출신으로 로마의 총독(573)이 되었으나, 가문의 유산을 희사하여 베네딕트회 수도원을 만들었다(575). 교황으로 선출된 뒤 아우구스티누스의 『신국론』을 본받은 기독교 사회의 구현을 위해 사회 문제에 깊은 관심과 노력을 기울였고, 교회 행정의 개선, 선교 사업의 확장 등을 통해 교황권을 서유럽의 주요 세력으로 만들었다. 또한 영적으로나 물질적으로나 위기에 처해 있던 이탈리아 교회를 혁신하기 위해 미사를 개혁했으며, 거기서 생겨난 것이 저 유명한 그레고리안 성가이다(이 성가들은 실제로는 그가 지은 것이 아니라 후대(680/730)의 것이라는 설도 있다). 『욥의 교훈 Moralia in Job』은 윤리 신학과 성서 해석의 교과서로 이후 세기들에 깊은 영향을 미쳤고, 『사제의 규율 Regula pastoralis』은 중세 주교들의 영적 실제적 지침이 되었다. 그가 『대화 Dialogi』를 통해 기적담이나 연옥 개념을 유포한 것은 민중의 신앙적 이해를 돕기 위해서였다.

곧 하나님 앞에서 회계하게 될 기독교인 민중의 대대적인 구명(救命) 사업에 뛰어들었다. 내부의 기독교인들에게 그는 유익한 가르침을 더하여, 성서 특히 예언서들을 주해했고 욥기에 대한 묵상으로 수도사들을 북돋웠으며 목회 지침서로 세속 성직자들을 가르쳤고 전례적인 틀(그는 행렬과 예식들을 조직하는 데 뛰어났다)과 도덕적 훈계로써 속세인들을 구원을 향한 삶으로 이끌었다. 외부의 사람들에게는 선교사를 파견했다. 영국인들은 이교로 돌아서 있었으므로 캔터베리에 선교부를 보내어 영국의 기독교적 재정복을 시작했고, 이탈리아인들에게는 성인전(聖人傳)을 주었고 이탈리아의 교부들 중 근래에 사라진 한 수사 몬테-카시노의 베네데토Benoît de Mont-Cassin[74]를 구별하여 기독교의 대성인들 중 하나로 만들었다. 구원해야 할 이 기독교인들 가운데서 죽은 자들을 제외할 수 있겠는가? 그레고리우스의 종말론적 열정은 죽음 너머까지 미칠 것이었다.[75]

대그레고리우스가 연옥 교의에 기여한 바는 세 가지로 볼 수 있다. 『욥의 교훈』에서 그는 저승 지리에 관한 몇 가지 세부를 제시한다. 『대화 Dialogi』에서는 교의적인 고찰들과 함께, 특히 최후의 심판 전에 속죄를 하고 있는 죽은 자들이 등장하는 이야기들을 한다. 끝으로, 고트 왕 테오도릭이 지옥에 간 이야기가 있는데, 이것

---

*74) 일명 Benoît de Nursie: 페루지아 480년경~몬테카시노 547년경. 베네딕트 교단의 창설자. 그의 생애에 관해서는 대그레고리우스가 전하는 전설적인 이야기밖에 알려져 있지 않다. 은수자 생활을 하다가 529년경 몬테카시노에 수도원을 세웠다. 그는 거기서 『규율집』을 썼으며, 이는 베네딕트 교단의 기본 규율이 되었다. 그는 전통적으로 '서구 수도자들의 아버지'로 추앙된다.

75) 대그레고리우스에 관해서는 C. Dagens, *Saint Grégoire le Grand. Culture et expérience chrétiennes*, Paris, 1977. 3ᵉ partie, "Eschatologie," pp. 345-429를 참조. 그레고리우스의 종말론에 관해서는 N. Hill, *Die Eschatologie Gregors des Grossen*, Fribourgen-Brisgau, 1942와 R. Manselli, "L'eschatologia di S. Gregorio Magno," in *Ricerche di storia religiosa*, I, 1954, pp. 72-83을 참조.

은 "정화적인" 장소에 관한 것은 아니지만, 뒤에는 연옥의 지상적 위치에 관한 아주 오래 된 자료로 간주될 것이다.

『욥의 교훈』에서 그레고리우스는 욥기 14장 13절 Quis mihi tribuat ut in inferno protegas me?(예루살렘 성서[76])는 "오 음부[스올]에서도 당신이 나를 지켜주시기를!"로 옮기고 있으며, 여기서 사실상 inferno란 이 유대의 지옥을 가리킨다)을 주해한다. 그레고리우스는 다음과 같은 문제를 풀고자 한다. 즉, 그리스도가 오시기 이전에는 모든 사람이 지옥에 떨어지는 것이 당연한 일이었다. 왜냐하면 낙원의 길이 다시 열리기 위해서는 그리스도의 오심이 필요했으니까. 그러나 의인들은 지옥의 고문당하는 곳에 떨어지지는 않았을 것이다. 실상 지옥에는 의인들의 안식을 위한 상층부와 불의한 자들의 고문을 위한 하층부가 있다.

"오 음부에서도 당신이 나를 지켜주시기를!"
하나님과 인간 사이의 중재자가 오시기 전에는, 모든 인간이, 그의 삶이 아무리 순전하고 착실했다 하더라도, 지옥의 감방에 내려갔다는 것이 의심할 바 없는 사실이다. 왜냐하면 스스로 타락한 인간은 성육신의 신비를 통해 우리에게 낙원의 길을 열어주실 이가 오시지 않았더라면 낙원의 안식으로 돌아갈 수 없었을 것이기 때문이다. 그러므로 성서 말씀에 따르면, 첫 사람의 과오 이후로 낙원의 입구에는 화염검이 배치되었던 것이다. 그러나 또한 성서는 이르기를 이 검이 도는 것이라 하였으니, 언젠가 날이 이르면 그것이 우리에게서 멀어질 수도 있기 때문이다. 그러나 우리는 의인의 영혼도 지옥에 내려가 고문의 장소에 붙잡혔다고는 말하고 싶지 않다. 지옥에는 상층부와 하층부가 있다는 것이 우리의 믿

---

*76) 20세기에 나온 불역 성서인 『예루살렘 성서 학교의 지도하에 불어로 번역된 성서 La Sainte Bible traduite en français sous la direction de l'Ecole Biblique de Jérusalem』 (Paris, 1948~1954)를 약칭 『예루살렘 성서 Bible de Jérusalem』라 하는데, 이는 성서의 가장 훌륭한 역본들 중 하나로 꼽힌다.

음이다. 상층부는 의인의 안식에 약속되어 있으며, 하층부는 불의한 자의 고문을 위한 것이다. 시편 기자가 하나님의 은총이 그의 앞으로 다가왔을 때 이렇게 말한 것도 그 때문이다: "당신은 내 영혼을 낮은 지옥에서 건지셨나이다." 그러므로, 중재자가 오시기 전에는 지옥에 내려가리라는 것을 알고 있었으므로, 축복받은 욥은 거기에서 고문당하는 곳에 이르지 않기 위해 창조주의 보호를 얻게 되기를 바랐던 것이다. 안식의 길을 가는 동안 고문의 광경을 보지 않아도 될 곳에서.[77]

조금 뒤에서(『욥의 교훈』 XIII, 53), 그레고리우스는 욥기 17장 16절의 또 다른 구절 In profundissimum infernum descendent omnia mea에 관한 문제를 재발견하고 심화한다.

"내 모든 것이 지옥의 깊은 곳으로 내려가리라."
지옥에서 의인들이 고문의 장소가 아니라 안식의 위쪽 처소에 머물리라는 사실에 변함이 없다면, "내 모든 것이 지옥의 깊은 곳에 내려가리라"는 욥의 말의 의미는 커다란 문제를 제기한다. 왜냐하면, 하나님과 인간들 사이의 중재자가 오시기 이전에는 그도 지옥에 내려가야 하기는 하지만, 지옥의 깊은 곳까지 내려가야 하는 것은 아님이 명백하기 때문이다. 하지만 그는 상층부를 가리켜 지옥의 깊음이라는 말을 쓴 것은 아니었는지? 왜냐하면, 우리가 알거니와, 하늘의 궁창에서 본다면 우리가 사는 이곳은 지옥(하계)이라 불려 마땅하기 때문이다. 그러므로, 타락한 천사들이 천상으로부터 이 어두운 공중에 떨어진 것을 두고 사도 베드로는 이렇게 말했던 것이다: "하나님이 범죄한 천사들을 용서치 아니하시고 지옥에 던져 어두운 구덩이(타르타로스[78])에 두어 심판 때까지 지키게

---

77) Grégoire le Grand, *Moralia in Job*, éd. A. Bocognano, 3ᵉ partie, Paris. Sources chrétiennes, 1974, p. 167.
*78) '어두운 구덩이'에 해당하는 그리스어가 '타르타로스'이고 불어 번역도 이를 그대로 따르고 있으나, 여기서의 '타르타로스'는 그리스 신화에 나오는 본래의 장소

하셨다"(베드로 후서 2: 4). 그러므로 만일 하늘 꼭대기에서 볼 때 어두운 공중이 지옥이라면, 이 공중의 높이에서 볼 때 낮은 이 땅은 깊은 지옥이라 불릴 수 있다. 그렇다면 이 땅의 높이에서 볼 때 지옥의 다른 처소들 위에 있는 지대도 지옥의 깊음이라는 명칭을 얻는 것이 과히 부적당한 일은 아닐 것이다. 왜냐하면 하늘에서는 공중이, 공중에서는 땅이, 땅에서는 이 지옥의 상층부가 모두 깊음일 터이기 때문이다.[79]

구체적인 사람인 그레고리우스는 저승의 지리에 관심을 갖는다. 그가 말하는 상층 지옥이란 교부들이 말하는 림보일 것이나, 13세기에 이르러 연옥에 존재하게 되고 그 근거들을 찾게 되면서부터 지옥의 깊음에 관해 말하는 구약 성서의 텍스트들은 대그레고리우스의 주석에 비추어 해석될 것이다. 『대화』의 제4권에서 대그레고리우스는 기독교의 몇 가지 근본적인 진리들, 특히 영혼의 불멸성, 저승에서 겪게 될 일, 성찬 등을 일화나 이상들을 빌어 가르치고 있다. 이러한 일화들을 그는 예화 *exempla*라 불렀으며, 이는 연옥 신앙을 대중화할 13세기의 예화들을 예고한다. 어떤 고인들이 사후에 겪을 일들이 두 장(章)으로 나뉘어 있는 세 편의 이야기를 빌어 환기된다. 이 이야기들은 정화하는 불과 죽은 자들을 위한 대도의 유효성이라는 두 가지 교의적 문제들에 대한 대답이다.

그레고리우스의 상대역인 주교 피에르는 우선 그에게 묻는다: "나는 죽음 뒤에 정화하는 불이 존재한다고 믿어야 하는지 알고 싶다."[80] 그레고리우스는 먼저 성서에 기초한 교의적 논증으로 답

(제1장 주 32 참조)가 아니라 '하데스'와 동일시되어 막연히 지옥을 가리키는 말로 쓰인 것일 터이다.
79) *Ibid.*, pp. 315~17.
80) *Discere vellim, si post mortem purgatorius ignis esse credendus est.* 나는 이 연구에서 U. Moricca가 편집한 Grégoire le Grand, *Dialogi*, Rome, 1924를 사용했고 인용문들을 직접 번역했다. 그뒤에 A. de Vogüé와 P. Autin의 탁월한 편집 및 번역이 출간되었다(Paris, éd. du Cerf, Sources chrétiennes, 1980). 여기서 주해된 대목(제4권 41

변한다.[81] 그 중 가장 중요한 것은 고린도전서에서 여러 가지 질료로 된 인간적 공력들이 각기 어떤 상을 받겠는가에 대한 대목이다. 처음 근거들은 인간들이 최후의 심판 때에 사망 당시의 상태대로 임하리라고 증명하는 것처럼 보인다. 그러나 바울의 텍스트는 "어떤 가벼운 죄과들에 대해서는 심판 이전에 정화하는 불이 있을 것"이라는 의미인 것 같다. 그래서 그레고리우스는 이러한 범주의 "작고 미미한 죄들"의 예를 제시한다. 끊임없는 수다, 주책없는 웃음, 사유 재산에 대한 집착, 알게 모르게 지은 모든 과오들은 과오를 범한 자가 생전에 거기에서 벗어나지 않는다면 죽은 뒤에 그에게 짐이 될 것이다.[82] 바울이 의미하는 바로 말하자면, 만일 사람이 철이나 청동이나 납으로 집을 지으면, 즉 "중대한 죄들을" 짓는다면 이 죄들은 불에 타 없어질 수 없을 것이지만, 나무나 짚으로 집을 짓는다면, 즉 "미미하고 가벼운 죄들"을 짓는다면 이 죄들은 불에 타서 없어지리라는 것이다. 그러나 이러한 사소한 죄들이 죽은 뒤 불에 타 없어지기 위해서는 생전에 선행으로써 그럴만한 덕을 쌓아야 한다.

그레고리우스는 그러므로 매우 아우구스티누스적인 개념을 견지하고 있으나 "가볍고 작고 미미한" 죄들을 강조하고 구체화하며, 아우구스티누스가 현세의 환란을 불에 의한 정화에 포함시키는 경

장)은 pp. 146-51에 실려 있다. 파스카시우스의 이야기(제4권 42장)는 같은 책 pp. 150-55에 실려 있다.
81) 요한복음 12: 55, 이사야서 49: 8; 고린도후서 6: 2; 전도서 9: 10; 시편 117: 1; 마태복음 12: 32.
82) *sed tamen de quibusdam levis culpis esse ante judicium purgatorius ignis credendus est, hoc de parvis minimisque peccatis fieri posse credendum est, sicut est assiduus otiosus sermo, immoderatus risus, vel peccatum curae rei familiaris*. 장의 말미에서 그레고리우스는 미래의 정화의 불 *de igne futurae purgationis*, 불을 통해 구원받을 가능성 *per ignem posse salvari*, 그리고 다시금 쉽게 불에 탈 사소하고 가벼운 죄들 *peccata minima atque levissima quae ignis facile consumat*에 대해 말한다(*Dialogi*, IV, 41).

향이 있었던 것과는 달리, 불에 의한 정화를 분명히 죽음 뒤에 놓는다.

새로운 점은 특히 일화에 의한 예증에 있다. "내가 아직 아주 어린 청년이었을 때, 나는 지혜로운 연장자들의 이야기를 듣곤 했다." 교황청의 주교로서 성령에 관한 훌륭한 저작을 남긴 바 있는 파스카시우스 Pascase는 거룩한 삶을 산 사람으로, 보시를 베풀고 자기 부정을 실천했다. 그러나 498년 이후 10년 이상 동안 두 명의 교황 심마쿠스 Symmaque[83]와 로렌티우스 Laurent를 대립시켰던 대분열에서 파스카시우스는 고집스럽게 가짜 교황 로렌티우스를 편들었다. 파스카시우스가 죽었을 때, 한 축사자(逐邪者) exorciste가 그의 관 위에 놓여 있던 제의(祭衣)를 건드리자 그는 즉시로 구원되었다. 그가 죽은 지 상당히 뒤에 아마도 516~41년에 카푸아 Capoue의 주교였던 게르마누스 Germain는 현재의 키타 산 안젤로 Città San Angelo 근처에 있는 아우굴룸 Augulum의 아브루치 les Abruzzes에 있는 한 온천장으로 탕치(湯治)를 받으러 갔다. 그가 거기에서 목욕 시동(侍童)의 일을 하고 있는 파스카시우스를 발견하고 몹시 놀랐다. 그는 그가 거기서 무엇을 하고 있느냐고 물었다. 파스카시우스는 대답하기를 "내가 이 징계의 장소에 있는 유일한 이유는 심마쿠스에 반대하여 로렌티우스의 편을 들었기 때문이오. 그러나 나를 위해 주님께 기도해주기를 간청하는바, 만일 당신이 이곳에 돌아와서 내가 없으면 당신 기도가 들어진 것을 알 수 있을 거요." 게르마누스는 열심히 기도했고 며칠 후 다시 그곳에 가보았더니 파스카시우스는 거기 없었다. 그러나 그레고리우스는 만일 파스카시우스가 죽은 뒤 자기 죄에서 깨끗함을 받을 수 있었다면, 그것은 무엇보다도 그가 무지에서 죄지은 것이며 생전

---

[83] 심마쿠스: 498~514. 제51대 교황. 그리스도의 단성론(單性論)을 주장하는 동방 교회와 가까워지는 데에 호의적이었던 반대자들이 가짜 교황 로렌티우스를 선출함에 따라 고초를 겪었다. 테오도릭 대제는 507년에야 그를 정식 교황으로 인정했다.

에 그러한 용서를 얻을 만한 보시를 베풀었기 때문이라고 덧붙인다.

피에르가 그레고리우스에게 제기하는 두번째 이론적 질문은 죽은 자들을 위한 대도에 관한 것이다:

피에르: 죽은 자들의 영혼을 돕는 방법은 무엇입니까?

그레고리우스: 만일 과오들이 죽음 뒤에 지워질 수 없는 것들이 아니라면, 구원을 가져다주는 성체(聖體)의 거룩한 봉헌 l'offrande sacrée de l'hostie salutaire은 일반적으로 영혼들을 위해 심지어 죽음 뒤에라도 큰 도움이 되며, 죽은 자들의 영혼이 때로 그것을 청하는 경우를 볼 수 있다.

주교 펠릭스는 내게 단언하기를 성스러운 삶을 살다가 2년 전에 죽은 한 사제를 안다고 하였다. 그는 켄툼 켈라이Centum Cellae 교구에 살면서 타우리나Taurina의 성요한 교회에서 목회를 했다. 이 사제는 필요할 때마다 더운 샘에서 많은 증기가 뿜어져나오는 곳에서 몸을 씻는 습관이 있었고, 이 모든 일을 정성들여 하였다. 이 모든 것이 자주 일어났으므로, 사제는 또 목욕장으로 가면서 어느 날 이렇게 말했다. "나는 그렇게 헌신적으로 내 목욕을 도와주는 사람에게 은혜를 모르는 것처럼 보여서는 안 되겠다. 그에게 선물을 가져다주어야지." 그래서 그는 빵 두 덩이를 가져갔다. 도착 즉시 그는 그에게 전처럼 모든 봉사를 해주는 사람을 찾았다. 사제는 몸을 씻은 뒤 옷을 입고는 떠나기 전에 시중들던 자에게 강복(降福)을 하면서 가져온 것을 주고 자기가 주는 것을 정표로 받아달라고 했다. 그러나 이 사람은 슬픈 듯이 대답했다. "신부님, 왜 제게 그런 것을 주십니까? 이 빵은 성스러운 것이고 저는 그것을 먹을 수 없어요. 보시는 바와 같이 저는 전에 이곳의 주인이었지만, 제 과오들로 인해 죽은 뒤 다시 이곳으로 보내졌지요. 만일 제게 도움을 주시려면 이 빵을 전능하신 하나님께 바쳐 저를 위한 중재가 되어주세요. 이곳에서 저를 다시 못 보시게 되면 당신의 기도가 들어진 것을 아실 수 있을 것입니다." 이 말을 하고 그는 사라짐으로써 실상 인간의 모습을 한 유령이었음을 드러냈다. 일주일 내내 사제는 이 사람을 위해 눈물을 쏟았으며 날마다 성체를 봉헌했다. 그리고는 목욕장으로 돌아가보니 그 사람은 거기에 없었다. 그러니 이는 영혼들을 위해 신성한 봉헌의 희생 le sacrifice de l'offrande sacrée이 유효하다는 증거이다."[84]

죽은 자들의 영혼이 산 자들에게 직접 그것을 요구하며 그들이 사면받았음을 알 수 있는 표지가 무엇인가까지 명시하는 것이다.
이 이야기에 덧붙여 그레고리우스는 또 다른 이야기를 한다. 그것은 3년 전 자신의 수도원에서 일어난 일이다. 그 수도원에는 유스투스Justus라는 이름의, 의학에 능한 수사가 있었다. 유스투스는 병이 나서 회복할 가망이 없었으며 역시 의사인 친동생 코피오수스Copiosus의 간호를 받고 있었다. 유스투스는 동생에게 자기가 금 세 덩이를 감춰 가지고 있었다고 털어놓았으며, 동생은 그것을 수사들에게 알리는 수밖에 없었다.
그들은 약품 속에 감춰진 금덩이들을 찾아냈다. 그들은 그것을 그레고리우스에게 보고했으며, 수도원 규율에 따르면 수사들은 모든 것을 공유하기로 되어 있었으므로, 그레고리우스는 몹시 당황했다. 그는 어떻게 해야 죽어가는 자의 "정화"와 수사들의 훈육을 위해 모두 도움이 될까를 궁리했다. 그는 수사들에게 죽어가는 자가 부르더라도 가까이 가지 말라 이르고 코피오수스를 시켜 수사들이 유스투스가 한 짓을 알고는 그를 혐오하게 되었다고 형에게 말하라 했다. 그가 죽는 순간에 회개하게 하기 위해서였다. 그리고 그가 죽으면 그의 시체는 수사들의 묘지에 묻혀지지 못하고 두엄 구덩이에 던져질 것이며 수사들은 "네 돈과 네가 함께 망해라"고 외치면서 그의 시체 위에 금화 세 개를 던지리라고. 모든 일이

---

84) *Dialogi*, IV, 57, 1~7, Vogüé-Antin, t. III, pp. 184~89.

정한 대로 되었다. 수사들은 겁에 질려 어떤 비난받을 만한 행동도 하지 않았다. 유스투스가 죽은 지 30일이 지나자 그레고리우스는 죽은 수사가 겪을 고문을 슬프게 생각하기 시작하여 다음 30일 동안 매일 그를 위한 미사가 드려지게 했다. 30일이 지났을 때, 죽은 자는 밤에 동생에게 나타나 그날까지는 고통을 당했으나 이제 (선택된 자들의) 교제에 참여하게 되었다고 말했다. 죽은 자는 분명 구원을 가져다주는 성체 *l'hostie salutaire* 덕분에 고문에서 벗어난 것으로 보였다.[85]

대그레고리우스는 열정적인 목회자로서 신자들의 집단 심리가 요구하는 두 가지 즉 믿을 만한 증인들의 진실한 증언과 정화하는 징벌의 장소에 대한 정보의 필요성을 이해했다.

그레고리우스의 이야기들이 특히 중요한 것은 그것들이 13세기 교회가 마침내 공인된 연옥 신앙을 유포할 때 사용하게 될 일화들의 전형이 될 것이기 때문이다. 그것들은 믿을 만한 정보 제공자를 지시하고 시간과 장소를 구체적으로 제시함으로써 이야기의 진실성을 통제할 수 있음을 시사한다. 또한 그것들은 다른 두 차원에서 신빙성을 얻을 만한 체제를 지니고 있으니, 우여곡절과 흥미로운 세부들과 서스펜스와 놀라운 결말 등 재미있게 서술되는 이야기의 매력이 그 한 가지이고, 저세상에 대한 구체적 이상이나 산 자들이 행한 바가 유효했음을 보여주는 표지들과 같이 초자연적인 것의 물리적 증거들이 다른 한 가지이다. 이 모든 것은 연옥 신앙에서 재발견될 것이며, 죽은 자들을 연옥의 시련에서 끌어내는 데 작용하는 죽은 자들과 산 자들간의 관계의 본질도 거기 포함된다. 즉 죽은 자의 간청을 받아 유효한 도움을 줄 수 있는 산 자들은 정화되어야 할 죽은 자와 혈육으로 또는 영적으로 가까운

---

85) *Dialogi*, IV, 57, 8, 17. Vogüé-Antin, pp. 188-95. 이 이야기에서는 불이 문제되지 않는다.

자여야 하는 것이다. 끝으로, 이 일화들로부터 기도, 보시(布施), 그리고 무엇보다도 성찬 희생 le sacrifice eucharistique이라는 대도의 세 가지 유형이 확립되었다.

그레고리우스의 두번째 독창성은 이 이야기들 중 두 편에서 속죄의 장소를 이승에 두었다는 것이다. 온천이라니, 정말이지 놀라운 장소이다. 그레고리우스는 천재적인 발상으로 더할 나위 없이 적절한 장소를 선택했으니, 이 로마 귀족은 잔존하는 로마 문명의 가장 본질적인 건물들 중 하나이자 고대의 위생과 사교의 대표적인 장소를 골랐던 것이다. 또한 이 기독교 교황이 고른 곳에서 이루어지는 온욕과 냉욕의 교체는 가장 고대적인 종교들 이래로 그리고 그들 뒤를 이은 기독교에 있어서도 정화적 장소들이 지니는 공통된 구조에 대응한다. 목욕 시동들이 유령이고 온천의 증기가 저승에서 발산된다고 하는 이 초자연적인 것과 일상적인 것의 놀라운 혼합 가운데에서 우리는 대단한 상상적 기질을 엿볼 수 있다.

역설적이게도, 연옥의 발생에 대한 그레고리우스의 가장 중요한 기여는 13세기의 새로운 신앙에 의해 가장 희생된 것이기도 하다. 그레고리우스는 정화를 이 땅 위에서 겪을 수 있으며 과오를 저지른 바로 그곳이 징벌의 장소가 될 수도 있다고 믿었다. 가령 온천장의 감독은 범죄는 아니라 해도 가벼운 과실들을 저질렀던 곳을 "징벌의 장소 in hoc loco poenali"로 하여 돌아오는 것이다. 그레고리우스의 권위 덕분에 현세의 연옥이라는 개념은 진짜 연옥이 태어난 뒤에도 여전히 거론되기는 하지만 별로 진실성이 없는 가설 내지는 과거의 흥미거리 정도로밖에 취급되지 않을 것이다. 토마스 아퀴나스나 『황금 전설 Legenda aurea』의 저자 바라체의 야코포 Jacques de Voragine[86]는 여전히 거기 언급하지만, 13세기에는 연

---

*86) Iacopo da Varazze: 제노아 1228/1230~1298. 이탈리아의 도미니크회 수사. 롬바르

옥이라는 극(劇)이 완성되었고, 그것은 지상의 일상적인 장소들이 아니라 저승의 한 지역이라는 특별한 공간을 무대로 하게 된다. 연옥에 있는 죽은 자들은 산 자들을 일깨우러 잠시 지상으로 돌아가는 것밖에 허용되지 않을 것이며, 이승에서의 활동은 그들에게 엄격히 금지될 것이다. 연옥은 유령들이 갇히는 장소가 될 것이다.

연옥의 마지막 기초자로서 그레고리우스는 그러나 이 신앙에 극히 부차적인 흥미밖에는 부여하지 않는다. 그에게 본질적인 것은 심판의 날에 선택된 자들과 거부된 자들의 두 부류밖에 없으리라는 사실이다. 각 범주의 사람들은 심판 뒤 부활의 때에 직접 혹은 간접으로 자신의 영원한 분깃에 이를 것이다. "어떤 이들은 심판받아 멸망하고 또 어떤 이들은 심판받지 않고 (역시 그리고 즉시로) 멸망하리라. 어떤 이들은 심판받고 왕 노릇 하며 또 어떤 이들은 심판받지 않고 (역시 그리고 즉시로) 왕 노릇 하리라".

『대화』의 제4권 37장에서, 대그레고리우스는 더 이상 지상이 아니라 저승에 있는 연옥을 묘사한다. 스데반 Etienne이라는 사람이 콘스탄티노플에서 불의의 죽음을 당했는데, 그의 시체가 향이 발라지기를 기다리며 무덤 없이 누워 있던 어느 날 밤 그의 영혼은 지옥에 실려가 수많은 곳들을 보았다. 그러나 그가 사탄 앞에 이르렀을 때, 사탄은 엉뚱한 사람이 죽었다고 한다. 사탄이 기다리던 것은 대장장이인 또 다른 스데반이라는 것이다. 그래서 먼저 스데반은 살아나고 대장장이 스데반이 죽는다. 스데반은 590년의

디아의 도미니크 교단 관구장(1267)과 제노아 대주교(1292)를 지냈다. 대주교 시절에는 겔프당과 기벨린당간의 당쟁을 무마하는 데 기여했다. 그는 특히 기적과 이사(異事)들이 많이 나오는 성인전 『황금 전설』의 저자로 유명한데, 이 책은 중세에 널리 읽혀 유럽 각국 언어로 번역되었으며 크게 증보되었다. 중세 화가들은 거기서 소재를 찾곤 하였다. 그러나 그 기적적 요소와 역사적 원근법의 결여 등으로 인해 종교 개혁과 신학문의 발전을 겪으며 차츰 유행에서 사라졌다.

페스트 역병 가운데 죽었다. 그런가 하면 어떤 병사는 부상을 당해 잠시 죽었었는데 그 잠시 동안 지옥에 내려갔던 일에 대한 소상한 묘사가 그레고리우스에게 전해졌다. 그는 "참을 수 없는 악취의 연기를 뿜어내는 검고 어두운 강물 위에 놓인 다리 하나를" 보았다. 다리를 건너자 산뜻한 풀밭과 꽃들과 향그러운 내음 가운데 흰 옷을 입고 거니는 사람들, 빛이 넘치는 집들이 있었는데 어떤 집들은 금으로 되어 있었다. 강둑에도 몇 채의 집이 있었는데, 어떤 것들은 역겨운 구름에 닿아 있었고 어떤 것들은 악취를 피해 있었다. 다리는 일종의 시련으로서, 불의한 자는 다리를 건너려다 캄캄하고 역겨운 강물에 떨어지지만 의로운 자들은 어려움 없이 다리를 건너 상쾌한 곳에 이른다는 것이다. 그런데 스데반도 바로 이 다리에 관해 말했었고 그것을 건너려다 발이 미끄러져 반쯤 빠졌었다고 했었다. 무서운 검은 사람들이 강에서 나와 그의 다리를 잡아 끌어내렸지만, 위쪽에서 아주 아름다운 흰 사람들이 그의 팔을 잡아 끌어올려주었으며, 이 싸움 동안 그는 잠이 깨었다. 그는 자기가 본 것의 의미를 이해했으니, 그는 한편으로 육신의 유혹에 자주 굴복하면서도 다른 한편으로는 풍성한 보시를 했었다. 음욕은 아래로, 선행은 위로 그를 끌었던 것이다. 이후로 그는 자기 생활을 완전히 고쳤다.

끝으로, 『대화』의 제4권 31장에는 지옥에 관한, 그러나 뒤에 연옥의 역사에서 중요한 역할을 하게 될 이야기가 나온다. 그레고리우스는 거기서 로마 교회의 관대한 "옹호자"이다가 7년 전에 죽은 율리아누스Julien라는 사람의 이야기를 한다. 테오도릭 왕 시절에 시칠리아로 세금을 징수하러 갔던 율리아누스의 부친은 돌아오던 길에 리파리Lipari 섬 연안에서 난파를 당했다. 그가 그곳에 살던 유명한 은자를 찾아가 자신을 위해 기도해주기를 청하자, 은자는 말한다: "당신은 테오도릭 왕이 죽었다는 것을 아오?" 상대방이 믿지 않자 그는 "어제 제9시쯤에 그는 교황 요한과 총독 심마쿠스 사이에 끼어 맨발에 손을 묶인 모습으로 근처 화산 섬에 끌려갔고 그 분화구 속에 던져졌소"라고 설명한다. 이탈리아로 돌아간 율리아누스의 부친은 테오도릭의 죽음을 알게 되었는데, 교황 요한과 총독 심마쿠스를 부당하게 처형했던 왕이 그에게 박해받던 자들에 의해 (영원한) 불 속으로 보내졌다는 것은 당연하게 생각되더라는 것이다.

테오도릭이 받았다는 전설적인 벌은 저승의 정치적 사용을 보여주는 자료들 중의 하나이다.

세속의 치리자를 저승에서 받을 벌로 위협하는 것은 교회가 가진 강력한 무기였다. 저명 인사가 죽어서 징벌의 불 가운데 있는 모습을 보여주는 것은 이 위협을 확실하고 생생한 것으로 만들었다. 저승에 관한 상상은 정치적 무기였다. 그러나 대그레고리우스에게는 아직 지옥밖에는 없었다. 이 최후의 무기는 극한 상황에서나 쓸 수 있을 것이었다. 연옥은 그러한 위협을 조정하게 해줄 것이다.

이 이상에는 또 다른 전조가 들어 있으니, 기독교인들을 박해한 이 왕을 지옥 불에 던지는 일은 시칠리아의 화산에서 이루어진다. 중세는 이 불의 입구를 기억할 것이고 거기에서 연옥의 입구들 중 하나를 보게 될 것이다.

제3장
고중세: 교의의 침체와 상상 세계의 확대

　　대그레고리우스와 12세기 사이, 그러니까 5세기 동안, 연옥의 형성에는 별로 진전이 없다. 그러나 불은 항상 거기 있고, 이론적 차원에서 신학적 새로움은 없다 해도, 이상들과 상상적 저승 여행들의 테두리 안에서, 그리고 전례의 영역에서는 정화하는 불을 위한 공간이 윤곽을 드러내며 산 자들과 죽은 자들간의 관계가 한층 긴밀해진다.
　　그렇다면 저승 개념에 있어 별다른 변화가 일어나지도 않은 이 시대에 왜 관심을 갖는가?
　　그것은 연대적 설명이라는 전통을 고수하기 위해서가 아니다. 반대로, 나는 여기에서 역사의 시간이란 획일적으로 가속화되거나 목적성을 부여받는 것이 아님을 보여주고 싶다. 이 다섯 세기는 저승에 관한 성찰의 명백한 침체를 보여주는 긴 시기이다.
　　그래서 독자는 자칫 두 가지 오해에 빠질 우려가 있다.
　　그 첫째는 인용된 텍스트들의 외관상의 잡다함에서 생겨날 수 있을 것이다. 나는 알퀸 Alcuin,[1] 존 스코트 에리게나 Jean Scot

---

*1) 알퀸: 요크 735년경~투르 804. 영국의 라틴 시인·교육자·성직자. 앵글족의 문화와 정신을 대변하는 인물로, 요크의 성당학교 교장으로 명성을 날리던 중, 781년 이탈리아에서 샤를마뉴를 만났다. 790년부터는 샤를마뉴가 세운 팔라틴 학원의 우두머리로서, 영국 학문의 방법을 프랑스에 도입, 교과 과정을 체계화하고 종교 교육

Erigène,²⁾ 라바누스 마우루스 Raban Maur,³⁾ 베로나의 라티에(라테리오) Rathier de Vérone,⁴⁾ 랑프랑 Lanfranc⁵⁾ 등 당시 기독교 사상의 몇몇 위대한 인물들의——이들은 우리의 주제에 관해 길게 말한

의 예비 과정으로서 자유 학예를 권장하는 등 이른바 카롤링거의 르네상스에 주도적인 역할을 했다. 또한 프랑크족 교회의 전례를 개편함으로써 서유럽에서 로마 카톨릭의 발전에 영향을 미쳤으며, 라틴 불가타를 재편집하고 교육·신학·철학에 관한 많은 저서를 썼다.

*2) 에리게나(에리우게나): 아일랜드 810~877년경. 철학자·신학자. 스코틀랜드와 아일랜드 출신으로, 그리스 철학 및 신플라톤주의를 기독교 신앙과 통합하고자 했다. 845년경부터 서프랑크 왕국의 대머리왕 샤를의 궁정에서 주로 활동하면서 위-디오니시우스를 위시한 여러 그리스 교부들의 저작을 번역하여 서구에 소개했다. 성찬과 예정론에 관한 신학적 논쟁에도 참가하여 자신의 입장을 밝힌 『예정에 대하여 De praedestinatione』(851)라는 논저를 냈으나, 이단으로 몰렸다. 대표작인 『자연의 구분에 대하여 De divisione naturae』(862~866)는 신플라톤주의의 유출설(流出說)을 기독교의 창조론과 조화시키려 한 작품으로, 신비주의자들이나 13세기 스콜라 학자들에게 큰 영향을 미쳤으나, 이 또한 그 범신론적 색채 때문에 교회로부터는 이단시되었다.

*3) 라바누스 마우루스: 마인츠 780년경~빙켈 856. 베네딕트 수사이자 독일의 추기경. 독일어 및 문학의 발전에 크게 기여하여 게르만의 스승 Praeceptor Germaniae이라 불린다. 프랑스의 투르에서 알퀸의 제자로 공부한 그는 현 프랑크푸르트-암-마인 근처에 있던 풀다 수도원의 학교를 맡아 운영했고 이어 수도원장이 되었다. 정치적인 상황으로 인해 잠시 칩거했으나, 847년에는 마인츠 대주교로 임명되었다. 그의 가장 방대한 저술인 『우주에 대하여 De universo』 일명 『사물의 본성에 대하여 De rerum naturis』(842~847)는 9세기까지의 지성사를 종합한 전22권의 백과사전적인 작품이다. 그 밖에 『성직자의 교육에 대하여 De institutione clericorum』(810), 『문법론 De grammatica』 등의 논저들을 남겼다.

*4) 베로나의 라테리오: 리에주 부근 890년경~벨기에, 나무르 974. 베로나 주교(931~968), 리에주 주교(953~956). 고전과 교부들의 저작에 능통한 베네딕트회 수사. 세속 왕권과의 잦은 마찰로 파란 많은 일생을 보냈다. 대표적인 저서로는 인생지침서인 『서언(序言) Praeloquium』이 있다.

*5) 랑프랑: 파비아 1005년경~캔터베리 1089. 본래는 법률가였으나, 자신이 노르망디의 아브랑슈에 세운 수도원의 교사로서 명성을 얻었고, 베크에 있던 베네딕트 수도원에 들어가 그곳의 수석 수사이자 교사가 되었다. 노르망디공 윌리엄의 고문으로서, 윌리엄이 영국을 정복한 뒤 캔터베리 대주교로 임명되어(1066) 영국 교회의 성공적 개혁에 기여했다. 영국 교회를 로마 교황청으로부터 독립시키는 동시에 세속 왕권으로부터도 보호하여 교회와 국가간의 관계를 조화롭게 이끌었다.

바 없지만——간결하면서도 의미심장한 텍스트들뿐 아니라, 꾸준히 살아 있는 것, 심지어 때로는 살아 움직이기까지 하는 것을 드러내주는 부차적인 텍스트들에도 언급할 것이다. 이러한 텍스트들은 각기 나름으로 저승에 관한 성찰이 어디에까지 이르렀던가를 증언해준다.

독자는 또한 내가 스스로 지적하는 과오를 저지르고 있다는 인상을 가질 수도 있을 것이다. 즉 마치 연옥의 발생은 외관상의 부동성 아래서 돌이킬 수 없이 진행되고 있었다는 듯이, 이 잡다한 텍스트들 가운데서 연옥을 예고하는 대목만을 추려냈다고 말이다. 물론, 이 텍스트들은 예외는 있지만 대체로 평이한 것들이므로 세세한 데까지 검토해야 할 것 같지는 않으며, 따라서 그것들이 장차의 연옥에——거기에 등을 돌리기 위해서건 그것을 예고하기 위해서건——언급하는 것에 주목해야 했다. 하지만 그렇다고 해서 이 시대의 저승들이 연옥의 전조밖에 되지 못한다는 것은 아니다. 『베티의 이상』과 같이 놀라운 텍스트가 광기와 소음으로 가득 하지만 장차의 연옥과는 거의 무관한 세계를 그려보일 때 나는 그것도 빠뜨리지 않고 어느 정도 상세히 이야기했으니, 왜냐하면 우선은 고중세의 저승의 상상 세계가 어떻게 이루어져 있었는가를 보는 것이 문제이기 때문이다.

내 연구에 있어 중세초의 이 긴 시기가 소극적인 가치밖에 갖고 있지 않다고는 할 수 없다.

우리는 거기에서 상상적 질료의 형성을 추적하여 그것이 어떻게 풍부해지고 명확해지는가를 볼 수 있다. 투르의 그레구아르 Grégoire de Tours[6]가 쓴 『수니울프 Sunniulf의 이상』처럼 단 몇 줄

---

*6) 투르의 그레구아르: 아키텐 538년경~투르 594년경. 오베르뉴의 귀족 출신으로, 투르의 주교가 되었다(573). 당시 대클로비스의 손자들간의 내분과 살육전이 계속되고 있던 프랑크 왕국에서 교회의 권리를 옹호했다. 성인들의 전기, 일곱 권의 기적서, 시편 주해 등 여러 종교적 저작들을 남겼으나, 그의 명성은 무엇보다도 『프랑크족의 역

의 텍스트가 죽은 자들이 시련을 당하며 몸의 여러 높이까지 물에 잠기는 이미지와 좁은 다리의 이미지를 기억 속에 새겨놓는가 하면, 죽은 자들의 영혼들이 꿀벌처럼 맴도는 벌통으로서의 저승 이미지처럼 성공하지 못할 이미지도 나타난다.

우리는 또한 여러 가지 상상적 양상들이 하나의 체계를 이루기 시작하는 것도 볼 수 있다. 베다 Bède[7]에게 있어 퍼시 Fursey는 저승 여행으로부터 신체적인 표적들을 가지고 돌아오는데, 이와 같은 표지들은 뒤에 연옥, 다녀올 수 있는 연옥의 존재의 증거가 될 것이다. 19세기말에 세워졌으며 오늘날도 그 소장품들을 볼 수 있는 로마의 연옥 박물관 *Museo del Purgatorio*은 이러한 믿음의 소산이다. 역시 베다가 쓴 『드리텔름 Drythelm의 이상』 속에서 저승 지리의 요소들은 하나의 여정으로 엮어지며 장소들은 논리적인 방향에 따라 연결된다.

끝으로, 신학적이거나 윤리적인 정의의 예비적 형태들이 여기저기서 나타나며, 예컨대 죄의 유형학에서도 그러하다.

특히 일련의 저승 여행이나 저승에 관한 이상들이 거의 부단히 발전한다. 이러한 체험들에는 계시록적 영향이 역력하지만 동시에 수도원적 색채도 들어 있으며, 계시적 측면보다 회화적 측면에 더 관심이 있는 새로운 청중을 그 대상으로 했다. 성직자들과 신자들의 기억 속에 각인되는 이러한 풍경들 가운데서 연옥은 제자리를

사 *Historia Francorum*』에 기인한다. 이 책은 6세기 프랑코-로마 왕국의 복잡한 정치적 상황에 관한 가장 중요한 자료이며, 그는 프랑스 역사의 아버지로 여겨진다.

*7) 베다: 더럼 673~735. 영국의 학자·역사가. 고아로서 수도원에서 어린 시절을 보낸 뒤 부제(副祭)를 거쳐 사제가 되었다. 전생애를 저술과 교육에 바친 그의 지적 호기심의 광범함은 운율론, 박물지, 우주적 연대기, 순교자전, 성커트버트의 전기 등등 다양한 논저들에서 잘 나타난다. 대표작으로 꼽히는 『영국 교회 인물사 *Historia Ecclesiastica Gentis Anglorum*』(731)는 율리우스 카이사르의 영국 정복 이래 A.D. 73년까지의 기간을 다룬 것이다. 그의 저작들은 간결명료한 문체와 객관적인 시각으로 동시대의 어떤 작품보다도 탁월한 것으로 평가된다.

차지하게 되는 것이다.

넓은 의미에서 카롤링거 시대는 또한 대대적인 전례의 부흥이 일어난 시기이기도 하다. 망자들을 위한 전례는 저승이나 죽은 자들의 운명에 관한 새로운 개념들과 연관되는 변모를 겪는가?

세 명의 스페인인에 있어서의 아우구스티누스적 저승

말세나 정화하는 불이나 죽은 자들을 위한 대도와 관련하여 장차의 연옥에 대한 암시가 등장하는 주석 및 교의 저작들 가운데서, 나는 우선 6~7세기의 스페인 주교 세 사람, 즉 사라고사의 타혼Tajon de Saragosse과 중세 문화의 대부들 중 한 사람인 저 유명한 세비야의 이지도르Isidore de Séville,[8] 그리고 톨레도의 훌리안Julien de Tolède[9]을 들어보겠다.

사라고사의 타혼은 그의 『금언집 Sententiae』의 제 5권 21장에서 고린도전서를 주해하면서 아우구스티누스와 대그레고리우스의 가르침을 출처를 명시하지 않은 채 몇 줄로 옮겨적고 있다: "위대한

---

*8) 세비야의 이지도르: 카르타젠 560년경~세비야 636. 신학자, 서방 라틴 교부들 중 마지막 인물로 꼽힌다. 스페인 교회가 수많은 공의회들을 소집하던 시절 세비야의 주교가 되어, 교회와 국가의 일치, 유대인에 대한 관용, 스페인 미사의 통일성 등을 선포했으며, 아리우스주의에 물들어 있던 비지고트족을 정통 기독교로 돌아오게 했다. 그의 탁월한 문학적 업적들 가운데서도 특기할 만한 것은 『어원론 Etymologiae』이다. 전 20부로 된 이 책은 후세를 위하여 이전의 백과사전들과 다양한 라틴 작가들의 저술들로부터 발췌, 편찬한 것으로 어원론을 다룬 그 제10부는 어휘 해설자들에게 귀중한 자료가 되었다.

*9) 톨레도의 훌리안: 642년경~톨레도 690. 신학자, 톨레도 대주교. 개종한 유대인 가문 출신으로 톨레도의 성당 학교에서 교육을 받았다. 스페인의 수좌(首座) 주교로서, 당시 로마 교황청과 소원해지던 스페인 교회의 중요성을 증진시켰다. 그의 『미래 세기의 전조 Prognosticon futuri saeculi』는 장차의 삶에 대한 교과서로 중세에 큰 영향을 미쳤다.

설교자의 말은 이생에서 겪는 환란의 불과 관련하여 이해할 수도 있지만, 장차의 정화에 적용될 수도 있다. 왜냐하면 불에 의해 구원받는 것이 이 기초 위에 쇠나 청동이나 납, 즉 대죄 peccata majora들로써가 아니라 불에 잘 타는 나무나 마른풀이나 짚, 즉 아주 가볍고 levissima 미미한 minima 죄들로써 집을 지었을 때라고 하였기 때문이다. 그러나 이렇게 미미한 죄들에 대한 정화도 이생에서 그에 값하는 선한 행실을 했을 때에만 얻어진다는 사실을 명심해야 한다."

세비야의 이지도르는 특히 『교회의 성무 일과들에 관하여 De ecclesiasticis officiis』라는 논저에서 대도와 관련하여 이 문제에 접근했다. 내세에 있을 죄의 사면에 관한 성구(마태 12: 32)와 네 부류의 인간들에 관한 아우구스티누스의 텍스트(『신국론』 XXI, 24)를 인용하면서, 그는 어떤 사람들은 죄들을 사면받고 "정화하는 불 속에서 정화될 것"이라고 주장한다.[10]

우리 문제와 관련해서는 세 사람 중 톨레도의 훌리안이 가장 흥미롭다. 우선 그는 진정한 신학자이며, 그의 『미래 세기의 전조 Prognosticon futuri saeculi』는 종말론에 관한 자세한 논의이다. 제2권 전체는 죽은 자들의 영혼이 육신의 부활 이전에 어떤 처지에 놓이는가를 다루고 있다. 그러나 그의 사상은 거의 새로운 점이 없으며, 근본적으로 아우구스티누스에 기초해 있다.

그는 두 개의 낙원과 두 개의 지옥을 구분한다. 두 개의 낙원이란 지상 낙원과 천상 낙원이며, 후자는 아브라함의 품과 동일한 것이다(암브로시우스, 아우구스티누스, 그레고리우스가 모두 그렇게 생각했다). 역시 아우구스티누스가 가르친 대로 두 개의 지옥이 있는데, 아우구스티누스는 중간에 생각이 바뀌었다(훌리안은 비판적인 역사적 정신을 보여준다). 그는 처음에는 지상 지옥과 지하 지옥

---

10) et quodam purgatorio igne purganda(PL, 83, 757).

이 있다고 생각했으나, 나사로와 악한 부자의 이야기를 주해하다가 두 종류의 지옥이 모두 지하에 있고 하나는 위쪽에 다른 하나는 아래쪽에 있다는 것을 깨달았다. "그러므로 아마도 두 개의 지옥이 있어서, 그 하나에서는 성인들의 영혼이 안식하며 다른 하나에서는 불신자들의 영혼이 고통당하는 것일 터이다"라고 훌리안은 결론짓는다. 그리고는, 여전히 아우구스티누스에게 의지하여, 왜 지옥들이 지하에 있다고 여겨지는가를 문헌학적 이유들을 들어가며 설명한다.

이어 그는 성인들(완전한 의인들)의 영혼이 죽은 뒤 바로 하늘로 가는지 아니면 다른 어떤 "수용처들"에 머무는지에 관한 다양한 의견들을 제시한다. 그리스도의 지옥 하강 이래로, 이 지옥들은 닫혔으며, 의인들은 곧바로 하늘에 가 있다. 마찬가지로, 불의한 자들의 영혼도 즉시 지옥으로 가며 지옥에서는 결코 돌아나올 수 없다. 그리고는 잠시 문맥을 떠나 육신의 죽음 뒤에도 영혼은 감각을 지니고 있다고 하며, 다시금 성아우구스티누스(『창세기 주석』 XII, 33)에 의지하여, 영혼에도 안식이나 고통을 느끼게 해주는 "육신의 모양 *similitudo corporis*"이 있다고 단언한다. 그러므로 영혼은 육신적인 불에 고통당할 수 있는 것이다. 그것이 바로 지옥에서 일어나는 일이지만, 저주받은 자들이 모두 같은 방식으로 괴로움을 당하지는 않는다. 마치 지상에서 산 자들이 태양의 뜨거움을 겪는 정도가 각기 다르듯이, 그들의 고통은 죄의 경중(輕重)에 비례한다. 결국, 바울이나 아우구스티누스, 그레고리우스가 가르친 대로, 죽은 뒤에는 정화하는 불이 있다고 믿어야 한다. 훌리안은, 대그레고리우스의 용어를 빌어, 이 불이 끊임없는 수다, 무절제한 웃음, 사유 재산에 대한 지나친 집착 등 작고 미미한 죄들을 정화한다고 설명한다. 이 불은 어떤 지상적 고통보다 더 끔찍하나, 그나마 유익은 거기 합당한 선행을 했을 때에만 누릴 수 있다. 이 정화하는 불은 게헨나의 꺼지지 않는 불과는 다른 것으로, 마지막 심판 후가 아니라 전에 있다──아우구스티누스는 그것이 지상적 환란과 더불어 이미 시작된다고까지 생각한다. 저주받은 자들이 죄의 경중에 비례하여 고통당하는 것과 마찬가지로, 정화된 자들도 자신의 불완전함에 비례하는 시간만큼만 불 속에 머문다. 여기에서 비례는 고통의 강도가 아니라 기간으로 표현된다. "그들이 썩어질 보물들을 사랑한 정도에 따라 구원받는 시기가 이르거나 늦어진다."

이상과 같은 것이 성서, 특히 신약 성서와 교부들의 텍스트를 기초로 하여 장차의 연옥에 관해 설명한 고중세의 가장 명료하고 완전한 예이다.[11]

다른 '야만적' 저승들

다양한 '야만적' 기독교 지역들에서 유래하는 그리고 수도원 사회뿐 아니라 교회의 성직 계급에게서도 나타나는 증언들은 새로운 기독교 세계들이 저승에 대해 갖는 관심을 보여주나, 이렇다 할 독창성은 발견되지 않는다.

I. 아일랜드

『피조물들의 질서에 관한 책 Liber de ordine creaturarum』의 저자는 오랫동안 세비야의 이지도르라고 여겨져왔으나, 최근에 마누엘 디아즈 이 디아즈 Manuel Diaz y Diaz는 그 실제 저자가 7세기

---

11) Julien de Tolède, *Prognosticon*, livre II, *PL*, 96, 475~98. 정화하는 불 *ignis purgatorius*은 483~86단을 차지한다. 12세기에 특히 롬바르디아인 피에르에 의한 연옥 교의의 정립에 있어 톨레도의 훌리안이 갖는 중요성은 N. Wicki에 의해 연구되었다: Das "Prognosticon futuri saeculi," *Julians von Toledo als Quellenwerk der Sentenzen des Petrus Lombardus.*

아일랜드의 무명 작가임을 밝혀냈다. 그것은 창세기에 의거하여 신과 영적인 피조물들과 육적인 피조물들을 다룬 저술로, 마지막 네 장은 인간의 본성(제12장), 죄인들과 죄의 장소들의 다양성(제13장), 정화하는 불(제14장), 미래의 삶(제15장)에 각기 바쳐져 있다.

그러므로 저자는 저승이 지옥과 '연옥'과 낙원의 세 영역으로 이루어져 있다고 보는 듯하다. 그러나 이러한 구분은 어떤 필사본들에만 나와 있으며, 텍스트의 전개에서 구분은 그렇게 명백하지 않다.[12] 특히 저자의 구식 저승관은 사실상 삼부적 저승이라는 관념을 배제하고 있다. 죄인들의 상이한 처지들에 관한 장의 첫머리에서부터 그는 자신의 생각을 제시하는데, 그에 의하면 죄인들은 크게 두 부류로 나뉘어 심판의 불에 의해 그 죄 *crimina*가 정화될 수 있는 자들과 영원한 불의 고통을 당할 자들이 있다고 한다. 후자 중에서도 어떤 자들은 심판 없이 즉시로 저주받을 것이며 또 어떤 이들은 심판 받은 후에 그러할 것이다. 그러므로 불이란 심판의 불이며, 심판 이전에 있는 것이 아니다. 이러한 시각은 제14장에서 확인된다.

정화된 뒤에 '영원한 레프리게리움 *refrigerium aeternum*'을 누릴 자들은 뒤에 자비의 행위라고 불리게 될 것을 행한 자들이다. 그들은 불에 의해 세례를 받는 반면, 다른 이들은 꺼지지 않는 불에 의해 연소된다. 고린도전서의 주석으로부터 작가는 죄의 종류

---

12) *Liber de ordine creaturarum. Un anonimo irlandés del siglo VII*, éd. M. C. Diaz y Diaz, Saint-Jacques de Compostelle, 1972. 유감스럽게도 마누엘 디아즈 이 디아즈의 판본은 작품을 다소 비연대적으로 제시하는 경향이 있다. p. 29의 구조 연구에서 지옥(제13장), 연옥(제14장), 영광(제15~16장)이라고 한 것은 무리한 해석이다. 마찬가지로, 제14장의 제목 "정화하는 불에 대하여 *de igne purgatorio*"는 스페인어로 "연옥에 대하여 *del purgatorio*"라고 번역되었는데, 이러한 제목은 이중으로 잘못이다. 왜냐하면 연옥은 이후 다섯 세기나 지나서야 존재할 것이며, 이 논저는 연옥에 이르게 될 교의의 일반적 전개에 비해서도 분명히 뒤처져 있기 때문이다.

를 구체화하기에 이르는데, 그는 그것들을 부정적으로밖에 명명하지 않는다: "대단히 덕을 세우지는 않지만 아주 해롭지도 않은 것들" "합법적인 결혼의 무익한 사용, 과도한 영양 섭취, 덧없는 것들의 지나친 향유, 격심한 분노에서 나오는 지나친 언사, 개인적 소유에서 취하는 과도한 이익, 기도에 참석하기를 게을리함, 늦잠, 과장된 폭소, 수다, 잘못을 고치지 않음, 신앙과 무관한 일에서 진실을 거짓으로 오도함, 의무의 망각, 허술한 옷차림"[13] 등이 불에 의해 정화될 것을 부정할 수 없는 죄들이다. 끝으로 그는 이 정화하는 불은 이승에서 상상할 수 있는 어떤 고문보다도 더 끔찍하고 끈질긴 것이라고 덧붙인다.

7세기초부터, 대륙에 수도원 정신을 전파한 아일랜드인 선교사 콜룸바 Columban[14]는 출생에서 영원에 이르기까지의 인생의 축도(縮圖)를 제시했다. 거기에서도 불이 한자리를 차지하는데, 이 불은 구체적으로 명명되지는 않았으나, 심판 전, 부활과 심판 사이에 위치하는 것으로 보아 정화하는 불 내지는 시험적 불이다.

이 비참한 인생은 이렇게 전개된다. 흙으로부터, 흙 위에서, 흙 속으로, 흙으로부터 불 속으로, 불로부터 심판으로, 심판으로부터 혹은 게헨나로 혹은 (영원한) 삶으로. 왜냐하면 너는 흙으로부터 창조되었고, 흙을 파고, 흙 속으로 갈 것이고, 흙에서 일어나 불 속에서 시험받을 것이고, 심판을 기다릴 것이기 때문이다. 그 후에는 영원한 고문이나 영원한

---

13) 마누엘 디아즈 이 디아즈가 적절히 지적하는 대로, 이러한 "죄"들은 수도원적 환경에서 특히 의미를 갖는다.

*14) 콜룸바: 아일랜드 540년경~이탈리아, 보비오 615. 아일랜드의 수사이자 설교자. 아일랜드의 방고르 수도원에서 교육을 받고 590년경 그곳을 떠나 고올 지방에 수도원들을 세웠다. 그러나 부르고뉴 궁정과 마찰을 빚어 스위스로 건너갔고(610), 거기서 다시 이탈리아로 건너가 보비오에 수도원을 세웠다(612-14). 그는 켈트족의 가장 위대한 전도자들 중 한 사람으로 널리 영향을 미쳤으며, 그와 관련된 기적담들도 많다. 고전 교양을 보여주는 시, 서한, 설교, 규율, 고해 규정 등을 남겼다.

왕국을 받게 될 것이다." 그리고 나서 그는 우리 인간들에 대해 말한다. 우리는 "흙으로부터 창조되어 그 위에 잠깐 머물다가 거의 즉시로 흙으로 돌아가며 그리고는 다시금 신의 명령으로 흙에서 나와 말세에 불을 통해 시험을 받을 것이다. 불은 흙과 더러움을 없앨 것이며, 만약 가짜 동전이 녹은 뒤 금은이나 다른 어떤 유익한 지상적 질료가 있다면 그는 그것을 보이리라."[15]

II. 프랑스

누아용 Noyon의 주교였던 유명한 성엘로이 Eloi[16]는 한 설교에서 치명적인 범죄들 crimina capitalia과 사소한 죄 minuta peccata들을 구분하고 치명적인 죄들은 날마다 아무리 큰 보시를 베푼다 하더라도 속량될 수 없다고 하면서 두 차례의 심판과 정화하는 불에 언급한다:

실제로 성경은 두 차례의 심판이 있음을 말하고 있다. 그 하나는 홍수의 물(창세기 7장)에 의한 것으로, 이는 우리가 모든 죄로부터 씻음을 얻은 세례를 예시하였다(베드로전서 3장). 다른 하나는 불에 의한 장차의

---

15) Saint Columban, *Instructiones, Instructio IX. De extremo judicio*, PL, 246~47. *Videte ordinem miseriae humanae vitae de terra, super terram, in terram, a terra in ignem, de igne in judicium, de judicio aut in gehennam, aut in vitam: de terra enim creatus es, terram calcas, in terram ibis, a terra surges, in igne probaberis, judicium expectabis, aeternum autem post haec supplicium aut regnum possidebis, qui de terra creati, paululum super eam stantes, in eamdem paulo post intraturi, eadem nos iterum, jussu Dei, reddente ac projiciente, novissime per ignem probabimur, ut quadam arte terram et lutum ignis dissolvat, et si quid auri aut argenti habuerit, aut caeterorum terrae utilium paracarassimo (paracaximo) liquefacto demonstret.*

*16) 성엘로이: 리무쟁 588년경~누아용 660. 누아용-투르네의 주교(641~660). 세공사들과 대장장이들의 수호 성인. 세공사로서 성디오니시우스의 영묘(靈廟), 성마르텡의 성골함(聖骨函) 등을 만들었으며, 클로테르 2세와 다고베르 1세의 출납관을 지냈다. 솔리냑에 수도원을 세워 성레마클에게 바쳤고, 프랑스 북부에 기독교를 전파하는 데 기여했다.

심판으로, 그때는 하나님께서 친히 심판하러 오실 것이다. 시편 기자는 이를 두고 "우리 하나님이 임하사 잠잠치 아니하시니 그 앞에는 불이 삼키고 그 사방에는 광풍이 불리로다"(시편 50: 3)라고 하였다. 광풍 가운데서 그는 불이 삼키는 자들을 감찰하실 것이다. 우리는 육신과 영의 모든 더러움을 씻고 영원한 불에도 일시적인 불에도 타지 말자. 하나님의 이 심판의 불에 대해 사도는 말하기를 "불이 각 사람의 공력을 시험할 것이라"(고린도전서 3: 15)고 하였으니, 그는 여기서 정화하는 불에 대해 말한 것이 분명하다. 이 불을 불경건한 자들과 성도들과 의인들은 각기 다른 방식으로 느낄 것이다. 불경건한 자들은 이 불의 고통으로부터 곧장 영원한 불의 불길 속으로 던져질 것이요, 성도들은 그리스도라는 기초 위에 금과 은과 보석으로 즉 신앙의 찬란한 의미와 구원의 빛나는 말씀과 귀한 행실로써 집 지었으므로 어떤 죄의 오점도 없는 몸으로 부활하며 순전한 삶 가운데서 믿음과 사랑으로써 그리스도의 계명들을 준수했던 만큼이나 쉽사리 이 불을 이길 것이다. 그리고는 그리스도라는 기초 위에 나무나 마른풀이나 짚으로 집 지은, 즉 사소한 죄들을 지은 의인들이 있는데, 나무나 마른풀이나 짚이라 함은 사소한 죄들의 다양성을 나타내는바, 그들은 그러한 죄들로부터 아직 충분히 깨끗해지지 않았으며 따라서 천국의 영광에 합당치 못할 것이다. 이 불을 통과한 뒤 최후의 심판 날이 완전히 지나고 나서 그들은 각기 공력에 따라 저주 혹은 상을 받을 것이다. 그러므로 사랑하는 형제들아 우리는 이 날에 대해 깊이 생각해야 할 것이다.[17]

이 텍스트의 특기할 만한 점은 그것이 인간들을 아우구스티누스적 전통에 따라 네 범주가 아니라 세 범주로 나누고 있다는 사실이다. 그러나 이 텍스트가 여기서 특히 우리의 주의를 끄는 것은 그것이 정화하는 불을 최후 심판의 시기──는 긴 하루로 늘어나

---

17) *PL*, 87, col. 618~19.

있다――에 두는 '구식' 개념을 드러내고 있기 때문이다. 더구나 엘로이는 불이 성도들과 불경건한 자들과 의인들을 가려내는 것으로 보며, 따라서 의인들이 시험을 거친 뒤 낙원에 간다는 보장을 하고 있지 않다. "미결 상태"는 최후까지 계속될 것이다.

Ⅲ. 독 일

732년경 교황 그레고리우스 3세[18]가 아직 이교도이거나 회심한 지 얼마 안 되는 독일인들에 대해 취해야 할 방침을 묻는 성보니파치우스 Boniface[19]에게 내려준 지침들은 매우 흥미롭다:

> 그대는 내게 죽은 자들을 위한 봉헌을 해도 되는지를 물었는데, 성스러운 교회의 입장은 이러합니다: 각 사람은 자기의 죽은 자들이 진정한 그리스도인들이었다면 그들을 위해 봉헌을 할 수 있고, 사제는 그들을 기리는 미사를 드릴 수 있습니다. 그리고 비록 우리 모두가 죄의 권세 아래 있기는 하지만 사제는 죽은 자가 진정한 그리스도인인 경우에만 미사를 드리고 중보를 할 것이니, 불경건한 자들을 위해서는 설령 그들이 그리스도인이었다 하더라도 그렇게 하는 것이 허용되지 않습니다.[20]

---

*18) 그레고리우스 3세: 731~41. 시리아 출신의 제 90대 교황. 이전 교황 그레고리우스 2세가 비잔틴 황제 레오 3세의 성화상 파괴를 단죄한 데 이어 일어난 성화상 파괴의 논란 가운데서 로마 시노드를 소집하여 화상 파괴자들을 파문했다(731). 이어 독일인들의 세례를 권장하고 성보니파치우스를 마인츠 대주교로 임명했다(732). 739년 롬바르디아족이 로마를 공략하자 프랑크족에게 원조를 청했으며, 이는 프랑크족과 교황청간의 우호적 관계의 시발이 되었다.
*19) 성보니파치우스: 웨섹스 675년경~프리지아, 도쿰 754. 본명은 Wynfrid 또는 Wynfrith. 영국 선교사로서 독일의 기독교화에 크게 기여하여 독일인들의 사도라고 불린다. 웨섹스의 귀족 가문 출신인 그는 베네딕트회 수도원에서 교육받고 사제가 되었으며(705년경), 이후로 독일의 복음화에 진력하여 교황 그레고리우스에 의해 선교 주교로 임명되었다(732). 교황이 그에게 일련의 지침들을 보내준 것도 이때의 일이다.
20) *PL*, 89, col. 577.

여기서는 대도가 명백히 문제되고 있지 않고 정화하는 불에 대한 암시도 없지만 선교 시기에 선교의 대상인 나라에 대해 "진정한 그리스도인"인 망자들을 위한 봉헌의 유효성(과 따라서 그렇게 할 의무)과 비록 그리스도인이라도 "불경건한" 망자들을 위한 봉헌의 무효성(과 따라서 그렇게 하는 것의 금지) 사이의 구분이 역설되고 있음은 의미심장한 일이다.

Ⅳ. 영국

같은 시기에 영국에서는 유명한 수사 베다——그는 상상적 여행들과 이상들을 통해 저승의 지리를 정립하는 데 있어 중요한 역할을 하게 될 것이다——가 그의 『강화집 Homélies』(730~35)에서 죽은 자들을 위한 고행의 중요성을 지적하고 정화하는 불에 관해 명백한 말로 이야기한다. 그는 말하기를 사도들, 순교자들, 고해자들 등등은 죽음과 부활 사이에 아버지의 품으로 간다. "아버지의 비밀 *secretum Patris*"로 이해해야 하는 이 아버지의 품 *sinus Patris*을 그는 요한복음(14장 2절)에 나오는 아버지의 집 *domus Patris*과 동일시하나 아브라함의 품에는 언급하지 않는다. 그는 계속하기를:

> 마찬가지로, 교회 안에 있는 수많은 의인들은 육신을 떠난 뒤 즉시로 낙원의 복된 안식 속에 받아들여진다. 거기에서 그들은 육신으로 부활하여 하나님의 면전에 나타날 순간을 크나큰 기쁨과 기쁜 영혼들의 큰 합창 가운데서 기다리고 있다. 그러나 어떤 자들은 선한 행실들로 인하여 선택받은 자들의 분깃에 예정되었으되 그들이 빠져나온 육신을 더럽히던 몇몇 악한 행실들로 인하여 죽은 뒤 정화하는 불의 불길에 잡혀 엄히 징계받을 것이다. 또는 심판의 날이 이르기까지 그들은 이 불의 긴 시련에 의해 *longa examinatione* 악행의 더러움으로부터 깨끗하게 되거나 또는 충실한 벗들의 기도나 보시나 금식, 눈물과 성찬의 봉헌 덕택으로 복된

자들의 안식에 이른다.[21]

이렇듯 베다는 정화하는 불에 떨어지는 자들을 잘 정의하며, 산 자들의 대도의 능력과 충실한 우정의 연대성을 역설한다. 그는 특히 "연옥" 체류 기간의 체계를 명백히 보여주는바, 그 최장 기간은 죽음에서 부활까지이며 이 기간은 대도의 덕택으로 단축될 수 있다고 한다. 반면 그는 정화하는 불이나 고통의 위치에 대해서는 말이 없다.

카롤링거 시대 및 카롤링거 이후 시대의 무관심과 전통주의

카롤링거 시대의 교회는 정화하는 불에 별로 관심이 없었고 그 문제에 관한 아무런 혁신도 가져오지 않았다.

샤를마뉴의 문화적 정치를 고취한 영국 출신의 대스승 알퀸은 그의 논저 『성삼위(聖三位)에 관한 믿음에 대하여 *De fide Sanctae Trinitatis*』에서 고린도전서 3장 13절을 주해하면서 심판 날의 불 *ignis diei judicii*을 정화하는 불 *ignis purgatorius*과 동일시하고 있다. 그에 따르면, 이 불은 불경건한 자들과 성인들과 의인들에 의해 각기 다르게 느껴질 것이다. 불경건한 자들은 그 불에 영원히 탈 것이며, 성인들 즉 금이나 은이나 보석으로 집 지은 자들은 마치 풀무불 속의 세 히브리 소년들처럼(다니엘서 3장) 아무런 해도 입지 않고 불을 통과할 것이다. 그리고 끝으로 "사소한 죄들이 있는 어떤 의인들 즉 그리스도라는 기초 위에 짓되 나무나 마른풀이나 짚으로 지은 자들은 이 불의 뜨거움에 의해 정화되며 죄들로부터 정결케 되어 영원한 복락의 영광을 누리기에 합당케 될 것이

---

21) *PL*, 94. col. 30.

다." 모든 영혼이 이 통과적인 불 *ignis transitorius*을 지나되, 어떤 이들은 저주에 떨어지고 어떤 이들은 면류관을 얻으며, 전자들은 그들의 패역의 정도에 비례하는 고통을 그리고 후자들은 그들의 거룩함에 비례하는 상을 얻을 것이다. 그런데 이 마지막 사실에 대해서 알퀸은 막연하고 혼돈스럽다.[22]

카롤링거 시대 교회 및 문화의 또 다른 대인물 라바누스 마우루스는 풀다의 수도원장이자 마인츠 대주교로서 독일의 지적 스승이었다. 그는 바울 서신에 대한 주해서에서 불에 관한 신학적 대성찰에 몰두한다. 그에게도 역시 고린도전서에서 문제되는 불은 심판의 불이다. 그것은 그리스도를 기초로 하였으면서도 끊임없이 지을 수 있는 불법 *illicita*, 예컨대 이생의 환락이나 지상적 사랑──부부 관계에서는 죄가 아니지만──에의 탐닉 같은 것들을 사라지게 한다. 이 모든 것은 환란의 불 *tribulationis ignis*에 타서 이미 사라지기도 하지만, 나무나 마른풀이나 짚으로 건축한 자들에게는 "이것이 죽은 뒤에 일어날 수도 있으며 아마 그러리라고 생각된다. 공공연히 또는 은밀히 어떤 신자들은 그들이 세상의 재물을 사랑한 정도에 따라 조만간에 정화하는 불을 거칠 수 있다."[23]

그러므로 여기에서도, 베다에게 있어서와 마찬가지로, 장차의 연옥 체계의 중요한 요소가 나타난다. 즉 정화는 죽음과 심판 사이에 놓이며, 그것은 반드시 그 중간의 전체 기간 동안 지속되는 것이 아니라 길거나 짧을 수 있다는 것이다.

코르비 Corbie의 수도원장 파스카즈 라드베르 Paschase Radbert[24]

---

22) *De fide Sanctae Trinitatis*, III, 21, *PL*, 101, 52.
23) *Enarrationes epistolas Pauli*, *PL*, 112, 35~39.
*24) 파스카즈 라드베르: 수아송 785년경~860년경. 프랑스의 수도원장, 신학자. 기아(棄兒)로서 수아송의 수도원에서 자라 아미엥 근처 코르비에 있던 베네딕트회 수도원에 들어갔다. 성서와 교부들의 저작에 통달했던 그는 코르비의 학교장을 거쳐 뒤에는 수도원장이 되었다(843). 『그리스도의 살과 피 *De corpore et sanguine Christi*』(831/844)라는 성찬 해석의 주요 논저를 써서 많은 논전을 일으켰다.

는 불세례에 관한 마태복음의 한 대목에 의거하여 한층 더 발전된 불의 신학을 개진한다. 그는 불의 상이한 측면들과 기능들을 검토하고 사랑의 불 ignis charitatis, 신적 사랑의 불 ignis divini amoris 에 대한 묘사로써 결론을 삼는다. 그는 이 불의 가능한 여러 가지 의미들을 상고한다:

> 그가 너희에게 성령과 불로 세례를 주시리라는 말씀은 아마도 어떤 이들이 주장하듯이 성령과 불이 하나임을 의미하는 것으로 이해해야 할 것이다. 그렇다는 것을 우리는 믿는바, 하나님은 소멸하는 불이시라 하였기 때문이다. 그러나 중간에 등위 접속사가 있는 것으로 보아 그 두 가지가 완전히 동일하지는 않은 듯하다. 그러므로 또 어떤 이들은 주장하기를 그것은 성령으로써 우리를 정화하고 만일 그리고 나서도 어떤 오점이 남을 경우 큰 불(즉 심판의 불)의 연소로써 우리를 정결케 하는 정화하는 불이라고도 한다. 그러나 만일 그렇다면 그렇듯 깨끗하게 될 수 있는 죄란 가볍고 미미한 죄들일 것이니, 모든 이가 형벌을 면하리라고는 생각할 수 없기 때문이다. 그래서 사도는 "각 사람의 공력이 어떠한가를 불이 시험하리라"고 하는 것이다.[25]

카롤링거 시대에 정화하는 불에 관해 가장 분명한 견해를 개진한 인물은 할버슈타트의 하이모 Haymon de Halberstadt[26]이다. 그는 그 문제를 두 차례 다루었으니, 『책들의 다양성에 관하여 De

---

25) *Expositio in Mattheum*, II, 3, *PL*, 120, 162~66.
*26) 할버슈타트 하이모: 8세기말~853. 풀다 수도원의 수사였고 투르 학교의 알퀸 문하에서 공부하고, 돌아가 풀다의 수도원 학교에서 가르쳤다. 840년 할버슈타트의 주교로 임명되었다. 많은 저작이 그의 것으로 알려졌으나 거의가 위작이다. 『책들의 헛됨에 대하여, 또는 천부(天父)의 사랑에 대하여 *De vanitate librorum, sive de amore coelistis patriae*』(*이 제목을 르 고프는 "다양성에 관하여 *De varietate*"라고 일관하고 있으나, 『카톨릭 사전』에 의하면 *De vanitate*이다)는 세속으로부터의 초탈과 천국에의 소망을 다룬 것으로 9세기 신앙을 증언해주는 자료이다.

varietate librorum』라는 논설과 이따금 오세르의 레미 Rémi d'Auxerre[27]가 쓴 것으로 추정되기도 하는 한 바울 서신 주해에서 이다. 하이모의 견해는 실상 그 이전에 쐬어진 것들의 혼효적 종합으로서, 특히 아우구스티누스와 대그레고리우스(이들의 이름에 대한 언급은 전혀 없지만)의 사상이 두드러지며, 때로는 그보다 두 세기 전에 톨레도의 훌리오가 한 말을 그대로 옮겨놓기도 한다. 하이모에 따르면 심판 이전에 가볍고 사소하고 미미한 죄들에 가해지는 정화하는 불이 있다고 믿는 것이 옳다. 두 종류의 불이 있으니, 정화하는(그리고 일시적인) 불과 영원한(그리고 응징적인) 불이다. 불에 의한 정화의 기간은 현세의 덧없는 유대들에 대한 애착의 정도에 비례하여 길거나 짧아진다. 어떤 이들은 정화적 고통을 죽은 뒤에 겪는가 하면, 이생에서 겪는 이들도 있다. 이생에서 선행을 하지 않았더라도 믿음만 있으면 정화하는 불을 통해 구원될 수 있다는 것은 사실이 아니다. 교회는 정화하는 고통을 겪는 자들을 위해 기도할 수 있다. 두 종류의 의인들이 있으니, 죽은 뒤 즉시로 낙원의 안식을 누리는 자들과 정화하는 불에 의해 징계당한 뒤 심판의 날까지 거기 머무는 자들이다. 단, 후자들이 정화하는 불 속에 머무는 기간은 그들의 친지인 신자들이 드리는 기도와 보시와 금식과 눈물과 미사의 봉헌 등에 의해 단축될 수 있다.[28] 죽은 자들과 산 자들간의 이러한 유대감은 분명 베다에게서 계승한 것으로, 할버슈타트의 하이모가——내용은 전통적이지만, 적

---

*27) 오세르의 레미: 841경~파리 908. 카롤링거조의 인문주의자, 신학자. 오세르에 있던 생-제르멩 수도원에서 베네딕트회 수사가 되었고, 그곳과 뒤에는 렝스와 파리에서 가르쳤다. 레미의 업적은 초기 카롤링거조 학문의 결실에 속하는 것으로, 고전 문예의 부흥에 기여했다. 라틴 작가들에 대한 많은 주석들을 썼으며, 신학자로서는 보에티우스의 『철학의 위안 De consolatione philosophiae』의 주석과 창세기 및 시편 주해, 마태복음에 관한 강화 등을 썼다.

28) *De varietate librorum*, III, 1~8 in *PL*, 118, 933~36. 고린도전서 3장 10~13절에 관한 주해는 *PL*, 117, 525~27에 들어 있다.

어도 형식에 있어서——보여주는 유일한 독창성이다.

베르첼리의 아토 Atton de Verceil[29]는 그의 바울 서신 주해에서 매우 전통적이고 매우 아우구스티누스적인(그는 여러 차례 아우구스티누스를 인용한다) 해석을 제시한다. 그러나 그에게는 특징과 독창성이 있다. 그의 특징은 (정화하는 불에 의해 그리고, 보다 일반적으로는, 심판 때에) 시험과 심판의 대상이 될 것이 근본적으로 도덕이나 감정보다는 교의적 정통성 doctrina이라고 보는 점이다. 그런가 하면 사면 가능한 venialis이라는 수식어가 가벼운 죄들 옆에 나타나며 중죄들과 대비되는데, 이는 아직 나열의 일부를 이룰 뿐이며 사면 가능한 죄와 치명적인 죄(또는 중죄)라는 대립항은 12세기에나 정립될 것이다.[30]

베로나의 라티에는 로타링거 왕조[31]의 학교들에서 교육을 받고

---

*29) 베르첼리의 아토: 885년경~961. 롬바르디아의 명문가에 태어나, 당대 교회 및 국가의 중요 인물이 되었다. 924년 헝가리인들이 이탈리아에 침입하여 파비아를 약탈하고 베르첼리 주교를 살해한 사건 뒤에, 그 후계자가 되었다. 당대의 지도적 인물들과 교유하였으며, 그의 저작에서 그리스어 지식이 발견되는 것으로 보아, 상당히 수준 높은 교육을 받았던 듯하다.

30) *Expositio in epistolas Pauli*, *PL*, 134, 319-21. 두 종류의 죄들에 관한 대목은 다음과 같다: *attamen sciendum quia si per ligna, fenum et stipulam, ut beatus Augustinus dicit, mundanae cogitationes, et rerum saecularium cupiditates, apte etiam per eadem designantur levia, et venialia, et quaedam minuta peccata, sine quibus homo in hac vita esse non potest. Unde notandum quia, cum dixisset aurum, argentem, lapides pretiosos, non intulit ferrum, aes et plumbum, per quae capitalia et criminalia peccata designantur* (* 그러나 알아야 할 것이다, 만일, 복자 아우구스티누스가 말하듯이, 나무, 마른풀, 짚으로써 세상적인 생각들과 속세의 사물들에 대한 욕심이〔나타내진다면〕, 그것들로써 경미한, 사면 가능한, 그리고 사람이 이생에 살면서 없을 수 없는 사소한 죄들도 나타내질 수 있다는 것을. 그러므로 주의해야 할 것이다, 왜 그가 금·은·보석은 말했으면서 철·청동·납은 끌어들이지 않았는가를. 이런 것들에 의해 치명적이고 무거운 죄가 나타내지는 것이다). col. 321.

*31) 카롤링거 왕조는 샤를마뉴의 아들 경건왕 루이(루드비히) 1세의 죽음과 함께 끝나고, 프랑크 왕국 즉 서로마 제국의 영토는 베르덩 조약(843)에 의해 그의 세 아들 간에 분할된다. 그 중 가운데 지역을 계승한 로타르 1세가 자기 아들 로타르 2세를

고전 문화에 깊이 배어든 독창적인 인물이었지만, 그도 정화하는 불에 관해서는 별로 말이 없다. 그가 말한 것이라고는 죽어서는 더 이상 공력을 쌓을 수 없다는 엄한 메시지 정도이다. 죽은 뒤에 정화하는 불이 있다는 사실에 의지해서는 안 될 것이, 그 덕을 보는 것은 나무나 마른풀이나 짚으로 지칭되는 아주 가벼운 죄들일 뿐 중죄들이 아니기 때문이다.[32]

11세기말 노르망디에 있던 벡-엘루엥 Bec-Hellouin 수도원 부속 학교에서 단연 두각을 나타냈고 그곳의 수사에서 캔터베리 대주교의 자리에까지 올랐던 인물인 대(大)랑프랑도 그의 고린도전서 주해에서 불 시험에 관한 대목으로부터는 이렇다 할 영감을 얻고 있지 않다. 그에게는 정화하는 불이란 분명 심판의 불이며, 그렇다면 심판의 불은 구원을 얻을 자들이 정화되기까지 지속되리라고 본다.[33]

대머리왕 샤를 Charles le Chauve[34] 치하의 궁전 학교에서 공적인

위해 창건한 왕조를 로타링거 왕조라 한다. 그러나 중프랑크 왕국은 메르센 조약 (870)에 의해 독일왕 루드비히 2세와 대머리왕 샤를간에 분할되었다.

32) Rathier de Vérone, *Sermo II De Quadragesima*, *PL*, 136, 701~02. *Mortui enim nihil omnino faciemus, sed quod fecimus recipiemus. Quod et si aliquis pro nobis aliquid fecerit boni, et si non proderit nobis, proderit illi. De illis vero purgatoriis post obi um poenis, nemo sibi blandiatur, monemus, quia non sunt statutae criminibus sed peccatis levioribus, quae utique per ligna, ferum et stipula indesignatur*(* 우리는 죽어서는 전혀 아무것도 할 수 없을 것이며, 우리가 [지금] 하는 것을 받을 것이다. 그렇지만 만일 어떤 사람이 우리를 위해 무슨 좋은 일을 했다면, 그리고 그것이 우리에게 도움이 되지 않는다면, 그것은 그 자신에게 도움이 될 것이다. 충고하노니 죽음 뒤의 저 정화하는 벌들에 대해 아무도 자신을 속이지 말기를, 왜냐하면 중죄에는 해결책이 없고, 다만 나무, 마른풀, 짚으로써 지칭되는 더 가벼운 죄들에 대해서만 해결책이 있기 때문이다).

베로나 사람이라기보다는 리에주 사람에 더 가까운 이 놀라운 인물에 대해서는 *Raterio di Verona*, Convegni del Centro di Studi sulla spiritualità medievale, X, Todi, 1973 참조.

33) *PL*, 150, 165~66.

직무들을 맡고 있었음에도 불구하고, 아일랜드인 존 스코트 에리게나는 사후 2세기 이상이 지나 파리공의회(1210)에서 단죄받기 이전부터도 이미 중세 신학자들에 의해 거의 무시되었던 고립된 인물이다. 오늘날 그는 신학사 및 철학사를 연구하는 역사학자들에게 매우 인기를 얻고 있다. 가난한 나사로와 악한 부자의 이야기로 미루어보아 영혼들은 육신에 살 때뿐 아니라 육신을 떠난 후에도 고통에서 완전히 벗어나기 위해서나 또는 고통을 덜 당하기 위해 성도들의 도움을 청할 수 있다는 것이 그의 생각이다.[35] 또 다른 곳에서 그는 지옥의 영원한 불에 대해 말하기를 그것은 희박한 성격 때문에 비육체적이라고들 하지만 실상 육체적인 것이라고 한다.[36]

저승과 이단

내가 11세기초의 두 텍스트를 별도로 살펴보고자 하는 것은 그것들 자체가 새로운 점을 보여주기 때문이 아니라 장차를 위해 의미심장한 맥락 속에서 씌어졌기 때문이다.

첫번째 텍스트는 보름스의 부르하르트 Burchard de Worms[37]가

---

*34) 대머리왕 샤를: 프랑크푸르트-암-마인 823~사브와 877. 경건왕 루이(루드비히)의 세 아들 중 하나로 서프랑크 왕국의 왕. 동프랑크 왕국의 루드비히 2세와 연합하여 중프랑크 왕국의 로타르를 제거하고 영토를 분할했다.

35) *Periphyseon*, V, *PL*, 122, 977.

36) *De praedestinatione*, chap. XIX, *De igni aeterno*······, *PL*, 122, 436.

*37) 보름스의 부르하르트: 베세 965년경~1025. 1000년부터 보름스의 주교로서, 당대의 가장 영향력 있는 주교들 중 한 사람이었다. 여러 수도원과 교회들을 세우고 보름스 성당 재건에 착수했으며, 성직자들의 교육과 수련에도 열성적이었다. 11세기초 독일에서 일어난 교회 개혁에 주도적 역할을 했고, 중세의 가장 중요한 교회법 모음 중 하나인 『법령집 *Decretum collectarium*』(일명 *Brocardus*)을 편찬했다.

쓴 이른바 『법령집 Decretum』의 긴 대목이다. 그것은 교의 및 규율의 문제들에 관한 권위 있는 문집으로, 『캐논법 대전 Corpus de Droit canonique』[38]이 나오기까지의 도정에서 중요한 이정표에 해당한다. 부르하르트는 대그레고리우스의 『대화』에 나오는 대목들과 정화라는 문제에 관한 『교훈』의 한 대목, 그리고 죽은 자들을 위한 대도에 관한 성아우구스티누스의 한 대목을 되풀이하는 데 그친다. 아우구스티누스 텍스트의 인용에 앞서 "네 종류의 봉헌이 있으니 quatuor genera sunt oblationis"라는 구절이 나오는데, 이는 한 세기 뒤에 그라티아누스 Gratien[39]의 『법령집』에서도 되풀이될 것이며, 그 사분적 성격은 스콜라 학자들에게 문젯거리가 될 것이다. 여기서 인용된 성구는 다분히 이 인용 덕분에 유명해졌으니, 요한복음 14장 2절의 "내 아버지의 집에는 거할 곳이 많도다"라는 구절이다.[40]

1025년 주교 캉브레의 제라르 Gérard de Cambrai[41]는 아라스

---

*38) 캐논법 jus canonicum이란 기독교회내에서 만들어진 법으로, 교회의 조직, 교회와 다른 조직간의 관계, 내부 규율의 문제 등을 다룬다. 기독교 초기에는 각각의 공동체가 나름대로의 관습과 전통에 따라 다스려졌고 전체 교회에 통일된 법규는 없었다. 그러나 그 가운데서도 공통된 규정들, 교황에 의해 정해진 수칙들이 있었고 그것들은 차츰 모여 여러 공의회들을 거치면서 정리되어, 12세기에는 그라티아누스의 『그라티아누스 법령집 Decretum Gratiani』(원제는 Concordantia discordantium canonum, pp. 1139~50)으로 집대성되기에 이른다. 이후 수세기 동안 캐논법의 결정본으로 사용될 이 『법령집』에 12세기 이후의 새로운 교황령 등을 추가하여 증보한 것이 1500년에 나온 『캐논법 대전 Corpus Juris Canonici』이다.

*39) 그라티아누스: 토스카나, 치우시~볼로냐 1160년경. 볼로냐의 카말돌리회 수사이자 캐논법 학자. 『법령집』으로 알려진 『불일치하는 캐논들의 일치 Concordia discordantium canonum』(1140년경)를 저술했다. 이는 캐논법의 최초의 합리적 집대성으로 평가되며, 20세기에 이르기까지 캐논법의 기초가 되었다.

40) Burchard de Worms, *Decretorum libri*, XX, XX, 68~74, *PL*, 140, 1042~45.

*41) 캉브레의 제라르: 작센 975~캉브레 1051. 1012년 아라스와 캉브레의 주교로 임명되었다. 하인리히 2세 황제에게 충실한 봉건적 봉사로 수차의 원정에 동반, 로타링기아에서 시작된 수도원 개혁을 도왔다. 1025년 이탈리아로부터 한 무리의 이단

Arras에서 열린 교구회의에서 교회와 이단들을 화해시켰는데, 이 이단들은 특히 죽은 자들을 위한 대도의 유효성을 부정하는 것이 잘못이었다. 주교는 그들에게 다음과 같은 "진리들"을 인정할 것을 종용했다:

> 참회가 산 자들에게만 유용하고 죽은 자들에게는 소용이 없다고 생각하지 않기 위해, 성서에 따르면, 많은 고인들이 그들의 산 자들의 경건함에 의하여 고통으로부터 벗어났다는 것이 사실이다. 중재자(그리스도)의 희생의 봉헌(미사)이나 보시 또는 병자가 참회를 다하지 못하고 죽었을 때 살아 있는 친구가 그를 대신하는 경우처럼 죽은 자를 대신한 산 자의 참회의 이행 등이 모두 그러한 수단들이다. 그대들은 그대들이 주장하는 것과는 반대로 복음의 진정한 경청자들이 아니다. 왜냐하면 진리는 거기서 이르기를 "만일 누가 성령을 거슬러 말하면 이 세상과 오는 세상에도 사하심을 얻지 못하리라"(마태 12장) 하였기 때문이다. 이 구절은, 대그레고리우스가 그의 『대화』에서 말하듯이, 어떤 과오들은 이 세상에서 사하심을 얻으며 어떤 과오들은 오는 세상에서 그러하리라는 것을 의미한다. 그러나 끊임없는 수다, 무절제한 웃음, 세습 재산에 대한 지나친 집착 등등 사소한 죄들은 살아서는 어쩔 수 없는 것들이지만 이생 동안에 그것들을 청산하지 못할 경우 죽어서는 짐이 된다. 이 죄들은, 말해진 대로, 이생 동안에 그럴 만한 공덕을 쌓았다면 죽은 뒤에 정화하는 불에 의해 씻어진다. 그러므로 성현들이 정화하는 불이 있으며 어떤 죄들은 거기에서 깨끗해진다고 하는 말은 옳다. 산 자들이 보시와 미사와 또는 내가 말했듯이 참회의 대행을 통해 그러한 정화를 얻어주기만 한다면 말이다. 그러므로 죽은 자들은 이러한 공덕들에 힘입어 죄의 사면을 얻을 수 있는 것으로 보인다. 그렇지 않다면 그대들이 짐짓 내세

들이 아라스에 온 것을 알고, 그곳의 시노드를 소집하여 그들의 반(反)성사적・반(反)교회적 과오를 철회시켰다. 그 시노드의 기록(Acta)은 여러 번 편집되었다.

우는 사도 바울의 말을 이해할 수 없을 것이다. 그는 말하기를 사소하고 경미한 죄들은 정화하는 불에 쉽게 타 없어지는 반면 만일 성체의 봉헌에 의해 정화하는 불에서 없어질 만하지 못하다면 그러한 죄들은 정화하는 고문이 아니라 영원한 고문을 가져오리라 하였던 것이다."[42]

이러한 교의 요약에는 새로운 점이 없다. 그러나 이 텍스트는, 부르하르트의 『법령집』과 함께, 유별난 호응을 얻었다. 이 두 텍스트를 출발점으로 하여 12세기의 연옥 개념은 그것을 부정하는 자들에 맞서 형성되는 것이다. 이단들의 시대인 12~13세기에 성베르나르를 위시한 정통 성직자들이 노정하는 연옥이라는 개념은 그러므로 어느 정도는 천년 *l'an mil*경에 시작된 이단적 항의[43]에 대한 저항의 결실이다.

일련의 이상들: 저승 여행

이처럼 교의적으로는 큰 변화가 없었지만, 다른 한편으로는 혁명적이지는 않더라도 보다 확실히 장차의 연옥을 예비하는 또 다른 움직임이 있었으니, 그것은 저승에 관한 이상들, 상상적 저승 여행들이다.

I. 유산들
쟝르 자체는 전통적이다. 앞에서 보았듯이 그것은 유대-기독교적 계시 문학의 테두리 안에서 크게 발전했으며 그 흔적을 지니고

---

42) *Acta synodi Atrebatensis Gerardi 1 Cameracensis Episcopi*, chap. IX, *Pl*, 142, 1298~99.
*43) 서기 1000년경에 이단들의 활동이 한층 활발해진 것은 인류 역사에서 이 연대가 천지 창조에서의 제7일에 해당하며 따라서 그리스도의 재림과 천년 왕국의 도래가 임박했다는 종말론적 신앙의 만연 때문이었다고 한다.

있다. 그것은 부차적 제재로서 식자(識者) 문학내에 어렵사리 출구를 텄지만 이미 고대부터, 특히 그리스에서 그 예들을 찾아볼 수 있다. 플루타르코스 Plutarque[44]는 그의 『모랄리아 Moralia』에서 테스페시오스 Thespésios의 이상을 이야기한다. 테스페시오스는, 어느 모로 보나 방탕한 생활을 하던 끝에 죽었는데, 사흘이 지나자 되살아나서, 이후로는 아주 착실한 삶을 살게 된다. 어찌 된 일이냐는 질문을 받자 그는 자신의 영혼이 육신을 떠나 공중에 떠도는 영혼들 사이의 공간을 여행했었노라고 고백한다. 그 중에는 그가 아는 이들의 영혼들도 있었으며, 어떤 영혼들은 끔찍한 탄식을 내지르는 반면 어떤 영혼들은 훨씬 평안하고 행복해 보였다. 어떤 영혼들은 순수히 빛났으며, 어떤 영혼들은 얼룩져 있었고, 어떤 영혼들은 완전히 침침했다. 별 과오가 없는 영혼들은 가벼운 징계만을 받는 반면 불경건한 영혼들은 정의의 신에게 맡겨졌는데, 정의의 신은 그 영혼들이 도저히 나아질 가망이 없다고 판단되면 에리니에스 Erinyes[45]에게 넘겼고 그들은 영혼들을 바다 없는 심연에 던졌다. 테스페시오스는 나아가 상쾌한 꽃들과 향기가 가득한 넓은 들판으로 인도되었는데, 거기에서 영혼들은 새들처럼 즐거이 날고 있었다. 그러나 그는 마침내 저주받은 자들의 장소에 이르렀

---

*44) 플루타르코스: A. D. 46년경~119 이후. 그리스의 전기 작가. 그리스·로마의 유명한 군인·정치가 들 중 비슷한 성격을 가진 인물들을 둘씩 골라 나란히 제시함으로써 그리스인들과 로마인들 상호간의 존경심을 고취하고자 한 『병행 전기 Bioi Paralleloi』(플루타르크 영웅전)으로 유명하다. 그 밖에 윤리·종교·정치·문학적 주제들에 관한 약 60편 가량의 글들을 총괄하여 『모랄리아』 일명 『에티카』라고 부른다.

*45) 그리스 신화에서 하계의 여신들. 로마의 푸리아에 해당한다. 크로노스에게 상처를 입은 우라노스의 피와 대지의 여신 가이아 사이에서 태어난 이 세 여신은 범죄, 특히 무절제와 살인과 가문이나 사회 질서에 반역한 범죄들을 응징한다. 날개 달린 몸에 머리칼은 뱀들로 되어 있으며 횃불과 채찍을 가진 그녀들은 희생자들을 광적으로 고문한다. 후세에는 지옥에서 불의한 자들의 영혼들을 괴롭히는 역할을 맡게 된다.

으며 그들이 고문당하는 것을 보았다. 거기에는 특히 세 개의 호수가 있었는데, 하나는 끓는 금의 호수, 다른 하나는 얼어붙은 납의 호수, 그리고 세번째는 넘실거리는 철의 호수였다. 악마들은 영혼들을 이쪽 호수에서 건져내어 다른쪽 호수로 던져넣곤 했다. 끝으로 또 다른 곳에서는 대장장이들이 두번째 삶에로 부름받은 영혼들을 온갖 다양한 형태로 다시 빚고 있었다.[46]

이 이상이 보여주는 바 영혼들의 상이한 빛깔들과 몇 개의 호수에 번갈아 빠뜨려지는 것은 이후의 연옥 묘사들에서도 발견될 것이다.

플루타르코스는 또한 티마르코스 Timarchos의 이상도 묘사한다. 티마르코스는 트로포니오스 Trophonios에게 바쳐진 동굴로 내려가 거기에서 신탁을 얻기 위해 필요한 의식들을 거행한다. 그는 동굴의 깊은 어둠 속에서 꿈인지 생시인지 알 수 없는 채로 이틀 밤과 하루 낮을 보낸다. 그는 머리에 일격을 받고 영혼이 떠나게 된다. 즐거이 공중에 뜬 그의 영혼은 섬들이 상쾌한 불에 타면서 빛깔이 바뀌는 것을 본다. 섬들이 잠겨 있는 바다에는 영혼들이 떠돌고 있다. 두 줄기 강이 바다로 흘러드는데, 그 아래에는 둥글고 어두운 심연이 있어 신음 소리가 들려온다. 어떤 영혼들은 구멍에 빨려드는 반면 어떤 영혼들은 밀려난다. 여기서도 묘사는 진정한 연옥의 이상을 보여주게 될 작품인 12세기말의 『성패트릭의 연옥』의 묘사를 예고하고 있다.

이러한 이상 문학은 앞서 살펴본 바 있는 유대-기독교 계시록들 특히 『베드로 계시록』과 『바울 계시록』의 영향을 받았다. 그러나

---

46) 나는 E. J. Becker, *A contribution to the Comparative Study of the Medieval Visions of Heaven and Hell, with special Reference to the Middle English Versions*, Baltimore, 1899, pp. 27~29에 실린 테스페시오스의 이상과 H. R. Patch, *The Other World According to Descriptions in Medieval Literature*, Cambridge, Mass., 1950, pp. 82~83에 실린 티마르코스의 이상을 요약한다.

또한 두 가지 전통, 즉 켈트족과 게르만족의 옛 이교 문화의 저승 여행들의 영향을 받았을 것인데, 나는 이 책에서 거기에 대해 길게 논하지 않겠다.[47]

내가 연옥의 상상 세계에 분명 작용했을 중세 문화의 이 두 구성 요소들을 대부분 덮어두기로 하는 것은 거기에 대해 제대로 논하기 위해 해야 할 연구의 방대함이 곧 거기서 기대할 수 있는 결실로 이어지리라고 생각되지 않기 때문이다. 이 문화들의 영향을 가늠하기 위해서는——그 방면의 매우 뛰어난 연구들에도 불구하고——매우 어려운 문제들이 선결되어야 한다. 우선 연대 추정의 문제만 하더라도 그렇다. 의당히, 글로 씌어진 텍스트들은 이 문화들의 언어들이 글로 씌어지기 시작했을 시대, 즉 아무리 일러야 12세기 이후의 것들이다. 이 최초의 작품들이 싣고 있는 내용은 분명 글로 씌어지기 이전부터의 것일 터인데, 대체 얼마나 이전의 것이겠는가?

내가 보기에 한층 더 중요한 것은 이 옛 문학이 매우 복잡한 산물이며 그 성격을 규정하기 어렵다는 것이다. 식자 문학과 민중 문학의 구분은 거기서 큰 의미가 없다. 구비(口碑)적 출전이라는 것도 내게는 근본적으로 '식자적인' 것으로 보인다. 구비성과 민중성은 같지 않기 때문이다. 12세기부터 글로 씌어진 작품들은 식자층 구비 예술가들의 노작들이다. 이러한 '세속' 작품들이 암송되고 가창되고 글로 씌어지는 것은 '야만적' 문화들도 교회 문화 즉 라틴어를 사용하는 기독교적 식자 문화와 이미 어느 정도 접촉

---

47) P. Dinzelabcher, "Die Visionen des Mittelalters," in *Zeitschrift für Religions und Geistesgeschichte*, 30, 1978, pp. 116~18(résumé d'un Habilitation-Schrift inédit, *Vision und Visionsliteratur im Mittelalter*, Stuttgart, 1978). 같은 저자의 "Klassen und Hierarchien im Jenseits," in *Miscellanea Medievalia*, vol. 12/1. *Soziale Ordnungen im Selbstverständnis des Mittelalters*, Berlin-New York, 1979, pp. 20-40. Claude Carozzi는 "Voyages dans l'Au-delà dans le haut Moyen Age"라는 논문을 준비하고 있다.

한 다음이다. 이러한 오염은 진정한 '야만적' 유산을 한층 더 알아보기 어렵게 한다. 나는 이 유산을 거부할 생각은 추호도 없고 오히려 그것이 중세 문화에 큰 비중을 차지했으리라고 믿는다. 그러나 우리는 아직 그것을 구별하고 정의하고 평가할 만한 준비가 되어 있는 것 같지 않다. 반면 나는 라틴어가 오래 전부터 식자층의 언어로 확립되어왔던 곳에서는 라틴어 식자 문화는 어느 정도 기꺼이 그리고 의식적으로 전통적인 '민중적 populaire' 문화의 중요한 요소들을 받아들였으리라고 본다. 이 시대의 '민중적' 문화란 대체로 농촌적인, 그리고 민담적 folklorique이라는 정의가 가장 가까울 것으로——교회는 그것을 '이교적'이라 지칭했다——전(前)기독교적인 동시에 농촌적인 것이다. 이 유산을 평가하기 위해 우리가 쓸 수 있는 방법은 분명 까다로운 것이다. 즉 19세기와 20세기의 민속학자들이 확립한 총체를 퇴행적 방법으로, 신중하게, 연대가 알려져 있거나 연대 추정이 가능한 자료들과 대조함으로써 과거로 소급시키는 것이다. 나는 중세의 상상 세계를 조명하기 위해 켈트족의 임라마(imrama, 저세상 섬들로의 여행)[48]나 스칸디나비아의 사가 saga[49]들보다는 불확실하나마 그림 Grimm 형제, 피트레 Pitré, 프레이저 Frazer, 반 게넵 Van Gennep 등이 수집한 자료들을 사용하는 편이 안심된다.

이 엄연히 존재하면서도 규정하기 어려운 '야만적' 문화들에서 나는 연옥의 발생에 있어 중요한 12세기 이전 시대들의 몇 가지

---

*48) 아일랜드 고어로 '노저어 돌아다니기, 여행'을 의미하는 '임라마'란 초기 아일랜드 문학에서 모험 여행에 관한 이야기를 가리킨다. 이러한 유형의 이야기로는 아일랜드나 그린랜드를 여행하는 아일랜드 성자들의 이야기, 저세상을 여행하는 이교도 영웅들의 이야기 등이 있다. 가장 대표적인 예가 '브란의 여행'으로, 마법에 걸린 섬에서 일 년이라고 생각되었던 기간을 보내고 돌아온 브란의 일행은 실제로 그 일이 어떤 기억보다도 오래 전에 일어났고 고대의 자료에나 기록된 것임을 발견한다.
*49) 중세 아이슬랜드 문학에서 산문으로 된 이야기나 역사. 특히 과거의 상상적 재현을 시도한 전설적·역사적 허구를 가리킨다.

특색들만을 추려보겠다.

켈트족에게는 행복한 섬들에로의 여행이라는 주제가 지배적이다. 그 가장 오래 된 예는 브란Bran[50]의 여행일 것으로 보이는데, 그 원본은 8세기까지 소급된다.[51] 저세상은 섬에 있는데, 흔히 우물을 통해 가게 되는 이 섬에는 그러나 성산(聖山)은 없다. 다리의 이미지는 자주 발견된다.

스칸디나비아인들과 게르만인들의 저승 신화는 그것이 우리에게 알려진 때쯤에는 이미 일관된 형태를 띠고 있었다. 죽음 뒤에는 근본적으로 두 처소가 있다. 헬Hel 여신이 지배하는 지하 세계는 어둡고 곤고하지만 고문은 없는 곳으로 유대의 스올과 상당히 가까우며 다리가 놓인 강에 둘러싸여 있고, 안식과 위안의 천상적인 장소인 발할라는 공적을 쌓고 죽은 자들 특히 전장(戰場)에서 죽은 영웅들이 가는 곳이다. 발할라는 천상에 위치하기 이전에는 역시 지하에 위치하여 로마의 엘리시움에 비할 만한 장소였을 수도 있다. 켈트족의 저승에는 예외적인 경우를 제외하고는 (연옥에는 근본적인 지리적 요소인) 산이 없는 반면, 게르만 신화에는 아이슬랜드의 헤클라Hecla 산이 있다. 이 산은 화산으로 우물이 뚫려 있으며 그 안에 고문의 나라가 들어 있다.[52]

게르만족의 상상적 저승은 우리가 알 수 있는 한에서는, 아마도

---

50) 켈트 신화의 주신(主神). 앞의 주 48 참조.
51) Kuno Meyer가 영어로 번역하고 편집한 *The Voyage of Bran Son of Febal to the Land of the Living*……, 2 vol., London, 1895~1897. 이 저작에는 알프레드 너트Alfred Nutt의 *The Happy Other-world in the Mythico-Romantic Literature of the Irish. The celtic doctrin of re-birth*가 실려 있는데, 이 연구는 '낙원적' 연옥의 켈트적 근원을 보여준다.
52) Cf. Maurer, "Die Hölle auf Island," in *Zeitschrift des Vereins für Volkskunde*, IV 1894, p. 256 sqq ; H. R. Ellis, *The Road to Hell. A Study of the Conceptions of the Dead in Old Norse Literature*, Cambridge, 1943. 발할라Valhöle(Valhalla)에 대해서는 G. Dumézil, *Les Dieux des Germains*, nouvelle éd., 1959, p. 45. 현대 게르만 민중 문화의 시각에서는 H. Siuts, *Jenseitsmotive deutschen Volksmärchen*, Leipzig, 1911.

켈트족의 저승보다 훨씬 더, 식자적이고 라틴적인 기독교의 영향에 이미 강하게 침투되어 있는 것으로 나타난다. 그 좋은 예가 12세기에 삭소 그라마티쿠스 Saxo Grammaticus[53]가 그의 『덴마크인들의 역사』에서 기술하는 저승 여행들이다. 대그레고리우스의 『대화』는 일찍부터 옛 노르웨이어로 번역되었으며, 아마도 스칸디나비아 신화에 다리라는 주제를 남겼을 것이다. 하지만 물론 다리라는 주제는 여기서도 동방으로부터 유래한 것일 수 있으며, 그렇다면 그 전부터 있었던 것일 수도 있다.

분명 가장 중요한 것은 기독교의 영향하에서 원시 켈트 및 게르만 신화의 비교적 낙천적인 저승이 어두운 땅 밑의 것이 되어 지옥화한다는 사실이다. 연옥이 태어날 즈음에는 대기(待期)와 정화의 장소로서 이미 낙원에 가까웠던 켈트족의 (그리고 아마도 게르만족의) 낙천적인 저승관 대신 동방의 계시록과 공식적 기독교 전통에서 유래한 일시적으로나마 지옥처럼 잔혹한 연옥의 이미지가 자리하게 될 것이다. 이 이미지는 완전히 사라지지 않고 낙원의 이상들에서도 다시 나타날 것이다. 이처럼 양가(兩價)적인 '민담적' 저승들은 긍정과 부정의 양극단으로 양분될 것이며, 연옥은 그 중간에서 떠돌 것이다.

8세기초에서 10세기말에 이르는 동안 저승에 관한 이상들을 기록한 라틴 기독교 문학으로는 세 개의 텍스트가 대표적이다. 그 첫번째는 고중세의 대지성 가운데 한 사람인 영국 수사 베다의 『드리텔름의 이상』이다. 그것은 주인공이 구경하는 저세상에서 최

---

*53) 삭소 그라마티쿠스: 12세기 중엽~3세기 초엽에 활동. 역사가. 그의 생애에 관해서는 별로 알려진 것이 없다. 덴마크 최초의 역사서 『덴마크인들의 행적 Gesta Danorum』을 썼다. 전16권으로 된 이 저작은 덴마크의 전설적인 왕 단Dan으로부터 시작하여 1185년의 포메라니아 정복에 이르는 약 2000년간의 역사를 다루고 있으며, 특히 60명의 전설적인 왕들에 관한 처음 9권은 풍부한 전승 문학을 싣고 있다. 탁월한 라틴어를 구사하여, 14세기초에 "그라마티쿠스"라는 별칭을 얻었다.

초로 정화의 장소를 구분한다. 남부 독일의 수사 『베티의 이상』은 지옥적이고 광란적인 저승 묘사로서, 샤를마뉴에게 반대하는 정치적 목적으로 이용되었다. 저승 여행 이야기들의 이러한 정치적 전환은 9세기말에 카롤링거 왕조의 왕위를 요구하는 한 왕자를 지지하는 소책자 『비만왕 카를의 이상』이라는 익명의 이야기에서 고도로 표현된다.

이 대표적인 세 텍스트 이전에도 두 개의 짧은 이상들이 있었는데, 그 하나는 6세기말의 것이고 다른 하나는 8세기초의 것으로, 교회의 두 주요 인물인 투르 대주교 그레고리우스와 마인츠 대주교 보니파치우스(영국인 윈프리스)에 의해 기술되었다. 그것들은 당시 수도원 사회에 어느 정도 일반화되어 있던 저승을 보여준다.

이 시기의 처음과 나중 그러니까 6세기초와 11세기초에 고전 로마 문학의 전통에서 영향을 받은 두 편의 시가 나온다. 그것들은 매우 전통적인 상상 세계를 보여주며 연옥에는 별 영향을 미치지 않을 것이다.

우리가 먼저 살펴볼 두 작품은 그 내용보다는 교회의 막강한 인물이었던 작가들의 성격으로 인해 더 가치가 있다. 내용에 있어서는 대부분의 이미지와 관념들에 있어 『바울 계시록』을 따르고 있다.

투르의 그레구아르는 6세기말에 쓴 『프랑크족의 역사』(Ⅳ, 33)에서 랑도Randau의 수도원장 수니울프의 이상을 기술한다. "그는 불의 강으로 실려갔다. 강가에는 벌통 주위에 몰려드는 벌떼처럼 사람들이 몰려들고 있었다. 어떤 이들은 허리까지, 어떤 이들은 발목까지, 어떤 이들은 턱까지 물에 잠겨서, 무섭게 데었노라고 울며 호소했다. 강 위에는 발 하나를 간신히 디딜 만큼 아주 좁은 다리가 있었다. 맞은편 강가에는 새하얀 큰 집이 보였다. 그들 공동체의 규율을 무시하던 수사들은 다리에서 떨어지는 반면, 규율을 존중한 수사들은 다리를 건너 그 집에 들어가게 되는 것이었다."

  8세기초에 독일인들의 사도였던 성보니파치우스는 타네 Thanet 의 여수도원장 에아드부르게 Eadburge에게 쓴 편지(제10서한)에서 벤록 Wenlock의 한 수사가 이상을 보았노라고 한다. 그는 한떼의 악마들과 천사들의 합창단을 보았는데, 그들은 각기 그의 악덕들과 미덕들을 나타내는 것이었다. 그는 불길이 솟구치는 우물들과 인간의 음성으로 울고 신음하고 고함을 치는 검은 새들의 모습을 지닌 영혼들을 보았다. 그는 끓는 불의 강을 보았으며, 그 위에는 널조각이 다리삼아 놓여 있었다. 어떤 영혼들은 이 다리를 건너가지만, 어떤 영혼들은 미끄러져 타르타로스에 떨어졌다. 어떤 이들은 완전히 파도에 잠기는가 하면 다른 이들은 무릎까지, 어떤 이들은 몸의 반쯤, 어떤 이들은 팔꿈치까지 잠겨 있었다. 모두가 빛나고 깨끗한 불로부터 나오고 있었다. 강의 다른 편에는 크고 높은 찬란한 벽들이 있었는데, 그것이 하늘의 예루살렘이었다. 악령들은 불우물들에 빠졌다.

  나는 여기에서 라틴 고대 말기의 시 한 편을 소개하겠다. 그것은, 예컨대 플루타르코스의 텍스트들과는 반대로, 순전히 계시록적인 이상들이나 후기의 다소간에 '민담적인' 여행들과는 아무런 관련이 없지만 그러한 차이점 때문에 자료로서의 의의를 지닌다.

  『플라비우스 펠릭스에게 보내는 노래 Carmen ad Flavium Felicium』는 500년경 아프리카의 한 기독교인에 의해 쓰여진 것으로 죽은 자들의 부활과 신의 심판에 대한 것이다.[54] 그 목적은 낙원과 지옥(게헨나), 신의 전능과 원죄 및 그로 인한 사망을 묘사하는 것이다. 신은 사후의 영혼들을 최후의 심판을 위해 여러 영역들에 diversis partibus 두신다. 그리고 나서 죽은 자들의 부활에 대

---

54) *Carmen ad Flavium Felicem de resurrectione mortuorum et de iudicio Domini*, ed. J. H. Waszink, Bonn, 1937.

한 증거들, 이 부활과 신의 심판에 대한 언급 등이 나온다. 낙원에 대한 긴 묘사는 꽃들과 보석들, 나무들, 정금, 꿀과 젖, 평화로운 샘에서 발원하는 네 줄기 강 등을 그리며, 이 모든 것이 영원한 봄, 온화한 날씨, 영원한 빛 가운데 펼쳐진다. 거기에서 선택된 자들은 근심도 죄도 병도 없이 영원한 평화를 누린다. 시는 세상의 불에 의한 멸망과 불의 강, 저주받은 자들의 신음과 죽기 전에 참회할 필요(저주받은 자들은 지옥에서 하나님을 찾는데 그것은 너무 늦어 아무 소용이 없다) 등에 짧게 언급함으로써 끝맺는다.

이 텍스트에는 죽은 자들의 다양한 거처들에 대한 막연한 시사 밖에는 장차의 연옥에 관한 아무것도 들어 있지 않지만, 그래도 두 가지 요소들을 지적할 수 있다. 우선, 지옥보다는 낙원이 훨씬 강조되고 있다. 시는 아직도 4~5세기의 낙관주의에 잠겨 있다. 그런가 하면, 그 유효성을 배제하기는 하지만 죽은 자들의 기도에 언급하고 있다. 중세말에 이르면 연옥의 영혼들은 끊임없이 기도한다는 점에서 기도를 포기한 지옥의 영혼들과 구별될 것이다.

II. 중세의 저승 이상들의 기초자: 베다

위대한 영국인 베다는 몇 차례의 로마 여행을 위시한 여행들을 한 것을 제외하고는 50년을 야로우Yarrow 수도원에서 보냈는데, 735년 그곳에서 죽기 직전에 『영국 교회사』에서 여러 이상들을 기술한다.[55] 이 이야기들은 교화적인 목적을 지닌 것으로, 저승의 실재를 증명하고 산 자들이 사후의 고문을 피하고 싶어질 만한 공포를 줌으로써 행실을 개선하게 하려는 것이다. 그러나 그것들은 대

---

55) 역사가로서의 베다에 관해서는 다음 논문들을 참조: P. H. Blair, "The Historical writings of Bède" & Ch. N. L. Brooke, "Historical writing in England between 850 and 1150," in *La Storiografia altomedievale*, Spolète(1969), 1970, pp. 197~221 & 224~47; J. M. Wallace-Madrill, *Early Germanic Kingship in England and on the Continent*, Oxford, 1971, chap. IV, Bède, pp. 72~97.

그레고리우스의 『대화』만큼 교화적인 성격을 지니지는 않는다. 그것이 연옥의 역사에 있어 특히 흥미로운 것은 이 이상들 중 하나에서 처음으로 사후 정화를 겪는 영혼들을 위해 저승의 특별한 장소가 등장하기 때문이다. 이 장소는 그때까지 요한복음에 비추어 거론되던 거처들 이상의 것이다.

첫번째 이상인 성퍼시의 이상을 대강 살펴보자. 퍼시는 아일랜드 수사로서 대륙에 건너갔으며 650년에 페론 Péronne에서 매장되었고 클로비스 2세의 궁재(宮宰)이던 에르시놀드 Erchinold는 그의 무덤 위에 성역을 짓게 했다. 자신이 세운 이스트 앵글리아 East Anglia의 크노베레스버그 Cnoberesburg 수도원에 살던 무렵, 그는 병석에서 이상을 보았다. 그의 영혼은 "저녁부터 닭 울기까지" 육신을 떠났던 것이다. 하늘로부터 그는 아래쪽에 네 개의 불 즉 거짓말의 불, 탐욕의 불, 불화의 불, 불경건의 불이 있는 것을 보았는데 그것들은 곧 하나로 합쳐졌다. 이 불 사이로 악마들이 넘나들며 죽은 자들의 영혼들을 놓고 선한 천사들과 다투고 있었다. 세 명의 천사가 퍼시를 불과 악마들로부터 지켜주었으며, 그들 중 한 천사가 길을 안내하고 다른 두 천사는 그의 양옆에서 호위했다. 그러나 한 악마가 그를 잡아채어 불길에 던지려는데 천사들이 나서서 구해주었다. 퍼시는 그 불에 어깨와 턱을 데었다. 이 덴 자국은 지상으로 돌아왔을 때도 남아 있어서 그는 그것들을 보여주곤 했다. 한 천사가 그에게 설명해주었다: "네가 불붙인 것이 네 안에서 탔다"라고. 그리고는 그에게 참회와 구원에 대해 가르쳐주었다. 퍼시의 영혼은 땅으로 돌아왔고, 자신의 상상적 여행에 하도 질린 나머지 그 생각만 하면 한겨울에 얇은 옷을 입고도 마치 한여름이나 되는 것처럼 땀을 흘렸다.

이 이야기에서 연옥이라는 관념은 막연하다. 불의 본질은 구체적으로 말해지지 않았고, 퍼시가 입은 화상의 성격도 애매하다. 그것은 신명 심판인가 죄에 대한 징벌인가 아니면 정화인가? 그런

이러한 애매성도 비록 여기서 명명되지는 않았지만 정화하는 불의 정의적 특성에 속하는 것이다.[56]

드리텔름의 이상: 정화에 배당된 장소

우리의 연구에 있어서는 『영국 교회사』의 제5권 12장에 나오는 『드리텔름의 이상』이 훨씬 더 중요하다. 주인공은 경건한 속인으로 한 가정의 가장이다. 스코틀랜드 국경에서 가까운 커닝햄 Cunningham 지방에 살던 그는 몹시 위독하여 어느 날 저녁 죽었다가 새벽에 다시 살아났다. 그의 시신을 지키며 밤샘을 하던 이들은 놀라 달아났고, 그의 아내만이 예외로, 그녀는 두려워하면서도 기뻐했다. 드리텔름은 그의 재산을 세 몫으로 나누어 한 몫은 아내에게, 한 몫은 아이들에게, 그리고 한 몫은 가난한 자들에게 주고 자신은 트위드Tweed 강의 한 굽이에 있는 멜로즈Melrose의 외딴 수도원 암자로 들어갔다. 그는 거기서 참회의 삶을 살았고, 기회가 날 때마다 자신이 겪은 일을 이야기하곤 했다.

흰옷 입은 빛나는 사람이 그를 동쪽으로 인도하여 아주 넓고 아주 깊고 끝없이 긴 계곡으로 데려갔다. 계곡의 왼쪽에는 무시무시한 화염이, 오른쪽에는 무서운 우박과 눈의 돌풍이 일고 있었다. 계곡의 두 기슭은 바람에 휩쓸려 이쪽저쪽으로 쉴새없이 떠밀리는 인간 영혼들로 빽빽히 들어차 있었다. 드리텔름은 이것이 지옥이구나 생각했다. 그러자 그의 동반자가 그의 생각을 알아차리고는 "아니, 여기는 그대가 생각하는 지옥이 아니오"라고 말했다. 그는 점점 더 어두워지는 장소들로 나아갔는데, 거기서는 안내자의 모

---

56) *Historia ecclesiastica gentis Anglorun*, Ⅲ, 19. 아마도 베다가 손수 필사했을 최초의 *Vita Fursei*가 B. Krusch에 의해 출판되었다: *Monumenta Germaniae Historica. Scriptores rerum merowingicarum*, t. Ⅳ, 1902, pp. 423~51.

습만이 밝은 점처럼 보일 뿐이었다. 갑자기 커다란 우물로부터 어두운 불 덩어리들이 솟구쳐 올랐다가는 다시 떨어졌다. 드리텔름은 혼자 남았다. 이 화염 가운데서 마치 불꽃처럼 인간 영혼들이 튀어오르고 있었으며, 이 광경에는 비인간적인 눈물과 조롱과 악취가 수반되었다. 드리텔름은 특히 악마들이 다섯 영혼들에게 가하는 고문들을 목도했는데, 그 중 하나는 삭발을 한 것으로 보아 성직자였고 다른 하나는 속인, 세번째는 여자였다(우리는 성직자/속인, 남자/여자라는 이원적 대립항들의 세계에 있다. 그러니까 이 세 인물은 인간 사회 전체를 나타내는 것이다. 나머지 두 인물은 신비한 어둠에 싸인 채). 부집게로 그를 집겠다고 위협하는 악마들에 둘러싸여 드리텔름은 망했구나 생각했는데, 갑자기 빛이 나타나 마치 찬란한 별빛처럼 점점 커졌고, 악마들은 흩어져 달아났다. 그의 동반자가 돌아온 것이었다. 그는 이번에는 방향을 바꾸어 밝은 곳들로 인도되었다. 그들은 그 길이와 높이가 그에게 이루 다 보이지 않을 만큼 큰 벽에 이르러, 어떻게인가 알 수 없는 방식으로 그 벽을 가로질렀고, 찬란하고 향기로운 꽃들이 가득한 넓고 푸른 들판으로 나서게 되었다. 흰옷 입은 사람들이 무수히 떼지어서 즐거이 모여 있었다. 드리텔름은 천국에 왔구나 생각했고, 이번에도 그의 생각을 읽은 안내자가 말했다. "아니, 여기는 그대가 생각하는 천국이 아니오." 들판을 지나자 빛은 한층 밝아졌으며 아주 부드러운 노랫소리가 들려왔고 향기가 그를 휩쌌는데, 이 향기에 비한다면 그가 들판에서 맡았던 것은 아주 희미한 것이었고, 빛도 어찌나 찬란한지 들판의 빛은 그저 희부연 밝음에 불과한 듯했다. 그는 이 경이로운 곳에 들어가기를 바랐으나 안내자가 그를 억지로 돌아서게 했다. 그들이 흰옷 입은 자들의 명랑한 처소들에 이르자 동반자는 드리텔름에게 말했다. "우리가 본 것이 무엇인지 알겠소?——아니오.——불타는 화염과 차디찬 냉기로 가득한 무서운 계곡은 자신이 저지른 범죄들 *scelera*을 고백하고 개전하기를 더디하여 죽을 때에야 회개하고 그 상태에서 육신을 떠난 영혼들이오. 그러나 적어도 죽기 직전에 고해와 참회를 했으므로 모두가 최후의 심판 때에는 천국에 이를 것이오. 하지만 많은 이들이 산 자들의 기도와 보시와 금식 그리고 특히 미사 봉헌의 도움을 받아 심판 날 이전에 해방된다오."[57] 안내자는 말을 계속했다. "그리고 화염을 내뿜는 악취 나는 우물들은 게헨나의 입구인데, 한번 거기 빠진 자는 영원토록 다시는 나올 수가 없소. 그대가 본 그 매혹적이고 빛나는 젊음이 노니는 꽃핀 곳은 선행을 하다가 육신을 떠난 그러나 즉시로 천국에 갈 만큼 그렇게 완전치는 못한 자들의 영혼들이오. 그러나 모두가 심판 날에는 그리스도를 보며 천국의 환희를 맛볼 것이오. 한편 언행심사(言行心思)에서 완전했던 자들은 육신을 떠나는 즉시 천국에 들어간다오. 그대가 감미로운 향기와 찬란한 빛 가운데서 부드러운 노래를 들었던 곳은 천국에서 가깝소. 이제 그대는 육신으로 되돌아가 사람들 사이에서 살아야 할 것인데, 만일 그대가 하는 일에 대해 깊이 생각하고 말과 행실에서 정직과 순전함을 지킨다면 그대 또한 죽은 뒤에 그대가 보는 이 즐거운 무리에 들게 될 거요. 왜냐하면, 그대를 잠시 혼자 남겨둔 동안 나는 그대가 어떻게 될 것인지를 알아보러 갔던 것이오." 이 말을 들은 드리텔름은 다시 육신으로 돌아가야 한다는 것이 슬퍼서 그가 있는 장소와 거기 있는 사람들의 아름다움을 간절히 바라보았다. 그러나 안내자에게 어떻게 물을까를 망설이며 감히 엄두를 내지 못하는 사이에 그는 사람들 사이로 살아돌아와 있었다.[58]

---

57) *Vallis illa quam aspexisti flammis ferventibus et frigoribus horrenda rigidis, ipse est locus in quo examinandae et castigandae sunt animae illorum, qui differentes confiteri et emendare scelera quae fecerunt, in ipso tandem articulo ad poenitentiam confugiunt, et sic de corpore exeunt: qui tamen quia confessionem et poenitentiam vel in morte habuerunt, omnes in die iudicii ad regnum caelorum perveniunt. Multos autem preces viventium et ellemosynae et jejunia et maxime celebratio missarum, ut etiam ante diem judicii liberentur, adjuvant.*

이 텍스트는, 장차의 연옥 체계에 관한 근본적인 요소들이 빠져 있지 않고 저승에서의 정화라는 문제에 등을 돌린 시대의 벽두에 쓰여지지만 않았더라면, 연옥의 형성에 있어 핵심적인 것이 되었을 터이다.

여기서는 정화를 위한 장소가 따로 있으며, 이 장소의 본질도 엄격히 규정되어 있다. 영혼들은 거기에서 뜨거움과 차가움을 번갈아 겪는 혹독한 고문을 당하며 그래서 드리텔름은 그것이 지옥이리라고 생각한다. 그러나 그곳은 고유한 의미에서의 정화가 아니라 시험과 징계의 장소이다. 또 거기에 이르게 하는 과오들은 중죄들 scelera이라고 정의되고, 거기에 이르게 하는 상황은 종부성사 때의 고해와 참회로 규정되어 있으며, 이곳에 가기만 하면 결국에는 영원히 구원에 이르게 된다는 확신도 볼 수 있다. 대도의 가치가 언명되고, 기도·보시·금식 및 성찬 희생이라는 층위들로 구분되는가 하면, 대도가 가져올 수 있는 결과는 정화의 기간을 단축하는 것이라고 한다. 이는 정화의 기간이란 죽음과 부활 사이에 놓이는 것이며, 그 길이는 최후 심판 날까지를 최대치로 하여 길거나 짧아질 수 있음을 확인해주는 것이다.

반면 여기에서 빠져 있는 것은 우선 '정화 purgation'라는 말과 '정화하다 purger'라는 말의 모든 파생어이다. 물론 이 텍스트의 배후에는 성경과 아우구스티누스가 자리하고 있고, 여기에서 베다는 문학적 쟝르의 요구에 따라 성경적 용어나 권위에 대한 시사를 의도적으로 배제하고 있는 것이 분명하지만, 그렇다 하더라도 명명되지 않은 장소란 아직 완전히 존재하는 것이라 할 수 없다.

특히, 아마도 아우구스티누스의 전적으로 악하지는 않은 자들

---

58) 드리텔름의 이상은 11~12세기의 가장 중요한 작가들에 의해 재론되었다. Alfric은 그의 훈화들에서 (ed. B. Thorpe, vol. II, 1846, p. 348 sqq), Otloh de Saint-Emmeran은 그의 『이상서 Liber Visionum』에서 (PL, pp. 146, 380 sqq), 그리고 12~13세기의 전환기에 Hélinand de Froimont도 거기 언급했다 (PL, pp. 212, 1059~60).

*non valde mali*과 전적으로 선하지는 않은 자들 *non valde boni*이
라는 구분에 일치하여, 중간적 장소는 하나가 아니라 고된 개전의
장소와 즐거운 대기의 장소 둘로 되어 있으며 이들은 각기 지옥과
천국에 거의 맞닿아 있다. 그러나 『드리텔름의 이상』은 여전히 이
원적 체계이며 분명 건널 수 없는 벽이 영원한 지옥과 일시적 지
옥을 그리고 영원한 낙원과 일시적 낙원을 나누고 있다. 연옥이
존재하기 위해서는 삼분적 체계가 정착되어야 하며, 설령 연옥이
지리적으로 지옥 쪽에 가깝다 하더라도 연옥과 천국 사이에 더 나
은 소통 체계가 있어야 한다. 벽을 무너뜨려야 하는 것이다.

약 1세기 후인 824년 11월 4일 남부 독일 라이헤나우 Reichenau
에서 죽은 수사 베티 Wetti는 죽기 전날밤 그가 본 이상을 이야기한
다. 이 이야기는 뒤에 수도원장 하이토 Heito에 의해 글로 쓰어진
다. 그뒤 얼마 안 되어 생-갈 Saint-Gall의 수도원장이자 시인인 발
라프리트 스트라보 Walahfrid Strabo[59]는 그 운문본을 만든다.[60]

저승에 대한 바로크적이고 착란된 꿈: 베티의 이상

베티는 병이 나서 자기 방에서 쉬고 있었다. 눈은 감고 있었지

---

*59) 발라프리트 스트라보: 스와비아 808년경~프랑코니아, 라이헤나우 849. 베네딕트회
수도원장, 신학자, 시인. 라이헤나우 수도원에서 자유 학예를 배운 뒤 풀다 수도원
의 유명한 라바누스 마우루스 문하에서 수학했고, 라이헤나우의 수도원장이 되었
다. 동시대인들은 그의 신학적 사상과 저술을 시보다 더 높이 평가했으나, 현대적
관심은 주로 그의 시에 쏠린다. 라이헤나우의 젊은 수사 시절에 그의 첫 스승에 의
해 묘사된 신비적 체험의 기록을 운문으로 옮긴 『베티의 이상』은 지옥과 연옥과 천
국의 시적 이미지들 때문에 단테의 『신곡』을 예고했다는 평가를 받기도 한다.

60) *Visio Guetini* in *PL*, 105, 771~80; *Monumenta Germaniae Historica Poetae latini*, t. II.
발라프리트 스트라보의 운문본은 David A. Traill의 탁월한 연구 *Walahfrid Strabo's
Visio Wettini; text, translation and commentary*, Frankfurt-am-Main, 1974에 편집·번
역·주해되어 있다.

만 자는 것은 아니었다. 사탄이 성직자의 모습으로 나타났는데, 그 얼굴은 하도 검고 추해서 어디가 눈인지 분간할 수 없을 지경이었다. 사탄은 고문 도구들과 한떼의 마귀들로 그를 위협하면서 고문실 같은 곳에 가두려 했다. 그러나 신적인 자비로, 단정하고 당당히 수사복을 입고 라틴어를 말하는 한 무리의 사람들이 그에게 보내졌고, 그들이 마귀들을 쫓아주었다. 믿을 수 없을 만큼 아름다운 한 천사가 자색 옷을 입고 나타나 그의 머리맡에서 다정히 말해주었다. 이런 것이 이상의 첫번째 부분이다. 수도원의 수석수사 *prieur*[62]와 또 다른 한 형제가 환자를 보러 왔다. 환자는 그들에게 방금 일어난 일을 말하고 그의 죄를 위해 중보(中保) 기도를 드려달라고 부탁했다. 그러면서 그자신은 수도원의 참회 자세대로 팔을 십자로 벌려 엎드렸다. 두 형제는 회죄(悔罪) 시편들 *les sept psaumes de la pénitence*[62]을 노래했고, 환자는 다시 누워 대그레고리우스의 『대화』를 청했다. 그 책을 9,10페이지 가량 읽은 뒤, 그는 방문자들에게 가서 쉬라고 말했고 자기도 쉴 준비를 했다. 아까 자색 옷을 입고 나타났던 천사가 다시 나타났는데, 이번에는 희고 빛나는 옷을 입고 있었으며, 환자에게 그가 방금 한 일에 대해 칭찬해주었다. 그는 특히 시편 제118편을 거듭 읽으라고 권면했다.[63]

---

*61) prieur란 수도원장 abbé를 보좌하는 역할이고, 베네딕트회 계통의 수도원에서는 각 지원(枝院)의 우두머리를 가리킨다. 수도원장과 구별하기 위해 '수석수사'라는 역어를 쓰기로 한다.

*62) 죄를 뉘우치기 위해 초기 교회에서 쓰인 일곱 편의 시편.

63) 그리스 성경 및 불가타(중세에 사용되던 성경)에서 시편 제118편으로 번호 매겨지는 것은 오늘날 주로 사용되는 히브리본의 시편 제119편에 해당한다. 예루살렘 성서의 편집자들은 거기에 대해 이렇게 말한다: "열렬하고 지치지 않는 신뢰의 연도(連禱) 〔……〕 마음의 모든 동요가 표현되어 있다. 말씀하시는 이도, 율법을 주사 묵상하고 사랑하고 지키게 하시는 이도 하나님이시니, 그는 생명과 안전과 진정하고 완전한 행복의 원천이시다."

그리고 나서 천사는 한 길로 그를 인도하여 굉장히 높고 믿을 수 없을 만큼 아름다운 산으로 데려간다. 산들은 대리석으로 된 듯했으며 그 둘레에는 큰 강이 있었는데, 그 강에는 무수히 많은 저주받은 자들이 붙잡혀 벌을 받고 있었다. 그 중에는 그가 아는 사람들도 많이 있었다. 다른 곳들에서 그는 많은 신부(神父)들과 그들이 유혹한 여자들이 수없이 다양한 고문을 당하는 것을 보았는데, 그녀들은 성기까지 불에 잠겨 있었다. 나무와 돌로 된 아주 이상한 모양의 성에서 연기가 새어나오고 있었는데, 천사가 그에게 일러준 바에 따르면 거기에는 수도사들이 자신들의 정화를 위해 *ad purgationem suam* 모여 사는 것이었다. 그는 또한 산과 그 꼭대기에 앉은 수사를 보았는데, 약 십 년 전에 죽은 이 수사는 영원한 벌을 받기 위해서가 아니라 정화를 받기 위해 거기 있는 것이었다. 이 사제를 위해 기도했어야 마땅한 한 주교는 산의 다른 쪽에서 지옥의 형벌을 받고 있었다. 그는 거기에서 또한 이탈리아와 로마를 다스리던 한 왕을 보았는데, 그의 성기들은 짐승에 의해 찢기는 반면 몸의 다른 부분들은 아무 해도 입지 않았다. 카톨릭 신앙과 교회의 보호자이던 이 사람(샤를마뉴를 가리키며, 발라프리트 스트라보는 그의 시에서 이름을 명시하고 있다)이 그렇게 벌받는 것을 보고 놀란 그에게 천사는 이르기를 이 사람은 훌륭하고 칭찬받을 만한 행위들을 했으나 불륜의 애정 행각에 빠져 있었다고 한다. 그러나 그는 결국에는 선택된 자들의 무리에 들게 될 것이었다. 그는 아직도 때로는 영광 속에서 때로는 심판관들과 속인들과 수사들의 고통 속에서 살았다. 그리고 나서 그는 아주 아름다운 곳들에 갔는데, 거기에는 금과 은의 홍예들이 솟아 있었다. 왕 중 왕이요 주 중 주이신 이가 수많은 성도들과 함께 나아왔으며, 인간의 눈으로는 그 찬란함을 견딜 수 없었다. 천사는 성도들에게 베티를 위한 중보를 부탁했고 그들은 그렇게 했다. 보좌(寶座)에서 들려오는 음성이 이렇게 대답했다: "그는 본보기가 될 만한 행실을 했어야만 했는데 그렇게 하지 않았다." 그러자 복된 순교자들이 하나님께 그의 죄들을 용서해주시기를 구했다. 보좌의 음성은 그가 우선 자신의 나쁜 본보기로 인해 악에 빠진 자들에게 용서를 얻어야 한다고 대답했다. 그들은 이어 많은 동정(童貞) 성녀들이 있는 곳으로 갔으며, 그녀들도 그를 위해 중보 기도를 드렸다. 그러자 주님께서는 만일 그가 선한 교의를 가르치고 좋은 본보기를 보이며 그가 악으로 이끌었던 자들을 개전시킨다면, 그녀들의 청이 들어지리라고 대답하셨다. 그러자 천사는 그에게 이 단들이 저지르는 온갖 끔찍한 악행들 중에서도, 특히 하나님께서 혐오하시는 것이 있으니 그것은 자연을 거슬리는 죄 즉 남색(男色)이라고 알려준다. 천사는 그에게 피해야 할 악행들에 대한 긴 설교를 들려주며 특히 게르만인들과 고올인들에게 겸손과 자발적인 청빈을 가르치라 이르고 여자들의 모임에서 생기기 쉬운 죄들에 대해 잠시 말한 뒤 다시금 남색이라는 문제로 돌아가 거기에 대해 길게 이야기하고 남자들이 역병에 걸리는 것은 그들의 죄 때문이라고 설명하며 특히 성무 일과 *opus Dei*[64]를 어김없이 행하라고 이른다. 천사는 또한 지나는 길에 샤를마뉴 치하에서 바바리아 지방을 다스리던 게라우트Geraud라는 남작을 가리키며 그는 교회의 수호를 위해 열심이었으므로 영생에 이르렀다고 한다. 다른 많은 말을 한 뒤, 천사는 베티를 떠났고, 베티는 새벽이 다가올 무렵 깨어나 자기가 본 것을 술회했다. 그의 임종에 대한 매우 사실적인 묘사로 이야기는 끝을 맺고 있다.

이 특이한 이상은 그 자체로서 분석되어야 한다. 나는 거기에서 장차의 연옥과 관계되는 요소들을 세 가지만 지적하겠다. 즉 저승에서의 정화에 대한 강조, 이 일시적 고통의 장소로서 산이 차지

---

*64) 여기서 opus Dei란 20세기에 결성된 신도회 Opus Dei가 아니라 문자 그대로 '하나님의 일'로, 중세에는 성무 일과를 가리킨다.

하는 자리(우리 역사의 끝에는 단테의 연옥 산이 나올 것이다), 그리고 거기에서 샤를마뉴가 육신의 유혹에 진 데 대해 받는 벌 등이 그것이다. 샤를마뉴 황제에 관한 대목은 그가 그의 누이와 죄된 관계를 가졌으며 거기에서 롤랑을 낳았으리라는 중세 전설의 가장 오랜 예들 중 하나이다. 좀더 나중에는 샤를마뉴의 조부인 칼 마르텔이 교회의 재산을 약탈했다는 이유로 저승에서 고통당하는 것을 보게 될 것이다. 그러나 칼 마르텔이나 테오도릭은 저주받는 반면 샤를마뉴는 "결국에는 구원된다."[65]

『베티의 이상』에는 샤를마뉴와 그의 죄가 등장하는 반면, 9세기 말의 또 다른 놀라운 이상에는 카롤링거 왕조 전체가 등장한다. 분명 그것은 중세에 성공을 거둔 한 가지 사업 즉 계시 문학의 정치화를 보여주는 가장 좋은 예일 것이다.[66]

저승의 정치화: 비만왕 카를의 이상

나는 비만왕 카를Charles le Gros[67] 황제가 죽은 지 얼마 안 되었

---

65) B. de Gaiffier, "La légende de Charlesmagne. Le péché de l'empereur et son pardon," in *Etudes critiques d'hagiographie et d'iconologie*, Bruxelles, 1967, pp. 260~75.
66) W. Levison, "Die Politik in den Jenseitsvisionen des frühen Mittelalters," *Aus rheinischer und fränkischer Frühzeit*, Düsseldorf, 1948. 이 텍스트는 1100년경 Hariulf 의 *Chronique de St. Riquier*(ed. F. Lot, Paris, 1901, pp. 144~48)에, 12세기에 Guillaume de Malmesbury의 *De Gestis regnum Anglorum*(ed. W. Stubbs, I, pp. 112~16)에, 그리고 13세기에 Vincent de Beauvais의 Speculum에 삽입되었다. 많은 사본들이 그 이야기만을 따로 싣고 있기도 하다. Saint-Denis의 수사들은 그것이 그들의 시은자인 대머리왕 샤를에 의한 것이라고 하였으나, 이는 이 사원에서 이루어진 많은 날조 사항들 중 하나이다. 사도 바울에 의해 회심하여 이 수도원을 기초했다고 하는 위-디오니시우스에 관한 날조는 12세기초 아벨라르에 의해 폭로되었으며, 이는 그를 곤경으로 몰아넣는 한 원인이 되었다.

을 때 씌어진 것이 분명한 이 이상의 텍스트를 전부 옮겨보겠다. 그것은 로타르의 아들이자 비만왕 카를의 조카인 젊은 루드비히 2세[68] 황제의 외동딸 에르멘가르데 Hermengarde와 보종 Boson 사이에 난 아들 루드비히의 명분을 세우기 위한 것이었다. 소경왕으로 불리는 이 루드비히 3세 Louis III l'Aveugle[69]는 890년에 왕이 되었고 900년에 교황 베네딕트 4세에 의해 황제로 축성되었다. 그러나 경쟁자 베랑제 Bérenger[70]에 의해 폐위되었으며, 베랑제는 비잔틴 관습에 따라 그의 눈을 파내게 했다. 이 텍스트는 렝스 Reims 대주교의 측근 가운데서 씌어졌으며 거기에서 대주교좌의 수호자인 성 레미 St. Rémi[71]의 중보의 능력을 언명하고 있다. 그 이야기는 다음과 같다:

*67) 비만왕 카를: 839~라이헤나우 888. 서로마 제국 황제(881~887). 독일왕 루드비히의 아들로, 이탈리아 왕(884~888), 독일 왕(882~888)이었으며, 단순왕 샤를이 어렸을 때는 프랑스 섭정(884~887)이었다.
*68) 루드비히 2세: 822~롬바르디아 875. 서로마 제국 황제(855~875). 로타르 1세의 아들로(그는 비만왕 카를의 '조카'가 아니라 '사촌'이 될 것이다) 844년 이탈리아 왕이 되었다. 그의 딸 에르멘가르데는 프로방스 왕 보종과 결혼했다(*중프랑크 왕국까지는 인명을 독일식 발음으로 표기하는 것이 보통이다).
*69) 루드비히 3세: 833~아를르 928. 프로방스 왕(890~928), 이탈리아 왕(900~928), 서로마 제국 황제(901~905). 참고로, 샤를마뉴 후손의 가계는 다음과 같다:

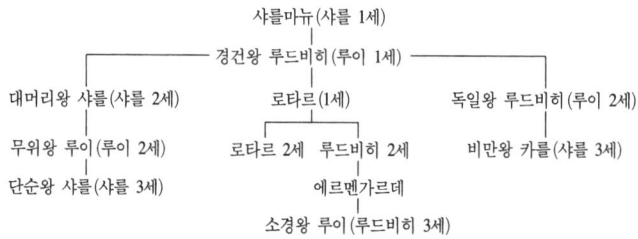

*70) 베랑제: ?~베로나 924. 경건왕 루이의 외손자. 이탈리아 왕(888~924), 서로마 제국 황제(915~924).
*71) 성레미: 437년경~렝스 533년경. 렝스 주교. 프랑크족의 왕 클로비스 1세를 개종시킴으로써 프랑스의 복음화에 크게 기여했으며, '프랑크족의 사도'라는 별명을 얻었다.

황제 카를의 이상을 그 자신의 술회에 따라 적는다:

왕 중 왕이신 하나님의 이름으로, 하나님의 은총 덕택에 게르만족의 왕이자 로마인들의 총독이자 프랑크족의 황제가 된 나 카를은 어느 주일 성야(聖夜)에 밤의 성무 일과(聖務日課)를 드린 뒤 자리에 들어 쉬려 하였다. 잠이 들려 할 때, 한 음성이 내게 말을 걸었으며 무서운 어조로 이렇게 말했다: "카를, 네 영혼이 이제 곧 너를 떠날 것이고, 하나님의 공의로운 심판과 거기에 대한 몇 가지 전조들이 이상으로 보일 것이다. 그리고 나면 네 영혼은 네게 돌아올 것이다."

곧 내 영혼이 떠났다. 나를 데려가는 이는 크고 희었으며 손에 털실뭉치 같은 것을 들고 있어서 거기에서 아주 밝은 빛줄기가 나왔다. 그것은 마치 혜성들이 빛꼬리를 끄는 것과도 같았다. 그는 빛줄기를 풀어내며 내게 말했다. "빛나는 실 한 가닥을 잡아 오른손 엄지에 단단히 묶으라. 그것이 너를 지옥 형벌의 미로 가운데로 인도해줄 것이다." 이렇게 말하고는 그는 빛나는 실뭉치를 풀어내면서 앞장서서 깊고 불타는 골짜기들로 나를 인도해갔다. 골짜기들은 역청과 유황과 납과 밀랍과 그을음으로 타는 연못들로 가득했다. 나는 거기에서 내 부친과 숙부들의 고위 성직자들을 보았다. 내가 경악하여 그들이 왜 이런 고통을 겪어야 하는가를 묻자, 그들은 이렇게 대답했다: "우리는 당신의 부친과 숙부들의 주교들이었소만, 그들과 그들의 백성들에게 평화와 일치를 가르치는 대신 불화의 씨앗을 뿌렸고 악을 조장했소. 그 때문에 우리는 지금 다른 살인자들이나 강도들과 마찬가지로 불에 타며 이 지옥의 고문을 겪는다오. 오늘날 역시 비슷한 행위를 일삼는 당신의 주교들과 당신 측근의 무리들도 역시 이곳에 오게 될 것이오."

나는 떨면서 이 말들을 듣고 있었다. 그때 새까만 마귀들이 날아들어서는 쇠갈고리로 내가 손에 들고 있던 빛나는 실가닥을 낚아채어 나를 자기들 쪽으로 끌어가려 했다. 그러나 눈부신 빛 때문에 그들은 실에 접근할 수 없었다. 그러자 그들은 내 등뒤로 달려들어 나를 갈고리로 찍어서 유황 못에 던지려 했다. 그러나 실뭉치를 들고 있던 내 안내자가 내 어깨 위로 한가닥 실을 던졌고 그것을 겹으로 하여 나를 그의 뒤로 힘차게 끌어당겼다. 그리하여 우리는 아주 높은 불의 산들 위로 기어올라갔다. 산들로부터는 온갖 종류의 금속들이 끓는 뜨거운 탁류와 강들이 흘러내렸다. 나는 거기에서 무수한 인간 영혼들을 보았는데, 그 중에는 내 부친과 형제들의 고관들의 영혼들도 있었다. 어떤 이들은 머리까지, 어떤 이들은 턱까지, 어떤 이들은 배꼽까지 빠져서, 그들은 울부짖으며 내게 외쳤다: "평생 동안 우리들은 당신과 당신의 부친과 당신의 형제들 그리고 당신의 숙부들과 더불어 전투를 벌이고 세상적인 탐욕으로 살상과 노략을 일삼았소. 그 때문에 우리들은 온갖 종류의 금속들이 끓는 이 뜨거운 강에서 고통을 당하오."

겁에 질려 이 말들을 듣던 나는 등뒤에서 영혼들이 외치는 소리를 들었다: "고관들은 큰 용들과 갖가지 전갈들과 뱀들이 가득한 역청과 유황의 도가니에서 끓는 강물에 빠진다." 나는 거기에서 또한 내 부친과 내 숙부들과 내 형제들 그리고 내 자신의 몇몇 고관들을 보았으며, 그들은 이렇게 말했다: "화(禍)로다, 우리들이여. 카를, 그대는 우리들이 얼마나 끔찍한 고통을 당하는지 알겠소. 모두 우리의 악의와 교만 그리고 왕과 당신에게 탐욕 때문에 드렸던 악한 간언들 때문이라오." 그들이 신음하며 이렇게 하소연하고 있었을 때, 용들이 내 쪽으로 몰려와 벌린 아가리로 불과 유황과 역청을 뿜어대며 나를 삼키려 하였다. 그러나 내 안내자가 내게 던진 실뭉치의 가닥을 더 탄탄하게 세 겹으로 하자 거기서 나오는 밝은 빛줄기에 용들의 불 뿜는 아가리들이 수그러들었고, 그는 나를 한층 힘차게 앞으로 이끌었다.

그리고서 우리는 한 골짜기로 내려갔는데, 그 한쪽 기슭은 침침했지만 화로의 불처럼 타고 있었고, 다른 기슭은 형언할 수 없이 상쾌하고 매혹적이었다. 어둡고 불길을 뿜어대는 쪽을 돌아보았더니 내 가문의 여러 왕들이 큰 고문을 당하고 있었다. 갖가지 불로 골짜기를 태우는 새까만 거인들이 나를 곧 이 고문 속에 던져넣으리라 생각하며 나는 깊은 고민에 사로잡혔다. 전율하면서, 나는 실가닥에서 나오는 빛으로 골짜기 기슭에서 광채가 잠시 떠오르는 것을 보았으며, 거기에는 두 개의 샘물이 흐르고 있었다. 그 하나는 끓는 것이었고, 다른 하나는 맑고 따뜻한 것으로, 각기 연못을 이루었다. 실가닥에 걸음을 의지하여 그쪽으로 가던 나는 끓는 연못 위에 눈길이 멎었다. 거기에는 내 부친 루드비히가 무릎을 꿇고 있었다.

그는 고뇌로 인해 한층 악화되는 극도의 고통에 사로잡혀 있었다. 그는 내게 말했다: "카를, 두려워 마라, 나는 네 영혼이 육신으로 돌아갈 것을 안다. 하나님께서 너를 이곳에 오게 하신 것은 네가 이미 본 사람들이나 내가 어떤 죄들로 인해 이런 고통을 당하는지 알게 하시기 위함이다. 나는 하루는 이 끓는 물 속에 있다가 다음날이면 차디찬 물 속에 있게 되는데, 그것은 우리 가문이 오늘날까지 왕위에 있도록 보살펴주신 성베드로와 성레미의 기도 덕분이다. 그러나 만일 너와 내 신하들, 주교들과 사제들과 성직자들이 미사와 봉헌과 찬송, 금식과 보시로써 나를 도와준다면, 나는 곧 이 끓는 물에서 건져질 것이다. 내 형제 로타르와 그의 아들 루드비히는 이미 성베드로와 성레미의 기도 덕분에 이 형벌에서 벗어났으며 하나님의 낙원의 환희 가운데로 인도되었다." 그리고 또 이렇게 말했다: "왼쪽을 보아라." 나는 보았고, 거기에는 두 개의 아주 깊은 연못이 있었다. "이것들은, 하고 그는 말했다, 너를 위해 예비된 것들이다. 만일 네가 개전하여 네 가증한 죄악들을 속죄하지 않는다면 말이다."

그 말을 들은 나는 무섭게 떨리기 시작했다. 내 영혼이 공포에 질린 것을 본 안내자는 내게 말했다: "나를 따라 오른쪽으로 오시오. 거기는 낙원의 골짜기라오." 우리는 앞으로 나아갔고, 나는 내 숙부 로타르가 커다란 광휘 가운데 어마어마하게 큰 남보석 위에 영광스러운 왕들 곁에 앉은 것을 보았다. 그는 값진 면류관을 쓰고 있었고 그의 가까이에는 비슷한 관을 쓴 그의 아들 루드비히가 있었다. 내가 다가오는 것을 본 그는 다정히 나를 불렀으며 힘찬 음성으로 말했다: "카를, 내 뒤를 이어 로마 제국을 안연히 다스리는 자여, 내게 오라, 나는 네가 속죄의 장소를 지나서 오는 것임을 알고 있다. 거기서 내 형제이자 네 부친은 그에게 할당된 한증막에 있다. 그러나 하나님의 자비하심으로 그는 곧 그 형벌에서 구원될 것이다. 우리 부자도 성베드로의 공덕들과 성레미의 기도 덕분에 거기에서 구원받은 것이다. 하나님께서는 왕들과 프랑크족 전체에 대한 지고의 사도직을 성레미에게 맡기셨으니, 만일 이 성인이 우리의 후사들을 구원하고 돕지 않았더라면, 우리 가문은 이미 왕권을 잃었을 것이다. 그러므로 너는 곧 왕권을 빼앗길 것이고 이후로는 얼마 살지 못하리라는 것을 알아두어라." 그러자 루드비히가 내 쪽을 돌아보며 말했다: "오늘날까지 네가 세습적으로 소유해온 로마 제국은 내 딸의 아들 루드비히에게 돌아갈 것이다." 이 말에 나는 어린 루드비히가 우리 앞에 나타나는 듯싶었다.

그의 조부는 그를 응시하면서 내게 말했다: "이 어린 아이는 주께서 '천국은 이와 같은 아이들의 것이다. 내가 너희에게 이르노니 그들의 천사들이 하늘에 계신 내 아버지의 얼굴을 날마다 뵈옵느니라'고 말씀하시며 그의 사도들 가운데 세우신 이와도 같다. 너는 네가 손에 들고 있는 실가닥으로써 권력을 그에게 넘겨주어라." 나는 내 엄지에서 실을 풀었고 그 실과 함께 제국 전체를 그에게 주었다. 즉시로 빛나는 실뭉치 전체가 그의 손 안에 들어가 광명한 해처럼 빛났다. 이 기적적인 이상을 본 후 내 영혼은 육신으로 돌아왔다. 그러나 나는 몹시 피곤했고 공포를 느꼈다. 끝으로 이르노니 모두가, 좋건 싫건간에, 전로마 제국은 하나님의 뜻에 따라 그의 손에 들어갈 것임을 알기 바란다. 그러나 나는 주께서 나를 부르실 순간이 다가오고 있으므로 그를 위해 나설 시간이 없다. 산 자들과 죽은 자들을 다스리시는 하나님께서 친히 이 일을 이루실 것이니, 그의 영원한 지배와 그의 보편적인 제국은 세세무궁토록 이어지리라.[72]

---

72) 인용문의 번역은 다음 책에 실려 있다: R. Latouche, *Textes d'histoire médiévale du Ve*

단테 또한 읽게 될 이 텍스트는 여기 등장하는 고관대작들이 원칙적으로 가게 되어 있는 장소인 지옥과 그곳으로부터 벗어날 수 있는 장소를 구분한다는 것이, 이론적 성찰 이전에, 얼마나 필요한 일이었던가를 잘 보여준다. 세부적 요소들도 귀중한 단서로서, 여기서 아리아드네의 실타래 구실을 하는 빛나는 실뭉치는 12세기 말 렝스의 마녀 역사에 관한 틸버리의 저비스 Gervais de Tilbury[73]의 글에서도 발견될 것이다. 더위와 추위, 고통의 완화 같은 주제들도 강조되어 있다. 저승의 죄들을 환기함으로써 얻어지는 효과들 중 하나가 산 자들에게 겁을 주는 것이라는 사실도 드러난다.

연옥의 상상 세계에 기여한 7~11세기의 이상들을 검토하는 작업을 마치면서 나는 1010~1024년 사이에 씌어진 리에주의 에그베르트 Egbert de Liège[74]의 시 『풍요한 배(船) Fecunda Ratis』에 언급하지 않을 수 없다. 이 작품은 정화하는 불과 영원한 불이라는 고

---

au XIᵉ siècle, Paris, 1951, p. 144 sqq. 소경왕 루이에 대해서는 R. Poupardin, *Le Royaume de Provence sous les Carolingiens*, Paris, 1901, Appendice VI, *La Visio Karoli Crassi*, pp. 324~32 를 참조할 것. 『베티의 환상』처럼 9세기초의 텍스트인 『로차리우스의 환상 *Vision de Rotcharius*』(ed. W. Wattenbach, *Anzeigen für Kunde der deutschen Vorzeit*, XXII, 1875, col. 72~74)에서 죄인들은 가슴까지 불에 빠져 머리에 끓는 물을 뒤집어씀으로써 죄 씻음을 받는데, 거기에서 샤를마뉴는 신자들의 기도 덕분에 징벌에서 벗어나는 선택된 자들에 속한다.

*73) 틸버리의 저비스: 에섹스, 틸버리 1140년경~1220. 볼로냐 대학에서 공부했고 잠시 가르치기도 했다. 영국으로 돌아가 헨리 2세 궁정의 고위 인사들과 교유했고, 왕자들을 위해 일했다. 하인리히 2세의 손자 오토 4세(독일 황제)를 수행했으며, 그가 교황 이노첸트 3세에 의해 파문당하자 그를 위해 여가삼아 읽을 역사책으로 『황제의 여가 *Otia imperialia*』를 썼다. 이 책은 전3부로 나뉘어, 제1부는 천지 창조에서 대홍수까지, 제2부는 대홍수에서 땅들이 유럽·아프리카·아시아 등으로 나뉘는 데까지, 제3부는 기타 다양한 주제들을 다루고 있다.

*74) 리에주의 에그베르트: 972년경~? 리에주에서 교육을 받고 평생 그곳의 문법·수사학·변증법의 교사로 있었다. 성서, 교부들의 저작, 고대 작품들, 당대의 민담 등에서 추려 낸 격언집의 형식을 띤 교과서 『풍요한 배 *Fecunda Ratis*』를 썼다. 선수(船首) *prora*에는 주로 1~2행짜리 격언들을, 선미(船尾) *puppis*에는 좀더 긴 발췌문들을 실었다.

대적 개념뿐 아니라 고대적 문학 형식으로도 돌아가고 있다. 정화하는 불(제231~40행)에 관해서는 불의 강과 가벼운 과오가 문제되는데, 그 전거는 요한 2서 3장과 다니엘서 7장, 에스겔서 24장 등이다. 영원한 불(제241~48행)에 관한 시행들은 지옥의 호수와 우물과 심연에 차례로 언급한다.[75]

전례: 연옥의 가까이와 멀리에서

연옥의 도정에서 탐색해야 할 세번째 길은 전례(典禮)의 길이다. 그것은 새로운 신앙을 위한 준비 가운데 가장 하찮게 보이지만 아마도 가장 풍부한 것일 터이다. 죄의 사후(死後) 사면을 암시하는 것은 전혀 또는 거의 전혀 없지만, 산 자들이 죽은 자들을 위해 기도하는 열심 가운데 일어난 변천은 연옥을 받아들이기에 적합한 정신 상태를 만들어내는 것이다.

비문(碑文)은 그리스도인들이 그들의 죽은 자들에 대해 갖는 배려의 한 표지이다. 이러한 배려는 전례에서도 나타나는데, 죽은 자들이 즉시 천국에 가지는 않더라도 적어도 평온한 가운데 영생의 약속을 기다릴 수 있을 것이 기구(祈求)되었다. 이러한 바람에 가장 잘 대응하는 개념들이 레프리게리움이나 아브라함의 품 같은 개념들이다. 가장 흔한 표현은 "휴식(레프리게리움)과 빛과 평화의 장소"라는 것이다.

고중세에는 죽음을 위한 기도문의 세 가지 형태가 발견된다: "옛 겔라시우스"의 기도문(이른바 겔라시우스 성례전(聖禮典, *sacramentaire*)에 따른), 9세기부터 가장 널리 유포되었으며 로마의 교황 전례서 *pontifical*에서까지 발견되는 알퀸의 기도문, 9세기의

---

75) *Fecunda Ratis*, d'Egbert de Liège, éd. Voigt, Halle, 1889.

성드니 St. Denis의 성례전에서 발견되며 16세기까지 그 증인들을 만날 수 있는 갈리아 기도문. [76]

알퀸의 기도문은 다음과 같다: "만유(萬有)의 하나님이시여, 당신을 인하여 저희의 육신은 죽어도 썩지 아니하고 더 나은 것으로 변하나이다. 당신께 간구하오니 당신의 종의 영혼이 그의 성스러운 천사들의 손에 이끌려 당신의 벗인 족장 아브라함의 품에 들며 대심판의 마지막 날에 다시 일어나게 하옵소서. 또한 그가 악마의 궤계로 인하여 저질렀을지 모르는 악을 당신의 경건과 당신의 자비와 당신의 관대하심으로 지워주소서. 세세무궁토록." [77]

연옥 형성의 연구에 있어 전례적 텍스트들의 의의는 일반적으로 두 가지 특성에 의해 제한된다.

첫번째는 사후의 징벌이나 속죄에 대한 암시가 의도적으로 배제되어 있다는 점이다. 하드리아누스 성례전에서처럼 정화된 영혼 *anima purgata*에 대해 말할 때는 죄의 사면이 문제된다. 성찬 봉

---

*76) 성례전이란 미사 집전자가 사용하는 전례서로, 미사의 본(本)기도 외에 서품식 문구, 여러 가지 강복의 말, 기타 주교나 사제들이 필요한 기도문들이 들어 있다. 성례전의 기원은 확실치 않으나, 기도문들이 공식적으로 수집되기 시작한 것은 4세기말경부터이다. 로마 카톨릭의 성례전 중 대표적인 세 가지는 교황 레오 1세, 겔라시우스 1세, 대그레고리우스의 성례전으로 각기 불린다. 레오 성례전은 7세기초에, 겔라시우스 성례전은 8세기 중엽에 쓰여진 것으로 추정된다. 하드리아누스 1세가 샤를마뉴에게 보낸 그레고리우스 성례전(이것을 '하드리아누스 성례전'이라고도 한다)은 알퀸에 의해 프랑크족의 예배에 알맞게 수정되었다. 그 밖에, 로마 예식 이외의 서방 교회의 예식을 통틀어 갈리아 예식이라 하며, 갈리아 성례전의 주요한 네 가지 사본 중 한 가지가 『보비오 기도서』이다.

77) Cf. D. Sicard, *La Liturgie de la mort dans l'Eglise latine des origines à la réforme carolingienne*, Liturgiewissenschaftliche Quellen und Forschungen. Veröffentlichungen des Abt-Herwegen - Instituts der Abtei Maria Laach, vol. 63, Münster, 1978. 세 가지 기도문의 라틴어 원문은 pp. 89~91에 실려 있다. 갈리아 기도문은 아브라함뿐 아니라 세 명의 족장에 언급한다. "당신의 벗 아브라함" 외에 "당신이 택하신 이삭"과 "당신이 사랑하시는 야곱"이 덧붙여지는 것이다. 겔라시우스 성례전에서도 마찬가지로 세명의 족장들의 품 *in sinibus*이 문제된다.

헌은 "영혼의 결정적인 구속과 영원한 구원"을 바랄 여지를 남겨 놓는다. 어떤 성례전들에 따르면, "성찬 봉헌은 사망의 권세를 깨뜨리고 영혼을 생명과 빛의 거처로 인도한다"고 되어 있다.[78] 전례는 의도적으로 완곡한 표현을 쓰며 낙관적이다. 예컨대 『보비오 기도서 Missel de Bobbio』의 서문이 아우구스티누스의 어머니를 위한 기도에 나오는 말들을 그대로 쓰고 있다는 것은 의미심장하다. 조셉 느테디카가 적절히 지적한 대로, 대그레고리우스는 "죽은 자들을 위한 기도를 연옥 교의로써 설명한 최초의 인물"이며, 세비야의 이지도르와 베다를 위시한 다른 사람들이 그뒤를 이었지만, 이러한 시각은 "전례 용어들에는 아무런 영향도 미치지 않았다." 역사의 상이한 영역들의 이러한 상대적 자율성은 역사가에게는 성찰의 주제가 되는바, 그는 역사에서는 모든 것이 발맞추어 진행되지는 않는다는 것을 인정해야 한다.

두번째는 전례의 본래적 기능이 갖는 보수성이다. 예컨대 망자 추도 Memento des morts가 미사 캐논에 도입되는 것은 분명 적어도 대그레고리우스부터이지만, 그것이 삽입된 전체는 제2차 바티칸 공의회 Vatican II[79]에 이르기까지 더 이상 요동하지 않았다. "5세기 초부터 우리 로마 캐논의 『테 이지투르 Te igitur』[80]에서 거양 성체의 말 Les paroles de l'institution에 이르는 부분은 실질적으로 오늘날의 상태와 같다."[81] 만일 이 망자 추도가 하드리아누스 1세가 샤를마뉴에게 보낸 그레고리우스(하드리아누스) 성례전에서 생략되

---

78) J. Ntedika, *L'Evocation de l'au-delà dans la prière pour les morts. Etude de patristique et de liturgie latines(IVe~VIIIe siècle)*, Louvain-Paris, 1971, pp. 118~20.
*79) 1962~1965년에 걸쳐 (요한 23세, 바오로 6세) 교회의 자각과 쇄신, 기독교인의 일치, 대화를 통한 평화 등을 추구한 공의회.
*80) 성찬 기도 첫머리의 말.
81) 이것은 B. Capelle가 "L'intercession dans la messe romaine," in *Revue bénédictine*, 1955, pp. 181~91 (*Travaux liturgiques*, tome 2, 1962, pp. 248~57에 재수록)에서 쓴 말이다.

었다면, 그것은 단순히 그것이 로마에서는 주일 미사와 장엄 미사들에서 항상 생략되었다는 사실에서 기인한다. 이러한 추도는 죽은 지인(知人)들에 대한 단순한 제스처로서 간주되었으며 일상적 미사들에서만 행해졌다.

연옥의 발생을 고중세의 일반적 종교적 분위기 속에서 제대로 파악하기 위해서는 다음 두 가지 사실을 지적할 필요가 있다. 첫째, 다미엥 시카르 Damien Sicard가 지적한 대로, 카롤링거 시대에는 종교 예식에 있어 상당한 변화가 일어났으니, "하나님은 이제 기꺼이 심판관으로 인식되며, 그의 자비뿐 아니라 그의 공의에도 호소하게 된다." 최후의 심판이 환기되고, 죽어가는 자는 "그의 죄악과 과오들로부터 정화되고 씻어져야 한다." 고대 전례에는 나타나지 않았던 고인의 죄악이라는 감정이 이제 두려움의 표현들과 "저승에 관한 사색의 시초"에 의해 표현되는 것이다. 그러나 이 저승에는 지옥 또는 천국이라는 두 가지 방향밖에 없다. 카롤링거 시대의 전례가 도입한 것은 연옥의 희망이 아니라, 낙원에 대한 미약한 희망과 함께 지옥에 대한 점차 커지는 두려움이었다. 이미 8세기에 『보비오 기도서』는 고인을 위해 "그가 형벌의 장소, 게헨나의 불, 타르타로스의 화염으로부터 벗어나 산 자들의 영역에 이르도록" 기도할 것을 제안하고 있다. 또 다른 예식에서는 "그를 해방해주소서, 주여, 흑암의 왕자들로부터, 징벌의 장소로부터, 그리고 지옥의 온갖 위험들과 고통의 함정들로부터"라고 기도하기도 했다.

둘째, 고중세의 전기간에 걸쳐 전례는 첫째 부활이라는 관념을 강조했고 따라서 죽은 자들을 위한 기도를 천년 왕국적인 구도 속에 두었다. 이러한 관념은 요한계시록 20장 6절 "첫째 부활에 참여하는 자는 거룩하고 복이 있도다!"에 근거한 것으로, 특히 오리게네스와 성암브로시우스에 의해 유포되었다. 대부분의 의식들에는 "그가 첫번째 부활에 참여하기를!(*Habeat partem in prima resurrectione*)"이라는 말이 들어 있다.

다미엥 시카르는 돔 보테 Dom Botte의 연구에 기초하여 첫째 부활에 대한 이러한 신앙이 야기하는 문제들을 정의했다: "이 오래된 전례 어구에는 천년 왕국적인 요소가 들어 있으며, 갈리아 예식이나 겔라시우스 예식이 사용되던 시기에는 사후에 첫째 부활의 중간적 장소가 있으리라고 상상하기가 어렵지 않았으리라는 짐작을 가능케 한다. 거기에서 그리스도와 함께 천년 동안 다스린다는 것은 바람직하고 부러운 일이었다. 〔……〕 그러나 우리는 우리의 전례서들이 우리에게 그들이 이 중간적 장소로써 무엇을 의미했는지 좀더 자세히 알려주었으면 좋겠다. 원시 기독교 시절 로마의 주일과 축일을 위한 기도서 *eucologie*처럼, 그것들은 그 장소를 누가복음에 나오는 '아브라함의 품'이라든가 '낙원' 또는 '왕국'이라는 말로써 지칭한다." 그리하여 "안식의 중간적 장소나 감미로운 낙원에 대한 믿음"으로 나아가게 되는바, "거기에서는 자애로운 빛 속에서 모든 죄로부터 속량된 영혼이 그의 부활의 날을 기다린다. 그러나 이러한 개념에서는 우리가 오늘날 연옥이라는 관념과 결부시키는 이미 용서된 죄들로 인한 고통이나 정화는 전혀 엿보이지 않는다."[82]

내가 보기로는 이 안식의 중간적 장소란, 곧 아브라함의 품이거나 아니면 베다의 『드리텔름의 이상』에 나오는 흰옷 입은 영혼들이 사는 초장 같은 것일 터이다. 그것은 또한 제8일, 즉 많은 수도원 문헌들이 환기하는 부활을 기다리는 영혼들의 안식일에 해당

---

82) D. Sicard, *La Liturgie de la mort*……, p. 412. 첫째 부활에 관해서는 D. B. Botte, "Prima ressurectio. Un vestige de millénarisme dans les liturgies occidentales," in *Recherches de théologie ancienne et médiévale*, 15, 1948, pp. 5~17. 계시록에 의거한 이러한 개념은 지속되어, 예컨대 12세기말 Guy de Southwick의 고해에 관한 소론에서도 발견된다(이 소론은 Dom A. Wilmart에 의해 *Recherches de Théologie ancienne et médiévale*, 7, 1935, p. 343에 실렸다).

한다.[83] 그러나 연옥이라는 개념이 아우구스티누스의 이른바 전적으로 선하지 않은 자들 *non valde boni*의 범주가 사라지고 전적으로 악하지 않은 자들 *non valde mali* 내지는 보통으로 선하고 악한 자들 *mediocriter boni et mali*이라는 범주만을 견지할 것을 요구하는 것과 마찬가지로, 정화의 장소도 이 거의 낙원적인 대기 장소가 사라질 것을, 그리고 아브라함의 품이 결정적으로 말소될 것을 요구한다.

망자추념례(亡者追念禮) : 클뤼니

기독교 전례는 미사 캐논의 망자 추도와 고인들을 위한 기도문 외에도 죽은 자들에게 관심을 가졌다. 로마의 성례전들은 고인들을 위한 미사의 관습을 보여주는바, 장례 당일에 미사가 드려지지 못하는 경우에는 다음해의 같은 날에 망자 추념 commémoration[84]의 형식으로 드려졌다. 그러나 특히 다양한 형식의 장례 기록들은 망자 추념의 가장 좋은 증좌이다. 카롤링거 시대의 몇몇 수도원들에서는 미사 캐논에서 호명되어야 할 산 자들 및 죽은 자들의 명부(名簿)가 있었다. 그것들은 봉헌 기증자들의 이름을 새겨두던 밀랍판인 고대의 접이 서판(書板)을 대신하는 것이었다. 그것들이 생명책 *Livre de vie (libri vitae)*이었다.[85] 좀더 나중에는 죽은 자들과

---

83) J. Leclercq, "Documents sur la mort des moines," in *Revue Mabillon*, XLV, 1955, p. 167.

*84) commémoration은 우리말 카톨릭 용어로는 추사이망첨례(追思已亡瞻禮) 또는 간단히 위령(慰靈)이라고도 하는데, 어렵고 전문적인 용어를 피하면서 원어의 뜻을 살리기 위해 망자추념(亡者追念)이라고 옮겨보았다.

85) Cf. N. Huyghebaert, *Les Documents nécrologiques*, in Typologie des Sources du Moyen Age occidental, fasc. 4, Turnhout, 1972; J.-L. Lemaître, "Les obituaires français. Perspectives nouvelles," in *Revue d'Histoire de l'Eglise de France*, LXIV, 1978, pp.

산 자들이 분리되었다. 수도원 공동체들——아일랜드에서는 7세기부터——은 두루마리에 그들의 죽은 자들의 이름들을 기록했고 공동체에 속하는 수도원들에 알리기 위해 그것들을 돌렸다.[86] 그 다음에 나타난 것이 망자명부(亡者名簿) nécrologes와 기일표(忌日表) obituaires이다. 망자명부란 일반적으로 제1시과(課) prime에 성가대에서나 총회에서 읽던 달력의 가장자리에 쓰어지던 고인들의 명단이고, 기일표란 보통 읽게 되어 있지는 않지만 몇몇 고인들에 의해 수립된 기념 미사와 거기 결부된 자비의 행위들(가장 흔히는 보시)을 환기하게끔 되어 있는 것이다. 슈미트 K. Schmid와 볼라시 J. Wollash는 카롤링거 시대(9~10세기)부터 그레고리우스의 개혁 시대(11세기말)까지 일어난 변화를 지적했는데, 특히 전체적인 언급들로부터 개별적인 언급들로 넘어간 것이 큰 변화이다. 카롤링거의 기념서들은 15,000~40,000명의 이름을 싣고 있는 반면, 클뤼니 Cluny 수도원[87]의 망자 명부는 날짜별로 50~60명의 이름밖에

69-81. 현재는 일곱 권의 생명책밖에 남아 있지 않다. 그 중 하나인 르미르몽 Remiremont의 것은 E. Hladwitschka, K. Schmid & G. Tellenbach, *Liber Memorialis von Remiremont*, Dublin & Zurich, 1970으로 탁월하게 편집되었다. Cf. G. Tellenbach, "Der liber memorialis von Remiremont. Zur kritischen Erforschung und zum Quellenwert liturgischer Gedenkbücher," in *Deutscher Archiv für Erforschung des Mittelalters*, 35, 1969, pp. 64~110.

86) 사자들의 두루마리에 관한 서지는 다음 논문들에 들어 있다: J. Dufour, "Le rouleau mortuaire de Bosson, abbé de Suse(v.1130)," in *Journal des savants*, pp. 237~54, "Les rouleaux et encycliques mortuaires de Catalogne(1008~02)," in *Cahiers de civilisation médiévale*, XX, 1977, pp. 13~48.

*87) 910년 아키텐 공 기욤이 손-에-루아르 지방에 세운 수도원. 당대 수도원들의 전반적인 해이함 가운데서 아니안의 브누아(베네딕트)의 규율(이는 몬테-카시노의 베네딕트의 규율을 이어받은 것이다)을 기치로 하여 일대 개혁을 일으켰다. 클뤼니 수도원은 교황에게 직속되어 영주들에 대해서는 독립성을 견지하는 특권을 누렸으며, 방대한 자산 및 초창기 수도원장들(오동, 오딜롱, 위그)의 강한 의지에 힘입어 세력을 크게 확장, 11세기말에는 1100개 지원과 수만 명의 수사들을 거느리게 되었다. 클뤼니에서는 육체 노동보다 지적 노동에 비중을 두었으며, 세속 사회와 긴밀

신고 있지 않은 것이다. 이후로는 "명백히 이름이 기재되어 있는 죽은 자들에 대해서는 전례로써 기념하는 것이 보장되었다." 개인적 죽음의 시간은[88] 이후로는 반드시 사망자 명부에 실리게 된다. 슈미트와 볼라시는 이러한 변천에서 클뤼니 수도원이 담당했을 역할을 강조했다. 조든 W. Jorden이 말했듯이, "죽은 자들을 간수하는 데에는 클뤼니 나름의 독창성이 있었다."[89]

실상 클뤼니는 죽은 자들과 산 자들간의 이 연대가 지도층의 전유이다시피 한 데에 순종하면서도 일 년에 한 번씩은 장엄한 방식으로 고인들 전체에 전례를 베풀었다. 11세기 중엽 아마도 1024~1033년에 클뤼니는 만성절(萬聖節) *la fête de tous les Saints* 다음날인 11월 2일을 망자추념일 *la commémoration des défunts*로 정했다. 나아가 기독교 세계내에서 교단의 권위에 힘입어 "망자 축일 *la fête des Morts*"은 곧 도처에서 기려졌으며, 산 자들과 죽은 자들간의 이 보완적이고 엄숙한 연결은 연옥이 태어날 터전이 되었다. 그러나 클뤼니는 한층 더 구체적인 방식으로 연옥의 탄생을 예비했으니, 수도원장 오딜롱 Odilon의 죽음(1049) 얼마 뒤에 수사 조쉬알드 Jotsuald는 쓰고 있던 성인의 전기에서 다음과 같은 사실을 기술한다:

> 리샤르 주교께서 이야기해주신 이 이상에 대해서는 전에도 들은 적이 있었지만 전혀 기억하고 있지 않았었다. 그는 내게 말씀하시기를, 어느

한 유대를 가졌고 물질적으로도 풍요를 누렸다. 이처럼 안이해진 수도 생활에 반기를 든 새로운 교단들 중 대표적인 것이 시토회이다.

88) K. Schmid & J. Wollasch, "Die Gemeinschaft der Lebenden und Verstorbenen in Zeugnissen des Mittelalters," in *Frühmittelalterliche Studien*, I, 1967, pp. 365~405.

89) W. Jorden, *Das cluniazensische Totengedächtniswesen*, Münster, 1930; J.-L. Lemaître, "L'inscription dans les nécrologes clunisiens," in *La Mort au Moyen Age*(colloque de la Société des historiens médiévistes de l'enseignement supérieur public, 1975), Strasbourg, 1977, pp. 153~67.

날, 루에르그 Rouergue[90]의 한 수사가 예루살렘에서 돌아오던 길에 시칠리아에서 테살로니카 사이에 펼쳐진 바다 한복판에서 매우 심한 바람을 만났다고 한다. 바람에 밀려 그의 배는 바위투성이의 작은 섬에 닿았는데, 거기에는 하나님의 종인 한 은자가 살고 있었다. 수사는 바다가 잔잔해지기까지 그 사람과 이런저런 이야기를 나누었다. 하나님의 사람은 그에게 그의 국적을 물었고 그가 아퀴테느 출신이라고 대답하자 혹시 클뤼니라는 이름을 가진 수도원과 수도원장 오딜롱을 아느냐고 물었다. 그는 "알다마다요, 아주 잘 알지요. 그런데 왜 물으시지요?"라고 대답했다. 그러자 은자는 이렇게 말했다. "이야기하리다. 당신은 이제부터 듣는 것을 반드시 기억하기 바라오. 여기서 멀지 않은 곳에 하나님의 명백한 뜻에 의해 활활 타는 불을 뿜어대는 곳이 있다오. 죄인들의 영혼들은 정한 시간 동안 거기에서 여러 가지 고문을 겪으며 정화를 받지요. 수많은 마귀들이 끊임없이 새로운 고문들을, 날로 격심한 고통들을 만들어낸다오. 가끔 이 사람들이 심한 신음 가운데 탄식하는 소리가 들리기도 하오. 하나님께서 자비를 베푸사 거룩한 곳에서 수사들이 드리는 기도와 가난한 자들에게 베푸는 보시에 의해 이 저주받은 자들의 영혼들을 그 고통에서 건져주시기를 애원하는 것이지요. 탄식 가운데서 그들은 특히 클뤼니 공동체와 그곳의 수도원장을 부르는 것이었소. 그래서 하나님의 이름으로 당신께 간청하는바, 만일 당신 나라에 돌아가게 되거든 이 공동체에 당신이 내게서 들은 모든 것을 알려주기 바라오. 그리고 고통에 빠진 영혼들의 안식을 위해, 하늘에 더욱 큰 기쁨이 있고 악마는 정복당하도록, 수사들에게 기도와 철야와 보시를 더욱 늘리라고 부탁해주시오."

귀국한 수사는 사제와 형제들에게 부탁받은 바를 충실히 전했다. 그의 말을 듣고 이들은 기쁜 마음으로 하나님께 영광 돌리며 기도에 기도를 보시에 보시를 더했고 고인들의 안식을 위해 열심히 노력했다. 수도원장

---

[90] 프랑스 남부의 지방.

께서는 11월 초하루 만성절의 다음날에 모든 신도의 영혼의 안식을 견고히 하기 위해 사적 공적으로 그들을 기리는 미사를 드려 찬송과 보시를 행하며 보시는 모든 가난한 자들에게 나누어줄 것을 공동체 전체에 제안했다. 그리하여 악한 원수는 심한 타격을 입고, 그리스도인은 게헨나에서 고통당하면서도 하나님의 자비에 대한 소망을 가지게 되도록.

몇 년 후에 이탈리아의 유명한 수사이자 추기경인 피에르 다미아노 Pierre Damien[91]도 오딜롱의 전기를 썼는데, 이것은 거의 전적으로 조쉬알드가 쓴 전기를 베끼고 있는 것으로, 이 일화는 조쉬알드가 쓴 전기를 통해 유명해졌다.[92] 바라체의 쟈코포(쟈크 드 보라진)가 쓴 13세기의 『황금 전설』도 그 반향을 싣고 있다: "성 피에르 다미아노에 의하면 클뤼니의 사제 성 오딜롱은 시칠리아에 있는 한 화산 근처에서 때로 마귀들이 보시와 기도 때문에 망자들의 영혼들이 자기네 손에서 빠져나간다고 불평하는 소리가 들려온다는 것을 알고는 그의 수도원에서 만성절 다음날 망자들을 기념할 것을 명했다고 한다. 이는 이후로 교회 전체에 받아들여졌다." 바라체의 야코포가 이 글을 쓴 것은 13세기 중엽이다. 그는 그러므로 이야기를 당시에 이미 존재하던 연옥에 비추어 해석하고 있다. 그러나 조쉬알드와 피에르 다미아노가 『오딜롱의 생애』를 썼을 때, 연옥은 아직 태어나지 않았었다. 클뤼니는 불을 뿜는 산이라는 확실히 정의된 장소와 근본적인 전례적 관행의 시발이 되었다는 점에서 연옥 형성의 중요한 이정표를 이룬다. 죽은 자들, 그리

---

*91) 피에르 다미아노: 라벤나 1007~오스티아 1072. 라벤나에 학교를 열었고 그 후 은거하다가 오스티아의 주교가 되었다. 장차의 그레고리우스 7세와 더불어 성직 개혁을 추진한 인물들 중 한 사람이다. 그의 『신의 전능에 대하여 De divina omnipotentia』는 변증법과 철학에 맞서 기독교회의 교의들을 옹호한 책이다.
92) 조슈알드의 텍스트는 *Patrologie latine*, tome 142, colonnes 888-91에, 피에르 다미엥의 텍스트는 tome 144, colonnes 925-44에 실려 있다.

고 특히 대도를 필요로 하는 이들은 이후로 교회의 달력에 자기들의 날을 갖게 되었다.

II
12세기: 연옥의 탄생

도약의 세기

12세기는 라틴 기독교 세계가 급성장한 시기이다. 사회적 관계들의 체계는 오랜 성숙 끝에 마침내 변화했다. 노예 제도는 결정적으로 사라졌고, 고대 말기와 고중세의 대장원은 깊은 변모를 겪었다. 영주제가 자리하여 이원적 위계 질서, 이원적 지배 세력을 형성했다. 첫번째 근본적인 균열은 지배자들인 영주들과 영지에 대한 그들의 통치권에 예속되는 농부들의 집단 사이에 일어난다. 이 권리를 행사하여 영주들은 농부들로부터 그들이 노동하여 생산한 것에서 중요한 부분을 현물과 (점차로는) 화폐 소작료 즉 봉건지대 *la rente féodale*의 형태로 징수한다(노동력의 징발도 있었으나, 노역은 점차 줄어들기 시작한다). 영주들은 다수의 농부들(영지에 머물러 사는 농부들인 manants과 옛 장원의 일군들이었으며 사회적으로 비천한 신분인 vilains)을 일련의 권리들로써 지배하는데, 경제적 수탈과 더불어 그 중 가장 중요한 것은 그들의 사법권이다. 두번째 사회적 균열은 지배 계급 내부에서 생겨난다. 주요한 성채들을 소유하는 귀족 계급은 군소 귀족인 기사들을 봉신제(封臣制) *vassalité*의 유대로써 자신에게 예속시킨다. 일련의 봉사 특히 군사적 봉사 및 보좌와 조언의 봉사에 대한 대가로 영주는 봉신에게 보호를 허락하고 그에게 생활 수단을, 대개는 땅 즉 봉(封) *fief*을 준다.

이러한 체계가 통틀어 봉건제 *féodalité*를 이룬다. 그것이 법적으로 확실히 정의되는 것은 상층부인 영주와 봉신간의 관계에 대해서뿐이지만, 그것이 실제로 존재하고 기능하는 것은 영주와 농부 사이의 관계를 통해서인바, 이 관계는 관례 la coutume라는 상당히 막연한 방식으로 정의된다.

이러한 봉건제는 여러 시대에 세계 각지에 존재했던(또는 아직도 존재하는) 보다 방대한 체제인 봉건주의 le féodalisme의 한 유형이 역사적으로 나타난 일례이다. 이 체제는 지배를 받는 대중에게는 매우 고된 것이었지만 사회 전체적으로는 예외적인 발전을 가능케 했다. 이 발전은 우선 인구에서 나타나, 11세기초와 13세기 중엽 사이에 라틴 기독교 세계의 인구는 거의 두 배가 되었다. 발전은 농촌에서도 나타나, 농경 면적이 확대되는가 하면 집약적 경작과 기술적 진보에 따라 생산성도 향상되었다. 뿐만 아니라 이 시기에는 농업 잉여의 이용, 수공업적 노동력, 상업의 재개 등을 기초로 하여 도시도 크게 발전하였다. 도시 사회는 봉건적 구조와도 연관되어 있지만 부분적으로는 거기에 적대적인 요소를 도입했으니, 자유로운 중산층이 바로 그것이다. 장차 부르주아 계급을 이룰 이들 장인 및 상인들은 노동·계산·평화·평등 같은 새로운 가치 체계를 가지고서 수직적이기보다 수평적인 위계 질서를 이룩했으며, 거기에서 힘있는 자들은 다른 사람들을 앞질러 나아가되 지배하지는 않았다.

사회의 새로운 묘사적·규범적 체제들이 나타났으니, 그것들은 옛 인도 유럽의 삼분적 이데올로기가 역사적 진화에 의해 갱신된 것이다. 성직 계급은 영주적 지배의 이해 관계자로서 봉건 구조에 참여하여(교회의 영주들은 가장 강력한 영주들에 속했다) 사회 체제의 이데올로기적 보장이 되는 동시에 종교적 차원에서는 그것을 넘어선다. 그러한 우월감은 그레고리우스 개혁[1]에 의해 한층 고양

---

*1) 주교 이상의 고위 성직자들은 본래 선거로 뽑게 되어 있었으나, 차츰 세속 권력자

되었으니, 그에 따르면 성직자들은 성적인 오점 없는 독신자들의 사회를 이루며 새로이 만들어진 칠대성사 *le sept sacrements*[2] 이론에 따라 성사를 주관했다. 한편으로는 신자들의 평등성을, 다른 한편으로는 윤리적·종교적 가치들이 사회적·세속적 가치들보다 우월함을 환기함으로써 성직자들은 제1계급 즉 기도하는 계급 *celui qui prie*으로 자처한다. 전투를 주기능으로 하는 귀족들은, 무장과 전술이 모두 변화하는(사람과 말을 위한 중무장과 성채들의 망(網) 주위에 조직되는 전투들) 이 시기에, 제2계급 즉 전투하는 계급 *celui qui combat*을 형성한다. 끝으로 중요한 혁신적 사실은, 그것이 삼림의 벌채와 토지의 확장에서 중요한 역할을 했던 농부들이건 농촌과 그리고 뒤에는 도시까지를 포함하여 일반적으로 노동하는 집단이건, 세번째 계급 즉 일하는 계급 *celui qui travaille*이 나타났다는 것이다. 여기에서 우리는 11세기초에 정의되어 12세기에 확충된 기도하는 자들 *oratores*, 전투하는 자들 *bellatores*, 일하는 자들 *laboratores*의 삼분적 사회 체제를 볼 수 있다.[3]

들이 선거에 영향을 미치기 시작했고 이러한 권리는 암묵리에 인정되었다. 왜냐하면 주교의 수입은 봉토에 기반을 둔 것이고 따라서 그는 토지의 수여자인 세속 권력자에게 봉건 가신으로서의 충성을 서약하게 되었기 때문이다. 그리하여 성직은 지배층인 기사 계급의 세습직이나 다름없이 되었고 성직자의 자질에도 문제가 생기기 시작했으므로, 그레고리우스 7세(1073~1085 재위)는 고위 성직자들에게서 봉건 영지를 박탈함으로써 그들이 세속 권위에 예속되는 것을 막고자 했다. 이러한 개혁은 이어 우르바누스 2세, 칼릭스투스 2세 등을 거치면서 완수되었다.

*2) 성사(聖事)란 신적인 은총의 통로로 간주되는 물리적인 요소들을 통해 성스러운 또는 영적인 힘이 전달되는 종교적 표지 또는 상징으로 정의된다. 특히, 기독교의 성사는 교회의 가시적인 예식을 통해 예수 그리스도 안에서 하나님과 인간의 연합을 새롭게 하는 제도이다. 교회가 정한 성사는, 롬바르디아인 피에르가 제안하고 토마스 아퀴나스가 체계화하여 트렌토공의회에서 선포한 대로, 세례(洗禮)·견진(堅振)·성체(聖體)·참회(告解)·종부(終傅)·신품(神品)·혼인(婚姻)의 일곱 가지이다.

3) G. Duby의 방대한 저서 *Les Trois Ordres ou l'imaginaire du féodalisme*, Paris, 1979를 참조할 것. 인도-유럽의 삼분적 이데올로기 *l'idéologie triparite*를 밝힌 것은

요컨대 사회의 비약적 발전이 새로운 표상 체계에 의해 인준된 것이라 하겠다. 그러나 12세기의 발전은 지리적이고 이데올로기적인 팽창이기도 하며, 12세기는 십자군 운동의 대세기이다. 그것은 또한 기독교 역사에 있어 영적이고 지적인 시기였으니, 샤르트르 Chartres, 프레몽트레 Prémontrés, 시토 Citeaux 등의 수도원 부흥이 일어나는가 하면,[4] 동시에 도시 학교들에서는 지식의 새로운 개념 및 새로운 지적 방법들, 즉 스콜라주의가 태어난다.

연옥은 사회적 상상 세계, 저승 지리, 종교적 확신 등에 있어서의 이 같은 팽창의 한 요소이며, 그러한 체제의 일부로서, 12세기가 정복한 것이다.

나는 이제 내 탐구를 조금씩 좁히면서 심화하여, 연옥의 논리를 그 형성 과정에 따라 점차 더 자세히 검토하려 한다. 그것은 두 가지 방향에서 체계적 형식을 취할 것이다. 그 하나인 신학적 방향은 대속 체계 *le système de la rédemption*의 발전들을 따를 것이며 죄와 참회의 개념 및 최후의 목표들에 관한 구체적 교의의 발전과 긴밀히 관련될 것이다. 다른 하나는 상상적인 방향으로, 불의 본질과 기능들을 구체화하고 저승에서의 정화의 장소를 구축하게 될 것이다.

Georges Dumézil의 위대한 저서였다. 이 문제에 관한 논의들은 J. Le Goff, "Les trois fonctions indo-européennes, l'historien et l'Europe féodale," in *Annales E. S. C.* 1979, pp. 1187-215에 정리되어 있다.

*4) 최초의 수도회는 529년에 창설된 베네딕토회이다. 그러나 이후 세기들을 거치면서 본래의 엄격한 규율은 점차 완화되었고, 그 대표적인 예가 클뤼니회이다. 클뤼니회의 수사들은 대개 귀족 출신으로 부와 권력을 누렸으며, 베네딕토회 정신 자체를 부인하는 것은 아니라 해도 그 본연의 자세와는 상당히 거리가 있었다. 거기에 대한 반동으로 11세기말~12세기초에 생겨난 많은 수도회들 중 대표적인 것이 공동체 생활을 하되 침묵과 절제와 명상을 강조한 샤르트르회(1084), 특히 독일에서 널리 퍼진 프레몽트레회(1120), 청빈과 노동을 중요시한 시토회(1098) 등이다.

문화적 지리 및 사회에 대한 내 탐구는 지금까지는 기독교 세계 전체에서 나타난 저승의 표현들 전체를 다루었으나, 이제부터는 중요한 증언은 간과하지 않되 결정적으로 연옥이 태어나게 될 장소와 사회들을 중심으로 하게 될 것이다. 나는 신학적·교의적 완성이 어디에서 이루어졌는지를 밝히고 저승의 상상적 지리가 이승의 어떤 지리적 현실들에 닻을 내렸던가를 찾아낼 것이다. 그리고, 이 현상은 사회의 대변혁을 드러내는 것으로 보이므로, 나는 연옥이 새로운 사회를 낳는 데 기여하게 될 방식을 분석할 것이다. 이러한 것이 이 책 중심부의 네 갈래 큰 줄기이다.

제4장
정화하는 불

12세기초: 기정 사실들과 미결 사항들

 12세기초의 죽은 자들에 대한 태도는 성직자들 및 교회에서 나온 자료들을 통해 알 수 있는 바로는 다음과 같다. 즉, 최후 심판 뒤에는 영원토록 두 부류의 사람들이 있을 것이니, 선택된 자들과 저주받은 자들이다. 그들의 운명은 근본적으로 생전의 행실에 의해 결정되는바, 신앙과 선행들은 구원에 이르게 할 것이고, 불경건과 범죄들은 지옥에 이르게 할 것이다. 죽음과 부활 사이의 기간에 대한 교의는 명확치 않다. 어떤 이들에 의하면, 사망 후에 망자들은 각자의 무덤에서 또는 구약의 스올처럼 무덤 비슷한 어둡고 중간적인 지역에서 기다리며, 최후의 심판이 그들의 종국적 운명을 정하게 되리라고 한다. 또 어떤 이들에 의하면——이렇게 생각하는 이들이 더 많은데——영혼들은 다양한 수용처들로 가게 되며, 이 수용처들 중에 특히 잘 알려진 것이 의인의 영혼들이 고유한 의미에서의 낙원을 기다리는 동안 가게 된다는 안식과 평화의 장소인 아브라함의 품이다. 대개의 경우——그리고 이러한 견해는 교회 당국에서도 호의를 얻은 것으로 보이는데——두 부류의 망자들에 대해서는 죽음 직후에 종국적인 결정이 이루어진다. 즉 완전히 선한 자들, 순교자들, 성인들, 완전한 의인들은 즉시로 낙원에 가서 하나님을 보는 것――지복직관(至福直觀) *la vision béatifique*이야말로 지고의 보상이다――을 누리게 되며, 전적으로 악한 자들은 즉시 지옥으로 간다. 이 둘 사이에 한두 가지 중간적 범주들이 있을 수 있다. 성아우구스티누스에 의하면, 전적으로 선하지 않은 자들은 낙원에 가기 전에 시험을 겪을 것이며, 전적으로 악하지 않은 자들은 지옥에 가겠지만 거기서 아마도 덜 고통스러운 벌을 받을 것이라고 한다. 중간적 범주가 있다고 믿는 이들의 대부분에 의하면, 낙원을 기다리는 이 망자들은 정화를 받게 되리라고 한다. 여기에 대해서는 다양한 견해들이 있다. 어떤 이들은 이 정화가 최후 심판 때에 일어나리라고 하지만, 이러한 견해를 지지하는 이들도 서로 입장의 차이를 보인다. 어떤 이들은 모든 망자들――의인들, 성인들, 순교자들, 사도들, 그리고 심지어는 예수까지 포함하여――이 이 시험을 겪으리라고 한다. 의인들에게는 그 시험이 단순한 절차일 것이지만, 불경건한 자들에게는 저주가 될 것이며, 거의 완전한 자들에게는 정화가 될 것이다. 반면 어떤 이들은 즉시 낙원이나 지옥으로 가지 않는 자들만이 이 시험을 겪으리라고 한다.

이 정화의 본질은 무엇인가? 대다수는――고린도전서(3: 10~15)에 의거하여――그것이 일종의 불이리라고 생각한다. 그러나 어떤 이들은 이 정화의 도구들이 다양하다고 생각하여 '정화적 벌들 *poenae purgatoriae*'에 대해 말한다. 이 시험은 아무리 고통스럽더라도 결국에는 구원을 약속하는 것이니, 누가 그러한 시험을 받을 자격이 있을 것인가? 아우구스티누스와 대그레고리우스 이래로 믿어져온 바에 의하면, 가벼운 죄들밖에 속죄할 것이 없는 자들, 죽기 직전에 회개하기는 했으나 지상에서 참회를 완수할 시간이 없었던 자들, 그리고 어떻든 상당히 훌륭하고 선행들을 베푼 삶을 살았던 자들만이 그러한 '추가 시험'을 받게 될 것이다. 이 정화는 언제 일어나는가? 아우구스티누스 이래 대체로 믿어져온 바에 의하면, 그것은 죽음과 부활 사이에 일어날 것이다. 그러나 정화의 시간은 이 중간 시기를 앞으로나 뒤로나 넘칠 수 있었다. 아우구스티누스 자신은 이승에서 겪는 시련들, 지상에서의 환란들이 정화의 시작이 될 수 있다고 생각했다. 다른 이들에게는 이 정화가 최후 심판 때로 정해져 있었는데, 이런 경우 정화가 그저 형식만의 것이 아니기 위해서는 심판의 '날'이 상당 기간 지속될 것이었다.

이 정화는 어디에서 일어날 것이었던가? 이 점에 있어서는 견해들이 다양했다기보다는 그저 막연한 가운데 있었다. 대개는 이 문제에 관해 구체적인 아무것도 말하지 않았다. 어떤 이들은 정화를 위한 영혼들의 수용처가 있다고 생각했으며, 대그레고리우스가 그의 일화들 가운데서 시사한 바로는 정화는 죄가 범해진 바로 그 장소에서 이루어질 것이었다. 상상적 저승 여행들의 저자들은 이 정화적인 불을 겪는 장소를 어디에 두어야 할지 잘 알지 못했다. 그것은 지옥의 상층부 그러니까 어쨌든 지하에 있다는 생각——이는 골짜기로 형상화되었다——과 산 위에 있다는 생각——이는 베다에 의해 제출되었다——이 맞서고 있었다.

요컨대 이 중간적 범주에 대해서는 불확실한 점이 많았으며, 불이라는 개념——게헨나의 영원한 불과는 구별되는——은 널리 인정되었다 하더라도 이 불의 위치는 거론되지 않거나 극히 막연한 방식으로 시사될 뿐이었다. 교부들로부터 카롤링거 왕조 교회의 마지막 대변자들에 이르기까지, 저승이라는 문제는 근본적으로 낙원으로 인도할 구원과 지옥에 떨어뜨릴 저주 사이의 선택의 문제였다. 4~11세기 사이에 가장 강화되었고 연옥의 탄생에 유리한 터전이 된 신앙은 죽은 자들을 위한 기도와 좀더 넓게는 미사 및 보시를 포함하는 대도의 관행이었다. 신도 집단은 거기에서 부모 친척들과의 죽음을 초월한 연대성뿐 아니라 자신도 죽은 뒤에 이러한 도움을 받게 되리라는 희망을 만족시킬 만한 것을 발견한다.

섬세한 심리학자이자 주의깊은 목회자였던 아우구스티누스는 『망자들을 위한 배려』에서 그 점을 잘 말한 바 있다. 이러한 신앙 및 관행들은 교회의 개입을 특히 성찬 희생에서 요구했으며——교회도 거기에서 특히 보시에서 이득을 얻었다——따라서 교회는 죽은 자들을 위해 가지고 있는 것으로 간주되었던 권력을 통해 산 자들에 대한 지배력을 강화하게 되었다.

12세기는 다른 많은 영역에서 그러했듯이 이 문제에 있어서도 사태를 급진전시킬 것이며, 12세기말에는 장소로서의 연옥이 태어날 것이다. 그때까지는 정화하는 불이 일구어질 뿐이다.

여기서 한 가지 미리 짚고 넘어갈 것이 있다.

12세기의 문헌들을 이용한다는 것은 미묘한 작업이다. 이 시대의 전반적인 발전은 문서의 생산에서도 재확인되는바, 문헌의 수가 급증하였다. 16세기 이래로 그리고 특히 19~20세기의 박학자들은 가능한 한 많은 12세기 문서들의 편집에 진력해왔지만 아직도 편집되지 않은 것이 많이 남아 있다. 이처럼 문헌이 방대한 데다가 이 시대의 고유한 특성들이 있다. 이 시대의 많은 성직자 clerc들은 작품의 성공을 위해 저명하거나 알려진 저자의 이름으로 발표하는 일이 많았다. 12세기의 문학에는 수많은 위작들이 있다. 작가 귀속이라든가 진정성 같은 문제들은 규명되지 못한 경우가 허다하다. 한편 초창기 스콜라 학문은 한 작가에게 귀속시키기 어려운 문헌들을 양산했으니, 스콜라 학문의 질의 *quaestiones*, 결의 *determinationes, reportationes*[1] 등은 흔히 선생의 강의를 듣는 학

---

*1) 중세 학문은 주어진 텍스트의 독해 *lectio*와 그것을 바탕으로 한 질의 *quaestio*로 이루어졌으며, 그 질의에 대한 결론이 결의 *determinatio*이다. 질의는 차츰 주어진 텍스트 없이 독립적으로도 행해졌고, 선생과 학생들의 적극적인 참여를 통해 토의 *disputatio*로 발전했다. 중세 학문의 방법을 소개할 때는 대개 이 정도로 설명되고, *reportationes*라는 말은 잘 나오지 않는다. 아마도 문자 그대로 '보고, 리포트'가 아닌가 한다.

생의 노트[2]에서 나온 것이었다. 흔히 필사자는 선생 자신이 한 말을 자기 식의 표현이나 다른 동시대 작가들의 말과 뒤섞어 적곤 했다. 그러므로 진본을 만나기란 극히 드문 일이다. 우리가 가지고 있는 필사본들은 나중 시대에, 13~14세기 사이에 쐬어졌다. 필사자들은 원본의 말을 다른 말로, 또는 자기 시대의 표현으로 바꿔 쓰는 일도 적지 않았으니, 무의식적일 때도 있었지만 의도적으로 그렇게 할 때도 있었다. 왜냐하면 중세인들에게 있어 중요한 것은 역사적 진실이 아니라 영원한 진리의 탐구였기 때문이다.[3] 이 연구가 몇몇 불확실한 점들을 배제하지 못하는 것은 오늘날 중세 연구가 아직 완성되지 못한 데 기인하며, 특히 12세기 종교 문학의 다양한 분출은 저자 판명과 정확한 연대 규정에 열을 올리고 있는 현단계 학문의 틀로는 파악하기 어려운 때문이다. 그러나 내 탐구와 분석이 한결같이 가리켜보이는 바는 확실한 것으로 보인다. 즉, 아무리 일러도 1170년 이전에는 연옥이 없다는 것이다.

그러나 텍스트들이 많아지고, 죽음과 심판 사이에 무엇이 일어날 것인가에 대한 관심이 점차로 나타나는바, 논술들의 무질서는 모색의 증좌이기도 하며 연옥의 소재에 대한 고려가 점점 더 드러난다.

주저의 증인: 오노리우스 아우구스토두넨시스

여기에서 좋은 증인은 신비로운 인물 오노리우스 아우구스토두넨시스Honorius Augustodunensis[4]이다. 그는 아마도 아일랜드인으

---

*2) 이것을 relationes라 한다.
3) purgatorium에 관한 보유 II를 참조할 것.
*4) 오노리우스 아우구스토두넨시스: 1080년경~? 일명 Honorius d'Autun. 성안셀무스의 제자로 많은 논저들을 썼다. 그 중에서도 신학과 교리 문답을 교구의 외근 사제

로 자신의 종교적 삶의 대부분을 레겐스부르크에서 보낸 것으로 보인다. 카푸엥스 M. Cappuyns에 의하면 중세에 유일하게 존 스코트 에리게나의 제자였다고 하는 오노리우스는 분명 저승에 대해 독창적인 생각들을 가지고 있었다. 그에게는 저승의 장소들은 물질적으로 존재하는 것이 아니라, '영적인 장소들'이다. '영적인'이라는 말은 애매하여 모종의 육체성을 포함하거나 순전히 상징적이고 은유적인 실재를 가리킬 수도 있다. 오노리우스는 두 가지 경향 사이에서 주저했다.『하늘의 더 큰 사다리 Scala coeli major』에서 그는 전적으로 비물질적인 방향으로 기우는 듯하나, 다소간에 물질적이거나 비물질적이거나 한 일곱 개의 지옥(지상의 세계는 그 중 두번째에 해당한다)이라는 이론으로 이러한 의견을 완화한다.[5]

들을 위해 풀어 쓴『해명 Elucidarium』이 유명하다.
5) Ecole française de Rome에서 근간될 문집 Faire Croire에 실릴 Claude Carozzi, "Structure et Fonction de la Vision de Tnugdal"을 참조할 것. 내가 보기에 카로치는 12세기에 '물질주의자들'과 '비물질주의자들' 사이에 있었다고 하는 논쟁의 중요성을 과장한 듯하다. 설령 그가 생각하는 것처럼 12세기에 저승의 사물들에서 영적인 것 spiritualia만을 보려는 경향이 있었고 오노리우스 아우구스토두넨시스가 그 본보기라 하더라도, 이러한 경향은 아직 막연하던 연옥의 발생에 거의 영향을 미친 바 없다. 오노리우스 아우구스토두넨시스가 Elucidarium에서 영혼들이 저세상에서 있게 될 장소들에 언급했을 때, 그는 그 장소들에 모종의 물질성을 부여했음을 우리는 뒤에서 보게 될 것이다. 죄의 정화를 위한 형벌을 이루는 불의 실제적이거나 은유적인 성격에 관한 논쟁은 초기 기독교 이후로는 계속되지 않았다. 영혼들은 아무런 육체도 갖지 않으며 따라서 어떤 물질적 장소에도 있을 수 없다는 9세기 존 스코트 에리게나의 주장은 이 고립된 사상가의 대부분의 이론들과 마찬가지로 별다른 영향력을 갖지 못했다. M. Cappuyns, Jean Scot Erigène. Sa vie, son oeuvre, sa pensée, Louvain-Paris, 1933을 참조할 것. 13세기 전반에 Alexandre de Halès는 다수의 신앙 내용을 정식으로 인정하는 신학자들의 일반적인 견해를 이렇게 표현할 것이다: "죄는 이중적인 고통 없이는 사해지지 않는다. 육체 편에도 고통이 없다면 사면은 아무런 가치도 없다"(Non ergo dimittitur peccatum sine duplici poena; non ergo valet relaxatio cum nulla sit poena ex parte corporis, Glossa in IV Libros Sententiarum, IV, dist. XX). 중요한 것은 '영적인'이라는 말이 '탈육신적인 désincarné'을 의미하지 않는다는 사실이다.

오노리우스의 저작에서 내 관심을 끄는 것은 다음 두 가지이다. 첫째, 그는 영적인 삶을 공간화하는 것을 격렬히 비판한다. 『하늘의 더 큰 사다리』에서 그는 지옥이 지하에 위치한다는 것을 순전히 은유적으로 해석한다. 낮음과 무거움과 슬픔을 관련지어, 그는 "모든 장소에는 길이와 폭과 높이가 있다. 그러나 영혼에는 이 모든 속성들이 없으므로 어떤 장소에도 갇힐 수 없다"고 결론짓는다.[6] 이러한 생각은 그의 『진실한 삶의 인식에 관한 책 Liber de cognitione verae vitae』에서도 재발견된다: "그러나 내가 보기에 육체적인 장소에 비육체적인 영혼을 가둔다고 하는 것은 괴이한 노릇이다. 무엇보다도 모든 장소는 높이와 길이와 폭을 잴 수 있는 것인 반면 영혼에는 잘 아다시피 이런 속성들이 없으니 말이다."[7] 만일 오노리우스와 같은 생각이 승리했더라면, 연옥이란, 본질적으로 그 위치와 연관되어 있는 만큼, 태어나지 않았거나 아니면 부수적이고 위축된 신앙에 그쳤을 것이다.

그러나, 역설적이게도, 기독교의 주요한 진리들을 간략히 해설한 일종의 교리 문답서인 또 다른 저서 『해명 Elucidarium』에서, 오노리우스는 정화하는 불에 대해 말하는데, 이 대목은 연옥의 발생에 관한 자료 가운데 특기할 만한 위치를 차지한다. 『해명』의 제3권은 대화 형식으로 되어 있으며, 거기에서 오노리우스는 내세의 삶에 관한 질문들에 대답한다. 낙원에 관한 질문에 대해 그는 분명히하기를 그것은 육체적인 장소가 아니라 축복받은 자들 les bienheureux[8]의 영적인 거처로서 정신적인 하늘 le ciel intellectuel

---

6) PL, 172, 1237~38. 클로드 카로치가 이 편집을 신뢰하지 않는 것은 분명 옳다.
7) PL, 40, 1029.
*8) les bienheureux라는 말에는 두 가지 뜻이 있다. 넓게는 천국에서 영원한 복락을 누리는 자들을 말하며, 좁게는 교회가 거룩함을 인정한 자들 중 성인들 les saints보다 한 단계 낮은 자들 즉 복자(福子)들을 말한다. 본서에서는 개인의 이름 앞에 붙어 '복자~' '복녀~'가 되는 경우를 제외하고는 전자의 의미로 새기기로 한다.

에 위치하며 거기서 그들은 하나님을 대면하여 보게 되리라고 한다. 의인들 *les justes*의 영혼들이 가게 되는 곳이 그곳인가? 라는 물음에 대해, 그는 완전한 자들 *les parfaits*의 영혼들이 육신을 떠날 때 가게 되는 곳이다, 라고 대답한다. 완전한 자들이란 누구인가? 그들의 생전에 명령받은 바를 행하는 데 만족하지 않고, 순교자, 수사, 동정녀 들처럼, 그 이상의 선을 행한 자들이다. 의인들은 다른 거처들에 있다. 그러면 의인들이란 누구인가? 단순히 명령받은 바를 기꺼이 행한 자들이다. 그들의 영혼들은 죽은 뒤 곧 천사들에 의해 지상 낙원으로, 라기보다는 영적인 기쁨에로——왜냐하면 영혼들은 육체적인 장소들에 거하지 않으니까——인도된다. 그 밖에도, 불완전하다고 일컬어지지만 하나님의 장부에 녹명(錄名)되어 있는 의인들의 범주가 있다. 가령 그들의 공덕 때문에 아주 안락한 거처에 맞아들여지는 신랑들이 그러하다. 그들 중 다수는 심판 날 이전에 성인들의 기도와 산 자들의 보시 덕분에 더 큰 기쁨을 누리도록 허용될 것이며, 모두가 심판 뒤에는 천사들과 연합할 것이다. 또한 선택된 자들 가운데에는 완전과는 거리가 멀고 죄에 대한 참회를 미루어왔던 망자들도 있다. 이들은 잘못을 저지른 아들이 노예에게 맡겨져 매를 맞듯이 천사들의 허락하에 악마들에게 맡겨져 정화된다. 그러나 악마들은 그 영혼들이 받아 마땅한, 그리고 천사들이 허락하는 이상으로 그들을 괴롭힐 수는 없다.

다음의 질문은 이 불완전한 자들의 해방 수단들에 관한 것이다. 선생, 즉 오노리우스는 대답하기를 미사, 보시, 기도 및 기타 경건한 행실들이 그 수단들이며 특히 그들이 살아 생전에 다른 이들을 위해 그런 것들을 행했다면 더욱 확실한 수단들이 되리라고 한다. 그들은 이 고통으로부터 해방되나, 어떤 이들은 제7일에, 어떤 이들은 제9일에, 또 어떤 이들은 일 년 뒤에, 또 어떤 이들은 그보다 더 오랜 뒤에 그러할 것이다. 그리고 나서 오노리우스는——신비한 상징적 산술에 따라──이러한 기간들이 소요되는 이유를 설명한다.

끝으로 그는 우리 연구에 가장 가까이 접근하는 질문을 받는다:

학생: 정화하는 불이란 무엇입니까?

선생: 어떤 이들은 이생에서 정화를 받는다. 그것은 불행이 가져오는 물리적인 고통일 때도 있고 스스로 부과하는 금식이나 철야 같은 물리적 시련일 때도 있다. 또 때로는 사랑하는 사람들이나 재보를 잃는 일일 수도 있고 고통이나 병일 수도 있으며, 음식이나 의복의 핍절, 잔혹한 죽음일 수도 있다. 한편, 죽음 뒤의 정화는 극도로 뜨거운 불이나 극도의 추위, 또는 온갖 형태의 시련일 수 있겠으나, 그 중 가장 덜한 것도 이생에서 상상할 수 있는 가장 큰 것보다 더한 시련일 것이다. 그들이 거기 있을 때 이따금씩 그들에게는 그들이 생전에 무엇인가를 하여 영광을 돌렸던 천사들이나 성인들이 나타나 산뜻한 공기나 향그러운 내음 또는 다른 어떤 위로를 가져다줄 것이다. 마침내 그들이 어떤 오점도 받아들이지 않는 저 궁정에 들어가기까지.

학생: 그들은 거기에서 어떤 형태로 삽니까?

선생: 그들이 이승에서 지니던 육신의 형태로이다. 그리고 마귀들은 고문을 느낄 수 있게끔 공기로 된 몸을 받는다고 한다.

육신과 영혼 사이의 관계에 대한 명확치 않은 설명에 이어, 오노리우스는 지옥 또는 지옥들에 대해 말한다. 그에 의하면 두 개의 지옥이 있다는 것이다. 상층 지옥은 고통으로 가득찬 지상 세계의 하층부이다. 참을 수 없는 더위, 심한 추위, 굶주림, 목마름, 그 밖에도 다양한 고통들이 있으니, 채찍질에서 오는 고통처럼 육신적인 것일 수도 있고 공포나 수치에서 오는 고통처럼 정신적인 것일 수도 있다. 하층 지옥은 영적인 장소로서, 거기에는 꺼지지 않는 불이 있으며 그곳에서 영혼들은 아홉 가지 특별한 벌을 받게 된다. 즉, 타오르기는 하되 밝히지 않는 불, 참을 수 없는 추위, 죽지 않는 구더기들, 특히 뱀들과 용들, 끔찍한 악취, 쇠를 내리치는 망치 소리처럼 거슬리는 소리들, 빽빽한 암흑, 온갖 죄인들의 혼란스러운 뒤섞임, 불꽃이 튀길 때마다 언뜻언뜻 비쳐보이는 악마들과 용들의 무시무시한 광경, 눈물과 욕설의 아우성, 그리고 끝으로 저주받은 자들의 사지를 꽁꽁 묶고 있는 불의 끈들이다.[9]

이 텍스트는 정화가 지상에서 시작된다는 것을 위시하여 아우구스티누스의 생각들을 그대로 되풀이하고 있을 뿐이다. 다만, 그는 저승의 은유적 성격을 다소 더 강조하고 있는데, 아우구스티누스도 때로 저승이란 물질적이기보다 상징적인 것이 아니겠는가 하는 의문을 가졌었다. 그러나 오노리우스는, 아마도 상상적 저승 여행의 이야기들을 읽고 들은 때문이겠지만, 자신의 생각들에 어긋나는 상상을 하고 있다. 내가 보기에 이 텍스트가 연옥의 전사에서 갖는 의의는 지옥의 사실적 묘사보다도 천사들과 악마들에게 주어진 역할에 있는 것으로, 이러한 발상은 대그레고리우스를 통해 전해 내려오는 아우구스티누스적인 것이라기보다 중세적인 것에 속한다.

불: 수도원 사회에서

12세기 한중간까지, 대개는 고린도전서의 주석과 관련하여, 죄의 정화에 관한 성찰은 정화하는 불에 대한 전통적인 언급에 국한된다. 그 첫번째 예가 샤르트르의 브뤼노 Bruno le Chartreux[10]이

---

9) Y. Lefèvre, *L'Elucidarium et les Lucidaires*, Paris, 1954.
*10) 샤르트르의 브뤼노: 쾰른 1030~칼라브리아 1101. 샤르트르 교단의 창설자. 학식과 덕망으로 이름 높다. 쾰른에서 서품을 받고 프랑스의 렝스에서 성당 학교의 교장이자 주변 학교들의 감독 등으로 일하다가, 그르노블 근처의 산지에 있는 샤르트

다. 캔터베리의 대안셀무스 le grand Anselme de Cantorbéry[11]와 나란히 스콜라 철학의 대부들 중 한 사람으로 꼽히기도 하는 그는 고유한 의미에서의 학파를 이끌고 스콜라적 주석을 제출한 최초의 인물이다. 그 주석이 바로 『바울 서신 주해』로서, 이 텍스트는 그의 사후 수많은 개작을 거치게 될 것이다. 어떤 이들은 이 작품을 브뤼노 주변에 있던 다른 작가의 것으로 추정하기도 하는데, 그럴 때 대개 꼽히는 인물은 안셀무스[12]의 형제이자 12세기초의 가장 탁월한 신학 학파인 랑 학파의 가장 잘 알려진 대변자인 랑의 라울 Raoul de Laon(~1136)이다. 이 『고린도전서 주해』는, 아우구스티누스 사상의 연장선상에서, 세상을 사랑하되 하나님보다 더 사랑하지 않은 자들은 구원되나 먼저 불에 의해 징계를 받은 뒤에 그렇다고 한다. 공덕이 나무와 같은 자들은 오래 벌받으리니 나무는 오래 타기 때문이며, 공덕이 마른풀과 같은 자들은 불타는 정화에서 더 빨리 벗어나리니 마른풀은 빨리 타기 때문이다. 그보다 더 빨리 타는 짚과 같은 공덕을 쌓은 자들은 더 빨리 불을 통과할 것이다.[13]

  르에 수도원을 세우고 교단을 창설했다.
*11) 캔터베리의 대안셀무스: 아오스타 1033~캔터베리 1109. 스콜라 철학의 창시자. 이 탈리아 북서부의 아오스타에서 태어나 탁월한 고전 교육을 받은 뒤 프랑스의 노르망디 지방에 있던 베크 수도원에 들어가(1057) 서품을 받고(1060) 뒤에는 그곳의 수도원장이 되었다(1078). 동료 수사들의 청으로 쓴 『독백 Monologium』(1077)은 기존의 권위에 호소하기보다 이성으로써 신의 존재 및 속성들을 규명하려 한 작품이다. 1093년 캔터베리 대주교로 임명되었다. 『왜 신이 인간이 되었는가? Cur Deus homo?』 (1099)에서는 봉건주의 가신제의 모형에 비추어 대속의 만족 이론을 전개했다.
*12) 이 안셀무스는 위에 나온 캔터베리의 안셀무스가 아니라 랑의 안셀무스(?~랑 1117)이다. 랑의 안셀무스는 베크 수도원에서 교육을 받았고, 1089년에는 파리에 머물면서 샤르트르의 베르나르 등과 교유했으며 그를 따라 샤르트르에도 갔던 듯하다. 랑으로 돌아가 동생 라울과 함께 유명한 라울 학파를 이끌었다. 그는 샹포의 기욤, 라포레의 질베르, 피에르 아벨라르 등을 가르친——비록 아벨라르의 비판을 받기는 했지만——12세기의 가장 뛰어난 교사들 중 한 사람이었다.
13) PL, 153, 139.

투르네 사람 게릭 le Tournaisien Guerric (1187~　) 은 성베르나르에 이끌려 1125년경 클레르보 Clairvaux에 들어가서, 1128년 성베르나르가 렝스와 수아송 Soisson 사이에 세운 이그니 Igny의 시토 수도원의 두번째 원장이 되었으며 (1138), 그곳에서 아주 연로하여 죽었다 (1158). 수사들을 위한 그의 설교 54편이 남아 있는데,[14] 제4 및 제5설교에서 그는 동정녀 마리아의 정화에 언급하면서 정화하는 불에 대해서도 말한다. 게릭은, 오리게네스의 영향을 받은 듯, 정화는 이승에서부터 시작되어야 한다고 생각하며 저승의 정화하는 불을 심판의 불과 동일시하는 경향이 있다. 그는 예컨대 정화를 위한 제4설교에서 이렇게 선언한다:

샘에 가서 씻는 것이 불에 씻는 것보다 더 확실하고 더 쉽습니다, 형제들이여! 분명코, 지금 샘에서 깨끗해지지 않을 자들은 불로써 그렇게 될 것입니다. 그렇지만 그것도 그들이 정화를 얻을 만한 자격이 있다면 말입니다. 심판하시는 이가 마치 녹이는 불처럼, 은을 녹이고 정련하는 불처럼 몸소 좌정하실 그날, 그가 레위의 아들들을 깨끗케 하실(말라기 3: 2~3) 그날에 〔……〕 내가 서슴없이 말하노니 만일 주 예수께서 지상에 보내신 불이 그것을 보내신 이께서 바라시는 만큼 뜨겁게 우리 안에

---

14) 이그니의 게릭이 한 설교들(tome Ⅰ)은 J. Morson과 H. Costello에 의해 P. Deseille의 번역과 함께 편집되었다(Sources chrétiennes, vol. 166, 1970). 나는 그 번역을 따르되, 내가 앞에서도 해왔듯이 본문의 purgare, purgatio, purgatorius라는 말을 각기 purifier, purification, purificateur 대신 purger, purgation, purgatoire라는 말로 바꾸었다. 게릭은 purificare라는 말도 쓰고 있으나, 그에게는 그 두 가지 말이 거의 동의적이었던 것으로 보인다. 한편 성서도 그러게끔 유도하였으니, 제4설교가 기초해 있는 누가복음 2장 22절에도 *Postquam impleti sunt dies purgationis eius (Mariae)*(* 그의〔마리아의〕 결례〔潔禮〕의 날이 차매)라고 되어 있다. 내가 발췌 인용하는 두 편의 설교는 Sources chrétiennes의 제1권(vol. 166)에 들어 있다 (pp. 356~85). 이그니의 게릭과 '연옥'에 대해서는 D. de Wilde, *De beato Guerrico abbate Igniacensi ejusque doctrina de formatione Christi in nobis*, Westmalle, 1935, pp. 117~18 참조.

서 타오른다면, 심판 날에 레위의 아들들을 정화할 정화의 불은 우리 안에서 더 이상 태울 나무도 마른풀도 짚도 발견하지 못할 것이오. 분명 그것들 하나하나가 정화하는 불이지만, 아주 다른 방식으로 그렇소. 그 하나는 기름 부음으로 깨끗케 하고 다른 하나는 태워서 정화하오. 여기서는 청량케 하는 이슬이지만, 저기서는 심판의 입김 *spiritus judicii*, 타는 입김이요. [······] 그리고 만일 이 사랑 *charité*이 그러한 죄들, 그만한 죄들을 덮기에 족할 만큼 완전하지 않다면, 레위의 아들들을 깨끗케 하시는 이 기초자는 거기에 자신의 불을 사용하실 것이오. 모든 녹 찌꺼기는 현재와 미래의 환란에 의해 소진되며, 마침내 그들은 노래할 수 있게 될 것이오. "우리는 물과 불을 통과하였으니, 당신은 우리를 레프리게리움에로 인도하셨나이다"(시편 65: 12). 이 세상도 그와 같으니, 우선은 홍수의 물로 세례를 받고, 그리고는 심판의 불로 정화되어 새로운, 썩지 않는 상태로 나아갈 것입니다.

이 주제는, 아우구스티누스적인 어조를 띠고서, 순화(純化) *la purification*를 위한 제5설교에서도 다시 나타난다:

만일 (이승에서의) 이 날들이 정화가 전혀 일어나지 않은 채 지나간다면, 그리하여 이생에서 상상할 수 있는 모든 것보다 훨씬 더 강하고 가혹한 *poenalius* 불에 의해 정화되어야 한다면, 우리에게 화 있을진저! 그런데 대체 누가 이생을 떠날 때 이 불을 전혀 겪지 않을 만큼 그렇게 완전하고 성결하겠는가? [······] 분명 선택된 자들도 소수이지만, 이 소수 가운데서도 "소수와 함께 네 게으름에서 깨끗해지라"(집회서 7: 34)고 현인이 이른 바와 같은 정화를 이루었을 만큼 그렇게 완전한 자들은 아주 적다.

아우구스티누스의 견해를 본받아, 게릭은 장차의 연옥에 그다지 많은 사람들이 갈 수 있으리라고 보지 않는다.

생-블레즈 Saint-Blaise의 수사 베르너 2세 Werner II(~1174)의
『교부 문선(文選) Deflorationes sanctorum Patrum』은 생-빅토르의
위그 Hugues de Saint-Victor의 영향을 많이 받은 것으로,[15] 아담의
타락에 관한 설교에서 정화하는 불에 언급하고 있다:

> 죽음 뒤에도 정화하는 불 ignis quidam purgatorius이 있다고 한다. 이
> 승에서 정화되고 씻기기를 시작했으나 다 이루지 못한 자들은 거기에서
> 정화되기를 계속할 것이다. 〔……〕 이러한 고문들은 미약한 정도이지만
> 고될 것이다. 그러므로 해야 할 바를 이승에서 마치는 편이 낫다. 그러
> 나 그것을 시작만 했다면, 다 마치지 못한다 하더라도 절망할 필요는 없
> 을 것이다. 왜냐하면 "구원은 얻겠으나 불에서 나오는 것 같으리라"(고
> 린도전서 3: 10~15)는 말이 있기 때문이다. 네 안에 죄된 것은 타 없어
> 질 것이다. 그러나 너는 네 안에 하나님에 대한 사랑이 기초로 남아 있
> 어야 구원받을 것이다.[16]

도시 신학자들

나는 질베르 포레타 Gilbert Perreta[17]라는 특이한 신학자의 학파
에 대해 다시 말하게 될 것이다. 일명 라 포레의 질베르 Gilbert de
la Porrée라고도 하는 그는 푸아티에의 주교로 1154년에 죽었으며,
동시대인 아벨라르와 마찬가지로 교회와 다투었다. 성바울에 관한

---

15) 이하 p. 283을 참조.
16) *PL*, 157, 1035~36. P. Glorieux, "Les Deflorationes de Werner de Saint-Blaise," in *Mélanges Joseph de Ghellinck*, II, Gembloux, 1951, pp. 699~721.
*17) 질베르 포레타: 푸아티에 1075년경~1154. 샤르트르의 베르나르와 라옹의 안셀무스의 제자. 1026년에 샤르트르 학교의 감독, 1142년에 푸아티에 주교가 되었다. 『보에티우스 주석』을 위시한 주석서들을 썼다.

그의 주석은 편집되지 않았으나, 질베르의 텍스트를 해석한 고린 도전서 주석의 한 단편(비록 그에게 항상 충실하지는 않지만)은 이 승에서의 정화가 죽음 뒤에 "불 속에서" 완성된다는 생각을 보여 준다. 그는 이 정화하는 불이 최후 심판 이전에 있으리라고 명시 한다.[18]

또한 파리 어귀 셍트-주느비에브 산 아래 있던 저 유명한 셍-빅 토르Saint-Victor 수도원에서도 정화하는 불에 대해 말한다. 연옥이 태어나기 직전에 그 전조를 위해 가장 중요한 저작들 중 하나를 쓴 셍-빅토르의 위그 외에도, 예컨대 1155~1161년에 셍-빅토르의 수도원장이었고 1161년부터 1170/1171년에 죽기까지 아브랑슈 Avranches의 주교였던 아샤르Achard의 증언이 있다. 교회 봉헌 축일에 한 두번째 설교에서 그는 교회를 세우기 위해 사용한 망치 와 가위의 상징성을 다루면서 전자는 "영원한 불의 공포"로 후자 는 "정화하는 불의 공포"로 해석할 수 있다고 말한다.[19]

속어 문학

망자들의 사후 운명에 관한 의문들과 정화하는 불이라는 문제는 성직 사회의 테두리를 넘어서는 것이다. 그 문제는 도시 학교들에 서 토론되고 수도원의 설교에서 거론되었을 뿐 아니라, 특히 성직 자들이 속인들에게 속어로 말했던 설교들(몇몇 예외를 제외하고는 그 라틴어본밖에 전해지지 않는다)에서도 자주 언급되었다.[20] 나는

---

18) Edité par A. M. Landgraf, *Commentarius Porretanus in primam epistolam ad Corinthios*(Studi e Testi, 177), Cité du Vatican, 1945.
19) Achard de Saint-Victor, *Sermons*, éd. J. Châtillon, Paris, 1970, p. 156.
20) J. Longère, *Oeuvres oratoires de maîtres parisiens au XIIe siècle*, Paris, 1975를 참조. '연옥의 탄생'에 대한 직접적인 언급은 없지만, 저세상에 관한 흥미로운 고찰들이

중세 불어로 된 두 편의 텍스트에서 12세기에 정화하는 불의 '유행'에 대한 증언을 찾으려 한다.

그 첫번째는 다름아닌 대그레고리우스의 『대화』를 프랑스어로 번역한 『그레고리우스 교황의 대화 *Li Dialoge Gregoire lo Pape*』이다. 리에주 방언으로 씌어진 이 작품의 제4권 40장과 41장에서는 앞서도 살펴보았던 대로 정화하는 불 *li fous purgatoires, lo fou purgatoire*, 환란의 불 *(lo) fou de la tribulation*, 정화의 불 *(lo) fou de la purgation* 등의 표현이 나타난다. 제40장 말미에서 피에르가 제기하는 의문은 다음과 같다: 죽음 뒤의 정화하는 불이란 존재한다고 믿어져야 하는지 가르쳐주시기 바랍니다 *Ge voldroie ke l'om moi enseniast, se li fous purgatoires après la mort doit estre crue estre*.

그레고리우스의 답변이 실린 제41장의 제목은 se li fous purgatoires est après la mort(정화하는 불이 죽음 뒤에 존재하는지)이다.[21]

정화하는 *purgatoire*이라는 말이 나오는 한 운문 이본에는 정화를 위한 '특정 장소'가 있는 것이 아니며 각각의 영혼이 생전에 죄를 범한 바로 그곳에서 정화된다고 하는 그레고리우스의 견해가 언급되어 있다:

> 성그레고리우스의 이 이야기들을 통해 우리는 정화가 모든 영혼들이 함께 벌을 받는 특정 장소에서 일어나지 않는다는 것을 이해해야 한다.[22]

---

t. I, pp. 190-91, t. II, pp. 144-45에 실려 있다. 프랑스어로 된 설교 문학의 시초에 관해서는 M. Zink, La *Prédication en langue romane avant 1300*, Paris, 1976을 참조.

21) *Li Dialoge Gregoire lo Pape, Les dialogues du pape Grégoire traduits en français du XIIe siècle accompagnés du texte latin*, éd. W. Foerster, Halle-Paris, 1876. 인용된 대목은 pp. 254-55에 실려 있다. 정화하는 불, 정화의 불 등의 표현들에 주목할 일이다. 거듭 환기하거니와 나는 명사로 된 '연옥 *purgatorium*'이라는 말이 나타나기 이전의 문헌들을 모두 그렇게 번역했고, 정확히 동일한 뜻이 아닌 '순화 *purification*'라는 말은 피했다. 그렇게 해서 나는 중세의 어휘를 되살리는바, 내가 이런 표현들을 사용하는 것은 고풍을 떨자는 것이 아니라 정확을 기하고자 함이다.

Par ces countes de seint Gregorie
Deit houme entendre qi purgatorie
N'est pas en une lieu determinez
Ou les almes seint touz peinez.

또 다른 텍스트는 튀로스의 기욤 Guillaume de Tyr[23]이 쓴 『성지에서의 십자군 역사 Historia rerum in partibus transmarinis gestarum』의 13세기 프랑스어 번역——그러나 12세기 원본을 그대로 재현하는——이다. 제1권의 41장은 어떻게 하잘것없는 사람들이 십자군 원정을 떠났는가를 묘사한다 (Comment li menuz peuples se croisa pour aler outremer): "세상에는 우리 주의 은혜로부터 멀어진 죄인들이 하도 많아서 하나님께서는 그들에게 낙원에 가기 위한 바른 길을 보여주시고, 그들에게 죽음 뒤의 정화하는 불이라는 시련을 주시게 되었다 Tant avoit de pecheours el monde qui avoient eslongnie la grace de Nostre Seigneur, que bien covenoit que Dex leur monstrat un adreçoer par où il alassent en paradis, et leur donast un travail qui fust aussiut comme feus purgatoires devant la mort." 이 텍스트는 참회로서의 십자군 원정이라는 개념을 시사하는데, 이것은 종말론적 원정으로서의 십자군 원정의 본령[24]과는 사뭇 다르다. 한편 거기에는 죄의 지

---

22) Cité par Ch.-V. Langlois, La Vie en France au Moyen Age, t. IV, Paris, 1928, p. 114.
*23) 튀로스의 기욤: 팔레스타인 1130~1184/5. 성지에서 태어나 서구에서 교육을 받고 튀로스의 대주교가 되었다(1175). 1169년부터 12세기 라틴 동방의 역사인 『성지에서의 십자군 역사(바다 건너 지방에서 일어난 일들의 역사) Historia rerum in partibus transmarinis gestarum』 일명 『예루살렘 역사 Historia Hierosolymitana』를 쓰기 시작했다. 1184년에 중단되었다가 에르눌 Ernoul에 의해 1227/8년까지 계속 집필되었던 이 연대기는 1231년경 『에라클 소설 le roman d'Héracle』이라는 제목으로 중세 불어로 번역되었다.
*24) 중세 천년왕국설의 두 주역은 계시록에 나오는 '적 그리스도'와 『시빌의 신탁집』에 나오는 '세계 종말의 황제' 또는 '의로운 왕'으로, 당대의 군왕들은 정치적 필요에 따라 그 어느 한쪽과 동일시되곤 했다. '의로운 왕'의 선전자들은 그의 지배하에

상적 정화라는 개념도 엿보이는바, 그럼으로써 낙원으로 직행할 만한 자격을 얻게 되면 죽음 뒤에 아마도 있을 '정화소'를 건너뛸 수도 있게 된다. 이는 13세기에 보게 될 '지상 정화소'의 순전히 은유적인 의미에 이르게 될 진화의 도상에 있는 것이다.[25]

네 명의 대신학자들과 불: 말세론의 초안

나는 여기서 12세기 중반의 네 명의 대신학자들을 좀더 자세히 살펴보려 한다. 이들의 저작들은 긴 전통의 결실일 뿐 아니라 새로운 발전들의 출발점이 되는바, 이는 연옥에 관해서도 마찬가지이다.

I. 파리의 참사회원: 생-빅토르의 위그

그 첫번째 인물은 1141년에 죽은 파리의 참사회원 chanoine[26] 생-빅토르의 위그[27]이고, 두번째 인물은 이탈리아 수사 그라티아누

기독교 세계가 재통일되리라고 예언하면서 십자군 원정에 박차를 가했다.

25) *Recueil des historiens des croisades*, I/1, 1884, p. 44.

*26) 참사회(參事會)란 교회의 종교적·세속적 관심사들을 관장할 책임을 맡은 성직자단, 즉 안정되고 영구적인 사제단을 말한다. 본래 참사회원 chanoine(canonicus)이란 이러한 목적으로 시(市)의 주교와 공동 생활을 하는 성직자를 말했으며, 8세기 중엽 그러한 성직자들을 위한 규율이 정해짐에 따라 참사회원들은 점차 일정한 규율을 준수하는 수도원적인 공동체를 이루게 되었다. 한편 이들은 처음에는 주교와 공동의 자산으로 살았으나, 차츰 독립에의 요구가 생겨나면서 자산을 나누게 되었고, 9세기말에 이르면 참사회원은 자기 재산으로 자기 집에 살게 된다. 11세기에 일부 참사회원들은 본래의 규율과 공동체 생활로 돌아갔고, 그래서 정규 참사회원 *chanoine régulier*과 세속 참사회원 *chanoine séculier*의 구별이 생겨난다. 전자들은 엄격한 수도원적 공동체를 이루는 반면, 후자들은 점차 더 세속화되어갔다.

*27) 생-빅토르의 위그: 이프르 ?~파리 1141. 신학자이자 철학자. 인문 교육을 옹호하되 철학은 어디까지나 신학의 시녀라고 주장했다. 『디다스칼리콘 *Didascalicon*』에서는 철학을 이루는 여러 학문들을 분류했고, 『성사에 관하여 *De sacramentis*』에서는 신

스이다. 박학한 교회 법학자였던 그라티아누스는 1140년경 볼로냐에서 교회법 문서집을 편찬했으니, 이는 그의 이름을 따라 『그라티아누스 법전』라 명명될 것이며 중세 『교회법 대전 Corpus』의 시초가 될 것이다.[28] 세번째 인물은 자기 시대에 이미 명성을 얻었던 시토 수도사 클레르보의 베르나르 Bernard de Clairvaux, 일명 성 베르나르[29]이다. 네번째 인물은 파리 주교가 된 이탈리아의 롬바르디아인 피에르(피에트로) Pierre Lombard[30]로서, 그의 『금언집

앙의 신비·성사·신심 등을 다루었으며, 그 밖에도 많은 설교 및 주석들을 남겼다.
*28) 그라티아누스 및 『캐논법 대전』에 관해서는 제3장 주 38, 39 참조.
*29) 성베르나르: 1090~클레르보 1153. 시토회의 수사이자 신비가. 부르고뉴의 귀족 가문 출신으로, 세속적인 성공은 물론 성직 사회내에서의 출세보다도 진정한 자아 포기와 고독의 생활을 택하여 베네딕트회의 규율 본래의 엄격성으로 돌아가고자 하는 시토회의 수도원에 들어갔다(1112). 3년 뒤 적은 무리를 이끌고 부르고뉴와 샹파뉴의 경계에 있는 클레르보에 수도원을 세웠다. 1130-1145년경에는 여러 공의회의 중재자이자 다섯 교황들의 상담자로서 활발히 활동하며 당대 교계의 가장 영향력 있는 인물이 되었다. 특히 스콜라 철학의 이성주의에 맞서 신앙의 순수한 자발성을 옹호했으며, 그와 아벨라르간의 논쟁은 유명하다. 그 밖에도 마리아 흠숭에 관한 소론, 성당 기사단의 창설을 위한 설교, 아가(雅歌) 주석 등을 위시한 수많은 설교와 주석들을 남겼다.
*30) 롬바르디아인 피에르(피에트로): 노바라 1100/1110~1160. 이탈리아 출신으로 파리의 셍-빅토르 학교에서 수학했으며, 노트르담 수도원에서 가르쳤다. 1159년에는 파리의 주교가 되었다. 그의 『금언집 총서 Libri sententiarum 또는 Sententiae』은 교부들의 텍스트들을 분류 정리한 것으로(sententia란 문자 그대로는 '판단'을 뜻하는데, 이는 수업 과정중 lectio에서 독해자의 판단 즉 독해의 결과 드러나는 학문 및 사상의 내용을 가리킬 뿐 아니라, 과거의 지적 유산 중 일반의 판단에 의해 여과된 정수 즉 '금언'을 말한다), 13세기 신학생들의 필수 교재가 되었으며, 따라서 당대의 신학자들이나 철학자들 대부분은 거기에 대한 주석을 썼다(3과 trivium와 4과 quadrivium의 자유 학예를 마친 뒤 신학 교육을 받게 되면 수년간의 견습기를 거쳐 수련기에 들어가는데, 수련 기간중 처음 4년간은 성경을, 다음 2년간은 롬바르디아인 피에르의 『금언집』을 설명하게 되었다). Pierre Lombard라는 이름은 우리의 인명 표기 원칙[출신지를 밝히고 출신지에서의 발음을 따른다]에 의하면 '롬바르디아인 피에트로'가 되겠으나, 생애의 대부분을 파리에서 보냈고 파리를 주활동 무대로 삼았던 인물을 굳이 그렇게 부른다는 것도 어색한 일일 듯하여, '피에르'라는 불어 이름을 따르기로 한다.

Sententiae』은 13세기에 대학의 주요 교재가 될 것이다.

당시는, 장 롱제르Jean Longère의 말을 따르자면, 생-빅토르의 위그 및 롬바르디아인 피에르와 함께 "말세론 de novissimis의 최초의 초안이 이루어지던" 시대였다. 세상의 종말, 죽은 자들의 부활, 최후 심판, 인간들의 영원한 운명 등에 관한 여러 가지 언급들과 설명들이 수집되었으며, 거기에 개인적 죽음과 마지막 날들 사이에 저승에서 일어날 일들을 덧붙이는 것은 자연스러운 일이었다.

생-빅토르의 위그는 아마도 성서의 강독 *lectio* 즉 성서 주해와 직접적으로 관련이 없는 체계적 신학의 강의를 한 최초의 인물일 것이다.[31]

그의 저작 중 특히 정화하는 불에 할애된 대목은 두 군데이다. 그 첫번째 대목은 고린도전서를 출발점으로 하여 "의인들의 정화하는 불에 대한" 질문이다. 정화하는 불은 구원받을 자들, 선택된 자들을 위한 것이다, 라고 위그는 말한다. 금과 은과 보석으로 건축한 성인들도 불을 통과하여야 하나, 해를 입지 않을 뿐이다. 그들은 마치 가마에서 구워진 진흙이 아주 단단해지듯이 더욱 힘찬 모습으로 불에서 나올 것이다. 그들에게는 "불을 통과하는 것이 부활의 일부"라고까지 말할 수 있을 것이다. 위그에 의하면, 어떤 이들은 주장하기를 이 불이 징벌의 장소 *quemdam poenalem locum* 이며 나무와 마른풀과 짚으로 건축한 자들은 이승에서 시작한 참회를 완수하기 위해 죽어서 거기에 간다고 한다. 참회를 마치면 그들은 안식에 들어가 심판 날을 기다리게 되며, 그날에 그들은

---

31) 생-빅토르의 위그에 관해서는 R. Baron, *Science et sagesse chez Hugues de Saint-Victor*, Paris, 1957와, A.-M. Landry & P. Boglioni에 의해 개정 증보된 프랑스어판 A.-M. Landgraf, *L'Introduction à l'histoire de la littérature théologique de la scolastique naissante*, Montréal-Paris, 1973, pp. 93~97의 서지를 참조. 그 밖에 구원 교의의 관점에서는 *ibid.*, pp. 43~44와 H. Köster, *Die Heilslehre des Hugo von St.Victor, Grundlage und Grundzüge*, Emsdetten, 1940을 참조.

해를 입지 않고 불을 통과할 것이다. 이 불은 인간들을 정화하는 것이 아니라, 최초의 홍수 때 물에 의해 그러했듯 불의 홍수에 의해 정화되고 갱신될, 하늘과 땅을 정화하는 것이니만큼 한층 그렇다는 것이다. 그러나 위그는 이러한 견해에 반대하며 최후 심판의 불은 선택된 자들의 정화에 필요한 시간만큼 지속되리라고 생각한다. 심판의 불에 관해서는, 불경건한 자들은 그것을 통과하지 못할 것이며 그것과 함께 심연으로 떨어지리라는 것이 그의 생각이다.[32]

그의 대작 『기독교 신앙 성사 대요 Summa de sacramentis christianaefidei』는 12세기에 가다듬어지는 이 성사 신학(참회와 관련하여 보게 되겠지만, 이는 연옥의 탄생을 위해 잊지 말아야 할 맥락이다)의 최초의 대논저로서, 여기서 위그는 저승의 문제에 접근한다. 제1부는 "태초로부터 말씀의 성육신에 이르기까지"이고, 제2부는 말씀의 화육에서 만물의 소멸에 이르기까지이다. 이 제2부의 16장에서 위그는 "죽어가는 자들 또는 인간의 종말"을 다루면서 정화하는 벌들에 대해 말한다. 이 장은 한편으로는 "고해, 참회, 그리고 죄의 사면"에 관한 장 및 종부 성사에 관한 아주 짧은 장과, 다른 한편으로는 세상의 종말 및 "장차 올 세기"에 관한 마지막 두 장 사이에 위치한다. 그러므로, 정화하는 벌들에 관한 자세한 논의가 이루어지는 것은 개인적이고 집단적인 구원 역사의 내부에서, 고해 및 참회와의 밀접한 관계 속에서이다. 위그는, 제2권 16부 6장에서 영혼들은 육신을 떠난 뒤에도 육신적인 벌들을 받을 수 있다는 점을 명시한 뒤 "징벌의 장소들 loca poenarum"을 다룬다. "하나님께서는 고통당해야 할 죄인들을 위해 육신적인 벌들을 예비하신 것과 마찬가지로, 이 육신적 벌들을 위한 육신적 장소들을 구

---

32) O. Lottin, "Questions inédites de Hugues de Saint-Victor," in *Recherches de théologie ancienne et médiévale*, 1960, pp. 59~60.

별해놓으셨다. 고통의 장소가 아래쪽에 있고 기쁨의 장소가 위쪽에 있음은 당연하니, 과오는 무거워 아래로 처지는 반면 정의는 위로 일어서기 때문이다." 위그는 이 아래쪽 장소, 즉 지옥이 땅 밑에 있다고 하면서, 그러나 그런 문제에 관해서는 확실히 말할 수 없다고 덧붙인다. 어떤 이들은 지옥에는 꺼지지 않는 불이 탄다고들 말한다. 그러나, 이생에서 정화되어 나오는 자들은 곧장 하늘로 간다.

그리하여 위그는 정화하는 벌에 이른다. "끝으로 죽음 뒤에는 정화하는 벌이라 일컬어지는 또 다른 형벌이 있다. 이생에서 몇 가지 과오들을 지닌 채로 떠나는 자들은 비록 의롭고 영생에 이르기는 하겠지만 정화되기 위해 거기에서 잠시 고통을 당한다. 이 벌을 받는 장소는 전혀 정해지지 않았다. 비록 이 벌을 받는 영혼들이 출현한 많은 예들로 미루어보건대, 많은 증언들이 입증하듯이, 이승에서 그리고 아마도 과오를 범한 장소들에서 벌을 받는다고 생각되기는 하지만. 이 벌들이 다른 곳에서 주어지는지는 알기 어렵다."

생-빅토르의 위그는 다시금 묻는다. 한편으로는, 악하되 불경건한 자들이나 범죄자들보다는 덜 악한 자들은 게헨나의 더 큰 고통 속으로 보내지기 전에 어떤 징벌의 장소들에서 기다리지 않는지, 그리고 다른 한편으로는 선하되 과오가 없지 않은 자들은 천상의 희락에로 인도되기 전에 어떤 처소에 머물지 않는지. 위그는 완전한 선인들 *boni perfecti*은 분명 곧장 하늘로 가고 진짜 악인들 *valde mali*은 곧장 지옥으로 간다고 본다. 불완전한 선인들 *boni imperfecti*은 (죽음과 심판 사이의) 기간 동안 모종의 벌들을 받은 뒤 장차의 기쁨에 참예할 것이 분명하다. 불완전한 또는 덜한 악인들 *imperfecti sive minus mali*에 대해서는 그들이 부활의 때에 영벌 속으로 떨어지기까지 어디서 기다리는지 확실히 알 수 없다.

끝으로, 이 세상에도 정화하는 고통들이 있으니, 그러한 시련들을 당하는 자들은 그로 인해 악해지기는커녕 거기서 유익을 얻어 잘못을 고침으로써 더욱 선해진다. 죽은 자들을 위한 대도에 대해, 위그는 만일 망자가 지은 과오들이 사해질 수 없는 것들이 아니고 또 그의 삶이 선하여 죽은 뒤에 도움을 받을 만하다면, 성찬의 희생은 큰 도움이 될 수 있다는 대그레고리우스의 견해를 인용한다.[33]

생-빅토르의 위그는, 실상, 아우구스티누스나 대그레고리우스에 비해 문제를 별로 진척시킨 바 없으며, 그들과 마찬가지로 유령의 실재를 강조한다. 그러나 그는 정화하는 벌의 장소 locus 또는 장소들 loca을 모색하는 자기 시대의 경향을 입증한다. 비록 이러한 장소들의 존재에 대해 무지 내지 회의주의를 보여주기는 하지만, 그리고 대그레고리우스와 마찬가지로 지상에서 죄를 범했던 장소들이 곧 정화의 장소이리라는 오래가지 못할 입장을 취하기는 하지만, 그는 죽음과 심판 사이 저승에 특정한 정화의 장소들이 있다고 하는 다른 입장도 있음을 시인한다.

II. 시토회 수사: 성베르나르

저승에서의 죄의 정화라는 문제에 관한 성베르나르의 견해는 내가 보기에 일반적인 선입견과 달랐던 듯하다. 왜냐하면 나는 이 문제에 관한 그의 주요 논저로 간주되었던 텍스트가 실은 그의 것이 아니며 그가 죽은 1153년보다 훨씬 나중에(적어도 20년 뒤에) 씌어진 것이라고 보기 때문이다(이러한 확신은 본 연구를 통해 증명될 것이다).[34]

성베르나르는 두 편의 설교에서 자신의 입장을 아주 분명히 밝

---

33) *PL*, 176, 586~96(colonne 586 CD). 인용된 대목은 직역한 것이다.
34) 보유 II: 푸르가토리움 참조. 한편 나는 중요한 텍스트 하나를 잠시 덮어두기로 한다. 그 텍스트는 성베르나르 자신의 입장에 대해서는 별로 새로운 내용이 없는 반면 사후 정화에 반대하는 이단들의 입장을 설명하고 있으므로, 이단과 연옥과의 관계를 다루는 자리에서 거론될 것이다.

힌다. 저승에는 인간들의 정화의 장소들 *loca purgatoria*이 있다는 것이다.

성앙드레를 위한 설교에서 세 가지 종류의 선에 대해 말하면서 그는 이렇게 단언한다:

> 정화의 장소들에서 *in locis purgatoriis* 고통하는 이 영혼들이 캄캄하고 더러운 곳들을 이리저리 돌아다닌다는 것은 맞는 말이다. 왜냐하면 그 영혼들은 이생에서 마음으로 그런 곳들에 살기를 두려워하지 않았기 때문이다. 〔……〕 우리는 죽은 자들을 위해 동정하고 기도할 뿐 아니라 소망 가운데서 그들을 경하해 마지않는다. 왜냐하면 비록 정화의 장소들에서 고통을 당해야 한다지만, 하나님께서 그들의 눈에서 눈물을 씻기실 때가 가까워오는 것을 한층 기뻐해야 마땅하기 때문이다. 다시 사망이 없고 애통하는 것이나 곡하는 것이나 아픈 것이 있지 아니하리니 처음 것들이 다 지나갔음이라. (계시록 21: 4)[35]

또 다른 설교는 성베르나르 자신보다 5년 앞서 1148년에 죽은 클레르보의 수사 욍베르Humbert의 장례에서 행해진 것인데, 거기에서 그는 아직 존재하지도 않고 알지도 못하던 연옥이라는 말은 쓰지 않지만, 이렇게 말한다: "명심하시오. 이승에서 치르기를 게을리한 것은 이생 뒤에 정화의 장소들에서 *in purgabilibus locis* 마지막 일전까지 백배로 갚아야 한다(마태 5: 26)는 것을."[36]

대림절(待臨節) *Avent*[37]을 위한 세번째 설교에서 성베르나르는

---

35) Saint Bernard, sermon XVI *De diversis*, in *Opera*, ed. J. Leclercq et H. Rochais, t. VI/1, pp. 144, 147.
36) 『클레르보 수사 욍베르의 장례에 *in obitu Domni Humberti, monachi Clarae-Vallensis*』 대한 설교는 ed. Leclercq-Rochais, t. V, p. 447에 실려 있다.
*37) 성탄절 전4주간, 그리스도께서 인간으로 탄생하심과 나아가 세말의 심판을 위해 재림하실 것을 기다린다.

"삼중 지옥 le triple enfer"에 대해 상당히 복잡하고 자세한 설명을 한다. 나는 이 텍스트를 그렇게 이해한다:

첫째 지옥은 의무적 obligatorius인 것이니, 왜냐하면 거기에서는 마지막 일전까지 요구당하며 고통에 끝이 없기 때문이다. 둘째 지옥은 정화적이다. 셋째 지옥은 의지적 volontarius인 고로 사면적이니, 흔히 벌과 죄과 et poena et culpa는 거기에서 둘 다 사면된다. 둘째 지옥에서 벌은 때로 면제되지만, 죄과는 정화될 뿐 결코 사면되지 않는다. 가난의 행복한 지옥이여! 그리스도께서 거기에서 나셨고, 거기에서 자라, 거기에서 사셨다. 이 지옥에 그는 자기 백성을 구하러 한번 내려가셨을 뿐 아니라 우리를 저주받은 자들의 무리에서 떼어놓으시려고, 그리고 우리를 모아 거기에서 건지시려고, '이 악한 세대에서 우리를 건지시려고 자신을 드리셨다(갈라디아서 1장 4절).' 이 지옥에는 아주 젊은 새 아가씨들이, 즉 영혼의 그림자들이 있다. 심벌즈를 연주하는 천사들을 뒤따라 팀파논을 든 소녀들이, 그리고 그 뒤에는 심벌즈로 환희의 노래를 연주하는 다른 소녀들이 따른다. 다른 두 지옥에서는 고통당하는 것이 인간들이지만, 여기서는 악마들이다. 그들은 물 없는 거친 곳들을 다니며 쉴 곳을 찾으나 찾지 못한다. 그들은 신자들의 영혼 주위를 맴돌지만 어디서나 거룩한 생각들과 기도들에 의해 밀려난다. 그러므로 그들은 '예수여 때가 이르기 전에 우리를 괴롭게 하시려고 여기 오셨나이까'(마태 8: 29)라고 외쳐 마땅한 것이다.[38]

내가 보기에 성베르나르는 고유한 의미에서의 게헨나인 (하층) 지옥과 정화가 이루어지는 (중간) 지옥, 그리고 상층 (지옥)을 구분하는데, 이 상층 (지옥)은 지상에 있으며 장차의 림보나 전통적인 아브라함의 품에 해당한다. 거기서 무죄한 영혼들은 이미 안식

---

38) Opera, ed. Leclercq-Rochais, t. VI/I, pp. 11~12.

에 드는 반면 최후 심판까지 유예를 바라는 악마들은 거기에서 이미 고통당한다.

그러니까 성베르나르는 저승의 공간화를 모색하며 정화적 지옥 내지 정화적 장소들 loca purgatoria, purgabilia의 존재를 긍정하는 것이다. 그러나 이 공간에는 이름이 없으며 저승의 지리는 아직도 막연하다.

Ⅲ. 교회 법학자: 볼로냐의 그라티아누스

그라티아누스의 『법령집 Decretum』(1140년경)의 경우는 특이하다. 이 문집은 그 텍스트들의 수집과 선택 및 구성이 갖는 참신함이 아니었더라면 별로 독창적이지도 않을 것이다. 12세기말과 13세기에 교회법이 갖게 될 중요성은 중세 교회법의 『대전 Corpus』의 효시가 된 이 중요한 작품에 주목하고 12세기의 이 활발한 지적 활동의 중심지를 탐색해보게 한다. 볼로냐는 법학 연구의 수도가 되었으며 중세 최초의 대학도 거기에서 발전하는 것이다.

우리의 시각에서, 그라티아누스의 『법령집』 가운데 중요한 것은 제2부 사유 13 질문 2의 22장과 23장이다.[39] 22장은 교황 그레고리우스 2세가 독일의 사도 보니파치우스에게 보낸 서한(732년경)의 독해로 이루어진다. 거기에는 아우구스티누스와 대그레고리우스 이래로 수립된 대도들의 목록이 실려 있다: "망자들의 영혼들은 네 가지 방법으로 구제된다. 즉 사제들의 희생(미사)과, 성인들의 기도와, 친지들의 보시, 친족들의 금식에 의해서이다."

『법령집』에 실림으로써 이 텍스트는 큰 비중을 띠게 되고, 죽은 자들을 위한 산 자들의 행동을 법제화하며, 성찬 희생의 우위를 환기하고 교회(사제들)의 중개를 거칠 필요성을 역설하며, 성인 숭배를 장려하고, 보시에 의한 재화의 순환(또는 교회를 위한 재화 흡

---

39) *Decretum Magistri Gratiani*, ed. A. Friedberg, Leipzig, 1879, t. I, col. 728.

수)을 장려하며, 근친들(육신적이거나 영적인 가족과 친구들)의 역할을 부각시킨다.

23장은 "심판 날 이전에 죽은 자들은 희생(미사)과 보시의 도움을 받는다"라는 제목하에 성아우구스티누스의 『엔키리디온』 109장과 110장을(여기에서 별 의미 없는 짧은 대목 한군데를 제외하고는) 그대로 옮기고 있다. 이 중요한 텍스트는 다음과 같다:

> 인간의 죽음과 마지막 부활 사이의 기간 동안 영혼들은 은밀한 거처에 간수된다. 거기서 영혼들은 합당한 대로, 그들이 육신에 거하는 동안 스스로 만든 운명에 따라, 안식이나 형벌을 받게 된다.
> 그러나 망자들의 영혼들이 그들의 살아 있는 근친들의 기도에 의해, 그들을 위해 중재자의 희생이 드려지거나 교회에서 보시가 나누어질 때, 위로를 받는다는 것은 부인할 수 없다. 그러나 이러한 행위들은 그 도움을 누릴 만한 삶을 살았던 자들에게만 도움이 된다.
> 실상, 이러한 사후의 대도가 필요치 않을 만큼 선하지도 그 도움을 얻지 못할 만큼 악하지도 않은 삶을 살았던 자들이 있는가 하면, 그런 것이 없어도 될 만큼 선하게 살았던 자들이나 죽어서 그런 도움마저 얻지 못할 만큼 악하게 살았던 자들도 있다. 그러므로, 각자에게 이생 뒤에 위로나 화를 초래할 공덕은 항상 이승에서 얻어지는 것이다.
> 그러므로 모든 세례받은 망자들을 위해 제단의 희생이나 보시가 드려질 때, 전적으로 선했던 자들에게는 그것이 은혜의 행동이며, 전적으로 악하지 않았던 자들에게는 속죄의 수단이며, 전적으로 악했던 자들에게는 위로는 되지 못하나 그럭저럭 산 자들의 마음에 위로가 될 것이다. 그것들이 거기서 도움을 얻을 자들에게 확보해주는 것은 완전한 사면 내지는 적어도 저주의 보다 견딜 만한 형태이다.

이 텍스트에서는, 기억하다시피, 두 가지 중요한 요소들이 연옥의 탄생에 장애가 된다. 그 첫째는 비록 아우구스티누스가 죽음과 부활 사이에 영혼들을 위한 처소들에 대해 말하고는 있지만 이 처소들은 일종의 구멍 *trou*이나 은신처 *cachette*, 수용처 *réceptacle* (*receptacula*)일 뿐 진정한 의미에서의 공간이 아니며, 더구나 그것들은 숨겨져 있다 *abdita*는 것이다. 이는 물질적인 동시에 영적인 의미로 해석될 수 있다. 물질적인 의미로는 그것들이 탐색에서 벗어나며 찾기가 불가능하지는 않다 하더라도 매우 어려움을 뜻하고, 영적인 의미로는 그것들이 신비로움을 나타낸다. 그 신비를 알려 한다는 것은 신성 모독까지는 아니라도 부당한 일일 것이다(라는 것이 어떤 이들의 견해이다). 이러한 개념들은 그리하여 연옥의 지리로 가는 길에 장애가 된다.

두번째 점은 아우구스티누스의 이른바 망자들의 네 범주에 대한 언급이다. 즉 전적으로 선한 자들 *valde boni*, 전적으로 악한 자들 *valde mali*, 전적으로 악하지는 않은 자들 *non valde mali*, 그리고 논리적으로 함축되는 바 전적으로 선하지는 않은 자들 *non valde boni*이 그것이다. 그렇다면 두 가지 가능성이 있으니, 연옥은 아우구스티누스의 체계에 함축된(그러나 이 텍스트에서는 분명히 지시되지 않은) 이 마지막 범주만을 위한 것이거나, 아니면 전적으로 악하지는 않은 자들과 전적으로 선하지는 않은 자들의 두 범주가 하나로 합쳐지는 것을 요구할 것이다.

그리하여 연옥 탄생의 기초들 중 하나가 될 이 텍스트는 동시에 그것을 늦추는 역할도 한다. 이 "권위적 봉쇄"는 분명 교회법이 연옥의 탄생에서 미약한 역할밖에 하지 못하는 이유들 중의 하나일 것이다.

Ⅳ. 파리의 세속[40] 교사: 주교 롬바르디아인 피에르

롬바르디아인 피에르는 이탈리아 출신의 파리 교사로서 1159년

---

*40) 여기서 세속 *séculier*이라는 것은, 속세 *siècle*에서 활동하는 성직자들을 두고 하는

에 주교가 되었고 1160년 이후에 죽었다. 다른 많은 문제들에 대해서와 마찬가지로 연옥이라는 문제에 대해서도 그의 사상은 한편으로는 과거를 다른 한편으로는 미래를 향해 있던 세기 중반의 분위기를 극명히 보여준다. 1155~1157년에 편찬된 그의 『4대 금언집』에서 그는 한편으로는 그 이전의 사람들, 교부들로부터 12세기 전반의 신학자들 및 교회법 학자들, 셍-빅토르의 위그, 아벨라르, 라 포레의 질베르, 그라티아누스 등의 견해를 힘차고 분명하게 종합적인 정신으로 요약한다. 그러나 다른 한편으로는 이 독창성 없는 사상가의 작품은 "이후 세기들의 고전"이 될 것이다. 드 겔린크 J. de Ghellinck는 롬바르디아인 피에르의 『금언집』이 12세기의 신학적 동향을 보여주는 시야의 중심이라고도 하였다.

저승에서 있을 죄과들의 정화에 관한 그의 견해들의 본질은 그의 작품 중 두 군데, 즉 『금언집』 제4권의 21과와 45과에서 발견된다.

제21과는 성사들에 관한 해설 가운데 삽입되어 있다. 세례와 견진(堅振), 성찬에 이어, 참회에 관한 긴 논술은 임종시의 참회에 관한 장으로써 끝맺으며, 그뒤에 "이생 뒤에 사면되는 죄들"에 관한 제21장이 나온다. 그리고는 작품의 말미에 이르러, "영혼들의 여러 거처들"에 관한 제45장이 말세론의 논의 속에, 즉 부활과 최후 심판 사이에 자리한다. 이 텍스트들에 대한 주석은 13세기의 대 스콜라 학자들의 교의의 본질을 이룰 것이지만, 역설적이게도 이 텍스트들 자체는 일관된 전체를 이루지 않는다. 장차의 연옥은 한편으로는 참회 및 개인적 죽음, 다른 한편으로는 말세 *novissima* 사이에 나누어져 있다. 연옥은 시간적으로나 공간적으로나 바로 이 둘 사이를 차지할 것이다. 롬바르디아인 피에르는

말이다. 반면 속세를 떠나 수도원에서 교단의 계율 règle을 엄격히 따르는 수도 생활을 하는 수도원의 수사들을 régulier라 한다.

가까운 연옥의 위치를 말하자면 부정적으로 공백으로서 지적하는 것이다.

제21과에서 그는 어떤 죄들은 죽음 뒤에 사해지는지 여부를 자문한다. 마태복음 12장 32절과 고린도전서 3장 10~15절에 의거하여 그리고 바울의 텍스트에 대한 아우구스티누스의 주저하는 견해(『신국론』XXI, 24)를 환기한 뒤, 그는 자신의 견해를 분명히 제출한다. 사도 바울의 대목은 "나무나 마른풀이나 짚으로 건축하는 자들은 그들과 함께 타 없어질 건축물들을, 즉 사면 가능한 죄들을 가지고 가며, 그것들은 정화하는 불 속에서 타 없어질 것임을 공공연히 시사한다." 나무와 마른풀과 짚 사이에는 서열이 있으니, 그것들이 나타내는 바 사면 가능한 죄들의 비중에 따라 죽은 자들의 영혼들은 정화되고 구원되는 데에 시간이 달리 걸릴 것이다. 새로운 점은 없으나, 롬바르디아인 피에르는 어떤 죄들은 죽음과 심판 사이에 정화된다는 것, 정화 가능한 죄들과 사면 가능한 죄들은 동일하다는 것, 정화하는 벌(불)의 기간은 길거나 짧을 수 있다는 것 등 사태를 분명히한다.

제45과는 한층 더 중요하다. 그것은 영혼들의 거처와 망자들을 위한 대도를 다루고 있다. 거처들에 관해서, 그는 아우구스티누스의 텍스트들, 특히 『엔키리디온』에서 숨겨진 거처들이 언급되는 대목을 인용한다. 교회의 미사와 보시는 망자들에게 유익하나, 단 그들이 생전에 그 유익을 얻을 만한 덕을 쌓았을 경우에만 그러하다. 그는 전적으로 선한 자들, 전적으로 악하지는 않은 자들, 전적으로 악한 자들이라는 아우구스티누스적 분류를 견지하는바, 그들에게는 교회의 대도가 각기 감사 기도, 속죄, 단순히 산 자들을 위한 위안에 해당한다. 그러나 롬바르디아인 피에르는 아우구스티누스의 분류에서 도출되는 두 범주, 즉 대도가 벌의 완전한 면제를 가져다줄 수 있는 보통 정도로 선한 자들과 대도가 벌의 경감을 가져다줄 보통 정도로 악한 자들을 근접시킨다. 그리고, 그는 "보

통 정도로 선한 자들"의 두 가지 예를 든다(제45과의 4장과 5장). 끝으로, 전적으로 악한 자들에 대해, 롬바르디아인 피에르는, 아우구스티누스가 시사했듯이, 하나님은 모든 것에도 불구하고 그들 가운데에서 악한 정도를 가릴 수 있으며 그들을 영원히 지옥에 두시되 거기에서 그들의 벌을 어느 정도 덜어주실 수 있다고 생각한다.[41] 롬바르디아인 피에르는 의미심장한 변화를 가져왔으니, 전적으로 악하지 않은 자들은 전적으로 악한 자들과 구별되었으며 전적으로 선하지 않은 자들과 뒤섞이지는 않지만 접근되었다. 감히 말하건대, 이제 곧 그 중요성을 보게 될 중심에로의 수렴이 이루어지기 시작한 것이다.

V. 그 밖의 증언들

연옥 purgatorium이라는 말, 즉 장소로서의 연옥을 태어나게 한 기타 텍스트들 ── 그 중 어떤 것들은 1170~1200년이라는 기간을 넘어서기도 하는데 ── 은 사후 정화에 장소를 부여하고 저승에서의 정화 과정을 공간적으로 개별화하려는 12세기 후반 종교적 사고의 노력을 드러낸다. 그 몇 가지 예를 다음에서 살펴보자.

로베르 풀루스(풀레인) Robert Pullus(Pulleyn)는 1134년에 추기경, 1145년에는 로마 교회의 학감(學監) chancelier[42]이 되었고 1146

---

41) *Ibid.*, p. 1006sqq.
*42) chancelier라는 것은 일괄적으로 옮기기 어려운 말이다. 본래 이 말은 고대 말기 라틴어에서 '문지기'를 뜻하던 것으로, 로마 제국 말기에는 법무·행정의 두 우두머리가 이 호칭으로 불렸고, 메로빙거 왕조에서는 단순한 서기 역할을, 카롤링거 왕조에서는 왕의 전속 예배당 성직자들 중에 뽑혀 왕의 문서들을 관장하는 사람을 가리켰다. 이후 이 직책은 차츰 영역을 넓혀 중세말에는 왕정 전반에 걸쳐 세력을 행사하게까지 되었다. 특히 중세의 학제와 관련하여 chancelier란 구체적으로 성당 학교의 상급반 책임자(하급반 책임자는 le chantre라 한다 ── 예: 성가대장 피에르 Pierre le Chantre)를 가리키고, 경우에 따라서는 대학의 총학장을 가리키기도 한다.

년에 죽은 인물인데, 그의 『금언집』 제4권에서 그도 역시 저승의 지리에 관해 의문을 가진다. 지옥은 하나의 장소임을 infernus [……] locus est 언명한 뒤, 그는 정화하는 벌들이 어디에서 일어나는가를 묻는다. 옛 사람들은 한동안 지옥에 가서 정화를 받다가 아브라함의 품에 "즉 안식이 깃들인 지고의 영역에" 들곤 하였다. 우리 시대에 즉 그리스도가 오신 뒤로는, 아직 불에 탈 것을 지니고 있는 망자들은 죽음 뒤에 정화하는 벌들로써 purgatoriis poenis 시험되며 그리고 나서 그리스도 곁 즉 낙원으로 간다. 이러한 벌들은 본질적으로 불로 이루어지는데, 이 정화하는 불의 강도는 지상 환란들과 지옥 고문들의 중간 inter nostras et inferorum poenas medias이다. 그러나 여기서 로베르 풀루스는 당혹을 보인다:

> 그러나 이 교정은 어디서 이루어지는가? 하늘에서인가? 지옥에서인가? 그러나 하늘은, 특히 우리 시대에는, 환란에도 교정적 고문에도 적합해 보이지 않는다. 왜냐하면 만일 하늘이 선한 자들에게만 적합하다면, 지옥은 악한 자들에게만 적합하지 않겠는가? 만일 하늘이 모든 악을 배제한다면, 지옥이 어찌 적은 선(善)인들 맞아들일 수 있겠는가? 하나님께서 하늘을 완전한 자들만을 위해 예비하셨듯이, 게헨나는 불경건한 자들만을 위한 것으로 보인다. 그리하여 지옥은 죄인들의 감옥이 되고 하늘은 영혼들의 왕국이 되도록 말이다. 그렇다면 죽음 뒤에 참회를 해야 하는 자들은 어디에 있는가? 정화하는 장소들에. 그렇다면 이 장소들은 어디 있는가? 나는 아직 모른다.[43] 그들은 거기에 얼마나 오래 머무르는가? 참회가 완수되기까지(그들의 과오가 속해지기까지).[44]

---

43) *Ergo ubi sunt poenitentes post mortem? in purgatoriis. Ubi sunt ea? nondum scio.*
*44) 원문은 jusqu'à la satisfaction(l'expiation de leur faute). satisfaction이란 "죄의 보상" "죄의 사면을 얻기 원하는 죄인에게 사제가 부과한 기도 및 기타 행위" 그러니까 좁은 의미의 pénitence와 같은 뜻이다. 우리는 이것을 '보속(補贖)'이라는 말로 옮기기도 할 것이나, 위의 대문 같은 데서는 문맥으로 보아 '보속 내지는 참회의 완

이어 로베르 풀루스는, 마치 옛 사람들이 정화되면 지옥에 있던 정화소들을 떠나 아브라함의 품으로 쉬러 가던 것처럼, 우리 시대에는 정화된 영혼들이 지옥의 바깥에 있는 정화소들을 떠나 하늘로 간다고 본다.[45] 그리고 그는 그리스도의 지옥 하강의 의미를 논함으로써 끝맺는다.[46]

이상은 지리적 체계에 일관성을 수립하려 한, 그리고 종말론에 역사적이고 비유적인 차원을 도입한 주목할 만한 해설이다. 여기서는 위치에 대한 배려가 강하게 나타나, 어디 있는가? *Ubi sunt?* 라는 주제가 도입되며, 이어 이 신비한 장소들을 둘러싼 비밀들에 대한 경외로운 무지가 공언되기에 이른다. 그러나 거기에서 두드러지는 in purgatoriis라는 표현은 장소를 함축하는바, in (locis) purgatoriis를 뜻한다. 연옥이 태어나기 위해서는 복수에서 단수로, 형용사에서 명사에로의 전환이 일어나기만 하면 되는 것이다.

이탈리아인 피사의 우고(위그 에테리엥) Hugues de Pise(Hugues Ethérien)[47]의 『육신에서 나온 영혼에 대하여 *Liber de anima corpore exuta*』(1150 이후)는 거기까지 나가지 않는다. 그는 대그레고리우스와 목욕장에서 유령을 만난 펠릭스 주교의 이야기를 인용하나, 거기에서 정화의 장소에 관한 결론을 끌어내지는 않는다. 생-빅토르의 위그와 아주 유사한 한 대목에서 그는 최후 심판 및

수'의 의미인 듯하다.
45) *Unde peracta purgatione poenitentes, tam nostri, ex purgatoriis(quae extra infernum) ad coelos, quam veteres ex purgatoriis(quae in inferno) ad sinum Abrahae refrigerandi, jugiter conscendere videntur.*
46) 이 텍스트는 *PL*, 186, col. 823~30에, 인용된 텍스트들은 col. 826과 827에 들어 있다.
*47) 피사의 우고: 피사 12세기 전반~페라라 1210. 고전적인 캐논법 학자. 가장 유명한 법령학자. 자유 학예를 깊이 연구하는 동시에 신학과 캐논법 연구에 전념하였다. 볼로냐에서 수학했고, 1190년 페라라의 주교가 되었다. 문법·신학·법학에 관한 탁월한 저작들을 남겼다.

불의 강——대홍수에 비할 만한——을 언급한다. 불의 강은 땅과 하늘을 잠기게 할 것이며, 사람들 가운데 악한 자들은 타 없어지는 반면 선한 자들은 정화의 불을 아무 해도 입지 않고 지날 것이다. 이는 옛스런 사고의 증좌로서, 대도에 관해서도 우고는 성체 봉헌이 "잠자는 자들"에게 가져다주는 도움을 단언하고 있다.[48]

파리의 셍트-주느비에브 Sainte Geneviève 학원에서 아벨라르를 계승한 인물인 믈룅의 로버트 Robert de Melun[49]는 1145~1155년에 쓰여진 그의 『바울 서신들에 관한 (신학적) 질문들 Questiones (theologia) de Epistolis Pauli』이라는 저서에서, 아우구스티누스를 본받아, 정화하는 벌들은 이 세상에서의 어떤 고통보다도 더 끔찍할 것이며 이 정화하는 벌들은 미래에 아마도 이생 뒤에 일어나리라는 사실을 환기하는 데 그친다.[50]

반면 셀의 피에르 Pierre de Celle[51]는 연옥에 아주 가까이 간다. 트로아 Troie 근교 셍-피에르 드 셀과 렝스에 있는 셍-레미의 수도원장이었고 솔즈베리의 존 Jean de Salisbury[52]을 계승하여 샤르트르

---

48) PL, 202, col. 201~02, 224~26.
*49) 믈룅의 로버트: 1100년경~1167. 영국인으로, 1142년부터 프랑스의 믈룅에서 신학 교사로 명성을 얻었다. 당대 신학 교육이 피상적이고 종합 정신이 결여되었으며 문전을 지나치게 숭배하고 주석에 치우친 나머지 진리 탐구에 실패하고 있다고 비판했다. 그는 '권위 auctores'를 인정하기는 하지만, 문제의 의미와 전개를 이성적으로 이해하고자 했다. 그의 대표적 저작인 『금언집 Sententiae』은 롬바르디아인 피에르의 것처럼 교과서는 되지 못했지만 널리 읽혔다.
50) R. M. Martin, Oeuvres de Robert de Melun, t. II, Questiones (theologia) de Epistolis Pauli, Louvain, 1938, pp. 174, 308.
*51) 셀의 피에르: 샹파뉴 1115~샤르트르 1183. 트로아 근교 몽티에-라-셀 수도원 (1145/50~1162)과 렝스에 있는 셍-레미 수도원(1162~1181)의 수도원장, 샤르트르 주교(1181~1183). 그리스도 중심의 신앙, 금욕적 이상, 뛰어난 행정적 수완 등으로 인해 당대의 거의 모든 주요 인사들의 상담역이 되었다. 성서의 알레고리적 주석, 많은 서한들, 설교문, 논설 등을 남겼다.
*52) 솔즈베리의 존: 솔즈베리 1115/20~샤르트르 1180. 1135년 이후 10여 년 동안 프랑스의 성당 학교들에서 공부했다. 1148년 이후로 교황청 관계 임무들을 수행하다가

의 주교가 되어 1179년 그곳에서 죽은 그는 1179년에 저술한 수도원 생활에 관한 논저 『수도원 학교 De disciplina claustrali』에서 영혼이 죽음 뒤에 사는 거처들에 관한 의문들을 제기한다.

오 육신에서 떨어져나온 영혼이여, 너는 어디 거하는가? 하늘인가? 낙원인가? 정화하는 불 속인가? 지옥인가? 만일 하늘이라면, 너는 천사들과 더불어 행복하리라. 만일 낙원이라면, 너는 이승의 비참들을 멀리 떠나 안전하리라. 만일 정화하는 불 속이라면 너는 고통들을 당하겠으나, 해방을 기다리리라. 만일 지옥이라면, 모든 희망을 다 잃고 너는 자비가 아니라 진리와 준엄함을 기다리리라.[53]

여기에서 정화하는 불은 하늘이나 낙원이나 지옥에 맞먹는 장소로서 취급되는바, 이 텍스트는 얼마 안 가 연옥의 발명에 이르게 될 진화의 단계에 있음을 볼 수 있다.

그러나 in purgatoriis라는 표현은 세기말 내지는 아마도 다음 세기초에 더 자주 나타나 정확한 형태와 명명을 아직 얻지 못한 이 위치를 찾으려는 경향을 입증해준다.

그 연대가 1180~1195년 사이로 추정되는 흥미로운 대화편 『족장들의 림보에 관한 헬베티아(스위스)의 갈등 Conflictus Helveticus de limbo Patrum』은 성(聖)요한 임 투르탈 St. Johann im Thurtale에 있는 베네딕트 수도원의 수석 사제였던 성요한의 부르하르트

1163년에는 헨리 2세의 미움을 사 프랑스로 추방되었으며, 1170년에야 화해가 이루어져 귀국했다. 1176년 샤르트르 주교가 되었다. 당대의 가장 뛰어난 라틴 학자들 중 한 사람으로, 『폴리크라투스 Policratus』 『메타로지콘 Metalogicon』(1159) 등의 저서에서 당대인들이 점차로 전문화되어가며 전인(全人)으로서는 결여되어가는 것을 비판했다.

53) Pierre de Celle, L'Ecole du cloître, éd. G. de Martel(Sources chrétiennes. 240), 1977, pp. 268~69. 원문의 in igne purgatorio가 '연옥의 불 feu du purgatoire'로 번역되어 있는 것을 나는 원문대로 '정화하는 불 feu purgatoire'로 바꾸었다.

Burchard de Saint-Johann와 샤푸즈 Schaffouse에 있는 만성(萬聖) 베네딕트 수도원의 사제 후고 Hugo 사이의 서신 교환인데, 거기서 두 사람은 그리스도의 지옥 하강 이전의 영혼들의 운명에 관해 논쟁을 벌인다. 부르하르트는 많은 영혼들이 그리스도의 지옥 하강 이전에도 하늘에 갔다고 주장하면서 신약(누가 16: 22)에 나오는 아브라함의 품을 그 예로 든다. 지혜서(3: 3)는 그것을 평화와, 아우구스티누스는 안식과, 대그레고리우스는 성부의 은밀한 비밀과 동일시했다. 후고는 논쟁에 끼여든 대다수의 지지를 얻어 그리스도의 지옥 하강 이전에는 원죄로 인해 어떤 영혼도 아브라함의 품이나 낙원에 가지 못했다고 단언한다.

대화 도중에 부르하르트는 아직 복수의 *in purgatoriis*라는 말로 지칭되는 연옥을 잘 정의한다: "세 종류의 교회가 있으니, 그 하나는 지상에서 분투하며, 다른 하나는 정화소(들)에서 보상을 기다리며 나머지 하나는 하늘들에서 천사들과 함께 승리한다." 지옥이 잊혀진 반면 삼중의 교회에 대한 주목할 만한 지적인데, 거기에서 정화되는 자들의 교회는 대기(待期)의 교회로써 정의되며 하늘과 땅 사이에 위치한다. 이 텍스트는 이중의 증거 즉 연옥의 발전 및 그 공간적 개념의 증거인 동시에, 결정적인 순간에 승리한 개념과는 다르지만 승리할 수도 있었을 개념 즉 덜 지옥적인 연옥의 증거이다. 이는 라울 아르당 Raoul Ardent의 개념과 유사한 개념인데, 그는 12세기에는 아직 잘 알려지지 않은 작가로 그 연대가 분명치 않으나 분명 세기말에 씌어졌을 『강화(講話) *Homeliae*』에서 정화소(들)에 있는 영혼들에 대해 말한다. "만일 그들이 정화소(들)에서 제한된 기간 동안 교정된다면, 그러나 그들은 이미 안식에 대한 확실한 소망 가운데 안식한다."[54] 이는 우리가 소망으로서의

---

54) *Homiliae de tempore*, I, 43, *PL*, 155, 1484. in purgatoriis는 in (loca) purgatoriis 외에 in (poenas) purgatoriis로 이해될 수도 있다. 내가 전자의 해석을 택하는 것은 같은 시

연옥에서 다시 만나게 될 개념이다.

파리에서 가다듬어지다

이제 끝으로 파리의 저명한 교사이자 학감이었던 두 사람을 더 살펴보기로 하자. 푸아티에의 피에르Pierre de Poitiers[55]는 1170년 이전에 씌어진 『5대 금언집』에서 문제를 이렇게 논한다:

> 만일 누가 이렇게 논한다 하자. 죽을 죄와 사면 가능한 죄를 모두 지은 자와 그의 사면 가능한 죄와 동등한 사면 가능한 죄만을 지은 자는 각기 다른 벌을 받는다고. 왜냐하면 전자는 영원히 벌받으며 후자는 정화소(들)에서 in purgatoriis만 그러할 것인데 어떤 정화하는 벌 poena purgatoria도 어떤 영원한 벌보다 덜하기 때문이다. 그러나 전자는 후자가 그의 사면 가능한 죄에 대해 받는 것보다 자신의 사면 가능한 죄에 대해 더 벌받을 이유가 없으며, 따라서 전자는 부당한 대접을 받게 된다. 만일 누가 이렇게 논한다면, 그는 틀렸다. 동등한 사면 가능한 죄를 지은 이 두 사람은 이 죄들에 대해 동등하게 벌받을 만하나, 전자는 이 생에서 벌받을 것이며 후자는 정화하는 불 속에서 in igne purgatorio 그러할 것이니, 이승에서의 어떤 벌도 정화하는 불의 ignis purgatorii 어떤 고통보다 덜하다. 그러므로 후자가 부당한 대접을 받는 것이다.[56]

대에 loca purgatoria라는 표현이 나타나기 때문인데, 어떻든 이 말은 장소화의 의지를 보여준다.

*55) 롬바르디아인 피에르의 제자로 1205년에 죽었다. 1170~1180년경에 롬바르디아인 피에르의 제자들과 생-빅토르의 고티에를 위시한 반대자들 사이에 일어난 논쟁에서 활약했다. 이 논쟁은 1179년과 1215년의 라테라노공의회에서 해결되어 롬바르디아인 피에르의 승리로 돌아갔다.

56) *PL*, 211, 1064.

이는 주목할 만한 분석으로, 연옥의 탄생 전야에, 정화하는 영역에 관한 모든 어휘를 동원하고 있으며 정화소와 사면 가능한 죄간의 연결을 강조하고 in purgatoriis라는 공간화하는 표현을 사용하며 참회와 정화의 양립 가능성에 대한 염려(이러한 염려는 이미 거의 광적이 되었다)를 드러낸다. 이는 13세기에 실제로 성립된 연옥의 특징이 될 것이다.

망자 추념례를 위한 연대를 알 수 없는 한 설교에서, 역시 파리의 학감이었던 크레모나의 프레보스텡 Prévostin de Crémone[57]은 그 또한 in purgatoriis라는 표현을 쓴다: "어떤 이들은 정화소(들)에서 씻김을 받으므로, 우리는 오늘 기도와 봉헌과 보시로써 보다 무자격한 자들을 위해서만큼이나 이들을 위해 배려해야 한다."[58] 여기에서 이전 세기에 클뤼니 수도원에서 정한 11월 2일의 망자 추념례와 태어나는 연옥 사이의 연결이 수립되는바, 이는 산 자들과 죽은 자들간에, 연옥을 둘러싸고 맺어지는 전례적 사슬이다.

---

*57) 크레모나의 프레보스텡: 크레모나 1130/5~파리 1210. 1194년 이전에는 파리에서 가르쳤고 롬바르디아 또는 마인츠의 카타르파 가운데서 살았다. 1194~1203년에는 마인츠 주교 학교의 교사, 1206~1209년에는 파리 대학의 학감을 지냈다. 대표적 논저인 『신학 대요 Summa theologica』 외에, 『이단 반대 대요 Summa contra haereticos』라는 위작도 흔히 그의 것으로 알려져 있다.

58) *Quia vero sunt quidam qui in purgatoriis poliantur, ideo de eis tanquam de indignioribus hodierna die agimus, pro eis orantes, oblationes et elemosinas facientes* (J. Longère, *Oeuvres oratoires de maîtres parisiens au XII*e *siècle*, t. II, Paris, 1975, p. 144, n. 16) (*여기서 저자의 불역문 "*Comme certains sont nettoyés dans le(s) purgatoire(s), nous devons donc nous occuper d'eux qui sont plus indignes aujourd'hui, en priant pour eux, en faisant des offrandes et des aumônes*"은 라틴어 원문 "*ideo de eis tanquam de indignioribus* [······] *agimus*"와 다소 차이가 있다).

도약의 세기　301

제5장
로쿠스 푸르가토리우스: 정화를 위한 장소

12세기 중엽에 불은 장소를 환기할 뿐 아니라 어떤 망자들이 거치는 정화의 단계를 공간적으로 구현하는 경향이 있었다. 그러나 불이라는 특성만으로는 저승의 구체적인 공간을 개별화하기에 아직 불충분했다. 여기서 나는, 지나치게 많은 세부적 사실들로 독자에게 부담을 주지 않는 한도내에서, 상당히 기술적인 논의로 들어가야 할 것 같다. 본 연구는 12세기의 기독교 교의가 형성되는 몇몇 장소들 및 그룹들에 집중되는 만큼, 그러한 논의를 피할 수 없는 것이다.

무엇보다도, 특정한 장소로서의 연옥 그리고 문법적으로는 명사형의 연옥 즉 푸르가토리움 *purgatorium*이라는 말이 나타나는 이 시점에 이르러, 나는 텍스트의 진위 문제[1]와 연대 추정 문제부터 살펴보아야겠다.

1170~1180년: 작가들 및 연대들

과거에 박학자들은, 그리고 때로는 오늘날까지도, 1170년 이전

---

1) '보유 2: 푸르가토리움' 참조.

에 죽은 작가들의 것으로 잘못 알려진 텍스트들에 오도되어 연옥의 탄생 시기를 실제보다 이르게 잡았었다. 나는 조금 뒤에서 1072년에 죽은 성피에르 다미아노의 것으로 알려진 텍스트와 1153년에 죽은 성베르나르의 것으로 알려진 텍스트에 대해 살펴보게 될 것이다. 그에 앞서 내가 여기 옮겨보고자 하는 설교문은 19세기말까지도 르망 Le Mans 주교 라바르뎅의 일드베르 Hildebert de Lavardin[2]의 작품으로 간주되던 것인데, 그는 12세기 페이-드-루아르 les pays de Loire[3]의 '시적 부흥 la renaissance poétique'[4]을 대표하는 주요한 인물들 중 한 사람으로 1133년에 죽었다.

그것은 교회 헌납을 위한 설교로서 시편 제122편 3절 "예루살렘아, 너는 조밀한 성읍과도 같이 건설되었도다"를 주제로 하고 있다. 11~12세기 건축의 눈부신 발전을 느끼게 하는 비유 가운데서, 설교자는 이렇게 말한다:

> 한 도시를 건축하는 데에는 세 가지 요소가 어우러져야 한다. 우선, 채석장에서 돌들을 끌어내는데, 이는 망치와 철장(鐵杖)으로 그리고 사람들의 고된 노동과 땀으로 이루어지는 거친 작업이다. 그 돌들은 끌과 도끼와 자로 다듬어지고 고르게 되고 반듯하게 잘라진다. 마지막으로, 돌들은 예술가의 손에 의해 제자리에 놓인다. 하늘 예루살렘의 건축에

---

*2) 일드베르: 르망 근교 라바르뎅 1056~투르 1133. 르망의 교구 장학관이다가 르망 주교(1096), 투르 대주교(1125)가 되었다. 당대의 가장 순수한 서정 시인들 중 한 사람으로 꼽히며, 라틴 고전 문학에 정통한 '고전' 시인이었다. 당시 유행하던 거의 모든 장르의 시를 썼으나, 특히 종교시들과 성서적 주제를 다룬 서술적 운문에 뛰어났으며, 그 밖에 설교, 성인전 등도 남겼다.
*3) 프랑스의 22개 도(道) département 중 하나로, Loire강 유역의 Loire-Atlantique, Maine-et-Loire, Mayenne, Sarthe, Vendée 등을 포함하는 지역.
*4) 1050년경 서구 전역에서 라틴어 시의 부흥이 일어났으며, 그 무렵 프랑스 중서부 지방(본문에서 말하는 페이-드-루아르)에서 거의 동시에 나타난 3대 라틴 시인 중 한 사람이 라바르뎅의 일드베르이다.

있어서도 마찬가지로, 분리와 세정(洗淨)과 배치의 세 단계를 구분해야 한다. 분리는 거칠고 세정은 정화적이며 배치는 영구하다. 첫번째 단계에서 사람은 고뇌와 비탄 가운데 있으며, 두번째 단계에는 인내와 기다림, 세번째 단계에는 영광과 환희 가운데 있다. 첫번째 단계에 사람은 낟알처럼 체질을 당하며, 두번째 단계에는 은처럼 정련되고, 세번째 단계에는 보물 가운데 놓인다.[5]

이러한 이미지는 그것만으로도 충분히 분명하지만 이어지는 설교는 그것을 몇몇 성경 구절들에 비추어 한층 명확히한다. 그 첫번째 예가 고린도전서 3장 10~15절이다. 첫번째 단계는 죽음 즉 영혼과 육신의 분리이고, 두번째 단계는 연옥 통과이며, 세번째 단계는 천국에 들어가는 것이다. 두번째 단계에 관해 그는 명시하기를, 연옥에서 *in purgatorio* 씻겨지는 자들은 나무나 마른풀이나 짚을 가지고 지나는 자들이라고 한다. 여기서 연옥이라는 말은 명사로 되어 있다. 연옥은 존재하며, 그곳은 선택된 자들이 약속받은 천국에 가기 전에 (과도적으로) 가게 되는 곳이다. 설교자는 여기서 선택된 자들의 진로만을 말하며 곧장 지옥으로 가는 저주받은 자들은 논외이다. 그리고 나서 그는 매우 중요한 한 가지 생각을 전개한다. 그에 의하면, 만성절 전야의 철야, 만성절, 망자 추념절이라는 삼일간의 전례 *le triduum liturgique*는 선택된 망자들의 진로의 세 단계에 대응한다. 물론 순서를 약간 뒤바꾸어서 말이다. 왜냐하면 낮의 금식에 이은 철야는 첫번째 단계인

---

5) *PL*, 171, col. 739 sqq. 이 대목의 가장 중요한 부분(*"하늘 예루살렘의 건축에 있어서도" 이하)은 라틴어 원문으로는 다음과 같다: *Ad hunc modum in aedificatione coelestis Jerusalem tria considerantur, separatio, politio, positio. Separatio est violenta, politio purgatoria, positio aeterna. Primum est in angustia et afflictione; secundum in patientia et exspectatione; tertium in gloria et exsultatione. Per primum (cribratur) homo sicut triticum; in secundo examinatur homo sicut argentum; in tertio reponitur in thesaurum* (col. 740).

분리에 대응하는 것이 사실이지만, 그러한 상징이 유효하려면 나중의 이틀은 선후가 바뀌어야 하기 때문이다. 연옥에 대응하는 것은 셋째 날인 망자 추념절이다. "셋째 날에는 연옥에서 씻긴 자들이 완전한 사면이나 또는 형벌의 완화를 얻게끔 망자 추념을 행한다."[6] 여기서도 연옥에서 in purgatorio라는 표현이 다시금 쓰이고 있다. 끝으로, 둘째 날은 "환희의 충만을 상징하는 장엄한 날이다."

이 설교는 라바르뎅의 일드베르의 것으로 알려져 있었으나 1888년부터 대식가 피에르 Pierre le Mangeur[7]가 진짜 작가임이 밝혀졌고, 최근의 연구들도 그러한 작가 귀속을 지지하고 있다.[8] 동시대

---

6) *Tertio, memoria mortuorum agitur, ut hi qui* in purgatorio *poliuntur, plenam consequantur absolutionem, vel poenae mitigationem*(*PL*, 171, col. 741).

*7) 대식가 피에르: 트로아 1100년경~파리 1180. 신학자·주석가. 1164년 노트르담 부속 학교의 교장이 되었고, 생-빅토르 수도원의 참사회원으로 있다가 1180년 이후 그곳에서 죽었다. 대표작인 『스콜라 역사 *Historia scholastica*』(1164)는 성사(聖史)와 세속사를 동시대적으로 기술한 것으로, 고전적 작품이 되었으며 13세기에는 불어로 번역되었다. 이로 인해 저자는 '역사의 스승 *Magister historiarum*'이라는 칭호를 얻었다.

8) Hauréau, "Notice sur les sermons attribués à Hildebert de Lavardin," in *Notices et Extraits des manuscrits de la Bibliothèque nationale et autres bibliothèques*, XXXII, 2, 1888, p. 143; R. M. Martin, "Notes sur l'oeuvre littéraire de Pierre le Mangeur," in *Recherches de théologie ancienne et médiévale*, III, 1932, pp. 54~66; A. Landgraf, "Recherches sur les écrits de Pierre le Mangeur," in *Recherches de théologie ancienne et médiévale*, III, 1932, pp. 292~306, 341~72; A. Wilmart, "Les sermons d'Hildebert," in *Revue bénédictine*, 47, 1935, pp. 12~51; M. M. Lebreton, "Recherches sur les manuscrits contenant des sermons de Pierre le Mangeur," in *Bulletin d'information de l'Institut des Recherche et d'Histoire des Textes*, 2(1953), pp. 25~44; J. B. Schneyer, *Repertorium der lateinischen sermones des Mittelalters für die Zeit von 1150~1350*, tome IV, 1972, p. 641. 슈나이더는 옛 Beaugendre본(1708)에서 일드베르의 것으로 되어 있던 이 설교 85(*Jerusalem quae aedificatur*)를 대식가 피에르의 것으로 인정했으며, Migne도 *PL*, 171, col. 739 sqq.에서 이러한 작가 귀속을 따르고 있다. F. Dolbeau는 오늘날까지 알려진 가장 오랜 두 필사본을 검토한 결과 대식가 피에르가 진짜 작가라는 견해와 in purgatorio라는 독해를 확인한다(Ms Angers 312[303], f.

인들의 말에 따르면 책이란 책을 닥치는 대로 읽어치워 대식가 *comestor, manducator*라는 별명이 붙었다고 하는 피에르는 롬바르디아인 피에르의 제자이다. 파리 교구 학감이 된 그는 1159년 롬바르디아인 피에르가 주교로 승진한 뒤 노트르담 학교에서 가르쳤으며, 1178~1179년에 죽었을 것이 거의 확실시된다. 그는 롬바르디아인 피에르의 『금언집』에 주해와 주석을 단 최초의 인물 내지는 최초의 인물들 중 한 사람으로, 많은 저작을 남겼다. 그의 설교들은 연대를 알기 어려우나, 연옥이 문제되는 『성사들에 대하여 *De sacramentis*』라는 논저는 1165~1170년으로 추정이 가능하다.

참회에 관해, 대식가 피에르는 거기서 우선 지적하기를 선택된 자들의 정화는 정화하는 불 속에서 *in igne purgatorio* 죄질과 참회의 정도에 따라 기간을 달리하여 이루어진다고 한다. 그러면서 그는 아우구스티누스(『엔키리디온』, 69)를 전거로 든다. 그리고 나서 그는 이생에서 다하지 못한 참회가 저세상에서 완수될 수 있는가 하는 문제에 답한다. 하나님은 자비롭고 의로우시므로, 영벌을 받지 않을 죄인들은 그의 긍휼에 따라 용서하신다. 그러나 공의에 따라 그는 죄를 벌하지 않은 채 내버려두시지는 않는다. 죄는 인간에 의해서건 하나님에 의해서건 처벌되어야 한다. 그러나 마음으로부터의 통회가 아주 크면 비록 이승에서 참회를 다하지 못했다 하더라도 망자는 정화하는 불을 면할 것이다 *immunis erit ab igne purgatorio*. 반면 뉘우치지 않고 죽은 자는 영원히 벌받는다.

---

122 v, Angers 247[238] f. 76 v, 둘 다 12세기말의 사본들이다). 그러나 그는 더 오랜 사본을 찾아냈는데(Valenciennes, Bibliothèque municipale 227[218], f. 49), 거기에는 in purgatorio poliuntur(연옥에서 씻긴다)라는 구절이 없다. 일반적으로 매우 넓은 식견을 지닌 J. Ntedika가 일드베르에 관해 "그가 purgatorium이라는 말을 아마도 최초로 사용했을 것"이라고 썼다는 것은 놀라운 일이다(*L'Evolution de la doctrine du purgatoire chez saint Augustin*, Paris, 1966, p. 11, n. 17). 대식가 피에르에 관해서는 그 밖에도 I. Brady, "Peter Manducator and the Oral Teachings of Peter Lombard," in *Antonianum*, XLI, 1966, pp. 454-90을 참조.

또 다른 문제: 만일 사제의 나태나 무지로 인해 사람이 자기 죄의 비중에 합당한 참회를 하지 못했다면, 그는 미흡하나마 사제가 정한 참회를 한 것으로 족한가 아니면 하나님께서는 그가 죽은 뒤에 정화하는 불 속에서 나머지 벌을 마저 받게 하실 수 있는가? 여기서도, 대식가에 의하면, 문제는 개개인의 뉘우침의 정도에 달려 있다. 만일 깊이 뉘우치고 있다면 더는 벌을 받지 않을 수도 있겠지만, 그러나 이 모든 것의 결정은 하나님께 달려 있다. 다음 질의는 좀더 직접적으로 연옥과 관련된다: "정화하는 불이란 무엇이며 누가 그것을 통과해야 하는가? *Quid est ignis purgatorius, et qui sint transituri per eum?*" 대식가 피에르는 대답하기를, 어떤 이들은 그것이 '물질적인' 불이기는 하지만 나무를 땔감으로 하는 '원소적인' 불은 아니며, 월하계(月下界)[9]에 존재하는 불로서 심판 뒤에 일시적인 모든 것과 함께 사라지리라고 말한다고 한다. 또 다른 이들에게는 불이란 형벌 그 자체나 다름없다. 그것을 불이라 부르는 것은 그것이 마치 불처럼 혹독하고 소진시키는 것이기 때문이다. 그리고 파괴적이고 영원한 벌들도 있으므로, 그러한 벌들이 아니라는 것을 환기하기 위해 이 불은 '정화적'이라고 부른다. 즉 그것은 파괴적이 아니며, 영원한 벌이 아니라 시한부의 벌로써 정화하는 불이라는 것이다. 어쨌든, 하고 대식가 피에르는 덧붙이기를, 이 불이 어떤 것이든간에, 신자들은, 비록 전부는 아니라 하더라도, 그 불을 통과할 것이니, 그들은 이생에서 참회를 다하지 못한 자들이다. 그러나 어떤 이들은 다른 이들보다 더 괴로움을 당

---

[9] '월하계'란 곧 자연을 말한다. 즉, A. D. 2세기 알렉산드리아의 프톨레마이오스 이래로 견지되었던 지구 중심적 우주관에 의하면, 지구는 4원소 중 가장 무거운 땅(흙)을 중심으로 하여 물·공기·불의 순서로 이루어져 있으며, 지구의 둘레에는 각기의 천구 *sphères*에 붙박힌 여러 천체들이 회전하고 있는 것으로 믿어졌다. 그 중 가장 낮은 것이 달의 *sphère*이다. 이러한 우주관은, 현상을 설명하기 위해 점점 더 복잡해지다가, 15세기 코페르니쿠스에 이르러서야 파기되었다.

하며 어떤 이들은 다른 이들보다 더 빨리 구제되는데, 이는 죄와 참회의 양에 그리고 뉘우침의 정도에 달려 있다. 전적으로 선한 자들만이 정화의 불을 면한다. 왜냐하면, 아무도 사면 가능한 죄조차 없다고는 못하겠지만, 그래도 애덕의 열기 *fervor caritatis*가 그들 안에 있는 가벼운 죄들을 소진시킬 수 있기 때문이다.[10]

이러한 텍스트들에 대해서는 두 가지 설명이 있을 수 있다. 즉, 첫번째 설교의 텍스트가 대식가의 죽음 뒤에 사본들을 만든 필사자들에 의해 가필되었거나, 아니면 대식가는 연옥 *purgatorium*에 대해 말한 바 없으며 전통적인 정화하는 불 속에서 *in igne purgatorio*라는 표현에서 *igne*라는 말을 생략한 것이거나이다(보유 II 참조). 나중의 경우라면 작가는 연옥의 출현이 가까웠음을 보여주는 또 한 명의 증인에 불과하며, 단지 곧 나타날 연옥과 11월초의 전례를 직접 연관시켰다는 점에서 중요할 뿐이다. 그러나 내가 보기에 대식가 피에르는 실제로 명사형의 purgatorium이라는 말을 사용했으며, 따라서 저승 지리의 혁신과 관련된 이 신조어의 발명자라고까지는 하지 않더라도 그 말을 최초로 사용한 사람들에 속한다. 이러한 가정을 뒷받침해줄 근거로는 필사본들이 오래 되었다는 사실 외에도 두 가지 사실을 들 수 있다. 우선, 대식가 피에르는 생애의 말년에 파리 지식층에서 중심적 위치를 차지했는데, 내가 보기에 연옥은 파리 지식인들 가운데서, 좀더 구체적으로는 파리의 노트르담 학교에서 태어난 것이 분명하다. 다른 한편으로, 대식가는 그의 시대의 "가장 독창적인 정신들 중 하나"(Hauréau)라고 여겨지는바, 별로 연구의 대상이 되지 않았고 잘 알려지지 않았던 이 지성인은 그의 스승 롬바르디아인 피에르가 문제들을 제기하여 시야를 열어놓은 영역에서 혁신적 역할을 했을 수 있다.

---

10) Pierre le Mangeur, *De Sacramentis, De penitentia*, chap. 25~31, éd. R. M. Martin in *Spicilegium sacrum Lovaniense*, XVII, appendice, Louvain, 1937, pp. 81~82.

이러한 가정에서라면, 그는 1170년 이전에는 당시 통용되던 정화하는 불이라는 표현을 쓰다가 1170년 이후 1178~1179년에 죽기 전까지 그의 생각들이 발전함에 따라 purgatorium이라는 신조어를 썼을 것이다. 그렇다면 이 말이 생겨난 것은 1170~1180년 사이일 터이다. 이러한 가설은 절대적으로 확실하지는 않지만 같은 방향을 가리켜보이는 기타 증언들과 일치한다. 그것들을 검토하기 이전에, 나는 죽음과 부활 사이의 기간에 대한 대식가의 생각들을, 이번에는 '아브라함의 품'에 관한 텍스트를 인용하여, 정리해보고자 한다.

이 텍스트는 대식가 피에르의 저작들 중 가장 유명한 것으로 그의 생전에나 그 이후 중세 내내 그의 명성의 근거가 되었던 『스콜라 역사 Historia Scholastica』에 나오는 것이다. 이 작품의 제103장에서 그는 가난한 나사로와 악한 부자의 이야기(누가복음 14장)를 옮기고 주석을 단다:

> 나사로는 아브라함의 품에 들어갔다. 그는 실상 지옥 처소의 상층부에 *in superiori margine inferni locus* 있었으니, 거기에는 빛도 약간 있고 아무런 물질적 고통도 없다. 예정된 자들이 그리스도의 지옥 하강까지 머물던 곳이 그곳이다. 이 곳은 고요하기 때문에, 마치 우리가 어머니의 품이라고 하듯이, 아브라함의 품이라고 불렀으니, 거기에 아브라함의 이름이 붙은 것은 그가 믿음의 첫번째 길 *prima credendi via*이었기 때문이다.[11]

이는 아브라함의 품을 족장들의 시대와 그리스도의 지옥 하강까지로 보는 "역사적" 정의이다. 그리스도가 이 지옥들을 철폐했듯이, 중세인들은 신약에까지도 살아 남은 아브라함의 품을 철폐하

---

11) *PL*, 198, col. 1589-90.

려 한다. 이후로는 중간적 공간 및 시간은 연옥에 의해 점령될 것이며, 만일 그리스도 이전의 의인들과 세례받지 못하고 죽은 아이들을 위해 아브라함의 품과 유사한 무엇인가가 필요하다면 이후로는 저승의 두 부속 처소 즉 족장들의 림보와 어린 아이들의 림보에 의존할 것이다.

고유한 의미에서의 연옥에 대해 말한 두번째(어쩌면, 연대순으로는, 첫번째) 신학자는 우르스캉의 오동 Odon d'Ourscamp 일명 수아송의 외드 Eudes de Soissons이다.[12] 그는 이 시대의 가장 중요한 교사들 중 한 사람이었다. 그의 스승 또는 일설에 의하면 적수였던 롬바르디아인 피에르의 발자취를 따라 그는 매우 활발한 학파를 이끌었고 그것은 그가 죽은 뒤에도 계속되었다. 그는 스콜라 특유의 쟝르인 질의 *quaestio*의 발전에 결정적인 역할을 하여 그것을 완성된 형식 즉 "다른 입장을 취하는 두 인물간에 오가는 진정한 논쟁"의 형식으로 만들었다. 우르스캉의 오동은 파리의 노트르담 학교에서 신학을 가르치다가 생애의 말년에 엔느 Aisne에 있는 우르스캉의 시토 수도원으로 은퇴하여 그곳에서 죽었다(1171). 그의 제자들은 그의 『질의집 *Quaestiones*』을 분리된 저작들의 형태로 펴냈다.

우르스캉의 오동의 이름으로 되어 있는 이 문집들 중 하나에 나오는 『연옥에 있는 영혼 *De anima in Purgatorio*』에 관한 질의에서 우리는 연옥을 발견한다.

육신과 분리된 영혼은 즉시 연옥에 들어간다 *intrat purgatorium*

---

12) 12세기 후반 파리에 여러 명의 오동이 있었으며 그 중 한 사람은 1164~1168년에 성당 부속 학교의 학감이었다든가 하는 사실은 사태를 명확하게 하는 데 별 도움이 되지 못한다. M. M. Lebreton, "Recherches sur les manuscrits des sermons de différents personnages du XIIe siècle nommés Odon," in *Bulletin de l'Institut de Recherche et d'Histoire des Textes*, 3, 1955, pp. 33~54.

statim. 영혼은 그곳에서 정화되며, 따라서 유익을 얻는다. 그에 대한 반대 의견은 영혼은 이 벌을 감내할 뿐이며, 따라서 유익을 얻지 못한다는 것이다.

그리고는 이 벌을 받는 동안 얻어질 수도 있는 공덕들에 관한 여러 가지 논의가 뒤따르며, 그뒤에 결론이 나온다.

어떤 영혼들이 육신과 분리된 후 곧 정화하는 불 속에 들어간다*statim intrant purgatorium quemdam ignem*는 것은 사실이다. 그러나 그 영혼들 모두가 거기서 정화되는 것은 아니며, 몇몇 영혼들만이 그렇다. 거기에 들어가는 모든 영혼들은 벌을 받는다. 그러므로 이 불은 정화하는 불이라기보다 징계하는 *punitorius* 불이라고 부르는 편이 적절할 것이나, 좀 더 고상한 쪽의 이름이 붙여졌다. 거기에 들어가는 영혼들 중 일부는 정화되고 벌받으며, 일부는 벌만 받는다.

정화와 벌을 모두 받는 것은 나무와 마른풀과 짚을 지니고 간 자들, 의도적으로건 아니건 사면 가능한 죄들에 대해 회개하지 않은 자들, 또는 갑자기 죽음을 당해 그러한 죄들에 대해 고해하지 못한 자들이다. 벌만 받는 것은 모든 죄를 고해하고 회개했으나 사제가 명한 참회를 다하지 못하고 죽은 자들이다. 그들은 사면받을 죄가 없으므로 정화——정화라는 말을 넓은 뜻으로 이해하여 정화된다는 것이 마땅히 받을 벌에서 구원된다는 것과 동의어라고 보지 않는 한——되지 않는다. 정화된다는 말의 본뜻은 죄를 사면받는다는 것이다. 그러므로 보통 정도로 선한 자들은 즉시 연옥에 들어간다 *hi ergo qui sunt mediocriter boni statim intrant purgatorium*.

대화자는 다음과 같은 질의를 제기함으로써 토론의 새로운 전개를 가져온다: "만일 모든 죄를 회개하고 죽어가는 자에게 사제가 '나는 그대가 받아야 할 모든 벌을, 연옥에서 *in purgatorio* 받아야 할 벌까지도, 면제한다'고 말한다면, 그는 그래도 연옥에서 벌을 받겠는가?"

선생의 대답은 이렇다: "이것은 하나님께서 (나보다) 더 잘 대답하실 문제이다. 내가 말할 수 있는 것은 사제는 분별 있게 행동해야 한다는 것뿐이다." 그러나 그는 아주 의미심장한 말을 덧붙인다: "이 불은 물질적인 벌이므로, 어떤 장소에 있다. 그러나 이 장소가 어디 있는지, 나는 거기까지는 대답할 수 없다."[13]

이 텍스트에서 놀라운 것은, 생각들까지는 아니라 하더라도, 어휘의 잡다한 양상이다. 때로는 연옥이 때로는 정화하는 불이 문제되는 것이다. 연옥의 공간적 특성이 인정되기는 하나 때로는 고유한 장소로서 명명되고 때로는 그 불이 있는 장소로 환원된다. 나아가 글 전체는 이 장소의 위치에 대한 무지를 고백하는 것으로 끝맺고 있다.

이러한 사실들은 란트그라프 A. M. Landgraf의 견해들을 뒷받침해준다. 즉 이 시대의 『질의』들은 그리고 특히 우르스캉의 오동의 것으로 알려진 것들은 여러 작가들의 『질의』들을 모은 것으로 "대개 엉뚱한 작가에게 귀속되어" 있으며 진위를 확인하기 어렵다는 것이다.[14]

합리적으로 생각해볼 수 있는 설명은 이런 것이다. 즉 우르스캉의 오동에게 귀속되는 『질의』들은 그의 강의에서 기록된 노트들로

---

13) *Cum materialis poena sit ille ignis, in loco est. Ubi ergo sit, quaerendum relinquo.* 이 *Quaestiones magistri Odonis*는 J. B. Pitra, *Analecta novissima spicilegii Solesmensis altera continuatio*, t. II, Tusculum, 1888, pp. 137~38에 실려 있다.

14) A. M. Landgraf, "Quelques collections de Quaestiones de la seconde moitié du XIIe siècle," in *Recherches de théologie ancienne et médiévale*, 6, 1934, pp. 368~93 & 7, 1935, pp. 113~28. 제7권의 p. 117에서 란트그라프는 피트라가 편집한 질문들에 관해 이의를 표명하고, M. Chossat, "La Somme des Sentences," in *Spicilegium Sacrum Lovaniense*, 5, Louvain, 1923, pp. 49~50; J. Warichez, *Les disputationes de Simon de Tournai, ibid.*, 12, Louvain, 1932 등의 연구서들을 인용하고 있다.

부터 작성되었으되, 형식(그리고 어휘)에 손질이 가해졌고 오동 자신의 것이 아닌 생각들도 삽입되었을 것이며, 이러한 정리 작업은 오동이 죽은 1171년과 1190년 사이, 아마도 1171~1180 사이의 10년 간에 이루어졌을 것이다. 장소의 공간성은 기정 사실로 받아들여지고 있으나, 그 위치는 아직 확실치 않다. 아마도 롬바르디아인 피에르에게서 유래했을 '보통 정도로 선한 자들 mediocriter boni'이라는 표현은 체계의 이면을 엿보게 해준다.

연옥의 위조자

이제 아마도 가장 많은 문제들을 제기하는 두 텍스트를 살펴보아야겠다. 그 하나는 11세기 전반 이탈리아의 유명한 은자이며 추기경이었던 피에르 다미아노 Pierre Damien[15]의 것으로 알려져 있으나, 이러한 작가 귀속은 피에르 다미아노를 연구한 최근의 역사가들에 의해 허위임이 판명되었다.[16] 다른 하나는 1153년에 죽은 성베르나르의 것으로 알려져왔는데, 최근에 성베르나르의 전집을 펴낸 박학한 편집자들인 장 르클레르 신부 Dom Jean Leclercq와 앙리 로셰 Henri Rochais에 의하면 이러한 작가 귀속은 그 텍스트가 들어 있는 문집 『여러 가지 설교 Sermones de diversis』가 제기하는 문제들을 시사할 뿐 성베르나르의 다른 설교집들만큼 확실히 그

---

*15) 피에르 다미아노: 라벤나 1007~오스티아 1072. 라벤나에 학교를 열었으며, 오스티아의 주교가 되었다가 은거 생활로 들어갔다. 장차의 그레고리우스 7세 교황과 함께 성직 사회의 개혁을 추진했다. 그의 『신적인 전권에 대하여 De divina omnipotentia』는 철학의 변증법에 맞서 기독교 교의를 옹호한 작품이다.

16) O. J. Blum, *St. Peter Damian: His Teaching on the Spiritual Life*, Washington, 1947; J. Ryan, "Saint Peter Damiani and the sermons of Nicolas of Clairvaux," in *Medieval Studies*, 9, 1947, pp. 151-61; F. Dressler, *Petrus Damiani. Leben und Werk*(Studia Anselmiana, XXXIV), Rome, 1954, Anihang, 3, pp. 234-35.

진위를 가릴 수는 없다. 나는 이 설교가 성베르나르의 것이 아니라는 생각이다.[17] 그 내용은 진짜라 하더라도 분명 매우 중대한 형태상의 변모들이 있었던 것으로 보인다. 왜냐하면 1153년 이전에 명사로써 지칭되는 장소로서의 연옥에 관해 말한다는 것은 불가능한 일일 뿐 아니라, 이 텍스트의 "죽은 자들의 영혼들이 그들 각자의 공덕에 따라 가게 되는 목적지는 지옥·연옥·천국이라는 세 장소이다"라는 대목에서 보듯이 공간화된 삼분적 저승 체계의 완전한 표현도 저승의 구조에 관해 극히 불확실한 개념밖에 없던 12세기 전반에는 아직 불가능해 보이기 때문이다.

가설들을 제출하기에 앞서, 텍스트들을 검토해보자. 이 두 설교의 주제는 자연계 및 초자연계에는 다섯 영역이 있다는 것이다.

그 첫째는 상이성 dissimilitudo의 영역이다. 신은 그의 형상을 따라 인간을 창조했으나, 인간은 원죄로 인해 그로부터 멀어져 신과 상이하게 되었다는 것이다. 이것이 지상계이다.

두번째 영역은 수도원이라는 낙원이다. "진실로, 수도원은 낙원이다"라는 말은 이 두 설교에서 문자 그대로 되풀이되는 많은 어구들 중 하나이다. 수도원 생활의 이러한 찬미는 수도원을 이생에서부터 시작되는 생명의 장소이게 한다.

세번째는 속죄의 영역이다. 그것은 망자들의 공덕에 따라 다시 상이한 세 곳으로 나뉜다. 두 설교는 모두 이곳들을 다루고 있지만 그 명칭은 같지 않다. 위(僞)-피에르 다미아노의 설교에서는 천

---

17) 이미 *Patrologie latine*도 이 설교를 클레르보의 니콜라의 것으로 수록하고 있다(*PL*, 184, 1055~60). 반면 *PL*, 144, 835~40에는 그것이 피에르 다미아노의 것으로 되어 있다. 이 설교는 성니콜라 축일을 위한 것이다. 성니콜라는 "연옥의 후원자들" 중 하나였다. 성베르나르의 것으로 알려진 설교는 르클레르와 로셰가 편집한 *Opera*, VI/1, pp. 255~61에 들어 있다. 성베르나르의 것으로 알려진 *De diversis*의 설교들, 특히 설교 제42에 대해서는 H.-M. Rochais, "Enquête sur les sermons divers et les sentences de saint Bernard," in *Analecta SOC*, 1962, pp. 16~17; *Revue bénédictine*, 72, 1962 참조.

국과 지옥적 장소들과 정화의 장소들 caelum, loca gehennalia, loca purgatoria이 문제된다. 위-베르나르의 설교에서는, 이미 보았 듯이, 지옥과 연옥과 천국 infernus, purgatorium, caelum이 문제이 며, 처소들이 열거되는 순서도 다르다.

네번째 영역은 게헨나의 영역이다. 이 지역이 세번째 영역의 지옥 부분과 어떻게 다른지 의문이 생길 수 있다. 그 점은 두 설교 중 어디에서도 썩 잘 설명되어 있지는 않으나, 두 설교는 대체로 상반된 견해를 보이는 듯하다. 위-피에르 다미아노의 설교에서는 세번째 영역의 지옥 부분이 치명적 죄의 상태로 죽은 죄인들의 몫 이며 네번째 영역은 불경건한 자들의 거처인 것으로 보인다. 위-베르나르의 설교에서는 반대로 세번째 영역의 지옥이 불경건한 자들의 몫이며 그 점은 분명히 밝혀져 있는 반면, 네번째 영역은 악마와 그의 (악한) 천사들 및 그와 비슷한 인간들, 즉 범죄하고 사악한 자들 scelerati et vitiosi의 몫이다.

끝으로, 다섯번째 영역은 천상 낙원(天上樂園) le paradis supra-céleste의 영역이다. 위-베르나르는 복자들이 거기서 성삼위(聖三位)를 얼굴과 얼굴을 마주하여 보게 되리라 하며, 위-피에르 다미아노는 그것이 왕의 도시라고 한다.

근본적으로는 거의 비슷한 내용이면서도, 두 텍스트는 각기 다른 점들을 보인다. 독자가 싫증을 내지 않도록, 나는 연옥이 나오는 세번째 영역에 관한 대목들만을 예를 들어 비교해보겠다.

위-피에르 다미아노	위-베르나르
그리하여 세상과 선택된 삶의 방식(수도원)을 떠나 세번째 영역, 즉 참회의 영역으로 간다. 이 영역에서 인자하신 아버지께서는 녹투성이인 자녀들을 마치	세번째 영역은 속죄의 영역이다. 거기에는 죽은 자들의 영혼들이 각자 다른 공덕에 따라 나누어져가는 세 처소, 즉 지옥·연옥·천국이 있다. 지옥에 있는

은을 연단하듯 단련하신다. 그는 불과 물을 통과하여 레프리게리움(시편 65)에로 인도하신다. 영혼들은 각기 다른 공덕에 따라 세 영역으로 나누어져간다. 육신이라는 집을 감옥으로 여기고 인간의 본질을 오점 없이 순수하게 간직한 자들은 곧장 하늘로 날아간다. 반대로, 죽을 때까지 죽어 마땅한 행위들을 한 자들은 가차 없이 지하의 처소들로 보내진다. 이도저도 아닌 자들, 그 중간에 있는 자들, 치명적인 죄들을 짓기는 했으되 죽음을 앞두고 참회를 행한, 그러나 참회를 다하지 못한 자들, 곧장 환희에 들 자격은 없지만 그렇다고 영원히 불에 탈 정도도 아닌 자들은 정화하는 처소들로 가서 채찍질을 당한다. 그러나 정신을 잃을 정도는 아니고,[18] 거기에서 나와 왕국으로 옮겨진다. 하늘에 있는 자들을 위해서는 기도할 필요가 없다. 우리는 그들을 위해 기도하는 것이 아니라 그들에게 기도하는 것이 자는 속량될 수가 없다. 왜냐하면 거기에는 어떤 대속도 없으니까. 연옥에 있는 자들은 구속(救贖)을 기다리지만, 뜨거운 불로나 혹독한 추위나 기타 고된 벌을 받음으로써 우선 고통을 겪어야 한다. 천국에 있는 자들은 지복직관을 누리는바, 이들은 본성상 그리스도의 형제들이며 영광을 함께 상속할 자들이며 영원한 복락 가운데 그와 닮은 자들이다. 지옥에 있는 자들은 속량될 가치가 없고 천국에 있는 자들에게는 구속이 필요치 않으므로, 우리는 그 중간에 처한 자들을 도와야 한다. 우리는 같이 인간 됨을 인하여 그들과 연합하여 연민을 가짐으로써 그렇게 할 수 있다. 나는 이 영역에 갈 것이며, 거룩하신 아버지께서 그의 자녀들을 영화롭게 하시려고 시험하는 자의 손에 붙이셨던 그 위대한 환상(출애굽기 3: 3)을 볼 것이다. 아버지께서는 그들을 죽게 하시려는 것이 아니라 깨끗하게

---

*18) 저자의 불역은 mais non jusqu'à l'inconscience(? insipientia)로 되어 있다. 라틴어 insipientia 또는 insapientia의 본뜻은 folie, sottise 등인데, 이 문맥에서는 저자처럼 의역을 해야 할 듯하다.

니까. 지옥에 있는 자들을 위해서도 기도는 무용하니, 그들에게는 자비의 문이 닫혀버렸고 구원의 희망이 없기 때문이다. 반면 정화하는 처소들에서 교정을 받는 자들을 위해서는 기도에 힘써야 한다. 인자하신 아버지께서 그들의 참회를 만족으로 만족을 영화로 속히 바꾸어주시도록[19] (미사의) 희생으로써 *sacrificio singulari* 그들을 도와야 한다. 경건한 마음으로 그들 사이를 누비며, 연민을 지니라.

하시려는 것이고, 진노에서가 아니라 자비에서, 그들을 멸하시기 위해서가 아니라 가르치기 위해, 이후로는 그들이 부셔버릴 진노의 그릇들(로마서 9: 22~23)이 아니라 왕국을 위해 쓰임받을 자비의 그릇들이 되게 하시려고 그렇게 하시는 것이다. 나는 그러므로 일어나 그들을 돕겠다. 나는 탄식으로 호소하며 한숨으로 간구하고 (미사의) 희생으로써 *sacrificio singulari* 만족케 할 것이다. 만일 주님께서 보시고 심판하신다면(출애굽기 5: 21), 고생을 안식으로, 비참을 영광으로, 매맞음을 왕관으로 바꾸어주시리라. 이러한 일들과 기타 그 비슷한 일들로 해서 그들의 참회는 단축될 수 있으며, 고생은 끝나고 고통은 사라질 것이다. 그러니, 신실한 영혼이여, 속죄의 영역을 두루 다니며, 거기서 일어나는 일을 살피고, 연민을 지니라.

---

*19) 불문은 pour que le Père bienveillant transforme vite leur pénitence en satisfaction, leur satisfaction en glorification. 이 경우의 satisfaction 역시 참회의 양이 다 차서 보상에의 요구가 만족되었다는 의미일 것이다.

이 두 텍스트는, 차이점들에도 불구하고, 구조 및 내용상으로 명백히 유사하며, 이러한 유사성은 동일한 표현들의 사용으로 인해 한층 두드러진다. 주요한 차이점들 중 한 가지는 위-피에르 다미아노는 정화의 처소들 *loca purgatoria*, 위-베르나르는 연옥 *purgatorium*이라는 표현을 쓰고 있다는 점이다.

그러므로 이 텍스트들은 두 명의 다른 작가들이 쓴 것으로 생각할 수 있으며, 그렇다면 그들 모두가 같은 출전에 의거해 있거나 아니면 그 중 나중 사람 아마도 위-베르나르가 먼저 사람의 글을 알고 있었으며 거기서 강한 영향을 받았거나일 것이다. 그러나 나는 이러한 가설을 받아들일 수 없다. 피에르 다미아노를 연구한 전문가들은 피에르 다미아노의 것으로 전해진 설교의 작가는 "능란한 위조자"("gerissen Fälscher"라는 것이 F. Dressler의 표현이다)로 알려진 클레르보의 니콜라Nicolas de Clairvaux이리라는 견해를 제출한 바 있다. 그런데 니콜라는 성베르나르의 비서였으며, 성베르나르의 것으로 전해진 텍스트들도 만든 것으로 알려져 있다. 피에르 다미아노의 것으로 잘못 전해진 19편의 설교들은 본래 바티칸 도서관에 소장된 필사본에 성베르나르의(것으로 알려진) 설교들과 나란히 실려 있다. 물론 설교 제42는 거기 없지만, 이 두 부류의 설교들이 그렇게 함께 보관되어 있다는 것은 무심히 넘겨버릴 수 없는 사실이다. 나는 클레르보의 니콜라야말로 두 편의 설교 모두를 쓴 작가이리라고 생각하며, 그의 놀라운 위조 솜씨로 그 중 하나는 피에르 다미아노의 문체를, 다른 하나는 성베르나르의 문체를 본뜬 것이 아닌가 한다.[20]

---

20) 클레르보의 니콜라에 대해서는 본장 주 16의 주에 인용한 J. Ryan의 논문 외에 다음 논문들도 참조할 것. A. Steiger, "Nikolaus, Mönch in Clairvaux, Sekretär des heiligen Bernhard," in *Studien und Mitteilungen zur Geschichte des Benediktinerordens und seiner Zweige*, N. F. 7, 1917, pp. 41~50; J. Leclercq, "Les collections de sermons de Nicolas de Claivaux," in *Revue bénédictine*, 66, 1956 et notamment p. 275, n. 39.

이 두 편의 설교는 실상 그 저자들로 알려졌던 이름 높은 성인들의 작품이 아니라고는 해도, 연옥의 탄생과 천국-연옥-지옥이라는 삼분적 저승 체계의 형성을 보여주는 탁월한——그리고 진실한——증거들이다. 만일 위-피에르 다미아노가 먼저라면 정화의 처소들이라는 표현은 그로써 설명이 될 것이며, 반면 위-성베르나르의 글은 연옥이 이미 존재하던 무렵에 쓰어졌을 것이다. 만일 두 텍스트가 모두 한 위조자의 작품이라면, 이 위조자는 분명 진짜 작품들에서 그리고 아마도 이 설교의 베르나르적 체계에서 영감을 얻어 의식적으로건 무의식적으로건 각각의 위-작가에게 적합하다고 생각되는 어휘들을——비록 11세기 전반에 정화의 처소들이라는 말이나 12세기 전반에 연옥이라는 말은 발견되지 않는 것이지만——할당했을 것이다. 이 위조자가 클레르보의 니콜라라는 것은 연대적으로 가능한 일이다. 위-베르나르의 설교와 연옥이라는 말이 들어 있는 가장 오랜 두 필사본은 아마도 12세기의 제3사분기말에 만들어졌을 것이다.[21] 그런데 클레르보의 니콜라는 1176년 이후에 죽었다. 여기서 우리는 다시금 1170~1180년이라는 10년간의 시기를 만나게 된다.

성베르나르의 것으로 알려진 설교의 작가는 일부만을 수정했건 전체를 위조했건간에 위대한 시토 수도자의 정신을 잘 살린 텍스트를 써냈다. 실제로 성베르나르의 저승관은 매우 공간적인 것이었다. 교회 봉헌을 위한 네번째 설교 『삼중의 집 Sur la triple maison』에서 그는 낙원에 관해 다음과 같은 감격을 쏟아놓는다:

---

21) Mme M.-C. Garand은 가장 오랜 세 사본 중 두 가지인 파리 국립도서관의 ms latin 2571과 Cambrai 169를 검토한 뒤 이런 답신을 보내주었다: "성베르나르의 성인 칭호가 제목에 나타나지 않고 권외 ex-libris 교정의 대상이 되고 있다는 사실은 이 필사본이 그의 시성(1174) 이전에 만들어졌다는 것을 의미합니다. 그러나 아마도 아주 오래 전은 아니었을 것입니다. 왜냐하면, 필체가 이미 많이 굴절된 것이 12세기 제3사분기의 것으로 보이기 때문입니다. 캉브레 사본으로 말할 것 같으면, 그 필체나 독특한 자체(子體)는 역시 12세기 후반의 것으로 보입니다."

"오 경이로운 집이여, 정다운 장막들보다 안뜰들보다 더욱 귀할진저! 〔……〕 장막 아래서는 참회로 신음하며 안뜰에서는 환희를 맛보거늘 네 안에서는 영광으로 배불리나니."[22]

연옥에 간 최초의 인물들: 성베르나르

 연옥의 아버지로 추정되기는 하나 실제로 연옥을 "발명"했다고는 볼 수 없는 성베르나르가 연옥에서 유익을 얻은 것으로 알려진 최초의 인물이라는 것은 역사의 아이러니이다. 세인트 알반스의 니콜라스 Nicolas de Saint-Albans가 셸의 피에르에게 보낸, 그러니까 피에르가 죽은 1181년 아마도 더 정확히는 1180~1181년 이전의 한 편지에는 성베르나르가 낙원에 들어가기에 앞서 잠시 연옥을 지나갔다는 얘기가 나온다. 성인이 왜 이런 정화를 받아야 하는가? 성베르나르는 마리아를 매우 숭배했지만 성처녀의 무염시태(無染始胎) la conception immaculée라는 개념에는 적대적이었다. 무염시태를 주장하는 이들은 상상력을 자극하고 반대자들의 신용을 떨어뜨리기 위해 클레르보의 사제가 이 사소한 과오 때문에 (관대하게나마) 벌을 받았다고 주장했던 것이다. 유명인들의 연옥 통과란 13세기에 널리 유행할 주제로서, 성베르나르는 그 효시가 되었던 것으로 보인다. 1180~1223년에 재위한 존엄왕 필립 Philippe Auguste[23]은 연옥에 간 최초의 프랑스 왕이 될 것이다.

---

22) Saint Bernard, *Opera*, éd. J. Leclercq-H. Rochais, v, pp. 383-88 et notamment 386. *De diversis*에서 같은 주제에 관한 설교 제78은 내가 보기에는 전부가 진본이라기보다 성베르나르를 강화하고 단순화한 표절인 듯하다. 그러나 이것은 인상에 불과하다. 나는 거기에 대해 연구해본 적이 없다. B. de Vrégille, "L'attente des saints d'après saint Bernard," in *Nouvelle Revue théologique*, 1948, pp. 225-44를 참조.

*23) 존엄왕 필립: 파리 1165~망트 1223. 프랑스 왕(1180~1223). 루이 8세의 아들. 에노의 이자벨과 결혼하여(1180) 아르투아 지방을 얻은 데 이어, 프랑스의 상당 부분

12세기말의 한 흥미로운 시토 필사본에서는 성베르나르가 연옥의 탄생과 결정적으로 관련되어 있는 것을 볼 수 있다. 이 사본은 설교자들이 설교에 끼워넣은 예화들을 모은 최초의 문집들 중 하나로서, 앞으로 보게 되겠지만, 이러한 예화들은 13세기에 연옥신앙이 유포되는 데에 큰 역할을 했다.[24] 제34장은 영혼들이 죽음 뒤에 겪는 고통들을 보여주는 데 바쳐져 있는데(*De poenis animarum post mortem*), 베다의 성퍼시의 환상에서 발췌한 내용으로 시작한다. 그리고 나서 "우리가 극히 가볍게 생각하는 과오들에 대해서도 연옥에서는 *in purgatorio* 매우 무거운 벌이 부과된다"고 선언한 뒤 여러 환상들을 제시한다. 이는 연옥이라는 말과 거기에 대한 신앙의 존재를 입증해주는 또 하나의 예이다. 이러한 환상들 중 하나는 성베르나르의 생애에서 발췌된 것으로 제출되고 있다. 그것은 다음과 같은 일화이다:

비록 선한 의도에서이기는 했지만 다른 형제들에게 너무 모질게 굴고 동정심이 모자랐던 한 수사가 클레르보의 수도원에서 죽었다. 죽은 지 며칠 안 되어 그는 하나님의 사람(성베르나르)에게 음산하고 처참한 몰골로 나타나 모든 것이 자기가 바라던 대로 되지는 않았음을 보여주었다. 베르나르는 그에게 무슨 일이 일어났느냐고 물었고, 그러자 그는 네 가지 고문에 처해졌노라고 하소연했다. 그러더니 뒤에서 떠밀리는 듯 그는 갑자기 하나님의 사람의 면전에서 사라졌다. 하나님의 사람은 크게 탄식하며 그의 등뒤에 대고 소리쳤다: '당신이 처한 상황을 곧 알려주기를 바라오.' 그는 기도하기 시작했고, 가장 경건한 형제들에게 청하여

을 차지하고 있던 플랜터지네트(플랑타주네) 왕가와 치세초부터 끈질긴 대결을 통해 영토를 확장했다.
24) 이것은 파리 국립도서관의 ms latin 15912이다. Mme Georgette Lagarde는 내가 여기 요약한 대목을 기꺼이 베껴 보내주었다. in purgatorio라는 표현은 folio 64b에, 성베르나르의 생애에서 끌어낸 예화는 folios 65c~66a에 들어 있다.

그 수사를 위한 성찬 희생을 드리며 그를 도와달라고 했다. 그리고 그는 낙심하지 않더니, 며칠 뒤 그는 청했던 대로 또 다른 계시를 통해 그 수사가 해방의 위로를 받게 되었음을 알게 되었다.

이 일화는——같은 사본에 나란히 실려 있는 다른 일화들과 더불어——연옥에 있는 영혼들이 누구라고 알 수 있게 분명히 명명되어 출현하는 이야기들의 가장 오랜 예이며, 이러한 이야기들은 13세기에 저승의 새로운 처소에 대한 신앙을 대중화하는 데 기여했다. 그런데 이렇게 되돌아오는 혼백들은 매우 특정한 유형이라는 것을 지적해두어야겠다. 그들은 이중의 감독을 받고 있으니, 한편으로는 저승에서 고문하는 자들이 그들의 출현을 최소한으로 단축하며, 다른 한편으로는 이승에서 그들을 돕는 자들이 그들에게 일어나는 일을 정확히 알려줄 것을 요구하는 것이다.

이제 연옥이라는 말에 관한 일군의 증언들을 살펴볼 차례이다. 이러한 증언들은 부인할 수 없으며 12세기말과 13세기초에 연옥이 존재했음을 증명해준다. 그것들은 특히 신학자들에게서 나온다.

연옥에 관해 논한 최초의 신학자들: 성가대장 피에르와 투르네의 시몽

내가 보기에 연옥을 체계화하여 신학 교육에 통합한 사람은 성가대장 피에르Pierre le Chantre[25]인 것 같다. 그는 스콜라 철학의 성립에 있어서의 중요성을 점차 인정받기 시작한 인물로, 파리의

---

*25) 성가대장 피에르: 신학자. 1169년부터 파리에서 가르쳤으며, 1197년 시토회 수사로 죽었다. 박학한 설교자이자 탁월한 작가로서, 『성사 대요 De sacramentis』와 윤리적·목회적 의도로 쓰여진 성서 주해인 『약언(略言) Verbum abbreviatum』을 썼다 ('성가대장'이라는 직책에 대해서는 제4장 주 42 참조).

노트르담 학교에서 가르쳤고 1197년에 죽었다. 그는 주변 세계가 경제 행위, 사회적·정치적 구조, 사고 방식 등에서 급변하는 것을 보면서 도회적이고 군주제적인 세계의 새로운 점들을 결의론(決疑論) *casuistique*[26]의 연관 속에 포착하여 이론화하였다.[27]

그가 『성사들 및 영혼의 충고들에 관한 대요(大要) *Summa de sacramentis et animae consiliis*』에서 연옥에 언급하는 것도 역시 참회와 관련해서이다. 사면 가능한 죄에 관해 말하면서, 성가대장 피에르는 그로 인해 연옥에서 *in purgatorio* 받을 벌이 정해져 있다고 단언하기에 이른다. 그리고 나서 그는, 저주받은 자들도 지옥에 가기 전에 연옥을 통해 *per purgatorium* 지나가며 거기에서 정화되고 용서받는다고 주장하는 이들을 공격한다. 그것은 있을 수 없는 일이다, 라고 성가대장은 응수한다. 왜냐하면 그렇게 되면 선택된 자들의 운명이 저주받은 자들의 운명보다 나을 것이 없기 때문이다. 이어 그는 요점에 이른다. "이생 뒤에 선한 자들이 갈 곳과 악한 자들이 갈 곳을 구분해야 한다. 선한 자들은 그들 안에 불에 탈 아무것도 없다면 곧장 낙원(*patria*, 본향)으로 가며, 만일 사면 가능한 죄들을 지니고 있다면 연옥 *purgatorium*을 거쳐 낙원으로 간다. 악한 자들은 곧장 지옥으로 간다." 성가대장은 그리고 나서 단언하기를 연옥에는 예정된 자들(선택된 자들)만이 들어갈 수 있다고 하며, 다시금 여러 가지 견해들을 인용한다. 개중에는 악한 자들도 연옥을 통과한다고 하는 이들도 있으나 그것은 진짜 연옥이 아니라 다만 그들을 영원한 불로 실어갈 교량에 불과하다. 또 어떤 이들은 주장하기를 사면 가능한 죄들도 참회를 하지 않고 죽으면 영원한 벌을 받게 된다고 하는데, 성가대장은 참회를 하면 저주를 면할 수는 있지만 참회하지 않았다는 것이 저주를 받을 원

---

*26) 일반적 윤리 강령들의 구체적 적용에 관한 논의.

27) J. Baldwin, *Masters, Princes and Merchants. The Social Views of Peter the Chanter and his Circle*, 2 vol., Princeton, 1970.

인은 되지 않는다고 한다. 이러한 대목들에서 명사형의 연옥이라는 말이 자주, 정확히는 아홉 번 되풀이된다. 연옥은, 적어도 파리에서는, 세기말부터는 분명 명실상부하게 존재했으며, 지옥-연옥-낙원이라는 체계도 정립되었던 것으로 보인다.[28]

『성사 대요』의 또 다른 대목에서 사면 가능한 죄들의 사면이라는 문제에 관해 성가대장 피에르는 "우리의 선생들은 사면 가능한 죄가 참회에 의해서가 아니라 연옥의 벌에 의해 per poenam purgatorii 사면된다고 했던 것을" 상기시킨다. 그러나 그는 그러한 견해에 찬성하지 않는다. 몇 줄 사이에 명사형의 연옥이라는 말이 두 번이나 쓰이고 있다.[29] 양심의 문제를 다룬 제3부에서 성가대장 피에르는 사면 가능한 죄들을 보시로써 속량할 수 있는가 라는 질문에 답한다. "두 가지 연옥이 있다. 그 하나는 장차 죽은 뒤의 것인데, 그것은 주로 미사를 드림으로써 그리고 부차적인 그 밖의 선행들로써 감면될 수 있다. 다른 하나의 연옥은 사제가 명한 참회인데 그것도 같은 것들로써 완화될 수 있다." 여기서 보듯 성가대장은 연옥이라는 것을 기정 사실로 받아들이면서도 그것을 항상 공간적인 것으로만 생각하지는 않는다. 마지막 구절에서 연옥이란 장소가 아니라 상태인 것이다.[30] 그의 또 다른 저작, 아마도 가장 유명한 저작인 『약언 Verbum abbreviatum』(1192?)에서 그는 정화하는 불에 해당하는 참회의 양과 강도는 얼마만한 것일까를 자문한다. 그는 거기서 정화하는 불 ignis purgatorius과 연옥 purgatorium이라는 말을 모두 쓰고 있는데, 이러한 혼용은 이 당

---

28) Pierre le Chantre, *Summa de Sacramentis et Animae Consiliis*. ed. J. A. Dugauquier in *Analecta Mediaevalia Namurcensia*, 7, 1957, pp. 103~04.
29) *Ibid.*, pp. 125~26.
30) Pierre le Chantre, *Summa de Sacramentis*……, 3ᵉ partie, III, 2 a. *Liber casuum conscientiae*, ed. J. A. Dugauquier in *Analecta Mediaevalia Namurcensia*, 16, 1963, p. 264.

시에는 흔한 것이었고 그 같은 예는 13세기까지도 발견된다.[31]

파리의 또 다른 유명한 교사였던 투르네의 시몽 Simon de Tournai[32]은 우르스캉의 오동의 제자로서『논쟁 Disputationes』이라는 저서를 남겼다. 논쟁이란 아벨라르가 유행시킨 쟝르였는데, 보수주의자들(성베르나르, 셍-빅토르의 위그, 솔즈베리의 존, 투르네의 에티엔)의 반발에도 불구하고 12세기 후반에는 신학 교육 과정에 들어갔으며, 성가대장 피에르는 그것을 성서 주석에까지 도입했다. 투르네의 시몽은 세 편의 논쟁에서 연옥에 관해 말한다.[33] 논쟁 제40편에서, 그는 죽은 뒤에도 공덕을 쌓을 수 있는가라는 질문에 답한다. 어떤 이들은 연옥에서 고통을 겪음으로써 공덕을 쌓을 수 있다고 주장한다. 여기서는 위에서 보았던 연옥(들)에서 in purgatoriis라는 표현이 쓰이고 있다. 그러나 그의 답변에서, 시몽은 이생 뒤에는 공덕을 쌓을 장소가 없다고 단언한 뒤 이러한 개념에 반대하면서 연옥이라는 말을 네 번이나 쓰고 있는데, 그 중 두 번은 연옥의 고난 passio purgatorii을 환기하기 위해, 한 번은 연옥의 벌 poena purgatorii에 대해 말하기 위해, 한 번은 연옥 통과 transeundo purgatorium를 시사하면서이다. 논쟁 제55편에서는 연옥에 관한 두 가지 질문이 제기된다. 그 하나는 정화하는 불이 영원한 벌인가 하는 것이고, 다른 하나는 교회의 대도에 힘입어 연옥을 완전히 면제받을 수 있는가 하는 것이다. 첫번째 질문에

---

31) PL, 205, col. 350-51. 1192년이라는 연대는 D. van den Eynde, "Précisions chronologiques sur quelques ouvrages théologiques du XIIe siècle," in *Antonianum*, XXVI, 1951, pp. 237-39에서 제안된 것이다.

*32) 투르네의 시몽: 신학자. 1165년부터 파리에서 가르쳤고 1201/2년에 죽었다. 세속 사회의 질서를 교회내에 받아들이고자 하는 교회법 운동의 대변자들 중 한 사람이며, 아리스토텔레스와 플라톤을 대립시킨 최초의 신학자이다. 일종의 반-신비주의적 경향 때문에 이단시되기도 했다.

33) J. Warichez, *Les Disputationes de Simon de Tournai*. Textes inédits, Louvain, 1932. 논쟁 제 40, 55, 73편은 pp. 118-20, 157-58, 208-11에 실려 있다.

대해 시몽은 약간 빗나간 대답을 한다. 즉 문제는 사면 가능한 죄를 지었는가 치명적 죄를 지었는가가 아니라 참회를 하고 죽었는가 아닌가라는 것이다. 두번째 질문에 대해 그는 그렇다고 대답한다. 죽은 자는 살았을 때 공덕을 충분히 쌓아두면 죽은 뒤에 교회의 대도에 힘입어 연옥으로부터 완전히 벗어날 수 있고 심지어는 연옥에 들어가지도 않을 *ne intraret purgatorium* 수 있다는 것이다. 이 논쟁에서 시몽은 보다시피 장소를 가리키는 명사형의 연옥과 거기서 겪는 벌인 정화하는 불을 세심히 구별해서 쓰고 있다.

끝으로 논쟁 제73편에서, 시몽은 영혼들이 연옥에서 또는 지옥에서 물질적인 불에 의해 벌받는가라는 질문에 답한다. 그는 연옥을 때로는 명사형 purgatorium으로, 때로는 보다 오랜 형태인 정화하는 (장소들)에서 in (locis) purgatoriis라는 표현으로 쓰고 있다. 그의 대답은 지옥에는 물질적인 불이 있을 것이지만 연옥에서는 영적이고 은유적인 불, 극심한 고통이 있으리라는 것이다. 왜냐하면 불이란 가장 무거운 육신적 벌을 가리키기 때문이다.

나는 역시 파리의 유명한 교사인 푸아티에의 피에르Pierre de Poitiers[34]도, 그의 『금언집 *Sententiae*』의 한 텍스트에서 명사형 연옥 이전의 여러 가지 표현들과 함께 명사형의 연옥이라는 말도 쓰고 있음을 지적해둔다. "그들은 연옥을 통해 지날 것이다 *transibunt per purgatorium*"라는 구절에서, 만일 필사자가 purgatorium 앞의 ignem이라는 말을 빠뜨린 것이 아니라면 말이다.[35]

12세기말에 명사형의 연옥이라는 말이 나타나는 마지막 예는 더 이상 신학 논저가 아니라 성인전(聖人傳)에서이다. 그것은 무종 Mouzon의 순교자 성빅토르St. Victor의 생애의 한 대목인데, 거기

---

*34) 신학자. 1167~1205년에 걸쳐 파리에서 신학을 가르쳤다.

35) *PL*, 211, col. 1054. Cf. Ph. S. Moope, *The Works of Peter of Poitiers, Master in Theology and Chancellor of Paris(1193~1205)*, Publications in Mediaeval Studies, Notre-Dame(Ind.), I, 1936.

서 연옥은 연소(燃燒)의 장소이자 정화의 감옥으로 정의되고 있다.[36] 12세기말과 13세기초에 연옥의 탄생이 갖는 의미를 조명하는 데에 중요한 것으로 보이는 몇몇 텍스트들과 문제들을 제시하기에 앞서, 이제 이 탄생을 분명히 해둘 필요가 있을 것이다.

파리의 봄과 시토의 여름

나는 기독교 세계의 다양한 지역들에서 유래하는 가능한 한 많은 자료들을 참조했고 특히 12~13세기의 전환기에 주요한 지적·문화적 중심지들에서 나온 저작들을 꼼꼼히 살펴보았다. 나는 이제 두 집단이 연옥이라는 말을 만들어내고 거기에 대한 신앙을 정립했음을 견고한 기초 위에서 주장할 수 있다고 생각한다. 그 첫번째 집단, 보다 활발한 집단은 파리의 지식인들, 특히 성당 학교 *l'école cathédrale* 즉 노트르담 성당 참사회 부속 학교 l'école du chapitre de Notre-Dame이다.[37] 이 학교가, 지적 활동이 좌안(左岸)의 새로운 대학 교육으로 넘어가기 전에, 특히 도미니크회[38]와 프

---

36) "Vie de saint Victor, martyr de Mouzon," ed. F. Dolbeau, *Revue historique ardennaise*, t. IX, p. 61.

*37) 12세기 파리에는 대체로 세 종류의 학교가 있었다. 즉, 노트르담 성당(참사회)에 부속된 학교, 생-빅토르, 생트-주느비에브 등 수도원에 부속된 학교들, 그리고 허가 *licentia docendi*를 얻은 개인들이 연 사설 학교들이 그것이다. 이렇게 흩어져 있던 교사들 및 학생들이 12세기말에 결성한 일종의 조합이 대학이다.

*38) 설교자 교단 *l'ordre des prédicateurs*이라고도 한다. 로마 카톨릭 교회에 속하는 4대 탁발 교단 중 하나로, 1215년 성도미니크(도밍고)에 의해 창설되었다. 스페인 오스마 관구의 사제이던 도미니크는 남불의 이단 알비교도들에게 설교하러 가는 주교와 동행하여, 알비교도들을 개종시키기 위한 설교자들의 공동체를 만들었고 1215년 교황의 인가를 받았다. 도미니크는 추종자들에게 성아우구스티누스를 본받은 생활 지침을 주고 툴루즈에 최초로 정착했다. 이들의 특징은 그때까지 주교 및 그의 파견자들의 일이던 기독교 교의의 설교를 하며, 더불어 신학 공부를 한다는 것으로,

란체스코회[39]의 탁발 교사들 les maîtres mendiants[40]을 중심으로 하

> 도미니크는 일찍부터 추종자들을 대학에 보내어 공부하게 했다. 명상적 생활과 적극적인 포교 활동을 병행하는 이 교단은 공동체 생활을 하기는 하나, 기존의 수도원 교단들이 개별적 수도원들로 이루어졌던 것과는 달리, 일원적인 군대 조직으로 편성되어 개인들은 어느 한 수도원에 속하는 것이 아니라 교단 자체에 속했으며 따라서 이동이 자유로웠다. 창설된 지 40년이 채 못 되어 많은 재능 있는 도미니크회 수사들이 파리, 볼로냐, 쾰른 등지의 대학에서 두각을 나타냈으며, 대학의 저명한 교사들이 교단에 들어오는 경우도 많았다. 대(大)알베르투스와 그의 제자 토마스 아퀴나스는 그 대표적인 인물들로, 신학과 철학의 결합을 시도했다. 한편 교단은 설교라는 본분에도 충실하여 남불에서는 알비교도들과, 스페인과 기타 지역에서는 무어인들 및 유대인들에게 설교했다. 그들은 북유럽과 동유럽, 지중해 동부, 인도 등지의 비기독교인들을 복음화했으며, 종교 재판 제도가 생기자 그 심문관 역할도 맡게 되었다.

*39) 13세기초 아시시의 프란체스코에 의해 창설된 교단. 작은 형제들의 교단 l'ordre des Frères mineurs이라고도 한다. 1207년경 프란체스코는 설교와 참회와 청빈의 생활에의 소명을 받았으며, 곧 추종자들이 생겼다. 1209년 로마로 여행하여 교황의 인가를 받았다. 이들은 전혀 아무 재산도 소유하지 않았고, 처음에는 움브리아에서 활동하다가 뒤에는 이탈리아 전역과 국외로까지 무대를 넓혔다. 이 탁발 설교자들의 영향은 지대하여 10년 만에 수효가 5000명을 헤아렸다. 1212년에는 성클라라가 세운 프란체스코 수녀회가 합세했다. 초창기에는 프란체스코의 모범이 그대로 규율이었으나, 교단이 커지면서 1221~1223년에는 정식 규율을 만들었다. 그러나 1226년 프란체스코가 죽기 이전부터도 청빈의 서원이라는 문제를 놓고 열렬한 추종자들과 완화주의자들과 중도주의자들간에 내분이 있었다. 그 절충은 교단의 제2 창설자로 불리기도 하는 성보나벤투라에 의해 이루어졌으니, 그는 규율을 현명하고 온건하게 해석하였다. 이 기간 동안 교단은 유럽 전역으로 퍼져나갔으며, 시리아와 아프리카까지 포교 활동이 이루어졌다. 또한 파리나 옥스퍼드 같은 대학 도시에 세운 탁발 수사들의 집은 유럽에서 가장 유명한 신학 학교들이 되었다.

*40) 탁발 수사란 청빈의 서원을 하고 노동과 자선에 의지하여 살아가는 수도자를 말한다. 오늘날 남아 있는 탁발 교단은 도미니크회·프란체스코회·아우구스티누스회·갈멜회 등등이다. 가난한 프란체스코의 근본 사상으로, 분명 도미니크에게서 이어받은 것인데, 그가 의도한 것은 꼭 자선에 의지하여 살라는 것이 아니라 손수 노동을 하되 불가피한 경우에는 구걸이라도 하라는 것이었지만 차츰 성직 수행의 부담이 늘어나 노동이 어려워지자 탁발의 비중이 커지게 되었다. 그러나 이러한 이상은 실제로 많은 난관에 부딪혔으며, 청빈이라는 규범의 해석을 놓고 논란이 그치지 않았다. 세간에 살면서 노상에서 설교를 하고 고해를 받는 탁발 수사들은 중세 사회에 큰 영향을 미쳤다.

여 얼마나 중요한 역할을 했던가는 아무리 강조해도 지나치지 않을 것이다.

이미 좌안에서 일어나고 있던 한 가지 중요한 신학적 운동이 12세기 특히 그 전반기에 이러한 약동에 앞섰고 거기에 자양을 공급했다. 셍-빅토르와 셍트-주느비에브의 수도원들은 그 주요한 원동력이었다. 셍-빅토르의 위그를 위시한 빅토르 수도원[41]의 수도사들, 아벨라르와 그의 제자들의 학교들이 누렸던 명성과 눈부신 업적은 굳이 환기할 필요도 없을 것이다.

그러나 지적 용출이 터져나온 것은 롬바르디아인 피에르의 가르침과 저작들로부터, 우르스캉의 오동, 대식가 피에르, 성가대장 피에르를 필두로 하는 노트르담 학교의 교사들과 학감들을 중심으로 해서였다. 루이 7세[42]와 존엄왕 필립[43]의 파리 한복판에서 다리 위의 환전상들, 셴Seine 강을 운항하는 사업자들, 장인들과 노동자들——그레브 Grève 광장의 인력(人力) 시장에 이미 부려진 인간 상품——과 부대끼면서 기독교의 위대한 진리들은 창의와 열기 속에 반성되고 재조정되었던 것이다. 온갖 사상들이 끓어오르고 열띤 토론이 이루어지며 견해들이 평화롭게 충돌하는 세계였다. 교사들과 학생들은 그들의 질의집, 논쟁집, 보고집 *reportationes*[44]에 열심히 써넣었으니, 거기서는, 몇몇 저명한 교사들의 권위에도 불

---

*41) 1108년 샹포의 기욤이 파리의 노트르담 학교에서 사퇴하고 제자들과 함께 셍-빅토르 예배당 근처의 작은 암자에서 기도와 명상의 생활을 시작한 이래, 셍-빅토르 수도원은 수도원 생활과 도시 학교의 학문이 만나는 장소가 되었으며, 이후 한 세기 동안 많은 신학자들과 작가들이 이 수도원과 연관되었다.
*42) 루이 7세: 1120~1180, 프랑스 왕(1137~1180). 아키텐의 알리에노르와 결혼(1137)하여 프랑스 남서부를 얻었으나, 이혼(1152)당한 왕비는 영국의 헨리 2세와 재혼하면서 지참 재산을 회수해갔고, 이는 영·불간 분쟁의 씨앗이 되었다. 세번째 결혼(1160)에서 필립 오귀스트가 태어났다.
*43) 본장 주 23 참조.
*44) 제4장 주 1 참조.

구하고, 누가 어떤 사상의 주인인지를 잘 분간할 수 없으며, 극히 다양한 입장들이 마주쳐 때로는 부조리한 지경으로까지 치달아간다. "어떤 이들은 말한다" "다른 이들은 말한다" "또 다른 이들은 말한다." 그것은 스콜라 철학이 제1의 도약을 하던 시기였다. 그것은 그러나 오래가지 못한다. 1210년부터는 교회와 군주제가 다시 모든 것을 장악하여, 장작더미에 책들과 사람들이 불살라졌다. 그것은 경고에 불과했다. 13세기에 스콜라 철학은 위대한 시기를, 그 최고의 영예를 맞이할 것이었다. 그러나 이 지적인 성당들, 성왕(聖王) 루이 Saint Louis[45]의 세기가 이룩할 위대한 대요(大要) *les grandes sommes*들은 잘 정돈된 기념비이며 거기에는 이견이나 열광이 없다. 나아가 검열자들은 그것만으로도 부족하여, 1270~1277년 사이에 파리 주교 에티엔 탕피에 Etienne Tempier는 독창적이고 새로워 보이는 모든 것에 그의 사목(司牧) 지팡이를 휘둘렀다. 브라방의 시제 Siger de Brabant[46]는 하지도 않은 말을 했다고 비난당했으며, 일반적으로 생각하는 것보다 훨씬 덜 대담한 토마스 아퀴나스까지도 검열의 대상이 되었다. 연옥은 이러한 스콜라 철학의 봄과 함께, 도시의 지성과 수도원의 이상이 일시적으로나마 만났던 예외적인 창조성의 시기에 태어났다.

---

*45) 성왕 루이: 1214~1270. 프랑스 왕 루이 9세(1226~1270). 독실한 기독교인으로 정의와 평화를 구현하기 위해 노력했다. 그의 치세 동안 프랑스는 토마스 아퀴나스, 보나벤투라, 대알베르투스, 로저 베이컨, 브라방의 시제 등 지식인들의 활동 무대가 되었다. 그는 제7차 십자군의 이집트 원정에 참여했고, 튀니지의 술탄을 개종시키는 것을 목표로 했던 제8차 원정에서 흑사병에 걸려 죽었다.
*46) 브라방의 시제: 1235/40~1180/1. 리에주의 참사회원이었고, 파리에서 수학했다. 아리스토텔레스(내지는 아베로에스)주의자로, 세계의 영원성과 단일 정신론(*monopsychisme*, 모든 인간에게 단일한 지성과 거기 의존하는 수동적인 의지들이 있다고 보는 일종의 심리학적 결정론)을 신봉하는 경향이 있었다. 개인적 불멸성을 부인했으며, 이중 진리론을 주장하는 데까지는 가지 않았지만 신앙과 철학간의 간극을 지적했다(그 자신은 철학보다는 신앙을 택했다). 1276년 종교 재판을 받았으며, 유배 생활중에 죽었다.

연옥을 낳은 두번째 집단은 시토이다. 성베르나르가 연옥을 발명하지 않았다는 것은 중요치 않다. 시토회 수도사들이 산 자들과 죽은 자들 사이의 관계에 대해 가졌던 특별한 관심, 그들이 대적해 싸우면서도 계승했던 클루니 수도원에 이어 성인들과 죽은 자들을 연결시키는 11월초의 전례에 부여한 새로운 활기 등은 그들을 연옥의 변경으로 데려가며, 그 나머지 일은 분명 그들이 도시의 지성인들과 가졌던 연관에 의해 이루어진다. 많은 대학의 교사들, 특히 파리에서 활동하던 우르스캉의 오동, 대식가 피에르, 성가대장 피에르, 릴의 알랭 Alain de Lille[47] 등은 생애의 말년을 시토회의 수도원들에서 마쳤던 것이다. 1170~1200년 사이, 아마도 1170~1180년 사이의 10년 동안, 분명 세기의 마지막 10년 동안에 이 두 집단이 만나는 곳에서 연옥은 나타난다.

연옥과 이단에 대한 싸움

이제 제3전선 즉 이단과의 싸움에도 지면을 할애해야겠다.

---

*47) 릴의 알랭: 플랑드르, 릴 1128년경~시토 1202. 신학자이자 시인. 폭넓은 지식으로 유명하여 '만물 박사'로 통했다. 파리에서 공부했고 가르쳤으며 잠시 몽펠리에에 살다가 뒤에는 시토의 수사들과 합류했다. 신학자로서 알랭은 스콜라주의에 대한 12세기 후반의 신비주의적 반동에 동참하여, 합리주의와 신비주의를 절충한 혼효적 스콜라주의를 채택했다. 주요한 신학 논저 『카톨릭 신앙의 기술』에서는 수학적 논증을 사용하여 교의의 진리성을 증명하려 했고, 『반이단론』에서는 이성적 기반 위에서 이단들을 논파하려 했으며, 『신학 격언』에서는 신앙의 원칙들이 자명한 명제들임을 주장했다. 한편 중세 라틴 문학사에서 빼놓을 수 없는 두 작품인 『자연의 탄식 De planctu nature』과 『반(反) 클로디아누스 Anti-Claudianus』를 썼으니, 전자에서는 인간의 악덕들을 교묘히 풍자했고, 후자에서는 신과 자연, 신학과 철학, 미덕들과 학예들의 종합을 통한 완전한 인간의 창조를 우의적으로 그렸다(흔히 알려진 그의 라틴명 Alanus de Insulis는 Alain de Lille을 de l'île로 파자(破字)하여 옮긴 것임을 짐작할 수 있다).

12~13세기의 전환기에 상당수의 교회 작가들은 연옥의 탄생에 크게 기여했으니, 이 작가들의 공통점은 이단들에 맞서 싸웠다는 것, 그리고 새로 태어난 연옥을 그 싸움에서 무기로 사용했다는 것이다. 연옥은, 다른 많은 신앙들과 마찬가지로, 적극적으로는 지성인들의 사색과 집단의 압력에서 태어났을 뿐 아니라 소극적으로는 그것을 믿지 않는 자들과의 투쟁에서도 태어났다. 이 투쟁은 연옥이 당시의 중요한 쟁점이었음을 분명히 보여준다. 로마 교회가 연옥 교의를 정립한 것은 12~13세기의 이단들, 13~14세기의 그리스인들, 16~17세기의 종교 개혁자들에 맞서서였다. 공식 로마 교회의 적수들은 끈질기게 연옥을 공격하는데, 왜냐하면 그들은 저승에서의 인간의 운명은 그들 자신의 공덕과 하나님의 뜻에만 달려 있다고 생각하기 때문이다. 그러니까 모든 것은 죽음과 더불어 결정이 나는 것이다. 망자들은 곧장(또는 최후 심판 뒤에) 낙원이나 지옥으로 갈 뿐, 죽음과 부활 사이에는 아무런 속량도 없다. 그러므로 연옥이란 존재하지 않으며 죽은 자들을 위해 기도한다는 것은 무용한 일이다. 공식 교회를 좋아하지 않는 이 이단들에 있어 연옥을 부인한다는 것은 교회가 죽음 이후까지 영향력을 행사하여 인간들에 대한 권력을 확장하는 것을 거부하는 일이기도 했다.

우리는 앞서 11세기초에 캉브레의 제라르가 쳐부순 아라스의 이단들에 관한 자료를 살펴보았다.[48] 12세기초에도 같은 문제가 유명 · 무명의 이단자들에게서 발견된다. 그것이 저 유명한 클뤼니의 사제 존자(尊者) 피에르 Pierre le Vénérable[49]의 반박을 받았던 피에

---

*48) 제3장 중 '저승과 이단' 참조.
*49) 존자 피에르: 오베르뉴, 몽부아시에 1092년경~클뤼니 1156. 클뤼니 수도원의 저명한 수도원장. 영적 · 지적 · 재정적 개혁을 통해 클뤼니를 유럽의 손꼽히는 수도원으로 만들어놓았다. 클레르보의 베르나르와 함께 교황 이노첸티우스 2세를 지지하여 가짜 교황 아나클레투스 2세의 입지를 약화시켰으며, 낙백한 피에르 아벨라르

르 브뤼스Pierre Bruys의 경우이다. 그보다 더욱 급진적이었던 제자 앙리Henri에게서는 더했다. 수사이다가 방랑자가 된 이 인물은 로잔Lausanne에서 르망에 이르기까지(1116년경), 그리고 기타 알려지지 않은 곳들에서 아라스 이단들과 같은 노선의 사상들을 설교하다가 1134년에 체포되어 피사공의회로 끌려갔다. 12세기 전반에 씌어진 익명의 한 논저는 앙리와 그의 도당들에게 반박하여, 그들이 "죽은 자들은 즉시로 구원되거나 저주받으며, 그들을 위해 할 수 있는 일은 전혀 없다"고 주장한다고 하면서, 이러한 생각은 그가 보기에 "명백히 이단적"이라고 논평한다. 교회의 전통적 문서들(마카비 2서 12: 41~45; 마태복음 12: 31; 고린도전서 3: 10~15; 성아우구스티누스의 『죽은 자들을 위한 배려』 등)에 의거하여, 그는 두 가지 불 즉 정화하는 불과 영원한 불의 존재를 천명한다. "장차 (저승에서) 말소될 죄들도 있으니, 친지들의 보시와 신자들의 기도 또는 정화하는 불에 의해 그리할 것이다."[50]

우리는 여기서 다시금 성베르나르를 만나게 된다. 1135년에 씌어져 1143~1145년경에 개작된 아가(雅歌)에 관한 설교에서 그는 "죽음 뒤에 정화하는 불이 남아 있다고 믿지 않으며 영혼이 육신과 분리되자마자 안식하거나 저주받는다고 보는" 이단들을 공격한다. 이 이단들을 베르나르는 교회의 의례적인 태도에 따라 사악한 짐승들로 취급하며, 귀족 성직자다운 경멸심을 가지고서 그들을 "촌뜨기들, 문맹자들, 경멸해 마땅한 자들"이라고 부른다. 그는 관

를 클뤼니에 맞아들여 그를 베르나르 및 교황과 화해시켰다. 그는 또한 십자군 원정을 비폭력적인 선교 운동으로 전환시키고자 노력했으며, 코란을 제대로 반박하기 위해서는 그것을 라틴어로 번역할 필요가 있음을 역설하였다. 아키텐, 이탈리아, 영국 등지에 교황의 특사로 파견되었다. 종교적 논저들 외에 찬가와 시들을 지었으며, 역사적으로 매우 흥미로운 2000여 통의 서한을 남겼다.

50) R. Manselli, "Il monaco Enrico e la sua eresia," in *Bolletino dell'Istituo Storico Italiano per il Medio Evo e Archivio Muratoriano*, 65, 1953, pp. 62~63. 12세기의 이단들에 관해서는 R. Manselli의 대표적 저서 *Studi sulle eresie del secolo XII*, Roma, 1953을 참조.

례대로 그들을 두목의 이름으로 명명하려 하지만, 그들은 그런 이름조차 없고 뻔뻔하게도 스스로를 사도들 Apostoliques이라고 부른다. 그들은 결혼과 세례와 죽은 자들을 위한 기도와 성인 숭배에 반대하며, 채식주의자(그들은 성교에서 태어난 모든 것을 그러니까 짐승들을 전혀 먹지 않는다)들이다. 성베르나르는, 마태복음 12장 32절에 의거하여, 연옥의 존재(그것은 아직 알 수 없으니까)로써가 아니라 정화하는 불로써 그들에 반박하며, 죽은 자들을 위한 대도의 효용을 역설한다.[51]

"아라스" 노선은 지속되거나 직접적인 계승자를 얻지 못했음에도 불구하고 매우 분명히 드러난다. 연옥에 대한 반대는 12세기말과 13세기초에도 새로운 이단들인 발도파 les Vaudois[52]와 카타르파 les Cathares[53]에서도 발견된다. 그러나 이 점에서 이 새로운 이단

---

51) Saint Bernard, *Opera*, ed. J. Leclercq & H. Rochais, vol. II, p. 185. 편집자들의 서문 (vol. I, p. ix)을 참조.
*52) 영어로는 Waldenses 또는 Valdenses, 이탈리아어로는 Valdesi라고 한다. 12세기 프랑스에서 기원한 이단 분파로, 가난하고 소박한 생활 가운데 그리스도를 따르고자 한다. 이 분파의 원조라고 하는 발데스(또는 피에르 발도 Pierre Valdo)에 대해서는 확실히 알려진 것이 별로 없다. 그는 속인으로 리용에서 설교를 시작했으나, 신학 교육을 받지 못했고 라틴어가 아닌 성경을 사용한다는 이유로 교회 당국의 눈총을 받았다. 교회의 인가를 받고자 노력했으나 받지 못했고, 리용 대주교는 그를 단죄했으며, 교황 루치우스 3세는 발도 신도들을 파문했다. 이후로 발도파는 칠대성사의 일부와 연옥 교의를 거부하면서 로마 교회의 가르침을 떠났고, 죽은 자들을 위한 기도, 십자가 공경 같은 로마 교회의 관행들을 따르지 않았다. 그들의 주장은 단순한 성경주의, 윤리적 엄격성, 당대 교회의 타락상 고발 등에 근거해 있었다. 그들의 운동은 종종 다른 분파들과 합해지거나 영향을 주고받으면서 스페인, 프랑스 북부, 플랑드르, 독일, 이탈리아 남부, 심지어 폴란드와 헝가리에까지 급속히 퍼져나갔다. 로마 교회는 박해와 처형까지도 불사했고, 13세기초에는 많은 발도파 신도들이 정통 신앙에로 복귀했다. 세기말에는 박해로 인해 어떤 지방에서는 발도파 신도들이 멸절되기도 했으며, 생존자들도 살아 남기 위해 그들 고유의 복장을 버렸다.
*53) 11~13세기에 성했던 기독교 이단 분파. 카타르파 신도들은 신(新)마니교적 선악 이원론을 신봉하며 따라서 물질적 세계는 악하다고 믿는다. 이러한 관점에서 카타르

들의 입장은 사실상 동일하다. 즉 산 자들은 죽은 자들을 위해 아무것도 할 수 없으며 대도는 무용하다는 것이다. 카타르 신도들에게 있어서는 윤회의 교의가 분명 연옥을 배제했을 것이다. 왜냐하면 윤회 교의는 "시한부" 정화라는 같은 기능을 갖기 때문이다. 이 논쟁의 최초의 텍스트는 분명 1190~1192년 사이에 프레몽트레회 사제 퐁코드의 베르나르Bernard de Fontcaude[54]가 쓴 『발도파 신도들에 반대하는 책 Liber contra Waldenses』일 것이다. 거기에 연옥이라는 말은 나오지 않으나, 삼분적 저승 체계는 전에 없이 분명히 제출되어 있다.[55]

파는 발칸 반도와 중동의 여러 종교 분파들, 특히 불가리아의 보고밀파와 상통하며 실제로 보고밀파에서 유래한 것으로 추정되기도 한다. 이들은 11세기 전반에 독일 서부, 이탈리아 북부, 플랑드르 등지에서 소수의 무리가 나타났다가 사라진 데 이어, 12세기에 다시 나타나 1140년 이후 약 30년 동안 비약적인 성장을 하였다. 1140년경부터 카타르파는 교회 조직과 전례, 교의 체제 등을 갖추었고, 프랑스 북부, 알비와 롬바르디아에는 주교도 나타나 12세기말에는 11개 주교좌가 생겨났으며, 이들은 보고밀파의 주교와 제휴하여 교세를 굳건히하였다. 카타르파내에서도 교리상의 불일치가 있기는 했으나, 물질이 악하다는 것, 인간은 악한 세상에 유배된 객(客)에 불과하며 그의 진정한 목표는 본성상 선한 영혼을 해방하여 신과의 합일로 돌아가는 데 있다는 것 등에는 이의가 없다. 이들의 도덕적 엄격성('카타르'라는 말의 어원은 '순수한, 더러움이 없는'이라는 뜻의 희랍어 katharos이다)은 카톨릭 성직자들의 세속적 부나 도덕적 이완과 대조를 이루어 큰 지지를 얻었다. 교회는 성베르나르, 존자 피에르, 성도미니크 등의 설교와 알비 정벌 십자군, 종교재판 등의 물리적 탄압으로써 그들에 대항했다. 1244년 카타르파 지도자들의 보루였던 피레네 산지의 몽세귀르 요새가 함락됨으로써 이 이단 분파는 일단 멸절되는 듯했으나, 생존자들은 국외로 도주하여 14세기, 15세기에도 간헐적인 움직임을 보였다(이들의 윤회 교의에 관해서는 '제3의 처소' 주 19 참조).

*54) 퐁코드의 베르나르: ?~1192. 프레몽트레회 신학자. 퐁코드의 초대 수도원장이었던 것으로 추정된다. 발도파에 반대하는 논전적인 글들을 썼으며, 이는 발도파의 기원 및 교의적 입장의 기초에 관한 중요한 자료이다.
55) *PL*, 204, 795~840(chap. 10 & 11, col. 833~35). Cf. A. Paschowsky & K. V. Selge, *Quellen zur Geschichte der Waldenses*, Göttingen, 1973; L. Verrees, "Le traité de l'abbé Bernard de Fontcaude contre les vaudois et les ariens," in *Analecta praemonstratensia*, 1955, pp. 5~35. G. Gonnet는 이러한 생각들이 "적어도 그 기원에 있어서는, 발도파 이외의 다른 분파들에 의해서도 주장되었다"고 한다 "Le

제10장에서 퐁코드의 베르나르는 "정화하는 불을 부인하고 영혼 *spiritus*이 육신과 분리되자마자 천국이나 지옥에 간다고 말하는" 자들에게 반박한다. 그는 그들에 맞서 세 가지 권위를 내세우는 바, 고린도전서, 아우구스티누스의 『엔키리디온』, 그리고 에스겔서 14장에서 여호와께서 이르시기를 의인들의 기도는 불신자들을 해방하지는 못하겠지만 그 자신은 구원하리라고 하시는 대목이 그것이다. 그는 사도 바울을 주석하여 그의 말은 "장차의 정화의 불"에 적용된다고 하며, 아우구스티누스를 주석하여 신은 세례와 일시적 환란의 불로써 죄들을 정화하신다고 하며, 에스겔서를 주석하여 여호와께서는 믿음 없는 백성을 정화하는 불 속에 넣으라고 명령하신다고 한다.

가장 흥미로운 대목은 제11장에 나온다. 어떤 이단들은 주장하기를 망자들의 영혼들은 최후의 심판 이전에는 천국에도 지옥에도 들어가지 않으며 다른 거처에 있으리라고 하는데, 베르나르는 그들이 틀렸다고 단언한다.

> 육신을 벗어난 영혼들이 갈 곳은 세 군데이다. 천국은 완전한 자들의 영혼들을 받아들인다. 지옥은 완전히 악한 자들을, 정화하는 불은 전적으로 선하지도 전적으로 악하지도 않은 자들을 받아들인다. 그러므로 완전히 좋은 곳은 완전히 선한 자들을, 극도로 나쁜 곳은 완전히 악한 자들을, 보통 정도로 나쁜 곳은 보통 정도로 악한 자들을 받아들인다. 그것은 지옥보다는 낫지만 세상보다는 훨씬 나쁜 곳이다.[56]

---

cheminement des vaudois vers le schisme et l'hérésie(1174~1218)," in *Cahiers de civilisation médiévale*, 1976, pp. 309~45.

56) *Tria quippe sunt loca quae spiritus a carne solutos recipiunt. Paradisus recipit spiritus perfectorum. Infernus valde malos. Ignis purgatorionis eos, qui nec valde boni sunt nec valde mali. Et sic, valde bonos suscepit locus valde bonus; valde malos locus summe malus; mediocriter malos locus mediocriter malus, id est levior inferno, sec pejor mundo*(*PL*, 204, col. 834~35).

퐁코드의 베르나르는 그러니까 정화하는 불뿐 연옥은 모르는 것이다. 그러나 정화하는 불이란 하나의 장소가 되었고, 죽음과 최후 심판 사이의 저승은 삼중적이며, 처음으로 (연옥)은 이중으로 (지형적으로나 사법적으로나) 중간적으로 정의되었다.

베지에의 에르망고 Ermangaud de Béziers는 잘 알려지지 않은 인물(동명의 인물이 여럿 있다)이나, 발도파에 반대하는 그의 저서 (*Contra Waldenses*)는 12세기의 마지막 몇 년 아니면 13세기의 처음 몇 년에 씌어졌을 것이 거의 확실시된다. 제17장에서 그는 성인들의 기도가 산 자들을 돕지 못하며 산 자들의 봉헌과 기도 또한 망자들에게 아무런 도움이 되지 못한다고 확언하는 어떤 이단들의 그릇된 견해를 공격한다. 그들에 맞서 에르망고는 세 부류의 망자들이 있다고 단언한다. 즉, 도움이 필요치 않을 만큼 전적으로 선한 자들, 지옥에는 속함이 없는 고로 그들을 위해 아무것도 해줄 수 없는 전적으로 악한 자들, 그리고 세번째 부류는 전적으로 선하지도 악하지도 않은 자들 즉 고해는 했으나 참회를 마치지 못한 자들이다. 에르망고는 연옥이라는 말을 하지 않을 뿐 아니라 정화하다라는 말의 어떤 형태도 쓰지 않는다. 그는 이 죽은 자들은 "저주되지도 즉시로 구원되지도 않으며 구원을 기다리는 가운데 벌을 받는다"고 한다.[57]

13세기초의 『이단 반대 대요 *Summa contra haereticos*』는 1210년에 죽은 파리의 학감 크레모나의 프레보스텡이 쓴 것으로 잘못 알려진 작품으로, 파사젱 Passagins이라 불리는 이단들이 죽은 자들을 위해 기도하기를 거부하는 것을 고발한다. 그들이 가난한 나사로와 악한 부자의 이야기를 해석하면서 아브라함의 품을 그리스도

---

57) *Et hi non damnantur, nec statim salvantur, sed puniuntur sub exspectatione percipiendae salutis*(*PL*, 204, 1268).

의 지옥 하강 이전의 과거에 중층 지옥과 하층 지옥의 위쪽에 있던 "지옥의 변경"으로 보는 데에 반박한 뒤, 위-프레보스텡은 죽은 자들을 위한 기도라는 문제에 대한 자신의 해결책을 제시한다. 즉 "연옥에 있는 보통 정도로 선한 이들을 위해서는 그들이 더 선해지도록이 아니라 좀더 일찍 거기서 풀려나도록, 그리고 악한 자들을 위해서는 그들이 구원되도록이 아니라 벌을 덜 받도록" 기도해야 한다는 것이다. 위-프레보스텡은 그러니까 아주 아우구스티누스적이며 연옥——은 이제 존재한다——에서의 정화와 아마도 지옥에서 이루어질 "좀더 견딜 만한 저주"를 구별한다. 그가 보는 바로는 대도에 관한 카톨릭 교의는 마카비 2서 12장, 잠언 11장 7절("의인은 죽으나 그의 소망은 끊이지 아니하리라." 이 구절은 베다에 의해서도 주석된 바 있다——PL, 91, 971), 마태복음 12장 32절("여기서는 어떤 죄들은 내세에 사면된다는 것이 분명히 드러나 있다") 등의 권위들에 의거해 있다. 그러므로 죽은 자들을 위해 기도해야 한다.[58]

릴의 알렝의 경우는 다르다. 우선 그는 제1급의 교사로, 몽펠리에에 갓 생겨난 대학에서 가르쳤다.[59] 그는 발도파 및 카타르파의 이단들과의 투쟁에 가담하였으나, 그의 논저 『이단에 반대하여 Contra Haereticos』에서는 "연옥이라는 문제는 제쳐두고" 있다.[60] 반면 그는 참회와 설교에 관한 논저들에서 그 문제에 접근한다.

그의 『설교술 대요 Summa de arte praedicatoria』에서 그는 참회에 관해 이렇게 말한다: "정화적·시험적·영구적인 세 가지 불들이 있다. 정화적인 불이란 (죄들의) 보속이고, 시험적 불이란 시험

---

58) The Summa contra haereticos ascribed to Praepositiuus of Cremona, ed. J. N. Garvin & J. A. Corbett, Notre~Dame(Ind.), 1958, pp. 210~11.
59) 릴의 알렝에 관한 대표적 연구로는 M.-Th. D'Alverny, Alain de Lille. Textes inédits avec une introduction sur sa vie et ses oeuvres, Paris, 1965를 참조.
60) G. Gonnet in Cahiers de civilisation médiévale, 1976, p. 323.

*tentatio*이며, 영구적 불이란 영원한 저주이다."정화하는 불은 이중적이다. 그 하나는 도상에(이생에) 있는 참회이며, 다른 하나는 이생 뒤의 정화하는 벌이다. "만일 우리가 첫번째 불로써 깨끗해지면 두번째와 세번째를 면제받는다. 만일 첫번째를 겪지 않으면, 두번째를 겪게 된다. [……] 첫번째는 연옥이며, 이는 다른 두 가지를 배제한다. [……] 정화하는 불은 두번째 불의 그림자이며 그림에 불과하다. 물질적인 불의 그림자나 그림이 아무런 고통을 가져오지 않듯이 [……] 참회의 불도 두번째 정화하는 불에 비하면 아무것도 아니다." 그리고서 그는 아우구스티누스를 인용한다.[61] 그러니까 알렝의 관심은 참회에 있으며, 그는 참회가 극단적으로 발전했던 이 시기에 아우구스티누스가 말하는 지상적 환란의 불과 이승에서의 참회를 동일시하는 것이다.

참회에 관한 그의 논저『참회서 *Liber poenitentialis*』는 1191년 이후에 씌어졌으며, 여러 이본들이 있는데, 그 가운데 1199~1203년 사이에 씌어진 긴 이본에서, 알렝은 교회가 주교나 사제의 중재를 통해 참회를 면제할 수 있는가 하는 문제를 다루고 있다. 알렝의 생각들은 당혹스럽게 보일 수도 있다. 즉 그에게는 고유한 의미에서의 정화하는 불이란 이승에서의 참회의 불이며, 그는 주교나 사제의 권한을 정화적 벌 즉 참회의 사면에 제한하여 교회는 죽음 너머에서는 무력하다고 보는데, 이는 13세기 성직자 일반의 감정에는 일치하지 않는 것이었다.[62]

이 텍스트들에서 알렝은 전통적인 동시에 새로운 어휘를 구사하여 정화하는 불, 정화하는 벌에 대해서뿐 아니라 고유한 의미에서의 연옥에 대해서도 말한다. 그는 특히 다음과 같은 흥미로운 질문에서 명사형의 연옥이라는 말을 사용하는데: "(이승에서의 참회

---

61) *Summa de arte praedicatoria*, *PL*, 210, 174-75.
62) *Liber poenitentialis*, ed. J. Longère, t. 2, Louvain-Lille, 1965, pp. 174-77.

를) 7년간 수행해야 하는 사람이 그렇게 하지 못했다면, 연옥에 7년간 머물게 되는지 의문이다. 우리는 분명 그가 연옥에서 그 기간을 채우리라고 생각하나, 그것이 얼마나 걸릴지는 저울로 벌을 다시는 이만이 아실 것이다."[63] 거기에 대해서는 "연옥의 시간"에 관련하여 다시 자세히 살펴보게 될 것이다. 이는 연옥에서의 형벌의 비례성이라는 문제를 제기하는 것이요, 저승의 회계 장부를 여는 것이다.

교회법 학자들의 지체

파리를 중심으로 하는 신학의 발전과 때를 같이하여, 또 다른 지적 움직임이 12세기 후반의 기독교 세계를 동요시켰으니, 교회법(캐논)의 비등이 그것이다. 그러한 움직임의 지적 · 제도적 · 정치적 중심지는 볼로냐였다. 나는 앞서 그라티아누스의 『법령집』(1140년경)이라는 중요한 텍스트와 관련하여 거기 언급한 바 있다. 그런데, 교회법 운동은 연옥의 탄생과 관련해서는 이상하게도 조용한 것처럼 보인다. 란트그라프 추기경은 이미 1948년에 그 점을 일반적인 방식으로 지적하였다: "우리는 그러나 일반적으로 교회법 학자들이 체계적 신학의 발전을 고취하기는커녕 그 뒤를 바짝 따르는 데에 만족한다는 사실을 감출 수 없다."[64] 그라티아누스『법령집』의 최초의 주석서들 중 하나인『쾰른 대요 Summa coloniensis』(1169)의 저자인 한 교회법 학자도 죽은 자들을 위한 대도에 관해

---

63) *Ibid.*, p. 177. *Item quaeritur si iste debebat implere septem annos et non implevit, utrum per septem annos sit in purgatorio? Respondemus: procul dubio implebit illam satisfactionem in purgatorio, sed quamdiu ibi sit, ille novit qui est librator poenarum.*

64) A. M. Landgraf, *Einführung in die Geschichte der theologischen Literatur der Frühscholastik*, Regensburg, 1948; trad. franç., Paris, 1973, p. 58.

그러니까 연옥에 관해 그 점을 고백한다: "나는 이 문제를 다루지 않았다. 왜냐하면 그것은 교회법 학자들보다는 신학자들의 소관이기 때문이다."[65] 그러므로 12세기말의 위대한 교회법 학자 피사의 우구치오네[66]가, 1188~1192년 사이에 완성한 『법령 대요 Summa Decretorum』에서, 정화의 시간은 죽음의 순간부터 최후 심판의 시간까지 지속된다고 하면서도 이 정화의 장소에 대해서는 아우구스티누스가 숨겨진, 은밀한 장소들에 대해 말했다는 것을 환기할 뿐(그라티아누스의 『법령집』에서도 그 텍스트가 인용되어 있다) 자신도 거기에 대해서는 모른다고 고백한다(*Ignoro et ego*[67])는 것은 놀라운 일이 아니다.

그러나 이러한 침묵은 오래 가지 않을 것이다. 왜냐하면 교회법 학자들은 곧 문제의 시사성과 중요성을 인식하며 그것이 자신들과 관계된다는 것을 알게 될 것이기 때문이다. 13세기초부터, 크레모나의 시카르도 Sicard de Crémone[68]는 그라티아누스를 그러니까 곧 아우구스티누스를 주해하면서 이렇게 쓴다: "문제는 연옥에 있는 자들이라는 것을 이해해야 한다. 그러나 어떤 이들은 연옥에서 고통당하는 자들, 그 고통이 완화될 수 있는 자들이 문제라고 생각한다."[69] 위에 언급한 『쾰른 대요』의 필사본에 13세기의 누군가가 크레모나의 시카르도의 도식을 써넣어 『대요』 저자의 무관심의 고

---

65) A. M. Landgraf, *Dogmengeschichte der Frühscholastik*, IV/2, Regensburg, 1956, p. 260. n. 3.

*66) 앞에 나왔던 피사의 우고. 그의 이름은 Hugo, Ugo, Hugucio, Huguccio, Hugutio, Uguicio, Hugwiccio, Ugwicio, Oguicio, Hugotio 등등 일정치 않다.

67) ms latin 3891, fol. 183 v, Paris, B. N.

*68) 크레모나의 시카르도: 크레모나 1150년경~1215. 주교, 캐논법 학자, 역사가. 볼로냐에서 공부하고 파리로 가서 1180년경까지 캐논법과 신학을 가르쳤다. 그리고는 마인츠의 성당 학교에서 가르치면서 파리 시절의 강의를 엮어 『법령 대요 Summa decretorum』를 썼다. 1185년 크레모나의 주교로 임명되었다.

69) A. M. Landgraf, *Dogmengeschichte* ……, IV/2, p. 261, n. 6에 인용.

백을 수정하고 있다는 것은 흥미로운 사실이다. 연옥과 그 체계는 예컨대 튜튼인 존Jean le Teutonique이 1215년 직후에 집필한 그라티아누스『법령집』의 주석들에서도 나타난다. 존은 우리에게 숨겨진 은밀한 처소들에 관한 성아우구스티누스의 텍스트와『법령집』의 텍스트를 다시 인용하나, 그러면서도 보통 정도로 선한 자들을 위한 대도의 효용을 시인하여 대도는 그들이 연옥의 불로부터 더 속히 벗어나게 해줄 수 있다고 한다.[70]

1200년경: 연옥의 정립

13세기초에는 세 명의 작가가 연옥의 탄생에서 비롯되는 저승의 새로운 체계를 요약하고 있는 것으로 보인다.

I. 이노첸티우스 3세의 서한과 설교

그 첫번째는 교황 이노첸티우스 3세[71]이다. 교황으로서 그렇게 빨리 새로운 개념들을 받아들였다는 것은 주목할 만한 일이다. 1202년 리용의 주교에게 보내는 편지에서 교황은 아직 미온적인 입장을 취하고 있다. 망자들을 전적으로 선한 자들, 전적으로 악한 자들, 중간 정도로 선한 자들, 중간 정도로 악한 자들의 네 부류로 나누는 아우구스티누스적 구분(그라티아누스에 의해 채택된)에서 도출할 결론들에 대해 그는 주교의 판단을 구하고 있다.[72] 그러나

---

70) Johannes Teutonicus, fol. cccxxxv v, cccxxxvi.
*71) 이노첸티우스 3세: 1160/1~페루지아 1216. 이탈리아 출신으로 파리에서 신학을, 그리고 볼로냐에서는 피사의 우고 문하에서 법학을 공부했다. 1198~1216년 그가 교황으로 있는 동안 중세 교황권은 절정에 달했다. 제4차 십자군 원정과 알비 십자군 원정을 주도했고, 도미니크회와 프란체스코의 탁발 전도와 청빈 서원(이런 것들은 이단시되었었다)을 공인했다. 1215년 그가 주재한 제4차 라테라노공의회에서는 이후 300년간 로마 카톨릭 교회의 근간이 될 조항들이 채택, 선포되었다.

두 명의 스랍 천사들, 세 개의 군대, 죽은 자들의 영혼들이 거하는 다섯 처소들에 관한 만성절 설교에서, 그는 훨씬 더 자세해진다.

두 명의 스랍이란 신구약 두 개의 약속이다. 세 개의 군대란 천국의 승리하는 교회, 지상의 투쟁하는 교회, 그리고 "연옥에 거하는" 교회이다. 첫번째 교회는 찬송 가운데, 두번째 교회는 투쟁 가운데, 세번째 교회는 불 가운데 있다. 바울이 고린도전서에서 암시하는 것은 세번째 교회이다. 또한 인간 영혼들이 거하는 다섯 처소가 있는데, 가장 높은 처소는 가장 선한 자들의 것이고, 가장 낮은 처소는 가장 악한 자들의 것이며, 중간 처소는 선하고 악한 자들의 것이다. 가장 높은 처소와 중간 처소 사이에는 중간 정도로 선한 자들의 처소가 있고, 중간 처소와 가장 낮은 처소 사이에는 중간 정도로 악한 자들의 처소가 있다. 가장 높은 처소란 축복받은 자들이 있는 천국이요, 가장 낮은 처소란 저주받은 자들이 있는 지옥이다. 중간 처소란 의인들과 죄인들이 함께 사는 이 세상이다. 가장 높은 처소와 중간 처소 사이에는 에녹과 엘리야가 아직도 살아 있는 (지상) 낙원이 있고, 중간 처소와 가장 낮은 처소 사이에는 이승에서 참회를 다하지 않았거나 사면 가능한 죄의 허물을 지닌 채 죽은 자들이 벌을 받는 (연옥이) 있다. 처소는 다섯이지만 군대는 셋뿐이다. 낙원에 있는 자들은 하나님의 군대에 속하기는 하지만 그들 나름의 군대를 이루지는 않는다(왜냐하면 두 명뿐이니까). 중간에 있는 군대는 오늘은 하늘의 승리하는 군대에 찬송을 보내지만, 내일은 연옥에 있는 자들을 위한 기도를 한다. 그리고 나서 이노첸티우스 3세는 심리적 차원에 속하는 고찰을 덧붙인다: "누가 보이지 않는 성삼위께 성인들을 위하여 기꺼이 찬송을 돌리지 않겠는가, 그들의 공덕과 기도에 도움을 받아 우리도 언젠가는 그들이 있는 곳으로 가리라 믿는데? 누가 보이지 않는

---

72) *PL*, 214, col. 1123.

성삼위께 죽은 자들을 위하여 기꺼이 기도하지 않겠는가, 자신 또한 죽을 텐데? 누가 이생에서 다른 사람들을 위하여 기꺼이 하지 않겠는가, 자신이 죽은 뒤에 다른 사람들이 자신을 위해 해주기를 바라는 바를?" 그리고 나서 교황은 만성 축일의 장엄함을 찬미하는 것으로 끝맺는다.[73]

---

73) PL, 217, col. 578~90. Deus enim trinus et unus, tres tribus locis habet exercitus. Unum, qui triumphat in coelo; alterum, qui pugnat in mundo; tertium, qui jacet in purgatorio. De his tribus exercitibus inquit Apostolus: "In nomine Jesu omne genu flectatur, coelestium, terrestrium et infernorum" (Philippiens II). Hi tres exercitus distincte clamant cum seraphim, Sanctus Pater, sanctus Filius, sanctus Spiritus. Patri namque attribuitur potentia, quae convenit exercitui, qui pugnat in via; Filio sapientia, quae competit exercitui, qui triumphat in patria; Spiritui sancto misericordia, quae congruit exercitui, qui jacet in poena. Primus exercitus in laude, secundus in agone, tertius autem in igne. De primo legitur: "Beati qui habitant in domo tua, Domine, in saecula saeculorum laudabunt te" (Psaumes, LXXXIV); de secundo dicitur: "Militia est vita hominis super terram"; et sicut dies mercenarii, dies eju" (Job VII). De tertio vero inquit Apostolus: "Uniuscujusque opus quale sit, ignis probabti" (I Corinthiens III). Sane quinque loca sunt, in quibus humani spiritus commorantur. Supremus, qui est summe bonorum; infimus, qui est summe malorum; medius, qui est bonorum et malorum; et inter supremum et medium unus, qui est mediocriter bonorum; et inter medium et infimum alter, qui est mediocriter malorum. Supremus, qui est summe bonorum, est coelum, in quo sunt beati. Infimus, qui est summe malorum, est infernus, in quo sunt damnati. Medius, qui est bonorum et malorum, est mundus, in quo justi et peccatores. Et inter supremum et medium, qui est mediocriter bonorum, est paradisus; in quo sunt Enoch et Elias, vivi quidem, sed adhuc morituri. Et inter medium et infimum, qui est mediocriter malorum, in quo puniuntur qui poenitentiam non egerunt in via, vel aliquam maculam venialem portaverunt in morte(* 하나님은 셋이며 하나이시니, 세 곳의 세 군대를 가지신다. 그 하나는 천국에서 승리하는 군대이고, 다른 하나는 세상에서 분투하는 군대이며, 세번째는 연옥에 있는 군대이다. 이 세 군대에 대해 사도는 "하늘에 있는 자들과 땅에 있는 자들과 땅 아래 있는 자들의 모든 무릎이 예수의 이름으로 꿇어진다"(빌립보 2: 10)고 하였다. 이 세 군대는 스랍과 함께 성부·성자·성령을 분명히 외친다. 성부께는 권능이 속하였으니, 이는 삶 속에서 싸우는 군대에 알맞다. 성자께는 지혜가 속하였으니, 이는 본향에서 승리하는 교회에 알맞다. 성령께는 긍휼이 속하였으니, 이는 형벌 가운데 있는 군대에 알맞다. 첫째 군대는 찬송 중에, 둘째는 시

연옥에 대한 언급이 자주 나오는 이 놀라운 텍스트에서, 이노첸티우스 3세는 태초로부터의 전인류를 완전한 계획——그 지상적인 부분은 교회의 엄격한 통제하에 있는——가운데 포괄하는 가장 완전하고 분명하고 짜임새 있는 표현을 전통적인 상징 형식으로 제시한다. 교회 그 자체도 삼중적이 된다. 아우구스티누스는 "순례하는" 교회와 "천상의" 교회를 구분한 바 있거니와, 12세기는 "투쟁하는" 교회——이것은 대식가 피에르가 만들어낸 말이다[74]——와 "승리하는" 교회라는 말을 사용하기 시작했다. 이노첸티우스 3세는 거기에 연옥의 교회를 추가하여 "고통하는" 교회라는 이름으로 삼중적 교회의 세번째 항이 되게 한다. 이는 위-피에르 다미아노와 위-베르나르가 제출했던 5대 처소 체계를 합리화한 것이다. 그러면서 한편 교황은 이처럼 질서 정연한 체계에 탄복하기도 한다: "오! 이러한 계율 제도는 얼마나 합당하고 유익한가!"[75]

합 중에, 셋째는 불 가운데 있다. 그 첫째에 대해서는 이런 말씀이 있다: "주의 집에 거하는 자가 복이 있나이다 저희가 항상 주를 찬송하리이다"(시편 84: 4). 둘째에 대해서는 이런 말이 있다: "세상에 있는 인생에게 전쟁이 있지 아니하냐 그날이 용병의 날과 같지 아니하냐"(욥기 7: 1). 그리고 세번째에 대해 사도는 이렇게 말했다: "불이 각 사람의 공력이 어떠한 것을 시험하리라"(고린도전서 3: 13). 확실히, 인간의 영혼이 머무는 처소들은 다섯이다. 가장 높은 곳은 가장 선한 자들의 것이고, 가장 낮은 곳은 가장 악한 자들의 것이다. 중간은 선한 자들과 악한 자들의 것이고, 가장 높은 곳과 중간 사이의 한 처소는 중간으로 선한 자들의 것이며, 중간과 가장 낮은 곳 사이의 다른 한 처소는 중간으로 악한 자들의 것이다. 가장 선한 자들의 것인 가장 높은 처소는 천국이며, 거기에 축복받은 자들이 있다. 가장 악한 자들의 것인 가장 낮은 곳이란 지옥이며, 거기에 저주받은 자들이 있다. 선한 자들과 악한 자들의 것인 중간이란 세상이며, 거기에는 의인들과 죄인들이 있다. 중간으로 선한 자들의 것인 가장 높은 곳과 중간 사이의 처소는 낙원이며, 거기에 에녹과 엘리야가 있는데, 이들은 물론 살아 있지만 여전히 죽을 몸이다. 그리고 중간으로 악한 자들의 것인 중간과 가장 낮은 곳 사이의 처소에서는 살아서 참회를 행하지 않았거나 죽을 때 모종의 사면 가능한 죄를 지녔던 자들이 벌을 받는다).

74) Ch. Thouzellier, "Ecclesia militans," in *Etudes d'histoire du droit canonique* dédiées à Gabriel Le Bras, tome II, Paris, 1965, pp. 1407~24.
75) *O quam rationabilis et salubris est hujus observantiae institutio*. *PL*, 217, col. 590.

Ⅱ. 연옥과 고해: 코브햄의 토마스

두번째 텍스트는 파리의 성가대장 피에르의 문하에서 공부한 영국인 코브햄의 토마스Thomas de Chobham[76]의 『고해자 대요(大要) Summa confessorum』에서 뽑은 것이다. 나는 뒤에서 다시 고해, 고해와 연옥의 탄생간의 관계, 제4차 라테라노공의회(1215)의 결정이 미친 영향, 고해자 지침서들의 등장 등에 대해 살펴볼 것이다. 이러한 지침서들은 영적 생활의 대대적인 변혁, 인간 정신의 새로운 문제들, 이승 및 저승의 세계에 대한 질문의 확대, 새로운 사회에 대한 통제를 견지하려는 교회의 노력 등을 여실히 보여준다.

코브햄의 토마스가 쓴 『고해자 대요』는 제4차 라테라노공의회에 조금 앞서 시작되어 공의회 직후에 완성되었다. 거기서는 망자들을 위한 미사와 관련하여 연옥이 등장한다.

> 미사는 산 자들과 죽은 자들을 위해 모두 드려지나, 죽은 자들을 위해서는 이중으로 드려진다. 왜냐하면 제단의 성사는 산 자들에게는 탄원이고 성인들에게는 감사 기도이며 연옥에 있는 자들에게는 속죄가 되어 그 결과 형벌의 감면을 가져오기 때문이다. 그리고 제단의 성체가 세 조각으로 나누어지는 것은 이를 의미하기 위함이다. 왜냐하면 그 한 부분은 성인들을, 다른 한 부분은 성화될 이들을 위함이기 때문이다. 전자는 감사 기도요, 후자는 탄원이다.[77]

---

*76) 코브햄의 토마스: 켄트 1225년경~1327. 영국의 학자, 우스터 주교. 파리와 옥스퍼드에서 수학했으며, 학자와 외교관으로서 두각을 나타냈다. 학식과 덕망이 뛰어나 캔터베리의 수사들은 전임 대주교가 죽자 그를 대주교로 선출했다. 그러나 왕은 이를 인정하지 않았고, 대신 그를 우스터 주교로 임명했다. 그가 남긴 방대한 장서는 오늘날 옥스퍼드 대학 보들리언 도서관의 모체가 되었다.

77) Thomas de Chobham, *Summa Confessorum*, ed. F. Broomfield, Louvain-Paris, 1968, pp. 125~26.

『대요』는 그리고 나서 망자들을 위한 미사가 지옥에 있는 저주받은 자들에게도 무슨 도움이 될까라는 문제에 답한다. "좀더 견딜 만한 저주"에 관해 말하는 아우구스티누스의 『엔키리디온』 제110장에 의거하여 그는 이 "저주란 연옥의 형벌"을 의미하는 것으로 이해해야 한다는 견해를 피력한다. 왜냐하면 "지옥에 있는 저주받은 자들을 위해서는 아무것도 해줄 수 없기 때문이다."[78]

여기에서 보듯 연옥은 이미 기정 사실로 거론되고 있으며, 전례 및 참회 제도의 일환으로 통합되어 있다. 산 자들과 죽은 자들간의 연관은 더 좁혀진다.

III. 저승에 관한 신구 어휘들

끝으로, 이처럼 새로운 저승 지리에 옛 용어들을 맞추는 일이 남았다. 어떤 이들은 성경에 나오는 "사자의 입" "지옥의 손" "지옥의 호수" "흑암의 처소들" "타르타로스" 등이 연옥과 관련하여 무엇을 의미하는가를 문제삼는다. 1200년경에 씌어진 한 작품(거기에는 성가대장 피에르와 프레보스텡의 이름이 등장한다)에서, 아마도 코르베이유의 파가누스 Paganus de Corbeil로 추정되는 작가는 선언하기를 "그들의 영혼을 사자 입으로부터, 지옥의 손으로부터, 지옥의 호수로부터 구하소서"라는 기도는 연옥 불 그 자체를 의미하며 그 강도에 따라 다른 표현들이 쓰인 것이라고 한다.[79] 푸아티에의 조프루아 Geoffroy de Poitiers (~1231)는 그의 『대요』에서 다른 설명을 한다: "연옥에는 흑암의 어두운 처소들, 지옥의 손, 사자의 입, 타르타로스 등으로 불리는 여러 처소들이 있다고 보는 편이 낫다. 그리고 이러한 벌들로부터 죽은 자들의 영혼들이 구원

---

78) *Ibid.*, p. 127.
79) Manuscrit Paris, Bibliothèque nationale, ms latin 14883, folio 114, cité par A. M. Landgraf, *Dogmengeschichte*……, IV/2, p. 281, n. 61.

되기를 교회는 기도하는 것이다."[80]

그리하여 정화하는 처소 또한 구분되는 것을 보게 된다. 요한복음 14장 2절 "내 아버지의 집에는 거할 곳이 많도다"라는 말은 저승 전체에 해당되지만, 이렇게 저승의 새로운 공간에만 적용되기도 하는 것이다. 말하자면, 연옥의 분할이라고나 할까.

---

80) *Melius est, ut dicatur, quod diverse mansiones sunt in purgatorio: alia appellantur obscura tenebrarum loca, alia manus inferni, alia os leonis, alia tartarus. Et ab istis penis petit Ecclesia animas mortuorm liberari (ibid.*, p. 281, n. 61).

제6장

시칠리아와 아일랜드 사이의 연옥

　드리텔름의 이상으로부터 비만왕 카를의 이상에 이르기까지, 상상적인 저승 여행들——이것들은 "꿈 *somnia*"의 형태로 제출되었음에도 불구하고 중세인들에게는 "사실적"인 것들로 여겨졌다——은 산 자들의 여행으로, 그들의 육신은 지상에 남으며 영혼도 다시 지상으로 돌아온다. 이러한 이상들은 12세기 내내 이어졌으며, 그 마지막 예인 『성패트릭의 연옥』은 연옥의 탄생에 있어 그리고 이승 및 저승의 지리에 있어 결정적인 단계를 보여준다.
　그러나 또 다른 유형의 이야기가 나타나기 시작하는 것도 볼 수 있으니, 13세기에 연옥을 폭넓게 수용하고 전파할 이 이야기들은 정화하는 벌을 받는 망자들이 산 자들에게 나타나 이들의 대도를 청하거나 그러한 벌을 피하려면 행실을 고치라고 경고한다는 것이다. 이는 실상 대그레고리우스의 『대화』 제4권에 나오는 이야기들의 재판(再版)이지만, 이 유령들은 남은 과오들을 청산하기 위해 지상에 돌아오는 것이 아니라, 산 자가 꿈을 꾸는 짧은 동안만 예외적으로 지상에 나오는 것이다.

수도사들의 이상: 유령들

이러한 유령들의 출현이, 특히 수도원에서 일어났다는 것은 전혀 놀라운 일이 못 된다. 왜냐하면 대그레고리우스의 『모랄리아』나 『대화편』——의 제2권이 성베네딕트를 "진출시켰다"——의 열렬한 독자들은 수도원에 있었기 때문이다. 꿈을 불신하던 이 시절에(대그레고리우스도 그렇게 말했고, 11세기의 피에르 다미아노도 같은 말을 했다) 수도사들은 꿈이나 이상이나 유령의 출현에 특혜를 누렸으니, 다른 누구보다도 그들은 성안토니우스St. Antoine[1]처럼 악마적인 환영들에 항거할 태세가 되어 있었고 하나님의 진정하고 교화적인 메시지들을 받을 자격도 있었던 것이다.

그리하여 1063~1072년 사이에 쓰어진 『여러 가지 유령들과 기적들에 관하여 De diversis apparitionibus et miraculis』의 제2부 34편에서 피에르 다미아노는 정화하는 벌을 받는 영혼이 유령으로 나타난 이야기를 두 가지 전한다. 라벤나 출신인 피에르는 이탈리아 은둔주의 l'érémitisme[2]의 지도자들 중 한 사람으로 1060년경에 추기

---

*1) 성안토니우스: 케만 251~콜춤 356. 이집트의 은자. 일찍이 금욕 생활을 시작했고 35세쯤 되었을 때는 사막으로 들어가 이후 25년간을 작은 무너진 보루에서 지냈다. 그의 전기를 쓴 아타나시우스에 의하면 이 칩거 기간은 그의 신비적 입문의 시기였다고 한다. 그 시기가 끝나자 안토니우스는 몇 명의 제자들을 받아들였다. 그러나 말년에는 다시금 수에즈만 근처의 콜츰 산(오늘날 성안토니우스 수도원이 있는 곳)에 은거하며 이따금씩 제자들을 방문하였다. 죽을 무렵에는 상당한 명성이 나 있었고, 몇 년 뒤 성아타나시우스에 의해 쓰어진 그의 전기(그가 겪었다는 시험들이 그려져 있는)는 두 번이나 라틴어로 번역되었다.

*2) 고립을 특징으로 하는 수도 생활의 한 형태. 이 말은 '황야, 사막'을 뜻하는 희랍어 eremos에서 나온 것이다. 은자들은 일체의 사회적 관계를 끊고 기도와 묵상과 독서, 침묵, 금욕, 육체 노동, 그리고 때로는 지적 탐구에 전념하였다. 그러나 그들의 관심사는 자기 개인의 구원이라기보다는 하나님과의 합일의 추구와 세상을 위한 중보에 있었다. 기독교는 전통적으로 은둔 생활을 하나님께 헌신된 삶의 가장

경이 되었으며 "기도의 공동체"³⁾인 은자 집단들의 신앙 생활에서 죽은 자들을 기리는 일에 아주 민감했던 인물이다. 그의 첫번째 이야기는, 그것을 그에게 전한 사제장의 말에 따르면, 로마에서, 그가 그것을 글로 적기 몇 년 전에 일어난 일이다. 성모 승천 축일의 밤 로마인들이 교회에서 기도와 연도(連禱)를 드리고 있었을 때, 캄피텔로 Campitello에 있는 산타 마리아 Santa Maria 사원에 있던 한 여인이 일 년 전에 죽은 자신의 대모(代母)를 보았다.

많은 무리에 떠밀려 말을 건넬 수 없었으므로, 그녀는 죽은 여인이 사원에서 나갈 때 놓치지 않게끔 길모퉁이에서 기다리기로 했다. 그녀가 지나갈 때, 그녀는 얼른 말을 걸었다: "당신은 내 죽은 대모 마로치아 Marozia가 아니세요?" 그러자 상대방은 그렇다고 대답했다. "그런데 어떻게 여기 계세요?" 대답은 이러했다: "오늘까지 나는 가볍지 않은 벌에 묶여 있었다. 왜냐하면 나는 어렸을 때 파렴치한 음욕의 유혹에 빠져 내 나이의 소녀들과 수치스러운 행동들을 했었는데, 그 사실을 까맣게 잊고는 사제님께 고해를 드리면서도 거기에 대한 (참회의) 심판을 받지 않았기 때문이다. 그러나 오늘 세상의 여왕 *la reine du monde*⁴⁾께서 우리를 위해 기도를 베푸사 나를 형벌의 장소로부터 *de locis poenalibus* 해방하셨

순수하고 완전한 형태로 보았다. 은자들의 수효가 갑자기 늘어난 것은 3세기 무렵이었으며, 특히 결정적인 형태를 띠고 나타난 것은 3세기말 이집트에서, 이른바 '사막의 교부들'에게서였다.

3) 이 논저의 원문은 편집자가 덧붙인 장(章)별 제목들―은 종종 연대 착오적이다 (예컨대 *liberat a poenis purgatorii*(*연옥의 벌들로부터 해방하다)라든가)―과 함께 Migne, *PL*, 145, col. 584~90에 실려 있다. 피에르 다미아노와 망자 추념에 대해서는 F. Dressler, *Petrus Damiani. Leben und Werk*, Rome, 1954 참조. 수도원에서의 죽음에 관해서는 J. Leclercq, "Documents sur la mort des moines," in *Revue Mabillon*, XLV, 1955, pp. 165~80 참조.

*4) 이하 '세상의 여왕' '우리의 영광스런 부인' '무염 성모' '하나님의 복된 마리아' 등 생경한 용어들은 일괄적으로 '성모 마리아'로 옮길 수도 있겠으나, 마리아 숭배 특유의 표현에 접해보는 것도 좋을 듯하여 그대로 직역하기로 한다.

으니, 그녀의 중재로 고통에서 벗어난 영혼들은 로마의 전인구보다도 더 많다. 그래서 우리는 우리의 영광스런 부인 *notre glorieuse dame*에게 바쳐진 성스러운 장소들을 방문하여 그처럼 크나큰 은혜에 감사를 드리는 것이다." 여인이 이 이야기의 진실성을 의심하자, 그녀는 또 이렇게 말했다: "내가 한 말이 진실인가 보려면, 일 년 후 바로 오늘 네가 죽으리라는 것을 알아두어라. 만일, 그런 일은 없겠지만, 네가 그 후에도 살아 있게 되면 내 말이 거짓말이라고 해도 좋다." 이렇게 말하고는 그녀는 사라졌다. 자기 죽음을 예고받은 여인은 이후로는 더욱 경건한 삶을 살았다. 그 후 약 일 년이 지나 같은 축일 전날밤에 그녀는 병이 났고, 예언대로 축일에 죽었다. 이 이야기에서 새길 점은, 두려운 일이지만, 잊고 있던 과오에 대해서도 무염 성모 *l'immaculée Mère de Dieu*의 중재가 있기까지 이 여인이 고통을 당했다는 사실이다.

이 놀랄 만큼 암시성이 풍부한 이야기는 정화하는 장소들에 동정녀 마리아를 끌어들였다는 점에서도 특기할 만하다. 서구에서는 뒤늦게――이후로는 엄청난 성공을 거두게 될 것이지만――마리아 숭배가 일어나던 이 11세기말에, 동정녀는 장차의 연옥에서 망자들의 주요한 조력자로 이미 등장하는 것이다.

또 다른 교화담을, 피에르 다미아노는 쿠마Cumes[5]의 주교 라이노Rainaud에게서 들었고, 라이노는 또 그것을 고인이 된 산타-루피나Sainte-Ruffine의 주교 움베르토Humbert에게서 들었다고 한다.

한 사제가 고요한 밤에 잠을 자다가 이상 중에 그의 죽은 대부(代父)가 부르는 것을 들었다: "와서 보라, 이 광경은 너와도 무관하지 않다." 그러더니 그는 그를 성세실리아Sainte-Cécile[6] 사원으로 데려갔고, 그곳

---

*5) 이탈리아 서남부 캄파냐 해안에 있는 도시.
*6) 세실리아: 동정 순교 성녀. 5세기말의 전설에 따르면, 그녀는 로마인이었는데 이교도에게 시집을 가게 되자 신방에서 그를 개종시킨 끝에 둘 다 동정을 지켰고, 둘 다

의 안뜰에서 그는 성녀 아그네스Agnès,[7] 아가타 Agathe,[8] 세실리아 등과 수많은 동정 성녀들의 찬란한 모습을 보았다. 그녀들은 주위의 자리들보다 더 높은 보좌를 마련하였으며, 거기에는 성처녀 마리아와 베드로, 바울, 다윗이 순교자들과 성인들의 빛나는 무리에 둘러싸여 준비된 자리에 앉으러 오셨다. 이 성스러운 모임에는 침묵이 감돌고 모두가 경외심을 가지고 서 있었는데, 한 가난한 여인이 그러나 모피 외투를 입고서 무염 성모의 발치에 엎드려 죽은 총독 조반니를 불쌍히 여겨주시기를 탄원했다. 그녀는 기도를 세 번이나 거듭했는데도 대답을 얻지 못하자 이렇게 덧붙였다: "아십니까, 세상의 여왕이시여, 저는 당신의 대성당(Sainte-Marie Majeure) 안뜰에 헐벗고 떨며 누워 있는 저 불행한 여자라는 것을. 이 사람(총독)은 저를 보자마자 불쌍히 여겼으며 자신이 입고 있던 이 외투를 제게 입혀주었습니다." 그러자 하나님의 복된 마리아 *la bienheureuse Marie de Dieu*께서는 이렇게 말씀하셨다: "그대가 위해서 간구하는 사람은 엄청난 죄들을 지고 있소. 그러나 그에게는 두 가지 좋은 점이 있으니, 가난한 자들에 대한 자선과 성소(聖所)에 대한 겸손한 경배라오. 사실 그는 내 교회에 불을 켜기 위해 몸소 기름과 나뭇단을 지어 나르기도 했소." 다른 성인들도 그가 자신들의 교회를 위해서도 그렇게 했다고 증언했다. 세상의 여왕께서는 총독을 무리의 한가운데로 데려오라고 명하셨다. 즉시로 한 떼의 악마들이 결박당한 조반니를 끌고 왔다.[9] 그러자 성모께서는 그를 풀어주어 성도의 무리에 들게 하라고 명하셨다. 하지만 그가 묶여 있던 포승은 살아 있는 다른 사람을 위해 간직해두라고 명하셨다. 성베드로가 그의 교회에서 주재한 예식 뒤에, 이

순교를 당했다. 그녀는 목이 제대로 잘리지 않아 사흘 동안 고통을 당했다고 한다.
*7) 아그네스: 디오클레티아누스 치하의 순교 성녀.
*8) 아가타: 팔레르모 ?~카타나 251. 동정 성녀.
9) 라틴어 원문은 분명하고 사실적인 방식으로 말하고 있다: *poenalibus undique loris astrictum et ambientium catenarum squaloribus vehementer attritum*(* 온몸이 형벌의 포승으로 묶이고 휘감긴 쇠사슬의 거칠음에 몹시 긁힌 자를).

이상을 보던 사제는 깨어났고 꿈은 거기서 끝났다.

이 이야기에서도, 먼저 이야기에서와 마찬가지로, 징벌의 장소들과 고문의 도구들 loca poenalia, lora poenalia이 장차의 연옥에 해당한다는 것은——지옥으로부터는 결코 돌아올 수 없는 것이니까——의심할 바 없다. 그러나 이 장소들과 이 벌들은 전적으로 지옥적인 성격을 지니고 있으며, 이는 그곳에 있는 것이 천사가 아니라 악마들이라는 점으로도 뒷받침된다.

그의 한 편지에서 피에르 다미아노는 카말돌리 수도회 les Camal-dules[10]의 암자에 은거하는 아주 종교적인 인물인 마르틴 Martin이라는 이가 그에게 들려준 또 다른 유령 이야기를 한다.

바다 가까이 있는 아드 피눔 ad Pinum 수도원의 한 수사는 무거운 죄들을 지고 있었으며 길고 고된 참회를 명령받았다. 그는 아주 친한 한 형제에게 그를 도와 참회의 짐을 함께 져주기를 부탁했다. 흠잡을 데 없는 삶을 살았던 이 형제는 그 부탁을 받아들였으나, 아직 약속을 지킬 시간이 많이 남아 있을 듯하던 무렵에 죽고 말았다. 죽은 지 며칠 뒤에 그는 참회중인 수사의 꿈속에 나타났고 수사는 그의 형편을 물었다. 죽은 자는 그에게 말하기를 그로 인해 자신의 처지도 고된 것이 되었다고 하였다. 자신의 과오들로부터는 벗어났지만, 동료의 과오들을 지고 있다는 것이었다. 그는 살아 있는 수사와 온 수도원의 도움을 청했다. 그리하여 모든 수사들이 참회를 시작했고, 그러자 죽은 자는 나타나 이번에는 평온하고 거의 행복하기까지 한 모습을 보여주었다. 그는 형제들의 기도 덕분에 형벌의 고통에서 벗어났을 뿐 아니라 지극히 높으신 이의 오른편에 앉으신 이의 놀라운 결정에 따라 얼마 전에는 선택된 자들 가

---

*10) 1010년 성로무알드 St. Romuald가 토스카나 지방의 카말돌리 계곡에 세운 은자 및 수사들의 교단. 1050년에 공인되었으며, 1113년에 베네딕트 교단으로부터 독립했다.

운데로 옮겨졌다고 말했다.

그리하여 피에르 다미아노는 결론짓는다. "신의 자비는 죽은 자들을 수단삼아 산 자들을 가르친다"[11]고.

거의 한 세기 뒤에 클뤼니 수도원장 존자 피에르는 그의 『기적들에 대하여 De miraculis』(1145~1156)에서 그가 수집한 "이상들이나 망자들의 계시들"을 기술하며 그것들을 설명하고자 한다. 그는 자신의 시대에 이러한 유령 출현이 늘고 있다고 보며, 그것들이 알리는 바는 진실임이 증명된다고 한다. 어떻든 그가 수많은 믿을 만한 사람들에게서 들은 바로는 그렇다.[12]

무섭고도 흥미로운 이 유령 이야기들 중에는 한 죽은 기사(騎士)가 사제 에티엔에게 나타나 자신이 잊고 참회하지 못했던 두 가지 악행을 고쳐달라 하고 얼마 뒤에 다시 나타나 덕분에 자신이 받던 벌에서 풀려났다고 감사했다는 이야기도 있다.[13] 대그레고리우스의 충실한 독자였던 존자 피에르는 죄의 사후 정화가 이루어지는 장소에 대해 그레고리우스 이상으로 자세히는 말하지 않는다. 어떤 죽은 자들은 죄를 지은 장소로 돌아와 참회를 행하고, 더 중한 죄를 지은 어떤 죽은 자들은 지옥으로 간다.[14]

세기말에 연옥이 존재하게 될 때 이러한 이상들은 저승의 새로운 장소에 언급하게 될 것인데, 이는 특히 시토의 수도원들에서 그러할 것이다. 이는 시토가 연옥의 탄생에서 차지하는 비중에 비추어본다면 전혀 놀라운 일이 아니다. 예컨대, 시토에서 나온 한 필사본은 곧 발전할 예화 즉 교훈적인 짧은 이야기들을 모은 최초의 문집들 중 하나인데, 거기에는 사후에 영혼이 겪게 되는 벌들

---

11) *PL*, 144, 403.
12) *De miraculis*, I, IX, *PL*, 189, 871.
13) *De miraculis*, I, XXIII, *ibid.*, pp. 891~94.
14) *De miraculis*, I, XVIII, *ibid.*, pp. 903~08.

에 관한 몇몇 이상들이 실려 있다. 베다의 『영국 교회사』에서 발췌된 성퍼시의 이상을 본받은 한 "수사의 이상"에서는 생전에 사냥용 새들을 지나치게 좋아했던 한 기사가 죽은 뒤 10년 동안 끔찍한 고통을 당했다고 한다. 즉 그의 주먹 쥔 손 위에 말똥가리새가 앉아서 부리와 발톱으로 끊임없이 그를 할퀴었다는 것이다. 그러나 그는 아주 덕스러운 삶을 살았던 것으로 보이며, 우리가 가볍게 지나쳐버리는 과오들에 대해서도 연옥에서는 *in purgatorio* 가차 없는 벌이 내려진다는 것을 알 수 있다. 화자인 수사는 예컨대 생전에 약초와 풀을 약이 아니라 마약(痲藥)이나 미약(媚藥)으로 쓴 자들은 입 속에 뜨거운 숯덩어리를 넣는 벌을 받고, 지나치게 많이 웃은 자들은 이 나쁜 버릇으로 인해 채찍질당하며, 또는 무절제하게 수다 떨던 자들은 끊임없이 따귀질당하고, 음탕한 몸짓을 하던 자들은 불로 된 포승에 묶여 있는 것을 본다.[15] 성인들조차도 겉보기에는 경미한 과오들로 인해 잠시나마 연옥에 머문다. 이 새로운 신앙에서 한 몫을 한 최초의 인물들 중 한 사람은 성베르나르 자신으로, 그는 앞서 보았던 대로 무염시태를 믿지 않았다는 이유로 잠시 연옥을 지나쳐간다.[16]

수도원에서 일어난 네 가지 저승 여행

12세기의 저승 여행에 관한 이야기들 중에서 나는 가장 중요하

---

15) 이 이야기는 ms latin 15912에 들어 있으며, 사회과학고등연구학교의 역사인류학팀이 예화에 관해 실시한 연구의 일환으로 Georgette Lagarde에 의해 부분적으로 전사(轉寫)되었다. 인용된 환상들은 feuillet 64에 나온다.
16) 성베르나르의 연옥 통과(p. 320 sqq. 참조)에 관한 이 일화는 자코포 다 바라체의 『황금 전설』에는 나오지 않는다. 마리아의 무염시태는 1854년에 이르러서야 카톨릭의 교의가 되었음을 상기하라.

다고 생각되는 네 가지만을 인용하겠다. 그 첫번째는 속세의 한 여자가 극히 개인적으로 체험한 이상이며──노장의 기베르 Guibert de Nogent[17]의 어머니의 꿈이다──두번째와 세번째인 세테프라티의 알베리코 Albéric de Settefrati의 이상과 트누그달의 이상은 세부 묘사가 풍부한 것으로 연옥의 탄생 전야에 저승에 관한 상상에 있어 중요한 지방들 즉 남부 이탈리아와 아일랜드 출신인 작가들에 의해 씌어졌으며, 네번째인 『성패트릭의 연옥』은 말하자면 연옥의 문학적 출생 증명서에 해당하는 것이다. 우리의 연구에 있어 이 이상들은 저승에서 연옥이라는 특정 장소가 극히 전통적인 쟝르를 통해 흐릿한 윤곽으로나마 분명한 이미지로 차츰 부각되기 시작하는 양상을 보여준다는 점에서 매우 흥미롭다. 그것들은 연옥이라는 장소의 발생에 있어 수도원적 상상의 몫을 가늠하게 해준다.

I. 저승에 간 여인: 노장의 기베르의 어머니

첫번째 이상을 기술한 것은 12세기초에 독창적인 저작을 남긴 한 수사이다. 그 중에서도 특히 『성인들의 유물들에 대하여 De pignoribus sanctorum』는 비판 정신의 여명을 보여주는 것으로 평가되며, 자서전 『자신의 생애 De vita sua』는 훗날 특히 중세가 지난 뒤에 크게 발전할 쟝르의 효시가 되었다.[18] 노장의 기베르의

---

*17) 노장의 기베르: 클레르몽-앙-보베 1053~노장 1124. 플라비니에 있던 베네딕트 수도원에서 교육을 받고, 처음에는 라틴 시인들에게 끌렸으나 베크의 안셀름(라옹의 안셀무스)의 영향으로 신학에 관심을 갖게 되었다. 1104년 라옹 관구에 있던 노장-수-쿠시의 수도원장이 되었다. 오늘날 그의 이름은 생애의 말년에 씌어진 자서전인 『자신의 생애 De vita sua』로 기억되는데, 이 책은 당대의 성채 및 수도원에서의 생활, 교육 여건 및 방법, 라옹 자유 도시 등에 대한 중요한 자료를 제공한다. 또한 제1차 십자군 원정에 관한 『프랑크족을 통한 하나님의 역사 Gesta Dei per Francos』도 잘 알려진 저작이다.

18) Guibert de Nogent의 De vita sua(원제 Monodiae: Poèmes à une voix, Mémoires)는

『자신의 생애』는 역사가들에게 매우 흥미로운 두 가지 유형의 정보들을 제공한다. 우선 거기에는 프랑스 북동부의 정치적·사회적 사건들에 대한 이야기가 실려 있으며 1116년 랑 자유 도시 la commune de Laon에서 일어난 극적인 사건들을 통해 자유 도시 운동의 시초가 묘사되어 있다. 또한 거기서는 역사가들로 하여금 정신분석가와 의논하게 하거나 아니면 그들 자신이 정신분석가가 되게끔 하는 일련의 심리적 차원의 묘사들이 발견된다.[19]

노장의 기베르의 이야기에 나오는 그의 어머니의 이상은 다음과 같다:

> 어느 여름밤, 주일 조과(朝課)를 마치고 그녀는 좁다란 벤치에 누워 곧 잠이 들었는데, 정신이 분명한 채로 영혼이 몸에서 빠져나가는 것을 느꼈다. 마치 회랑과도 같은 곳을 지나 인도되어간 그녀는 그 끝에 있는 우물가로 다가갔다. 우물이 아주 가까워지자, 유령의 모습을 한 사람들이 그 구멍 속의 심연으로부터 나오는 것이 보였다. 그들의 머리칼은 구더기에 먹힌 것 같았으며, 그들은 손을 내밀어 그녀를 잡아 우물 속으로 끌고 가려 하였다. 갑자기 그녀의 등뒤에서 "건드리지 말아!"라고 그들의 공격을 받고 겁에 질려 숨을 헐떡이며 외치는 한 여자의 음성이 들려왔다. 이 반격에 밀려 그들은 다시 우물 속으로 내려갔다. 내가 깜빡 잊고 말하지 않았는데, 그녀는 문간을 지날 때 자신이 인간의 상태로부터

Migne의 *Patrologie latine* 제156권에 실려 있으며, G. Kisch, *Geschichte der Autobiographie*, 1, 2, Frankfurt, 1959에는 자서전의 역사 가운데 실려 있다. Cf. J. Paul, "Le démoniaque et l'imaginaire dans le De vita sua de Guibert de Nogent," in *Le Diable au Moyen Age, Senefiance*, n 6, Aix-en-Provence, Paris, 1979, pp. 371~99.

19) 영역본 *Self and Society in Medieval France. The Memoirs of Abbot Guibert of Nogent*, New York, 1970에 붙인 John F. Benton의 서문이나 Mary M. McLaughlin의 시사적인 논문 "Survivors and Surrogates: Children and Parents from the IXth to the XIIIth centuries," in *The History of Childhood*, Lloyd de Mause ed., New York, 1975, pp. 105~06을 보라.

벗어나는 것을 느끼고는 하나님께 단 한 가지, 자신의 육신으로 돌아가게 해주십사는 기도를 드렸었다. 우물의 사람들로부터 벗어나자 그녀는 그 가장자리에 멈춰섰는데, 문득 옆에 내 아버지가 젊었을 때 모습으로 있는 것을 보았다. 그녀는 그를 자세히 들여다보면서 몇 번이고 그가 에브라르Evrard(그것이 그의 이름이었다)인가고 물었으나 그는 부인했다.

영혼이 인간이었을 때의 이름으로 불리기를 거절한다는 것은 놀라운 일이 아니다. 왜냐하면 영적인 존재들은 영적인 말로만 표현되기 때문이다(고린도전서 2: 12~15). 영혼들이 서로를 이름으로 알아본다고 생각하면 우스울 것이다. 그렇다면 저세상에서는 자기 친척들밖에 알아보지 못할 테니까 말이다. 영혼들의 모든 시각(視覺) 내지 시각적 인식은 내적이므로 이름이 필요치 않을 것이 분명하다.

그는 그렇게 이름 불리기를 거부했지만, 그녀는 그가 틀림없다고 확신했으므로, 그가 어디에 거하는가를 물었다. 그는 거기서 과히 멀지 않은 곳이라는 정도의 대답을 했다. 그래서 이번에는 지내기가 어떠냐고 물었더니, 그는 팔과 옆구리를 보여주면서 얼마나 할퀴고 난도질을 당했는지 그 무수한 상처들을 본다면 공포와 혐오감이 일어나리라고 하였다. 그리고는 덧붙여 말하기를 거기에는 어린 아이 모습을 한 이가 있어 어찌나 비명을 지르는지 그를 쳐다보기만 해도 마음이 불편해진다고 하였다. 그녀는 물었다: "그러면 당신은 어떻게 이 아이의 비명 소리를 견딥니까?" "그야 내가 원하든 원치 않든 견뎌내야 하오!" 그런데 아이의 울음이나 그의 팔과 옆구리의 상처가 의미하는 바는 이렇다. 내 아버지는 아주 젊었을 때, 그의 철없음을 이용하여 다른 여인들과 성적 관계를 갖도록 유혹하는 나쁜 사람들의 꼬임에 넘어가 내 어머니와의 정당한 관계에서 떠난 적이 있었다. 그리고 이 알지 못할 나쁜 여자와의 사이에서 아이를 낳았는데, 아이는 사산되어 세례도 받지 못했다. 그의 옆구리에 있는 상처는 부부의 신의를 저버린 것을 그리고 이 참을 수 없는 음성의 울부짖음은 악 속에 잉태된 아이의 저주를 의미하는 것이었다.

내 어머니는 그에게 기도나 보시나 미사가 그에게 구원을 가져다줄 수 있는지 물었다(왜냐하면 그는 그녀가 그를 위해 자주 그렇게 한다는 것을 알고 있었으므로). 그는 그렇다고 하며 덧붙여 이렇게 말했다: "그러나 당신들 가운데 리에주 여자가 한 명 있소." 내 어머니는 왜 그가 특히 그녀를 가리켜 말하는가를 이해했고 그에게 그녀가 그에 대해 어떤 기억을 가지고 있는가를 물어보아야겠다고 생각했다. 이 리에주 여자는 심령이 가난한 자로, 세속을 멀리 떠나 하나님만을 위해 사는 자였다.

내 아버지와의 대화가 끝나자 그녀는 우물 쪽을 바라보았는데, 우물 가장자리에는 그림이 그려져 있었다. 그림에서 그녀는 주위에서 상당한 명성을 얻고 있던 기사 레노Rainaud를 알아보았다. 이미 말했듯이 그날은 주일이었는데, 이 레노는 바로 그날 보베Beauvais에서 식사 뒤에 가까운 사람들에 의해 암살되었다. 이 그림에서 그는 무릎을 꿇고 고개를 숙여 뺨을 잔뜩 부풀린 채 불을 붙이기 위해 숨을 내불고 있었다. 이것을 본 것은 아침이었는데 그는 정오에, 자신이 붙인 이 불 속으로 떠밀려 죽음을 당했던 것이다.

그녀는 또한 같은 그림에서, 성체(聖體)나 성혈(聖血)을 두고 모독적인 말을 내뱉곤 하던 내 형(그는 오래 전에 죽었다)이 그를 돕고 있는 것을 보았다. 이는 그가 하나님의 이름과 그의 신성한 신비들을 모독했으므로 형벌의 장소에 가는 것이 마땅함을 *hos mereretur et poenarum locos et poenas* 의미하는 것이었다.

같은 이상 가운데서 그녀는 자신이 처음 회심했을 무렵 함께 살던 한 늙은 여자를 보았다. 그 여자는 겉으로는 고행의 수많은 흔적들을 몸에 지닌 것을 내보이면서도 사실은 헛된 영광에 대한 욕망을 거의 버리지 못하고 있었다. 그녀는 그 여자가 그림자의 형태로 새까만 두 영에 의해 끌려가는 것을 보았다. 이 늙은 여자가 아직 살아 있었고 그녀들이 함께 지내던 무렵, 그녀들은 죽은 뒤 자신들의 영혼의 상태에 대해 말하곤 하면서, 먼저 죽는 사람이, 만약 하나님께서 허락하신다면, 아직 살아 있는 사람에게 나타나 자신의 상태가 어떠한지를 알려주기로 약속하였었다. 〔……〕 늙은 여자는 죽음의 순간에 이상 가운데서 자신이 육신을 떠나 자신과 비슷한 이들과 함께 어떤 사원으로 가는 것을 보았으며, 어깨에는 십자가를 메고 있는 듯이 느껴졌다. 사원에 이르렀을 때, 그녀는 들어가는 것을 저지당했으며 문들은 그녀의 앞에서 닫혔다. 마침내, 죽은 뒤 그녀는 악취에 에워싸인 채 내 어머니에게 나타났으며 그녀의 기도 덕분에 악취와 고통으로부터 벗어났다고 감사했다. 죽는 순간에 그녀는 침대 발치에서 검고 커다란 눈을 한 무서운 악마를 보았었다. 그녀는 신성한 성사들로써 그것에게 혼돈 속으로 물러가라고, 자신에게서 아무 것도 요구하지 말라고 명령했으며, 이 무서운 축사(逐邪)로써 그녀는 그것을 쫓아버렸었다.

자신이 본 것과 아는 것을 비교해보고 이상이 진실이었다고 믿게 된 기베르의 어머니는 자신의 남편을 구하는 데에 전심전력하기로 결심했다. 그녀는 자신이 지옥에 있는 형벌의 장소들 *poenales locos apud inferos*을 보았다고 생각하였다. 죽기 직전의 기사를 그 곳에서 본 것도 그가 그곳에 가게 되어 있었기 때문일 것이었다.

그녀는 고아를 한 명 입양했는데, 아이가 밤에 우는 것은 그녀와 시녀들을 몹시 괴롭혔다. 그러나 그녀는 아이의 울부짖음을 참을 수 없는 것으로 만들려는 악마의 노력과 아이를 내보내라는 주위 사람들의 간청을 잘 참아냈다. 그녀는 이 고통이 자신이 이상 중에 본 남편의 고통을 정화하는 것임을 알고 있었다.

이 텍스트에 나오는 가족적·개인적 관계나 중세인들에게는 각별한 중요성을 갖는 '이름'에 관한 논의 등은 아쉽지만 접어두기로 하자. 또 저승에 있는 형벌의 장소들에 대한 이상, 먼저 죽는 이가 살아 있는 이에게 자신이 겪은 바를 알려주기로 하는 약속, 잠을 방해하는 아이의 울음[20] 등 이야기에 섞여 있는 여러 가지 상

---

20) Cf. J.-Cl. Schmitt, *Le saint lévrier. Guinefort, guérisseur d'enfant depuis le XIIIe siècle*, Paris, 1979.

이한 주제들과 몽환 내지는 악몽 같은 이야기의 극히 "현대적인" 분위기 등도 접어두고, 우리는 연옥 여행이나 연옥 체류와 관계되는 그리고 연옥 "체계"의 일부를 이루는 요소들만을 논의의 대상으로 삼겠다.

우선 지적할 수 있는 것은, 기베르의 아버지가 가 있고 그의 어머니도——이상중에——끌려갈 뻔했던 장소의 지옥적인 성격이다. 그것은 우물 가까이에 있는 광장이며, 또 다른 이상 가운데서는 악마적인 모습을 한 존재들, 검은 악마들,[21] 머리칼에는 구더기가 끓고 시꺼먼 눈을 부라리는 괴물들이 나오는 사원이다. 그것은 시각과 청각과 후각의 공포, 괴물스런 광경과 참을 수 없는 소음과 구역질나는 냄새가 육체적인 고통과 뒤섞인 세계, 고문의 세계, 불길이 내뻗치는 징벌의 우주이다. 이름을 앗긴 영들이 육체의 고통 가운데 속죄하는 이 세계로부터 산 자들은 그들의 죽은 자들을 전통적인 대도의 신학에 따라 기도와 보시와 미사의 희생으로써, 그리고 또한 범한 과오와 연관된 성격의 시련을 나누어가짐으로써 끌어낼 수 있다. 그리고 이 모든 것에는 두 가지 지배적 특징이 있으니, 아직 지옥 전체와 잘 구분되지 않는 어떤 장소의 긍정 및 모색이 그 하나이고(광장, 우물, 사원, 형벌의 장소들—— *poenarum locos, poenales locos*——이상을 보는 이는 남편의 영에게 그가 어디 거하는가——*ubi commaneret*——를 묻는다), 산 자들과 죽은 자들간의 밀접한 연대성의 표현이 다른 하나이다. 이 연대성이란 우선은 가족, 육신적인 가족 특히 부부간의 연대성(이는 교회가 부부는 하나이고 같은 몸을 이루는 것이라는 바울의 말을 강조하던 이 시기로서는 당연한 것이다)이고, 나아가 영적인 가족(예컨대 새로 회심한 여자와 그녀의 회심을 도와준 이 늙은 여자 같은)간

---

21) 중세의 검정색과 악마간의 연관에 대해서는 J. Devisse & M. Mollat, *L'Image du noir dans l'art occidental*, II. "Des premiers siècles chrétiens aux grandes découvertes," 2 vol. Fribourg, 1979 참조.

의 연대성에로 확대된다. 끝으로, 체계의 핵심을 이루는 것은 징계인 동시에 정화인 벌에 의한 과오의 공동 속죄이다. 이 고통들은 인간의 고통들을 정화하는 것이다(molestias istas molestiarum hominis [……] purgatrices).

알베리코의 이상과 트누그달의 이상은 좀더 문학적이고 전통적이나, 강한 상상력에 뒷받침되어 있다.

II. 몬테카시노에서: 세테프라티의 알베리코

1100년경에 태어난 세테프라티의 알베리코는 10살 때 병석에서 아흐레 밤낮을 혼수 상태 속에 지내는 동안 이상을 보았다. 제라르도가 원장으로 있던(1111~1123) 몬테카시노의 유명한 베네딕트회 수도원에 들어가 그는 수사 귀도네 Guidone에게 자신의 이상을 이야기했고 귀도네는 그것을 옮겨 적었다. 그러나 손에서 손으로 입에서 귀로 전해지면서 이 이야기는 변질되었고, 수도원장 세니오레토 Senioretto(1127~1137)는 알베리코에게 피에트로 디아코노 Pietro Diacono의 도움을 받아 그것을 다시 쓰라고 권했다. 그것이 우리에게 남아 있는 이야기이다.[22] 그것은 몬테카시노에서 알려졌던 이상들——페르페투아와 펠리키타스의 이상, 베티의 이상, 성 퍼시의 이상, 성브랜든[23]의 이상——의 특징을 지니고 있다. 거기에서 회교의 영향을 보려는 이들도 있으나, 회교 종말론에서는 불

---

22) 이 텍스트는 Dom Mauro Inguanez에 의해 *Miscellanea Cassinese*, XI, 1932, pp. 83~103에 수록되었고, 그 앞에는 Dom Antonio Mirra의 연구 "La visione di Alberico," ibid., pp. 34~79가 실려 있다.

*23) 성브랜든이라는 이름의 아일랜드 성자는 여럿 있으나, 본문에서 말하는 것은 클론펠트의 브랜든(486년경~578)인 듯하다. 그는 아일랜드와 스코틀랜드에 수도원들을 세웠으며, 여행을 많이 한 것으로 알려져 있다. 10세기 전반 대륙에서 한 이름 없는 아일랜드인이 클론펠트의 브랜든을 주인공으로 하는 여행담을 썼는데, 이 『브랜든의 여행』은 유럽 각국어로 번역되었고, 일종의 기독교적 『아이네이스』로 간주되었다.

신자들과 다신주의자들만이 지옥에 가며 연옥이란 없는 것으로 보이므로, 그러한 영향은 극히 제한된 것일 수밖에 없다.[24]

어린 알베리코는 흰 비둘기에 실려 공중으로 올라갔는데, 성베드로가 두 명의 천사 엠마누엘과 엘로이와 함께 나타나, 그를 형벌의 장소들과 지옥으로 데려가 그에게 그것들을 보여주었다.

이 이상의 이야기는 끝도 없어 보인다.[25] 나는 그것을 요약할 수밖에 없으나, 저승에 관한 상상 세계의 정확한 이미지들을 보존하고 알베리코의 저승 여행이 주는——성베드로의 인도에도 불구하고——정처없는 방랑의 인상을 견지하기 위해 가능한 한 원문에 충실하려 한다. 이 헤매는 발걸음이야말로 이제 곧 연옥 출현의 배경이 될 질서 정연함을 한층 부각시켜줄 것이다.

알베리코가 먼저 본 것은 불덩어리들과 불붙은 연기가 타는 장소로서, 거기서는 돌 전에 죽은 어린 아이들의 영혼들이 정화되고 있었다. 그들이 거기서 겪는 고통이 가벼운 것은 많이 죄지을 만큼 오래 살지 않았기 때문이다. 죄의 증감이 그리는 곡선은 실상 인생의 성쇠와도 일치하여, 청장년기에는 왕성히 축적되다가 노년기에는 쇠퇴하는 것이다. 이 정화의 장소들에서 보내는 시간은 죄의 양에, 그러니까 이 벌을 받는 망자들이 죽은 나이에 비례한다. 한 살배기 아이들은 이곳에 7일 동안 머물며, 두 살배기들은 14일 동안, 하는 식이다(알베리코가 셈을 더 계속하지 않는 것은 이러한

---

24) 회교의 영향에 대해서는 M. Asin Palacio, *La Escatologia musulmana en la 'Divina Comedia,'* Madrid, 1919; *Dante y el Islam*, Madrid, 1929; E. Cerulli, *Il 'libro della Scala' et la questione delle fonti arabo-spagnole della Divina Comedia*, Rome, 1949 등을 참조. 전자의 주장은 좀 과장되어 있고, 후자는 온건한 편이다. 이슬람에 연옥이 없다는 데 대해서는 E. Blochet, "Etude sur l'histoire religieuse de l'Iran," in *Revue de l'histoire des religions*, 20, t. 40, Paris, 1899, p. 12; M. Arkoun, J. Le Goff, T. Fahd, M. Rodinson, *L'Etrange et le Merveilleux dans l'Islam médiéval*, Paris, 1978, pp. 100-01 등을 참조.

25) 인쇄하면 20페이지쯤 된다.

비례 계산이 계속되면 미묘한 문제들이 생겨날 것이기 때문일 터이다).

그리고 나서 그는 얼어붙은 골짜기를 보았는데, 거기서는 간음한 자들, 근친상간한 자들, 그 밖에 색욕과 방탕에 빠진 자들이 고통당하고 있었다. 가시 덤불이 가득한 또 다른 골짜기에서는, 젖먹이에게 젖 먹이기를 거부한 여자들이 매달려 뱀들에게 젖을 빨아먹히고 있는가 하면, 간음한 여자들은 머리채로 매달려 불에 타고 있었다. 그리고는 끓는 역청이 가득한 웅덩이 위로 불계단이 있어, 비록 아내와 함께지만 성행위가 금지된 날(주일과 축일) 성적인 관계를 가진 남자들이 오르내리고 있었다. 이어 유황 불꽃이 가득한 웅덩이가 나타났는데, 거기에서는 아랫사람들을 주인이 아니라 폭군으로서 다루었던 주인들과 영아 살해 및 낙태를 행한 여자들이 타고 있었다. 이 불구덩이를 지나자 피 같은 불못이 나타났다. 회개하지 않고 죽은 살인자들은 3년 동안 목에 자신이 죽인 자의 형상을 단 채 매달려 있다가 그리로 떨어지는 것이었다. 옆에 있는 거대한 웅덩이에는 청동과 주석과 납과 유황과 송진이 끓고 있었는데, 거기에서는 교회의 보호자이며 책임자들임에도 불구하고 거짓 맹세하거나 간음하거나 파문당한 성직자들에게 교직을 내맡겼던 주교들이 3년 내지 80년을 보내게 되어 있었다.

그리고 나서 알베리코는 지옥 가까이로 인도되었는데, 그것은 무서운 암흑이 가득한 우물로서, 거기서는 악취와 비명과 신음 소리가 나오고 있었다. 지옥 가까이에는 거대한 용이 사슬에 매어져 있었는데, 그 불 뿜는 입은 수많은 영혼들을 파리떼처럼 집어삼키고 있었다. 빽빽한 암흑 때문에 이 영혼들이 암흑 속으로 가는지 지옥 그 자체로 가는지 분간을 할 수 없었다. 알베리코의 안내자들은 유다, 안나, 가야바, 헤롯, 그 밖에 심판 없이 저주받은 자들이 거기 있다고 알려주었다.

또 다른 골짜기에서는 신성 모독자들이 불못에서 타고 있었으며, 성직 매매자들은 불길이 오르내리는 우물 속에 있었다. 또 다른 무섭고 어둡고 악취나고 불길이 활활 타는 곳은 뱀들과 용들과 찌르는 듯한 비명, 끔찍한 신음 소리들로 가득했는데, 거기서는 성직이나 수도원 생활을 떠났고 회개하지 않았으며 거짓 맹세와 간음과 신성 모독과 거짓 증언 및 기타 죄악들을 범한 영혼들이 정화를 받고 있었다. 그들은 거기에서, 바울이 고린도전서에서 말한 대로, 금이나 납이나 주석 기타 질료와도 같은 각자의 죄에 비례하는 정화를 받는 것이었다.

유황물과 뱀들과 용들이 가득한 커다란 검은 호수에서, 악마들은 수많은 위증자들의 입과 얼굴과 머리를 뱀으로 후려치고 있었다. 거기서 멀지 않은 곳에서는 개와 사자의 모양을 한 두 악마가 아가리로부터 타는 유황을 뿜어내어 근처를 지나가던 영혼들에게 온갖 종류의 고통을 주었다.

커다란 새가 나타나 그 날개에 싣고 있던 늙고 작은 수사를 지옥 우물의 어둠 속에 떨어뜨렸으며, 거기서 그는 악마들에 에워싸였으나, 새가 돌아와 그를 다시 낚아채었.

이때 성베드로는 알베리코에게 그를 두 명의 천사와 함께 남겨 두고 가노라고 하였다. 알베리코는 무서워서 죽을 지경이었고 그를 지옥으로 끌고 가려는 무서운 악마에게 공격을 당했으나, 성베드로가 돌아와서 그를 구해 낙원의 장소로 던졌다.

낙원의 묘사로 넘어가기 전에, 알베리코는 그가 징벌의 장소들에서 본 것에 대해 몇 가지 세부적인 사항들을 덧붙인다.

그는 도둑들과 유괴자들이 벌거벗은 채 불사슬에 목과 손발이 묶여 바로 서지도 못하는 것을 보았다. 그는 커다란 불의 강이 지옥에서 흘러나오며 이 강 위에는 불의 다리가 놓여 있어 의인의 영혼이 그 위를 지날 때면 넓어져서 빠르고 쉽게 지나가게 하고 죄인의 영혼이 지날 때면 실처럼 가늘어져서 강으로 떨어지게 하는 것도 보았다. 죄인들의 영혼들은 고기처럼 익고 정화되어 마침내 다리를 건널 수 있을 때까지 거기 머무는 것이었다. 성베드로는 그에게 이 강과 이 다리는 정화적인 것이라고 알려주었다.[26]

그리고 나서 성베드로는 알베리코에게 말하기를 사람은 지은 죄가 아무리 크더라도 결코 절망해서는 안 된다고, 모든 것은 참회로써 속죄할 수 있다고 하였다. 마침내 사도는 알베리코에게 벌판을 보여주었는데, 그것은 건너는 데 사흘 밤낮은 걸릴 만큼 넓었으며 가시 덤불이 하도 무성하여 발도 디딜 수 없었다. 이 벌판에는 한 악마가 마치 기사가 말을 타듯 기괴한 용을 타고 손에는 큰 뱀을 들고 있었다. 이 악마는 벌판에 떨어지는 모든 영혼을 뒤쫓아가 뱀으로 후려치는 것이었다. 영혼이 죄에서 벗어날 만큼 달리고 난 후에야 악마의 추적은 느려지고 영혼은 거기서 벗어날 수 있었다.

정화의 장소들로부터 알베리코는 좀더 명랑한 장소들로 넘어갔다.

레프리게리움(청량소)에 도달할 만한 자격이 된 영혼들은 즐거움과 기쁨이 가득하고 백합과 장미의 향기가 나는 들판으로 들어갔다. 이 들판 한가운데 낙원이 있는데, 천사들과 심판 없이 여섯 번째 하늘에 받아들여진 성인들을 제외한 영혼들은 최후 심판 뒤에라야 그곳에 들어갈 것이었다. 거기 있는 성인들 중에 가장 영광스러운 이는 성베네딕트였고, 들판에 있는 모든 이들 중에 가장 영광스러운 이들은 수사들이었다. 알베리코의 안내자들은 수사들

---

26) 편집된 텍스트(p. 93)에 의하면 *Hoc autem insinuante apostolo, purgatorii nomen habere cognovi*(* 그런데 사도의 말로 미루어 나는 그것이 purgatorius라는 이름을 가진 것을 알았다)인데, 나는 (* 이 purgatorius라는 형용사 뒤에) fluminis라는 말이 함축된 것으로 간주하여, "나는 그것이 정화하는 (강)이라는 이름을 가진 것을 알았다"라는 의미로 이해한다. 사실, 편집자에 따르면, 필사본에서 전사된 이 장의 제목은 "정화하는 강에 대하여 *De flumine purgatorio*"이다. A.-M. Bautier가 내게 친절하게도 지적해주었던바, Du Cange의 새로운 어휘 목록에 purgatorii(purgatorius)가 나오는 것은 바로 여기 쓰인 형용사의 속격(屬格)에 의거해서이다.

을 찬미했고, 그들이 영광에 이르기 위해 준행해야 할 생활 지침을 묘사했다. 즉 항상 하나님과 이웃에 대한 사랑을 지닐 것, 모욕과 박해를 감내할 것, 악마의 유혹들에 항거할 것, 부를 탐내지 말며 손으로 열심히 일할 것, 악을 멀리하며 항상 두려움 가운데 구원을 이룰 것 등이었다. 그리고 나서 성베드로는 가장 위험한 세 가지 죄악은 탐식 gula과 탐욕 cupiditas과 교만 superbia이라고 알려준 뒤 알베리코로 하여금 일곱번째 하늘을 방문하게 했다. 그러나 그는 여섯번째 하늘이 천사들과 대천사들과 성인들의 거처이며 일곱번째 하늘에는 하나님의 보좌가 있다는 것 이외에는 자세한 설명을 하지 않는다. 이번에는 비둘기가 그를 높은 성벽으로 둘러싸인 곳으로 데려갔다. 그 위에서 그는 안에 있는 것을 볼 수는 있었으나, 그가 본 것은 어떤 사람에게도 말하는 것이 금지되었다.[27]

이야기에 영감을 제공한 문학적 출전들과 강하게 나타나는 베네딕트 수도회의 자긍심은 접어두기로 하자. 연옥의 탄생에 있어 이 이야기가 갖는 홍미는 제한되어 있지만, 그 한계들이나 말하지 않는 부분들에 있어서까지도, 간과할 수 없는 것이다.

물론 이야기는 극도로 산만하고 저승의 지리에 대해서는 한층 산만한 이미지만을 보여준다. 알베리코는 저승의 세번째 나라라는 연옥 개념과는 거리가 멀다. 그의 저승은 수많은 장소들로 나누어져 있으며, 성베드로의 말을 따르면, 사람들은 형벌의 장소들로부터 지옥이나 천국으로 간다. 그러나 종내에는 거기서 벗어나 구원받을 수 있다는 "형벌의 장소들"의 중요성은 상당히 크다. 대강 어

---

[27] 전거가 언급되어 있지는 않으나, 이러한 금지는 분명 고린도후서 12장 2-4절에서 바울이 한 말에서 온 것이다. 여행의 끝은 이렇다: 성베드로는 끝으로 알베리코를 지상의 51개 지방——옛 로마 제국의 속주들——으로 두루 데리고 다니면서 성인들의 성소들과 교화적인 기적들 mirabilia을 보여준다. 이야기는 성베드로에 대한 묘사, 사도의 여러 가지 말, 알베리코의 영혼이 육신 속으로 돌아오는 것, 그의 어머니가 그의 치유를 위해 성베드로의 성상에 기도하고 있는 것을 보는 것, 그리고 그가 몬테카시노의 수도원에 들어가는 것으로 끝난다.

림잡아(이야기가 몹시 뒤얽혀 있으므로) 50장 가운데서 16장이 장차의 연옥에, 12장이 낙원과 주변 지대에, 그리고 단 1장만이 고유한 의미에서의 지옥에 바쳐져 있다.

이 이상은 정화하는 장소들의 "이론"에 관해서는 별로 말이 없고 매우 조야한 신학밖에는 제시하지 못하고 있다. 모든 죄들이 이러한 장소들에 이르는 것이지만 모두가 거기서 벗어난다. 참회의 역할은 강조되어 있지만, 지상에서의 참회와 이 형벌의 장소들에서 치르게 되는 속죄의 형식이 각기 차지하는 비중은 알 수 없다. 중한 죄들과 가벼운 죄들(치명적인 죄들과 사면 가능한 죄들간의 구분은 아직 존재하지 않는다)은 구별되지 않으며, 성아우구스티누스에 따르면 곧장 지옥으로 가게 되어 있는 죄들인 범죄 *scelera* 만이 여기서는 특히 일시적이지만 지옥적인 형벌로써 속죄되는 것으로 보인다. 끝으로, 형벌의 장소들에서 속죄를 마친 뒤 낙원에 이르는 직행 통로는 없으며, 낙원 입구에 위치한 전정(前庭)이라고나 할 행복의 들판이 있다.

그러나 사후 *post mortem*의 정화는 큰 비중을 차지하며, 강과 다리에 관해, 알베리코가 쓰는 정화적이라는 말은 형용사이지만 실사(實辭)에 가까운 방식으로 쓰이고 있다. 그리고, 수의 상징 체계도 산만하기는 하나, 저승에서의 회계 절차, 지상에서 지은 죄와 저세상에서의 속죄 기간 사이의 비례적 관계 등에의 경향은 뚜렷하다.

요컨대 이 이상의 작가 내지 작가들은 매우 오래 된 수도원 사회에 속하며 그(들)의 전통적 소양——레프리게리움이라는 오래된 개념을 포함하여——을 통해 정화적 저승이라는 시대적 경향을 충분히 소화하지 못하는 것으로 보인다.

베네딕트 수도회의 또 다른 지리적 극점에서 나타나는 아일랜드의 트누그달의 이상 또한 비슷한 인상을 준다.[28]

Ⅲ. 아일랜드에서: 트누그달의 정화 없는 저승

트누그달의 저승──그의 여행에는 지상적 에피소드가 없다──은 알베리코의 저승보다는 좀더 정연하다. 장차의 몬테카시노 수도사답게, 트누그달은 우선 살인자들·배신자들·수전노들·도둑들·유괴자들·탐식자들·색욕자들 등 여러 가지 범주의 죄인들이 고통당하는 일련의 장소들을 지나간다. 그들이 벌을 받는 장소들은 깊은 골짜기들, 아주 높은 산들, 광대한 호수, 거대한 집 등 규모가 아주 크다. 산은 단테에게서 그 독특한 표현을 얻게 될 것이다. 영혼들은 거기에서 혹열과 빙한을 번갈아 겪는다. 암흑과 악취가 지배하며, 괴물스런 짐승들이 공포심을 더한다. 이 짐승들 중 어떤 것은 얼어붙은 호수 위에 앉아서 불타는 아가리로 영혼들을 삼켜 소화시킨 뒤에 내뱉으며(인도 유럽의 옛 유산), 이 환생한 영혼들은 아주 뾰죽한 부리를 가지고서 자신의 몸을 찢어발긴다. 이 짐승의 희생자들은 색욕자들, 특히 수도원의 색욕자들이다. 피라네시 Piranèse[29]풍의 이미지들 가운데서 트누그달은 탐식자들의 영혼들이 거대한 화덕에서 빵처럼 구워지는 것과 죄 위에 죄를 쌓은 자들이 대장간의 소음들로 가득한 골짜기에서 불카누스 Vulcanus[30]라는 이름의 대장장이로부터 고문을 당하는 것을 본다.

---

28) *Visio Tnugdali*, ed. Albrecht Wagner, Erlangen, 1882. 그 밖에 p. 16, n. 1과 p.185, n. 1 에 인용된 Claude Carozzi의 최근 연구도 참조할 것.
*29) 피라네시: 1720~로마 1778. 이탈리아의 데생 화가·판화가·건축가. 기술자였던 숙부에게서 건축을 배웠으며, 1740년경 로마에 가서 고대 건축에 큰 감명을 받았으며 판화를 공부하기 시작했다. 건축가로서의 업적은 대단치 않으나, 수많은 화집들을 발간하여 고대 취향을 발전시키는 데 기여했다. 그는 고대 기념물들의 재건을 제안했으며, 특히 그로테스크한 조상(彫像), 장식 등을 재현했다. 고대 미술에 대한 그의 독특하고 장려한 시각은 명암의 극적이고 서정적인 성격과 원근법의 효과로 낭만적 기질을 보여준다.
*30) 물론, 그리스·로마 신화에 나오는 불카누스(헤파이스토스)이다. 이 대목에서 불카누스가 등장하는 것은, 고대 유산의 풍부함을 보여주는 외에, Vulcanus와 volcan의 소리 및 이미지의 유사성, 대장간과 화산에 공통된 불의 이미지 등 때문이 아닌가

그리하여 죄나 악덕의 특수성 외에 죄의 양이라는 개념이 강조되며——이는 정의에 심취한 12세기의 시대적 징후이다——천사는 겁에 질린 트누그달에게 말하기를 하나님께서는 그래도 여전히 자비로우시고 무엇보다도 정의로우시다고 말한다: "여기서는, 하고 그는 말했다, 각 사람이 정의의 평결에 따라 그의 공덕에 비례하여 고통당한다."

그리고 나서, 깊은 벼랑을 따라, 트누그달이 그때까지 겪어본 어떤 것보다도 심한 공포와 악취와 암흑과 함께, 지옥 내부로의 하강이 시작된다. 그는 수조(水槽)와도 같은 네모난 구덩이에서 매연(煤煙)을 내뿜는 역한 불길이 나오는 것을 본다. 불길 속에 득실거리는 마귀들과 영혼들이 불티처럼 튕겨올랐다가는 무(無)로 돌아가 심연 속으로 떨어지곤 한다. 그는 지옥 문 바로 앞까지 가서, 산 자로서 암흑에 갇혀 저주받은 자들이 보지 못하는 것을 볼 특권을 얻는다(죽은 자들은 물론 그를 보지 못한다). 그는 암흑의 왕자 *le prince des ténèbres*[31] 그 자신과 그가 일찍이 본 어떤 짐승보다 더 큰 짐승[32]을 본다.

그리고는 악취와 암흑이 사라지고 트누그달과 그의 천사는 커다란 벽 아래 슬픈 남녀들의 무리가 비바람을 맞는 것을 본다. 천사는 그에게 설명하기를 그들은 전적으로 악하지는 않은 자들, 명예롭게 살려고는 했지만 가난한 자들에게 현세적인 재물을 나눠주지 않은 자들로서, 수년 동안 빗속에서 기다린 뒤에야 좋은 안식 *requies bona*에 이르게 된다고 한다. 그 벽에 나 있는 문을 지나서 트누그달과 그의 동반자는 아름답고 향긋하고 꽃들이 가득한, 밝고 기분 좋은 들판에 이른다. 거기에서는 남녀의 무리가 즐거이 뛰놀고 있다. 그들은 전적으로 선하지는 않은 자들로서, 지옥의

한다.
*31) 사탄을 가리킨다.
*32) 이는 요한계시록 13장에 나오는 '짐승'일 터이다.

고통들을 면할 만은 하나 아직 성인들의 무리에 들지는 못한다. 들판 한가운데는 젊음의 샘이 있어 그 물은 영생을 준다.

여기에서 아일랜드의 전설적인――그러나 물론 트누그달에게는 역사적 인물들로 생각되었던――왕들에 대한 매우 흥미로운 언급이 나온다. 나쁜 왕들은 회개를 했고 좋은 왕들도 나름대로 과오를 범했으므로, 그들은 여기서 속죄의 과정 내지는 그 종료 단계에 있다. 알베리코의 이상이 베네딕트 수도회의 애국주의에 고취되어 있듯이, 트누그달의 이상에서는 아일랜드 '민족주의'가 나타나는 것이다. 여기서는 또한 왕들에 대한 충고의 전통도 찾아볼 수 있다. 저승을 이처럼 정치적으로 이용하는 것은 이미 비만왕 카를의 이상에서도 살펴본 바 있다. 정화하는 장소(비록 그 이름은 나오지 않지만)의 존재는 군주제에 경의를 표하는 동시에 공격을 가하는 온건한 비평을 가능케 한다.

그리하여 여기서 매우 잔인하고 맹렬한 원수지간이었던 도마커스Domachus 왕과 콘코버 Conchober 왕은 다정한 친구 사이로 돌아가며 죽기 전에 회개를 한 것으로 되어 있다. 그런가 하면 코르마커스(코르막) Cormachus (Cormack) 왕은 금은의 벽들로 지어졌으며 문도 창도 없이 자유로이 드나들 수 있는 매우 아름다운 집 안에 있는 옥좌에 앉아 있다고 한다. 그는 생전에 자신의 재보들을 나눠주었던 가난한 자들과 순례자들의 시중을 받는다. 그러나 얼마 되지 않아 집은 어두워지고, 거기 있는 모든 사람들은 슬퍼하며, 왕은 울면서 일어나 나간다. 모든 영혼들이 하늘로 손을 들어 하나님께 "당신의 종을 불쌍히 여기소서"라고 간구한다. 왜냐하면 왕은 윗몸에는 말총 속옷을 걸치고 배꼽 아래로는 불 속에 빠져 있기 때문이다. 천사는 이렇게 설명한다: "매일 왕은 세 시간 동안 고통당하고 스물한 시간 동안 쉰다. 그가 배꼽까지 고통을 당하는 것은 간음을 했기 때문이고, 윗몸에 고통을 당하는 것은 그가 성 패트릭과 가까웠던 한 백작을 죽였고 위증을 했기 때문이다. 그의 다른 모든 죄들은 사해졌다."

마침내 트누그달과 천사는 낙원에 이르는데, 낙원은 담이 둘린 세 처소들로 이루어져 있다. 은으로 된 담장 안에는 선한 부부들의 거처가, 금으로 된 담장 안에는 순교자들과 정결한 수사 및 수녀들, 교회의 건축자 및 옹호자들의 거처가, 보석으로 된 담장 안에는 동정을 지킨 자들과 아홉 반열 천사들,[33] 고해 성인 루아단 Ruadan과 성패트릭, 그리고 네 명의 주교들(모두 아일랜드인들이다!)의 거처가 있다. 이상이 여기까지 이르렀을 때 트누그달은 육신으로 돌아온다.

트누그달의 이상이 잘 보여주는 것은 저승의 지리가 여전히 부분적이기는 하지만(고유한 의미에서의 지옥이 하나로 보이는 것은 방문할 수 없기 때문일 뿐이다) 정화하는 장소들은 대강 세 가지 원칙에 따라 나누어져 있다는 점이다. 그 첫번째는 지리적인 원칙으로, 기복(起伏)이나 온도에 있어 상반되는 장소들이 번갈아 이어진다는 것이다. 두번째는 도덕적 원칙으로, 정화된 자들이 악덕의 종류에 따라 분류된다는 것이다. 세번째가 고유한 의미에서의 신학적 내지는 종교적 원칙으로, 인간들이 네 부류로 나뉜다는 것이다. 즉 죽은 뒤 곧장 낙원으로 가는 전적으로 선한 자들, 죽음과 개인적 심판(트누그달은 저주받은 자들이 "이미 심판받았음"을 강조한다) 뒤에 곧장 지옥으로 보내지는 전적으로 악한 자들, 그리고 전적으로 선하지는 않은 자들과 전적으로 악하지는 않은 자들이 그것이다. 그러나 트누그달은 그들에 대해 그다지 분명하지 않다. 그의 말을 문자 그대로 받아들인다면, 마지막 두 범주는 지옥 상층부에서 고통당하는 죄인들 전체와 판이하게 구분될 것이다. 트누그달은 전적으로 악하지 않은 자들이 비바람 속에서 목마름과 굶주림에 시달리며 "몇 년"을 보낸다고만 하며 그들이 형벌의 장

---

*33) 제2장 주 26 참조.

소들을 통과한다는 말은 전혀 없다. 반면 전적으로 선하지 않은 자들에 대해, 천사는 트누그달에게 "그들은 지옥의 고통들로부터 끌어내졌으나" 아직 진짜 낙원에 갈 자격은 없다고 하는 것이다.

트누그달의 이상이 씌어진 연대에 비추어볼 때, 정화라는 개념(과 말)이 아직 나오지 않는다는 사실은 무척 놀랍다. 트누그달은 문학적·신학적 유산들 전체를 하나의 시야 속에 짜맞추려고 노력했지만, 전체적인 통일을 이루지는 못했다. 한편으로는 두 개의 지옥이 존재한다고 하면서 상층 지옥의 기능을 충분히 설명하지 못했고, 다른 한편으로는 아우구스티누스 신학에 따른 인간의 선악에 관한 네 범주를 받아들이면서 중간 범주들을 상층 지옥에 위치시키지 못한 채 따로 고유한 처소들에 둠으로써 저승을 다섯 구역으로 나누게 되는 것이다(이는 저승의 재편성을 위한 12세기의 여러 시도들 중 하나이다). 이러한 개념의 가장 큰 취약점(내가 가치 판단의 용어로 말하는 것은 연옥 체계의 일관성이란 "합리화하는 *rationalisante*" 시대에 성직자들이나 일반 대중에게 연옥이 받아들여지기 위한 중요한 요소라고 생각하기 때문이다)은 트누그달이 전적으로 선하지 않은 자들과 전적으로 악하지 않은 자들의 대기(와 다소간에 완화된 속죄)의 장소들과 하층 지옥의 장소들과의 관계를 밝히지 않은 데 있다. 그러한 장소들을 단계적으로 통과했더라면 아우구스티누스의 범주들을 구체적으로 보여주게 되었을 것이다. 트누그달이 그렇게 하지 않은 것은 아마도 그의 공간 개념이 불확실했을 뿐 아니라 시간(이란, 반복하거니와, 공간과 불가분이다) 개념이 허락치 않았기 때문이었을 것이다. 그에게 있어 저승이란 지상적·역사적 시간과 아주 미미한 유사성밖에는 갖지 않는 종말론적 시간에 속했던 것이다. 저승에서도 가끔 "몇 년"이라든가 하는 기간들이 끼여들기는 하지만, 정돈된 지속성은 없다. 저승의 시간은 아직 통일되어 있지 않으며, 이승에서의 시간과 저승에서의 시간 사이에는 여전히 큰 간극이 있었다.

IV. 아일랜드에서의 발견: '성패트릭의 연옥'

네번째의 상상적 저승 여행은 수사──하지만 시토회 수사──에 의해 씌어졌음에도 불구하고 전통적 특성들의 한복판에 새로운 점들을 도입한다. 특히 새로운 점은 여기서 비로소 연옥이라는 것이 저승의 세 처소 중 하나로 명명된다는 사실이다. 연옥의 성공에 있어 결정적이라고까지는 할 수 없더라도 중요한 역할을 한 것으로서 연옥의 역사에서 근본적인 위치를 차지하는 소책자가 저 유명한 『성패트릭의 연옥』이다.[34]

---

34) *Le Purgatorium Sancti Patricii*는 17세기에 두 차례 편집되었으니, Messingham의 *Florilegium Insulae Sanctorum*(1624)에 실린 것(*PL*, t. 180, col. 975~1004에 재수록)과, 예수회 수사 John Colgan의 *Triadis thaumaturgae* [······] *acta*(Louvain, 1647)에 실린 것이다. 현대의 편집들로는 다음과 같은 것들이 있다. S. Eckleben, *Die älteste Schilderung vom Fegfeuer des heiligen Patricius*, Halle, 1885. Colgan이 편집한 텍스트의 맞은편에 원본과 가장 가까운 것으로 간주되는 14세기의 필사본(밤베르크의 ms E VII 59)과 대영 박물관에 있는 13세기말의 또 다른 필사본(Arundel 292)에 나타나는 이형들을 대조하여 실은 Ed. Mall, *Zur Geschichte der Legende vom Purgatorium des heiligen Patricius*, in *Romanische Forschungen*, ed. K. Vollmöller, VI, 1891, pp. 139-97. 15세기 우트레히트 사본의 텍스트를 편집하고 부록으로 Arunde 292 사본의 수정본을 실은 U. M. van der Zanden, *Etude sur le Purgatoire de saint Patrice*, Amsterdam, 1927. 그리고 1938년에 Warncke가 편집한 것이 있다. 나는 Mall의 편집본을 사용했다. *Purgatorium Sancti Patricii*는 그 라틴어 및 속어(특히 프랑스어와 영어──Marie de France가 번역한 *L'Espurgatoire saint Patriz*는 별도로 하고라도)의 형태로 수많은 연구의 대상이 되었거니와, 그 중 몇 가지는 오래 된 것이지만 여전히 유효하다. 그 대부분은 이 텍스트를 고대 이래의 저승 신앙들의 역사나 민담의 맥락에서 연구한 것이다. 종종 충분히 비판적이지 못하고 시대에 뒤떨어진 것이 되기는 했지만, 이 연구들은 역사 정신의 서두를 보여주는 표본들이다. 그 예로 다음과 같은 저작들을 꼽을 수 있다. Th. Wright, *St. Patrick's Purgatory; an essay on the legends of Purgatory, Hell and Paradise, current during the Middle Ages*, London, 1844; Baring-Gould, *Curious Myths of the Middle Ages*, 1884, repr. Leyde, 1975; *St. Patrick's Purgatory*, pp. 230-49; G. Ph. Krapp, *The Legend of St. Patrick's Purgatory, its later literary history*, Baltimore, 1900; Ph. de Félice, *L'autre monde. Mythes et légendes: Le Purgatoire de saint Patrice*, Paris, 1906. 가장 완전한 연구로 꼽

저자는 H.라고 지칭되는 한 수사로서(13세기에 마티외 파리스 Matthieu Paris[35]는 이를 헨리쿠스[헨리] Henricus[Henri]라고 무단히 바꾸기도 했다), 그는 이 글을 쓸 당시 헌팅든셔 Huntingdonshire에 있는 살트레이 Saltrey의 시토 수도원에 살고 있었다. 그는 사르티스 Sartis(오늘날 베드포드셔 Bedfordshire에 있는 워든 Warden)의 한 사제의 부탁을 받고 이 이야기를 썼다. 그는 그것을 또 다른 수사 길버트로부터 들었었다. 길버트는 루다 Luda(오늘날 헌팅든셔에 있는 루스파크 Louthpark)에 있는 시토 수도원의 수도원장 저비스로부터 수도원을 세우기에 적합한 장소를 물색할 임무를 띠고 아일랜드로 파견되었다. 길버트는 아일랜드 말을 몰랐으므로, 그의 통역자 겸 보호자로 기사 오웨인 Owein을 동반했으며, 오웨인이 들려준 이야기가 바로 『성패트릭의 연옥』에서 그를 주인공으로 하는 모험담인 것이다.

글의 서두에서 살트레이의 H.는 성아우구스티누스와 대그레고리우스를 인용하면서, 저승에 관한 이상이나 계시의 이야기들이 산 자들에게 얼마나 유용할 수 있는가를 상기시킨다. 특히 유용한 것은 생전에 죄들을 범하기는 했지만 의롭다 하심을 입은 자들을 정화하여 예정된 바 영생에 이르게 하는, 정화적이라고 불리는 *qui*

히는 것은 Shame Leslie, *St. Patrick's Purgatory: A Record from History and Literature*, London, 1932이지만, 그렇다고 반드시 가장 흥미롭지는 않다. V.& E. Turner, *Image and Pilgrimage in Christian Culture:* chap. III *St. Patrick's Purgatory: Religion and Nationalism in an Archaic Pilgrimage*, Oxford, 1978, pp. 104~39는 성패트릭의 저승순례에 대한 현대의 매우 시사적인 인류학적 해석을 보여주지만 우리의 연구에는 아무런 도움도 되지 않는다.

*35) 마티외 파리스: 1200년경~1259. 영국 세인트 알반스 수도원 및 영국 수도원 일반의 연대기를 썼다. 『대연대기 *Chronica majora*』 『영국 역사 *Historia Anglorum*』 『역사의 꽃 *Flores Historiarum*』 『연대기 개요 *Abbreviatio chronicorum*』 등을 남겼다. 데생 화가, 채색 삽화가, 지도화가, 조각가이기도 했다. 8음절 운문으로 쓴 프랑스 성인들의 전기도 그의 작품으로 추정되는데, 그 중 1편은 그 자신의 채색 삽화가 들어 있는 자필본에 실려 있다.

purgatoria vocatur 여러 가지 형태의 벌들이다. 징벌들은 죄의 경중과 죄인의 선악의 정도에 비례한다. 죄와 형벌들의 이러한 단계들에 대응하여 지옥——어떤 이들은 그것이 지하의 어두운 감옥이라고 하는데——에도 벌받는 장소들에 층위가 있다. 가장 큰 고통의 장소들은 아래쪽에, 보다 큰 기쁨의 장소들은 위쪽에 위치하며, 중간 정도로 좋거나 나쁜 보상들은 중간에 *media autem bona et mala in medio* 있다. 여기서 살트레이의 H.는 세 가지 범주(아우구스티누스의 네 가지 범주 대신)의 분류와 중간적 개념을 채택하였음을 볼 수 있다.

정화적 형벌에 있어서도, 고통의 정도는 각자의 공덕에 따라 달라지며, 그러한 벌들을 겪은 뒤 하나님으로부터 지상의 육신으로 돌아갈 허락을 얻는 영혼들은 회상이나 증거, 그리고 경고로서 육신적 표지들과 비슷한 표지들을 드러내보인다.[36]

성패트릭이 반항적인 아일랜드인들에게 복음을 전하려다 별 성과를 거두지 못하여 지옥의 공포와 천국의 매력으로 그들을 개종시키고자 하던 무렵에, 예수께서 그에게 나타나사 한적한 곳에서 둥글고 어두운 구멍 *fossa*을 보여주시며 이르시되 만일 진실로 믿고 참회하는 누군가가 이 구멍 속에서 하루 밤낮을 보낸다면 그는 모든 죄에서 정화되며 악인들의 고통과 선인들의 기쁨을 보게 되리라고 하셨다. 성패트릭은 서둘러 구멍 옆에 교회를 짓고 거기에 계율 참사회원들 *les chanoines réguliers*을 두었으며, 구멍에 담을 둘러 문을 만들어 잠그고 그 열쇠는 교회의 수석 사제 *le prieur de l'église*가 맡게 하였다. 성패트릭이 그들의 진술을 받아 적어놓게 하였을 시절 이래로 수많은 참회자들이 이 장소를 체험했을 것이

---

36) 로마의 Sacro Cuore del Suffragio 교회에는 작은 "연옥 박물관"이 있으며, 거기에는 연옥의 영혼들이 산 자들에게 나타난 흔적들이 여러 가지(대개는 연옥 불의 표지로 손에 덴 자국들) 보관되어 있다. 이러한 증언들은 18세기말부터 20세기초까지도 이어진다. 연옥 체계가 오래 갔다고나 할는지……

다. 이 장소는 성패트릭이 그곳을 체험한 최초의 인물이므로 '성패트릭의 연옥 sanctii Patricii purgatorium'이라고 불렸다.[37]

관습에 따르면 '성패트릭의 연옥'에 가보려는 희망자들은 교구 주교의 허락을 받아야 했는데, 주교는 우선 그들을 만류해야 했다. 만일 그가 그들로 하여금 포기하게 하지 못하면 교회 원장 수사의 허가를 얻으라는 조건으로 허가를 내리는데, 원장 수사는 그들에게 많은 사람들이 그러한 체험에서 살아 남지 못했음을 상기시키며 다른 참회를 택하도록 다시금 설득한다. 그래도 안 되면 희망자에게 우선 교회에서 보름간 기도를 하라고 시킨다. 보름이 지난 뒤 희망자는 미사에 참예하여 영성체를 하고 성수(聖水)로 축사(逐邪)를 받는다. 그리고는 행렬이 노래하며 그를 연옥으로 데려가서, 원장 수사는 문을 열면서 마귀들이 있다는 것과 이전의 많은 방문객들이 사라졌다는 사실을 상기시킨다. 그래도 희망자가 고집할 경우, 그는 그 자리에 있는 모든 성직자들의 축도를 받고 십자 성호를 그으며 안으로 들어간다. 원장 수사는 문을 닫는다. 이튿날 같은 시각에 행렬은 다시 구멍으로 간다. 만일 참회자가 밖으로 나오면, 그는 교회로 돌아가 다시 보름을 기도로 보내게 된다. 그러나 만일 문이 닫힌 채로 있으면, 그가 죽은 것으로 간주하고 행렬은 물러간다. 여기서 우리는 신명 심판의 특이한 형태를 보게 되는데, 이는 아마도 켈트 전통의 특징적인 유형과 관련된 것일 터이다.

그리고서 살트레이의 H.는 당대로 건너뛰어 *hiis nostris tem-*

---

[37] 5세기에 살았던 성패트릭에 관한 이러한 이야기는 물론 지어낸 것이다. 성패트릭의 옛 전기들에는 이와 관련된 아무 언급도 없다. 현재 남아 있는 문헌 가운데 『성패트릭의 연옥』에 최초로 언급하는 것은 1180~1183년 사이에 Jocelyn de Furness가 쓴 성인의 새로운 전기이다. 거기에 기사 오웨인의 이름이 나오지 않는 것으로 보아 일반적으로 이 1180/1183년을 H. de Saltrey의 『논저 *Tractatus*』의 연대 추정에서 시발점 *terminus a quo*으로 잡는다.

poribus 스티븐 왕 시절(1135~1154)이라고 명시한다. 13세기의 마티외 파리스는 한층 더 자세히——물론 아무런 증거 없이——기사 오웨인의 모험을 1153년이라고 한다.

죄 많은(어떤 죄들인지는 밝혀지지 않는다) 기사 오웨인은 신명 심판의 예비 단계들을 지나 확신을 가지고서 명랑하게 구멍으로 들어간다. 기실 그는 이 일을 홀로 담대히 치러내야 할 기사도 모험으로 여기고 있다 *novam igitur miliciam aggressus miles noster, licet solus, intrepidus tamen.*[38] 그는 점점 희미해지는 박명 속에서 일종의 수도원에 이르는데, 거기에는 수도사인 듯 흰옷을 입은 열두 사람이 살고 있다. 그들의 우두머리는 그에게 이 시련에서 지켜야 할 규칙들을 일러준다. 그는 마귀들에 둘러싸일 것인데, 그들은 끔찍한 고문들을 보여줌으로써 겁을 주거나 거짓말로 그를 파멸시키려 할 것이다. 만일 그가 공포나 유혹에 넘어가 길을 되돌아간다면 그는 영혼과 육신을 모두 잃게 된다. 그가 약해지려는 때에는 예수의 이름을 불러야 할 것이다.

그리고는 마귀들이 떼지어 나타나 그가 지옥을 둘러보는 동안 내내——고문의 불길들만이 비치는 암흑 가운데 엿보이는 처참한 광경들, 악취와 귀를 찢는 비명들의 한복판에서——그를 떠나지 않을 것이다. 치러야 할 시련들 하나하나에서 그는 예수의 이름을 부름으로써 승리를 얻을 것이며, 매 시련이 지난 뒤에 그는 포기하고 돌아가기를 거부할 것이다(그러므로 나는 각 에피소드의 귀결에 대해서는 매번 반복하지 않겠다). 마귀들은 우선 출발하는 집의 방에 화형단을 만들어놓고 그를 거기 던지려 한다. 황량하고 어두우며 칼날 같은 바람이 부는 지역을 지나 그는 무한히 너른 벌판에 이르는데, 거기에는 벌거벗은 남녀들이 손과 발을 꿰뚫는 불못

---

38) E. Köhler, *L'Aventure chevaleresque. Idéal et réalité dans le roman courtois*, Paris, 1974 참조.

으로 땅바닥에 박힌 채 널려 있다. 그가 지나는 두번째 벌판에는 남녀노소나 지위의 고하를 불문하고 모든 이들이 바로 혹은 모로 누워 불로 된 용과 뱀과 두꺼비의 먹이가 되며, 세번째 벌판에는 사지에 불못이 박힌 남녀들이 마귀들에게 채찍질당한다. 네번째 벌판은 갖가지 고문들이 행해지는 형장(刑場)으로, 어떤 이들은 눈・귀・목구멍・손・젖가슴・생식기 등에 불갈퀴가 박혀 매달려 있고, 또 어떤 이들은 지옥 부엌의 희생이 되어 화덕이나 가마에서 또는 꼬치에 꿰어 구워진다. 그리고는 커다란 불바퀴가 나오는데 거기에는 사람들이 매달려 불길 속을 전속력으로 돈다. 이어 거대한 목욕장이 나타나는데, 거기에서는 수많은 남녀노소들이 끓는 금속이 가득한 통에 잠겨 있다. 어떤 이들은 완전히 잠겨 있고, 어떤 이들은 눈썹까지, 입술까지, 목까지, 가슴까지, 배꼽까지, 무릎까지, 또 어떤 이들은 한쪽 손이나 발만 잠겨 있다. 그리고 나서 오웨인은 어떤 산에 이르는데, 그 가파른 벼랑 사이로 불의 강이 흐른다. 산꼭대기에는 한떼의 사람들이 차고 거센 바람을 불어내고 있어서 불의 강으로 사람들을 떨어지게 하며, 거기서 벗어나려고 산을 기어오르는 자들은 불갈퀴를 가진 마귀들에 의해 밀려 떨어진다.

그리고는 마침내 끔찍하게 역하고 시꺼먼 불길이 솟구치는 우물에 이르는데, 그 불길 속에서는 수많은 영혼들이 불티처럼 튀어오르내린다. 그를 뒤따르는 마귀들은 이렇게 말한다. "여기가 지옥의 문, 게헨나의 입구, 죽음에 이르는 대로이니, 그리로 지나는 자는 다시 나오지 못한다. 왜냐하면 지옥에는 속(贖)함이 없으니까. 그것은 악마와 그 앞잡이들을 위해 예비된 영원한 불인즉, 너도 그 중 하나임을 부인하지 못하리라." 자신이 우물에 삼켜지려는 것을 느낀 오웨인은 다시금 하나님의 이름을 부르며 우물에서 물러서서 불의 강에 이른다. 그 너른 강 위에는 다리가 놓여 있지만 현기증이 나게 높고 발 디딜 수 없게 좁고 서 있을 수 없게 미끄러웠으므로 도저히 건널 수 없을 것으로 보인다. 강 아래쪽에서는 마귀들이 불갈퀴를 가지고서 기다리고 있다. 오웨인은 다시금 예수의 이름을 부르며 다리 위로 나아간다. 다리는 나아갈수록 더 넓고 든든해져서 중간쯤 가자 더는 오른편으로도 왼편으로도 강이 보이지 않게 된다. 그는 성난 마귀들의 마지막 궤계를 벗어나 다리에서 내려서서 매우 높고 웅장한 벽 앞에 서게 된다. 그 벽의 문들은 정금이며 보석들이 박혔고 감미로운 향기를 퍼뜨리고 있다. 그는 안으로 들어가 경이로운 도성을 보게 된다.

행렬을 인도해가던 두 명의 대주교처럼 보이는 이들이 오웨인에게 다가와 말한다: "우리는 네게 네가 본 것의 의미를 *rationem* 설명해주리라." "이곳은 지상 낙원이다."[39] 우리는 지상에서 죽기 전에 속죄를 마치지 못했으므로 네가 지나오면서 본 고통들 가운데서 속죄를 다한 후에야 이곳으로 돌아왔다. 우리는 죄의 경중에 따라 다소간에 오래 거기 머물렀다. 네가 여러 가지 형벌의 장소들에서 본 모든 이들도, 지옥 입구의 아래쪽에 있는 자들을 제외하고는, 정화된 뒤에 지금 우리가 있는 이 안식 속으로 들어오게 될 것이며, 마침내는 구원될 것이다. 그렇게 고통을 당하는 이들은 자신들이 얼마나 오래 거기에 머무를지 알지 못하는데, 왜냐하면 산 자들이 그들을 위해 드리는 미사와 찬미와 기도, 보시 등이 그들의 시련을 경감시키거나 단축할 수 있기 때문이다. 마찬가지로, 이 크나큰 안식과 희락을 누리기는 하되 아직 하늘에 오를 자격은 얻지 못한 우리도 언제까지나 이곳에만 머물지는 않을 것이다. 매일 우리 중 몇은 지상 낙원으로부터 천상 낙원으로 간다." 그리고 나서 그들은 그를 어떤 산 위에 오르게 하여 천상 낙원의 문을 보여준다. 그리로부터 불의 혀가 내려와 그들을 감미로운 느

---

39) 나는 이야기를 간략히 추려 옮기겠다. 인용 부호 안의 텍스트는 두 명의 '대주교'의 말을 그대로 번역한 것이 아니다.

낌으로 가득 채운다. 그러나 '대주교들'은 오웨인을 일깨워 현실로 돌아오게 한다. "너는 네가 보고자 하던 것의 일부를 보았다. 축복받은 자들의 안식과 죄인들의 고통을. 이제 너는 왔던 길로 되돌아가야 한다. 만일 이후로 네가 세상에서 잘 살면 너는 죽은 뒤 우리 가운데로 오게 되리라고 확신해도 좋다. 그러나 네가 잘못 살면, 너는 네가 이미 보았던 벌들을 받게 될 것이다. 돌아가는 길에는 마귀들을 무서워할 것이 없다. 그들은 너를 해하지 못하리라는 것을 알기 때문에 너를 공격하지 않을 것이다." 기사는 눈물을 흘리며 되돌아나와 처음의 열두 사람을 다시 만난다. 그들은 그를 축하하며 그의 죄들이 사해졌다고 말한다. 그는 교회 원장 수사가 문을 열 때 '성패트릭의 지옥'으로부터 나와 교회에서 다시금 보름간의 기도를 드린다. 그리고 나서 오웨인은 십자군에 참가하여 예루살렘으로 순례를 떠난다. 돌아오는 길에 그는 그의 주군인 왕을 만나 자기가 속할 만한 교단을 지정해달라고 청한다. 당시는 루다의 길버트 Gilbert de Luda가 포교를 하던 시절이었다. 왕은 오웨인에게 수사의 통역이 되라고 명한다. 기사는 기꺼이 그 명을 받아들인다. "왜냐하면 저승에서 나는 시토 교단보다 더 큰 영광을 누리는 교단을 보지 못했기 때문입니다." 그들은 수도원을 건설할 것이다. 그러나 오웨인은 수사 moine도 보조 수사 convers도 되기를 원치 않았으며 길버트의 하인으로 있는 것에 만족할 것이다.

저승의 이미지들은, 비록 이야기의 성공에 큰 역할을 하기는 했지만, 이 이야기에서 가장 중요한 것들은 아니다. 이 이미지들은 『바울 계시록』이래의 전통적인 요소들의 대부분을 본받고 있으며 뒤에 나올 이상들, 특히 『신곡』의 이미지들을 예고한다. 그러나 그것들은 연옥 특유의 이미지들이라기보다 지옥의 일반적 이미지들이다. 하지만 어떤 주제들은 거의 나타나지 않으며, 그것들이 여기 없다는 점은 그것들이 뒤에 사라지게 되는 데에 분명 영향을 미칠 것이다. 예컨대, 타는 것과 어는 것의 대립쌍은 형벌적 저승의 이미지들 가운데서 정형적인 요소였으나, 불은 사실상 추위를 쫓아버리는 것이다.

『드리텔름의 이상』에서는 저승의 방문자가 깊고 큰 계곡에 도착한다. 그 왼쪽 사면은 끔찍한 불에 타며, 오른쪽 사면은 거친 눈보라를 맞고 있다. 마찬가지로 트누그달은 하층 지옥 이전의 장소들에서 "커다란 산을 만나는데, 그 산을 지나는 좁은 길의 한쪽은 역한 냄새가 나는 유황기 있고 연기 나는 불이고 다른 한쪽은 바람이 휘몰아치는 얼음이다."

성베르나르의 것으로 알려져 있는 설교에는 이런 말이 있다: "연옥에 있는 자들은 죄의 속량을 기다리거니와, 우선 불의 열기와 추위의 혹독함을 맛보아야 한다."

그러나 추위의 징벌로서의 의미는 잊혀진 지 오래 되었다. 서늘함을 안식과 동일시하는 레프리게리움(청량소)이라는 긍정적 개념이 그것을 다소간에 상쇄해버린 것이다.

『비만왕 카를 황제의 이상』에서, 이상 중에 지옥에 간 황제는 선친인 독일왕 루드비히가 끓는 물 속에 허벅지까지 잠긴 채 서서 말하는 것을 듣는다: "두려워 말라, 나는 네 영혼이 육신에로 돌아갈 것을 안다. 하나님께서 너를 이곳에 오게 하신 것이 내가 어떤 죄들로 인해 어떤 고통들을 당하는가를 보여주시기 위함이다. 나는 하루는 이 끓는 물 속에 있다가 다음날은 차디찬 물 속으로 옮겨지는 것이다." 찬물의 통과를 황제가 성베드로와 성레미의 중보 덕분에 얻은 은혜로 그리고 있는 이 저자는 제의의 본래적 의미를 잃어버린 것이다.

『성패트릭의 연옥』에서 추위가 문제되는 것은 연옥의 끝에 위치한 산의 꼭대기에 부는 얼음 같은 바람에 대해서 뿐이다. 12세기에 정화의 장소 자체를 나타내던 불이 추위를 몰아내버린 것이다. 연옥의 탄생은 레프리게리움에 치명타를 가하고 아브라함의 품이

사라질 것을 예고한다.[40]

『성패트릭의 연옥』은 즉시로 상당한 성공을 거두었다. 셰인 레슬리 Shane Leslie의 말을 따르면, 그것은 "중세의 베스트 셀러 가운데 하나"였다. 그것의 씌어진 연대는 확실치 않다. 통상 1190년 전후로 보는 것은 유명한 여류 시인 프랑스의 마리 Marie de France[41]가 그것을 불어로 옮긴 것이 12세기의 마지막 10년보다 더 나중일 수는 없을 것으로 보이기 때문이다. 한편 『성패트릭의 연옥』에 성인으로 거명된 성말라시 St. Malachie[42]는 1190년에 성인품을 받았다. 그러나 또 다른 박학자들은 그 집필 연대를 1210년경까지로 늦춘다.[43] 나는 연옥 purgatorium이라는 용어의 출현과 이 출

---

40) 나는 이러한 저승 이미지들이 마야족의 후손들인 멕시코 남부의 라캉동족 les Lacandons에게서도 발견된다는 점을 지적해둔다. "현자 창킨 마슈 Tchank'in Maasch는 얼어붙은 개울들과 불의 강들이 나란히 흐른다는 이 그림자의 나라에 대한 이야기를 끝도 없이 알고 있었다"(J. Soustelle, *Les Quatre Soleils*, Paris, 1967, p. 52).

*41) 프랑스의 마리: 12세기 후반에 활동. 프랑스 최초의 여류 시인으로 헨리 2세의 영국 궁정에 살았던 것으로 추정된다. 작품의 말미에서 자신을 '프랑스의'라고 지칭한 것으로 보아 프랑스(일-드-프랑스) 출신이라는 것밖에는 알려져 있지 않다. 앵글로-노르만 방언으로 되어 있는 사본들에 브르타뉴 전설들을 기초로 한 운문 이야기(lai)가 12편(1170년 이전), 이솝 우화를 비롯한 여러 편의 우화들(1180년경), H. de Saltrey의 라틴어본 『성패트릭의 연옥』의 불어 번역(1180년 이후) 등이 남아 있다. 그러나 『성패트릭의 연옥』은 훨씬 더 나중, 아마도 13세기의 것일 수도 있다. 그렇다면 여러 명의 '마리'가 있는 것인지?

*42) 성말라시: 아르막 1094~클레르보 1148. 아일랜드 성직자. 일개 사제에서 아르막 대주교, 아일랜드 수석 주교가 되었으나, 곧 그 명예를 버리고 최초의 주교구로 돌아가 겸손과 자비를 실천하며 살았다. 로마 여행에서 클레르보의 성베르나르와 친구가 되어 아일랜드에 시토 규율을 도입하고 12세기초 아일랜드 교회를 크게 개혁했다. 그는 두번째로 로마에 가던 중 클레르보에서 죽었으며, 성베르나르가 그의 전기를 썼다.

43) F. W. Locke, "A New Date for the Composition of the Tractatus de Purgatorio Sancti Patricii," in *Speculum*, 1965, pp. 641~46은 *Tractatus*의 집필 연대를 통상 추정하는 1189년경으로부터 1208~1215년으로 늦추고 있다. 이는 불어 번역인 *Espurgatoire Saint Patriz*의 연대 또한 20년 가량 뒤로 늦추어질 것을 요구한다. Richard Baum은 최근에 *Espurgatoire*가 실제로 12세기 마지막 10년보다 더 나중일 뿐 아니라 마리

현이 의미하는 바 저승 개념에서의 결정적인 변천을 연구함에 있어 가능한 한 정확한 연대들을 제시하려 하였으나, 『성패트릭의 연옥』이 1190년이 아니라 1210년에 씌어졌다든가 하는 것은 우리의 연구에서 그다지 중요하다고 생각되지 않는다. 본질적인 것은 저승의 새로운 처소가 두 시기 즉 파리의 선생들과 시토 교단의 영향하에 신학적·영성적 문학에서는 1170~1180년 사이에, 그리고 계시 문학에서는 1180~1215년 사이에 형성되었다는 사실이다. 실상 1180~1183년 사이에 퍼니스의 조슬린 Jocelyn de Furness이 쓴 『성패트릭의 생애』에는 '성패트릭의 연옥'이 나오기는 하나 코나우 Connaugh의 크루아칸 에이글 Cruachan Aigle산에 있는 것으로 되어 있다.[44] 신앙과 사고 방식과 감수성의 역사에 있어 진정한 사건들은 날짜커녕 연도도 확정하기 어려운 것이다. 연옥의 탄생이란 12~13세기의 전환점에 나타난 현상이다.

반면, 지상의 지리와 명백히 연관되어 명명되는 연옥의 묘사가 1200년경에 나타났다는 것은 매우 중요하다. 살트레이의 H.의 논저가 씌어진 것은 전설이 생겨나고 순례가 시작되는 것과 어느 정도 비슷한 시기인 것이 분명하다. '성패트릭의 연옥'은——기사 오웨인의 이야기에 언급하지 않더라도——웨일즈인 제랄드 Giraud le Gallois 또는 웨일즈(캄브리아)의 제랄드 Giraud de Cambrie라 불

드 프랑스의 작품이 아니라고까지 주장한 바 있다("Recherches sur les oeuvres attribuées à Marie de France," in *Annales Universitatis Saraviensis*, 9, Heidelberg, 1968). 뒤에서 보게 되겠지만, Giraud de Cambrie의 *Topographia Hibernica*나 Jocelyn de Furness의 *Vie de saint Patrick*도 *Tractatus*의 연대 추정에 결정적인 단서는 제공하지 못한다.

44) Jocelyn de Furness가 쓴 『성패트릭의 생애』는 17세기에 Messingham과 Colgan에 의해 편집되었다. 메싱검이 편집한 것은 역시 그가 편집한 H. de Saltrey의 *Purgatorium*과 같은 문집(*Florilegium insulae sanctorum*..., Paris, 1624, pp. 1~85)에 실려 있고, 콜간의 편집(*Triadis thaumaturgae*..., Louvain, 1647)에서 Cruachan Aigle산에 있는 연옥에 관한 대목은 p. 1027에 실려 있다. 이 작품은 *Acta Santorum*, 17 mars, t. II, pp. 540~80에도 재수록되었다.

리는 인물[45]의 『아일랜드 지형지 Topographia Hibernica』에서 다시 나타난다. 그 최초 편집의 연대는 1188년까지 거슬러 올라가나, 가장 오랜 필사본에는 '성패트릭의 연옥'에 대한 이야기가 없고 13세기 전반의 『지형지』의 한 필사본의 여백에서 발견될 뿐이다. 웨일즈의 제랄드는 1185~1186년에 아일랜드 여행을 했다. 『아일랜드 지형지』의 제2부 제5장에서 그는 얼스터 Ulster의 한 호수를 묘사하는데, 그 호수에는 둘로 나뉜 섬이 하나 있다고 한다. 둘 중 하나는 아름답고 즐거운 곳으로 정식 교회가 있으며 성인들이 자주 머무는 곳으로 알려진 반면, 거칠고 무서운 다른 한 부분은 마귀들에게 내맡겨져 있다. 거기에는 땅속의 구멍이 아홉 개 있는데, 그 중 한 구멍 속에서 밤을 맞게 되면 악령들에게 붙잡혀 온갖 종류의 끔찍한 고문들과 형언할 수 없는 불길 속에서 온밤을 지새며, 아침에는 거의 인사불성이 된다는 것이다. 만일 참회를 하기 위해 이러한 고문을 자청한다면, 죽은 뒤에는──만일 그 사이에 중대한 과오를 범하지 않는다면──지옥의 형벌을 면하리라고 한다.[46]

---

*45) 웨일즈인 제랄드: 웨일즈, 펨브로크셔 1146년경~1223년경. 귀족 출신으로, 파리에서 교육을 받고, 영국 왕 헨리 2세에게 봉사했다. 아일랜드에 원정을 갔다가 『아일랜드 정복지 Expugnatio Hibernica』(1189년경)를 썼다. 1188년에는 웨일즈를 여행하여 『웨일즈 도정 Itinerarium Cambriae』 『웨일즈 소묘 Cambriae descriptio』를 썼다. 궁정을 떠난 후로는 성직에 종사했다.

46) Giraldus Cambrensis, Opera, t. V, ed. J. F. Dimock, London, 1867(Rerum Britannicarum medii aevi scriptores), pp. 82~83. 바로 이 대목 뒤에 덧붙여진 13세기 전반의 필사본에서 다음과 같은 말을 읽을 수 있다: "이 장소는 주민들에 의해 성패트릭의 연옥이라고 불린다." 그리고 성패트릭이 어떻게 하여 그것을 만들게 되었는지가 이야기된다. Cf. C. M. Van der Zanden. Topographia Hibernica와 Tractatus de purgatorio sancti Patricii의 흥미있는 장들이 Neophilologus, 1927에 실려 있다. 웨일즈인 제랄드가 그의 Topographia를 쓴 것은 참회를 위한 순례가──분명 신명심판의 색채를 띤──보다 큰 성인들의 섬 Saints' Island으로부터 스테이션 아일랜드 Station Island의 작은 섬에 있는 라우 더그 Lough Derg의 북서부로 옮겨지는 시기일 것이다. 거기에서 성인들과 마귀들이 나누어 가진 한 개의 섬이라는 종합이 나왔을 터이다.

이 섬, 스테이션 아일랜드 Station Island는 북부 영령(英領) 아일랜드의 국경 부근 에이레 Eire의 일부를 이루는 도네갈 Donegal현에 있는 라우 더그 Lough Derg(붉은 호수)에 있다. 그곳에 있는 '성패트릭의 연옥'은 12세기말부터 순례지가 되었던 것으로 보인다. 1497년 교황 알렉산드로 6세는 그것을 단죄했지만, 예배당과 순례는 16세기부터 재개되어 1632년, 1704년, 1727년에 거듭 파괴되고 금지되기까지 살아 남았다. 순례는 1790년 이후에 특히 활발히 재개되었고 커다란 예배당이 건축되었다. 성패트릭에게 봉헌된 새로운 대성당은 1931년에 완공되었고 아직도 매년 6월초부터 8월 15일 사이에 15,000명에 달하는 순례자들을 불러들이고 있다.[47]

그러나 12세기말의 '성패트릭의 연옥'은 아일랜드 기독교와의 연관이나 성패트릭에 대한 숭배에도 불구하고 현대에 그러하듯 카

---

47) 본장 주 34에 인용된 V. & E. Turner의 매우 흥미로운 연구 외에는, 이 순례에 관한 연구들은 빈약하고 개략적이다. Cf. John Seymour, *St. Patrick's Purgatory. A Mediaeval Pilgrimage in Ireland*, Dundald(1918); J. Ryan, *New Catholic Encyclopedia*, vol. XI, 1967, p. 1039; Philippe de Félice(그의 *L'Autre Monde, Mythes et Légendes, Le Purgatoire de saint Patrice*, Paris, 1906의 제4장 'Histoire du Sanctuaire du Lough Derg'에는 적잖이 흥미로운 대목들도 있고 다음과 같은 옳은 지적으로 끝맺고 있다: "성패트릭의 연옥이 여러 세기에 걸쳐 존속한다는 것은 이론의 여지가 없는 사실이며, 그 중요성은 사회학자들이 관심을 가질 만한 것이다")는 1905년에 그가 사촌과 함께 어렵사리 라우 더그에 가서 연옥의 섬을 방문했던 이야기를 한다. 1913년에 아일랜드의 수석 주교였던 로그 Logue 추기경은 스테이션 아일랜드를 방문한 뒤 이렇게 선언했다: "나는 여기 라우 더그에서 전통적인 순례의 참회 수련이나 금식·기도를 행하는 이들은 죽은 뒤 저세상에서 별로 고통당하지 않을 것이라고 믿는다"(V. & E. Turner, p. 133). 1972년에 라우 더그와 성패트릭의 연옥을 방문했던 Anne Lombard-Jourdan은 내게 지방 주교 클로거 Clogher의 감독을 포함하는 공식 안내서를 가져다주었다. 이미 중세부터 참회의 기간은 교회의 보다 정규적인 9일 기도를 본따 15일에서 9일로 줄었다. 현대에 와서는 이 기간이 다시 3일로 줄었으며, 그것이 오늘날의 관행이다. 그러나 순례의 핵심부는 여전히 24시간 동안의 시련이다. 1970년의 안내서에 의하면 "철야는 순례의 주요한 영적 수련이며 지속적이고 완전한 방식으로 24시간 동안 수면을 금하는 것을 의미한다." 신앙과 예배의 훌륭한 계승이 아닌가!

톨릭적이고 아일랜드적인 내셔널리즘의 색채는 띠고 있지 않다. 순례를 시작하고 관리한 것은 오히려 영국의 성직자들이었던 것으로 보인다. 프랑스의 마리의 번역[48] 뒤에도 살트레이의 H. 의 『연옥』은 라틴어 및 여러 속어들로, 특히 불어와 영어로 많이 번역되었다.[49] 라

---

48) Marie de France의 *Espurgatoire Saint Patriz*는 Thomas Atkinson Jenkins에 의해 편집되었다(Philadelphie, 1894). L. Foulet, "Marie de France et la Légende du Purgatoire de saint Patrice," in *Romanische Forschungen*, XXII, 1908, pp. 599~627 참조.

49) Paul Meyer는 『성패트릭의 연옥』의 불어 운문본을 일곱 가지로 정리한 바 있다: i) 마리 드 프랑스의 작품, ii-v) 13세기의 익명본 네 가지, vi) 베룰 Béroul의 작품, vii) *Bible des sept états du diable*의 제4권에 소개된 Geoffroy de Paris의 작품. 이 중 한 가지는 Johan Vising, *Le Purgatoire de saint Patrice des manuscrits Harléien 273 et Fonds français 2198*, Göteborg, 1916로 출간되었다. 거기서는 purgatoire라는 말이 여러 번 사용된다. 예컨대:

*그는 몹시 수치스러웠으므로/아주 기꺼이 가겠노라 말했다/연옥으로, 충분히/자신의 죄들을 속죄할 수 있도록 [······] 마치 연옥으로 들어가지/않고는 못 배기는 자처럼

    Par la grant hounte qu'il aveit
    Dist qe mout bonnement irreit
    En purgatoire, qe assez
    Peust espener ses pechiez (v. 91~94)
    [·········]
    Com celui qe ne velt lesser
    En purgatoire de entrer (v. 101~02)

불어 산문본들도 있다. 그 중 한 가지는 Prosper Tarbé, *Le Purgatoire de saint Patrice. Légende du XIIIe siècle, publiée d'après un manuscrit de la Bibliothèque de Reims*. Reims, 1842로 출간되었다. 가장 오래 된 영어본들(13세기)은 Hortsmann, *Alten Englische Legenden*, Paderborn, 1875, pp. 149~211; Koelbing, *Englische Studien*, I, pp. 98~121, Breslau, 1876; L. T. Smith, *Englische Studien*, IX, pp. 3~12, Breslau. 1886 등으로 출간되었다. 15세기 오크어본은 A. Jeanroy et A. Vignaux, *Raimon de Perelhos. Voyage au purgatoire de saint Patrice*, Toulouse, 1903(15세기의 오크어 텍스트들)년에 출간되었다. 이 편집본에는 또한 틴달(트누그달)의 이상과 성패트릭의 이상의 오크어본도 실려 있다. 이 텍스트들은 모두 툴루즈 시립도서관의 ms 894에 들어 있는 것으로, 저승 및 연옥에 관한 이상에 대한 15세기의 취향을 입증해준다. 여기에서는 틴달

틴어본은 웬도버의 로저 Roger de Wendover[50]가 1231년 이전에 저술한 『역사의 꽃 Flores Historiarum』에 재수록되었다. 로제의 후계자 마티외 파리스는 그의 『대(大)연대기 Chronica majora』에서 이 이야기를 자자어구 그대로 옮기고 있다. 그가 살트레이의 H.의 논저를 알고 있었든 아니든간에, 연옥을 전파한 주요한 인물들 중 한 사람인 독일인 시토회 수사 하이스터바흐의 차이자리우스 Césaire de Heisterbach[51]는 그의 『기적에 관한 대화 Dialogus miraculorum』 (XII, 38)에서 이렇게 썼다: "연옥을 의심하는 자는 아일랜드에 가서 패트릭의 연옥에 들어가볼 일이다. 그리고 나면 더 이상 연옥의 형벌들을 의심하지 않게 될 것이다." 13세기의 가장 영향력 있는 교훈담 작가들 중 다섯 명이 『성패트릭의 연옥』을 차용했다. 비트리의 자크 Jacques de Vitry[52]는 『동방의 역사 Historia orientalis』

(트누그달)의 이상이 연옥에 관한 이상으로 변형되어 있다. 그 제목(f. 48)은 Ayssi commnsa lo libre de Tindal tractan de las penas de purgatori(* 연옥의 벌을 다루는 틴달의 책은 이렇게 시작했다)이다. 성패트릭의 연옥이 스페인에서 어떤 반응을 일으켰던가는 J. Pérez de Montalban, Vida y Purgatorio de San Patricio, éd. M. G. Profeti, Pise, 1972를 참조.

*50) 웬도버의 로저: ?~1236. 영국의 연대기 작가. 세인트 알반스의 베네딕트 수사로, 세인트 알반스 역사 학파의 시조. 대표적 저서『연대기 혹은 역사의 꽃 Chronica sive Flores historiarum』은 천지 창조로부터 1235년까지의 역사를 기술한 책이다.

*51) 차이자리우스: 쾰른 1170년경~하이스터바흐 1240년경. 설교가. 쾰른에서 교육을 받고 1199년에 시토회에 가입했으며, 1228년에 하이스터바흐에 있는 시토 수도원의 원장 수사가 되었다. 그의『기에에 관한 대화 Dialogus miraculorum』는 시토 수도원의 생활을 다룬 교화적인 이야기들로, 그의 가장 널리 알려진 작품이며 13세기 독일의 사료로서도 중요한 작품이다. 그 밖에도 기적에 관한 8권의 책, 헝가리의 성녀 엘리사베스의 생애, 94~1238년에 걸친 쾰른 대주교들의 전기적 명단 등을 남겼다. 그의 가장 중요한 역사서로 꼽히는 것은『성엥겔베르트의 생애』이다. 그는 실제적인 설교와 스콜라 철학의 합리적 경향에 대한 반대로 유명하다.

*52) 비트리의 자크: 렝스 지방 1170년경~로마 1240. 역사가, 십자군 원정 설교자, 성인전 작가, 아크르 주교(1216~1228). 파리에서 공부했고, 정규 참사원으로서 리에주 관구에서 우아니의 마리를 중심으로 일어나고 있던 여성들의 종교적 운동에 관심을 가졌다. 그가 저술한『우아니의 마리의 생애 Vita Mariae Oigniacensis』는 베긴

(chap. XCII)에서, 도미니크회 수사 보베의 뱅상 Vincent de Beauvais[53]은 『역사의 거울 Speculum historiale』(Livre XX, chap. XXIII-XXIV)에서, 부르봉의 에티엔 Etienne de Bourbon은 『다양한 설교 소재에 관한 논의 Tractatus de diversis materiis praedicabilibus』에서, 로망의 윙베르 Humbert de Romans[54]는 『두려움의 은사에 관하여 De dono timoris』에서, 그리고 바라체의 야코포는 그의 유명한 『황금 전설』에서 이렇게 천명한 바 있다: "그리고 성 패트릭은 계시에 의해 이 우물이 연옥에 이른다는 것과 그리고 내려가고자 하는 이들은 거기에서 자신의 죄들을 속죄하며 사후의 연옥을 면제받게 되리라는 것을 알았다."[55] 메츠의 고수엥 Gossouin de

---

수녀의 한 전형을 보여준다. 1216년에는 베긴 수녀들을 위해 교황의 인가를 얻어주기도 했다. 1213년에는 알비 십자군 원정을 위해 설교했으며, 1216~1221년에는 제5차 십자군 원정에 참여했다. 『동방과 서방의 역사 Historia orientalis et occidentalis』에서는 동방의 사정을 묘사하는 외에 당시 이탈리아와 벨기에에서 일어나고 있던 수도원 운동들도 다루었다. 여러 신분과 직업의 사람들을 대상으로 한 『세속 설교 Sermones vulgares』는 설교에 예화를 도입한 방식으로 특기할 만하다.
*53) 보베의 뱅상: ?~보베 1264. 도미니크 수사. 설교, 성서 주해 등 외에, 방대한 백과전서 Speculum doctrinale, historiale, naturale의 저자이다. 1250~1254년에 걸쳐 쓰어진 이 작품은 당시까지 알려져 있던 가장 체계적인 백과전서로, 기존의 모든 지식을 거의 빠짐없이 다루고 있으며, 전설 및 성인전적인 내용도 상당히 들어 있다. 이후의 역사적 성인전적 작품들은 다소간에 이 작품을 이용하게 될 것이다. 14세기에는 속편 Speculum morale(1310)이 쓰어지기도 했다.
*54) 로망의 윙베르: 비엔느 1194년경~발랑스 1277. 도미니크 교단의 제5대 총장. 파리에서 수학하고, 1224년 도미니크회에 들어갔다. 1226년 신학 교수가 되었으며, 1236년 리용의 원장 수사로 선출되어 1239년까지 봉사했다. 1240년에는 로마의, 1244년에는 프랑스의 대교구장으로 선출되었다. 1254년 도미니크회 총장으로 선출되어 9년간 시무하다가 사퇴하고 발랑스 지방(의 로망-쉬르-이제르 Romans-sur-Isère)으로 은퇴하여 저술에 전념했다. 이 저작들은 아직도 교단내에서 영향을 미치고 있다. 그가 총장으로 있는 동안 교단은 전례·학문·행정면에서 재정비되었다.
55) Légende dorée, trad. T. de Wyzewa, Paris, 1920, p. 182. Etienne de Bourbon과 Humbert de Romans에 대해서는 L. Frati, "Il Purgatorio di S. Patrizio secondo Stefano di Bourbon e Umberto de Romans," in Giornale storico della letteratura italiana, 8,

Metz[56]은 1245년과 1248년의 두 운문본과 1246년의 산문본으로 세 차례에 걸쳐 씌어진 『세계상 Image du monde』에서 거기에 대해 말한다.[57] 다음은 이러한 이본들 중 하나에서 발췌한 것이다:

아일랜드에는 호수가 하나 있어
밤낮으로 불처럼 타네.
이름하여 성패트릭의
연옥. 오늘날까지도
만일 누가 회개치 않고
거기에 간다면
즉시로 거기에 빠져 끝장이고
아무도 그가 어찌 되었는지 모른다네.
그러나 그가 고해하고 회개한다면
숱한 고문들을 겪고
죄에서 정화되리.
이곳으로부터 돌아오는 자는
이후로는 이 세상 아무것도 즐겁지 않아
더는 웃지도 않고 눈물과
한숨지으며 살리라.
세상의 악과 사람들의 죄를 슬퍼하여.[58]

1886, pp. 140-79 참조.
*56) 당시 중요한 종교적·과학적 중심지였던 메츠에서 3차례(1246~1248)에 걸쳐 『세계상』이라는 작품을 냈다. 이는 신학적·우주론적·지리학적·천문학적인 지식을 간략하게나마 개관한 비교적 독창적인 작품으로, 거기에는 많은 전설들도 들어 있다.
57) 고수엥 드 메츠의 산문본은 O. H. Prior, *L'Image du monde de maître Gossouin. Rédaction en prose*, Lausanne-Paris, 1913으로 나와 있다.
58) 고수엥 드 메츠의 『세계상』에서 발췌한 이 텍스트는 두에 Douhet 백작의 *Dictionnaire des légendes du christianisme*, éd. Migne, Paris, 1855, colonnes 950~1035에 다소 현대화되어 실린 것이다.

박학한 성보나벤투라 saint Bonaventure[59]는 그것을 원본으로 혹은 요약으로 읽었으며, 롬바르디아인 피에르의 『금언집』에 대한 해설에서 거기에 대해 말한다.[60] 프로아사르 Froissard[61]는 1394년에 아일랜드를 여행한 영국의 귀족 윌리엄 라일 William Lisle에게 그가 『성패트릭의 연옥』에 가보았는지를 묻는다. 윌리엄은 그렇다고 대답하면서 동료와 함께 저 유명한 구멍에서 밤을 보내기까지 했다고 한다. 그들은 거기서 잤으며 꿈에서 이상들을 보았는데, 윌리엄경에 의하면 "그 모든 것은 환영일 뿐"이라고 한다.[62] 당시로서는 보기 드문 회의적인 태도이다.

살트레이의 H.의 논저는 단테의 애독서였고, 그의 명성은 전통적으로 중세라 부르는 기간이 지난 뒤에도 사라지지 않았으니, 라블레 Rabelais[63]와 아리오스토 Arioste[64]도 그에 언급하였으며, 셰익스피어[65]도 이 이야기가 햄릿의 관객들에게 친숙한 것으로 간주하

---

*59) 성보나벤투라: 토스카나, 반뇨레아 1221~리용 1274. 이탈리아 신학자. 1243년에 프란체스코회에 들어가, 파리에서 가르쳤고, 1256년 교단의 총장이 되어 그 헌장을 썼다(1260). 프란체스코회 규율의 엄격한 해석과 느슨한 해석 사이의 중용의 길을 정립함으로써 교단의 분열을 저지했다. 알바노의 주교 및 추기경이 되었으며, 리용 공의회의 교황 특사로 갔다가 거기서 죽었다. 철학자이자 신비가로서 아우구스티누스의 전통에 속하는 그는 주요 저서로 『롬바르디아인 피에르의 금언집 해설』『신을 향한 영혼의 여정』『예수 그리스도의 생애에 관한 명상』『성프란체스코의 생애』 등을 남겼다.

60) Ed. de Quaracchi, t. IV, p. 526. 프란체스코회의 대스승(*즉 보나벤투라)은 말하기를, 연옥이 이 처소들에 있다는 '전설'은 거기서 나왔다고 한다(*ex quo fabulose ortum est, quod ibi esset purgatorium*).

*61) 프로아사르: 발랑시엔 1337년경~쉬메이 1400년경. 연대기 작가, 시인, 소설가. 영국, 스코틀랜드, 아퀴텐, 이탈리아 등지를 돌아다니며 1370~1400년에 걸쳐 전4권의 『연대기』를 썼다.

*62) Froissart, ed. Kervyn de Lettenhove, *Chroniques*, t. XV, Bruxelles, 1871, pp. 145-46.

*63) 라블레: 시농 1494년경~파리 1553. 프랑스 작가.

*64) 아리오스토: 레기오 데밀리에 1474~페라레 1533. 이탈리아 시인, 극작가.

*65) 셰익스피어: 1564~1616. 영국 극작가.

였다.[66] 칼데론 Caldéron[67]도 이 주제로 작품을 썼다.[68] 『성패트릭의 연옥』의 유행은 식자 문학과 민중 문학에서 모두 18세기까지 지속될 것이다.[69]

그러나 이 숭배 및 논저에서 근본적인 것은 이후로는 그의 이름 하에 연옥이라는 이 새로운 저승 처소의 묘사가 존재하게 되었다는 사실, 그리고 오웨인이 가본 낙원의 전정(前庭)을 제외한다면 『성패트릭의 연옥』에는 저승의 세 처소가 있다는 사실이다. 즉 오웨인이 아직 들어가보지 못한 지옥과 천국 사이에는 참회하는 용

---

66) Shakespeare, *Hamlet*. 햄릿에게 나타난 부왕의 유령은(제1막 5장) 햄릿에게 자신이 일정 기간 동안 밤에는 배회하고 낮에는 죄들이 타 없어지고 정화되기까지 불길 속에서 금식을 해야 한다는 사실을 알린다(조금 뒤에 그는 자신에게 행해진 동생의 살인이 한층 악한 것은 자신이 죽기 전에 고해를 하고 참회할 시간을 주지 않았기 때문이라고 한다).

> I am thy father's spirit
> Doom'd for a certain term to walk the night
> And, for the day, confin'd to fast in fires,
> Till the foul crimes, done in my days of nature,
> Are burnt and purg'd away.

그가 사라지자 햄릿은 호레이쇼와 마르켈러스에게 유령이 말한 내용을 알리지 않는 채 성패트릭의 이름을 부른다:

> Horatio: There's no offence, my lord.
> Hamlet: Yes, by Saint Patrick, but there is, Horatio,
>   And much offence, too. Touching this vision
>   It is an honest ghost.

*67) 칼데론: 마드리드 1600~1681. 스페인 극작가. 이상 네 명의 작가들은 워낙 유명하여 따로 설명이 필요없을 것이다.

68) Caldéron, *Le purgatoire de saint Patrice*, trad. franç. de Léon Rouanet, *Drames religieux de Calderón*, Paris, 1898. *El Purgatorio de San Patricio*의 초판은 1636년에 나왔다.

69) 두에 백작은 그의 매우 유명한 논문 "Saint Patrice, son purgatoire et son voyage," du *Dictionnaire des légendes du christianisme*, éd. Migne, Paris, 1855, col. 950~1035에 18세기의 매우 높이 평가되는 한 이본을 실으면서 이렇게 썼다(col. 951): "수많은 이본들 가운데서 우리는 근래의, 지난 세기까지도 유행하던 것을 골랐는데, 이것은 중세 고유의 의도들을 매우 충실히 보여준다."

감한 기사가 오래 걸려 통과하며 묘사하는 연옥이 있는 것이다. 그리고 저승의 이러한 지리는 지상의 지리에 삽입되는바, 세테프라티의 알베리코식으로 서투르게 중첩시키는 것이 아니라 연옥 입구를 지상의 구체적인 장소에 위치시킴으로써이다. 지도가 처음 만들어지던 시절, 낙원을 산 자들의 세계와 이어지는 것으로 그리던 시절의 사고 방식이나 신앙에 이보다 더 부응하는 것도 없을 것이다. 연옥을 방문하는 것을 허락받은 산 자들은, 연옥의 공간화 과정이 진척됨에 따라, 그 입구를 찾아내고 지상과의 통로를 제시하는 것이 필요했다. 이 입구들은 오랫동안 다소간에 지옥 입구와 혼동되었으며 여기서는 우물의 이미지가 지배적이다. 연옥 입구의 지형은 대개 동굴이 될 것이다. 아일랜드 섬의 동굴에 있는 '성패트릭의 연옥'이 큰 성공을 거둔 것은 연옥의 우물이라는 이미지를 강화한다. 이 성공의 현저한 표지는 예외적인 예술 작품에 성패트릭이라는 전통적 이름이 주어진 데서도 찾아볼 수 있다(16세기에 오르비에토Orvieto에 세워진 성패트릭의 우물).

영국-아일랜드 기독교의 이러한 연옥은 다른 경쟁자 없이 기독교 세계에 수용될 것인가? 기독교 세계의 다른 끝인 남부 이탈리아에서는 대양이 아니라 지중해의 연안에서 오래 전부터 그려지던 또 다른 연옥이 점차 확립되어가고 있었으니, 바로 시칠리아에서이다.

시칠리아의 시도

연옥 여행의 영국-아일랜드 문헌들은 우리가 아는 바로는 8세기에 베다와 함께 시작된다. 한편 연옥에의 접근을 보여주는 시칠리아 문헌들은 한층 여러 세기 즉 7~13세기에 걸쳐 있다. 우리의 논의에 있어 가장 중요한 일화는 11세기에 일어났다. 이미 거론되었던 바와 같이, 리파리 Lipari 섬에서 클뤼니회 수사가 들은 은자의 이상은 조슈알드 Jotsuald와 이어 피에르 다미아노가 쓴 클뤼니 수도원장 성오딜롱(994~1049)의 생애에서 이야기된다. 산의 분화구로부터 거기서 정화되는 망자들의 탄식이 나오는 것을 들었다는 것이다.[70]

한 세기 뒤에 나온 베즐레의 쥘리앵 Julien de Vézelay의 최후 심판에 관한 설교 제21편은 우리의 연구에 있어 이중으로 흥미롭다. 첫째, 그것은 죽음에 대한 비범한 감수성을 보여주는 매우 특별한 증언이다. 물론 거기서는 두 가지 영감 즉 지상적인 쾌락들의 필연적인 포기라는 고대적 전통과 이승의 사물들에 대한 초연함이라는 수도원적 전통이 모두 발견된다. 그러나 거기에는 지상적 거주에서 취해지는 기쁨의, 특히 농지 소유와 사치한 주거와 의복과 모피와 예술품, 마필, 육체의 향락 등의 사치에 몰두해 있던 시기의 지배 계급들이 누리던 기쁨의 반향이 울린다. 이는 새로운 정신 상태 및 이승을 긍정적으로 평가하는 심리의 표지로서, 이러한 심리는 왜 어떤 이들이 세계의 긴 존속에 대해 점차 더 큰 흥미를, 그리고 동시에 개인적 죽음과 세상의 종말 사이의 중간적 시기에 관해 더 큰 질문을 갖게 되었는지에 대한 설명의 틀을 제공한다.

베즐레의 쥘리앵은 다음과 같이 썼다:

---

70) Jotsuald(Jotsald, Jotsaud, Jotswald), *Vita Odilonis in Patrologie Latine*, t. 142, col. 926~27. Pierre Damien, *Vita Odilonis*, *PL*, t. 144, col. 935~37. 본서의 pp. 251~56 참조.
　리파리 섬들의 화산들 및 성바르텔레미(580년경 그의 유물이 리파리에 나타났다), 그리고 성칼로게로(한때 리파리 섬들에 살았던 시칠리아 은자, 9세기의 세르지오 수사의 송가들에도 나타나며, 16세기말에 성인품에 올랐다)에 관련된 민간 신앙들에 대해서는, G. Cozza Luzi, "Le eruzioni di Lipari e del Vesuvio nell'anno 787," in *Nuovo Giornale Arcadico*, ter. III, Milan, 1890; G. Iacolino, "Quando le Eolie diventarono colonie dell'Inferno. Calogero un uomo solo contro mille diavoli," in *Arcipelago*, anno II, n. 4, Lipari, 1977. Bernabo Brea는 고대로부터 오늘날에 이르는 이 전통들에 관한 연구를 준비하고 있다.

세 가지가 나를 두렵게 한다. 그것들을 생각만 해도 내 내면의 전존재는 공포에 전율한다. 그것들은 죽음, 지옥, 그리고 장차의 심판이다.

나는 다가오는 죽음이 두렵다. 그것은 나를 내 육신으로부터, 만인의 공유인 상쾌한 이 빛으로부터 끌어낸 뒤, 신실한 영혼들을 위해 마련된 알지 못할 영역으로 데려갈 것이다. [……] 내 뒤에도 인간들의 역사는 내가 없는 채로 계속될 것이다. [……] 안녕히, 내가 그 위에서 헛된 것들을 위해 오랜 세월 수고했던 땅이여, 나는 거기에서 진흙으로 된 집에 살았으나, 비록 진흙이었을망정 아쉬운 마음으로 떠난다. [……] 그러나 [……] 아쉬운 마음으로 쫓아내면 할 수 없이 떠날 뿐이다. 창백한 죽음은 내 우거(愚居)에 나타나 억지로 나를 문간으로 끌고 갈 것이다. [……] 세상과 동시에, 세상에 속한 모든 것을 떠난다. 이 슬픈 날 세상의 영광 또한 떠날 것이다. 안녕히, 명예여, 부요함이여, 재산이여, 넓고 상쾌한 초장들이여, 사치스런 집들의 대리석 바닥이며 칠한 천장들이여! 하물며 수단(繡緞)과 다람쥐 모피, 색색의 외투들, 은식기, 히힝대는 준마들은 말해 무엇하리오! 그 말들을 타고 부자는 뽐내며 행진하던 것이 아니냐! 그러나 그 모든 것이 하찮다. 바라만 보아도 사랑스러운 아내를 떠나야 하고 아이들을 떠나야 하며 더욱이 금을 주고라도 포로에서 해방시켰을 자신의 몸을 뒤에 두고가야 하는 것이다.[71]

둘째, 베즐레의 쥘리앵의 설교가 갖는 또 다른 흥미는 다시금 시칠리아를 저승에 이르는 지상의 장소로 언급하는 점이다.

다음은 영원한 불 속에 타는 자들과 정화하는 불 속에서 참회하는 자들에 대해 처음 언급한 내용이다.

---

71) Julien de Vézelay, *Sermons*, éd. D. Vorreux, t. II(collection Sources chrétiennes, 193), Paris, 1972, pp. 450~55. 쥘리앵은 설교 I x, t. I, p. 224에서 ethnici의 어원을 Etna에서 찾고 있다.

게헨나에 타는, 그리고 이 영원한 불 때문에 에트나 Et(h)na라는 말로부터 '이교적 ethniques'이라고 불리는 자들, 결코 어떤 안식도 얻지 못할 자들은 차치하더라도, 그들 외에 〔······〕 또 다른 자들이 있으니, 이들은 육신이 죽은 뒤에 아주 힘들고 아주 기나긴 노역을 하게 된다. 그들은 생전에 "회개에 합당한 열매를 맺지 못했으나(누가 2: 8) 죽음의 순간에 고해를 하고 회오의 념(念)을 가졌던" 자들이다. 그 때문에, "아버지께서 모든 심판을 맡기신"(요한 5: 22) 사제의 결정에 따라 그들은 이승에서 게을리했던 참회를 정화하는 불 속에서 다할 수 있을 것이다. "나무와 짚과 마른풀을 태우는 이 불은 태움으로써 정화하니, 그러나 이들은 마치 불을 지나온 것처럼 구원될 것이다"(고린도전서 2: 12~13, 15). 왜냐하면 그들은 분명 정화하는 불로부터 영원한 불로 가지는 않을 것이니까. "하나님께서는 같은 일로 두 번 경책치 아니하신다"(욥기 33, 14). 뒤에서 그는 다시금 게헨나의 불에 대해 말하며, 다음과 같은 세부들을 덧붙인다: "불은 쉬임 없이 그리고 태워 없애지는 않으면서 그 땔감에 집착한다. 마치 작은불 도마뱀이 뜬 숯 위를 무사히 지나듯이, 석면이 한 번 불이 붙기만 하면 쉬임 없이 타지만 타서 줄지 않듯이, 에트나가 아마도 세상 처음부터 쉬임 없이 타지만 타 없어지지 않듯이."[72]

중세의 성직자들이 곧잘 생각해내곤 하던 기발한 어원(세비야의 이지도르는 그 대표적인 예이다) 유희에 의해 에트나는 저승의 장소로서의, 지상과 게헨나 및 산 자들과 죽은 자들간의 소통점으로서의 역할을 확고히 하는 것을 볼 수 있다. 그러나 여기서, 지리적으로, 지옥과 연옥간의 분기점은 어디 있는가?

13세기초에 특이한 작품이 하나 나타난다. 영국의 교양 있고 호기심 많은, 그야말로 중세의 민속학자라 할 만한 인물인 틸버리의 저비스는 1210년경 브룬스빅의 황제 오토 4세[73] ―― 부빈 전투에서

---

72) Ibid., pp. 456~69, 460~63.

패한──에게 헌정한 『황제의 여가 Otia Imperialia』에서, 저승에 관해 연옥이라는 새로운 발명과는 무관한 전통적인 개념들을 제시하는 한편으로는 한 가지 기이한 이야기를 한다. 제3부 17장에서 저비스는 두 개의 낙원과 두 개의 지옥을 다루는데, 그에 의하면, 지상 낙원과 천상 낙원이 있듯이,

> 두 개의 지옥이 있다. 지상의 지옥은 땅의 구멍 속에 있다고 하는데, 이 지옥 속에는 징벌의 장소들과 아주 멀리 떨어진, 그리고 그렇게 멀리 떨어지고 조용해서 '품'이라고 불리는 곳이 있다. 마치 바다의 품[灣]이라고 하는 것과도 같은데, 부자와 나사로의 우화 때문에 흔히 '아브라함의 품'이라고들 한다. 〔……〕 또 다른 지옥은 공중에 있고 어두운데,[74] 거기에는 악한 천사들이 떨어져 벌을 받는다. 마치 선한 천사들이 천상 낙원에 있듯이.[75]

여기서 저비스가 관심을 갖는 것은 이 마귀들 중 몇몇이 지상에 와서 사람과 교접하여 '애비 없는 자식'이라거나 '처녀의 아들'이라 불리는 예외적인 인간들을 낳게 한다는 것이다. 마법사 메를렝 Merlin[76]이나 장차의 적그리스도[77]처럼.

---

*73) 오토 4세: 1174년경~1218. 독일 황제(1198~1218). 작센 및 바바리아의 제후 하인리히 4세의 아들로 겔프당의 지지를 얻어 황제로 선출되었다. 기벨린당의 지지를 얻고 있던 정적 스와비아의 필립이 암살당한 뒤 교황 이노첸티우스 3세에 의해 인정되었으나, 황제와 약속했던 바를 어기고 시칠리아 원정을 행하여 파문당했다. 1214년 부빈에서 기벨린파인 존엄왕 필립에게 패한 뒤로는 독일에서 더 이상 지지를 얻지 못했다.

*74) 지옥이 공중에 있다고 하는 것은, 지상계의 하늘 위에 천사들과 복자들의 하늘이, 그 위에 악한 천사들이 던져져 있는 지대가, 그 위에 하느님이 계신 자줏빛 하늘이 있다고 하는 중세적 우주관에 비추어 이해할 수 있다.

75) Gervais de Tilbury, *Otia Imperialia in Scriptores Rerum Brunsvicensium*, Hanovre 1707, t. I, p. 921(이를 편집한 라이프니츠는 서문에서 계몽주의 시대 사람답게 중세에 대한 반감을 표하고 있다).

이어 저비스는 지리적인 그리고 특히 시칠리아적인 '경이'들을 묘사하면서 그 자신의 시칠리아 여행(1190년경)에서 들은 다음과 같은 이야기를 한다:

> 시칠리아의 카타나Catane 시(市)에는 유황불이 타는 에트나라는 산이 있다. 〔……〕 사람들은 이 산을 몽지벨Mondjibel[78]이라고 하는데, 주민들의 이야기에 의하면 오늘날 그 황량한 기슭에 아더왕이 나타났다고 한다. 어느 날 카타나 주교의 마부가 너무 많이 먹은 나머지 노곤해져서, 말에게 빗질을 해주다가 말을 놓쳐버렸다. 마부는 가파른 산의 비탈과 벼랑들을 다 찾아보았으나 허사였다. 점점 초조해져서 그는 산의 어두운 동굴들까지 뒤지기 시작했다. 매우 좁지만 평탄한 오솔길을 따라 그는 매우 넓고 상쾌하고 온갖 희락이 가득한 초장에 이르렀다.
>
> 거기, 마법으로 지은 궁전에서, 그는 왕의 침상에 누운 아더를 발견했다. 왕은 그가 온 까닭은 알고는 말을 끌고 오게 하여 그것을 주교에게 돌려주라며 마부에게 주었다. 아더는 마부에게 말하기를 자신은 조카 모르드레드와 색슨공 킬데릭과 싸우다가 상처를 입은 뒤 끊임없이 터지는

---

*76) 메를렝 이야기의 기원은 웨일즈나 스코틀랜드, 아일랜드 등지에 남아 있는 옛 켈트족의 구비 전승에까지 거슬러 올라가나, 오늘날 일반적으로 알려진 이야기의 형태가 확립된 것은 12세기 몬머스의 제프리 Geoffrey of Monmouth의 『영국왕 열전 Historia regum Britanniae』에서이다. 제프리는 아풀레이우스를 인용하여, 수녀인 메를렝의 어머니를 임신시킨 것과 같은 몽마(夢魔) incubus들이 "땅과 하늘 사이에" 산다고 한다. 메를렝 이야기는 이후 보롱의 로베르Robert de Boron의 『그라알 사화 L'Estoire dou Graal』를 위시한 그라알 문학 가운데 재편성되면서 한층 부각된 기독교적 의미를 띠게 된다. 즉 메를렝은 악령들이 적그리스도를 탄생시키기 위해 성령에 의한 성모의 무염시태를 본뜬 결과 태어난 인물이라는 것이다. 그러나 메를렝은 어머니의 깊은 신앙과 정숙함, 그리고 하나님의 자비 덕분에 하나님 편의 선한 예언자가 된다.
*77) 적그리스도의 동정녀 탄생에 관한 성서적 근거는 없는 듯하고, 오히려 앞의 주에서 얘기되었듯이 메를렝의 탄생에 얽힌 이야기에서 비롯된 전승이 아닌가 한다.
78) Djebel(산)이라는 아랍어는 시칠리아에 이슬람의 영향이 있었다는 것과 '산(그 자체)'으로 불리는 에트나의 위용을 증명해준다.

상처를 고치기 위해 아주 오래 전부터 거기 누워 있다고 하였다.[79] 그리고, 내게 이야기를 들려준 원주민들에 의하면, 그는 주교에게 선물을 보냈으며 주교는 그것을 전시하여 이 전대미문의 이야기를 듣고 놀란 사람들에게 보여주었다고 한다.[80]

이 텍스트와 이 전설에 대해 아르투로 그라프 Arturo Graf는 훌륭한 논문을 쓴 바 있다.[81] 우리는 여기서 그것이 연옥의 탄생에 관한 자료 가운데 차지하는 특이한 위치를 지적하는 데 그치기로 하자. 틸버리의 저비스는 연옥을 알지 못했고 여전히 아브라함의 품에 집착하는 한편, 아더를 기독교적인 저승보다는 이교적인 경이로운 저승에 더 가까운 장소에 두었다. 이 텍스트는 우선 북유럽과 남유럽의 전통들, 켈트족의 전통과 이탈리아의 전통간의 놀라운 만남이다. 아더왕의 전설과 이탈리아간의 만남은 12세기에 모데나 Modène 성당의 조각에서도 입증되는 바이다.[82] 이 만남은 또한 연옥의 위치에 관한 주요한 우여곡절 중의 하나를 분명히 보여준다.

연옥은 낙원과 지옥이라는 두 극(極)에 이끌리며, 따라서 연옥은 낙원에 가깝거나 아니면 지옥에 가깝다.

그러나 아주 일찍부터, 연옥(대강 윤곽이 잡힌)은 지옥 쪽으로

---

*79) 아더왕의 전설에 의하면, 그는 모르드레드와의 결전에서 심한 부상을 입었으나 죽지는 않았고, 바다 끝으로부터 온 요정 모르간의 배를 타고 아발롱 섬으로 갔으며, 언젠가는 다시 오리라고 한다.
80) *Otia Imperialia*, ed. Leibniz, p. 921.
81) A. Graf, "Artù nell'Etna," in *Miti, leggende e superstizioni del Medio Evo*, vol. II, Turin, 1893, pp. 303~35.
82) R. S. Loomis, "The Oral Diffusion of the Arthurian Legend," in *Arthurian Literature in the Middle Ages. A collaborative History*(ed. R. S. Loomis), Oxford, 1959, pp. 61~62. 그리고 같은 책에 실린 A. Viscardi, "Arthurian Influences in Italian Literature from 1200 to 1500," p. 419.

더 끌렸으며 거기서 분리되는 데에 오래 걸렸다. 그것은 13세기까지는——그리고 때로는 그 이후로도——영벌이 아니라 한시적인 벌을 받는 덜 낮은 지옥, 게헨나의 상층부에 불과했다.

그러므로 연옥은 주로 지옥적인 저승관 속에서 형성된 것이다.

이 저승은, 일반적으로, 연옥이 배태되는 긴 기간 동안 지하에 위치하여 지옥과 밀접해 있었으나——그것이 상층 지옥이었다——이 혼란스러운 지리의 단계에서 연옥의 지옥적 모델은 다른 두 모델에 의해 오염되고 수정되었으니, 그 하나는 거의 낙원적인 연옥이었고,[83] 또 하나는 지옥과 낙원 사이에서 진정으로 중개적인 장소를 발견하려는 의지에서 태어났다.

이처럼 막연히 의식되었던 문제들에 대해 다소간에 일관된 다양한 해결들이 13세기까지 제출되었다. 때로는 거의 지옥적인 양상과 거의 낙원적인 양상을 띠는 두 처소의 중첩도 있었다. 그래서 저 매우 혼돈된 『트누그달의 이상』에서는 두 처소가 동일한 벽의 양편, 지옥과 낙원 사이에 위치하여, 한쪽은 비바람이 치는 반면 다른 한쪽은 명랑하고 생명 샘의 물이 흐른다. 첫번째 영역에는 전적으로 악하지 않은 자들의 영혼들이 있고, 두번째 영역에는 전적으로 선하지 않은 자들의 영혼들이 있다. 때로 정화의 장소는 지표면에, 그러나 지옥의 암흑과도 비슷한 암흑에 뒤덮인 좁고 깊은 골짜기 속에 위치한 것으로 보인다. 그것이 드리텔름의 이상에 나오는 나라이다.

---

83) Alfred Nutt의 *The Happy Otherworld in the Mythico-Romantic Literature of the Irish. The Celtic Doctrine of Re-birth*를 참조. 이 글은 7세기부터 씌어지고 10세기에 손질되었으며 가장 오랜 것으로는 12세기초의 사본들이 남아 있는 '브란Bran의 여행'의 Kuno Meyer 편집본(*The Voyage of Bran, Son of Febal, to the Land of the Living. An Old Irish Saga*, London, 1895)에 뒤이어 나온 것이다.

연옥의 지옥화와 그 한계들

틸버리의 저비스의 텍스트가 보여주는 것은 분명 죽은 자들의 세계이지만(영매인 검은 말의 인도로 가게 되는 불로 가득한 산에서는 지상의 상처들이 나음을 얻지 못하며, 아더의 상처들은 끊임없이 다시 터진다), 아더와 같은 영웅이 넓고 아늑하고 온갖 희락으로 가득한 초장의 "마법으로 지은 궁전에" "왕의 침상 위에" 누워 있는 이 기다림의 세계만큼 안식의 장소에 가까운 연옥의 등가물은 달리 찾아볼 수 없다.

연옥의 탄생에 있어 결정적인 이 순간에 라틴 기독교는 그것을 아일랜드 아니면 시칠리아에서 찾아야 할까를 망설이는 것과 마찬가지로, 그것을 지옥과 낙원 어느 쪽에 더 가까운 곳으로 만들어야 할지를 망설이는 듯하다. 실상, 틸버리의 저비스가 현재의 개념들보다 과거의 개념들을 반영하는 이야기들을 수집하는 순간 주사위는 던져진 것이나 다름없다. 연옥은 불과 고문과 광기와 소음으로 가득한 동방 계시 문학의 영향을 받은 데다, 성아우구스티누스에 의해 어떤 지상의 고통보다도 더한 고통들로 가득하다고 정의되었으며, 두려움과 떨림 가운데에서만 구원된다고 가르치는 교회에 의해 정립되었으니, 이미 지옥 쪽으로 기울어 있었다. 아르투로 그라프는, 아더왕이 에트나에 있다는 전설에 관련하여, 틸버리의 저비스의 이야기로부터 50년 뒤 도미니크회 수사 부르봉의 에티엔의 이야기에 이르기까지 이야기가 어떻게 지옥화되고 악마화되었는가를 훌륭하게 보여준 바 있다. 아더의 연옥은 잠정적 지옥이 된 것이다.[84]

마찬가지로 시칠리아는(리파리이든 에트나이든), 아일랜드와는

---

84) 나는 뒤에서 (pp. 593-96) 에티엔 드 부르봉의 이야기를 다루겠다.

반대로, 연옥의 항구적인 소재지가 되지 못할 것이다. 그 점을 이해하기 위해서는 시칠리아 저승의 기독교적 원천으로 거슬러 올라가야 한다. 물론 이 기독교적 저승은 풍부한 고대적 유산을 크게 누린 것이 사실이며, 불카누스와 그의 대장간이 있다는 에트나의 신화는 그 가장 찬란한 표현이다. 그러나 시칠리아에 기독교적 저승의 기초를 놓은 것은 고중세의 연옥 창건자들 중 한 사람이었으니, 그가 대그레고리우스이다. 『대화』의 이야기 두 편은 그 점을 입증한다.

첫번째 텍스트에서 수사 피에르가 그레고리우스에게 선한 자들은 낙원에 *in regno* 가고 악한 자들은 지옥에 *in supplicio* 가느냐고 묻자, 그레고리우스는 나사로와 악한 부자의 이야기로써 답한다. 그리고 나서 그는 죽어가는 이들이 보았다는 이상의 전통적 이야기들로 넘어간다(예컨대 슐피키우스 세베리우스 Sulpice Severius[85])의 『마르틴의 생애 *Vita Martini*』라는 전형적인 라틴 성인전에 나오는 성마르틴의 이상들). 우선은 죽음의 순간에 요나와 에스겔과 다니엘을 보았다는 수사의 일화가 나온다. 그리고는 젊은 에우모르피우스 Eumorfius의 이야기로 이어지는데, 이 사람은 어느 날 그의 노예를 친구 스테판에게 보내어 이런 말을 전하게 한다: "우리를 시칠리아로 태워갈 배가 준비되었으니 빨리 오시오." 노예가 길을 가던 중에 두 사람은 각기 제 살던 곳에서 죽는다. 이 놀라운 이야기는 피에르의 관심을 끌었고, 그는 그레고리우스에게 설명을 구한다:

피에르: 그러나 어찌하여 떠나려는 영혼에게 배가 나타난 것입니까? 어찌하여 그는 자기가 죽은 뒤에 시칠리아에 가리라고 말한 것입니까?

---

*85) 슐피키우스 세베리우스: 아퀴텐 360년경~420년경. 기독교 역사가. 『성마르틴의 생애』(397)와 태초로부터 400년까지의 『연대기』 또는 『성사(聖史)』를 썼다.

그레고리우스: 영혼에게는 교통 수단 vehiculum이 필요치 않으나, 아직 육신에 거하는 자에게 그가 육신의 수단으로 늘 보던 것이 나타나 장래에 영적으로 가게 될 곳을 알게 해준다고 해서 놀라울 것도 없다. 그가 이 사람에게 시칠리아로 가게 되리라고 말한 데에는 한 가지 의미밖에 없다. 모든 다른 장소들보다 특히 이 섬들에서 불을 토하는 고문의 솥들이 열려 있는 것이다. 이 솥들은, 전문가들이 말하듯이, 나날이 점점 더 커진다. 왜냐하면 세상 종말이 다가올수록, 그리고 이미 거기 있는 자들 외에 더 모아져 불태워질 자들의 수효가 불확실하므로, 고문의 장소는 그들을 다 받아들이려면 점차 커져야만 하는 것이다. 전능하신 하나님께서 이 장소들을 보여주고자 하시는 것은 이 세상에 사는 사람들을 교정하시기 위해, 지옥의 형벌이 있다는 것을 믿지 않는 불신의 영들에게 형벌의 장소들을 보여주시기 위해, 믿기를 거부하는 자들에게 그들이 말로만 듣던 것을 보여주시기 위해서이다.

택함을 받았건 못 받았건간에, 행위에 있어 원인이 같았던 자들은 같은 장소들에 가게 될 것이다. 비록 예가 없기는 하지만, 진리의 말씀이 우리에게 그 점을 납득시키기에 족해야 할 것이다.[86]

이교적 전설과 극히 정통적인 기독교, 화산론과 종말 신학 사이의 이 놀라운 혼효는 종말론의 위대한 교황에게는 그리 놀라운 일이 못 된다. 우리는 시칠리아의 화산들과 지옥 같은 장소들이 문제되는 두번째 이야기를 알고 있다. 그것은 리파리 화산에 던져진 테오도릭의 이야기이다.[87]

저승관의 정치화는 이 이야기의 가장 충격적인 요소이다. 이 이야기는 중세 동안 매우 활발할 것이며 저승에서 벌을 받는 왕들의 이상들을 예고한다. 우리는 앞에서 비만왕 카를의 이상에 나오는

---

86) Grégoire le Grand, *Dialogi*, IV, XXXIII~XXXVII, ed. V. Moricca, pp. 278~85.
87) Grégoire le Grand, *Dialogi*, IV, XXX. 본서 pp. 195~96 참조.

카롤링거 군주들이나 트누그달의 이상에 나오는 아일랜드 왕들의 예를 보았다. 그러나 저승의 징벌의 기독교적 장소가 시칠리아에 있게 되었다는 것도 역시 똑같이 중요한 요소이다. 조슈알드와 피에르 다미아노의 이야기는 바로 이러한 전통 가운데서 이해되어야 한다.

한편으로는 대그레고리우스의 이야기들과 다른 한편으로는 조슈알드와 피에르 다미아노가 쓴 오딜롱의 생애, 틸버리의 저비스가 에트나에서 아더왕을 보았다는 이야기 등 12~13세기의 문헌들 사이에 리파리의 지옥에 관한 매우 흥미로운 한 텍스트가 끼어 있다.

8세기의 이 희귀한 텍스트는 우리에게 723년과 726년 사이의 화산의 분화와 동시에 예외적인 장소에 얽힌 신앙의 지속성에 대해 가르쳐준다. 다음은 성빌리발트 Saint Willibald가 예루살렘 순례 길에 들렀던 장소들의 이야기이다:

거기에서 그는 카타나 시로, 그리고는 칼라브라 시의 레기오로 갔다. 테오도릭의 지옥이 있는 곳이 바로 그곳이었다. 거기에 도착하여 그들은 그 지옥이 어떤 것인가를 보려고 배에서 내렸다. 호기심이 생긴 빌리발트는 지옥이 보인다는 산꼭대기에 올라가보고 싶었으나 그러지는 못했다. 시꺼먼 심연의 밑바닥으로부터 불티들이 가장자리까지 튀어올라 뒤섞이며 퍼졌다. 마치 하늘에서 내리는 눈이 창공으로부터 생겨난 둔덕들을 이루듯이, 그처럼 산꼭대기에 쌓인 불티들은 빌리발트가 올라가는 것을 방해했다. 그러나 그는 우물이 내뿜는 무시무시한 검은 불길이 천둥소리를 내며 치솟는 것을 보았다. 그는 큰 불길과 연기가 하늘 높이 올라가는 것을 보았다. 작가들이 말한 바 있는 이 용암(*pumex* 또는 *fomex*)이 지옥으로부터 올라와 불길을 내며 바다까지 그리고는 바다에서 다시 땅으로까지 내뻗치는 것을 보았다. 사람들은 그것을 주워 가져가는 것이었다.[88]

이러한 텍스트들의 의미는 명확하다. 고대로부터──그리고 여기서도 기독교는 기존 신앙들에 새로운 의미를 부여하기는 했지만 그것들을 제자리에 in situ 보존해두었다──시칠리아에, 에트나 산이나 리파리 섬들에 있었던 것, 그것은 지옥이다. 물론 오랫동안 기독교의 정화적 장소들은 지옥 가까이 있을 것이며 심지어는 그 일부일 것이다. 그러나 연옥이 태어날 때에는, 거기서 겪는 형벌들이 한시적으로는 지옥적인 것이라고 해도, 그 자율성을 확실히해야 하며, 우선은 저승의 지리적 체계내에서의 그 지형적 자율성을 확보해야 한다. 시칠리아에서는 지옥에 관한 전통이 승한 나머지 연옥이 발전하지 못했다. 고대의 지옥이 젊은 연옥의 길을 막은 것이다.

---

88) *Hodoeporicon S. Willibaldi* in *Itinera hierosolymitana*, éd. T. Tobler et A. Molinier, Genève, 1879, pp. 272~73. 나는 Anne Lombard-Jourdan의 우정 덕분에 이 텍스트를 알게 되었다.

제 7 장
연옥의 논리

죽은 자들은 산 자들에 의해서, 그리고 산 자들을 위해서밖에 존재하지 않는다. 이노첸티우스 3세도 그렇게 말했다. 산 자들은 그들 자신도 장차 죽을 것이기 때문에 죽은 자들에게 관심을 갖는다고. 그리고 기독교 사회에서는, 특히 중세에는, 미래란 연대적인 순서만을 갖는 것이 아니라, 우선 그리고 특히 종말론적 의미를 갖는 것이다. 자연과 초자연, 이승과 저승, 어제, 오늘, 내일 그리고 영원은 한 가닥으로 이어진 것이니, 그 안에는 사건(출생, 죽음, 부활)도 있고, 질적인 도약(회심)이나 의외의 순간들(기적)도 있다. 도처에 교회가 있어 기존 질서를 통제하고 구원하며 정당화하고 반대하는 다중적인 역할을 한다. 4세기말부터 12세기 중엽까지, 아우구스티누스로부터 프라이징의 오토 Othon de Freising[1] (붉은 수염 프리드리히 Frederic Barberousse[2] 의 숙부)에 이

---

*1) 프라이징의 오토: 1111~부르고뉴, 모리봉 1158. 독일 역사가. 황제 하인리히 4세의 손자. 모리봉의 수도원장(1136)과 프라이징의 주교(1137)를 지냈고 교회 관습을 개혁했다. 붉은 수염 프리드리히에게도 상당한 정치적 영향력을 행사했다. 『황제 프리드리히 1세의 행적 Gesta Frederici I imperatoris』의 저자.

*2) 붉은 수염 프리드리히: 1122년경~소아시아 1190. 독일 황제(1152~1190). 호헨슈타우펜 왕가 출신으로 숙부인 콘라트 3세를 계승했다. 제3차 십자군 원정(1189)의 우두머리들 중 한 사람으로 몇 차례 성공을 거두었으나, 소아시아의 바다에서 익사했다. 이 비극적 죽음으로 인해 그는 죽지 않았고 튀링겐의 산에 잠들어 있으며 언젠

르기까지, 사회는 신국(神國)이라는 이상적 모델 위에서 그럭저럭 버텨왔다. 중요한 것은 지상의 도시가 그 불완전함에도 불구하고 악마의 쪽으로, 악의 쪽으로 기울지 않았다는 사실이다. 신국이라는 모델은 12세기를 지나서까지도 유효하고 오히려 사탄이 거기에 대해 격렬하고 고뇌에 찬 공격을 가하게 될 것이니, 강자와 약자, 성인과 악인, 백인과 흑인[3]으로 이루어진 이 봉건 세계가 지속되는 한 그러할 것이다.

그러나 11세기말과 13세기 중엽 사이, 지성사로 말하자면 안셀무스[4]와 토마스 아퀴나스 사이에 일어난 기독교의 급속한 발전 가운데 사태는 더 이상 그렇게 단순할 수만은 없다. 인간들 사이, 신과 인간들 사이에는 여러 중간 상태들, 이행 단계들이 있어, 소통들은 갈수록 복잡해지고, 공간 및 시간은 다르게 세분되고 편성되며, 삶과 죽음, 세상과 영원, 지상과 천상간의 경계는 이동한다. 지성적 도구 및 가치들에서건 물질적 기술에서건 척도는 더 이상 같지 않다. 11세기 중엽과 12세기 중엽 사이 기독교 세계의 새로운 구조들의 도전에 대한 교회의 응답으로 일어난 그레고리우스의 개혁은 수사학을 청산했으니, 수사학은 한동안 무대 전면에 남아 떠들기는 하지만 기독교라는 극(劇)의 새로운 현실들을 점점 더 감추기 어렵게 된다. 그것은 두 개의 도성(都城), 두 개의 권력, 두 개의 검(劍), 성직자들과 속인들, 교황과 황제 등 이원론의 수사학이었으니, 심지어 그리스도의 군대와 사탄의 군대라는 두 개의 군대까지 있었다. 여기서 이노첸티우스 3세는 부인할 수 없는 증인이자 배우이다. 그가 위대한 교황이 된 것은 지난날의 역사책이 말하

가 다시 나타나 독일의 영광을 되찾으리라는 전설이 생겨났다.
*3) 여기서 Les blancs et les noirs란 les moines blancs(흰 수도복을 입는 시토회 수사들)과 Les moines noirs(검은 수도복을 입는 클뤼니회 수사들)를 가리키는 듯하다.
*4) 이 11세기말의 안셀무스란 캔터베리의 안셀무스(1033~1109)일 터이다. 랑의 안셀무스(?~1117)는 12세기의 인물로 꼽힌다.

듯 기독교 세계에서 전에 없던 사법적 봉건제 *la féodalité juridique*를 승리케 했기 때문이 아니라, 과오들(1200년경에야 누가 시토 수도사들이 이단자들을 쳐부수고 승리하지 못하리라고 생각할 수 있었겠는가?)[5]에도 불구하고, 교회의 권력을 새로운 사회에 대립시킴으로써가 아니라 적응시킴으로써 재수립했기 때문이다. 이노첸티우스 3세는 이후로 세 개의 교회를 말한다: 하나님의 군대와 스불론 Zabulon의 군대 사이에는 "연옥에 있는 군대"가 있다는 것이다.[6]

저승과 정의의 발전

저승에서 이 세번째 사회가 출현하는 것은 무엇 때문인가? 저세상에 대한 인간적 개념들과 대체로 결부되는 구원 개념의 변천 때문인가?

산 자들이 저승에 대해 생각하는 것은, 내가 보기에는, 구원에의 열망보다도 정의의 필요에서 비롯되는 듯하다. 아마도 종말론적 열기가 비등(沸騰)하는 짧은 기간들을 제외하고는 그러할 것이다. 저승은 이승의 불평등과 불의를 바로잡아야 한다. 그러나 저승의 이 같은 교도(矯導)와 보상의 기능은 지상의 사법적 현실과도 무관하지 않다. 더구나 기독교에서는 인간들의 영원한 운명이 최후 심판에서 정해지는 만큼, 심판의 이미지는 각별한 중요성을 지

---

*5) 여기서 '과오들'이란 그가 주도했던 알비 십자군 원정을 가리키는 것일 터이다(제9장 주 102 참조).

6) *pro exercitu qui jacet in purgatorio*, *PL*, 217, col. 590. 본서의 pp. 342-45 참조.
 (* 앞서 논의되었던바, 이노첸티우스 3세에 의하면, 천국에서 승리하는 교회, 지상에서 분투하는 교회, 연옥에 있는 교회가 있고, 성자 · 성부 · 성령께서 이끄시는 세 개의 군대가 이 세 개의 교회에 각기 대응한다. 그렇다면 여기서 '스불론의 군대'란 성자께서 이끄시는 천국 군대에 해당하는 셈이다. 스불론이란 주지하는 대로 이스라엘 12지파의 하나인데, 천국 군대를 왜 '스불론의 군대'라고 하는지는 알 수 없다).

닌다. 물론 신약 성서는 세상에 휘장이 떨어져내리고 영원이 열리는 장면을 묘사하였다. 그것은 양과 염소를 나누는, 선택된 자들은 오른편, 저주받은 자들은 왼편으로 나누는 대심판이다(마태 25: 31~46). 그것이 보혜사(保惠師) Paraclet[7]의 강림이다.

그가 와서 죄에 대하여, 의에 대하여, 심판에 대하여 세상을 책망하시리라. 죄에 대하여라 함은 저희가 나를 믿지 아니함이요, 의에 대하여라 함은 내가 아버지께로 가니 너희가 다시 나를 보지 못함이요, 심판에 대하여라 함은 이 세상 임금이 심판을 받았음이니라. (요한 16: 8~11)

그리고 마침내 열국(列國)의 심판이 있다:

또 내가 보니 죽은 자들이 무론대소하고 그 보좌 앞에 섰는데 책들이 펴 있고 또 다른 책이 펴졌으니 곧 생명책이라. 죽은 자들이 자기 행위를 따라 책에 기록된 대로 심판을 받으니 바다가 그 가운데서 죽은 자들을 내어주고 또 사망과 음부도 그 가운데서 죽은 자들을 내어주매 각 사람이 자기의 행위대로 심판을 받고 사망과 음부도 불못에 던지니 이것은 둘째 사망 곧 불못이라. 누구든지 생명책에 기록되지 못한 자는 불못에 던지더라. (계시록 20: 12~15)

그러나 이 장차의, 최후의, 일반적인 심판에는 생명이냐 죽음이냐, 빛이냐 영원한 불이냐, 천국이냐 지옥이냐의 두 가지 가능성밖에 없다. 연옥은 그보다는 덜 장엄한 심판, 죽음 직후의 개인적 심판에 달려 있으니, 중세 기독교는 그것을 망자의 영혼을 놓고

---

*7) 우리말 '보혜사'로 옮겨지는 Paraclet는 '옆에 부르다'라는 뜻의 그리스어 parakalein에서 나온 명사형으로, '(보호, 위로, 중재 등을 위해) 옆에 불러온 자' 즉 '격려자'를 의미한다. 이 말은 요한복음 기자가 성령을 가리키는 특수한 용어로서, 요한은 예수 그리스도 자신을 '보혜사'로 칭한다.

벌이는 선한 천사들과 악한 천사들, 고유한 의미에서의 천사들과 마귀들간의 싸움이라는 이미지로 나타낸다. 연옥의 영혼들은 종국에는 구원될 선택된 영혼들이므로 천사들에게 속하나 복잡한 사법적 절차를 거치게 된다. 그들은 사실 형(刑)의 유예나 가석방을 누릴 수도 있으며, 이는 그들 자신의 선한 행실 때문이 아니라 외적인 개입 즉 대도 덕분이다. 그러니까, 형의 기간은 천사들이 마귀들로부터 영혼들을 탈취하려는 열성으로써 상징되는 하나님의 자비하심 이외에, 망자들이 생전에 얻어놓은 개인적 공덕들과 망자의 부모 친지들이 부탁하는 교회의 대도에도 달려 있는 것이다.

이러한 과정은 명백히 지상적 정의의 개념 및 실제를 반영한다. 그런데 12세기는 이중적 의미에서 정의의 세기이다. 즉, 이상(理想)으로서의 정의가 세기의 가장 큰 가치들 중 하나라는 점에서 그렇고, 사법적 실제가 상당히 변모한다는 점에서도 그렇다. 정의라는 애매한 개념은 이러한 이상과 실제 사이에서 변천한다. 정의를 권리 즉 영지민들에 대한 지배의 도구로서 그리고 재정적 이익의 원천으로서 장악하는 봉건 영주들 *les seigneurs féodaux*에 맞서, 왕들과 공국(公國)의 제후들 *les princes territoriaux*은 정의의 이상을 고취하고 그 현실을 강화하며, 교직자 *les ecclésiastiques*들은 기독교적 정의 개념을 심화하고 주교좌 재판소와 종교 재판소의 활동을 발전시키고 특히 교회법 즉 캐논이라는 새로운 형태의 법을 만들어냄으로써 사회의 집단적 열망에 대한 세력을 확장한다.

12세기에 들어 공적 권위의 보유자들은 정의라는 이상에 보다 강력히 호소함으로써 사법적 영역에 보다 깊이 개입하고자 한다. 그것은 봉건 대 군주국들, 우선은 영국에서 그러했지만, 카페 Capet 왕조[8]의 프랑스에서도 루이 6, 7세로부터 존엄왕 필립[9]에 이

---

*8) 메로빙거, 카롤링거에 이은 프랑스의 세번째 왕조. 987년 위그 카페가 창건하여 미남왕 필립에 이르기까지(1328) 직계로 이어졌다.
*9) 프랑스 왕(1180~1223 재위). 제5장 주 23 참조.

르기까지, 쉬제Suger[10]로부터 존엄왕 필립의 찬미 작가들에 이르기까지 공의로운 왕의 이미지는 군주의 사법 활동과 동시에 증대되었다.[11] 이러한 사정은 큰 공국들에서도 마찬가지였다. 유혈낭자한 일화 하나가 남아 있으니, 1127년 브뤼주Bruges의 백작령 예배당에서 플랑드르백(伯) 선량왕(善良王) 샤를Charles le Bon이 미니스테리알레스[12]의 가족 중 한 사람에 의해 살해된 일은 우리에게는 놀라운 이야기로 들린다. 거기서 우리는, 배경을 이루는 플랑드르의 경제권 발흥과 함께, 살해된 백작의 이상화된 묘사를 통해 12세기 정부의 정치적 이상에 관한 발언을 찾아볼 수 있다. 이 이야기의 작가는 새로운 정부의 일원이었던 백작령 공증인 브뤼주의 갈베르Galbert de Bruges로서, 그는 군왕의 미덕들 가운데 정의를 제일로 꼽는다.[13] 이 정의로운 왕자는 '선량왕'이라는 별명을 얻었다.

12세기 캐논 운동의 대창시자인 주교 샤르트르의 이브Yves de Chartres[14]는 그의 캐논집인 『법령집 Decretum』(1094)의 서문에서

---

*10) 쉬제: 1081년경~생-드니 1151. 수사·정치가. 루이 6세의 친구로 교황청 대사를 지냈다. 생-드니 수도원장으로 선출된(1122) 뒤에도 여전히 그와 그의 아들 루이 7세의 상담역이었고, 루이 7세의 십자군 원정 기간 동안에는 섭정을 맡기도 했다(1147~1149). 귀족들의 세력에 대항하기 위해 자유 도시들을 키웠고, 보다 나은 정의 구현을 위해 노력했다. 루이 6세와 7세의 전기를 위시한 역사책들을 썼다.

11) Suger, *Vie de Louis VI le Gros*, éd., et trad. de H. Waquet, Les classiques de l'Histoire de France au Moyen Age, Paris, 1964. 쉬제르는 루이 7세의 전기를 서두만 썼을 뿐 미완으로 남겼다(éd. J. Lair, Bibliothèque de l'Ecole des chartes, 1875, pp. 583~96). Rigord의 *Gesta Philippi Augusti*와 Guillaume le Breton의 *Philippis*는 F. Delaborde에 의해 편집되었다(Société de l'Histoire de France, Paris, 1882~1885).

*12) '미니스테리알레스 *ministeriales*' 란 국왕 직속의 새로운 기사 계급을 말한다.

13) Galbert de Bruges, *Le meurtre de Charles le Bon*, traduit du latin par J. Gengoux, sous la direction et avec une introduction historique de R. C. Van Caeneghem, Anvers, 1977.

*14) 샤르트르의 이브: 보베지 1040~샤르트르 1115. 프랑스 교회법 학자. 보베에 있는 생-캉텡 참사원의 사법관(1078), 샤르트르 주교(1090)를 지냈으나, 1092년에는 필

관면(寬免) la dispense의 이론을 전개한다. 즉 어떤 경우에 교회 당국은 법의 비적용을 허용할 수도 있다는 것이다. 그는 그러면서 법들이 근본적으로 강제적인 것, 조언적인 것, 관용적인 것 praeceptum, consilium, indulgentia의 세 가지로 구분된다고 정의한다.[15] 12세기초의 리에주의 알제 Alger de Liège[16]는 생-랑베르 Saint-Lambert 교회의 부제(副祭)이자 교구 학교 장학관이다가 성당 참사회원이 되었고 나중에는 클뤼니 수도원으로 은퇴한 인물로, 발흥하는 지성의 대표자까지는 못 되는 보통 성직자였지만, 샤르트르의 이브에게서 영감을 얻어 『자비와 정의의 서(書) Liber de misericordia et justitia』를 저술했다.[17]

여기서 정치적 이데올로기는 종교적 맥락 가운데 위치한다. 교회는 이 세기의 폭력성——기독교 세계내에서뿐 아니라 불신자들에 대적하는 십자군 운동에서도——에 어느 정도 가담했다고는 해도, 자비와 정의를 분리하지 않음으로써 신적인 모델을 따르는 것이다.

알제는 관용의 법규들이란 근본적으로 법적인 증거 없이 고발하지 않는 데 있다고 정의한다. 그는 아우구스티누스 이래로 개정되

    립 1세의 간통에 반대하다 투옥되었다. 그러나 교황은 그를 석방하고 왕을 단죄했다. 그의 설교 및 서한들에서는 교황령에 대한 충성심이 잘 드러난다. 캐논 학자로서는 『삼부 문집』 『법령집』 등을 남겼다.

15) Yves de Chartres, *Prologus in Decretum* in *PL*, 161, 47~60. 대도에 관해 이브 드 샤르트르는 대그레고리우스의 텍스트들을 그대로 인용한다(Dialogues, IV, 39 & IV, 55), *PL*, 161, 993~95 & 999~1000.

*16) 알제: 리에주 1060년경~클뤼니 1131년경. 일명 Alger de Cluny. 플랑드르 출신의 사제로, 당대의 유명한 학자이자 저술가였다. 『리에주 교회사』를 위시한 많은 저작들이 소실되었으며, 오늘날까지 전해지는 작품들 중 가장 유명한 것이 『자비와 정의의 서』이다. 이 책은 성서 및 교부들의 저작들로부터의 발췌문에 주석을 단 것으로, 교회법의 역사에서 중요한 저서이다.

17) G. Le Bras, "Le *Liber de misericordia et justicia* d'Alger de Liège," in *Nouvelle Revue historique de droit français et étranger*, 1921, pp. 80~118. *Liber*는 Migne, *PL*, 180, col. 859~968에 실려 있다.

고 구체화되어 11~12세기의 전환점에는 이데올로기적, 사회적 비등이라는 전혀 다른 맥락 속에 놓이게 된 고전적 반대 명제 즉 엄격한 법과 관용간의 반대 명제에서 출발한다. 그가 밝히는 바 마땅히 정의로운 것이라야 할 자신의 목표들은 화해를 지향하고 의도를 엄밀히 찾아내고 탈선에 있어 의지의 역할을 잘 정의하는 데 있다.

얼마 뒤에 아벨라르와 그라티아누스가 그렇게 하게 되듯이, 그도 성서의 상호 모순적인 대목들을 지적한다. 성서에는 그처럼 "다양성"이 있는 것이다(*Tanta diversitas scripturarum*······)! 그러므로 여러 권위들 사이에서 논의의 여지가 생겨나게 된다. 세기말에 릴의 알렝은 신학자들과 캐논 학자들의 해석적 교묘함에서 교훈을 끌어내어 말하기를 인용문에는 밀랍으로 된 코가 달렸다고까지 하였다. 솜씨 좋은 자들은 그것을 얼마든지 제 마음대로 비틀 수가 있는 것이다.

알제는 관용이라는 개념을 상당히 멀리 밀고 나간다. 그는 "만일 불의한 자들을 교도할 수 없다면, 그들을 참아주어야 한다." "하나됨——평화——을 견지하기 위해서는 악한 자들을 참아주어야 한다"고 썼다. 그는 또 "단죄당한 자라 할지라도, 만일 진정으로 뉘우친다면, 자기 권리를 되찾을 수 있다"고 본다. 왜냐하면 "정의를 행하는 자는 죄짓지 않기 *non peccat qui exercet justitiam* 때문이다."

그는 끝으로 피고가 죄를 벗고 실제적인 것이든 가상적인 것이든 과오들로부터 정화되는 방식에 대해 말한다. "피고는 세 가지 방식으로 죄를 벗을 *expurgare* 수 있다. 즉, 반박할 수 없는 증인들을 내세우거나, 심사(深査)를 받거나, 공적인 재판 이전에 고백과 참회를 하는 것이다." 만일 "피고가 정화되기를 거부한 연후에 유죄를 스스로 인정하거나 죄를 자백한다면, 그는 단죄될 것이다."[18]

죄에 관한 성찰은 신학과 캐논법에서 모두 발견된다. 죄 crime/crimen, 탈선 délit/delictum, 과오 faute/prccatum, 죄 péché/peccatum 등의 말들은 12세기 신학자들과 캐논학자들에게 공통된 용어였으며, 그들은 각기 나름대로 그것들을 구분하고자 하였다.

그라티아누스의 캐논법으로부터 그레고리우스 9세의 『교황령 Decretalia』에 이르기까지 과오에 관한 가르침을 연구한 슈테판 쿠트너 Stephan Kuttner는[19] 서문에서 12세기 캐논법 학문의 시작이라는 이 지적이고 사회적인 운동의 중요성을 지적하고, 세기의 후반에 들어 캐논 저작들——법령집 주석 les gloses du Decret, 대요(大要) les Sommes, 그리고 교회 내규(內規)의 영역에서는, 1234년 그레고리우스 9세가 형성 단계의 캐논법 대전에 수집하고 삽입할 교황령들——이 점차 많이 나온다는 사실을 환기한 뒤, "아벨라르와 죄의 개념"으로써 그의 연구를 시작하고 있다.

죄와 참회의 새로운 개념들

리에주의 알제의 말과 사상을 통해 우리는 연옥에 아주 가까이 접근한다. 리에주의 알제는 그에게 영감을 준 이들을 인용하면서, 연옥의 아버지들인 아우구스티누스와 대그레고리우스——엄밀히는 『대화편』의 그레고리우스가 아니라 『모랄리아』 및 『목회서 Liber pastoralis』의 그레고리우스——와 같은 입장을 취한다. 연옥에 이르기 위해서는 12세기에 교회와 사회가 영적 삶과 물질적·사회적 삶의 교점에서 벌이는 새로운 승부의 장 즉 참회라는 문제

---

18) *Liber*, chap. XXVIII, XLIII~XLIV, LXXXIII~XLIII. purgation에 대해서는 chap. LXI~LXII(*PL*, 180, col. 929~30) 참조.

19) St. Kuttner, *Kanonistische Schuldlehre von Gratian bis auf die Dekretalen Gregors IX*, Cité du Vatican, 1935.

를 거쳐야 한다.

슈테판 쿠트너와는 반대되는, 그리고 보완적인 견지에서 신학사가 로베르 블롬Robert Blomme은 『12세기 전반의 신학파들에 있어 죄의 교리 La Doctrine du péché dans les écoles théologiques de la première moitié du XIIe siècle』를 연구함으로써 세기의 본질적 특성으로서 정의라는 개념을 발견한다.[20]

12세기 후반 아마도 연옥의 "발명자"일 대식가 피에르는 『판별의 서 Liber Pancrisis』에서 "현대 교사들에 의해 a modernis magistris" 주석된 교부들의 인용들을 수집하여 판단 sententia 또는 질의 quaestio라는 유행하던 형식을 부여하였다. 그렇게 해서 인용된 이들이 샹포의 기욤 Guillaume de Champeaux,[21] 랑의 안셀무스, 랑의 라울, 샤르트르의 이브 등 12세기초 랑 학파 l'école de Laon의 신학자들이다.[22] 그런데 이 랑 사람들은 죄와 참회에 관한 사고의 변천에 있어 중요한 역할을 하였다. 12세기와 13세기초에 죄를 무지에 결부시키고 죄인의 행동에서 의도를 찾음으로써 죄라는 개념을 혁신하고 참회 예식을 깊이 변모시킨 지적·윤리적 대전이에 대해서는 이미 훌륭히 연구된 바 있으므로[23] 여기서 길게 되풀이하지 않겠다.

그 출발점은 분명히 캔터베리의 안셀무스이다. 이 위대한 신학

---

20) R. Blomme, La Doctrine du péché dans les écoles théologiques de la première moitié du XIIe siècle, Louvain, Gembloux, 1958.

*21) 샹포의 기욤: 샹포 1070년경~ 샬롱-쉬르-마른 1121. 주교·논리학자·신학자·철학자. 파리에서 공부했고, 노트르담 성당 학교의 교장이자 파리 부주교가 되었다. 그러나 아마도 보편 문제에 관한 아벨라르와의 논쟁 때문이었던 듯, 1108년 은퇴하여 생-빅토르 수도원에서 가르쳤고 샬롱-쉬르-마른의 주교가 되었다. 성베르나르도 그의 학생이었으며 그에게서 서품을 받은 것(1115)으로 알려져 있다.

22) O. Lottin, "Pour une édition critique du Liber Pancrisis," in Recherches de théologie ancienne et médiévale, XIII(1946), pp. 185~201.

23) R. Blomme, op. cit; Ph. Delhaye et als., Théologie du péché, Ier volume, Paris-Tournai-New York-Rome, 1960.

자는 의지적인 죄와 무지에 의한 죄간의 근본적인 차이를 강조했었다. 『신은 왜 인간이 되었는가 *Cur Deus homo*』에서 그는 이렇게 선언한다: "고의로 지은 죄와 무지하여 지은 죄는 전혀 다르다. 죄의 막중함을 알기만 했더라면 결코 짓지 않았을 죄는 사면 가능한 죄에 불과하다. 왜냐하면 그것은 무지에 의해 저질러진 것이기 때문이다."[24] 랑 학파, 아벨라르, 빅토르파 les Victorins[25] 등 12세기 전반의 모든 대학파들은 이러한 구분을 받아들여 발전시킨다. 특히 두 가지 구분이 중요하게 될 것이니, 악덕과 죄 사이의 구분(죄는 죄인의 동의 *consensus*를 필요로 한다는 점에서)과, 과오 *culpa*와 형벌 *poena*간의 구분이다. 아벨라르의 한 제자는 『케임브리지 주해 *Commentarius Cantabrigiensis*』에서 이렇게 주해한다: "우선 죄에는 두 가지 측면이 있다고 해야 한다. 즉, 그 하나는 동의 *consensus* 내지는 신에 대한 경멸 *contemptus Dei*인 과오 *culpa*의 측면으로, 마치 어린 아이는 죄가 없다고 말할 때와 같다. 다른 하나는 벌 *poena*의 측면으로, 마치 우리가 아담 안에서 죄를 지었다. 즉 벌을 초래했다고 할 때와 같다."[26] 우리의 연구에서 중요한 것은, 의당 저주에 이를 과오가 통회와 고해에 의해 사면되는 반면, 형벌이나 속죄적 징계는 교회가 명하는 참회를 완수함으로써만 말소된다는 점이다. 만일 통회와 고해는 했지만 참회는 의지적으로건 비의지적으로건(가령 죽음이 먼저 닥친 경우) 수행되거나 완수되지 않았다면, 벌은 정화하는 불(세기말부터는 연옥) 속에서 완수되

---

24) Anselme de Cantorbéry, *Cur Deus homo*, texte latin, introduction, notes et traduction par R. Roques, Paris, 1943.

*25) 생-빅토르 수도원이 창건된 뒤 한 세기 동안 이 수도원과 연관되었던 저명한 신학자들과 작가들. 샹포의 기욤에 이어, 생-빅토르의 위그, 생-빅토르의 리샤르, 토마스 갈루스 등이 유명하다.

26) *Commentarius Cantabrigiensis in Epistolas Pauli e Schola Petri Abaelardi 2 In epistolam ad Corinthias Iam et IIam, Ad, Galatas et Ad Ephesos*, ed. A. Landgraf, Notre-Dame(Ind.), 1939, p.429 cité par R. Blomme, *La Doctrine du péché*……, p. 250, n. 2.

어야 한다.[27]

이후로 영적·윤리적인 삶 전체는 의도의 추구, 의지적인 것과 비의지적인 것, 고의로 한 일과 부지중에 한 일에 대한 탐구를 지향하게 된다. 그로 인해 개인적 책임이라는 개념도 상당히 증진되고 풍부해졌다. 죄의 추적은 윤리적 삶의 "내면화와 개인화"의 일부가 되며, 새로운 참회의 실천을 요구한다. 이제는 내적 증거보다도 고백이, 징계보다도 통회가 한층 중요시된다.[28] 그리하여 고해가 중요해지게 되며, 그 성격도 변한다.

사회 구조들에 동요가 일어나던 11~12세기의 전환기에, 익명의 한 저작이 나타난다. 연대도 알 수 없고 별로 연구된 바 없는 그러나 매우 중요한 이 작품은 『진정한 참회와 거짓 참회에 대하여 De vera et falsa poenitentia』로,[29] 12세기부터 큰 성공을 거두었다. 그것은 그라티아누스에 의해 『법령집』에 인용되는가 하면 롬바르디아인 피에르에 의해서도 사용되었다. 그 권위가 비단 내용의 새로움—여러 가지 점에서—에만 있지 않다는 것은 사실이다. 사람들은 그것이 성아우구스티누스의 작품이라고 믿었던 것이다. 나는 거기서 교회의 관행으로 받아들여질, 그리고 연옥 체계의 특징이 될 세 가지 개념만을 지적하겠다.

첫째, 위험하거나 사제가 부재중일 때는, 속인에게도 고해를 하는 것이 합법적이고 유용하다. 속인은 죄를 사할 수는 없으나, 속인을 통해서나마 이루어지는 고해하고자 하는 욕망은 통회의 증거

---

27) 이 점은 다음 책에서 잘 설명되었다. H. Ch. Lea, *A History of Auricular Confession and Indulgences in the Latin Church*, vol. III, Indulgences, Philadelphia, 1896, pp. 313~14.

28) R. Blomme, *La Doctrine du péché*……, p. 340; Michel Foucault, *Histoire de la sexualité, I, La volonté de savoir*, Paris, 1976, p. 78 sqq.

29) Migne가 편집한 텍스트(*PL*, 40, 1127~1128)는 내가 보기에는 원본 같지가 않다(보유 II 참조). 이 저작의 중요성에 관해서는 A. Teetaert, *La confession aux laïques dans l'Eglise latine depuis le VIIIᵉ jusqu'au XIVᵉ siècle*, Paris, 1926, pp. 50~56 참조.

가 되며 따라서 과오의 사면을 가져올 수 있다. 이 궁여지책이 권장되는 것은 죽음의 위험이 있는 경우뿐이며, 위험에서 벗어나면 사제에게 다시 고해를 하여 사면을 얻어야 한다. 속인에게만 고해한 채 죽는 경우에는 벌만 받으면 된다. 다시 말해 연옥에 이르게 되는 것이다. 다음과 같은 일화는 그 증거이다:

12세기말의 영국인 월터 맵 Walter Map[30]은 『궁정 소화(小話) *De Nugis curialium*』에서 열렬한 전사이다가 수사가 된 한 귀족의 이야기를 한다. 그는 피치 못할 상황에서 전투를 하게 되어 그의 적들을 패주시키기는 했으나, 속인인 하인만을 데리고 가다가 포도원에 매복해 있던 적에게 치명상을 입는다. 죽음이 가까운 것을 느낀 그는 그와 함께 있던 유일한 사람인 하인에게 자신의 죄들을 고백하고 참회를 명해달라고 청했다. 하인은 그럴 만한 능력이 없는 속인이었으므로, 자기는 모른다고 잡아뗐다. 어떤 상황에나 즉시로 대응하는 습관이 배어 있던 수사는 크게 뉘우치며 그에게 말했다: "하나님의 자비에 걸고, 얘야, 내게 이렇게 명령해라. 내 영혼이 지옥에서 (마지막) 심판의 날까지 참회하라고. 주님께서 나를 긍휼히 여기사 불경건한 자들과 함께 진노의 얼굴을 보지 않도록 말이다." 그래서 하인은 울면서 그에게 말했다: "주인님, 저는 당신께 당신 입술이 여기 하나님 앞에서 말한 것을 참회로 명합니다." 그러자 수사는 말과 표정으로 됐다 하고 이 명령을 경건히 받아들이고는 죽었다."[31]

---

*30) 월터 맵: ?~1210. 궁정인이자 옥스퍼드 부주교. 재미있는 일화들과 진기한 이야기들을 모은 『궁정 소화 *De Nugis curialium*』(1192~1193)를 썼으며, 그 때문에 그의 이름을 빌어 발표된 해학 작품들도 적지 않다.

31) Walter Map, *De nugis curialium*, ed. M. R. James, Oxford, 1914. 이 텍스트는 J.-Ch. Payen, *Le Motif du repentir dans la littérature française médiévale(des origines à 1230)*, Genève, 1968, p. 109에 인용된 것이다. 페이엥은 여기서 참회를 하는 곳이 연옥이라는 점은 옳게 보았으나, 월터 맵이 그곳을 지옥이라고 불렀다는 점은 밝히고 있지 않다.

여기서 문제되는 지옥, 심판 날에 거기서 나올 수 있는 지옥이란 물론 상층 지옥 즉 연옥인데, 신식 개념들에 적대적이고 시토회의 적이던 월터 맵은 그것을 무시한다.

둘째, 참회는 생전에 단 한 번, 큰 죄를 저지른 다음이나 죽음의 순간에 하는 것이 아니라 가능하면 여러 번 해야 한다.

셋째, "은밀한 죄에 대해서는 은밀한 참회" "공공연한 죄에 대해서는 공공연한 참회"가 행해져야 한다. 그리하여 예전의 공공연한 참회는 차츰 사라지게 된다. 사회는 더 이상 신자들의 소집단——거기서는 공공연한 참회가 자연스럽게 자리잡았던 것인데——들로 이루어지는 것이 아니었다. 성암브로시우스가 명한 참회를 받아들였던 테오도시우스[32]의 맥을 잇는 대대적인 '정치적' 참회들은, 카노사에서의 하인리히 4세[33]나, 베니스에서의 붉은 수염 프리드리히[34]처럼 교황과 황제간의 투쟁이라는 인위적 무대 장치 속에서, 또는 파리의 노트르담에서의 툴루즈의 레이몽 7세[35]처럼 알비

---

[32] 제2장 주 23, 29 참조.

[33] 독일 황제 하인리히 4세(1050~리에주 1106; 1056~1106 재위)는 성직자 임명권 문제로 교황 그레고리우스 7세를 폐위하고 교황은 그를 파문하는 식으로 맞서다가, 결국 국내 사정의 악화로 인해 1077년 겨울 카노사 성에서 교황의 용서를 빌게 되었다. 파문을 철회시키고 국내 정세를 안정시킨 뒤에 다시금 교황을 폐위하고 새로운 파문을 무시한 채 이탈리아로 진군하여 반(反)교황 클레멘스 3세를 임명했으나, 이러한 싸움은 그레고리우스의 계승자인 우르바누스 2세와도 계속되었다.

[34] 독일 황제 붉은 수염 프리드리히(1122년경~1190; 1152~1190 재위)는 처음에는 교황청과 사이가 좋았으나, 교황권에 대한 황제권의 우세와 북이탈리아에 대한 자신의 세력을 공고히하려다가 교황 알렉산더 3세가 내세운 롬바르디아 연맹에 패하여 베니스에서 화약을 맺고 북이탈리아 지배를 포기했다.

[35] 툴루즈 백작 레이몽 6세(1156~1222)는 이단인 알비파(카타르파의 한 분파)에 대해 관용적인 태도를 취하고 있었다. 교황의 특사가 암살당한 것을 기화로 알비 십자군 원정이 일어나자 그는 처음에는 교황 편이다가 입장을 바꾸었으나 툴루즈가 정복당하자 교황의 용서를 빌었다. 알비 십자군 원정은 북프랑스의 귀족들과 남프랑스의 귀족들간의 대대적인 내전으로 발전하여 프로방스의 찬란한 문명을 파괴했으며, 파리 조약에서 남프랑스의 귀족들이 독립성을 잃는 것으로 끝났다. 레이몽 7세(1197~1228)가 파리에서 겪은 "정치적" 참회란 이 일을 가리킨다.

십자군 원정이라는 예외적인 무대 장치 가운데서, 종언을 고하게 된다……

이 모든 것으로부터 생겨나는 것은 점점 더 빈번해지는 구두(口頭) 고해, 입에서 귀로, 죄인에게서 사제에로, 일 대 일로 전해지는 고해의 관행으로, 이는 일상적이라고까지는 할 수 없더라도 정상적인 영적 삶에 통합된다. "고해대의 비밀 le secret du confessionnal'이란 좀더 나중에 생겨날 것이지만 그 길은 이미 열린 것이나 다름없었다. 1215년에는 중세 역사상의 대사건들 중 하나인 대사건이 일어난다. 제4차 라테라노공의회는 그 캐논 21조 '모든 남녀들은 Omnis utriusque sexus'에서 모든 성인 기독교 신자들은 남녀 무론하고 적어도 일 년에 한 번은 구두 고해를 할 것을 의무로 정한다. 그리하여 적어도 한 세기 전부터 기독교를 고해 쪽으로 밀고 가던 운동은 내면화되고 일반화되고 심화된다. 그것은 모든 사람에게 부과된 양심의 검사이며, 기독교인들의 개인적 양심 속에 열리는 개척 전선이며, 그때까지는 성직자들, 특히 수사들에게 한정되어 있던 내성(內省)의 관행을 속인들에게까지 확장한 것이다. 그러므로 그러한 결정은 긴 변천의 마지막에 온 것으로, 말하자면 필요를 정당화한 것이다. 그렇다고는 해도 그것은 13세기 전반에는 상당히 놀라운 일이었다. 속인들로서나 성직자들로서나 새로운 습관을 지니기란 어려운 일이었다. 어떻게 고해를 하며 어떻게 고해를 받을 것인가, 무엇을 고해하며 무엇을 청할 것인가, 그리고 끝으로, 대단히 큰 범죄도 아닌 일상적이고 사소한 과오들의 이러한 고백에 대하여 어떤 참회를 명할 것인가? 난처해진 사제들, 때로는 그들의 새로운 임무에 대해 겁을 집어먹기까지 한 사제들, 특히 교육을 덜 받은 사제들에게, 전문가들이 원조를 주었다. 그들은 때로 여러 수준에서, '단순한' 사제들을 위해서는 단순한 형태로, 고해사용 교본들을 썼다. 그 중 선구적인 것이 코브햄의 토머스의 것이다.[36] 제기된 질문들, 고려되는 참회적 지평들 가운데서,

새로이 생겨난 연옥이 중요한 자리를 차지한다. 그것은 고해의 체에서 합법적으로 빠져나올 수 있는 죄 즉 사면 가능한 죄들을 지은 죄인들을 받아들이느니만치 더욱 그러하다.

사면 가능한 죄들에는 긴 역사가 있으며, 우리는 그 일부를 이미 살펴본 바 있다. 거기에 대한 성서적 기초는 요한일서 1장 8절 "만일 우리가 죄 없다 하면 거짓이오. 진리가 우리 속에 있지 아니하니"와 역시 요한일서의 5장 16~17절이다:

> 누구든지 형제가 사망에 이르지 않는 죄를 범한 것을 보거든 구하라. 그러면 사망에 이르지 아니하는 범죄자들을 위하여 저에게 생명을 주시리라. 사망에 이르는 죄가 있으니 이에 대하여 나는 구하라 하지 않노라. 모든 불의가 죄로되 사망에 이르지 아니하는 죄도 있도다.

테르툴리아누스에 의해 윤곽이 잡힌 이 개념은 아우구스티누스와 대그레고리우스에 의해 구체화되었다. 사용된 용어들은 사소한 *minuta*, 작은 또는 더 작은 *parva, minora*, 가벼운 또는 더 가벼운 *levia, leviora*, 그리고 일상적인 *quotidiana* 죄들이다. 사면 가능한 *veniale, venialia*이라는 용어는 12세기에 들어서야 사용되며, A. M. 란트그라프에 의하면, 치명적 죄 대(對) 사면 가능한 죄라는 대립 체계는 12세기 후반의 신학자 라 포레의 질베르의 제자들 *les porretains*에 의해 정립된 것이다. 『질의집』의 익명 저자들, 투르네의 시몽, 릴의 알렝 등도 이들 무리에 속한다.[37] 사면 가능한 죄라

---

36) C. Vogel, Les "Libri paenitentiales," *Typologie des sources du Moyen Age occidental*, fasc. 27, Turnhout 1978; J. Le Goff, "Métier et profession d'après les manuels de confesseurs du Moyen Age," in *Miscellanea Mediaevalia*. Vol. III. *Beiträge zum Berufsbewusstsein des mittelalterlichen Menschen*, Berlin, 1964, pp. 44~60. repris in *Pour un autre Moyen Age*, Paris, 1977, pp. 162~80.

37) 여기에 대해 가장 중요한 연구들은 란트그라프에 의해 이루어졌다. A. M. Landgraf, *Das Wesen der lässlichen Sünde in der Scholastik bis Thomas von Aquin*, Bamberg,

는 표현은 어쨌든 12세기에 연옥과 함께 나타나 연옥과 더불어 하나의 체계를 이루는 개념 및 어구들의 전체에 속한다. 이 말은 용서 *venia*를 받을 만한이라는 의미——12세기 성직자들이 아주 잘 알고 있던 의미——를 갖고 있으므로 한층 편리하다. 이 개념은 사법적·영적 의미를 갖게 되었다.

12세기초에, 랑 학파에서 나온 신학 논저 『아라스 금언집*Sententiae Atrebatenses*』은 이렇게 선언한다: "범죄적 죄들과 사면 가능한 죄들에 대해서는 각기 다른 참회가 있어야 한다. 범죄적인 즉 저주받을 죄들이란 알고서 일부러 지은 죄들이다. 육신의 어쩔 수 없는 나약함이나 어쩔 수 없는 무지에서 나오는 그 밖의 죄들은 사면 가능할 즉 저주받지 않을 것이다."[38] 그것들은 고해·보시, 기타 비슷한 성격의 행위들을 함으로써 쉽사리 용서받을 수 있었다. 랑의 안셀무스도 그의 『금언집』에서 같은 견해를 보인다. 아벨라르는 『윤리학』에서 범죄적 죄들 *criminalia*을 사면 가능한 또는 가벼운 죄들 *venialia aut levia*과 대립시키고 있다.[39] 셍 빅토르의 위그를 위시한 빅토르파와 더불어 이후로 다양한 전개의 대상이 될 질문이 나타난다: "사면 가능한 죄도 치명적이 될 수 있는가?" 빅토르파에서는 만일 그것이 하나님에 대한 경멸에 기초해

1923; *Dogmengeschichte der Frühscholastik* IVᵉ partie; *Die Lehre von der Sünde und ihren Folgen*, II, Regensburg, 1956, III; *Die Nachlassung der lässlichen Sünde*, pp. 100~202. 그 밖에 참조할 만한 연구로는 다음과 같은 것들이 있다. Th. Deman, "Péché," in *Dictionnaire de théologie catholique*, XII/1, 1933, col. 225~55; M. Huftier, "Péché mortel et péché véniel," chap. VII de Ph. Delhaye et als., *Théologie du péché*, 1960, pp. 363~451(불행히도 틀린 인용들이 작품의 위신을 떨어뜨리고 있다. 예컨대 아우구스티누스에게서 *quotidiana* 대신에 *venialia*가 들어간다든가); J. J. O'Brien, *The Remission of Venialia*, Washington, 1959; F. Blaton, "De peccato veniali. Doctrina scolasticorum ante S. Thomas," in *Collationes Gandavenses*, 1928, pp. 134~42.

38) O. Lottin, "Les Sententiae Atrebatenses," in *Recherches de théologie ancienne et médiévale*, t. 10, 1938, p. 344. Cité par R. Blomme, *La Doctrine du péché*……, p. 61, n. 1.
39) Abélard, éd. V. Cousin, t. II, p. 621.

있다면 그럴 수 있다고 대답한다. 릴의 알렝은 치명적 죄와 사면 가능한 죄간의 구분에 대해 긴 논의를 벌이고 있다. 거기서 그는 다양한 견해들을 제시하고 12세기 동안에 전개되었던 이론들을 요약하고 있다.[40]

나는 여기서 사면 가능한 죄라는 개념이 야기한 미묘한 신학적 논쟁에 끼여들지 않겠다. 물론 이러한 논쟁들에서도 때로 연옥이 문제되기는 한다. 그러나 여기서 우리는, 중세 말기 스콜라 신학자들이나 현대의 신학자들은 말할 것도 없고, 13세기 신학자들이 너무 자주 탐닉하는 난삽함과 만나게 되는 것이다. 연옥은 그리하여 광적인 스콜라주의가 가장 하릴없는 질문들을 짜내고 가장 복잡한 구분들을 발달시키고 가장 허식투성이인 해답들에 탐닉하는 궤변의 회오리에 말려들게 될 것이다. 예컨대, 사면 가능한 죄가 치명적이 될 수 있는가, 사면 가능한 죄들이 축적되면 치명적인 죄와 동등해지지 않는가(이것은 이미 아우구스티누스에 의해 좀더 단순한 말로 제기되었던 질문이다), 치명적 죄와 사면 가능한 죄 또는 원죄와 사면 가능한 죄를 가진 채 죽어가는 자의 운명은 어떤 것인가(그것이 일어날 수 있다는 가정하에, 그 점을 의심하는 이들도 있지만) 등등. 사면 가능한 죄와 연옥에 대해 그것들이 13세기 기독교 세계에서 논의되고 살아졌던 바를 말해주는 자료들을 검토해본 결과 나는 뿌리뽑힌 지식인들의 이처럼 지나치게 세밀한 논쟁은 신자 일반의 연옥 개념에 거의 영향을 미치지 못했다는 확신을 얻었다. 아마도 기껏해야 이러한 객담의 반향은 단순하고 건전한 일부 사람들을 연옥으로부터 돌아서게 하는 데 그쳤을 것이니, 이들이 연옥을 거부한 것은 이론적 대립 때문이 아니라 그것이 12세기말부터 때로 일으킨 지적 속물주의에 대한 역겨움 때문이었다. 12세기에도 신학자들——극히 다양하고 그들 중에는 수도원 신학자들

---

40) A. M. Landgraf, *Dogmengeschichte*……, IV/2, p. 102 sqq.

도 있다는 것을 잊지 말아야 한다——은 추상적 정신의 소유자들이었다. 왜냐하면, 과학은 추상적인 것인데, 신학이 과학이 되었기 때문이다. 하지만 그들은 대개 새로운 사회로부터 물밀듯이 공격당하는 성당이나 수도원, 도시 학교 등으로부터 출발하여 주변 사회와의 접촉 및 교환을 유지하고 있었으므로, 사면 가능한 죄 또는 연옥에 대한 성찰이 곧 사회 그 자체에 대한 성찰이라는 것을 알고 있었다. 반면 13세기의 신학자들과 캐논 학자들은 그들을 도회라는 작업장의 지적 노동자들로 만드는 협동적 운동을 벗어나, 대학 강단 속에 그리고 영적인 것에 대한 전문가의 자만 속에 점점 더 고립되어갈 것이었다.

연옥을 위한 질료: 사면 가능한 죄들

12세기에는 아직 거기까지는 가지 않았다. 사면 가능한 죄에 관한 질문들 중 우리 연구와 직결되는 것은 두 가지이다: 사면 가능한 죄들은 어떻게 벗어버릴 것인가? 그리고 사면 가능한 죄와 연옥 사이에는 어떤 관계가 존재하는가?

연옥이라는 것이 아직 확립되지 않았고 사면 가능한 죄도 제대로 정의되지 않았을 때는, 앞서도 보았듯이, 이런 죄들이 사해지는 것은 기도, 특히 주기도문과 보시와 경우에 따라서는 고해에 의해, 그리고 아마도, 아우구스티누스도 시사했듯이, 장래에, 정화하는 불 속에서이다. '사면 가능한' 대신에 '일상적인' '더 작은' *minora* '죽음에 이르지 않는 *quae non sunt ad mortem*' 이라는 표현을 썼던 성베르나르는 이러한 죄들을 정화하는 가장 좋은 방법은 기도이며 그 중 어떤 죄들에 대해서는 고해가 아무 소용도 없다고 보았다. 12세기 동안의 변천으로 인해 사면 가능한 죄는 연옥과 더 가까워지게 된다. 왜냐하면 사면 가능한 죄에는 무지의 기준이 적용되는바, 신학자들은 이를 점차 더 중요하게 생각하는 것이다. 그러므로, 과오 culpa를 제하고는, 연옥에서 지워지는 형벌만이 남는다. 고린도전서 3장 10~15절의 주해는 한편 나무와 마른풀과 짚으로 지은 집을 사면 가능한 죄와 동일시하며, 전통적으로 이런 집들은 정화하는 불에 의해 파괴되지만 그것들을 지은 자들은 불 속에서 나오는 것처럼 구원된다고 하므로, 사면 가능한 죄들은 연옥에 이르게 된다고 한다. 12세기말[41] 하나님의 주앙 Jean de Dieu (Johannes de Deo)[42]이 그의 『참회 대요』에서 말한 바도 그와 같다. "사면 가능한 죄에는 세 등급이 있다. 즉 나무와 마른풀과 짚이다. 사면 가능한 죄들은 불 속에서 정화된다."[43] 이미 롬바르디아인 피에르는 그의 『금언집』에서 말하기를 바울 서신으로부터 "어떤 사면 가능한 죄들은 이생 뒤에 지워진다는 추론이 가능하며" 또한 사면 가능한 죄들은 "불 속에서 용해된다"고 하였었다.[44] 연옥은 그러므로 사면 가능한 죄들의 정상적 수용처가 되며, 이러한 견해는 13세기에 널리 대중화된다. 그러나 연옥이 사면 가능한 죄들만을 위한 것이었다고 생각해서는 안 된다. 12세기말에 그것은 사면 가능한 죄들과 뉘우치고 자백하였으나 참회를 미처 수행하지 못한 죄라는 두 가지 범과적 상황의 정화 장소이다. 란트그라프에 의하면 우르스캉의 오동 주변에서 나왔다고 하는 질문을 하나 상기해보자. 그것은 다소 예스러운 말투이기는 하지만 이러한 체계를 잘 표현한다:

---

*41) 이 연대는 다소 의아스럽다. 하나님의 주앙은 16세기 사람이니 말이다. 동명(同名)의 성인이 두 사람 있는지?
*42) 하나님의 주앙: 1495~ 그라나다 1550. 포르투갈의 성인. 병원 수도회 l'Ordre des Frères hospitaliers의 창설자. 목동에서 군인이 되었다가 회심하여 가난하고 병든 자들을 위한 봉사에 헌신하기로 결심했다. 그래서 그라나다의 한 수도원에 들어갔고, 거기서 많은 추종자들을 얻었다.
43) A. M. Landgraf, *Dogmengeschichte*……, IV/2, p. 116.
44) *Libri Sententiarum*, Quaracchi, t. II, 1916, pp. 881~82.

어떤 영혼들은 육신을 떠나면 즉시로 정화하는 불 속에 들어가는 것이 사실이다. 그러나 그 영혼들이 거기서 모두 정화되는 것은 아니고 단지 일부만이 그러하다. 거기 들어가는 모든 영혼들은 벌을 받는다. 그러므로 이 불은 정화의 불이라기보다 징벌의 불이라고 부르는 편이 나을 것인데, 좀더 고상한 이름을 가지게 되었다. 거기 들어가는 영혼들 가운데 어떤 영혼들은 정화되고 벌받으며, 어떤 영혼들은 벌만 받는다. 나무나 마른풀이나 짚을 지고 간 자들은 정화되고 벌을 받는다. 〔……〕 자신의 모든 죄를 회개하고 고해했으나 사제가 명한 참회를 완수하기 전에 죽은 자들은 벌만 받는다.[45]

사실을 말하자면, 어떤 종류의 죄가 연옥에 이르는가는 중요한 질문이 아니다. 사면 가능한 죄와 연옥이 거의 동시대적으로 태어났고 그들 사이에 밀접한 관계가 수립되었다는 것이 사실이라 하더라도, 12세기말과 13세기초의 성직자들은 범죄, 죄, 과오 등등 추상적인 것들을 사고의 주요 대상으로 삼지는 않는다. 그들은 특히 인간에게 관심을 가지며, 그들의 관심사는 사회이다. 물론, 종교적 기준들을 따라 해체되고 재형성되는 사회이지만, 교회의 이데올로기적이고 영적인 행동의 본질은 살았건 죽었건 인간들의 사회를 가지고 기독교도들의 사회를 만드는 데 있다. 그러므로 만일 범주에 의한 구분을 생각했다면, 그것은 기독교도들의 범주이다.

---

45) A. M. Landgraf, *Dogmengeschichte*……, IV/2, p. 165, n. 34. *verum est quod quaedam animae, cum soluuntur a corporibus, statim intrant purgatorium quemdam ignem; in quo tamen non omnes purgantur, sed quaedam. Omnes vero quotquot intrant, in eo puniuntur. Unde videretur magis dicendus punitorius quam purgatorius, sed a digniori nomen accepit. Earum enim, quae intrant, aliae purgantur et puniuntur, aliae puniuntur tantum. Illae purgantur et puniuntur, quae secum detulerunt ligna, fenum, stipulam. Illi puniuntur tantum qui confitentes et poenitentes de omnibus peccatis suis decesserunt, antequam iniunctam a sacerdote poenitentiam peregissent.*

그것들을 연구하기에 앞서, 한 가지 지적할 것이 있다. 지상적 정의, 즉 봉건 사회의 사법적 도구는 종종 12세기와 13세기초의 신학자들에게 저승에서의 정의에 관한 그들의 이론에 있어 모델까지는 아니라 해도 어떻든 참조항 역할을 한다. 죄와 참회에 대해 앞서 말해진 바에 비추어, 나는 그 예를 두 가지 들고 싶다. 12세기 전반 아벨라르는, 의도의 윤리 une morale de l'ntention를 개진하면서, 동일한 죄에 대해 두 명의 재판관으로부터 동일한 방식으로 단죄된 범죄자의 예를 든다. 두 경우에 모두 그것은 정의가 요구하는 명예로운 행동이나, 재판관들 중의 한 명은 정의에 대한 열성에서 그렇게 했고, 다른 한 명은 증오와 복수심에서 그렇게 했다는 것이다. 1200년경 이러한 생각은 지상적 법제의 변천에 따라 변했다.

옥세르의 기욤 Guillaume d'Auxerre[46]과 도미니크회 수사 셍-셰르의 위그 Hugues de Saint-Cher[47]가 다시금 제기하게 될 질문에서, 파리 대법관 크레모나의 프레보스텡은 쓸데없는 것처럼 보이지만 매우 구체적인 의미를 지닌(때로 그럴 때가 있다) 질문들 중 하나를 제기한다. 그는 사면 가능한 단순한 죄가 지상에서의 참회 가운데서나 연옥에서가 아니라 지옥에서 징계당할 우려는 없는지를

---

*46) 옥세르의 기욤: 옥세르 1150년경~로마 1231. 스콜라 신학자. 1189년경 파리에서 신학 교사로 명성을 얻었다. 보베의 부주교와 파리 대학의 학생감을 거쳐 1230년에는 왕의 특사로 교황청에 파견되었다. 아리스토텔레스 저작의 수정을 위한 3인 위원회의 한 사람으로 지명되었으나 일에 착수하기 전에 죽었다. 그의 명성은 주로 『황금 대요 Summa aurea』(1215~1220)에 근거하는데, 이 책은 전4부로 나뉘어 신, 창조와 천사와 인간, 그리스도와 미덕들, 성사와 말세의 네 가지 일 등을 각기 다룬 것으로, 당대에 큰 영향을 미쳤다.

*47) 셍-셰르의 위그: 셍-셰르 1200년경~오르비에토 1263. 신학자·성서학자. 파리 대학에서 공부하고 1225년 도미니크회에 들어갔다. 프랑스 대교구장(1226~1230, 1236~1244)으로서 도미니크 교단의 일에 힘썼고, 도미니크회 최초의 추기경(1244)이 되었다. 그의 주요한 업적은 성서의 라틴 용어 색인, 성서 전체의 문자적 영적 의미에 따른 주해, 라틴 불가타의 교정본 등이다.

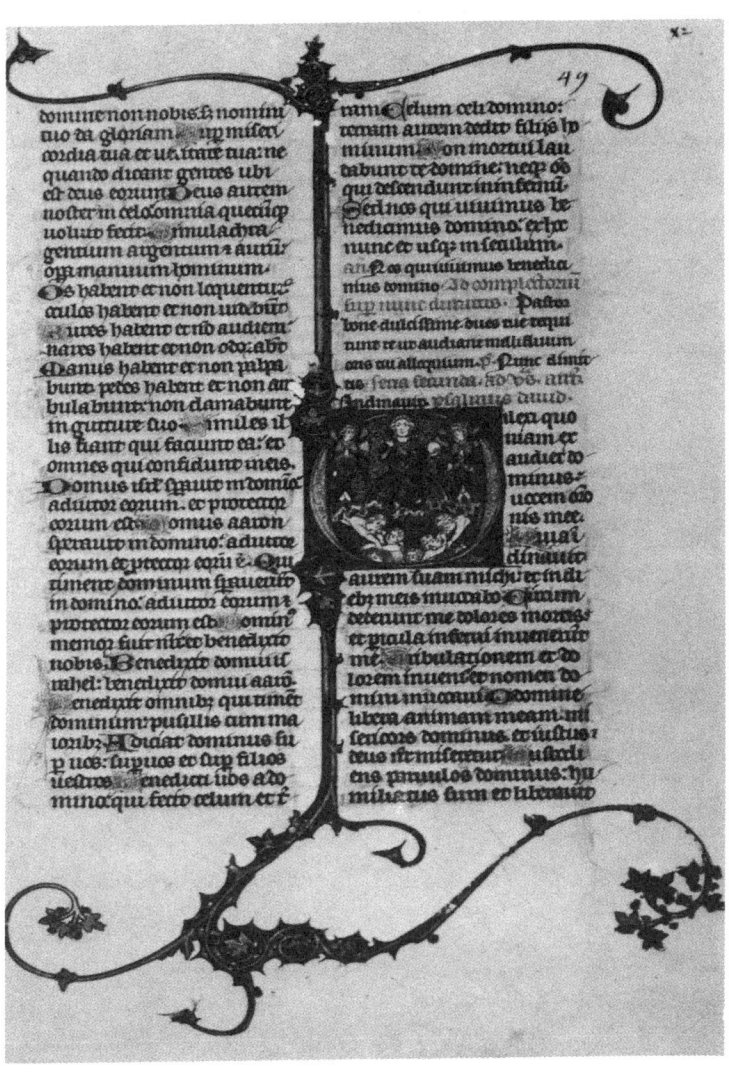

삽화1: 연옥의 심판과 구명(미남왕 필립의 기도서). 보유 III 참조.
Bibl. nat., Paris, 10845, Latin 1023, fol. 49.

삽화 2: 체계화된 저승 처소들(살라만카 구성당): 연옥에서 나오는 장면. 보유 III 참조.

삽화3: 연옥에서 나오는 장면(샤를 5세의 기도서). 보유 III 참조.
Bibl. nat., Paris, 2928, Latin 1052, fol. 556v.

삽화4: 오늘날의 성패트릭의 연옥: 예로부터 내려오는 신앙과 순례
(Station Island, Lough Derg, county of Donegal, Eire).

묻는다. 그리고 그는 대답하기를 아마 그것도 불가능하지는 않으리라고 한다. 왜냐하면 죄는 그 자체로서 판단할 것이 아니라 그것이 속해 있는 다양한 정의들――재판의 법적 의미에서――에 따라 판단해야 하기 때문이다. 지옥의 재판 for이라는 관점에서 그것은 영원한 벌을, 현세적 참회나 연옥이라는 관점에서 일시적 징벌을 받을 만하다. 마치 사소한 절도죄를 파리에서는 귀를 잘라 벌할 뿐이지만, 샤르트르에서는 발을 잘라 벌하는 것처럼 말이다. 생-셰르의 위그는 그보다는 덜 구체적으로, 겉보기에 동일한 죄라도 파리에서는 중형을 받고 오를레앙에서는 더욱 중형을 받으며 투르에서는 더더욱 중형을 받는다고 말하는 데 그친다.[48] 이러한 논의는 극히 추상적인 신학적 사고를 극히 구체적인 역사적 현실에 귀착시키는 학파의 가설이다. 그런데 만일 저승이라는 것이 하나의 봉건 왕국, 불균등한 기준과 형벌의 국지적 사법을 가진 봉건 왕국에 불과하다면? 그것은 전혁명적, 전산업적 사회의 저승인가? 만일 지옥 왕국 쪽으로부터 잘 보호되지 않는 이 새로운 왕국 연옥이 불확실한 경계를 갖는 영지들의 모자이크에 불과하다면? 역사는 때로 그렇게, 의외의 문헌을 통해, 가면을 벗는 것이다……

둘(또는 넷)에서 셋으로: 죄인들의 세 범주

그러므로, 연옥이 태어나고 존재하고 확장되는 이 시점에, 어떤 사람들이 거기에 갈 것인지를 알기 위해서는 인간들의, 기독교인들의 범주를 살펴보아야 한다. 우리는 여기서 역사의 근본 메커니즘들 중 하나, 즉 정신적 틀 내지는 논리적 도구의 변화라는 메커

---

48) A. M. Landgraf, *Dogmengeschichte*……, IV/2, p. 234.

니즘을 만나게 된다. 그리고 사고의 이러한 활동들 가운데—전문 지성인들뿐 아니라 사회 전체의 수준에서—각별한 중요성을 갖는 한 가지 활동은 분류 *la classification* 및 그 하위 구분인 범주화 *la catégorisation*이다.

여기서 우리는 구체적·사회적 현실의 밖에 있는 논리적 체제만을 문제삼는 편이 좋을 것이다. 12세기말에, 사태는 단순하지만 난관에 맞닥뜨려 있다. 한편으로는 4세기에 아우구스티누스가 정의하고 1140년경에 그라티아누스가 재정립한 네 범주의 인간들, 즉 전적으로 선한 자들, 전적으로 악한 자들, 전적으로 선하지는 않은 자들, 전적으로 악하지는 않은 자들이 있다. 그들은 죽어서 어디로 가는가? 이후로는 세 처소가 제공된다. 에녹과 엘리야밖에 없이 퇴락해가는 지상 낙원과 역시 사라져가는 아브라함의 품과 그리고 두 개의 림보를 제외한다면 말이다. 림보들은 더 이상 전같지 않다. 그리스도의 지옥 하강 이래로 족장들의 림보는 비었으며 영원히 그러할 것이다. 그것은 역사적 기억에 불과하다. 아이들의 림보는 여전히 수세기 동안 논의의 대상이 되겠지만 저승의 다른 세 처소들과는 동등한 위상에 있지 않다. 림보란 개인적으로는 아무 죄도 없이 원죄만을 지닌 인간들을 위한 것인 반면, 지옥·연옥·천국이란 세 범주의 개인적 죄인들을 위한 것이다. 그들 사이에는 죄와 운명의 위계 질서가 있으니, 악한 자들은 지옥으로, 선한 자들은 천국으로, 전적으로 악하지도 선하지도 않은 자들은 연옥에 갔다가 천국으로 갈 것이다. 13세기부터 단테에 이르기까지 어떤 스콜라 학자들의 이론적 저작에서는 저승의 "5대 영역"의 체계가 발견되기도 하나, 12세기말에 자리잡는 것은 3대 처소의 체계이다.

문제는 극히 단순해 보인다. 즉 4대 범주의 인간들을 3대 처소의 공간에 맞추어야 하는 것이다. 구체적 역사적 맥락을 떠난 추론을 좀더 계속해보자. 두 체계를 모두 전복시키지 않는다면, 셋이 넷으로 늘어나거나 아니면 넷이 셋으로 줄어드는, 두 가지 단순한 해결이 있을 것이다. 여기서 두 가지 요소가 개입된다. 그 첫째는, 기독교인들의 네 범주를 처음 만들어낸 아우구스티누스도 실상 그 중 세 부류의 운명에 대해서밖에 알지 못했고 전적으로 악하지는 않은 자들은 막연히 "좀더 견딜 만한 저주"에 이른다고 하는 데 그쳤다는 사실이다.

나는 아우구스티누스가 두 가지 영향 사이에 놓여 있었다고 생각한다. 한편으로 그는 이원적 체계의 영향을 받고 있었으니, 존속하기 위해서는 단순화된 정신적 틀에 안주해야 했던 이 고대 말기에 이르러 이원적 체계는 한층 강화되었다. 그는 전적으로 선하지 않은 자들 및 그들을 전적으로 악하지 않은 자들보다는 선택된 자들로 만들어주는 정화하는 불에 대해서는 좀 덜 막연하지만, 전적으로 악하지 않은 자들이라는 또 하나의 중간적 부류의 운명은 분명히 정립하지 못한다. 그러나 그는 내심 천국, (정화하는) 불, 지옥이라는 3대 처소의 저승 쪽으로 기울었으며, 아우구스티누스주의에 깊이 물든 12세기 사상가들이 3대 체계를 주장하기에 이른 것은 그의 저술을 문자적으로 받아들이기보다 그의 정신에 충실한 덕분이었다.

3대 범주의 죄인들과 거기 대응하는 3대 처소의 저승에로의 이러한 변천을 도운 두번째 요소는, 당시 기독교 세계 전체가 겪고 있던 대변혁 가운데서, 12세기 인간들——특히 성직자들——의 논리적 틀 전체의 변화였다. 둘에서 넷(또는 그 반대)으로의 변화는 별로 혁신적일 것이 없었다. 12세기의 전반적 구조 변화와 일치하는 진정한 변화는 구원에 있어 인간들의 네 범주가 셋으로 줄어든 데 있었다.

나는 여기서 독자에게 생각해보기를——그는 재미있어 하거나 아니면 성가셔 할 것이다——권한다. 둘 중 하나겠지, 라고 그는 분명 생각할 것이다: 역사적 현실과는 아무 상관도 없는 추상적 유희이거나, 아니면 자연 발생적 현상이거나. 인류는 항상 그리고 어디서나 둘, 셋, 넷, 으로 분류하고 종합하기를 계속해왔으니 말이다. 이보다 더 "자연스러운" 일이 있겠는가? 그러나 내가 틀렸다. 독자는 조르주 뒤메질, 클로드 레비-스트로스, 조르주 뒤비 그리고 시어도어 캐플로우 Theodor Caplow[49]를 위시한 논리학자들을 읽었으며 또 그 자신도 생각해보았을 것이다. 그는 그러므로 안다. 현실은 이런 단순화된 두 가지 가설과는 다를 것이며 그런 것들은 피해야 한다는 것을. 인류는 시대와 장소에 따라, 문화와 역사에 따라, 자기가 가진 단순한 코드들 중에서 선택한다. 하나의 그룹을, 전체를, 체계를 이룬다는 것은 보기만큼 간단한 일이 아니다. 세 사람, 세 개의 사물이 3개조를 이루기란 드문 일이다. 이원적 체계가 수세기 이래의 관습인데 전체를 나타내기 위해 둘에서 셋으로 넘어가기란 쉽지 않다. 나는 그러므로 12세기 기독교 세계의 저승 체계에서 일어난 근본적인 변화는 천국-지옥(또는 낙원-지옥)이라는 이원 체계를 천국-연옥-지옥이라는 3대 체계로 바꾼 데 있다고 생각한다. 물론 이러한 변화는 단지 시간의 종말까지만 유효할 뿐 영원히 그런 것은 아니었으니, 기독교 사회는 아직 영원이라는 개념을 바꿀 준비는 되어 있지 않았다. 이 또한 중요한 사실이며 나는 거기에 대해 다시 말하게 될 것이다. 그러나 변화와 그것이 이루어진 방식은 11~14세기에 일어난 봉건 사회의 변혁과 깊이 관련되어 있는 것으로 보인다. 우선 죄인들의 범주가 넷에서 셋으로 바뀐 형태적 변화부터 살펴보자.

이 변화는 연대적으로 아주 근접한 두 단계로 일어났다. 우리가 이미 그 시작을 살펴보았던 첫번째 단계는 아우구스티누스적 범주화에서 부사 하나를 바꾸는 데 있었다. 아우구스티누스가 전적으

---

[49] Th. Caplow, *Deux contre un. Les coalitions dans les triades*, 1968, trad. franç., Paris, 1971.

로 *valde* 선하거나 악한, 이라고 말한 데서 사람들은 중간으로 *mediocriter* 선하거나 악한, 이라고 말했으며 그리하여 두 중간 범주들을 접근시켰다. 결정적 순간은 두 범주가 단 하나 즉 중간으로 선하고 악한 자들의 범주로 합쳐지는 데 있다. 이러한 자리바꿈은 몇몇 사람들을 분개케 했으며 사실 그럴 만했다. 문법적으로나 이데올로기적으로나 그것은 상당히 대담한 짓이었다. 그것은 두 상반된 것을(선한 자들과 악한 자들을, 선과 악을!) 합치는, 그것도 단 하나로 합치는 일에 다름아니었던 것이다. 이러한 억지가 일단 통하고 나자, 새로운 범주를 '중간' 사람들의 범주로 만드는 것은 문제도 아니었다.

신학자들이 시동을 건다. 롬바르디아인 피에르는 1150~1160년 사이에 이렇게 선언한다: "교회가 죽은 자들을 위해 하는 일들은 다음과 같은 도움을 준다. 중간으로 악한 자들을 위해 대도는 형의 완화를 가져다준다. 중간으로 선한 자들을 위해 대도는 완전한 사면을 가져다줄 수 있다."[50] 캐논 학자들은, 앞서도 보았듯이, 뒤처져 있다. 그러나, 예외적인 경우를 제외하고는, 그들도 곧 뒤따라와서, 이러한 범주화는 신학자들보다도 오히려 법학자들의 것이 되었다.

그라티아누스는 4대 범주가 나오는 아우구스티누스의 텍스트를 재인용한다. 그를 주해한 최초의 전서들 중 하나인 『라이프치히 대요 *Summa Lipsiensis*』는 1186년경 지성의 어려운 변천을 잘 보여준다. "어떤 이들은 연옥에서 중간으로 선한 자들이나 중간으로 악한 자들이 받는 벌 대신에 '저주'라는 말을 쓰는데, 일반적으로 저주라는 말은 영원히 저주받은 자들에 대해서만 쓰는 것이다. 중간으로 선한 자들이란 사면 가능한 죄들에 대해 참회를 정해받은 뒤 그것을 완수하지 못하고 죽은 자들이다. 중간으로 악한 자들이

---

50) *Libri IV Sententiarum*, Quaracchi, t. II, 1916, pp. 1006~07.

란 사면 가능한 죄들을 지닌 채 죽은 자들인데, 사면 가능한 죄들은 아무 해도 끼치지 않으므로 이들도 선하다고 말해질 수 있다. 어떤 이들은 여기서 하는 말이 중간으로 선한 이들에 대해서만 적용된다고 본다. 그들 중 어떤 이들은 완전한 사면을 받으며 저주 즉 형벌도 좀더 견딜 만하다.[51]

1188년경 저 유명한 피사의 우구치오는 그의 『대요 Summa』에서 당대의 변화에 대해 크게 반발한다:

> 어떤 신학자들은 제멋대로 인간들을 (아우구스티누스나 그라티아누스의 4대 범주 대신) 3대 범주로 나눈다. 어떤 이들은 전적으로 선하고 어떤 이들은 전적으로 악하며 어떤 이들은 중간으로 선하고 중간으로 악하다는 것이다. 그들은 사실 이 중간으로 선한 자들과 중간으로 악한 자들은 같다, 즉 정화하는 불 속에 있는 자들이다, 라고 말한다. 좀더 빨리 거기서 벗어나기 위해 대도를 필요로 하는 것은 그들뿐이라는 것이다. '저주' 즉 벌은 (좀더 견딜 만하다) 왜냐하면 거기서 그들은 덜 벌받기 때문이다. 그러나 이러한 견해는 내가 보기에 거의 이단적이다. 왜냐하면, 사실상 중간으로 선한 자들도 선인이고 중간으로 악한 자들도 악인이므로, 그것은 선악을 동일시하는 결과가 되기 때문이다. 마찬가지로, 정화하는 불 속에는 선인들밖에 없다. 왜냐하면 치명적인 죄를 가지고서는 거기 들어갈 수 없기 때문이다. 그러나 사면 가능한 죄를 가진 사람은 악인이 아니다. 그러므로 정화하는 불 속에는 악인이란 없다.[52]

『쾰른 대요 Summa Coloniensis』(1169)는, 앞서도 보았듯이, 어떤 주제들은 신학자들에게 맡겨두고 다루지 않는다. 그러나 란트그라프가 찾아본 밤베르크 사본에는 크레모나의 시카르도가 확립한 체

---

51) A. M. Landgraf, *Dogmengeschichte*……, IV/2, p. 262, n. 7.
52) ID., *ibid.*, IV/2, p. 262, n. 9.

계가 덧붙여져 있는데, 그것은 다음과 같이 매우 분명하고 매우 결정적인 형태를 띠고 있다:

```
           ┌─전적으로 선한 자들──이들을 위해서는 감사를 드린다
   망자들 ├─전적으로 악한 자들──이들을 위해서는 산 자들을 위한 위로를
           └─중간들──이들을 위해서는 완전한 사면이나 좀더 견딜 만한
                     저주를(구한다.)
```

그리고 나서 시카르도는 더 구체적으로 설명한다: "그들의 저주가 보다 견딜 만한 것이 되기 위해서는 그들이 연옥에 있다는 것을 전제로 해야 한다."[53]

끝으로, 13세기의 『금언집』의 한 주해는 성아우구스티누스와 롬바르디아인 피에르의 사상을 이러한 변천에 비추어 나타내고자 하였다.

교사가 아우구스티누스와 더불어 이해한 바는 다음과 같다:

어떤 죽은 자들은 전적으로 선하며 교회는 그들을 위해 대도를 드리지 않는다. 그들은 그것을 필요로 하지 않으므로…… 그들은 분명 영화롭게 되었다.

어떤 이들은 전적으로 악하며 교회는 그들을 위해서도 대도를 드리지 않는다. 왜냐하면 그들은 받을 몫을 받았으므로. 그들은 분명 저주받았다.

어떤 이들은 중간이며 그들을 위해 교회는 대도를 드린다. 왜냐하면 그들은 그것을 받을 만하므로. 그들의 운명에 대해서는 (다른 장을) 참조할 것.

---

53) A. M. Landgraf, *Dogmengeschichte*……, IV/2, p. 261, n. 6.

그리고 나서 주해는 다시금 중간 범주를 그 두 가지 구성원에 대해 자세히 설명하는데, 한편으로는 아우구스티누스적인 여운도 남긴다:

> 어떤 이들은 중간으로 선하며 대도는 그들에게 완전한 사면을 얻어줄 수 있다. 이들은 분명 연옥에 있다.
> 어떤 이들은 중간으로 악하며 대도는 그들에게 형의 완화를 얻어줄 수 있다. 그런데 이들에 대해서는 연옥에 있다고 할지 지옥에 있다고 할지 아니면 그 둘 모두에 있다고 할지 주저할 수 있다.[54]

12세기말의 라울 아르당도 역시 망자들을 전적으로 선한 자들, 중간으로 선한 자들, 전적으로 저주받은 자들 *val de boni, mediocriter boni, omnino damnati*의 세 부류로 나눈다:

> 전적으로 선한 자들은 죽음 뒤에 즉시로 안식에 들어가며 우리의 기도와 봉헌을 필요로 하지 않는다. 오히려 우리가 그들의 도움을 받는다. 중간으로 선하며 진정한 고해와 참회의 길에 들어선 자들은 아직 완전히 정화되지 않았으므로 정화적 장소들에서 *in purga-toriis locis* 정화되며, 이들을 위해서는 분명 기도와 보시와 미사가 유익하다. 그들이 그 유익을 얻는 것은 죽은 뒤의 새로운 공덕에 의해서가 아니라 이전(생전)의 공덕의 결과로서이다. 완전히 저주받은 자들은 그러한 유익을 누릴 자격이 없다. 그러나 우리는, 형제로서, 누가 대도를 필요로 하고 누가 필요로 하지 않는지, 누가 그 유익을 누릴 수 있고 누가 누릴 수 없는지 알 수 없으므로, 구원을 얻을지 불확실한 자들까지를 포함한 모든 망자들을 위해 우리는 기도와 보시와 미사를 드려야 한다. 전적으로 선한 자들을 위한 대도는 감사의 행위가 될 것이고, 중간으로 선한 자들을 위한 대도는

---

54) ID., *Ibid.*, IV/2, pp. 270-71.

속죄가 될 것이며, 버림받은 자들을 위한 대도는 산 자들에게 위안이 될 것이다. 끝으로, 이러한 봉헌들은 그것들이 그들을 위해 바쳐지는 자들에게 유익하건 아니건간에, 신심으로써 그것들을 바치는 자들에게는 유익이 될 수 있다. [……] 남을 위해 기도하는 자는 자신을 위한 일을 하는 것이다. (PL, 155, 1485)

여기서 정화의 장소는 통일되어 있지 않지만, 망자들은 이미 세 부류로 나뉘고 있다.

논리적 체계와 사회적 현실들: 중심을 벗어난 중간

이러한 3부적 체제의 현저한 성립 가운데서 매우 중요한 두 가지 양상을 지적할 수 있다.

첫째, 4부적인(실제로는 2부적인, 왜냐하면 4는 2곱하기 2니까) 체제가 3부적 체제로 바뀌었다는 점이다. 그것은 11세기 이래 기독교 지성의 정신적 틀에 있어 매우 널리 파급된 움직임이다. 그것은 일반적으로 하위/상위, 강한 자/가난한 자 potens/pauper,[55] 성직자/속인 clerc/laïque, 수도사/성직자 moine/clerc[56] 같은 대립항 대신 보다 복잡한 삼항조를 도입한다.

고중세에는 사고가 이원적 체제를 중심으로 전개되는 일이 흔하

---

55) K. Bosl, "Potens und pauper. Begriffsgeschichte Studien zur gesellschaftlicher Differenzierung im frühen Mittelalter und zum Pauperismus des Hochmittelalters," in *Frühformen der Gesellschaft im mittelalterlichen Europa*, Müchen-Wien, 1964, pp. 106~34.
*56) clerc/moine가 대립항으로 성립하는 것은 moine란 clerc이든 laïque이든 하나님을 섬기기 위해 세속을 떠난 자이기 때문이다(허원[許願]을 하는 경우도 드물었고 허원 수사들도 여러 세기 동안 laïque로 간주되었다). 그와 대립되는 clerc란 그렇게 출가하지 않은 자, 즉 clerc séculier를 가리킬 터이다.

였다. 기독교적 사고는 교리상 마니교를 거부하고 악마를 선신(善神)에게 종속시키기는 했지만, 우주의 권세는 여전히 신과 악마의 양대 세력으로 나뉜다고 생각하였다. 사회적 측면에서도 성직자/속인, 강자와 가난한 자가 있었고, 윤리적·영적 삶에 있어서는 악덕과 미덕이 있었다. 반대항들은 마치 미덕들과 악덕들간의 싸움을 그린 프루덴티우스 Prudentius[57]의 시 『프시코마키아(영혼의 싸움) Psychomachie』에서처럼 맞싸웠다. 전선(戰線)은 신과 악마, 강자의 교만과 가난한 자의 선망, 미덕의 호소와 악덕의 유혹 사이에 분열된 인간의 내면으로 옮겨졌다. 서기 천년 이후로는 고전 고대와, 그리고 심지어는 기독교 고대부터도 있어온 다원적 체제들이 이원적 체제들을 능가하기 시작하였다. 12세기에는 7이라는 수에 기초한 모델들이 대성공을 거두었으니, 일곱 가지 성사, 일곱 가지 대죄, 성령의 일곱 가지 은사 등이 그 대표적인 예이다.

그러나 주된 경향은 이원적 체제를 삼원적 체제로 바꾸는 것으로서, 삼원적 체제는 상반된 두 범주의 정면 대결 대신 세 요소간의 좀더 미묘한 상호 작용을 도입했다.

이러한 체제들 중 하나가 기도하는 자들, 전투하는 자들, 노동하는 자들(성직자·귀족·농민)이라는 이른바 삼대 위계 les trois ordres이다. 이는 특이한 유형의 삼부적 체제로서, 전체를 이루는 두 가지 요소를 다른 한 요소 즉 지배당하는 그러나 자신을 위해 이데올로기적 표상에의 길을 열 줄 알았던[58] 계급과 대립시키고 있

---

*57) 프루덴티우스: 사라고사 348~415년경. 기독교 라틴 시인. 법학을 공부하고 로마 황제 테오도시우스 치하에서 고위직에 있었으나, 궁정 생활에서 은퇴한 뒤로는 기독교적 주제의 시작(詩作)에 전념하였다. 그의 『영혼의 싸움 Psychomachia』은 미덕들과 악덕들간의 싸움을 알레고리적으로 그린 작품으로 중세에 지대한 영향을 미쳤다.

58) G. Duby, Les Trois Ordres ou l'imaginaire du féodalisme, Paris, 1978; J. Le Goff, "Les trois fonctions indo-européennes, l'historien et l'Europe féodale," in Annales E. S. C., 1979, pp. 1187~215.

다. 그것이 캐플로우에 의해 연구된 바 2 대 1의 논리적 모델이다.

연옥 탄생의 모델이 된 삼부적 체제도 12세기 후반부터 그 못지않은 성공을 거두며, 봉건 사회의 변천하는 구조들과 그 못지않게 연관되어 있다. 그것은 두 극단적인 범주들 사이에 중간적인 범주를 끼워넣는 데 있다. 그것은 먼저 있던 두 범주보다 나중에 또는 그 밑에서가 아니라 그 사이에서 생겨난 세번째 범주의 부상에 의한 중간의 지위 향상이다…… 연옥은 이중으로 중간적이다. 즉 거기서는 천국에서만큼 행복하지도 지옥에서만큼 불행하지도 않으며, 그것은 최후 심판까지만 존재할 것이다. 그것을 진정으로 중간적이게 하기 위해서는 그것을 낙원과 지옥 사이에 위치시키는 것으로 족하다.

여기서도, 체제의 근본적 적용은 사회학적 차원에 속한다. 문제는 봉건 혁명의 두번째 단계 즉 도시의 발전에서 나온 사회를——묘사하는 것이 아니라——재현하는 것이다. 마치 삼부적 체제가 그 첫번째 단계 즉 농경의 발전에서 나온 사회를 재현하듯이 말이다. 체제의 가장 일반적이고 가장 흔한 형태는 위대한 자들과 중간인 자들과 작은 자들 *maiores, mediocres, minores*을 구분하는 것으로,[59] 체제의 의미와 기능은 그 라틴어 표현에서 더 잘 드러난다. 그것은 양극에 있는 집단들을 더 큰 *maiores*, 더 작은 *minores*이라는 비교급으로 나타냄으로써 관계 비례, 사회적 게임을 표현하는 것이다. 이러한 메커니즘 속에서 중간 집단은 무엇을 할 수 있는가? 이웃한 두 집단 또는 한 집단에 기대어 커지는 것, 그 중 어느 하나와 또는 그 둘과 번갈아가며 편을 맺는 것이다. 13세기 초에 아시시의 프란체스코가 자신이 창설한 교단의 형제들을 '더 작은 자들 *les Mineurs*'이라 일컬은 것도 이 체제에서 빌린 이름이

---

59) mediocres에 대해서는 D. Luscombe, "Conceptions of Hierarchy before the XIIIth c.," in *Miscellanea Mediaevalia*, 12/1. *Soziale Ordnungen im Selbstverständnis des Mittelalters*, Berlin-New York, 1979, pp. 17~18 참조.

다.⁶⁰⁾ 체제의 가장 의례적인 적용은 도회의 발전에 의해 변모된 봉건 사회에서 이루어졌다. 큰 자들(속인들과 성직자들)과 작은 자들 (도시 및 농촌의 노동자들) 사이에서 부르주아들——이들의 성격은 실상 매우 다양하므로 나는 '부르주아지'라는 표현을 쓰지 않는다——이라는 중간 범주가 생겨났던 것이다.

여기서 체제의 두번째 특성이 드러난다. 즉 그 중간적 요소는 양극으로부터 동등한 거리에 있지 않다는 것이다. 이론적으로 삼부적 체제의 중간 범주는 양극 사이의 교량 역할을 가능케 한다. 부르주아들은 작은 자들에 대해, 또는 큰 자들에 대해 그러한 위치를 이용할 것이다. 그러나, 연옥의 경우, 그러한 작용은 한쪽에서 봉쇄되어 있으니, 천국에 들어가는 자들은 언제고 극히 적기 때문이다. 반복하거니와 그것은 중심을 벗어난 중간으로, 그 어두운 쪽에 더 가까이 있으니, 그 점은 고중세의 암담한 이상들 이래로 거의 밝아지지 않을 저승의 묘사를 읽어보면 잘 드러난다.⁶¹⁾ 이 모델은——그 사회학적 효용에 있어——삼대 위계 못지않게 중요한 것임을 알 수 있다. 후자가 제3신분 *le Tiers Etat*을 만들어냈다면, 전자는 중간 계층들 *les classes moyennes*을 만들어낸 것이다.

내 말을 잘 이해하기 바란다. 부르주아지가 연옥을 만들어냈다든가 연옥이 어떤 방식으로건 부르주아지——가 당시 존재했다고 가정한다면——로부터 파생되었다든가 하는 말은 이상하게 들릴 것이다. 내가 가설로서, 연옥 탄생의 독해로서 제출하는 바는, 연옥이란 봉건적 기독교 세계의 변모와 관련된 전체의 일부를 이루는 것으로, 이러한 변모의 근본적 표현이 중간적 범주의 도입을 통한 삼원적 논리 유형의 창조였다는 것이다.⁶²⁾ 이러한 모델은, 확

---

60) J. Le Goff, "Le vocabulaire des catégories sociales chez François d'Assise et ses biographes du XIIIᵉ siècle," in *Ordres et classes*(Colloque d'histoire sociale Saint-Cloud, 1967), Paris, La Haye, 1973, pp. 93~124.
61) 반면, 종말론적 관점에서 보면, 그것은 결국 이르게 될 천국 쪽에 더 가깝다.

신하거니와, 사회·경제적 구조들 속에 단단히 뿌리박고 있다. 그러나 정신적·이데올로기적·종교적 구조들의 중개가 체제의 기능에 근본적이라는 사실 또한 그 못지않게 확실하다. 연옥은 이 체제의 산물이 아니라 그 한 요소인 것이다.

또한 독자는 이 역사에 있어 내가 사소한 용어 변화에 부여하는 중요성에 대해서도 회의적일 수도 있을 것이다. 형용사 '정화하는 *purgatoire*'이 실사가 되고, 부사적 어구 '전적으로는 아니게 *non valde*'가 다른 부사 '중간으로 *mediocriter*'로 바뀌었으며, 두 경우에서 모두 나는 심층적 변화의 징후를 보았다. 왜냐하면 나는 사소한 언어적 변화라도 담론의 전략적 지점들에 위치한다면 중요한 현상을 나타내는 것이라고 믿기 때문이다. 그리고 나는 이러한 용어 및 어의 변화는 엄격한 이데올로기적 체제의 한복판에서 일어난 것이니만큼 한층 더 중요하다고 생각한다. 분명 중세 기독교 세계――이 책은 그것을 보여주려는 것인데――는 부동적이지도 불모이지도 않았다. 오히려 그 얼마나 창조적인가! 그러나 그러한 혁신은 이데올로기적 차원에서는 조금씩, 사소한 말들을 통해 이루어졌다.

정신적 틀들의 변화: 수

또한 연옥과 더불어――그것을 가능케 하고 맞아들이면서――변화하는 것은 새로운 정신적 풍경의 일부를 이루는 사고의 습관, 지적 도구이다. 연옥과 더불어 수(數)와 시간과 공간에 대한 새로운 태도들이 나타나는 것이다.

---

62) 평등(예컨대 등거리) 속의 불평등이라는 개념은 "봉건적" 사고 방식의 전형적 특성이다. J. Le Goff, *Pour un autre Moyen Age*, pp. 365~84 seigneur/vassal의 관계를 참조.

수에 대해 그렇다는 것은 연옥이 종말론에 상징적 수의 계산을 도입하거나 영원 가운데 척량을 소멸시키는 대신 사실적인 계산을 도입할 것이기 때문이다. 이러한 계산은 사법적 관행에 속하는 것이다. 연옥은 영원한 지옥이 아니라 한시(限時)적인 지옥이다. 이미 11세기 중반에, 스트롬볼리의 분화구에서 새어나오는 신음 소리에 관한 이야기에서 조슈알드는 죄인들의 영혼들이 거기서 여러 가지 형벌을 그들에게 '정해진 시간까지 ad tempus statutum' 받고 있는 것이라고 설명했었다. 12세기말 우르스캉의 오동 주변에서 만들어진 한 문집에 실린 질문 가운데는 사면 가능한 죄들이 영원히가 아니라 "한시적으로 지옥에서" 벌받는다고 생각하는 자들에 관한 언급이 있다.

연옥의 창조에는 우주의 공간화 및 산술적 논리의 과정이 결합되어 있으며, 이는 저승의 삼중 왕국 너머에서 인간의 행동들과 연옥에서의 상황들간의 관계를 다스릴 것이다. 지상에서 죄 가운데 보내는 시간과 연옥의 고통들 가운데 보내는 시간이, 연옥에 있는 망자들을 위한 대도의 시간과 연옥으로부터의 해방이 가속화되는 시간이, 비례적으로 재어질 것이다. 이러한 회계는 제도법이 급성장하고 산술이 맹위를 떨치는 세기인 13세기에 발전할 것이다. 그리하여 마침내 연옥의 시간은 면죄(免罪) l'Indulgence의 현기증나는 시간 속으로 끌려들어갈 것이다.

"한시적" 저주라는 개념은 정의에 대한 배려에서 나와 말 그대로 저승에서의 회계로 귀결되는 보다 넓은 정신적 태도 속에 포함된다. 그 근본 개념은, 초기 교부들과 아우구스티누스로부터 시작되어 수세기에 걸쳐 부단히 이어져온 것으로, 형벌 즉 연옥에서 보내는 시간이 죄의 경중에 비례한다는 것이다. 그러나 비례라는 개념이 질적인 것에서 양적인 것으로 바뀌는 것은 13세기에 이르러서이다. 그러한 개념은 산술 및 수학의 발전과 연관된다. 헤일즈의 알렉산더 Alexandre de Halès[63]는 파리 대학의 교사로 13세기 전반에 프란체스코회에 들어간 인물인데, 그는 『롬바르디아인 피에르의 금언집에 관한 주석』에서 연옥의 형벌이 부당하고 형평에 어긋나는 injuste et improportionalis 것일 수 있는지를 묻는다. 그의 답은 이렇다:

> 연옥의 형벌 poena purgatorii은 죄를 지으며 누린 쾌락에 비례하지는 않을지라도 비교할 만은 하다. 또한 그것은 혹독함에 있어 일시적 형벌에 대한 비례에 따라 비례적이지는 않지만 비례성에 따라서는 비례적이다. "비례성이란 비례들의 유사성인 것이다." 이승에서 지은 죄에 대해 치를 일시적 형벌과 좀더 큰 죄에 대해 치를 일시적 형벌간의 비례성은 연옥에서 좀더 작은 죄에 대해 치를 형벌과 좀더 큰 죄에 대해 치를 형벌간의 비례성과 동등하다. 그러나 연옥의 형벌 그 자체가 이승에서의 형벌에 비례하지는 않는다. 연옥에서의 형벌이 이승에서의 정화하는 벌과는 비교가 되지 않을 만큼 훨씬 더 가혹한 것이어야 할 이유는, 둘 다 의지적인 volontaire 것이기는 하지만, 이승에서 정화하는 벌은 육신과 함께 고통하는 영혼의 벌인 반면 연옥의 형벌은 영혼 그 자체가 직접 당하는 고통이기 때문이다. 마찬가지로 한 사람이 당하는 고통이 다른 사람이 당하는 고통과 비례하지도 않는다. 이승에서의 일시적 형벌이 고유한 의미에서 의지적인 것이라면, 연옥에서의 형벌은 비유적 의미에서 의지적이다.

이 놀라운 텍스트는 연옥의 형벌들이 지상에서의 형벌들보다 훨씬 더 가혹한 것이 육신의 방패 없이 영혼이 직접 고통당하기 때

---

*63) 헤일즈의 알렉산더: 글로스터 근교 헤일즈 1170/80~파리? 1245. 파리 대학에서 신학을 가르치다가, 1231년 뒤늦게 프란체스코회에 들어갔다. 이후로 파리 대학 신학 교수직들 중 하나는 명실상부 프란체스코회에 속하게 되었다. 그의 이름은 『신학대요 Summa theologica』로 남아 있는데, 이 작품은 그 자신의 것이라기보다 프란체스코회 소속 교사들의 텍스트를 집대성한 것으로 추정된다.

문이라고 설명하는 데 그치지 않고, 저승에서의 형벌들을 고찰함에 있어 수학적이고 위상학적인 *topologique* 관점을 도입한다. 이 텍스트에는 "비례성이란 비례들의 유사성이다"라는 단 한마디의 인용이 전거로 제출되어 있을 뿐인데, "이 전거는 성서나 교부들이나 교회에서 온 것이 아니다. 그것은 유클리드 기하학 제5권 제4 정의이다."[64]

대도의 양적 효율성이라는 문제를 제기하고 있는 13세기초의 한 『금언집』 주해는 란트그라프에 의하면 산술적 비례, 기하적 비례라는 표현들을 사용한 최초의 텍스트라고 한다.[65] 연옥과 더불어

---

64) Alexandre de Halès, *Glossa in IV libros sententiarum Petri Lombardi*, Bibliotecca Franciscana scholastica Medii AEvi, t. XV, Quaracchi, 1957, pp. 352~53. *Cum enim proportionalis esset poena temporalis culpae temporali poena autem purgatorii improportionaliter habeat acerbitatem respectu poenae hic temporalis, punit supra condignum, non citra. Respondemus quod* [......] *licet autem poena purgatorii non sit proportionalis delectationi peccati, est tamen comparabilis; et licet non sit proportionalis secundum proportionem poenae hic temporali quoad acerbitatem, est tamen proportionalis secundum proportionalitatem. "Est autem proportionalitas similitudo proportionum"* (Euclide, *Elementa*, v, défin. 4). *Quae enim est proportio poenae temporalis hic debitae alicui peccato ad poenam temporalem debitam hic maiori peccato, ea est proportio poenae purgatorii debitae minori peccato ad poenam purgatorii debitam maiori peccato; non tamen est proportio poenae purgatorii ad poenam hic temporalem. Ratio autem propter quam convenit poenam purgatorii esse acerbiorem improportionaliter poena purganti hic, licet utraque sit voluntaria, est quia poena purgans hic est poena animae per compassionem ad corpus, poena vero purgatorii est poena ipsius animae immediate. Sicut ergo passibile improportionale passibili, ita passio passioni. Praeterea, poena temporalis hic simpliciter voluntaria, poena purgatorii voluntaria comparative.*

나는 이 흥미진진하지만 어려운 텍스트를 읽을 수 있도록 도와준 Georges Guilbaud 및 P. M. Gy 신부께 감사한다. 전자는 수학자이자 스콜라학의 전문가로서, 후자는 신학자로서 도움을 주었다.

65) A. M. Landgraf, *Dogmengeschichte*......, IV/2, p. 294, n. 2. 문제되는 것은 13세기초의 『금언집』 주해이다: *sciendum quod secundum quosdam suffragia prosunt damnatis(purgatorio) quantum ad proportionem arithmeticam, non geometricam*

저승의 회계가 시작되는 것이다.[66] 이전에는 영원 또는 불확정된 대기만이 있었던 반면, 이후로는 연옥의 시간을 죄의 경중에 따라, 연옥의 유예 기간을 대도의 중요성에 따라 계산하며, 지속의 심리적 인상(연옥에서 시간은 매우 느리게 흘러가는 것처럼 느껴진다)까지 고려하여 이승에서 살아지는 시간과 저승에서 느껴지는 시간 사이의 관계를 셈한다. 13세기의 텍스트들을 통해 우리는 이러한 계산과 친숙해질 것이다. 그것들은 우리에게 13세기가 계산의 세기 le siècle du calcul임을 상기시켜준다. 알렉산더 머레이 Alexander Murray가 그의 시사적인 저서를 통해 보여주었듯이,[67] 13세기의 시간은 회계의 시간, 상인들과 최초의 예산 작성자들인 공무원들의 시간이다. 이른바(물론 과장이 없지 않지만) "프랑스 군주제의 최초의 예산"은 존엄왕 필립의 치세에 세워졌으며 연옥 또한 그의 치하에서 태어난 또는 성장한 것이다. 지상의 시간과 연옥의 시간 사이에서 교회와 죄인들은 이후로 복식 부기(複式簿記)를 하게 될 것이다. 계시록에 따르면, 심판 날에 책들이 펼쳐지고 죽은 자들은 책의 내용에 따라 심판되리라고 하거니와 이후로는 그 사이에 또 다른 책들, 즉 연옥의 책들이 펼쳐질 것이다.

(*어떤 이들에 의하면, 대도는 연옥에 있는 영혼들에게 기하적 비례가 아니라 산술적 비례에 따라 도움이 된다는 것을 알아두어야 한다).
66) 이 표현은 J. Chiffoleau의 탁월한 연구서 La comptabilité de l'au-delà. Les hommes, la mort et la religion en Comtat Venaissin à la fin du Moyen Age, Ecole française de Rome, Rome, 1980의 제목이기도 하다.
67) A. Murray, Reason ans Society in the Middle Ages, Oxford, 1978; J. Murdoch & E. D. Sylla, ed., The Cultural Context of Medieval Learning, Dordrecht, 1975, pp. 287~89, 340~43에서 Murdoch은 14세기 옥스퍼드 대학인들에게 있었던 측량의 광기 frenzy to measure에 관해 말한다. 이러한 광기는 적어도 한 세기 전에, 그리고 옥스퍼드 이외의 곳에서도 시작된다.

공간과 시간

연옥은 또한 새로운 시공 개념들과도 연관된다. 그것은 저승의 새로운 지리와 관련되는바, 저승은 더 이상 개별적 영지들처럼 잇닿인 작은 처소들이 아니라 대영지들 또는 단테의 말을 빌자면 왕국들로 이루어져 있다. 기독교 세계가 십자군 운동의 경로, 선교사들과 상인들의 경로를 따라 세계를 탐험할 때가 온 것이다. 『지도, 문명들의 이미지 La Carte, image des civilisations』의 역사에 있어 전문가인 조르주 키슈 Georges Kish는 이렇게 썼다: "12세기말에 한 가지 변화가 일어났다. 중세 세계는 전진하기 시작했으니, 갑자기 여행자들은 정보를 가지고 돌아왔으며 그것은 14세기의 중세 지도들을 바꿔놓게 된다." 상상적 저승 지도의 변화도 그와 동시에 어쩌면 더 신속히 이루어질 것이다. 그때까지 일종의 지형학적 개념 도표였던 지상의 지도는 지형학적 사실주의를 시도한다. 저승의 지리는 아직 극히 상징적이면서도 이러한 공간 탐사의 노력을 완성한다.[68] 시간 또한 연옥 신앙 속에서 가장 명백히 측량가능한 요소인바, 저승의 시간이 측량 가능해졌다는 것은 획기적인 일이다. 그리하여 그것은 산정(算定)과 평가와 비교의 대상이 된다. 그것은 설교의 새로운 관행에서, 헤일즈의 알렉산더의 표현을 빌자면 비교할 수 있을 만큼 comparative, 사용될 것이다. 설교는 가르치고 구원하기 위해 이루어지는 것이니만큼, 12세기말부터 설교자는 더 잘 설득하기 위해 그의 설교 속에 예화들을 삽입하는

---

68) 중세의 제도법에 관해서는 다음 책들을 볼 것. J. K. Wright, *The Geographical Lore of the Times of the Crusades*, New York, 1925; G. H. T. Kimble, *Geography in the Middle Ages*, London, 1938; L. Bagrow, *Die Geschichte der Kartographie*, Berlin, 1951; M. Mollat, "Le Moyen Age," in *Histoire Universitaire des explorations*, ed., L. H. Parias, t. I, Paris, 1955; G. Kish, *La carte, image des civilisations*, Paris, 1980.

데, 이러한 일화들은 역사적이고 진실한 것으로 주어진다. 설교의 종말론적 시간, 회개와 구원의 시간 속에 그것들은 역사적이고 연대가 매겨지고 측량 가능한 시간의 단편들을 도입하는 것이다. 저승의 시간 속에 연옥 또한 그러하다. 연옥은 이러한 예화들의 흔한 주제가 될 것이다.

이승에의 회심과 개인적 죽음

이 모든 변화, 이 모든 동요 가운데서, 연옥의 탄생을 설명해주는 두 가지 심층적인 움직임을 감지할 수 있다.

그 첫째는 고중세의 표어나 다름없던 세속의 경멸 contemptus mundi이 약화된다는 것이다.[69]

세속의 경멸이란 특히 수도원의 영성(장 들뤼모 Jean Delu-meau가 보여주었듯이, 수도원에서는 르네상스 전성기에도 그것을 고수한다)에 의해 고취되었던 가치관으로, 시대의 창조적 도약과 관련하여 지상적 가치들에 대한 집착이 점차 커짐에 따라 뒷전으로 밀려나게 된다.

구스타보 비나이 Gustavo Vinay는 12세기의 낙천주의에 대해 정열적인 글을 쓴 바 있다: "중세에 명랑한 세기가 있다고 하면, 그것은 물론 12세기이다. 그것은 서구 문명이 생명력과 힘과 놀랄만한 혁신에의 의지를 가지고서 분출하는 세기이다. 그 기후는 중세 최적의 것이다. 〔……〕 12세기는 전형적인 해방의 세기, 천년 이상 안으로 곪아터지면서 품어온 모든 것을 내던져버리는 세기이다." 그러나 그것은, 역설적이게도, 이러한 "생명력의 분출" 가운

---

69) contemptus mundi에 대해서는 R. Bultot, *La doctrine du mépris du monde en Occident, de saint Ambroise à Innocent III*, Louvain, 1963 참조.

데서 죽음과 고통에 대한 두려움이 생겨나는 시기이기도 하다: "중세가 진정으로 고통하기 시작한 것은 가장 행복한 시기, 가슴을 활짝 펴고 숨쉬게 된 시기, 창창한 미래가 놓여 있다고 느껴지는 시기, 역사가 전례 없는 폭을 획득하는 시기에 이르러서이다."[70]

이 정열적이고 감성적인 텍스트에는 과장된 점이 없지 않으나, 구스타보 비나이는 12세기에 생겨나 다음 세기까지 계속된, 그리고 고통과 회의와 퇴보에도 불구하고 다시는 사라지지 않을 이러한 이승에의 회심을 잘 이해하고 있다. 그와 동시에 죽음에 대한 공포가 생겨났다는 것은 표면적인 역설에 불과하다. 이후로 지상적 삶에 부여된 가치는 그것을 떠날 순간을 한층 더 가공할 것으로 만들었기 때문이다. 그리고 지옥에 대한 공포에 덧붙여——때로는 그것을 대치하는 경향마저 있었다——이 고통스러운 순간, 즉 죽음의 순간에 대한 공포가 생겨났다. 연옥은 저승에서의 새로운 희망이자 죽음의 순간을 한층 예민하게 하는 것으로서 이러한 가치관의 동요에서 한 몫을 한다.

기독교인들은 더 이상 최후 심판이 임박했다는 것을 전적으로 믿지 않는다. 행복해지지는 못했지만, 그래도 퇴보 내지는 단순 재생산만이 있었던 수세기 이래 처음으로 증산(增産)의 경험을 하였다. 더 많은 "재화"를 생산하게 되었으니, 정의, 평화, 부, 아름다움 등등 그때까지는 내세의 삶에만 두어지던 가치들이 어느 정도 이승에서 구현되는 것이다. 고딕 교회는 천국을 지상에 도래케 한 것으로 보이며, "레프리게리움과 평화"의 장소처럼 보인다. 내가 고딕 교회와 관련하여 레프리게리움과 원시적 전례를 다시금 들추어내는 것은 단순한 은유를 위해서가 아니다. 마이어 샤피로 Meyer Shapiro와 어윈 파노프스키 Erwin Panofsky는 셍-드니 Saint-

---

70) G. Vinay, *Il dolore e la morte nella spiritualità dei secoli XII e XIII*(1962), Todi, 1967, pp. 13~14.

Denis의 새 건축물에 관한 쉬제의 글을 주해하면서, "쉬제의 문장들은 신플라톤주의적 교의들이 〔……〕 유사한 방식으로 표현되는 원시 기독교의 (명의) 성당 *tituli*을 환기한다"는 점을 강조했다.[71] 인류는 지상에 정착했다. 그때까지는 죽음과 부활을 갈라놓는 이 짧은 순간이란 달리 생각할 만한 가치조차 없는 것으로 여겨졌었다. 그러나 이제 지옥-천국이라는 양자 택일은 더 이상 사회의 질문에 답하기에 충분치 않았다. 개인적 죽음과 집단적 심판 사이의 중간 시기는 중요한 성찰의 주제가 되었다. 이러한 성찰을 거부하며 천년 왕국이나 최후 심판의 도래만을 열망하는 종말론의 광신자들과 그 반대로 이승의 삶에 정착하여 그 후기(後記)로서의 죽음과 부활 사이의 기간에 관심을 갖는 자들 사이에서, 교회는 후자의 편에 유리한 판정을 내린다. 만일 기다리는 기간이 길다면, 그 사이에 망자들은 어떻게 되는지, 바로 내일 우리 자신이 어떻게 될는지를 묻게 되는 것이다. 물론 이처럼 대다수의 기독교인들이 지상에 정착하는 한편 소수의 무리는 반기를 들고 일어나 그리스도의 재림과 그러기까지 이승에서 의인들이 다스릴 천년 왕국을 더욱 강력히 주장한다. 피오레의 조아키노에서 셀레스티누스 5세 Célestin V[72]에 이르기까지, 어린이 십자군 *le croisade des enfants*[73]

---

71) E. Panofsky, citant Meyer Schapiro, *Architecture gothique et pensée scolastique*, trad. franç., Paris, 1967, p. 42.

*72) 셀레스티누스 5세: 1215년경~1296. 190대 교황으로, 1294년 8월에서 12월까지 교황직에 있었다. 피오레의 조아키노를 추종하는 많은 이들은 그들과 이상을 함께하는 그가 교황이 되는 것과 동시에 조아키노가 말하는 새시대가 도래하리라고 믿었다. 그러나 그는 세속 왕권에 굴종적이었고, 행정적으로 무능했으며, 마침내는 스스로 교황직에서 사임해도 좋다는 법을 만들어 사임하고 말았다. 그 후계자가 보니파치우스 8세이다.

*73) 1212년 여름 프랑스와 독일에서 수천 명의 어린이들이 성지를 무력이 아니라 사랑으로써 탈환하겠다고 나섰던 일을 말한다. 실제로 이 운동은 많은 어린이들이 노예 상에게 팔려가는 재난으로 끝났으나, 그 종교적 열정은 제5차 십자군 원정의 불씨를 당기게 되었다.

에서 편달(鞭撻)고행자들 les Flagellants[74]과 영성파 les Spirituels[75]에 이르기까지, "광신적 종말론자"들은 어느 때보다 더 준동한다. 나는 참회적 십자군 운동을 일으킨 성왕(聖王) 루이조차도, 그의 장교들이 셈하고 재면서 그의 왕국을 안정시키노라 분주한 동안, 그의 왕국을 종말론적 모험으로 끌고 들어가려 한 것은 아닌지, 몇몇 독일 황제들이 그러했듯이 말세의 왕이 되기를 꿈꾼 것은 아닌지[76] 의심스럽다. 그러나 성왕 루이는 말한다: "아무도 내가 내 삶을 사랑하는 만큼 자기 삶을 사랑하지는 않는다"라고.[77]

몇몇 "광신자들"의 무리에서밖에는, 진정한 의미에서의 계시록은 더 이상 유행하지 않는다. 11세기와 12세기초에 그것은 성서 중에 가장 많이 주해된 책이었으나[78] 이후로는 뒷전으로 밀려나고, 아가(雅歌)가 천상적이라기보다 지상적인 새로운 열정으로 달아오르기 시작한다. 고딕 건축의 합각면(合角面)들에서는 계시록들이

---

*74) 편달이란 자연 발생적으로 생겨난 자기 징벌의 형태로, 자신이나 타인의 죄악의 속죄, 극기, 신적인 은총에의 참여 등을 목적으로 했으며, 중세 수도원에서 흔히 행해졌다. 그러나 13세기 중반 페루지아에서는 겔프당과 기벨린당간의 전쟁의 참화 가운데 1260년에 "제3시대"가 오리라는 피오레의 조아키노의 예언에 자극된 무리들이 수백 수천의 행렬을 이루어 십자가를 앞세우고 자신의 몸을 찢으며 평화를 외쳤다. 이들은 중북부 이탈리아의 도시들을 거쳐 알자스, 바바리아, 헝가리, 보헤미아, 폴란드에 이르렀으며, 급기야는 변질되어 1261년 교황청에 의해 금지되었다. 편달 고행자들의 행렬은 흑사병이 창궐하던 시기(1348~1350)에 유럽 전역에 걸쳐 다시금 나타났다.

*75) 프란체스코 교단에서는 청빈의 서원이라는 문제를 놓고 내분이 끊이지 않았다. 교단의 제2창설자로 불리는 보나벤투라에 의해 일시적인 절충이 이루어지기는 했으나, 그의 사후에는 다시금 절대적 청빈을 주장하는 편과 그렇지 않은 편이 나뉘게 되었다. 전자들을 흔히 '영성파'로 부르며, 이들은 차츰 이단시되었다.

*76) 중세 천년 왕국과 관련된 또 한 가지 예언은 『시빌의 신탁집』에 나오는 "세계 종말의 황제"에 대한 것으로, 독일의 프리드리히 2세를 위시한 여러 군왕들이 정치적인 갈등 가운데 적그리스도로 또는 그 적수인 이 의로운 황제로 여겨졌다.

77) Joinville, *La Vie de Saint Louis*, éd. N. L. Corbert, Sherbrooke, 1977, pp. 85~86, 214.

78) G. Lobrichon, *L'Apocalyse des théologiens au XIIᵉ siècle*, thèse de l'Ecole des Hautes Etudes en sciences sociales soutenue en 1979 à l'Université de Paris X-Nanterre.

사라지고 최후 심판이 들어서게 되는데, 이 심판은 아직 연옥을 다루고 있지는 않지만 지상의 사회를 재현하고 이승에서 더 잘 처신하도록 훈계하는 구실이 될 지난날의 역사를 보여준다.

최후 심판에 비해 계시록이 이처럼 점진적──이고 비교적──으로 희미해지는 것은 중세 성화상(聖畵像)을 연구한 대표적 학자들에 의해 지적되어왔다.

예컨대 에밀 말Emile Mâle은 이렇게 썼다: "12세기부터는 심판의 장면을 이해하는 새로운 방식이 〔……〕 이전 방식을 대신하게 된다. 더 이상 계시록과는 무관하며 마태복음에서 영감을 얻은 웅장한 그림들이 나타난다. 〔……〕 13세기에 계시록은 그다지 풍요한 책이었다고 할 수 없다. 〔……〕 예술가들은 세상 종말의 그림을 마태복음에서 가져오기를 더 즐겼다. 복음서의 텍스트는[79] 분명 덜 휘황하지만 예술에는 더 적합한 것이었다. 마태복음에서 하나님은 그 광채를 바라볼 수조차 없는 거대한 보석이 아니라[80] 사람의 아들이며, 그는 지상에 계셨을 때의 모습 그대로 보좌에 앉아계셔서 온 백성들이 그의 얼굴을 알아볼 수 있다. 고린도전서에 나오는 죽은 자들의 부활에 관한 대목은 이 전체에 몇몇 특색을 부여한다." 그리고는 에밀 말은 마태복음에 의해 고취된 주제의 주요한 혁신으로 "선인들과 악인들의 분리"를 꼽는다. 계시록에 나오는 대로라면 하나님은 "왕처럼 영광스러운 동시에 심판관처럼 위협적"이다. 13세기의 심판들에서 하나님은 "구속자로서, 심판관으로서, 살아계신 하나님으로서" 그려진 "사람의 아들"이다.[81]

앙리 포시용Henri Focillon은 이러한 분석을 재시도하였다: "12

---

79) 마태복음 25: 31~46; 고린도전서 15: 52.
80) 요한계시록 4: 2~3 참조. "보라 하늘에 보좌를 베풀었고 그 보좌 위에 앉으신 이가 있는데 앉으신 이의 모양이 벽옥과 홍보석 같고 또 무지개가 있어 보좌에 둘렸는데 그 모양이 녹보석 같더라."
81) E. Mâle, *L'Art religieux du XIIIe siècle en France*, Paris, 9e éd., 1958, pp. 369~74.

세기의 성화상은 〔……〕 계시록에 의해 지배된다. 거기서 그것은 그 무시무시한 이상들과 영광 가운데 비인간적인 형상들에 둘러싸여 좌정하신 심판관 그리스도의 모습을 차용한다. 〔……〕 (반면) 13세기의 성화상은 이상들과 서사시와 동방과 괴물들을 포기한다. 그것은 복음서적이고 인간적이며 서구적이고 자연스럽다. 그것은 그리스도를 거의 신자들의 수준으로 내려오게 한다. 〔……〕 분명 그는 여전히 합각면의 꼭대기에 좌정해 계시면서 죽은 자들의 깨어남과 영원한 징벌을 주재하신다. 그러나 그럴 때라도 그는 여전히 복음서들에 나오는 그리스도이며 그의 인간적인 온유함을 지니고 있다."[82]

고딕 합각면의 그리스도가 여전히 영원한 심판관이라고는 해도, 계시록적인 광휘를 버리고 심판과 부활한 인간들의 무리를 사실적으로 재현한 것은 정의──연옥의 탄생은 정의와 긴밀히 연관되어 있다──를 전면에 부각시키는 것을 가능케 한다. 그리스도가 천사들에게 맡겨 천국으로 데려가게 하는 이 선택된 자들은 점차로 연옥을 거쳐 정화되고 순화된 "성도들"로 그려지게 된다.

이처럼 지상에 정착하고 시간에 대해 새로운 지배력을 갖게 되면서, 삶을 연옥이라는 저승에로 연장하면서, 특히 생겨나는 염려는 죽은 자들에 대한 것이다. 내 말은 죽음이 그 자체로서 관심의 대상이 되었다는 것이 아니라──그 점에서 나는 폴 베인 Paul Veyne의 견해와 같다──죽음을 통해, 그리고 죽은 자들을 통해 산 자들은 그들의 이승에서의 권능을 증진시킨다는 것이다.[83] 12세기는 기억이 증진되는 세기이다. 거기서 크게 덕을 보는 것은 물

---

82) H. Focillon, *Art d'Occident*, t. 2, *Le Moyen Age gothique*, Paris, 1965, pp. 164~65.

83) J. Wollasch, "Les obituaires, témoins de la vie clunisienne," in *Cahiers de Civilisation Médiévale*, 1979, pp. 139~71; Paul Veyne, *Le Pain et le Cirque*, Paris, 1976 등에 인용된 Fribourg와 Münster의 역사학자들 (G. Tellenbach, K. Schmid, J. Wollasch)의 저작들을 참조할 것.

론 자신들의 가계(家系)를 수립하고 연장하는 귀족 가문들이다.[84] 죽음이 하나의 경계로 인식되는 일은 점차 줄어든다. 연옥이 이승의 부속 영지가 되어 삶과 기억을 연장시키는 것이다. 대도는 점차 더 활발한 활동이 된다. 유언들이 다시금 생겨나는 것——물론 거기서 연옥이 언급되는 것은 한참 뒤의 일이지만——도 죽음이라는 경계가 후퇴하는 것을 돕는다.

산 자들과 죽은 자들간의 이처럼 새로운 연대성——클뤼니의 업적 가운데 배태되어 있는——은 가족적·단체적·동료적 유대를 강화하는 것임에도 불구하고, 연옥은 실상 개인주의를 조장한다. 그것은 초점을 개인적 죽음과 뒤이어오는 심판에 두는 것이다.

제도 및 법이라는 관점에서, 월터 울만Walter Ullmann은 이렇게 단언한다: "12~13세기의 전환기는 장차의 헌정(憲政)적 발전과 사회에서의 개인의 출현이 배태된 시기이다."[85] 그리고 그는 그것이 "시민의 출현"의 시기임을 보여준다. 개인의 이러한 출현은 죽음 및 저승에서의 운명이라는 면에서도 나타난다. 연옥과 더불어, 개인적 죽음과 최후 심판 사이에, 저승에서도 개인이 태어나는 것이다.

전례에서도 이러한 변천은 재확인된다.

연옥에 대해서는 결코 언급한 적이 없지만, 전례는 망자들의 새로운 분류와 그것이 의식에 가져오는 변화를 받아들였으니, 거기서는 점차 더 개인적 운명에 대한 배려가 강화된다. 그 점은 1165년 이전에 파리의 노트르담 사원의 참사회원 장 벨렛Jean Beleth에 의해 쓰어진 『교회 전례 대요 Summa de ecclesiasticis officiis』에서도

---

84) G. Duby, "Remarques sur la littérature généalogique en France aux XIe et XIIe siècles," in *Comptes rendus de l'Académie des Inscriptions et Belles lettres*, 1967, pp. 335~45 repris dans *Hommes et Structures du Moyen Age*, Paris-La Haye, 1973, pp. 287~98.
85) W. Ullmann, *The Individual and Society in the Middle Ages*, Baltimore, 1966, p. 69.

찾아볼 수 있다:

추도식의 거행에 대하여:
시신을 씻겨 수의를 입히기 전에, 사제나 부제는 시신이 누운 자리에 성수를 가져다가 하나님께 그를 위한 기도를 흩뿌리면서, 성인들에게 그의 영혼을 받아 희락의 장소로 데려가달라고 기도해야 한다. 실상 완전한 영혼들이 있으며, 그들은 육신을 떠나자마자 곧장 하늘로 날아간다. 그런가 하면 곧장 지옥에 떨어지는 전적으로 악한 자들도 있다. 그 밖에 중간의 *medii* 사람들을 위해 이런 종류의 추천을 해야 한다. 악한 자들을 위해서도 그렇게 하지만, 혹시나 해서일 뿐이다. 씻어서 수의를 입힌 시신은 교회로 실어가서 미사를 드려야 한다.[86]

그리고는 선택된 자들과 저주받은 자들 사이에 아직 끼어 있는 네 범주에 관한 아우구스티누스의 텍스트──그라티아누스의 『법령집』에 인용된──가 이어진다.

브랜든 S. G. F. Brandon은 이렇게 썼다: "개인의 칠십 년이라는 궤적에 들어 있는 이해(利害)와 수천 년에 걸친 인류의 이해간의 간극(히브리 종교가 결코 진정으로 메우지 못했던)을 메우기 위해 교회는 연옥이라는 개념을 발명한 것이다."[87]

---

86) Jean Beleth, *Summa de ecclesiasticis officiis*, ed. H. Duteil, Corpus Christianorum Continuatio Mediaevalis XLI A, Turnhout, 1971, p. 317 sqq.
87) S. G. F. Brandon, *Man and his Destiny in the Great Religions*, Manchester University Press, 1962, p. 234.

Ⅲ. 연옥의 승리

제8장

스콜라적 체계화

13세기는 조직의 세기이다. 기독교 사회는 점점 더 엄격한 통제 속에 놓이게 된다. 경제적 영역에서는 고대 이후로 최초의 농경 경제 계약들이 나타나며, 도회에서는 수공업, 건축이나 직조 같은 신흥 산업들, 상업과 은행업을 대상으로 하는 법규들이 만들어진다. 사회 활동은 한층 더 통제되어, 노동의 영역에서는 동업 조합들이, 신앙 생활의 영역에서는 신심회(信心會)들이 통제력을 행사한다. 정치 제도들은 점점 더 구속적이 되며, 도시의 차원에서, 특히 군주 국가의 차원에서 그러하다. 프랑스 및 교황령은 그 좋은 예이고, 정도가 덜하기는 하지만 이베리아 국가들과 영국에서도 마찬가지이다. 이러한 조직화는 특히 지적인 세계에서 분명히 나타난다. 대학들과 탁발 교단들의 학교들, 도회의 학교들이 12세기의 이념적·학문적 비등(沸騰)을 전수하고 확립하고 조직하며, 신학과 법학(로마법의 부흥과 캐논법의 발달)이 대요(大要)들 즉 지식과 그 활용에 질서를 부여하는 토론과 결정과 적용의 체계를 구축한다.

불완전한 승리

연옥은 그것을 받아들이는 동시에 통제하는 이러한 움직임 가운데서 파악된다. 연옥의 탄생에 있어 결정적인 역할을 했던 스콜라 학문은 그 승리를 확고히하지만, 그러나 그것은 제한되고 불완전한 승리이다.

13세기 스콜라 학문 가운데서, 그리고 또 스콜라 학문에 의해 연옥이 정착되어 마침내 제2차 리용공의회(1274)에서 라틴 교회가 연옥을 공식적으로 인정하기까지의 과정을 이 자리에서 다 추적하기란 불가능하다. 나는 1220~1280년 사이의 가장 위대한 신학자들 중 몇몇(오세르의 기욤, 오베르뉴의 기욤, 헤일즈의 알렉산더, 성 보나벤투라, 성토마스 아퀴나스, 그리고 대알베르투스[1])이 연옥에 대해 말한 바를 검토해보려 한다. 그러나 내 목표는 이 스승들의 연옥관을 그들 사상의 전체적 맥락 가운데 재정립하려는 것이 아니며, 나는 단지 그들이 연옥에 관해 말한 바를 그들의 저작 가운데 그러한 대목이 등장하는 방식에 비추어 이해하고자 할 뿐이다.

물론 그들의 가르침에서는 12세기 후반의 스승들—롬바르디아인 피에르에서 성가대장 피에르에 이르는, 라 포레의 질베르에서 크레모나의 프레보스탱에 이르는—에게서 느껴지는 바와 같은 열렬한 사상의 토론을 찾아볼 수 없다. 그러나 그렇다고 해서 13세기 파리 대학에서의 토론의 열기, 토론된 문제들 및 쿠오드리베타 quodlibeta[2]의 격한 분위기, 수도원 교사들과 세속 교사들간

---

*1) 알베르투스: 라우잉겐 1193년경~쾰른 1280. 독일의 신학자, 철학자. 도미니크회에서 교육을 받고 파리 대학의 신학 교사로 있으면서 토마스 아퀴나스를 가르쳤고, 뒤에는 쾰른에서 가르쳤다. 박학자로서, 견유학파 및 신플라톤주의를 강의에 도입했고, 비록 비판적인 입장이기는 했으나 아리스토텔레스의 주석가들인 아랍 철학자들을 소개했다. 주요 저작으로 『피조물 대요』 『금언집 주석』 등이 있다.

의 대대적인 논쟁이 보여주는 갈등 및 대담성, 아베로에스주의가 일으킨 파란과 몽매주의적 주교 에티엔 탕피에의 탄핵(1270년, 1277년) 등을 잊어서는 안 된다.[3]

여기서는 또한 연옥의 신학에 있어 흔히 배경밖에 되지 못하는 유명한 일화들을 길게 소개하지도 않겠다. 새로운 탁발 교단들은 대학의 학문이라는 13세기의 이 새로운 힘에 곧 흥미를 가졌으니, 도미니크회에서는 처음부터 별다른 생각 없이 그러했고, 프란체스코회에서는 좀더 어렵사리 곤란을 겪으면서 그러했다. 그러나 그들의 스승들 중 몇몇은 아주 일찍부터 스콜라 학문의 대가로 등장했고, 세속 교사들을 제치고서 더 많은 학생들을 끌어모았다. 세속 교사들은 그들에게 탁발이라는 이상과 걸맞지 않는 권력에의 욕구, 협동심의 결여 등을 비난했으나, 한마디로 그들을 시기했다고 할 수 있다. 13세기에 연옥의 위대한 신학자들은 탁발 교단에서 나왔다.

13세기 지성인들은――라틴어 번역을 통해――고대의 위대한 그리스 철학자들(플라톤과 특히 아리스토텔레스) 및 중세의 아랍 철학자들(1037년에 죽은 아비센나 Avicienne[4]와 1198년에 죽은 아베로에

---

2) P. Glorieux, *La littérature quodlibétique de 1260 à 1320*, 1925에서 열거된 쿠오드리베타의 제목들 가운데 연옥에 관한 쿠오드리베타는 단 하나밖에 없다. 그것은 "연옥에서의 동일한 징벌로부터 풀려나는 시기가 다소간에 이르거나 늦을 수 있는가(*utrum aequali poena puniendi in purgatorio, unus citius possit liberari quam alius*," quod. II, 14, p. 278)라는 제목으로, 토마스 아퀴나스가 1269년 성탄절에 즈음하여 행한 것이다(* '쿠오드리베타' 란 중세 교육 과정의 일부인 '논쟁 *disputatio*' 이 발전한 것으로, 아무것이나에 대해 아무나에 의해(*de quolibet ad voluntatem cujuslibet*) 제기된 문제를 놓고 벌어지는 논쟁이었다. 일 년에 두 번 교사들은 쿠오드리베타의 대회를 열 수 있었으며, 그래서 쿠오드리베타는 흔히 '공개 토론' 을 의미하기도 한다).

3) 1277년에 탄핵된 제217조항은 막연하나마 저승의 불에 관한 것이다: "(육신으로부터) 분리된 영혼이 결코 불의 고통을 받지 않는다는 것(*quod anima separata nullo modo patitur in igne*)." 그런데 그것은 신학부가 아니라 문예학부에서 행해진 강의 내용이었다. Cf. R. Hissette, *Enquête sur les 219 articles condamnés à Paris le 7 mars 1277*, Louvain-Paris, 1977, pp. 311~12.

스Averroës[5])을 읽는다. 교회 당국은 "이교도" 철학자들에 대한 이러한 관심을 고운 눈으로 보지 않는다. 아베로에스의 것으로 알려진 어떤 학설은 이성적 진리와 계시적 진리를 구별하며, 그것들 사이에 대립과 심지어는 양립 불가능성이 있을 수 있음을 인정하는데, 이 경우 아베로에스의 입장은 신앙보다는 이성을 우위에 놓는 것이 될 터이다. 아베로에스가 13세기 파리 대학에서 성공을 거두었다는 것은 부정할 수 없는 사실이지만, 파리의 교사들이 실제로 이중적 진리의 교의를 받아들였는지는 확실치 않다. 그러나 그들 중 여럿이 그렇다는 혐의를 받았고, 그들에 반대하는 격렬한 논쟁이 벌어졌다. 아베로에스 논쟁과 연옥의 교의는 무관한 것이었다. 그러나 스콜라 학자들은 연옥을 논함에 있어 권위뿐 아니라 이성에도 의거하고자 하였다.

마침내 반동은 파리 자체내에서 일어났다. 주교 에티엔 탕피에는 1270년 12개 조항은 오류이며 이교 철학에 근거한 것이라고 선포하고 탄핵했다. 1277년에는 새로이 219개 조항이 탄핵되었다. 이 두 번의 유설표(謬說表)는 상당히 잡다한 "오류"들을 나열한 것이었으나, 1270년에 가장 표적이 된 사조는 아베로에스주의 내지는 그의 이름과 결부된 주의였고, 1277년에는 아리스토텔레스주의였

---

*4) 아비센나: 이란, 부카라 980~하마단 1037. 아랍명 이븐 시나. 페르시아의 의사로 이슬람 세계의 가장 이름 높고 영향력 있는 철학자·과학자·신비가이다. 그의 저작들은 12세기에 라틴어로 번역되어 서구에 널리 전파되었으며, 신-플라톤주의적 아리스토텔레스주의를 보여주는 그의 사상은 성아우구스티누스의 사상과 혼합되어 중세 스콜라 학자들, 특히 프란체스코회 학자들에게 영향을 미쳤다.

*5) 아베로에스: 스페인, 코르도바 1126~마라케시 1198. 아랍명 이븐 루시드. 이슬람 전통과 그리스 사상을 종합한 영향력 있는 이슬람 종교 철학자. 아리스토텔레스의 여러 저작과 플라톤의 『국가』에 관한 주석을 썼으며, 이는 여러 세기에 걸쳐 서구 세계에 영향을 미쳤다. 그의 철학은 파리 대학에서 브라방의 시제에 의해 교수되었으나 토마스 아퀴나스의 반대를 받았고 1240년과 1513년에는 단죄되기까지 했다. 특히 물의를 일으킨 것이, 본문에서도 언급되었듯이, 합리적(이성적) 진리와 계시된 진리는 다를 수 있고 심지어 상반될 수조차 있다는 이른바 '이중 진리설'이다.

는데 여기에는 토마스 아퀴나스의 가르침도 일부 포함된다. 에티엔 탕피에의 탄핵들이 미친 영향을 가늠하기란 쉽지 않으며, 또 그것은 내 목표도 아니다. 이처럼 호된 검열들이 만들어낸 분위기가 신학 일반의 추구에 호의적이지는 않았다 하더라도, 연옥 신학에 미친 직접적 영향들은 별로 대단치 않았다. 우선은 연옥이라는 문제가 파리에서 일어난 분쟁들에 비하면 주변적인 것이었기 때문이다. 1277년에 탄핵된 마지막 두 조항만이, 앞으로 보게 되겠지만, 저승의 영역과 관계된다. 특히 연옥에 관한 라틴 신학적 성찰의 본질은 1274년에 완성되었으며, 이 해에 제2차 공의회에 의해 공인될 것이었다.

13세기의 논전은 아마도 신학부에서보다 학예 학부 *la faculté des arts*[6] 즉 젊은 학생들이 기초 과정——그것은 우리에게 잘 알려져 있지 않은데——을 교육받던 문예 및 과학 학부에서 더욱 격렬했을 것이다. 그러나 연옥은 우선적으로——대학에서는——신학자들의 문제였고, 따라서 특히 파리의 문제였다. 왜냐하면 13세기에는, 언제나 그러했듯이, 볼로냐에서는 법학이, 파리에서는 신학이 대표적인 학문이었기 때문이다. 그러나 그 분위기는 학생들로 보나 선생들로 보나 가히 국제적이었다. 오세르의 기욤이나 오베르뉴의 기욤 같은 프랑스인들과 나란히 영국인 헤일즈의 알렉산더, 독일인 쾰른의 알베르투스, 이탈리아인 반뇨레기오의 보나벤투라와 토마스 아퀴나스(아퀴노의 토마소)가 파리 대학의 신학에서 두각을 나타내고 있었다.[7]

---

*6) 13세기의 대학은 (자유)학예·법학·의학·신학의 네 학부로 구성되었다. 기초 과정에 해당하는 학예 학부를 마친 뒤에야 상급 학부들 *les Facultés supérieures*인 다른 세 학부에 들어가게 되었다.

7) 13세기 스콜라 학문의 서지는 방대하다. 종합은 신학보다는 철학의 분야에서 이루어졌다. 그러므로 전체적 시각을 얻기 위해서는 다음과 같은 고전적 저작들을 참조하는 편이 좋을 것이다. E. Gilson, *La Philosophie au Moyen Age*, 3ᵉ éd., Paris, 1947; M. de Wulf, *Histoire de la philosophie médiévale*, 6ᵉ éd., t. II, Louvain, 1936; F. van

연옥의 승리가 불완전하다고 하는 것은 우선 그것이 라틴 공식 신학에서 거둔 성공이 기독교 세계의 중요한 지역들에서의 그 실패를 가려서는 안 되기 때문이다. 즉 한편으로는 발도파와 카타르파라는 이단들의 거부가 있었으니, 13세기에는 카타르파와 로마 교회간의 대결이 큰 비중을 차지하였다. 그런가 하면 다른 한편으로는 그리스인들의 적대감도 있었다. 그리스인들은 정치적인 이유들 때문에 제2차 리용공의회(1274)에서 체결된 양 교회의 일시적 연합 동안에는 연옥에 대한 거부를 내색하지 못했지만, 이 새로운 저승을 용인하지 않는 그들과 라틴인들과의 논쟁은 피할 수 없었다. 라틴 교회는, 12세기말 이단들과의 투쟁으로 인해 연옥의 존재를 규명하게 되었던 것과 마찬가지로, 13세기에는 이러한 논쟁들을 통해 연옥을 더 잘 정의하게 되었다.

불완전한 승리라고 하는 또 다른 이유는 로마 교황청과 교회의 위계 질서내에서, 그리고 물론 대학에서도 점차 역할이 커지던 라틴 지식인들이 이 새로운 저승에 대해 일종의 불신을 가졌기 때문이다. 그러한 불신은 구체적인 자료로 입증하기란 어렵지만 분명히 감지되는 것으로, 그들의 저작 여기저기서 시사된다. 그것은 이중의 불신이었으니, 극히 빈약한 성서적 근거밖에 갖지 못한 신앙에 대한 일종의 거북함에서 기인하는 동시에, 특히 이 신앙이 속되고 미신적인 신심에 빠진 것은 아닌가 하는 우려에서 오는 것이다. 민중 문화와 민중적 감수성에 그토록 밀착되어 있는 저승,

---

Steenberghen, *La Philosophie au XIIIe siècle*, Louvain-Paris, 1966. 13세기의 대스콜라 학자들은 철학과 신학을 분명히 구별했다. 그러나 그 경계를 수립하기란 쉽지 않으며, 이 두 학문을 각기 어떻게 정의하느냐에 달려 있다. 전체적으로 보아 ─ 그리고 그것이 가장 나은데 ─ 이러한 종합들은 이 두 학문을 충분히 구별하지 않고 있다. 중세 철학을 그 사회적 맥락 가운데 더듬어본 시사적인 글로는 F. Alessio, "Il pensiero dell'Occidente feudale," in *Filosofie e Società*, t. I, Bologne, 1975가 있다. 또한 C. Tresmontant, *La Métaphysique du christianisme et la crise du treizième siècle*, Paris, 1964에서는 매우 독창적인 해석을 찾아볼 수 있다.

이론보다는 상상력에 의해, 영적이라기보다는 감성적으로 정의되는 저승에 대한 우려였다. 그래서 연옥을 합리화하고 측량하고 통제하고 순화할 필요가 생겨난다.

13세기 파리의 위대한 초기 신학자들은 예컨대 다음과 같은 방식으로 연옥이라는 문제에 접근한다.

스콜라 신학에 아리스토텔레스를 도입한 사람들 중 하나인 오세르의 기욤은 그의 『황금 대요』에서 죽은 자들을 위한 대도 및 정화하는 불이라는 두 가지 관점에서 연옥에 관해 말하게 된다.

대도와 관련된 질문들("연옥에 있는 자들을 위해 대도는 어떤 효력이 있는가?"와 "은혜의 영역 바깥에 있는 자들을 위해 행해지는 대도가 연옥에 있는 자들에게 유익할 수 있는가?"라는)[8]은 저승에서의 회계라는 개념의 발달에 있어 매우 흥미롭다.

기욤은 정화하는 불이라는 문제와 연옥 그 자체의 문제 사이에 끼어 있다. 정화하는 불이 영혼들을 정화하는 방식에 있어, 그는 특히 정화의 동력인(動力因) *causa efficiens purgationis*이라는 신학적 문제에 흥미를 갖는다. 그는 이 대목에서 저승에 "공덕의 장소 *locus merendi*"가 있느냐는 문제에 관해 중립적 입장을 취한다. 사실 그는 위대한 스콜라 학자들과 일치하는 견해 즉 죽은 뒤에는 더 이상 공덕을 쌓을 수 없다는 견해를 지닌 것처럼 보이기도 하나, "거기에 그 질을 새기지는 못하지만(*영혼을 태우지는 못하지만) 거기에 작용하여 영혼들을 정화하는 불"(*ignis purgatorius purgat animas agendo in eas tamen non intendit eis imprimere qualitatem suam*)에 의한 개전의 가능성을 부인하는 자들에 대해서는 반대 입장을 취한다. 이것은 매우 중요한 신학적 문제로, 공덕의 가역성을 시인하느냐 여부가 거기에 달려 있다. 공덕의 가역성

---

8) Guillelmus Altissiodorensis, *Summa Aurea*, éd. Pigouchet, Paris, 1500, réédition anastatique, Francfort-sur-le-Main, Minerva, 1964, livre IV, fol. CCCIIIIv et CCCVv.

*la réversibilité des mérites*은 15세기에나 이르러 인정될 것으로, 그 이전에는 연옥의 영혼들이 산 자들의 대도에 도움을 받을 뿐이고, 산 자들의 대도는 죽은 자들을 위해 기도한다는 자비의 행위가 저 승에서의 공덕으로 돌아가는 한에서만 그들 자신에게 도움이 된다.

연옥에 관한 대스콜라 학자들의 텍스트들은 여러 가지 방식으로 대학적 방법론의 자취를 지니고 있다. 나는 그 중 두 가지를 지적하겠다. 대학 교육은 특히 교과서의 주석을 통해 이루어졌으니, 13세기의 대표적 교과서는 롬바르디아인 피에르의 『4대 금언집』이었다. 그런데, 앞서 보았듯이, 이 롬바르디아 학자가 『제4 금언집』에서 다룬 정화하는 불이 13세기에 연옥이 된다. 파리 학자들은 롬바르디아인 피에르에 대한 그들의 주석에서 연옥을 다루게 되었는데, 1160년에 죽은 파리 주교[9]는 그때까지도 이 개념을 제대로 알지 못했다. 고린도전서의 대목은 여전히 중요한 전거이지만, 성경 그 자체는 점차 기초 텍스트로서 롬바르디아인 피에르의 이차적 텍스트에 의해 대치된다.

다른 한편으로 대학 교육은 방법적이고 합리적인 교과 과정을 중심으로 정비되었는데, 이 교과 과정은 아리스토텔레스 철학이나 아베로에스주의 같은 당대의 관심사들 및 지적인 유행들과 무관하지 않다. 그러나 문제들은, 정규 과정 이외의 어떤 문제라도 접근할 수 있기 위해 만들어진 쿠오드리베타의 체계 속에서조차도, 보다 광범한 맥락 가운데 삽입됨으로써만 의의를 갖는다. 연옥은 『종말론 *De novissimis*』[10]이라는 맥락 속에 자리한다. 이 세기의 대신학자들에게 있어 그것은 교회에 의해 공인되고 대학 과정에서 제시된, 그러나 별다른 흥미를 일으키지 않는 기정 사실이었다.

---

*9) 롬바르디아인 피에르를 가리킨다.
10) 로마에 있는 그레고리우스 대학의 탁월한 장서 목록에서도 연옥은 이 제목으로 분류되어 있다.

12세기에 중간적 저승이란 신학자들과 신비가들에게 그리고 덜 세련된 형태――성서 주석, 죄의 본질, 참회의 실천, 이상과 꿈의 위상 등――로는 적어도 세속 사회의 일부에게 공통된 몇몇 큰 문제들과 긴밀히 연관되어 있었다. 이처럼 제기된 질문들에 대한 답변을 세련시키는 데에 신학 특히 파리 신학은, 이미 보았듯이, 세기 후반에 크게 기여했다.

13세기에 대학 그리고 특히 파리 대학의 신학은 연옥을 받아들여 확립하고 그것을 기독교 사상 체계내에 도입하나, 그것을 근본적인 문제로 삼는 것처럼 보이지는 않는다. 그러므로 이제 우리의 탐색을 한편으로는 지식인들과 다른 한편으로는 목자들 및 회중들이라는 두 가지 차원으로 끌고 가야 하겠다.

지상적 참회의 계속으로서의 연옥: 오베르뉴의 기욤

중세 사상의 가장 뛰어난 역사가들 중 한 사람인 드 불프 M. de Wulf는 이렇게 썼다: "위대한 사변적 신학자들의 계보는 세기 전반의 가장 독창적인 정신들 중 하나인 오베르뉴의 기욤 Guillaume d'Auvergne[11]과 더불어 시작한다. 〔……〕 기욤은 13세기 최초의 위대한 철학자이다."[12] 내가 보기에 연옥에 관한 한 오베르뉴의 기욤

---

*11) 오베르뉴의 기욤: 오리악 1180년경~파리 1249. 파리 대학 신학 교수. 1228년에는 그레고리우스 9세로부터 파리 주교로 임명받는다(그래서 파리의 기욤이라고도 불린다). 그가 남긴 상당한 양의 생생하고 독창적인 신학적 저술은 당대의 문제들이 어떤 것이었던가를 보여준다. *Magisterium divinale*라는 기념비적 저작을 남겼는데, 이 책은 『제1원리에 대하여 *De primo principio*』『왜 신이 인간이 되었는가 *Cur deus homo*』『성사론 *De sacramentis*』『신앙과 법에 대하여 *De fide et legibus*』『공덕과 보상에 대하여 *De meritis et retributionibus*』『우주론 *De universo*』『영혼론 *De anima*』 등 전7부로 구성되어 있다.

12) 오베르뉴의 기욤에 관해서는 다음을 참조. Noël Valois, *Guillaume d'Auvergne, sa vie*

은 12세기 최후의 위대한 이론가이다.[13] 한편 에티엔 질송은 "사고 습관 전반으로 보나 문체로 보나, 기욤은 12세기말에 속한다"고 평가하면서, 기욤이 아벨라르와 클레르보의 베르나르에 이어 중세 프랑스 최후의 위대한 신학자라고 지적한 바 있다. 내가 보기에 오베르뉴의 기욤의 이처럼 다소 "예스런" 면은, 흔히 말해지듯 아리스토텔레스 철학에 대한 그의 반감(은 사람들이 말하는 것만큼 그렇게 대단한 것이 아니었다)에서라기보다, 그가 아무리 위대한 신학자라고 해도 역시 세속의 목자로서 그의 회중의 관심과 사고 방식에 가까웠기 때문인 듯하다. 대학의 신지식인들이 형성기의 라탱구(區) le Quartier latin[14]라는 게토에 스스로 갇히는 경향이 있었던 것만큼이나, 대다수의 신도들은 새로운 신학에 뒤져 있었던 것이다.

1180년경 오리악에서 태어나, 1222~1228년 동안 파리에서 신학 담임 교사 *la maître régent en théologie*[15]로 있다가 1228년부터 1249

---

      et ses ouvrages, Paris, 1880; J. Kramp, "Des Wilhelm von Auvergne Magisterium Divinale," in *Gregorianum*, 1920, pp. 538~84; 1921, 42~78, 174~87; A. Masnovo, *Da Guglielmo d'Auvergne a San Tommaso d'Aquino*, 2 vol., Milan, 1930~1934.
13) 앨런 번스타인은 1979년 2월 *Medieval Association of the Pacific*에서 *William of Auvergne on punishment after death*라는 주제의 발표를 했으며, 내게 그 원고를 기꺼이 넘겨주었다. 나는 그의 해석에 대체로 동의한다. 다만 내가 보기에는 그가 한 편으로는 Arno Borst의 견철을 밟아 카타르파와의 투쟁이 기욤의 연옥관에 미친 영향을, 다른 한편으로는 정화하는 불에 관한 기욤의 생각이 내포할 수 있는 모순을 다소 과장한 듯하다. 번스타인은 "Hell, Purgatory and Community in XIIIth century France"에 관한 연구를 시작하였다.
*14) 이는 물론 대학의 교사 및 학생들이 라틴어를 사용한 데서 붙여진 이름이다.
*15) 대학의 상급 학부들은 정교사들 또는 담임 교사들 *les maîtres titulaires ou régents*에 의해 이끌어졌으며, 상급 학부 각각의 우두머리가 학장 *le doyen*이었다. 또, 파리 대학의 교사 및 학생들은 출신지에 따라 네 '국민 *quatre nations*'으로 나뉘었는데, 각 국민의 우두머리가 *régent*들에 의해 선출되는 학생감 *procureur*이었고, 네 명의 학생감은 학예학부의 우두머리인 학장 *le recteur*을 보좌했다. 대학의 총회에서는 학예학부의 학장이 우두머리가 되었다.

년 죽기까지 파리 주교를 지낸 오베르뉴의 기욤은 1223~1240년 사이에 『신적인 또는 지혜로운 교직(敎職) Magisterium divinale sive sapientiale』이라는 대작을 집필했다. 일곱 편의 논문으로 이루어진 이 저작 중 가장 중요한 『피조물의 세계에 관하여(우주론) De universo』는 1231~1236년 사이에 씌어졌다.

그는 우선 이승과 저승을 연결하는 지도를 그려보이는데, 거기서 영혼이 복락을 누리는 장소는 우주의 정상인 정화천(精華天) l'Empyrée에 있고, 불행의 장소는 우주의 밑바닥, 천상계의 하늘과 반대되는 지하의 심연 속에 있으며, 행복과 불행이 뒤섞인 장소는 산 자들의 세계에 있다. 그리고 나서 그는 연옥에 접근하여 그 위치 및 불이라는 두 가지 고전적인 문제를 고찰한다. 먼저 그는 즉시로 정화의 장소라는 문제를 제기하는데, 이때쯤 되면 연옥이라는 용어는 기정 사실에 속한다: "연옥이라 불리는 영혼들의 정화의 장소가 특정한 장소로서 인간 영혼들의 정화를 위해 마련된 것이며 지상 낙원이나 지옥이나 우리의 처소와 구별되는 것인지, 그것이 문제이다."[16]

오베르뉴의 기욤에게 있어 육신의 죽음 뒤에도 정화되어야 할 많은 것들이 남는다는 것은 "분명한 일"이었다(manifestum est). 그리고 곧 그는 자신의 연옥관의 가장 중요한 개념을 피력하는 바, 그것은 지상적 참회의 연속이라는 것이다. 누구보다도 그가 잘 표명한 이 참회적 연옥관은, 앞서 살펴본 바와 같이, 12세기의 전통에 속하는 것이다.

---

16) De loco vero purgationis animarum, quem purgatorium vocant, an sit proprius, et deputatus purgationi animarum humanarum, seorsum a paradiso terrestri, et inferno, atque habitatione nostra, quaestionem habet(De universo, chap. IX, Guilielmus Parisiensis, Opera Omnia, Paris, 1674, I, 676). 이 편집본의 제60, 61, 62장(pp. 676~79)은 연옥의 위치에 관한 것이고, 제63, 64, 65장(pp. 680~82)은 정화하는 불에 관한 것이다.

제8장 스콜라적 체계화 471

정화의 명백한 필요성에 대해 기욤은 첫번째 이유를 든다: 갑작스러운 또는 예견치 못한 죽음, 예컨대 "칼이나 질식이나 과도한 고통으로 인한" 죽음으로 죽은 망자들은 참회할 기회를 갖지 못한 채 죽었으므로 그 참회를 마칠 장소가 필요하다. 그러나 연옥이 존재해야 할 또 다른 이유들도 있으니, 죽음에 이르는 죄와 경미한 죄간의 차이도 그 하나이다. 모든 죄가 동등하지 않으므로, 이 죄들이 요구하는 속죄의 양도 중죄들과 경미한 죄들에 대해 같을 수가 없다. 가령 살인이나 강도 같은 죄는 징벌로써 *per poenam* 속죄되는 반면, 너무 많이 웃은 죄, 먹고 마시기를 즐긴 죄 같은 것들은 참회로써 *per poenitentiam* 속죄되는 것이다.

경미한 죄들을 지은 망자는 분명 그 죄들을 지닌 채 낙원에 들어갈 수는 없지만, 그렇다고 해서 지옥에 가지도 않을 것이다. 그는 천국의 영광에 들기 전에 그것들을 속죄해야 하며, 따라서 그가 이러한 속죄를 할 장소가 필요해지는 것이다. 오베르뉴의 기욤은 그러므로 연옥의 시간에 대해서는 아무런 의심도 없었다. 그것은 죽음과 육신의 부활 사이에 위치한다.

그는 또한 지옥과 연옥을 아주 분명히 구분한다. 그러나 그가 13세기에 흔히 그러했던 것처럼 사후 정화의 고통스러운 성격을 강조하지 않았다고는 해도, 그렇다고 해서 연옥의 참회를 속죄에, 연옥의 시련을 정화적이고 참회적인 징벌 *poenae purgatoriae et poenitentiales*에 비겼다고는 할 수 없다. 사실에 있어, 그리고 그것이 그의 위대한 생각인데, "정화하는 고통은 이생에서 시작된 참회적 정화를 완성하는 고통이다." 그는 예기치 못한 죽음이나 죽기 전의 불완전한 참회, 경미한 죄를 지은 상태로의 죽음 등의 빈번함이 이러한 고통들을 "많은 영혼들에게 필요한 *necessariae sunt multis animabus*" 것으로 만든다고 덧붙인다. 다시 말해 연옥은 아주 붐빌 가능성이 있다. 이렇게 볼 때——비록 드러나게 말해지지는 않았지만——지옥이 연옥 덕분에 다소간에 덜 붐빌 가능성이 있다는 것은 분명하다. 한편 연옥의 존재는 지상에서의 기독교적 삶의 수행을 위해서도 손해될 것이 없다. 그것은 이승에서의 나태를 조장하기는커녕 그 반대이다. "왜냐하면, 다른 동기가 없더라도 장차의 정화에 대한 두려움에서 사람들은 이승에서의 참회적 정화를 좀더 쉽게 시작하여 좀더 열심히 그것을 행하고 죽기 전에 그것을 마칠 것이기 때문이다."

그러므로 연옥의 존재는 추론에 의해, 그리고 참회라는 시각에서 입증된다. 오베르뉴의 기욤은 또 다른 증명을 계속한다. 그 첫 번째는 경험에서 나온 것으로, 사후 정화 가운데 처한 영혼들이나 사람들에 관한 수많은 이상과 망령들은 연옥의 실재를 증명한다. 정화적 저승에 관한 문학의 중요성을 인식한 그는 이러한 망령들의 이야기가 제공하는 구체적 정보들의 유익을 지적한다. 그 이야기들은 듣기에 흥미로울 뿐 아니라 *quae non solum auditu jocundae sunt* 유익한 것이다. 거기에서 죽은 자들을 위한 대도——기도·보시·미사 등등——의 필요성이 생겨난다.

연옥이 존재해야 할 마지막 이유는 정의에의 요구이다. 그는 반복하여 "연옥과 영혼의 정화의 존재를 부인한 자들은 참회를 알지 못했다"고 말한다. 그런데 참회란, "영적인 심판, 죄지은 영혼이 자신을 고발하고 자신에게 반대되는 증언과 판결을 하는 심판이다." 그러나 모든 심판은 정의를 만족시켜야 한다. 모든 과오는 똑같이 중하지 않고 똑같은 징벌을 받을 만하지도 않다. 인간의 정의가 이러한 벌의 혼동을 용인하지 않을진대, 자비이기도 한 신적인 정의는 한층 더 그러할 것이다. 여기서도 오베르뉴의 기욤은, 내가 앞서 제시한 대로, 참회뿐 아니라 정의에 목마른 12세기의 계보에 속해 있다.

연옥의 존재는 의심의 여지가 없다 하더라도 그것을 어디에 두느냐는 문제는 남는다. 여기서 오베르뉴의 기욤은 난관에 부닥치는데, 왜냐하면 "어떤 법도 어떤 문헌도 그 위치를 밝히고 있지 않기 때문이다 *nulla lex, vel alia scriptura determinat.*" 그러므로 이상이나 망령들이 계시하는 바를 믿는 수밖에 없다. 그것들은 이러한 정화가 이 땅 위의 수많은 장소에서 이루어짐을 보여준다. 이 점에 대해 기욤은 이론적이고 합리적인 정당화를 제시하고자 한다. "그렇다는 것은 놀라운 일이 못 된다. 왜냐하면 이러한 정화는 참회의 분량을 채우는 것이기 때문이다. 그러므로 그것이 참회자들의 장소와 다른 장소에서 이루어진다고 볼 수는 없는 것이다." 그리고는 덧붙여 이렇게 말한다: "전체에게나 부분에게나 같은 장소가 배당된다. 가령 어떤 사람이 있는 장소에 그의 손과 발이 있게 마련이다. 이러한 정화는 참회의 부분에 불과한 것이다." 그리하여 기욤은 참회적 연옥이라는 그의 신조에 근거하여 연옥을 이승에 위치시킨다. 아마도 그것은 대그레고리우스를 읽고서 거기에 대해 합리적인 설명을 구한 데 지나지 않을지도 모른다 *apparere etiam potest ex ratione.* 특히 우주에 관한 그의 공간적 개념을 표명한 뒤, 그는 이러한 결론에 이를 수밖에 없었을 것으로 보인다. 낙원은 위쪽에 있고 지옥은 아래쪽에 있으며, 우리의 땅은 그 중간에 위치한다. 연옥이라는 중간적 처소는 그 중간에 위치함이 마땅하다. 한 세기 이상 뒤에 단테는 오베르뉴의 기욤과 같은 노선의 연옥관을 갖는다. 즉 그것은 지옥보다는 낙원에 더 가까운 장소이며, 비명횡사의 희생자들이 또는 문지기 카토 Caton[17]의 경우처럼 자살의 희생자들이 거하는 곳이다. 그러나 단테는 그의 반구(半球)적 지구관[18]으로 인해 연옥의 산에 중간적인 동시에 특정한 위치를

---

*17) 대(大)카토(B.C. 234~149)의 증손자인 우티카의 카토(B.C. 93~46)를 가리킨다. 공화국(원로원)의 옹호자이자 강직한 스토아 철학자로, 삼두 정치에 반대하다가, 공화국의 자유가 종말에 이르는 것을 지켜보며 자결함으로써 치욕을 면한 인물이다. 그는 비록 신앙을 갖고 있지 않았고 지옥에 이르는 죄인 자살을 했음에도 불구하고, 자유를 위해 목숨도 아끼지 않았다는 점에서 중세에 이르도록 자유의 규범으로 여겨졌다. 단테도 그를 흠모하여 『신곡』에서 그로 하여금 연옥을 지키게 했다.
*18) "(단테의 연옥)산은 남반구에 솟아 있으며, 단테의 전거인 프톨레마이오스에 의하

부여하게 된다.

오베르뉴의 기욤이 『우주론』에서 연옥에 관련하여 다룬 두번째 문제는 그 당시 연옥의 본질적이고 필수적인 장치일 뿐 아니라 흔히 연옥 그 자체이던 불의 문제이다.

앨런 번스타인 Alan B. Bernstein은 기욤이 연옥 불에 관해 쓴 장들에 모순이 있다고 생각했다. 기욤은 비물질적인 즉 순수히 "은유적인"——꼭 그렇다는 말은 하지 않았으나——불의 개념 쪽으로 기울어지는 듯하다가 결국에는 물질적인 불의 개념을 인정한다는 것이다. 번스타인은 이러한 모순을 해명하기 위해, 오베르뉴의 기욤이 이중적 차원을 갖는 이론을 구상했으리라고 본다. 즉 그의 학생들이나 제자들(그리고 그 자신)을 위해서는 오리게네스의 입장에 가까운 가상의 불 un pseudo-feu이라는 가정을 세웠으나, 신도 회중을 위해서는 무지한 정신들에게 더 잘 이해될 물질적이고 실재적인 불의 개념을 제시했으리라는 것이다. 분명 파리의 주교는 고도의 신학자인 동시에 양들의 안녕을 매우 염려하는 목자였다. 그러나 내 생각에 앨런 번스타인이 보는 바와 같은 이중적 가르침은 13세기 전반의 고위 성직자에게는 있기 어려운 일이고 『우주론』을 더 잘 이해하게 해주는 것도 아니다.

오베르뉴의 기욤은 피조물들의 우주를 다룬 이 논저에서 불의 유형학과 현상학을 시도한다. 그의 말에 따르면 온갖 종류의 불들이 있다. 예컨대 시칠리아에는 특이한 성격의 불들이 있으니, 머리칼에 인광이 나게 하면서 태우지는 않는 불도 있고, 불 도마뱀처럼 불에 타지 않는 생물들도 있다. 불에 관한 지상의 과학적 진리가 그러하다면, 신이 특수한 종류의 불, 가벼운 죄들이나 불완전하게 속죄된 죄들을 사라지게 할 불을 만들지 못할 리가 있는

면, 남반구는 살아 있는 자들은 들어갈 수 없는 메마른 대양으로 되어 있다. 산은 예루살렘의 대척점에 위치한다."

가? 그러니까 기욤에게는 우선은 연옥의 불이 여느 불과 같지 않
다는 것을 보여줄 필요가 있다. 그것은 특히 지옥의, 게헨나의 불
과 다르다. 기욤의 논지는 연옥과 지옥을 잘 구분하는 데 있느니
만큼, 연옥의 불은 지옥의 불과 달라야만 하는 것이다. 그러나, 지
옥의 불도 우리가 이 땅 위에서 체험하는 불 즉 연소하는 불과는
다르다. 지옥의 불은 타도 태워 없애지는 않는 불인 것이, 왜냐하
면 저주받은 자들이 거기서 영원히 고통당해야 하기 때문이다. 그
러므로 만일 태워 없애지 않으면서 영원히 타는 불이 있다면, 신
이 죄만을 태워 없앰으로써 죄인을 정결케 하는 불을 만들지 못할
리가 있겠는가? 그러나 태워 없애지 않으면서 타는 이 불들은 그
렇다고 해서 덜 사실적인 것은 아니다. 다른 한편으로 기욤은 연
옥에 있던 망령들이 나타나 확인해주는 바대로 불이 거기서 겪는
속죄의 유일한 형태는 아니라는 의견에도 주의한다. 그러므로 불
은 은유가 아니라 연옥의 영혼들이 겪는 속죄 및 순화 과정의 전
체를 가리킨다.

 오베르뉴의 기욤에게 있어 연옥 불이 은유적인 것이라는 가설을
지지하기 위해 앨런 번스타인이 내세우는 또 한 가지 중요한 근거
는 다음과 같다. 기욤은 말하기를, 가령 실제가 아니면서도 공포
를 유발하는 악몽에서 그러하듯, 그 불이 상상 속에서조차도 효력
을 가질 수 있다고 한다. 그러나 앞서 연옥 신앙이 이승에서의 참
회를 보다 충실케 한다고 주장했던 것과 마찬가지로, 그는 정화하
는 불이 영원한 구원에 대해 갖는 효력을 입증하고자 한다. 내가
보기에, 그가 말하고자 하는 것은, 불은 인간의 상상 속에서만 존
재할 때에도 이미 효력이 있으므로, 그것이 실제일 때는 한층 더
효력이 있다는 것인 듯하다. 왜냐하면, 오베르뉴의 기욤에게 있어
연옥 불이란 실제적이고 물질적이라는 것을 어떻게 의심하겠는가?
앨런 번스타인 자신도 지적했던 대로, 기욤에 의하면, 이 불은 "영
혼의 육신들을 육신적으로 사실적으로 괴롭힌다 *corporaliter et vere*

torqueat corpora animarum." 연옥의 극(劇)이 단순히 그림자들의 극일 뿐 아니라 육신들의 극이라는 것, 영혼들은 그들의 육신을 물질적인 불에 물어뜯긴다는 것을 이보다 더 잘, 더 대담하게 표현한 자가 누구이겠는가?

연옥과 탁발 교사들

위대한 탁발 신학자들과 더불어 우리는, 그들의 개성과 그들 각자가 속한 교단의 특성에 기인하는 개별적 독창성에도 불구하고, 일관된 교의를 만나게 된다.

피올란티 A. Piolanti는, 비록 몇 가지 관점에서 오류를 범하기는 했지만, 대스콜라 학자들(헤일즈의 알렉산더, 성보나벤투라, 성토마스 아퀴나스, 대알베르투스)의 전체적 입장을 잘 정의한 바 있다: "13세기에 대 스콜라 학자들은, 롬바르디아인 피에르의 텍스트에 주석을 달면서, 보다 일관성 있는 종합을 구축한다. 사면 가능한 죄의 사면, 고통의 경중과 지속, 정화소의 위치 등[19] 이차적 쟁점들을 논하면서도, 그들은 연옥의 존재, 고통의 시간적 한계 등을 공통된 신조로 가졌고, 불을 실제적인 것으로 보는 데에 일치했다."[20]

프란체스코회 수사들

1) **롬바르디아인 피에르의 주석으로부터 저승의 과학에 이르기까지: 헤일즈의 알렉산더**

나는 이미 헤일즈의 알렉산더가 롬바르디아인 피에르의 『금언

---

19) 내가 보기에 이것들은 이차적인 문제들이 아니다.
20) A. Piolanti, "Il dogma del Purgatorio," in *Euntes Docete*, 6, 1953, p. 301.

집』에 붙인 주석에서 발췌, 인용한 바 있다(p. 446-48 참조). 거기서 그는 수학적 관점에서 연옥에 관해 비례성 *la proportionnalité*이라는 문제를 심화한다. 그의 주석의 골자는 다음과 같다.[21]

1185년경에 태어난 이 영국인은 1210년 이전에 파리에서 학예 교사 *maître ès arts*가 되었고 1225년부터 1245년 죽기까지 거기에서 신학을 가르친다. 1236년에 그는 성프란체스코회에 들어가 파리 대학 최초의 프란체스코회 신학 교수직에 임명된다. 그는 아리스토텔레스의 저작들을 읽는 것이 거듭 금지되었음에도 불구하고—금지의 반복은 금지의 효력이 없음을 나타낸다—이 "철학의 왕자"를 설명한 최초의 신학자들 중 한 사람이다. 오랫동안 그의 작품으로 간주되어왔던 『신학 대요』는 실상 그의 작품이 아니라 그의 가르침에 영향을 받은 프란체스코회 계통 대학인들의 작품이다. 반면 그는 그가 최초로 대학 과정의 신학 교육에서 교재로 채택했던 『롬바르디아인 피에르의 금언집 주석』(1215년의 제4차 라테라노공의회는 롬바르디아인 피에르를 공식적 신학자로 공인한다)의 저자이다. 이 주석은 아마도 1223~1229년 사이에 쓰어진 것이다. 또한 그가 프란체스코회에 들어가기 이전에 '토론된 문제들'을 모은 『수사가 되기 이전에 토론된 문제들 *Quaestiones disputatae antequam esset frater*』이라는 저작도 있다.

『롬바르디아인 피에르의 금언집 제4권』의 주석에서 알렉산더는 연옥을 제18과와 특히 제20과 "때늦은 참회에 대하여, 연옥의 고통과 완화에 대하여"[22] 그리고 제21과 "사면 가능한 죄들의 사면과 징벌에 관하여, 금과 마른풀과 짚의 교훈에 대하여, 죄의 일곱 가

---

21) 헤일즈의 알렉산더의 생애와 작품에 관해서는 그의 주석 *Magistri Alexandri de Hales Glossa in quatuor libros sententiarum Petri Lombardi*, Quaracchi, 1951의 제1권에 실린 *Prolegomena*(pp. 7~75)를 참조.

22) *De sera poenitentia, de poena purgatorii et de relaxationibus*(*Glossa in quatuor libros sententiarum Petri Lombardi*, vol. IV, Quaracchi, 1957, pp. 349-65).

지 사면 방식에 대하여"[23]에서 다룬다.

그는 연옥이라는 문제를 때늦게 불완전한 참회를 한 자들과 사면 가능한 죄들밖에 짓지 않은 자들에게 국한시키며, 그 또한 고린도전서를 나름대로 이용하고 있음을 볼 수 있다.

알렉산더는 우선 불이라는 문제를 다루면서, 영혼들을 세상 끝 날까지 정화할 불이 존재한다고 한다. "이중의 불이 있으니, 그 하나는 정화하는 불로서 영혼들을 지금부터 (최후의) 심판 날까지 정화하며, 다른 하나는 심판 이전에 올 것으로 이 세상을 태워 없애고 금과 마른풀과 짚 등으로 집 지은 자들을 정화할 것이다. 만일 그들에게 무엇인가 아직도 탈 것이 남아 있다면 불에는 빛과 불꽃과 잉걸(lux, flamma, carbo)이라는 세 가지 종류가 있음을 유의해야 한다. 그러한 구분은 세 부류의 사람들에게 할당된다. 선택된 자들에게는 상층이, 정화되어야 할 자들에게는 중간이, 저주받은 자들에게는 하층이."

"잉걸과 불꽃과 빛은 서로 다르다(Topiques, V, 5)"고 썼던 아리스토텔레스와 사도 바울을 동시에 참조하는 외에도, 헤일즈의 알렉산더는 불에 관한 전통적 견해들을 종합한다. 어떤 이들은 그 불이 부활 이전에 작용한다 하고, 또 어떤 이들은 부활 뒤 최후 심판 이전에 작용한다 하거니와, 알렉산더는 죽음과 부활 사이에 오는 정화하는 불 le feu purgatoire과 부활과 심판 사이에 소진(消盡)시키는 또는 순화하는 불 le feu consumateur ou purificateur이라는 두 가지 불이 있다고 선포함으로써 양자를 종합하는 것이다. 아리스토텔레스가 세 가지 불을 구분한 것은 알렉산더로 하여금 연옥의 중간적·매개적 성격을 잘 정의하게 해주었으니, 빛은 선택된 자들의, 잉걸과 숯은 저주받은 자들의 몫인 반면 연옥에 대응하는

---

23) *De remissione et punitione venialium, de aedificandis aurum, foenum, stipulam, de septem modis remissionis peccati*(*ibid.*, pp. 363~75).

것은 정화하는 불꽃이다. 여기에서 우리는 아리스토텔레스가 13세기 스콜라 학자들에게 제공한 논리적 도구의 좋은 예를 찾아볼 수 있다.

1) 이 연옥의 불은 사면 가능한 죄들을 정화한다 *purgans a venialibus*. "죄는 이생에서 여러 가지 방식의 사랑에 의해 사면되고 정화된다. 마치 한 방울의 물이 화덕에 떨어지듯이, 성찬과 견진(堅振)과 종부 성사에 의해. 죄는 죽음 뒤에 연옥에서 정화된다."

2) 그것은 또한 치명적인, 그러나 충분히 속죄되지 않은 죄들도 정화한다 *et a poenis debitis mortalibus nondum sufficienter satisfactis*.

3) 그것은 어떤 시간적인 벌보다도 더 큰 벌이다 *poena maior omni temporali*. 이는 아우구스티누스적 주제의 반복으로, 지옥을 다소간에 한산한 곳으로 만드는 개념과 결부될 수 있을 유화(宥和)주의의 관념을 배척하려는 것이다.

4) 이는 부당하고 불공정한 벌이 아닌가 *nonne iniusta et improportionalis?* 전장에서 나는 이 질문의 중요성을 시사했다고 생각한다.

5) 거기에 믿음과 소망이 있으나, 아직 (지복) 직관은 아니다 *ibi fides et spes, nondum visio*. 알렉산더는 많은 이들이 그렇듯이 연옥이란 희망이라는 점을 강조한다. 그러나 그는 또한 그것이 아직 천국이 아니며 하나님을 보는 것이 허락되지 않는다고 말한다.

6) 그곳에 못 가는, 또는 가지 않아도 되는 자들은 극소수이다 *illud vitantes seu evolantes pauci*. "교회에서 충분한 공덕을 쌓아 연옥을 지나지 *transire per purgatorium* 않아도 되는 이들은 극소수이다." 연옥이란 대다수의 인간들, 대다수의 망자들에게 있어 잠정적인 저승이다. 연옥의 양적 우세는 여기서 확인된다.

한편 헤일즈의 알렉산더는 교회와 연옥간의 관계도 다루었다.

첫번째 문제는 연옥의 영혼이 어느 사법권의 관할인가 하는 것이다.

정화하는 벌을 일시적인 벌과 바꾸는 것이 열쇠 맡은 자의 권세(죄를 사하는 권세는 예수께서 베드로에게 주신 것이고, 그를 통해 모든 주교들과 사제들에게로 이어진다)에 속하지 않는다는 반대에 대해서는 이렇게 대답해야 할 것이다. 연옥에 *in Purgatorio* 있는 자들은 모종의 방식으로 전투적 교회의 사법 관할에 속하며, 정화하는 불도 그것이 만족한 (참회를 이루는) 벌에 적합한 한 그러하다고. 신자들은 전투적 교회 아니면 승리하는 교회에 속하는데, 그 중간에 *in medio* 있는 자들은 승리한 교회에도 전투하는 교회에도 전적으로 속하지 않으므로, 열쇠 맡은 자의 권세에 의해 사제의 관할에 *potestati sacerdotis* 종속될 수 있다.

이는 실천적 차원에서나 이론적 차원에서나 교회법이 재정비되던 이 시대에 교회로 하여금 저승의 새로운 영역을 부분적으로나마 자기 것으로 만들게 하는 중요한 텍스트이다. 그때까지는 영적 사법권, 영혼의 심사권은 죽음이라는 경계선에 의해 분명히 구분되었다. 그 이쪽인 이생에서는 인간은 교회의 관할이었고, 저승에서는 신의 관할이었다. 물론 시성(諡聖) *la canonisation*[24]에 관한 최근의 법령들은 몇몇 고인들에 대한 권세를 교회에 주고 죽음 직후 단번에 천국에 올려 지복 직관을 누리게 하나, 그러면서도 "교회는 극소수 망자들의 운명에 대해서밖에는 말하지 않는다."[25] 그

---

*24) 기독교회가 그 고인들 중 신도 일반의 존경을 받을 만하다고 생각되는 이들을 공인된(캐논) 성인 명단에 올리는 일을 말한다. 초대 교회에는 공식적인 시성은 없었으나 지방마다 순교자들에 대한 숭배는 널리 퍼져 있었고, 순교자의 유해를 장지로부터 교회로 옮기는 것은 사실상의 시성에 해당했다. 그러한 시성 과정에 점차 교회 당국이 개입하게 되었고, 13세기에는 시성이 교황의 권한에 속하게 된다.
25) G. Le Bras, *Institutions ecclésiastiques de la chrétienté médiévale*, I, Paris, 1959, p. 146.

러나 연옥에 대한 간섭은, 이미 보았듯이, 대다수의 신자들에게 관련된다. 분명 이 새로운 영역은 전적으로 교회에 의해 병합되지는 않는다. 그것은 그 중간적 상황 때문에 신과 교회의 공통의 사법권에 속한다. 봉건제가 이 시대에 발전시킨 공동 사법에 견주어, 신과 교회가 연옥에 대한 파리아주(pariage, 봉건 사법 용어로 공동 영주권)를 갖는다고 말할 수도 있을 것이다. 그러나 이는 신자들에 대한 교회의 권세를 얼마나 확대하는 일인가! 교회가 지상 세계의 달콤함에 넘어가버린 자들의 은근한 반대와 이단들의 거센 반대에 부딪혀 이승에서의 권세를 위협받는 때에, 교회는 죽음의 피안에까지 신자들에 대한 권세를 확장하는 것이다.

그것은 가장 충실하고 가장 넓은 의미에서 교의상의 문제이며, 연옥과 관련하여 성도들의 통공(通功) *la communion des saints*[26]의 역할이라는 문제를 명확히 표명한 최초의 인물들 중 하나가 헤일즈의 알렉산더이다. 문제는 다음과 같다: "교회의 대도는 연옥의 망자들에게 효력이 있는가?" 대답: "특정한 고통이 죄에 대한 보속 *satisfaction*을 가져오는 것과 마찬가지로, 죽은 신도들을 위해 신음하며 기도함으로써 그들의 죄를 슬퍼하는 보편 교회의 공통된 고통 *la douleur commune de l'Eglise universelle*도 보속을 돕는다. 그것은 그 자체로서 보속을 이루지는 못하되 참회자의 고통과 더불어 보속을 도우며, 그것이 바로 대도의 정의이다. 왜냐하면 대도는 지체들 중 하나의 고통을 경감시킬 수 있는 교회의 공덕이기 때문이다."[27] 그리하여 고통은 단순한 속죄일 뿐 아니라, 연옥의

---

*26) 세례를 통해 그리스도와 연합된 사람들이 서로 사귀며 유익을 나누는 것. 중세 기독교에서는 하나님과 함께 하늘에 있는 성도들(승리한 교회), 살아 있는 사람들(싸우는 교회), 아직 완전하게 되지 못한 사람들(고통당하는 교회) 사이에서 통공이 이루어진다고 믿었다.

27) *Respondemus: sicut dolor communis Ecclesiae universalis, plangentis peccata fidelium mortuorum et orantis pro ipsis cum genitu, est adiutorius in satisfactione: non quod per se plene satisfaciat, sed (quod) cum poena poenitentis iuvet ad satisfactionem, sicut*

영혼들이——산 자들의 도움으로——정화를 완수하고 나아가 산 자들을 위해 하나님께 중재를 들 자격을 얻게 되는 공덕의 원천이 된다는 개념이 분명히 드러나기 시작한다.

그렇더라도 교회는 이 새로운 저승관으로부터 교권상의 큰 권세를 얻게 된다. 교회는 산 자들이 그들의 죽은 자들을 위해 드리는 기도와 보시와 미사와 온갖 종류의 봉헌을 관장하고 다스리며, 거기서 이익을 취한다. 교회는 연옥 덕분에 면죄의 체계를 발전시켜 그로부터 큰 권세를 얻고 치부하다가, 마침내는 자신을 겨누는 위험한 무기를 만들어내고 마는 것이다.

헤일즈의 알렉산더는 이러한 발전에 이론을 제공하는 동시에 그것을 몸소 겪었다. 그는 신중하다: "교회가 완전한 자들로 해서 다른 사람들에게 보속을 얻어줄 수 없다는 반대에 대하여, 나는 교회가 완전한 보속은 아닐지라도 도움은 줄 수 있다고 답하였다. 그러나 죽은 자들은 '이미 살아계신 하나님의 수중에 있으며 주께서는 "내가 정한 기한을 당하면 정의로 판단하리라"(시편 75: 3)고 하셨으니' 어떻게 그들을 위해 이런 죄의 감면을 얻어줄 수 있겠는가라고 반박하는 이들도 있다. 거기에 대해 우리는 이렇게 대답하겠다. 영혼의 무게를 달아보시는 분만이 각각의 죄에 기인하는 형벌의 크기를 아시며, 사람이 거기에 대해 지나치게 알려 하는 것은 옳지 못하다고. 그러나 사랑 가운데서 성지(聖地)를 구하러 가는 자들은 믿음 가운데 넉넉한 보시를 행함으로써 스스로 모든 죄에서 벗어날 뿐 아니라 연옥에 있는 친족들을 위해 보속을 얻어줌으로써 그들을 자유케 할 수 있다."

죽은 자들을 위한 면죄는 그러므로 이 예외적인 부류의 기독교인들, 13세기에는 점점 더 드물어지던, 십자군 용사들에 의해 아

---

ex ratione suffragii potest haberi. Suffragium enim est meritum Ecclesiae, poenae alicuius diminutivum(Glossa, vol. IV, p. 354).

주 드물게만 허용되었던 것이다. 그러나 그러한 장치는 일단 들어섰고 가동할 준비가 되어 있었다. 세기말에, 보니파치우스 8세는 1300년의 희년(禧年) *le jubilé*[28]을 맞이하여 그것을 대폭 이용할 것이다.

1216~1236년간의 『수사가 되기 이전에 토론된 문제들』에서 헤일즈의 알렉산더는 다시금 연옥을 수차 거론한다. 제48제에서 그는 사면 가능한 죄들에 관련하여 죄과는 종부성사에 의해 소멸되는 반면 형벌은 연옥에서만 치러질 수 있다고 구별하였다.[29] 그런가 하면 연옥 형벌의 혹독함 *acerbitas*을 환기하기도 한다.[30] 연옥에 있는 자들에게 희망이 있느냐는 문제에 대해 그는 배를 타고 여행하는 자들에 관한 아름다운 비유로써 답한다. 그들의 희망은 그들 자신으로부터가 아니라 다른 누군가로부터 오는 것이다. 여행자들은 그들의 발이나 아니면 말이나 배 같은 다른 외적 수단을 통해 전진하거니와, 연옥에 있는 망자들은 "배를 탄 여행자들과도 같다. 그들은 자신을 위해 공덕을 쌓지는 못했지만 뱃삯은 치렀다. 마찬가지로, 연옥에 있는 망자들은 배 위에서 공덕을 얻을 선장으로서는 아니지만 선객으로서의 형벌은 치른 셈이다."[31]

2) 보나벤투라와 말세

1217년 라티움 Latium과 움브리아 Ombrie의 경계에 있던 반뇨레

---

*28) 구약 성경에 의하면 유대인들은 매 50년마다 완전한 휴식을 취하고 노예를 해방하며 땅을 본래의 상속자에게 돌려주게 되어 있었다. 로마 카톨릭의 희년은 이와 매유 유사하지만, 직접적으로 거기에 근거한 것은 아니다. 1300년 보니파치우스 8세는 100주년을 희년으로 정했으나, 1342년 클레멘스 6세는 50년으로, 1470년 파울루스 2세는 25년으로 희년의 주기를 단축했다.

29) Alexandre de Halès, *Quaestiones disputatae antequam esset frater*, Biblioteca franciscana scholastica medii aevi, 3 vol., t. 19, 20, 21, Quaracchi, 1960. 인용된 제48제는 pp. 855~56에 실려 있다.

30) *Ibid.*, p. 1069.

31) *Ibid.*, p. 1548.

기오 Bagnoreggio에서 태어나 장차 보나벤투라 Bonaventure라는 이름을 갖게 될 조반니 피단차 Jean Fidanza는 젊어서 파리로 가 1243년에 프란체스코회에 들어간다. 1248년에는 성서학사(*bachelier biblique*, 성서를 설명할 자격)를, 1250년에는 금언학사(*bachelier sententiaire*, 롬바르디아인 피에르의 『4대 금언집』을 주석할 자격)를 얻고 1253년에 신학 박사 *maître en théologie*[32]가 된다.[33] 대학 경력의 초기인 1250~1256년에 걸쳐 롬바르디아인 피에르에 관한 그의 『주석』을 집필하며, 1257년에는 프란체스코 교단의 총재가, 1273년에는 추기경이 된다. 그에게서는 프란체스코회 박사 특유의 아우구스티누스적 영감의 무게가 느껴진다.[34]

『금언집 주석』의 제4권 제20과에서 보나벤투라는 "연옥의 형벌 그 자체"를 다룬다. 그는 우선 이 벌이 분명 죽음 뒤에 오는 것이라고 확언한다. "연옥의 벌이 시간적인 벌들 중에 가장 큰 것인지 *utrum poena purgatorii sit maxima poenarum temporalium*" 하는

---

*32) 중세에는 maître와 docteur가 동의적으로 쓰였다. 중세 초기에는 학생들이 가르침을 받고자 하는 학자는 누구나 maître였다. 그러나 12세기에 들어 볼로냐의 법학자들은 docteur라는 칭호를 선호했고, 16세기에 이르면 신학·법학·물리학 등의 maître들은 흔히 docteur로 불렸다. 본문에서 maître를 '박사'로 옮기는 것은 maître en théologie였다는 보나벤투라나 알베르투스 등이 모두 les docteurs로 지칭되고 있기 때문이다.

33) 1274년에 죽은 그는 1482년에야 성인품에 오르며, 1558년에야 교회의 박사로 선포된다. 보나벤투라에 관해서는 J.-C. Bougerol, *Introduction à l'étude de saint Bonaventure*, Paris, 1961과 전5권으로 된 *S. Bonaventura 1274~1974*, Grottaferrata, 1973~1974를 참조. 성보나벤투라와 연옥에 관한 유용한 라틴어 연구서로는 Th. V. Gerster a Zeil, *Purgatorium iuxta doctrinam seraphici doctoris S. Bonaventurae*, Turin, 1932가 있다.

34) 보나벤투라의 『롬바르디아인 피에르의 금언집 주석』은 1882년부터 카라치에서 시작된 기념비적인 프란체스코회 편집에서 전4권으로 나와 있다. 제4권의 주석은 제4권에 들어 있으며, 제20과는 pp. 517~38에, 제21과의 제1부 제2조와 3조는 pp. 551~56에, 제44과의 제2조는 pp. 943~44에 실려 있다. 가장 쉽게 볼 수 있는 편집본은 역시 카라치의 수사들이 만든 *S. Bonaventurae Opera Theologica*, editio minor, t. IV. *Liber IV Sententiarum*, Quaracchi, 1949이다.

문제에 대해 그는 그것이 "그런 종류로서는" 영혼이 육신과 결합되어 있을 때에 겪을 수 있는 모든 시간적인 벌보다 더 무겁다고 대답한다. 보나벤투라는, 아우구스티누스의 전통에 따라 연옥에서 겪게 되는 벌의 준엄함을 단언하고 이 벌과 이승에서의 벌들간에 있을 수 있는 관계를 인정하면서도, 연옥의 특수성을 강조한다. 물론 거기에는 그의 스승이었던 헤일즈의 알렉산더가 주장하는 정화적 벌의 비례성에 근거한 이론들의 반향이 들어 있다. 그리고 나서 보나벤투라는 모든 대스콜라 학자들의 관심사였던 문제 즉 연옥에서 겪는 벌이 의지적인 것인지의 여부, 다시 말해 그들의 체계에서 각별한 자리를 차지했던 "의지"의 문제를 다룬다. 보나벤투라는 그것이 의지적인 것이라고 보며, 『신을 향한 영혼의 여정』에 묘사된 여섯 단계 중 세번째 단계에서 그는 "자신에게서 신의 형상이 빛나는 것을 보는" 영혼을 묘사한다. "왜냐하면 기억과 지성과 의지라는 세 가지 능력 가운데서 영혼은 신을 그 자신이 그의 형상 속에 있는 듯이 보기 때문이다" (J.-C. Bougerol).

모든 위대한 스콜라 학자들은 각자의 고유한 체계에 따라 표현 방식이 다르기는 하지만 연옥의 벌에 제한된 의지적 성격밖에 부여하지 않는다. 왜냐하면 죽음 뒤에는, 헤일즈의 알렉산더가 확증한 바와 같이, 자유 의지를 행사할 수도 공덕을 쌓을 수도 없기 때문이다. 그러므로 이 신학자들에 따르면, 사면 가능한 죄들은 형벌에 있어서는 quoad poenam 연옥에서 사면되지만 죄과에 있어서는 quoad culpam 죽음의 순간에 사면된다. 롬바르디아인 피에르를 좀더 문자적으로 따르는 토마스 아퀴나스는 그의 『금언집 주석』에서 이렇게 가르친다: "은혜의 상태에서 죽은 자들이 저승에 가면, 사면 가능한 죄는 죄과 그 자체에 있어서는 연옥의 불에 의해 사면된다. 왜냐하면 이 형벌은 어느 정도 의지적이므로, 거룩케 하는 은혜와 양립 가능한 모든 죄과를 속죄하는 능력이 있기 때문이다." 그는 『악에 대하여 De malo』에서도 같은 입장을 견지하여, 사면 가능한 죄는 연옥에만 있다고 하며, 죄과는 죽음의 순간에 완전한 사랑의 행위에 의해 소멸된다고 본다.

연옥 형벌의 의지적 성격이라는 문제에 대해 보나벤투라는 거기에 극히 미미한 의지적 성격밖에는 없다고 *minimam habet rationem voluntarii* 본다. 왜냐하면 의지는 그것을 "감내하지만" "그 반대의 것을 원하기" 때문이다. 즉 벌이 끝나고 하늘의 복락을 누리기를 원하는 것이다.[35] 다음 질문은 연옥과 천국의 관계에 관한 것이다: "연옥의 형벌에는 도상에서——즉 인간이 순례자로서 거쳐가는 이승에서——보다 영광의 확실성이 적은 것이 아닌가?"[36] 거기에 대해 보나벤투라는 이렇게 대답한다: "연옥에는 도상에서보다는 영광의 확실성이 크나, 본향에서보다는 적다." 여기서는 희망으로서의 연옥이 문제되고 있으며, 보나벤투라는 확실성에 대해 말함으로써 일견 희망을 넘어서고 있다고도 할 수 있다. 그러나 그는 확실성에 여러 등급을 도입한다. 그는 "중간"이라는 연옥의 근본 성격에 따라, 천국의 두 장소 내지는 두 단계를 구분한다. 그것이 "본향 *patria*"[37] (이 용어 및 개념은 다른 저자들에게서는 발견되지 않는다)과 "영광 *gloria*"으로서, 전자는 안식 가운데 발견되는 아브라함의 품이라는 개념과 가까운 것으로 보이며, 후자는 지복 직관의 향유와 부활한 영광의 몸을 되찾은 인간의 "신격화"를 모두 가리킨다.

여기서 보나벤투라가 던지는 질문은 연옥의 실제 역사에서 그처럼 중요한 상상력의 영역에 속하는 것이므로 매우 흥미롭다. 그는

---

35) 이 모든 문제들에 관해서는 A. Michel, "Purgatoire," in *Dictionnaire de Théologie catholique*, col. 1239~40을 참조.
36) *Utrum in poena purgatorii sit minor certitudo de gloria quam in via* …… 그 대답은 다음과 같다: *in purgatorio est maior certitudo de gloria quam in via, minor quam in patria*(*Opera*, t. IV, fol. 522~24).
37) 이 말은 사도 바울에게서 유래한다: "이같이 말하는 자들은 본향 찾는 것을 나타냄이라"(히브리서 11:14).

"연옥의 형벌이 마귀들의 역사에 의해 *ministerio* 부과되는가"라는 질문에 대해 이렇게 답한다: "연옥의 형벌은 마귀들이나 선한 천사들의 역사에 의해 부과되는 것이 아니며, 영혼들은 선한 천사들에 의해 하늘로 악한 천사들에 의해 지옥으로 끌려가는 것일 터이다."

그러니까 보나벤투라는 연옥을 천사들과 마귀들 사이에 있는 일종의 "중립 지대"로 보는 것이다. 그러나 그는 평등성 가운데 있는 불평등이라는 시각에서——이는, 내가 이미 지적했던 대로, 봉건 사회의 인간들에게는 근본적인 논리 구조이다——그것을 천국에 더 가까이 위치시킨다. 이는, 훗날 단테가 말하듯이, 영혼 인도자들 *les psychopompes*은 선한 천사들이기 때문이다. 그러므로 저승에 관한 대다수의 이상 특히 『성패트릭의 연옥』과는 모순되는 견해이다. 연옥은 13세기 기독교 신앙에 들어 있는 극화(劇化)의 분위기 가운데 정착된다. 그것은 특히 12세기말에 지배적이던——이상들의 암울함에도 불구하고——전-낙원적 내지는 비-지옥적인 저승관과 13세기 동안 이루어지는 아르투로 그라프 Arturo Graf의 이른바 연옥의 점차적 "지옥화" 사이의 갈등에서 기인한다. 보나벤투라는 이 점에서 전통적이라 할 수 있다.

그는 연옥의 고유한 위치에 관해서도 역시 전통적이다. "연옥의 위치는 아래쪽이냐 위쪽이냐 중간이냐 *superius an inferius an in medio?*"는 질문에 대해 그는 다음과 같은 독창적인 대답을 한다: "연옥의 위치는 아마도, 공통된 법에 따르자면, 아래쪽 *inferius*인 듯하다. 그러나 그것은 신적인 분배에 *dispensationem divinam* 따르자면 중간일 터이다." 우선, 천사들과 마귀들에 관한 앞의 질문에서와 같이, 여기서도 확실치 않은 견해들과 가능성들의 영역에 있음을 상기하자. 상상적이고 구체적인 것에 관한 한, 대스콜라 학자들은 다소간에 몸을 사린다. 그러나 보나벤투라의 견해는, 저승의 새로운 체계에 따라, 연옥을 지하에 두는 공통된 법과 그것을 중간적 위치에 두는 신적인 차원을──그 대립까지는 아니라 할지라도 그 차이를 지적하면서도──접근시키고 있으므로 매우 흥미롭다. 그는 그러므로 공통의 법과 신적인 경제라는 두 차원, 전통과 신학적 경향이라는 이중성 사이에 처해 있는 것이다. 연옥의 위치에 관한 보나벤투라의 주저는 『제4 금언집 주석』의 다른 두 대목에서도 발견된다.

연옥 불을 다루면서 그리고 고린도전서 3장 15절에 관한 롬바르디아인 피에르의 주석에 자기 나름대로 주석을 붙이면서,[38] 보나벤투라는 이 불이 징계적 성격 외에 영적인 정화의 힘을 가지며 따라서 마치 성사처럼 죄를(사면 가능한 것이든 아니든), 즉 죄과를 정화한다는 견해에 반박한다. 연옥 불에서 징계 이외의 새로운 힘 vis nova을 보려는 데 대한 거부의 근거로서 그는 많은 영혼들의 정화와 은혜에 들지 못한 죄과의 정화가 여러 장소에서 per diversa loca 이루어진다고 한 대그레고리우스의 증언을 상기시킨다. 그러므로 여기서 그는 정화가 이승에서, 죄를 지은 바로 그 장소에서 이루어진다는 그레고리우스의 전통을 따르고 있는 것이다.

이미 제20과의 여섯번째 질문에서 보나벤투라는 연옥의 위치에 관한 또 다른 증언 즉 『성패트릭의 연옥』의 예에 언급한다. 이 이상으로부터 그는 정화의 장소는 성도의 중보에 달려 있을 수 있다는 결론을 끌어낸다. 그에 따르면, "누군가"가 성패트릭으로부터 지상의 어떤 장소에서 벌받을 허락을 얻었으며, 그리하여 거기에 연옥이 있다는 전설이 나오게 되었다는 것이다 in quodam loco in terra, ex quo fabulose ortum est, quod ibi esset purgatorium. 그러나 그 나름의 결론은, 단순히 정화의 장소가 여럿 있다는 것이다. 그리하여, 『성패트릭의 연옥』의 인기를 입증하면서도, 그는 이러한 연옥의 위치가 아마도 이 이야기에서는 진실일 수도 있겠지만, 다

---

38) 제21과 1부 2항의 두번째 질문.

른 데서는 "우화"의 원천에 불과하다고 생각한다. 이는, 뒤에 보게 되겠지만, 하이스터바흐의 차이자리우스 같은 시토 수사의 견해와는 판이한 것이다. 한마디로 그것은 연옥 이상이라는 민중문학의 전통에 대한 지식인의 불신을 보여주는 것이다.

보나벤투라는 연옥의 위치라는 문제를 제4권 제44과 제1항에서 "영혼들의 거처"에 관한 전통적 질문으로 제기한다. 그는 그리스도 성육신 이전과 이후의 저승 지리를 세심히 구별한다. 그리스도 이전에 지옥은 감각의 형벌(물질적인 징벌)과 상실 dam의 형벌[39] (지복 직관을 박탈당함)을 동시에 받는 최하층 locus infimus과 그보다는 위쪽에 있으며 박탈의 벌만을 받는 하층 locus inferior으로 이루어져 있었다. 이것들이 어린 아이들의 림보와 조상들의 림보 내지 아브라함의 품을 포함하는 림보(limbus, 중세에는 림보를 하나 또는 여럿으로 생각했다)들이다.

그리스도 이후에는 낙원, 지옥, 림보 그리고 연옥이라는 네 처소가 생긴다. 그러한 개념이 명백히 제시된 적은 없으나, 연옥은 성육신의 결과로서 죄의 사면과 결부되며 그리스도의 도래에 의해 창시된 듯하다. 또한 림보는 어린 아이들의 림보밖에 남지 않으나, 보나벤투라는 그것을 지옥과 분명히 구별하므로(대알베르투스 같은 이는 그것을 지옥과 연결하기도 한다) 그 결과 네 처소가 생겨난다. 보나벤투라는, 그가 즐겨 그렇게 하듯이, 이 네 처소의 체계를 또 다른 체계, 이번에는 선택된 자들의 "세 가지 상태"라는 3원적이고 추상적인 체계와 교차시킴으로써 이론을 전개해나간다. 즉, 보상의 상태(다시 말해 낙원), 안식 속의 대기 상태(*quietae expectationis*, 다시 말해 아브라함의 품), 정화의 상태(다시 말해 연옥)가 그것이다. 그는 덧붙인다: "정화의 단계는 우리와 관련해서나 그 자체로서나 불확정한 장소 *locus indeterminatus et quoad nos*

---

[39] 우리말 카톨릭 용어로는 이것들을 각고(覺苦)와 실고(失苦)라고 한다.

*et quoad se*에 대응한다. 왜냐하면, 아마 많은 이들이 어느 한 장소에서 정화를 받겠지만, 모두가 같은 장소에서 정화받는 것이 아니기 때문이다." 그리고 나서 그는 여기서 아우구스티누스의 권위를 환기한다.

요컨대, 보나벤투라는 연옥의 소재에 관해 분명한 개념을 가지고 있지 않다. 그는 문제의 복잡성에 대해서는 좀더 분명히 의식하고 있으나, 셍-빅토르의 위그 같은 12세기의 유동적인 신학자나 다름이 없다. 그러나 그는 점차 유일한 장소에 대한 것으로 확립되어가는 믿음을 인정한다. 그에게 있어 그것은 대다수가 가게 되는 장소일 뿐 다른 많은 정화의 장소들이 여전히 남으며, 대그레고리우스가 생각하는 대로 이승도 그러한 장소들 중 하나일 수 있다. 여러 가지 권위들 사이에서 난처하다고나 할는지? 무엇보다도 그는 연옥을 상태 이상의 것으로 만들기를 꺼린다. 그 상태도 어디엔가 위치시켜야 한다는 것은 분명하지만, 그것은 수많은 물질적이고 임시적인 장소들 가운데 분산된 추상적 위치이다.

연옥에 있을 때 "형벌의 완화 *relaxationes*"를 받을 수 있는지 아니면 이생에 살 때만 그럴 수 있는지 하는 문제에 대해[40] 보나벤투라는, 헤일즈의 알렉산더의 전례대로, 교회 일반의, 그리고 특히 교황의 연옥에 대한 권세를 강조한다. 보나벤투라의 여기에 대한 글은 면죄 제도가 발달하고 보니파치우스 8세가 1300년의 희년을 맞이하여 죽은 자들에 대한 교황의 권세를 확립하는 데에 매우 중요한 역할을 할 것이다.

그리고 나서 보나벤투라는 다시금 연옥의 불이라는 문제로 돌아간다.[41] 그는 그것이 육신적인 것인지 영적인 것인지, 아니면 은유적인 것인지를 물으며, 박사들 *les docteurs*[42]의 견해의 다양성과 자

---

40) 제20과 2부.
41) 제21과 1부 2항.
*42) 본장 주 32 참조.

신이 사숙하던 아우구스티누스의 주저를 지적한다. 그러나 그럼에도 불구하고 그는 이 불이 "물질적이거나 육신적"인 것이라고 결론짓는다. 문제의 이러한 측면은 프란체스코회와 보나벤투라 그 자신이 매우 큰 역할을 차지하게 되는 그리스인들과의 논쟁에서 다시 살펴보게 될 것이다.[43]

반면[44] 보나벤투라는 연옥의 영혼들이 최후 심판 이전에 풀려난다는 데 대해서는 단호한 입장(그 반대 의견을 주장하는 이들을 바보 *stulti*로 취급할 정도로)을 취했다. 그는 지복 직관에 관해──그리스인들과는 반대로──그것이 실제임을 단언했다. 그는 권위들과 합리적 추론에 의거해 있다. 권위들 중에서 그는 우선 십자가 상의 예수께서 선한 강도에게 "오늘 네가 나와 함께 낙원에 있으리라"(누가 23: 43)고 이르신 것을 인용한다. 그 밖에 매우 흥미로운 세 가지 추론은 다음과 같은 것들이다: 1) 연옥에서의 정화 이후에는 지연적 요소가 있을 수 없으므로, 정화가 끝나는 즉시 천국으로 날아간다. 2) 용병에게 품삯을 거부하는 것은 정의에 어긋나는 일이다. 그러나 하나님은 무엇보다도 정의로우시므로, 그가 보시기에 인간이 보상을 받을 만하게 되면 그는 즉시 보상을 베푸신다(이는 12세기 전통에서의 정의 및 스콜라 학자들이 보수제 *salariat*의 발달에 직면하여 세련시키고자 하는 경제-사회적 윤리의 틀내에서 정당한 급료의 문제에 대한 매우 흥미로운 자료이다). 3) 끝으로 심리적인 추론이 있다. 즉 부당하게 희망을 지연시키는 것은 잔인한 일이다. 그리고 만일 성도들을 최후 심판 날까지 보상받지 못한 채 두고자 한다면, 하나님은 매우 잔인할 것이다.

『금언집 주석』의 말미에서 보나벤투라는 대도를 다룬다.[45] 약간

---

43) 보나벤투라는 그가 죽기 며칠 전 1274년의 리용공의회에서 그리스인들과 라틴인들의 연합을 공식화하는 모임의 엄숙한 연설을 행하게 된다.
44) 같은 문제의 제3항.
45) 제44과 2항.

변형된 아우구스티누스 노선에서, 그는 근본적으로 세 부류의 망자들이 있다고 본다. 즉 낙원에 있는 선한 자들 *boni*과 중간으로 선한 자들 *mediocriter boni*과 전적으로 악한 자들이다. 그는 이후로는 고전적이 된 방식으로 대답하기를 중간으로 선한 자들만이 산 자들의 대도에서 유익을 얻을 수 있다고 대답한다. 그러나 그는 죽음 뒤에는 더 이상 공덕이 없으므로, 그들은 공덕을 쌓을 상태에 *in statu merendi* 있지 못하다고 밝힌다.

보나벤투라는, 그의 대학 강의의 틀 안에서, 롬바르디아인 피에르의 『4대 금언집』을 주해했으며, 신학자가 만나게 되는 모든 문제들에 대해 자신의 생각을 극히 개인적인 방식으로 제출할 필요를 느꼈다. 이는 토마스 아퀴나스가 『신학 대요』를 쓰면서 겪었던 것과도 같다. 그것이 1254~1256년간의 『약언(略言) *Breviloquium*』이다. 거기에서 연옥이 사소한 위치밖에 차지하지 못하는 것은 보나벤투라가 분명 그가 이 문제에 관해 생각한 근본적인 내용을 『금언집 제4권 주석』에서 이미 표명한다고 또는 했다고(이 부분에서 저작들의 선후 관계는 밝히기 어렵다) 여겼음을 보여준다. 『약언』[46]에서 그는 연옥의 형벌에 관해 밝히기를, 그것은 "징벌적인 것으로서"는 물질적인 불에 의해 행해지며 "정화적인 것으로서"는 영적인 불에 의해 행해진다고 한다.

대도에 관해[47] 그는 거리낌없이 그것이 "교회적"인 것이라고 하며, 그럼으로써 이 분야에서의 교회의 지배적 역할을 나타낸다. 그는 이 대도들이 "중간으로 선한 자들 즉 연옥에 있는 자들"에게는 유익이 되나 "전적으로 악한 자들 즉 지옥에 있는 자들"이나 "전적으로 선한 자들 즉 천국에 있는 자들"에게는 무효한 것임을 분명히한다. 천국에 있는 자들의 공덕과 기도는 전투적 교회의 지

---

46) 제7부 2장.
47) 제7부 2장.

체들에게 큰 유익을 끼칠 것이다.[48]

끝으로 보나벤투라는 11월 2일의 만령절, 즉 망자 추념일을 위한 두 편의 설교에서 연옥에 관해 말한다. 그 첫번째에서[49] 그는 저주받은 자들과 선택된 자들과 정화되어야 하는 자들(damnati, beati, purgandi)을 구별한다. 그는 이 "불완전한 자들"로 분류되는 이 마지막 부류의 사람들이 있다는 것을 여러 군데 성경 구절에 근거하여[50] 확실히한다. 두번째 설교에서 그는 특히 기도에 호소하며, 유다 마카비의 기도가 "뿌리깊은 죄악으로 인해 연옥에서 환란을 겪는, 그러나 그곳으로부터 영원한 복락에로 옮겨질 자들"에게 유익했음을 지적하고, 유다, 요나단, 시몬 등의 인물을 "연옥에 있는 자들을 자유케 할 충실하고 단순하고 겸손한 기도"의 표본으로 해석한다.[51] 연옥에 대한 보나벤투라의 입장을 간결히 검토함에 있어 우리는 이 탁월한 프란체스코회 수사야말로 기도의 가장 훌륭한 스승이었음을 환기함으로써 끝맺기로 하자.[52]

도미니크회

계속하여 파리에 머물되 몇 년 전으로 돌아가 도미니크회의 가장 위대한 두 스승 즉 대알베르투스와 토마스 아퀴나스의 연옥관을 살펴보기로 하자. 이 파리 신학자들의 사회에서 연대적 순서는

---

48) Bonaventure, *Opera*, t. V, fol. 282~83. 카라치의 수사들은 『금언집 주석』에 대해서처럼 『*Breviloquium*』에 대해서도 좀더 간편한 편집본을 펴냈다.
49) *Opera*, t. IX, pp. 606~07.
50) 고린도전서 3장 10~15절 외에 그는 연옥과의 관련이 퍽 멀어 보이는 구약(욥기 2: 18; 잠언 13:12)과 바울서신서(디모데후서 4:7~8, 히브리서 9:15) 등을 인용한다.
51) *Ibid.*, p. 608.
52) 보나벤투라 신학에서 기도의 중요성은 연옥을 그의 사상에 한결 깊숙이 자리하게 한다. 거기에 대해서는 Zelina Zafarana, "Pietà e devozione in San Bonaventura," in *S. Bonaventura Francescano*(Convegni del Centro do Studi sulla spiritualità medievale, XIV, Todi, 1974, pp. 129~57).

무시할 수 없지만, 파리 신학 교수직의 계승과는 다른 연계성, 즉 양대 탁발 교단 각기의 내부에서 교의의 계보를 더듬는 것이 분명 더 나을 것이다. 대알베르투스는 그의 연옥관의 근본적인 요소들을 1240~1248년 사이에 노정한다. 그것들은 1268년에 그의 제자 스트라스부르의 위그 리플렝Hugues Ripelin de Strasbourg에 의해 널리 보급된다. 그것들은 알베르투스의 또 다른 제자이자 그 자신도 위대한 지성이었던 토마스 아퀴나스의 독창적인 저작에 영향을 미친다. 토마스 아퀴나스는 그의 연옥관을 1252~1256년에 행한 파리 대학의 강의에서 처음으로 피력하는데(그는 보나벤투라와 거의 같은 시기에 롬바르디아인 피에르의 금언집을 주해한다), 그의 사상은 1274년 그의 죽음 뒤에 일단의 제자들에 의해 정리된다. 이러한 도미니크회의 동아리는 아리스토텔레스적 방법과 기독교 전통간의 스콜라적 균형의 정상에 위치하며, 13세기 대학 교육 및 사상에서 "합리적" 체계의 "최고봉"을 이룬다. 알베르투스와 토마스의 교의적 재능은 스트라스부르의 위그가 저술한 『개요 Compendium』와 피페르노의 레지날드Réginald de Piperno가 그의 협력자들과 함께 저술한 『신학 대요 보유』에 의해 널리 보급되고 계승된다.

1) 연옥의 스콜라적 청사진: 대(大)알베르투스

라우잉겐의 알베르투스Albert de Lauingen는 1207년경 태어나 1223년 파도바Padoue에서 도미니크 교단에 들어갔고 쾰른과 다른 독일의 수도원들에서 교육을 받은 뒤 파리로 가서 1240~1242년에는 금언학사가 되고 그 후에는 신학박사가 되어 1242~1248년에는 파리 대학의 도미니크회 교수직 두 자리 중 하나를 맡는다.[53] 아리

---

53) 대알베르투스에 관해서는 O. Lottin, "Ouvrages théologiques de saint Albert le Grand," in *Psychologie et morale aux XIIe et XIIIe siècles*, vol. VI, Gembloux, 1960, pp. 237~97과 *Albertus Magnus Doctor Universalis 1280/1980*, éd. G. Meyer et A. Zimmermann, Mainz, 1980을 참조.

스토텔레스의 독자이기는 했으나 아직 진정한 아리스토텔레스주의 자는 아니었던 이 시기에 그는 두 권의 신학 저서를 썼다. 그 하나가 『피조물 대요 Summa de creaturis』로, 아마 『부활론 De resurrectione』이라는 논설도 그 일부인데, 필사본 그대로 남아 있으며 집필 연대는 1246년 이전으로 추정된다.[54] 다른 하나는 『롬바르디아인 피에르의 금언집 주석』이다. 알베르투스는 이 두 저서에서 연옥을 다룬다.

『부활론』은 아마도 『피조물 대요』의 결론이 될 예정이었던 『종말론 De novissime』에 해당할 것이다. 남아 있는 필사본에서 그것은 미완성이며, 예고되었던 "영원한 복락과 영원한 면류관과 하나님의 집과 처소들"은 다루어지지 않은 채 최후 심판에서 끝나고 있다.

제1부에서 부활 일반을, 제2부에서 그리스도의 부활을 다룬 다음, 제3권에서 알베르투스는 악인들의 부활이라는 문제에 접근한다. 그는 말하기를, "형벌의 장소들"은 "지옥과 연옥과 어린 아이들의 림보와 족장들의 림보"라고 한다. 지옥이 장소인가 하는 질문에 대해 그는 지옥이 이중적이라고 답한다. 즉 물질적인 장소인 외적 지옥과 저주받은 자들이 어디에서나 겪는 형벌인 내적 지옥이 있다는 것이다. 지옥의 위치는 "땅의 중심"이며, 거기서 겪는 형벌은 영원하다. 그도 역시 권위로서 아우구스티누스를 인용하며, 그 밖에 셍-빅토르의 위그와, 연옥의 위치 및 불이라는 문제에 관해서는 대그레고리우스와 『성패트릭의 연옥』을 인용한다. 논리적인 점에서는 아리스토텔레스에 의거한다.

『부활론』에 따르면, 연옥은 분명 하나의 장소이며, 지옥 가까이에 위치한다. 그것은 지옥의 상층부이다. 그레고리우스와 패트릭

---

54) *De Resurrectione*, ed. W. Kübel in *Alberti Magni Opera Omnia*, t. XXVI, Münster/W, 1958. 제6문(問) *De purgatorio*는 pp. 315~18에, 제9문 *De locis poenarum simul*은 pp. 320~21에 실려 있다.

이 지상의 연옥에 관해 이야기한 것은 사실이지만, 그것은 연옥에 있는 영혼들이 인간들에게 경고하기 위해 특별한 허락을 받고 지상에 나타난 예들일 뿐이다. 셍-빅토르의 위그와 사도 바울의 텍스트(고린도전서 3장)들은——후자에 관해서는 아우구스티누스의 주석에 영향을 받았다——사면 가능한 죄들은 연옥에서 사해진다고 한다. 알베르투스가 아리스토텔레스에 의거하여 세밀한 논리적 증명을 전개해가는 이러한 논증은 상당히 길다. 그리고 나서 알베르투스는 좀더 간결히 연옥 형벌의 본질과 강도를 다룬다. 그의 견해에 따르면 연옥의 영혼들은 믿음의 빛과 은혜의 빛을 누리므로 지옥의 벌은 받지 않으며, 그들에게 잠정적으로나마 결여된 것은 지복 직관이다. 그러나 이러한 결여가 내적인 암흑을 의미하는 것은 아니다. 마귀들은 영혼들이 연옥에서 정화되도록 끌고 가는 것은 즐기지만 그들을 정화해주지는 않는다. 끝으로, 연옥에는 빙한 *gelidicium*의 벌이 없는데, 왜냐하면 이는 애덕 *charitas*에 있어 냉담함을 벌하는 것이므로 정화되어야 할 영혼들에게는 해당되지 않기 때문이다. 알베르투스는 여기서 불이라는 주된 형벌은 언급하지 않는다. 왜냐하면 그는 지옥에 관련하여 지옥의 불과 연옥의 불을 구별하면서 거기에 대해 말할 기회가 있었기 때문이다. 끝으로 아우구스티누스와 더불어 연옥의 형벌이 이승의 어떤 벌보다도 "혹독한" 것이라고 생각하는 자들에게나 이 형벌이 지옥의 벌에 비하면 진짜 불과 불의 이미지만큼이나 판이한 것이라고 생각하는 자들에게, 그는 논리에 호소하여 한 차원 높은 대답을 한다. 그는 비교가 가능한 것들끼리 즉 유한한 것들끼리밖에 비교할 수 없다고 한 아리스토텔레스(『자연학』 I, 3, c. 6~206b 11~12)에게 원조를 청한다. 그러므로 "혹독함"의 문제는 논외이다. 연옥과 지옥 사이의 차이는 강도가 아니라 기간에 있으며, 다른 한편으로 연옥의 영혼이 바라는 것은 그의 육신을 되찾는 것이 아니라 하나님께 연합하는 것이다. 이런 의미에서 아우구스티누스가 연옥 불에 대해 생각하지 않았던 것을 이해할 수 있다. 『부활론』의 이 제3부는 형벌의 장소들 전체 *De locis poenarum simul*를 다룸으로써 끝맺는다. 알베르투스는 거기서 저승의 장소 체계의 단일성에 대한 첨예한 의식을 보여준다. 그것은 물질적인 동시에 영적인 단일성으로, 저승의 단일한 지리, 단일한 신학이 있는 것이다.

"영혼의 처소"라는 이 문제를 알베르투스는 세 가지 관점에서 고찰한다.

그 첫번째는 그 처소가 결정적 장소냐, 과도적 장소냐 하는 것이다. 만일 그것이 결정적 장소라면 영광이냐 형벌이냐의 두 가지 경우를 생각할 수 있다. 만일 영광이라면, 단 한 장소 즉 천국밖에는 없다. 만일 형벌이라면, 실고(失苦)만을 받는 장소와 각고(覺苦)와 실고를 동시에 받는 장소를 구별해야 하는데, 전자는 어린 아이들의 림보이고 후자는 게헨나 즉 지옥이다. 만일 처소가 과도적 장소에 불과하다면, 여기서도 단순한 실고만을 받는 경우와 실고와 각고를 동시에 받는 경우를 구별해야 하며, 전자는 족장들의 림보, 후자는 연옥이다.

두번째 관점은 공덕의 원인을 고찰하는 데 있다. 공덕은 선하거나 악하거나 아니면 동시에 선하고 또 악하다 *bonum conjunctum malo*. 만일 그것이 선하다면, 천국에 갈 것이다. 만일 악하다면, 그것은 개인적 죄악이나 외부적 죄악 때문 *ex culpa propria aut aliena*일 것인데, 개인적 죄악에는 게헨나가, 외부적 죄악(즉 원죄)에는 어린 아이들의 림보가 해당한다. 만일 선과 악이 섞여 있다면, 선에 따르는 은혜와 양립 불가능한 치명적 악은 아닐 것이며, 따라서 개인적인 또는 외적인 과오에서 기인하는 사면 가능한 악일 것이다. 전자의 경우에는 연옥에 갈 것이고, 후자의 경우에는 족장들의 림보에 갈 것이다.

끝으로, 그러한 장소들에 무엇이 있는가로부터 출발할 수도 있다. 이 장소들에는 고통스러운, 어두운, 밝은, 기쁜 *afflictivum*, *tenebrosum, luminosum, laetificativum* 네 가지 성격이 있을 수 있다. 만일 장소가 기쁘고 밝다면 그것은 천국이다. 지복 직관이 아직 허락되지 않으므로 어둡고 고통스럽다면, 연옥이다.[55] 직접적으로 어둡지만 고통스럽지는 않다면 어린 아이들의 림보이다. 간접적으로 어둡고 고통스럽지 않다면 족장들의 림보이다. 알베르투스는 그가 장소들의 네 가지 성격의 가능한 모든 조합을 다하지는 않았다는 것을 안다. 그러나 그가 제시한 경우들만이 그들 상호간에 양립 가능한 것임을 증명한다.[56]

내가 알베르투스의 이러한 논증을 길게 인용한 것은 스콜라 학자가 연옥을 어떻게 다루는가 하는 문제 즉 이성적 사고만큼이나 이미지에 의해 그리고 기상천외한 이야기들만큼이나 권위 있는 문헌들에 의해 방황과 모색과 당착의 가운데서 태어난 신앙이 이제 견고한 체계로 정비되어가는 신앙의 합리화 과정을 보여주기 위해서만은 아니다. 그것은 또한 알베르투스가 반세기 전에 다소간에 경험적으로 태어난 그대로의 연옥에 체계적 이론을 부여하는 일에 있어 다른 어떤 스콜라 학자들보다 뛰어났다고 생각하기 때문이다.

이 텍스트에는 또 다른 흥미도 있다. 알베르투스는 연옥 같은 신앙 체계 속에 상상력에 속하는 것과 논리에 속하는 것, 권위로부터 오는 것과 이성적 사고가 가져오는 것을 다른 누구보다도 잘 조화시킬 줄 안다. 그는 악마들을 연옥에서 내쫓기는 하지만 그들

---

55) 이 텍스트에서 줄곧 purgatorium이라는 명사형을 쓰던 알베르투스가 여기서는 형용사 purgatorius(ignis)를 쓰고 있음에 주목할 수 있다. 이 용법에 관해서는 조금 뒤에 『금언집 주석』에서 살펴볼 것이다.
56) "구원되어야 할 자들, 저주받아야 할 자들, 정화되어야 할 자들에 대해서도 공덕들 사이에 많은 구분을 할 수 있다. 그러므로 다섯 가지 이상의 처소가 있어야 한다"는 마지막 반대를 알베르투스는 이렇게 물리친다: "일반적 구분들과 특별한 구분들을 나누어야 한다. '처소' 내부에 '집'들이 있을 것이다." 이는 논리적 구분을 한결 심화하는 동시에 요한 복음을 환기하는 것이다.

이 그 언저리까지 오도록 내버려둔다. 그는 추위는 거부하지만 열기와 불은 환영한다. 그는 내적 공간과 외적 공간을 구별하지만, 저승이 물질적 장소들의 체계라는 점은 인정한다. 그는 조야한 비교는 거부하지만 저승 체계를 생각하는 데 있어 비교를 정당하고도 필요한 요소로 만든다. 상상적인 것을 순화하려는 의지가 있다 해도 원칙적인 적대감에서가 아니라 상상적인 것이 논리나 진리나 신앙의 깊은 뜻에 배치되기 때문이다.

이 텍스트는 또한 알베르투스에게 있어 연옥과 지옥을 잘 구별하는 것이 최우선은 아닐지라도 매우 중요한 일임을 보여준다. 이 또한 그에게는 체계에서 기인하는 것이다. 연옥은 일정한 죄의 상태 즉 선악이 뒤섞인 상태에 대응한다. 그로 인해 우선 체계는 실상 3원적이며 4원적이 아니다(선하거나 악하거나 아니면 선악이 뒤섞인다 aut est bonum aut est malum aut bonum conjunctum malo). 그 결과 연옥은 선에로, 위쪽으로, 하늘로, 하나님께로 중심이 옮겨진 중간이다. 왜냐하면 연옥이 내포하는 악은 치명적이 아니라 사면 가능한 악이며, 한편 선은 모든 선과 마찬가지로 은혜의 선이기 때문이다. 그러므로 13세기의 연옥 사상 전체가 "지옥화"의 방향을 걸었다고 보는 것은 잘못이다. 앞으로 보게 되겠지만, 연옥이 종국적으로 따르게 되는 것이 이러한 방향이라고 해도, 그 이유는 공포의 목회 시대──종교 재판의 심문관들이 이승과 저승의 형벌을 동시에 관장하던──였던 이 시대에 제도적 교회가 대체로 행한 선택에 있다.

『부활론』보다 불과 얼마 뒤에 나온 것으로 추정되는 『금언집 주석』에서 대알베르투스가 연옥을 다루는 방식은 한층 완전하고 심화되었으며 어떤 의미에서는 발전도 보여준다. 물론 연옥에 관한 논의의 계기가 되는 것은 여전히 제4권 21과와 45과이다. 이 도미니크회 교사의 주석을 요약함에 있어 나는 그것을 본래의 순서대로 전개할 것이다. 왜냐하면 그 주석은 다시금 알베르투스 특유의 방식을 보여주며 그가 어떤 경로로 하여 『부활론』의 입장들과 항상 정확히 일치하지는 않는 입장들을 취하게 되는지를 보여줄 것이기 때문이다.

제21과에서,[57] 알베르투스는 다음과 같은 점들을 검토한다: 복음이 전하는 바 그리스도께서 "성령을 거슬러 죄짓는 자는 이 세상과 오는 세상에도 사하심을 얻지 못하리라"(마태 12: 32)고 하신 대로 죽음 뒤에도 (*사해질) 죄가 있다는 것이 사실인가? 이 죄들은 아우구스티누스가 나무와 마른풀과 짚(고린도전서 3: 12)에 관해 말하면서(『신국론』 XXI, 26) 시사한 사면 가능한 죄들인가? 이 정화가 일시적으로 정화하는 불에 의해 이루어지리라고, 그리고 이 불은 인간이 이생에서 겪을 수 있는 모든 것보다 더 고통스럽다고 믿을 수 있는가? 바울은 불을 통과하는 것처럼 *quasi per ignem* 구원을 얻으리라 하였으니(고린도전서 3: 15), 이 불은 무시해도 좋을 것이 아닌가?

알베르투스는 이러한 질문들을 검토하여 12개 항목으로 거기에 답한다.

제1항: 어떤 사면 가능한 죄들은 이생 뒤에 사면되는가? 대답은 긍정적이며 여러 권위들, 특히 대그레고리우스의 『대화 제4권』에 의거해 있다. 그 중 두 가지만을 옮겨보면 이렇다: 1) 죽음 뒤에는 공덕을 더 늘릴 시간은 없으나, (이승에서 쌓은) 공덕을 적합한 목표를 위해 사용할 수는 있다. 2) 죽음의 고통 그 자체도 순교자들의 경우처럼 죄를 소멸할 목적을 위해 수행되었다면 능히 죄들을 도말할 수 있다. 그러나 보통으로 죽는 다른 사람들에게서 *in aliis communiter morientibus*는 그렇지 못하다. 연옥은 이승에서의 일반적 행실과 긴밀히 연관되어 있으며 대다수의 인간들을 위해 만

---

57) 『롬바르디아인 피에르의 금언집 제4권 주석』의 제21과는 Auguste Borgnet의 *B. Alberti Magni* 〔……〕 *opera omnia*, t. 29, pp. 861~82, Paris, 1894에 실려 있다.

들어졌다.

제2항: 나무나 마른풀이나 짚으로 집을 짓는다는 것(고린도전서 3: 12)은 무엇을 의미하는가? 대답: 사면 가능한 여러 가지 죄들을 의미한다. 권위로는 히에로니무스와 아리스토텔레스가 인용되었다.

제3항: 이러한 건축의 기초는 무엇인가? 그것이 믿음은 아닌 것으로 보인다. 왜냐하면 믿음은 오직 선행을 위해 명해진 것인데, 사면 가능한 죄들은 선행이 아니기 때문이다. 대답: 그 기초는 물론 믿음, 우리 속에 소망을 유지시켜주는 믿음이다. 물질들은 건축에 그 질료를 제공하나 그 내벽들은 소망이니, 소망은 영원한 것들을 향하여 뻗쳐오르며 그 꼭대기에는 완전의 장소인 사랑 *charitas*이 있다. 연옥에 관한 성찰은 그러므로 기본 덕목의 신학 *une théologie des vertus cardinales*[58]에 근거한다.

알베르투스에게 있어 중심이 되는 것은 제4항이다. 왜냐하면 그것이야말로 "죽음 뒤에는 정화하는 불이 있는가 없는가?"라는 질문에 대답하는 것이기 때문이다. 실상 롬바르디아인 피에르는 아직 연옥을 알지 못했으므로, 이 질문에 대답한다는 것은 연옥의 존재와 정화하는 불의 존재를 동시에 인정하는 것이었는데, 이 문제는 당시 그리스인들과의 연옥 논쟁에서 중심적 위치를 차지했고, "연옥의 교부들(이 표현은 알베르투스의 것이 아니라 내 자신의 것이다)"인 아우구스티누스와 대그레고리우스가 이 불을 의심했던 만큼, 한층 미묘한 것이었다.

---

*58) 기독교적 덕행은 하나님을 대상으로 하는 대신덕(對神德) 즉 믿음·소망·사랑의 향주삼덕(向主三德) *les trois vertus théologales*과 인간의 행위를 올바르게 하는 윤리덕(倫理德) 즉 용기·정의·현명·절제의 사추덕(四樞德) *les vertus cardinales*으로 대별된다. 넓은 의미에서 les vertus cardinales이라고 하면 이 일곱 가지 덕 모두를 가리키기도 하며, 이와 상반되는 것이 일곱 가지 죄(七罪宗, 교만·탐욕·호색·시기·탐식·분노·나태)이다.

알베르투스는 몇몇 권위들과 합리적 반론들을 검토한 뒤 거듭 이렇게 대답한다: "그것이 이른바 연옥이다." 그는 마태복음 12장 31~32절과 고린도전서 3장 15절을 인용하며 거기에 어떤 익명의 그리스 "해설자 *expositor*"의 증언을 덧붙인다. 그는, 범교회적인 입장에서, 이 증언을 죽음 이후 정화하는 불의 존재에 관한 합의를 수렴하는 데에 사용한 것이다. 그는 또한 아리스토텔레스와 성안셀무스의 『왜 신이 인간이 되었는가』까지도 원용하여 고대 그리스인들로부터 라틴 및 그리스 교양에 기초한 12세기에 이르기까지 인상적인 철학적·신학적 계보를 그림으로써 연옥의 존재를 지지하는 것이다. 그리고 나서 그는, 스콜라 학자들이 늘상 그렇게 하듯이, 사후 정화의 필요성을 밝히는 합리적 논증에 접근한다.

온갖 반론들에 대해 알베르투스는 형용사 purgatorius(정화하는 [불]이 생략됨)와 명사 purgatorium을 교묘히 뒤섞어 대답한다: "여하튼 정화하는 (불)이 있을 필요가 있다. 그 이유들은 주로 윤리적인 것이며, 마찬가지 이유로 해서 연옥도 있어야 한다."

아우구스티누스의 주저들에 대해 알베르투스는 그것들이 연옥의 존재에 관한 것이 아니라 사도 바울 텍스트의 해석에 관한 것이라고 단언한다. 그는 다른 성인들이 분명히 연옥에 대해 말했던 것을 상기시키며, 그 존재를 부인한다는 것은 이단이라고 한다. 알베르투스는 이 점에서 자기 시대의 어떤 신학자들보다 멀리 가며, 토마스 아퀴나스는 그뒤를 따를 것이다.

위에서 말한 "윤리적" 이유들에 관련하여, 알베르투스는 불에 집착하지 않고 정화의 여러 문제들로 돌아온다. 연옥에 대한 반론들에 대해 그는 선악간의 평형을 무시하고 정의의 저울에 사랑의 추를 올려놓으면서 이렇게 대답한다. 하나님이 "죽음 뒤에 상을 주시는 것은 사랑을 통해 그의 형상을 닮은 자들뿐이며, 벌하시는 것은 그에게서 돌아서 그를 미워하는 자들뿐이다. 〔……〕 정화된 자들은 아무도 저주받지 않을 것이다."

제5항은 이론적인 동시에 실천적인 질문에 답한다: "왜 지옥의 형벌은 여러 이름으로 불리는데, 연옥 형벌은 단 하나 즉 불밖에 없는가?" 그 이유는, 알베르투스에 의하면, 지옥은 벌하기 위한 것이므로 더위나 추위 같은 여러 가지 방식의 벌이 있을 수 있으나, 연옥은 정화하기 위한 것이므로 정화적이고 연소적인 힘을 갖는 ──불에는 그런 힘이 있으나 추위에는 없다── 한 가지 요소에 의한 정화밖에 없기 때문이다. 여기서 알베르투스는 자연과학에의 취향을 여실히 보여준다.

제6항에서는 고린도전서의 금과 은과 보석에 관한 대목을 빛과 불꽃과 잉걸간의 아리스토텔레스적 구분에 의거하여 주해한 뒤, 제7항에서 알베르투스는 정화의 의지성 내지 비의지성이라는 문제에 접근한다. 그는 결론짓기를, 영혼들은 정화되고 구원되기를 원하나 연옥에서의 정화를 원하는 것은 다른 구원이나 해방의 가능성이 없기 때문일 따름이다. 그들의 의지는 조건지어진 것이다.

제8항은 저주받은 자들의 사면 가능한 죄들에 관한 것이다. 그것은 마치 학교의 연습 문제와도 같다. 저주받은 자들은 그들의 사면 가능한 죄들 때문이 아니라 치명적인 죄들 때문에 저주받은 것이다.

제9항은, 보나벤투라에게서와 마찬가지로, 연옥에 있는 영혼들이 마귀들에 의해 벌을 받는가라는 문제를 다룬다. 보나벤투라와 마찬가지로, 알베르투스도 마귀들은 연옥의 죄들을 다스리지 못한다고 하나, 그 점에 대해 확신하는 것은 아니다. 반면, 그는 저승에 관한 이상들에 대해 흥미로운 가설을 제출한다. 그는 마귀들이 연옥에 있는 영혼들의 고통하는 모습을 즐기며 자주 그것을 구경한다고 생각한다. 그는 말하기를 "가끔 그런 이야기를 읽게 된다"고 하면서 『성마르틴의 생애』의 한 대목을 그런 식으로 설명한다. 이 『생애』에 따르면 악마는 성인이 저주받지 않으리라는 것을 알

면서도 자주 성인의 머리맡에 있었다고 하는데, 어떤 이들은 악마가 성인의 영혼을 연옥으로 끌고 가려고 엿보는 것이라고도 했으나, 알베르투스의 가설은 이러한 해석을 뒤엎는다.

제10항은 "최후 심판의 날 이전에는 아무도 천국이나 지옥에 들어가지 않으며, (심판 뒤에) 어느 곳으로 갈지 기다리며 중간적 장소들 in locis mediis에 남는다고 주장하는 어떤 그리스인들의 오류"를 길게——문제의 시사성 때문에 그럴 수밖에 없었다——다룬다.

그리스인들의 개념을 길게 객관적으로 제시하여 토론한 뒤, 알베르투스는 죽음 직후이건 죽음과 최후 심판 사이에건 분명 천국이나 지옥으로 간다고 결론짓는다. 이는 연옥의 시간을 정당화해주고 영혼들이 거기에서 조만간에 나온다고 믿게 해주며, 그럼으로써 대도를 정당화한다. 알베르투스는, 누가복음(25: 43, 16: 22), 계시록(6: 2), 히브리서(2: 40) 등과 늘상 그러하듯 합리적 논증에 의거하여, 이러한 견해에 반대하는 것은 이단 중에서도 가장 나쁜 이단 haeresis pessima이라는 결론을 되풀이한다. 이러한 논의 가운데서 나는 당대의 사회-이념적 맥락에 비추어 매우 흥미로운 한 가지를 옮겨보겠다. 그리스측에서는, 망자들이 공동체를 이루며, 공동의 결의가 내려지던 도시 공동체에서 in urbanitatibus in quibus in communi decertatur[59]와 마찬가지 방식으로, 선택된 자들과 저

---

59) Pierre Michaud-Quantin은 그의 대저서 *Universitas. Expressions du mouvement communautaire dans le Moyen Age latin*, Paris, 1970, pp. 105, 119에서 잘 지적하기를, 알베르투스는 "공동체들의 행동을 검토하여 공동체들을 세속 사회의 도시들 urbanitates과 교회의 회중들 congregationes로 구분한다"고 하였다. 그가 이 말을 쓰게 된 것은 교황 이노첸티우스 4세가 공동체들을 파문하기로 한 데 대한 신학자들의 토론에서부터였다. 알베르투스는 조금 앞서 이 문제를 『금언집 제4권 주석』(제19과 7항, *Opera*, t. 29, p. 808, 인용된 구절은 같은 책 p. 876)에서 다루었다. Pierre Michaud-Quantin은 "같은 맥락에서 보나벤투라는 모든 세속적 종교적 무리를 congregatio라는 말로 지칭했다"고 지적한다.

주받은 자들의 전체에 대한 결정이 동시에 내려지고 시행되리라고 주장한다. 반면 알베르투스는 일군들에게 *operarii* 일이 끝나는 즉시 삯을 주지 않는 것은 부당하다고 하면서, 일군들을 고용하는 자는 가장 훌륭한 일군들에게 특별한 상급 *consolatio specialis*을 준다는 것을 상기시킨다.[60] 그런데, 이는 알베르투스에게 중요한 개념이거니와, (당대의 이론적·실천적 문제였던) 정당한 품삯에 관해 말한다면, 하나님은 가장 정당하다는 것을 잊지 말아야 한다. 그는 가장 정당한 주인이며, "일거리를 주는 이"라고 할 것이다.

제11항과 12항은 고해에 관한 것으로, 연옥에 대한 직접적 언급은 없으나, 과오 *culpa*, 치명적인 죄, 사면 가능한 죄 등의 문제를 다루면서 간접적으로 연옥과 관련된다. 여기서 우리는, 롬바르디아인 피에르로부터 대알베르투스에 이르기까지, 연옥에 관한 신학적 논쟁의 장이 되는 참회라는 문제를 다시금 만나게 된다.

대알베르투스가 13세기 저승의 지리를 가장 잘 펼쳐보이는 것은 이 주석집의 제44과 1부 45항에서이다.

제기된 질문은 다음과 같다: "육신과 분리된 영혼들을 위한 다섯 처소가 있는가?" 그 대답은 이렇다: "영혼들의 처소들은 다양하며 다음과 같은 방식으로 다르다고 대답해야 할 것이다. 그것들은 종착지이거나 아니면 통과지이다. 만일 종착지라면, 악인들에게는 지옥이, 선인들에게는 천국이 될 것이다. 그러나 악행에 따른 종착지 즉 지옥은 그 악이 자신의 것이냐 자연과의 상반된 협정에 의한 것이냐에 따라, 전자는 저주받은 자들의 하층 지옥이 될 것이며, 후자는 상층 지옥에 해당하는 아이들의 림보이다. 〔……〕 만일 통과지라면, 그것은 자신의 공덕이 부족하거나 죄값이 다 치러지지 않았기 때문일 터인데, 전자의 경우에는 연옥, 후자의 경우에는 그리스도 강림 이전의 족장들의 림보가 거기에 해

---

60) *Ibid.*, t. 29, pp. 877, 878.

당한다."[61]

따라서 실상은 낙원, 지옥(게헨나와 아이들의 림보로 나뉘는), 연옥(에도 역시 족장들의 림보가 붙어 있으나, 그것은 그리스도의 강림 이래 비었고 이후로는 영구히 닫혀 있다)의 세 처소밖에 없다.

이는 저승의 처소들이 셋이냐 다섯이냐라는 문제를 순전히 추상적인 논의로써——물론 성서와 전통에 의거해 있으나——풀어보인 훌륭한 답변이다. 끝으로 제45과 4항에서 망자들의 대도에 관해, 알베르투스는 연옥에 있는 망자들을 위한 대도의 유용성을 재확인하며, 그것이 교회의 관할에 속함을 상기시킨다. 전투적인 교회의 사랑 *charitas Ecclesiae militantis*이야말로 대도의 원천이라는 것이다. 아울러 그는 산 자들은 그들의 대도로써 망자들을 도울 수 있으나 그 역은 성립되지 않음을 지적한다.[62]

알베르투스의 연옥관은 『부활론』 이후에 풍부해진 것을 볼 수 있다. 물론 작품의 성격상 그렇게 된 점도 없지 않다. 롬바르디아인 피에르로부터 출발한다는 것이 그로 하여금 연옥을 탄생시킨 저자들과의 연대를, 성사들과 참회의 신학을 되찾게 했고 대도의 환기는 산 자들과 죽은 자들간의 유대라는 주제를 부과했던 것이다. 그러나 그러면서 알베르투스의 사상은 분명 심화되었다. 연옥의 존재를 증명할 필요 때문에 그는 새로운 논증들을 제출해야 했다. 그가 인용하는 "권위들"은 풍부해졌고 다양해졌다. 그의 텍스트 주석, 특히 고린도전서 주석은 한층 더 심화되었다. 연옥에서 일어나는 일들을 고찰하면서, 그는 형벌보다는 정화의 과정에 역점을 둔다. 『부활론』에서는 연옥이 최후 심판까지 지속될 뿐 그 이상은 아니라고 말하는 데 그쳤던 반면, 이제 개인별로 길거나 짧은 연옥 체류 기간까지 다루면서 그는 연옥에서의 시간에 관해 좀

---

61) Alberti Magni, *Opera omnia*, ed., A. Borgnet, t. 30, pp. 603~04.
62) *Ibid.*, t. 30, p. 612.

더 길게 논한다. 대도에 관하여, 그는 성도들의 통공을 환기하며 자신의 텍스트를 당대의 경제적·사회적·정치적·이념적 현실에 대한 예리한 시각 가운데 위치시킨다. 끝으로 그는 저승 체계를 단 하나의 논술로써 정리하고, 족장들의 림보는 그리스도의 강림까지만 존재했다는 구체적 사실을 지적하면서, 다섯 처소를 넷으로 다시 셋으로 만들어 기독교적 저승 지리의 심층적 논리를 보여준다.

대알베르투스는 연옥을 가장 명백히, 그리고 가장 단호히 다룬, 또한 일반의 신앙을 공격하거나 그것들과 양립 불가능한 이론들을 내세우지 않으면서——아마도 어떤 문제들에 대해서는 침묵을 지키고 또 어떤 문제들은 능란히 에둘러가면서——그 신학적 위치를 고양시킨 대스콜라 학자들 중 한 사람이다.

2) 신학적 대중화의 교과서

알베르투스의 영향은 그의 제자들 중 한 사람이 써서 알베르투스의 전집과 함께 출간된 대중적 신학 교과서를 통해 지속되었다. 그것이 1268~1296년 스트라스부르에 있던 도미니크회 수도원의 원장 수사였던 위그 리플렝 일명 스트라스부르의 위그가 쓴 『신학적 진리 개요 Compendium theologicae veritatis』이다. 그 연대는 1268년으로 추정된다.[63]

제4권에는 저승의 지리와 그리스도의 지옥 하강 이래로 아브라함의 품이 사라졌다는 것이 아주 분명히 설명되어 있다.

그리스도께서 어떤 지옥에 내려가셨던가를 알기 위해서는 지옥이 형벌 및 형벌의 장소라는 두 가지 의미를 갖는다는 사실을 상기해야 한다. 전

---

63) *Compendium theologicae veritatis*는 Borgnet가 펴낸 *Alberti Magni Opera omnia*, Paris, 1895, t. 34에 실려 있다. 스트라스부르의 위그에 대해서는 G. Boner, *Über den Dominikaner Theologen Hugo von Strassburg*, 1954를 참조.

자의 의미에서 말할 때 마귀들이 항상 지옥을 지니고 다닌다고 하는 것이다. 지옥이 형벌의 장소를 가리킬 때에는 네 가지 장소를 구별해야 한다. 저주받은 자들의 지옥에서는 각고와 실고(신의 현존을 박탈당하는 것)를 겪으며 안팎의 어둠 즉 은총의 부재 가운데 처하게 되며 영원한 비탄만이 있다. 그 위에는 아이들의 림보가 있는데, 거기에는 실고는 있으나 각고는 없다. 안팎의 어둠은 거기서도 마찬가지이다.

이 장소 위에 연옥(위그는 중성명사 purgatorium 대신 정화하는 '장소 locus'라는 말을 함축하여 남성형 purgatorius를 쓴다)이 있는데, 거기에는 각고와 실고가 있지만 일시적인 것이며 외적인 어둠은 있으나 내적인 어둠은 없다. 왜냐하면 장차 구원되리라는 것을 알기 때문이다. 그 위쪽이 족장들의 림보인데, 거기에는 실고는 있으나 각고는 없고, 외적인 어둠은 있으나 은총의 부재에서 오는 어둠은 없다. 그리스도께서는 바로 여기에 내려가사 자기 백성들을 구원하심으로써 지옥을 "삼키셨으니," 그 일부는 가져오시고 다른 일부는 남겨두신 것이다. 그러나 선택된 자들에게 있어서는, 하나님께서는 사망을 완전히 쳐부수셨으니, 호세아 13장 14절에서 "사망아 네 재앙이 어디 있느냐 음부야 네 멸망이 어디 있느냐"고 말씀하신 바와 같다. 그리하여 이 장소를 아브라함의 품이라고 부르게 되었으니, 그것이 이후로 아브라함이 거하는 정화천 *le ciel de l'empyrée*이다. 그래서 전에 연옥으로부터 족장들의 림보로 통하던 것 말고는 이 장소들 중 어떤 것에도 다른 장소로 통하는 길은 없다.[64]

이 텍스트는 『금언집 주석』에 나오는 대알베르투스의 개념들을 언급하기는 하지만, 알베르투스가 연옥을 지옥과 떼어놓고 아이들의 림보를 지옥 쪽에 가까이 두었던 것과는 달리 여기서 연옥은 지옥의 전체적 구도 속에 포함되어 있고 아이들의 림보와 그렇게

---

64) *Compendium*······, IV 22. Alberti Magni······, *Opera Omnia*, ed. A. Borgnet, vol. 34, p. 147.

분명히 떨어져 있지도 않다. 위그는 이 점에서 알베르투스보다 보수적이며, 그의 개념은 연옥의 지옥화 과정을 드러내준다. 반면 이 장소를 합리화하려는 그의 노력은 좀더 의식적으로 역사적 구도 속에 자리하며, 이 점에 있어 그는 여전히 알베르투스의 정신을 충실히 따르고 있다. 아브라함의 품의 역사적 소멸은 거기서 아주 분명히 설명되어 있지만, 우리가 아는 바로는 아브라함의 품을 사라지게 하거나 천국으로 끌어올린 것은 그리스도의 지옥 하강, 즉 실증적인 역사 용어로는 복음 시대가 아니라 12~13세기의 전환기에 일어난 연옥 탄생이라는 사건이다.

연옥과 관련하여 중요한 것은 제7권 『말세에 관하여 De ultimis temporibus』에서, 세계의 종말에 관한 제1장과 적그리스도를 다루는 장들 사이에 끼인 제2~6장에 실려 있다.[65] 『개요』의 서두에서 그는 연옥에 있는 자들은 "지옥에 있지 않다는 것을 알기 때문에" 연옥이란 희망이라고 단언한다. 덧붙여 그는 연옥이 존재해야 할 많은 이유가 있다고 한다. 그 첫번째는 아우구스티누스의 말대로 전적으로 선하거나 전적으로 악하거나 그리 선하지도 악하지도 않은 세 부류의 사람들이 있으며 이 마지막 부류의 사람들은 연옥의 형벌을 통해 그들의 사면 가능한 죄들을 벗어버려야 하기 때문이다. 다른 여섯 가지 이유는 본질적으로 정의에 대한 요구 및 지복 직관에 이르기 전에 세례로써 정결케 되어야 할 필요로부터 나오는 것이다. 그러나 영혼들은 정화되자마자 곧 낙원을 향해, 영광을 향해 날아오른다.

연옥의 형벌은 실고와 각고라는 이중적 측면을 지니며 매우 혹독하다(acerba). 연옥의 불은 육신적인 동시에 비육신적인데, 그것이 비육신적이라는 것은 은유가 아니라 이미지에 의해, 유사성에 의해서이다. 즉 "진짜 사자와 그림 속의 사자처럼" 둘 다 실재

---

65) Ibid., pp. 237~41.

하지만, 오늘날의 표현을 빌자면, 진짜 사자와 "종이" 사자로서 다른 것이다.

연옥의 위치에 대해 위그는 그가 그리스도의 지옥 하강에 관해 말했던 바를 환기하며, 통상적으로는 연옥이 지옥의 한 구획에 위치하지만, 어떤 영혼들은 몇몇 이상들이 보여주듯 그들이 죄를 범한 장소들에서 죄를 씻는 것이 특별히 허가되리라고 덧붙인다.

교회의 대도(제4장)는 영생을 얻기 위해서가 아니라 형벌에서 풀려나기 위해——형의 완화이든 조속한 해방이든——도움이 된다. 대도에는 기도, 금식, 보시, 제단의 성사(미사)의 세 가지가 있다. 이러한 대도들은 사후에 그 유익을 얻을 만한 공덕을 이승에서 쌓은 자들에게만 유익이 된다. 독창적이고 흥미로운 방식으로, 『개요』는 덧붙이기를, 대도는 선택된 자들과 저주받은 자들에게 모두 유익이 될 수 있다고 한다. 선택된 자들에게는 증가로써 그리하니, 연옥으로부터 풀려난 영혼들이 합해짐으로써 축복받은 자들 전체의 "우유(偶有)적인" 영광이 증대된다. 저주받은 자들에게는 감소로써 그리하니, 역으로, 저주받은 자들의 수효가 주는 것은 저주받은 자들 전체의 고통을 줄이는 것이다. 이러한 논증은, 내가 보기에, 선택된 자들에 대해서는 그럴 법하지만, 저주받은 자들에 대해서는 부조리하다. 여기서 균형을 지나치게 중시하는 스콜라적 체계는 마침내 탈선하는 듯하다.

끝으로, 보나벤투라가 그랬던 것과 마찬가지로, 『개요』는 속인들이 망자들을 도울 수 있는 유일한 대도의 수단은 선행이라고 천명한다. 면죄의 수혜자들은 이 면죄를 산 자에게도 망자에게도 양도할 수가 없다. 교황만이 망자들에게 권위에 의한 면죄와 사랑에 의한 선행의 대도를 베풀 수 있다는 것이다. 그리하여 교황권은 이승의 영역을 넘어 저승에까지 확대된다. 그것은 이후로, 시성(諡聖)이라는 방법으로, 성인들을 낙원에 보내거나 영혼들을 연옥으로부터 꺼내주거나 하게 된다.

3) 지성주의의 한복판에 있는 연옥: 토마스 아퀴나스와 인간의 신에게로의 귀환

나는 몇몇 대스콜라 학자들이 연옥에 관해 어떻게 말했는가를 살펴보려 했다. 그들은 연옥의 존재를 강하게 긍정했지만, 그 위치에 관해서는 확실한 결정을 내리지 못했고, 그 가장 구체적인 양상들에 대해서는 신중함을 보이면서 그것이 그들의 신학 체계 내에서 비교적 덜 중요한 자리를 차지하게끔 했다. 13세기의 가장 복잡한 신학적 체계인 토마스 아퀴나스의 체계 속에서 연옥이 차지하는 자리를 규명하기란 한층 더 미묘한 일이 아닐 수 없다.

토마스 아퀴나스는 그의 저서 여러 군데에서 연옥을 다루었다.[66] 아퀴노 백작의 아들 토마스는 1224년말 혹은 1225년초에 이탈리아 남부 로카세카Roccasecca의 성에서 태어났다. 1244년에 나폴리에서 도미니크회에 들어간 그는 나폴리와 파리에서 그리고 쾰른에서는 대알베르투스와 함께 공부했다. 1252~1256년 파리에서 금언학사로 있을 무렵 그는 롬바르디아인 피에르의 『4대 금언집』에 대해 주석까지는 아니지만 일련의 문제와 토론으로 구성된 『스크립툼 Scriptum』을 집필한다. 그는 제4권 21문과 45문에서 분명히 연옥에 대해 말하고 있다. 『스크립툼』은 "전적으로 신 중심적인" 구성을 갖는 것으로 정의되기도 했다. 그것은 "신의 존재 그 자체, 신으로부터 오는 바로서의 피조물들, 신에게로 돌아가는 바로서의 피조물들"이라는 세 부분으로 이루어져 있다.[67] 귀환 redditus에 바쳐진 제3부는 다시 두 부분으로 이루어지는데, 제3부의 이 두번째

---

66) 토마스 아퀴나스에 대해서는 다음 책들을 참조. M.-D. Chenu, *Introduction à l'étude de saint Thomas d'Aquin*, Montréal-Paris, 1950; J. A. Weisheipl, *Friar Thomas d'Aquino, his Life, Thought and Works*, Oxford, 1974; *Thomas von Aquino. Interpretation und Rezeption. Studien und Texte*, ed. W. P. Eckert, Mainz, 1974.

67) M. Corbin, *Le chemin de la théologie chez Thomas d'Aquin*, Paris, 1974, p. 267.

부분에서 연옥이 문제된다.

토마스는 그 밖에도 회교도나 그리스인들, 아르메니아인들,[68] 좀더 일반적으로는 유대인들과 이단들까지도 포함하는 이방인들과의 다양한 논쟁에서도 연옥을 다루었다. 그것들은 1263~1264년 이탈리아에서 대개는 오르비에토 Orvieto에서 씌어진 것으로, 교황 우르바누스 4세[69]의 요청으로 씌어진 『그리스인들의 오류에 반대하여 Contra errores Grecorum』『안티옥의 성가대장에게, 사라센인들・그리스인들・아르메니아인들에 반대하는 믿음의 이유들에 관하여 De rationibus fidei contra Saracenos, Graecos et Armenos ad Cantorem Antiochiae』『이방인들에 대한 반대 대요 Summa contra Gentiles』의 제4권 등이다. 나는 그리스인들과 라틴인들간의 협상 가운데서의 연옥을 다룰 때 거기에 대해 좀더 자세히 살펴보게 될 것이다.

연옥은 1266~1267년 로마에서 논의된 『악에 관하여 De malo』에서도 나타난다. 토마스 아퀴나스는 제2차 공의회에 가던 중 1274년 3월 7일 포사노바 Fossanova에 있던 시토회의 수도원에서 죽었다. 그가 미완성으로 남긴 대작 『신학 대요 Summa theologiae』에서는, 『약언』에서의 보나벤투라를 본받아, 롬바르디아인 피에르의 『4대 금언집』에 관해 『스크립툼』에서 다루어진 문제들을 보다 개인적인 (그리고, 보나벤투라와는 반대로 보다 풍부한) 논술 가운데 다시금 조심스러이 제기하였다. 피페르노의 레지날도가 이끄는 일군의 제

---

*68) 아르메니아인들은 그리스도 단성론(單性論) monophysisme을 믿었다.
*69) 우르바누스 4세: 트로아 1200년경~페루지아 1264. 1261~1264년의 교황. 미천한 신분에서 리용의 사제직을 거쳐 파리에서 캐논법을 가르쳤으며, 1253년 베르덩 주교좌에 올랐고 2년 뒤 예루살렘 총대주교로 임명되었다. 그가 교황이 되었을 때 당면한 두 가지 과제는 시칠리아에서 호헨슈타우펜가의 세력을 몰아내는 것과 시칠리아 문제로 인해 이탈리아내에서도 약화되었던 교황권을 강화하는 것이었다. 1263년 우르바누스 4세는 시칠리아를 성왕 루이의 아들인 앙주백 샤를에게 양도하기로 결정했으나 샤를이 도착하기 전에 죽었고, 시칠리아 문제는 그의 후임자들에게도 골칫거리가 되었다.

자들이 토마스의 이전 저작들 특히 『스크립툼』에서 차용한 『보유(補遺)』로써 『대요』를 완성했다. "최후의 일들"에 관한 논술의 일부를 이루며 작품의 말미에 들어 있는 연옥의 경우도 마찬가지이다.

나는 내 분석을 주로 『보유』에 의거하되 필요한 경우 『스크립툼』을 참고하기로 한다.[70]

나는 이러한 선택이 야기할 수 있는 반대를 이해한다. 『보유』는 비록 그의 제자들이 치밀하고 신중하게 토마스 자신의 텍스트들에 기초하여 써낸 것이지만 토마스 자신에 의한 저술은 아니다. 발췌문들의 조립은 토마스의 사상을 왜곡하고 이중으로──즉 그를 실제보다 더 엄격하게 만들거나 빈약하게 함으로써, 그리고 그의 이론에서 비교적 초기에 속하는 것을 그의 신학 대계의 정점으로 삼음으로써──그를 배반할 수 있는 것이다. 그러나 『보유』는 토마스의 텍스트를 충실히 인용하고 있으며 일관성을 지니고 있을 뿐 아니라, 중세 후기의 성직자들이 저승 문제에 관한 토마스의 결정적 입장이라고 생각한 바를 대변한다.

『보유』의 제69문은 부활과 "영혼들의 사후 처소"(그것이 『금언집』 제4권의 주석 제45과 1문이다)에 관한 것이다. 『보유』의 저자들은 『대요』의 구성을 "이전, 동안, 이후"[71]라는 연대적 지표들로 자리매겨지는 선조(線條)적인 방식으로 보는 듯하다. 하지만 토마스 아퀴나스는 피조물의 신에게로의 귀환 *redditus*이라는 시각에서 모든 과정을 역사적 궤적이 아니라 이 목표로부터 출발시키고 있다. 나는 다음 장에서 13세기의 신도 회중에게 있어 연옥의 시간은 종

---

70) 나는 Desclée & Cie에서 Revue des Jeunes의 편집으로 나온 번역과 주석이 달린 『신학 대요』의 판본을 사용하였다. 연옥은 보유의 제69~74문이 들어 있는 『저승』에 관한 소론(Paris, Tournai, Rome 2ᵉ ed., 1951, trad. de J. D. Folghera, notes et appendices de L. Wébert) 속에서 다루어진다. purgatorium이라는 말은 *Index Thomisticus, Sectio II, concordantia prima*(ed. R. Busa, vol. 18, 1974, pp. 961~62)의 여섯 단(段)을 채우고 있다.

71) 앞의 주에서 언급된 소론에 대한 J. Wébert의 주들을 참조.

말론적 시간 le temps eschatologique과 연속적 시간 le temps successif의 결합이었다는 것을 설명해보려 한다. 내가 보기에 13세기의 모든 대스콜라 학자들 중에서 토마스 아퀴나스는 말세에 관한 당대 인간들의 공통된 경험으로부터 가장 동떨어져 있었던 것 같다. 그것은, 말의 가장 넓은 의미에서, 고고(孤高)한 사상이었다. 이 영원의 사상 가운데서 연옥과 같이 일시적인 것의 위치는 그리 중요하지 않았고, 피조물이 거기에서 더 이상 공덕을 쌓을 수 없느니만큼 한층 그러했다. 나는 토마스가 연옥을 근본적인 문제로서가 아니라 부과된 문제, 대학의 은어를 빌자면 "교과 과정에 나오는 문제"로서 다루지 않았나 하는 인상이 든다. 그 자신이 그렇게 말하지는 않았지만, 나는 연옥이라는 것이 그에게는 "속된 vulgaire" 문제였다고 말하겠다.

나는 토마스의 연옥론에 대해 『보유』가 부여한 상당한 엄격성을 견지해야 하리라고 생각한다.

영혼들의 사후 거처에 관한 문제는 일곱 항목으로 나뉜다: "1) 사후의 영혼들에게 할당된 모종의 처소들이 있는가? 2) 영혼들은 죽음 직후에 그리로 가는가? 3) 그들은 거기에서 나올 수 있는가? 4) '아브라함의 품'이라는 표현은 지옥의 림보를 가리키는가? 5) 이 림보는 저주받은 자들의 지옥과 동일한가? 6) 아이들의 림보는 족장들의 림보와 동일한가? 7) 일정 수의 처소들을 구분해야 하는가?"

첫번째 질문에 대해 토마스는 그렇다고 대답하지만, 그러기에 앞서 그는 자신이 선호하던 기독교 사상가들인 보에티우스[72]와 아

---

*72) 보에티우스: 475?~파비아? 524. 로마의 학자·철학자·정치가. 약 1세기 전부터 기독교로 개종했던 옛 로마 가문의 출신으로, 510년 오스트로고트족의 왕 테오도릭 치하에서 집정관이 되었다. 플라톤과 아리스토텔레스의 전저작을 라틴어로 옮기고 그들의 사상을 조화시키는 것이 그의 학문적 목표였으며, 아리스토텔레스의 논리학을 이용하여 삼위 일체 및 그리스도의 신성 및 인성이라는 문제들을 논증하고자 했다. 테오도릭의 궁정에서 상당한 고위직에까지 올라갔으나 실추되었고, 그때 씌어진 것이 유명한 『철학의 위안 De consolatio philosophiae』이다. 수인이 된 저자에

우구스티누스의 외관상 상반되는 견해들(보에티우스의 "현자들의 공통된 견해로는 비육신적인 존재들은 장소에 있지 않다"와 『창세기 주석』제12권에 나오는 아우구스티누스의 견해)로부터 출발한다. 한편 그는 이러한 위치에 대해 추상적인 정의를 내린다: "육신과 분리된 영혼들에게 〔……〕 그들의 자격에 대응하는 육신적 장소들을 할당할 수 있다." 그리고 그들은 거기에서 "마치 어떤 장소에 서처럼 *quasi in loco*" 있다. 이 유명한 마치 *quasi*는 아우구스티누스의 마치 불을 통과하는 것처럼 *quasi per ignem*을 상기시킨다. 반면 토마스는 "영혼들은 그들에게 어떤 처소가 할당되었는가를 앎으로 해서 기쁨이나 슬픔을 맛본다. 그러므로 그들이 처한 장소 자체가 그들의 상급이나 징계가 되는 것이다"[73]라고 선언함으로써 가장 고상하고 가장 역동적인 신학적 개념을 일반 심리학과 만나게 한다.

제2항에서 그는 육신들의 중력의 비유에 기초하여 이렇게 결론 짓는다: "영혼에게 할당된 장소는 그가 받아 마땅한 상급이나 징계에 대응하므로, 육신으로부터 분리되자마자 영혼은 지옥에 삼켜지거나 하늘로 날아오른다. 다만 나중 경우에는 신적 정의에 대한 빚으로 인해 그의 비상이 연기되고 그에 앞서 정화가 요구될 수 있다."[74] 논의를 전개하면서 그는 자격을 갖춘 모든 영혼의 육신들이 함께 영광을 누릴 최후 심판 이전에 연옥의 영혼들이 풀려나는 것을 정당화하기 위해 공동체 신학자들(대알베르투스의 이른바 urbanitates[75])과 그리스인들의 논의에 대한 답변으로 이렇게 말한

게 여성으로 의인화된 철학이 나타나 인생사는 부조리해 보이지만 그 배후에는 최고선 *summum bonum*의 섭리가 있음을 상기시킨다는 내용의 이 책은 중세에 불가타 성경 다음으로 많이 읽힌 것으로, 기독교보다는 플라톤주의의 색채가 짙은 작품이다. 그는 524년에 처형되었다. 그의 논리학은 중세 성직자들의 교육에 기본이 되었으며, 그의 번역들은 중세 스콜라 학문의 기초가 되었다.

73) *Ibid.*, p. 13.
74) *Ibid.*, p. 17.

다: "모든 영혼의 동시적 영화(榮化)보다는 모든 육신들의 동시적 영화가 더 확실하다."

제3항은 유령들, 이제까지 역사가들에 의해 지나치게 경시되었던 이 사회적 상상력의 영역을 다룬다.[76] 토마스 아퀴나스는 분명 유령, 이상, 꿈 등의 본질과, 그것들이 잠들었을 때 나타나는지 아니면 깨어 있을 때 나타나는지, 그것들이 실제적인 것인지 다만 그렇게 보이는 데 불과한지 등의 문제들에 관심을 가지고 있다. 중세 기독교 사회는 꿈과 그 해석을 잘 통제하지 못했다.[77] 마지못해 이상 문학을 고려에 넣고 있는 토마스에 따르면, 선택된 자들과 저주받은 자들과 정화되는 영혼들은 저승에 있는 각기의 영역으로부터 나와 산 자들에게 나타날 수 있다. 하나님은 이러한 출현을 산 자들의 훈계를 위해서만 허락하며, 저주받은 자들과 정도가 덜하기는 하지만 정화되는 영혼들이 출현하는 것은 산 자들에게 공포심을 주기 위해서 *ad terrorem*이다. 그런데 선택된 자들은 그들 마음대로 나타날 수 있지만, 다른 두 경우에는 하나님의 허락을 받아야만 한다. 선택된 자들과 저주받은 자들에게 있어 그들의 출현은, 다행히도(라는 것은 내 자신의 생각이지만, 토마스의 생각 또한 과히 다르지 않았을 것이다) 드물다: "망자들은, 천국에 간다면, 하나님의 뜻에 완전히 연합된 나머지 섭리의 의향에 부합해 보이는 것들밖에는 아무것도 그들에게 허락되지 않은 듯이 보일

---

*75) 본장 주 59 참조.

76) J. Delumeau, *La Peur en Occident(XIVe~XVIIIe siècles)*, Paris, 1978(Index sv. *revenants*)과 H. Neveux, "Les lendemains de la mort dans les croyances occidentales(vers 1250~vers 1300)," in *Annales E. S. C.* 1979, pp. 245~63의 선구자적 연구를 참조. Jean-Claude Schmitt와 Jacques Chiffoleau는 중세 유령들에 대한 연구를 시작하였다.

77) J. Le Goff, "Les rêves dans la culture et la psychologie collective de l'Occident médiéval," in *Scolies*, I, 1971, pp. 123~30 repris dans *Pour un autre Moyen Age*, Paris, 1977, pp. 299~306. 대알베르투스는 이 문제를 그의 논저 *De somno et vigilia*에서 결정적으로 다루었다.

것이다. 만일 지옥에 간다면, 그들은 죄에 짓눌린 나머지 산 자들에게 나타나기보다는 자기 자신들을 비탄하는 일을 더 생각할 것이다." 그리고 남는 것은 대그레고리우스가 증언하는 바대로, 연옥에 있는 자들인데, 그들은 "대도를 구하러" 오지만, 토마스는 이들의 출현도 최소화하고 있다. 반면 정화된 영혼들이 연옥을 벗어나 천국으로 가는 것은 정상이다.

제4항에서 아브라함의 품은 지옥의 한 림보였지만, 그리스도의 지옥 하강 이래로는 존재하지 않는다. 토마스는 여기서 그의 스승 대알베르투스의 가르침을 따르고 있다. 제5항에서 그는 "족장들의 림보는 지옥 또는 그보다 위이지만 이웃한 장소에 위치할 것이다"라고 밝힌다. 제6항은 아이들의 림보와 족장들의 림보를 구별한다. 아이들의 림보는 여전히 남아 있지만, 아이들은 원죄밖에는 죄가 없으므로 그들은 가장 경미한 벌밖에는 받지 않으며, 토마스도 그것은 벌이라기보다 영화의 지연 dilatio gloriae이 아니겠는가고 자문한다.

제7항에서 토마스는 저승 처소들의 유형을 대강 그려보인다.[78]

제1 가정: "처소들은 공덕이나 죄업에 대응한다." 그러므로 저승에는 두 처소가 즉 공덕을 위한 낙원과 죄업을 위한 또 다른 처소가 있을 것이다.

제2 가정: "사람들이 생전에 공덕이나 죄업을 쌓는 것은 동일한 장소에서이다." 그러므로 죽음 뒤에 모두에게 동일한 장소가 배당된다고 볼 수 있다.

제3 가정: 이 장소들은 세 종류의 죄악 즉 원죄·사면 가능한 죄·치명적인 죄에 대응한다. 그러므로 세 가지 처소가 있어야 한다. 또한 "마귀들의 감옥으로 그려지는 공중의 흑암"과 에녹과 엘리야가 있는 지상 낙원도 생각할 수 있다. 그러므로 모두 다섯 처

---

78) Saint Thomas d'Aquin, *Somme théologique. L'au-delà*, pp. 38~46.

소가 있게 된다.

그것이 전부가 아니다. 원죄와 사면 가능한 죄들만을 지닌 채 세상을 떠나는 영혼을 위해서도 장소가 있어야 한다고 생각할 수 있다. 그런 영혼은 은총을 얻지 못했으므로 천국에도 족장들의 림보에도 갈 수 없으며, 아이들의 림보에는 사면 가능한 죄들을 위한 감각의 벌이 없으므로 갈 수 없고, 그는 영원한 벌을 받아야 하므로 언제까지나 머물 수 없는 연옥에도 못 가고, 지옥에는 치명적인 죄를 짓지 않았으므로 못 간다. 이것은 그리스도에 의해 결정적으로 닫힌 족장들의 림보를 고려에 넣고 사면 가능한 죄를 죽음 뒤에 사해질 수 없는, 연옥에 속하지 않는 죄로 보는 학파의 기발한 가정이다.

그러나, 처소들은 무한한 등급의 공덕이나 죄업에 비례하므로, 공덕이나 죄업에 따른 무한한 수의 처소들을 구별할 수 있다. 영혼들이 이승에서 죄를 지은 장소에서 벌받는다는 것도 배제할 수 없다. 은총의 상태에 있지만 사면 가능한 죄들을 지은 영혼들이 천국과 구별되는 특별한 처소인 연옥을 갖는 것과 마찬가지로, 사망에 이르는 죄를 지었지만 보상받아야 할 몇몇 선행들을 한 영혼들은 지옥과 구별되는 특별한 처소를 가져야 한다. 그리고 그리스도가 오시기 전에 족장들은 영혼의 영광을 기다렸듯이 그들은 이제 육신의 영광을 기다린다. 그들이 그리스도가 오시기 이전에 특별한 장소에서 기다렸듯이, 그들은 이제 부활 뒤에 가게 될 장소, 즉 천국과는 다른 어떤 곳에서 기다리고 있을 것이다.

이러한 가정들을 모두 살펴본 뒤에 토마스는 그의 결론을 제시한다. 영혼들의 처소들은 그들의 각기 다른 신분에 따라 구별된다. 토마스는 여기서 신분 *status*라는 말을 쓰는데, 그것은 13세기에 큰 성공을 거두었다. 그것은 이승의 인간들의 사회-직업적인 다양한 여건들을 가리키는 동시에 개인들의 사법적·영적·윤리적인 상이한 상태를 가리킨다. 그 주요한 참조 기준은 사법적인 성격의 것이다. 거기에서 법이 신학에 남긴 자취를 읽을 수 있다. 죽음의 순간에 최후의 보상을 좋게 받을 만한 신분에 있는 영혼들은 낙원에 가고, 나쁘게 받을 영혼들은 지옥에 가며, 원죄밖에 없는 영혼들은 아이들의 림보로 간다. 최후의 보상을 받을 만한 신분에 있지 않은 영혼들은 만일 그것이 사람 때문이면 연옥에 가며, 만일 그것이 단순히 본성에 의한 것이면 족장들의 림보로 갈 것인데, 단 이것은 그리스도의 지옥 하강 이래로 존재하지 않는다.

그리고 나서 토마스는 이러한 결론을 정당화한다. 위-디오니소스와 아리스토텔레스(『윤리학』 II, 8, 14)에 준거하여, 그는 "선의 방식은 하나밖에 없으나, 악의 방식들은 여럿이다"라고 단언한다. 그러므로 선의 보상을 위한 장소는 하나이지만, 죄를 위한 장소들은 여럿이다. 마귀들은 공중이 아니라 지옥에 거한다. 지상 낙원은 이승과 관련되며 저승의 처소들에 속하지 않는다. 이생에서의 죄의 징계는 문제 밖이다. 왜냐하면 그것은 인간을 공덕이나 죄업의 상태로부터 끌어내지 못하기 때문이다. 악은 결코 선이 섞이지 않은 순전한 상태로 생기지 않고 그 역도 마찬가지이므로, 지고선(至高善)인 지복(至福)에 이르기 위해서는, 모든 악으로부터 정화되어야 한다. 만일 죽음의 순간에 그렇지 못하다면, 죽음 후에 이 완전한 정화를 위한 장소가 있어야 할 것인데, 그것이 연옥이다.

그리고 토마스는 덧붙이기를 지옥에 있는 자들도 모든 선으로부터 유리될 수는 없으며, 그들이 지상에서 행한 선은 징벌의 완화를 가져온다고 한다. 토마스는 비록 드러내놓고 인용하지는 않지만 아우구스티누스와 그의 "전적으로 악하지는 않은 자들"을 위한 "좀더 견딜 만한 징벌"을 상기하는 듯하다.

그러므로 저승에는 천국, 아이들의 림보, 연옥, 그리고 지옥이라는 네 개의 열린 처소와 족장들의 림보라는 닫힌 처소가 하나 있다. 죽음 뒤의 정화를 위한 장소 즉 연옥의 존재는 그에게 의심할 바 없는 것이었지만, 그는 그 중간적 성격보다는 일시적 존재에 관심을 갖는다. 그가 보는 바 영원의 시각에서는 저승의 진정한 처소는 천국과 아이들의 림보와 지옥 세 가지밖에 없다. 모든 스콜라 체계들 중에서 토마스의 체계는 저승의 장소들에 관한 문제들을 가장 완전하고 가장 풍부하게 다룬 것이지만, 또한 가장 "지적인" 것으로 자기 시대의 사고 방식에서 가장 동떨어진 것이다.

제70문은 육신에서 분리된 영혼의 상태와 육신적인 불에 의해 그에게 부과되는 벌을 다루고 있다. 그것은 롬바르디아인 피에르의 『금언집』 제4권 제44과에 관한 『스크립툼』의 일부(제33문 3항)에 해당한다. 토마스는 거기에서 육신적인 불이라는 개념을 옹호한다.

『보유』는 여기서 원죄에만 기인하는 벌 즉 아이들의 림보라는 문제와 연옥에 관한 문제를 제기한다. 레오 판본[79] 편집자들이 이 것들을 부록으로 실은 것은 분명 옳다. 왜냐하면 토마스는 이 대목에서 『대요』 전체의 구성에서 종말론의 전개를 깨뜨릴 내용들을 굳이 넣어야 할 이유가 없기 때문이다. 그들은 또한 연옥이 『대요』의 체계에서 본질적인 부분이 아니라고 지적한다. 그런데도 내가 이제 그것을 다루고자 하는 것은 내 주제가 바로 연옥에 관한 것이기 때문이다.

연옥에 관한 문제는 여덟 가지 문항으로 이루어져 있다.[80] 1) 이 생 뒤에는 연옥이라는 것이 있는가? 2) 영혼들이 정화되고 저주받은 자들이 벌을 받는 것은 동일한 장소에서인가? 3) 연옥의 징벌은 이생에서의 모든 고통 이상인가? 4) 이 징벌은 의지적인가? 5) 연

---

[79] 토마스 아퀴나스의 전작의 공식적은 아니지만 표준판이 될 판본. 그렇게 부르는 것은 그 작업이 1882년 신토마스주의의 주창자 교황 레오 13세의 주도로 시작되었기 때문이다. 이 판본은 아직 완성되지 않았다.

[80] Saint Thomas d'Aquin, *L'au-delà*, pp. 97~128. 이 질문은 토마스의 『스크립툼』 중 롬바르디아인 피에르의 『금언집 제4권』에 관한 제21과의 요소들을 다시금 다룬다.

옥에 있는 영혼들은 마귀들에 의해 벌받는가? 6) 연옥의 징벌에 의해 사면 가능한 죄는 죄과에 관해서도 속죄되는가? 7) 정화하는 불은 벌의 적용을 제하는가? 8) 어떤 이는 다른 이보다 이 징벌로부터 더 빨리 해방되는가?

토마스는 첫번째 질문에 대답하기를, 신의 정의는 자신의 죄들을 회개하고 사면을 받은 뒤에 죽은, 그러나 참회를 다 하지 않은 자가 죽음 뒤에 벌받을 것을 요구한다고 한다. 그러므로 "연옥을 부정하는 자들은 신적 정의를 거슬려 말하는 것이다. 그것은 잘못이며 신앙으로부터 멀어지게 한다." 여기서 니사의 그레고리우스 Grégoire de Nysse[81]가 인용되는 것은 그리스인들과의 논쟁에서 취해진 방편인 것으로 보인다. 그리고 토마스는 덧붙이기를, "교회는 '망자들이 그들의 죄로부터 구원받을 수 있도록 기도할 것'을 명하고 있는데 이것은 연옥에 있는 자들밖에는 가리킬 수 없으므로, 연옥을 부정하는 자들은 교회의 권위에 저항하는 것이며, 따라서 이단적이다"라고 한다. 그리하여 그는 대알베르투스의 견해에 동조하는 것이다.

두번째 질문에 대해 토마스는 방금 살펴본 제69문에 나타난 논거들이나 지형학과는 다소 다른 저승의 지리로써 답한다. 『보유』의 저자들은 이러한 차이를 별로 거북하게 느끼지 않았던 것으로 보이나, 레오판 편자들에게는 이 대목을 부록으로 싣는 데 대한 또 한 가지 이유가 되었다. 그러나 우리는 연옥의 위치에 관한 이 또 다른 대답을 검토해보아야 한다. "성서는 연옥의 위치에 관해 아무것도 명확히 말하지 않는다"라고 토마스는 지적한다. 그리고 결정적인 합리적 논거도 없다.[82] 그러나 성인들의 선포와 수많은

---

*81) 니사의 그레고리우스: 카파도키아 335년경~니사 395년경. 동방 교회의 교부. 니사의 주교가 되었으나(371), 376~378년에는 아리우스파에 의해 주교직에서 밀려났다. 콘스탄티노플공의회(381)에 참석했고, 황제의 종교 자문관이 되었다. 반-아리우스적인 입장을 보여주는 많은 저작과 오리게네스 계열의 주석들을 남겼다.

산 자들에게 이루어진 계시들로 미루어보아 연옥이라는 장소는 이중적일 가능성이 있다. "공동의 법"에 따르면, 연옥이라는 장소는 지옥과 잇닿인 (지하의) 낮은 장소로서 연옥에서 의인들을 태우는 불과 그 아래쪽에 위치한 장소에서 저주받은 자들을 태우는 불은 같은 것이다. 다만, "관면"에 의해 어떤 자들은 "산 자들의 교훈을 위해서건 산 자들에게 망자들의 고통을 알려 교회의 대도로써 그것을 완화시키기 위해서이건" 이승의 다양한 장소들에서 벌을 받는다. 그러나 토마스는 각 사람이 자신의 죄를 범했던 바로 그 장소가 연옥이 된다는 견해에는 적대적이다. 그는 여기서 지상으로 돌아오는 망령들의 존재를 최소한으로 줄이려는 눈에 띄는 노력을 하고 있다.[83] 또한 토마스는, 공동의 법에 따라 연옥이 우리들 위에(그러니까 하늘에) 위치한다고 생각하는 자들의 견해도 물리친다. 그들의 논거는 연옥의 영혼들이 우리와 신의 중간에 있으리라는 것인데, 토마스는 그럴 리가 없다고 반박한다. 연옥의 영혼들이 벌을 받는 것은 그들이 우월한 어떤 것이 아니라 열등한 어떤 것을 가지고 있기 때문인 것이다. 이는 꽤 그럴싸하게 들리기는 하지만, 중세 성직자들이 즐기던 사이비 어원학이 생각날 정도로 말장난에 가깝다. 하여간 이러한 논의는 토마스 역시 13세기의 연옥의 "지옥화"에 한몫을 했다는 것, 그리고 연옥이 지하가 아니라 거의 천상에 있다고 생각한 성직자들도 있었다는 것을 보여주어

---

82) *de loco purgatorii non inuenitur aliquid expresse determinatum in scriptura, nec rationes possunt ad hoc efficaces induci*(*Ibid.*, p. 105).

83) 우리가 택한 『보유』의 판본에 주석을 붙인 J. Wébert 신부는 토마스 아퀴나스가 유령 이야기들을 진지하게 다루었다는 사실 자체를 추문으로 만든다. "토마스가 지상의 모처들에서 속죄한다는 망자들에 관한 이야기들을 고려에 넣었다는 것은 이상한 일이다. 그것은 괴기담의 '고통에 처한 영혼'을 생각나게 한다"(pp. 304~05). 나로서는, 중세의 이상 문학이나 13세기의 사고 방식에 대한 현대 주석자의 몰이해가 오히려 놀랍다. 토마스는 비록 지성인이기는 했지만 여전히 13세기에 속하는 인물이었고 그 일부를 공유하고 있었던 것이다.

흥미롭다. 그들은 연옥의 산을 지상으로부터 하늘로 치솟게 할 단테의 선구자들이라 할 수 있다.

연옥 벌의 혹독함에 관해(세번째 질문) 토마스는 말하기를, 실고 뿐 아니라 각고에 대해서도 "그 최소한도 이승에서 겪을 수 있는 가장 큰 고통을 넘어선다"고 한다. 연옥 벌의 혹독함은 징계되는 죄의 양이 아니라 징계되는 자의 상황에 달려 있다. 왜냐하면 연옥에서는 이승에서보다 훨씬 중한 징계를 받기 때문이다. 토마스는 이승에서 지은 죄와 연옥에서 겪는 징벌 사이에 양적인 관계가 있을 수 있다는 생각을 분명 지지하려 하지 않는다. 그는 이러한 문제에서 신적 정의를 강조하기는 하지만, 비례성에 관해서는 말하지 않는다. 그는 어떤 문제에서건 저승의 회계로 가는 길에 끼여들지 않는다.

네번째 질문에 대한 대답으로, 그는 연옥의 벌은 의지적이라고 본다. 그 이유는 영혼들이 그것을 원하기 때문이 아니라 그들이 그것이 구원받기 위한 수단이라는 것을 알기 때문이다. 토마스는 연옥의 영혼들이 고통에 허덕이는 나머지 그것이 그들을 정화하고 있음을 모르고 저주받았다고 생각한다는 견해에 반대한다. 연옥의 영혼들은 자신들이 구원되리라는 것을 안다.

대 알베르투스와 마찬가지로, 토마스는 연옥의 영혼들을 고문하는 것은 마귀들이 아니라고 본다. 그러나 마귀들이 연옥까지 영혼들을 따라갈 수는 있으며 영혼들이 고통하는 것을 보기를 즐길 수는 있을 것이다. 이것은 다섯번째 질문에 대한 대답이 된다. 여섯번째와 일곱번째 질문에 대해 토마스는 반박하기를, 정화하는 불은 실제로 사면 가능한 죄들을 정화한다고 반박하나, 그는 여기서 이 불을 은유적인 불로 간주하는 듯하다. 이 점에서 그는 성아우구스티누스의 주저를 함께하는 것으로 보인다.

끝으로, 어떤 자들은 다른 자들보다 연옥에서 더 빨리 구원되는가 하는 질문에 토마스는 긍정적으로 답하면서(그리고 나서 그는 고린도전서 3장 10~15절을 간략히 풀이한다) "비례"라는 말을 쓰는데, 그것은 연옥 벌의 혹독함을 가늠하는 데 있어 강도와 기간을 동시에 고려하고 있기 때문이다. 그는 분명히 연옥 시간에 관한 속된 산술이 자리하는 것을 피하려는 듯하다.

종말에 관한 논의의 맥락으로 돌아와, 『보유』의 저자들은 토마스로 하여금 제71문에서 망자들을 위한 대도라는 문제를 다루게 하며, 그러기 위해 롬바르디아인 피에르의 『금언집 제4권』에 관한 『스크립툼』의 제45과의 두번째 질문에 의거한다. 그것은 내가 아는 한 이 문제에 관한 19세기 이전의 가장 깊이 있는 고찰이다.[84] 토마스는 거기서 14가지 문항에 답한다. 1) 망자 한 사람을 위한 대도가 다른 망자에게도 유익한가? 2) 망자들은 산 자들의 행위들에 의해 도움을 받을 수 있는가? 3) 죄인들에 의해 행해지는 대도는 망자들에게 유익한가? 4) 망자들을 위해 행해지는 대도는 그것을 행하는 자들에게도 유익한가? 5) 대도는 저주받은 자들에게도 유익한가? 6) 그것은 연옥에 있는 자들에게 유익한가? 7) 그것은 림보에 있는 어린 아이들에게 유익한가? 8) 그것은 축복받은 자들에게 유익한가? 9) 교회의 기도, 제단의 희생, 보시 등은 망자들에게 유익한가? 10) 교회가 용인하는 면죄는 그들에게 유익한가? 11) 장례 예식은 그들에게 유익한가? 12) 대도는 그것이 그를 위해 드려지는 자에게 다른 망자들에게보다 더 많이 유익한가? 13) 동시에 많은 사람들을 위한 대도는 그들 각자에게 각 사람을 위한 대도만큼 유익한가? 14) 공동의 대도는 그것밖에 누리지 못하는 자에게, 특별 대도와 공동 대도가 그것들을 모두 누리는 자에게 유익한 만큼, 유익한가?

토마스의 답변, 특히 연옥이라는 문제에 관한 답변의 요지를 차례로——나는 토마스의 생각으로부터 더 멀어질까 우려하여 순서

---

84) 제71문은 우리가 사용한 판본의 pp. 129~203에 실려 있다(본장의 주 64 참조).

를 바꾸지 않는다——옮겨보면 다음과 같다.

1) 우리의 행동들에는 두 가지 효과가 있다. 어떤 신분을 얻는 것과, 마치 우연한 보상이나 징벌의 사면처럼, 어떤 신분에 뒤따르는 선을 얻는 것. 신분의 획득은 자신의 공덕으로밖에 얻어지지 않는다. 영생도 마찬가지이다. 반면, "성인들의 통공 sanctorum communio"을 통해 선행들을 일종의 증여로서 다른 이들에게 제공할 수는 있다. 기도는 그들에게 은총을 얻어주며, 그들 스스로가 그것을 받을 만하기만 하다면, 그 선한 사용은 영생을 줄 수 있다. 이는 개인적 공덕과 연대성, 공동체적 사랑간의 경탄할 만한 균형이다.

2) "교회의 지체들을 연합시키는 사랑의 유대는 산 자들에게 뿐 아니라 애덕 charitas의 상태에서 죽은 망자들에게도 유효하다. 〔……〕 망자들은 산 자들의 기억 속에 살아 있다. 〔……〕 그러므로 산 자들의 대도는 망자들에게 유익하다." 그러면서 토마스는 "산 자들과 망자들간에는 아무런 소통도 없다"(『윤리학』 I, 11)고 하는 아리스토텔레스의 견해에 반박한다. 그러한 견해는 시민적 삶의 관계들에서만 그러하며, "신에게는 망자들의 영도 살아 있으니" 신의 사랑에 근거한 영적 삶의 관계들에 대해서는 그렇지 않다. 그것은 내가 연옥과 관련하여 산 자들과 망자들의 관계에 대해 만난 가장 아름다운 표현이다.

3) 그렇다. 죄인들의 대도조차도 망자들에게는 유익하다. 왜냐하면 대도의 가치는 산 자들의 상황이 아니라 망자들의 상황에 달려 있기 때문이다. 그것들은 행하는 자와는 무관하게 그 자체로써 유효한 성사처럼 작용한다.

4) 징벌을 보속하는 것으로서의 대도는 망자만이 그 유익을 누릴 수 있는 망자의 특권이 된다. 그러나 영생에 값하게 하는 것으로서의 그것은 사랑에서 비롯되는 것이기 때문에, 그것을 받는 자와 주는 자에게 모두 유익할 수 있다.

5) 그렇다. 어떤 문헌들(특히 『마카비서』, 12: 40)에 따르면 대도는 저주받은 자들에게도 유익할 수 있다고 한다. 그러나 토마스는 이때의 저주란 보다 넓은 의미에서의 저주이며 그것은 특히 연옥벌에 해당한다고 생각한다. 하여간 그것은 기적에 속하며 드물게 (아마도 트라야누스 황제의 경우[85]처럼) 일어날 것이다. 이어 토마스는 오리게네스, 프레보스텡, 라 포레의 질베르와 오세르의 기욤의 제자들의 견해를 논박한다. 그리고 그는 다시금 이번에는 아주 명백히 모든 비례성의 관념을, 대그레고리우스의 인용에 의거한 것들까지 모조리 논박한다.

6) 대도는 연옥에 있는 자들에게 유익하며 특별히 그들을 위한 것이라고도 할 수 있다. 왜냐하면 아우구스티누스는 말하기를 대도는 전적으로 선하지도 전적으로 악하지도 않은 자들을 위한 것이라고 했기 때문이다. 그리고 대도가 많아지면 연옥 벌을 무효화할 수도 있다.

7) 이러한 대도는 세례받지 못한 채 죽은, 따라서 은총의 상태에 있지 않은 아이들에게는 무용하다. 대도로써 망자의 신분을 바꿀 수는 없는 것이다.

8) 그것들은 또한 축복받은 자들에게도 무용하다. 왜냐하면 대도란 원조이므로 아무것도 결여된 것이 없는 자들에게는 필요치 않기 때문이다.

9) 대도가 효력을 갖기 위한 조건은 "산 자들과 죽은 자들간의" 사랑 안에서의 연합이다. 가장 효력이 큰 세 가지 대도는 사랑의

---

*85) 트라야누스: 53~117. 로마 황제(98~117). 소박하고 원로원을 존중하며 민중의 복지에 힘써 민심을 얻었다. 로마의 영토를 최대로 넓혔으며, 국가 재정을 튼튼히 했고, 대대적인 사역을 일으켰다. 기독교인들에 대한 모든 폭력과 수배를 금했다. 본문의 내용으로 미루어보아 그가 지옥 또는 연옥으로부터 대도의 도움을 받아 구원되었다는 전설이 있었던 듯한데, 이러한 전설은 그 구체적인 내용이나 기원은 알 수 없으나 아마도 기독교인들에 대한 그의 관용적인 태도에서 비롯되었을 것으로 짐작된다.

주요한 결과인 보시와 의도에 따라서는 가장 좋은 대도인 기도, 그리고 미사이다. 미사 가운데서도 성찬은 사랑의 원천이며 그것만이 그 효력이 남들에게도 파급될 수 있는 성사이다. 가장 효력이 큰 미사는 망자들을 위한 특별한 기도를 포함하는 미사이지만, 미사를 드리는 또는 집전하는 자의 신앙의 정도가 가장 중요하다. 금식 또한 유효하다. 그러나 그것은 외적인 것이므로 효력이 덜하다. 다마스커스(다메섹)의 성요한Jean Damascène[86]이 가르친 바 양초나 기름의 봉헌도 마찬가지이다.

10) 그렇다. 면죄는 망자들에게 적용될 수 있다. 왜냐하면 "교회가 그 면죄의 원천인 공동의 공덕을 산 자들에게뿐 아니라 망자들에게도 전파하지 못할 까닭이 없기 때문이다." 이 점에서는 성토마스의 경각심도 다소 무디어진 듯하다. 그는 지나칠 만큼 "교회인"인 것이다.

11) 토마스는 장례 예식의 효용성에 관해 그가 인용하는 아우구스티누스보다도 한층 더 개방적이다. 아우구스티누스는 말하기를 "망자들의 시체를 위해 행하는 모든 것은 영생을 위해 그들에게 아무 도움도 되지 못하며, 인간들의 의무일 뿐이다"라고 했었다.[87] 토마스에게 있어서는 매장의 예식이 교회와 가난한 자들을 위한 선행의 기회가 되므로 망자들에게 간접적으로 유익할 수 있다. 더욱이 망자를 성역이나 성지에 매장하는 것은 헛된 영광을 구하기 위해서가 아니라면 망자에게 그 옆에 묻힌 성인의 도움을 얻어줄 수도 있다. 토마스는 여기서 자기 시대 자기 교단을 대변하고 있

---

*86) 다마스커스(다메섹)의 성요한: 다마스커스 7세기말~예루살렘 부근 749년경. 그리스 교회의 신학자. 성화상 파괴 iconoclasme 논쟁에서 그는 성화상 숭배에 찬성하는 입장이었고, 그로 인해 사후에 탄핵되기도 했다. 대표작은 전3부로 구성된 『지식의 근원』인데, 그 제1부는 신앙의 철학적 입문을, 제2부는 이단들의 역사를 다루었고, 제3부인 『정통 신앙 해설』은 신과 창조·인간론·그리스도론·구원론·종말론 등을 다룬 것으로 12세기에 라틴어로 번역되었다.

87) *De cura pro mortuis gerenda*, chap. XVIII.

다. 도미니크회에서는 (그리고 프란체스코회에서도) 속인들, 특히 권자들과 부자들의 유해를 그들의 교회와 묘지에 받아들였으며 끌어들이기까지 했다. 그리하여 속인들은 이전까지는 성직자들과 종교인들에게 유보되어 있던 교회 묘지의 유익을 점점 더 구하게 되었다. 그러나 이 조항에서 가장 흥미로운 것은 아마도 성토마스가 바울 서신의 한 구절 "아무도 자신의 육체를 미워하는 이가 없나니"(에베소서 5: 29)를 인용하여 "육체는 인간 본성의 일부를 이루므로, 인간이 그것을 사랑하는 것은 당연하다"고 선언하는 것이다. 이것은 "영혼의 구역질나는 껍질"인 육체에 대한 수도원의 전통적인 경멸과는 거리가 멀다.

12) 성도들의 통공에도 불구하고, 토마스는 대도란 그것이 다른 사람들에게보다는 특별히 위해서 드려지는 자에게 유익하다고 생각한다. 왜냐하면 망자는 더 이상 아무런 공덕도 쌓을 수 없으므로 무엇보다도 중요한 것은 대도를 드리는 산 자의 의도이기 때문이다. 그는 이러한 개인적 체계 속에서는 연옥에서 부자들이 가난한 자들보다 더 쉽게 구원받을 수 있다는 논리에 설복되지 않는다. 벌을 면한다는 것은 천국을 소유하는 데 비하면 아무것도 아니며 거기에서는 가난한 자들이 총애를 받을 것이다.

13) "기도하는 자는 동일한 기도로써 한 사람을 위한 보속과 여러 사람을 위한 보속을 동시에 행할 수 없다." 토마스는 여기서 결정적으로, 개인주의는 아니라 하더라도, 개인을 향해 기운다.

14) "신적 자비의 결과로써 특별 대도의 넘치는 부분, 본래 위해서 드려진 자들에게 넘치는 부분은 그러한 대도를 결여하여 도움이 필요한 자들에게 적용된다."

이러한 문제 전반에 걸쳐 토마스는 빚, 재화의 전수 같은 문제에 민감함을 보여준다. 그가 쓰는 용어들은 법-경제적인 용어에서 차용된 것이 많다. 토마스는 저승의 회계를 거부하지만 상인들보다는 빚진 소귀족들의 사회를 더욱 반영하는 모종의 거래를 배제하지 않는다. 그의 사고가 항상 근본적으로 종교적이라는 것을 상기시킬 필요가 있을까? 그는 사물들보다는 신분에, 장소들보다는 여건에, 소유보다는 존재에 한층 더 흥미를 갖는다.

이제 『보유』의 논술을 성토마스 자신의 진짜 저술에 들어 있는 두 대목에 비추어 보완하는 일이 남아 있다. 그것은 그의 사고가 롬바르디아인 피에르의 『금언집』에 관한 『스크립툼』 이래로 어떤 점에서 진전되었는가를 보여줄 것이다.

토마스 자신에 의해 쓰여진 『신학 대요』의 가장 중요한 대목에서, 나는 연옥에 관한 두 대목을 다루겠다.

『대요』의 제1부 89문 8조에서 토마스는 망자들의 망령, 유령의 출현 등을 다룬다. 그는 이러한 출현들이 천사들을 통해서건 마귀들을 통해서건 이루어지게끔 허락하시는 신의 기적에 속하는 것이라고 강조한다. 토마스는 이러한 출현들을 꿈에서 일어나는 출현들에 견주며 두 경우에 모두 그것들은 문제되는 망자들이 모르는 사이에 일어날 수 있다는 점을 강조한다. 실상 토마스는 여기서 연옥에 언급하지 않으며——비록 망자들을 위한 대도에 관해 말하고는 있지만——그는 유령들이 그들 자신의 운명과 유령으로서의 상황을 명백히 의식하며 산 자들에게 대도를 간청하는 특수한 경우에는 이상하게도 언급하지 않는다. 여기서 다시금 저승의 이 유랑자들에 대한 토마스의 불안을 엿볼 수 있다. 그는 그들의 수효와 독립성을 가능한 한 제한하려 한다. 그들은 전적으로 신에 의해 조종되며 그들의 처소 내지 감옥으로부터 나오기 위해서는 "신의 특별한 관면"에 의해 *per specialem Dei dispensationem* 허락을 받아야만 한다. 사실을 말하자면 우리의 연구에서 가장 흥미로운 것은 토마스가 여기에서 육신을 떠난 영혼들에 관한 그의 이론들을 장소들 및 거리들(*distantia localis*, 제89문 7항)에 관한 성찰 가운데 두고 있다는 점이다. 거리가 멀어지는 것은 인식에 장애가 되는가? 마귀들은 그들의 움직임의 속도와 유연성(*celeritas motus*, *agilitas motus*) 덕분에 유리한 입장이 되는가? 그러한 거리는 공간적인 것으로 신적인 빛과 관련하여 특히 중요하지만, 동시에 시간적인 것이기도 해서 육신을 떠난 영혼들은 미래를 알 수 없다. 토마스는, 저승에서의 상황들의 "속된" 공간화에 관해 별로 말이 없지만 상호 관련된, 그러나 상이한 체계에 따르는 공간과 시간에 관한 추상적 성찰의 중요성은 의식하고 있다. 왜냐하면 공간적 거리와 시간적 거리는 동일한 "계산"에 속하지 않기 때문이다.[88]

『악에 관하여』(1266~1267)의 제7문 11항에서 토마스는 사면 가능한 죄들이 사후에 연옥에서 사면되는가를 다시금 묻는다. 그의 대답은 물론 긍정적인 것이지만 그의 관심은 치명적인 죄와 사면 가능한 죄 사이에는 경중의 차이가 아니라 본질의 차이가 있음을 논증하는 데 있다. 한편 그는 죄과와 징벌이라는 문제로 돌아온다. 『금언집 제4권』에 관한 『스크립툼』에서 그는 롬바르디아인 피에르와 마찬가지로 "은총의 신분으로 죽은 자는 저승에서 사면 가능한 죄를 죄과 자체에 대해서는 정화하는 불에 의해 사면받는다. 왜냐하면 이 벌은 어떤 의미로는 의지적인 것이므로 성화(聖化)하는 은혜와 양립 가능한 모든 죄과를 속죄하는 효력이 있기 때문이다." 그러나 『악에 관하여』에서는 "사면 가능한 죄는 죄과에 관한 한 더 이상 연옥에 있지 않다. 의로운 영혼이 육체의 속박을 벗어버리는 즉시 완전한 사랑의 행동이 그의 과오를 소멸시키며, 따라서 속죄할 벌 *la peine à expier*밖에는 남지 않는다. 영혼은 이러한 벌의 감소나 면제를 받을 만한 공덕을 쌓는 것이 불가능한 상태에 있으므로."[89] 토마스의 여전한 관심사는 죄, 영혼의 조건 등이며,

---

88) *Summa theologiae*, Ia Pars, q. LXXXIX, art. VII, 2ᵉ édition romaine, Rome, 1920, p. 695: *non est eadem ratio de distantia loci, et de distantia temporis*.
89) A. Michel, art. "Purgatoire," du *Dictionnaire de théologie catholique*. col. 1240. 『스크립툼』에서 『제4금언집』에 관한 제21과 1문 1항은 Moos판 pp. 1045-52에 실려 있다. 『악에 관하여』의 제7문 11항은 Marietti판 *Quaestiones disputatae*, pp. 587-90에 실려 있다.

그가 그 존재를 분명히 긍정한 과도적 장소의 우연적 특질들이 아니다. 왜냐하면 연옥은 신앙과 교회의 권위 가운데 있으며, 신과 인간간의 관계에 관한 합리적 논증들에 부응하는 것이기 때문이다.

연옥의 거부

I. 이단들

스콜라 학자들이 연옥을 시인하는 것과는 달리 이단들과 그리스인들은 연옥을 거부한다.

연옥에 대한 이단들의 반대는 이제 곧 살펴보게 될 실천적 차원에서뿐 아니라 이론적 차원에서도 발견된다. 그것은 죽은 자들을 위한 기도 즉 대도에 대한 끈질긴 거부에 근거한 것으로, 12세기말에는 이러한 거부가 정통파들로 하여금 연옥의 존재를 한층 더 분명히 확립하게 하는 원인이 되기도 했다. 대도는 1025년 아라스의 이단들에 의해 거부된 데 이어 1143~1144년에도 쾰른의 이단들[90]에 의해 다시 거부되었으며, 거기에 대해 원장 수사 슈타인펠트의 에버윈 Eberwin de Steinfeld은 성베르나르에게 원조를 구한다: "그들은 죽음 뒤에 정화하는 불이 존재한다는 것을 믿지 않으며, 솔로몬의 "나무가 남으로나 북으로나 쓰러지면 그 쓰러진 곳에 그냥 있으리라"(전도서 11: 3)는 말에 의거하여 영혼들이 지상을 떠나는 순간 즉각적으로 영원한 안식에 들거나 형벌에 처해지게 된다고 가르친다."[91]

---

*90) 1143~44년 쾰른에서도 카타르파가 나타났었다.
91) 성베르나르의 편지들 가운데(서한 제472) 들어 있는 원문이 *Patrologie latine*, t. 182, col. 676~80에 실려 있다. *Everwini Steinfeldensis praepositi ad S. Bernardum*의 영역은 W. L. Wakefield & A. P. Evans, *Heresies of the Middle Ages*, New York-London,

앞서 보았듯이 퐁코드의 베르나르가 발도파에게 맞서 저승의 새로운 구조를 표명하던 아마도 그 시기에, 『반(反)이단 대요 Summa contra haereticos』라는 저술은 파사젱 les Passagins이라 불리는 이 단들이 죽은 자들을 위한 기도에 대해 적대적인 것을 언급하면서 연옥에 관해 말하고 있다. 이 저술은 크레모나의 프레보스텡의 것으로 잘못 추정되기도 했으나 그 편자들의 말대로 12세기 것으로 보아야 할 것이고, 여기서는 연옥이라는 것이 존재하기는 하지만 망자들이 아직 세 가지가 아니라 네 가지 범주로 나누어지므로 12세기말이라는 것이 합당한 연대로 생각된다.[92]

파사젱들의 거부에 대해 『대요』는 다음과 같은 "해결책"을 제시하고 있는데, 거기에는 아우구스티누스의 생각이 많이 반영되어 있다:

> 우리는 산 자들을 위해 그들이 아무리 악하다 해도 괘념치 않고 기도한다. 왜냐하면 우리는 그들이 선택될지 저주받을지 알지 못하기 때문이다. 그러나 우리는 특히 우리의 형제들과 죽은 자들을 위해 기도한다. 우리의 기도를 필요로 하지 않을 전적으로 선한 자들이나 우리의 기도가 아무 소용도 없을 전적으로 악한 자들을 위해서가 아니라, 연옥에 있는 중간 정도로 선한 자들을 위해 그들이 더 선하게 되도록이 아니라 그들이 좀더 속히 자유케 되도록 기도하며, 중간 정도로 악한 자들을 위해

1969, p. 126 sqq.에 실려 있다(정화하는 불에 관한 대목은 p. 131에 나온다).

92) 파사젱들은 할례의 실행을 포함한 구약의 엄격한 준수를 천명하며, "유대화"하는 분파로 분류된다. 그들에 관한 최초의 언급은 1184년, 최후의 언급은 1291년의 것이다. 그들은 롬바르디아 지방에 살았으며 1200년 직전과 직후에 활동한 것으로 보인다. R. Manselli, "I Passagini," in *Bollettino dell'Istituto storico italiano per il medio evo e Archivio Muratoriano*, LXXXV, 1963, pp. 189~210 참조. 그들은 카타르파의 편처럼 보이지만 이 *Summa contra Haereticos*에서 그들과 구별된다. *Summa contra Haereticos ascribed to Praepositinus of Cremona*, éd. J. N. Garvin et J. A. Corbett, Notre-Dame(Indiana), 1958. 그 부분적인 영역은 Wakefield & Evans, *Heresies of the High Middle Ages*, p. 173 sqq.에 실려 있다.

그들이 구원되도록이 아니라 벌을 덜 받도록 기도하는 것이다.[93]

1207~1218년에 걸쳐 영국에 있는 코그스홀Coggeshall의 시토 수도원 원장이었던 랄프Ralph[94]의 연대기는 틸버리의 저비스가 젊은 시절에 겪은 모험에 관해 말하면서 퓌블리켕 les Publicains이라 불리는[95] 이단 사상에 언급한다. 퓌블리켕이란 프랑스의 여러 지방 특히 렝스에 유포된 이단으로, 렝스에서 그들은 1176~1180년의 흑마술(黑魔術) 사건에서 모습을 드러낸다.

그들은 아이들이 철들기 이전에 세례를 받아서는 안 된다고 주장한다. 게다가 그들은 죽은 자들을 위해 기도하거나 성인들의 중보를 청해서는 안 된다고 한다. 그들은 결혼을 죄악이라고 보며 자신들의 방탕을 가리기 위해 동정(童貞)을 설교한다. 그들은 우유와 거기서 나오는 모든 식료품을, 그리고 교미에 의해 생산되는 모든 양식을 혐오한다. 그들은 사후의 정화하는 불을 믿지 않으며 영혼은 해방되는 즉시 안식이나 저주에 든다고 생각한다.[96]

13세기에는 이단 분파나 이단자들에 관한 거의 모든 논저가 연옥의 거부를 이 분파들 대부분(종종 "정통" 저자들에 의해 잘 구별되지 않는) 특히 발도파의 오류로 간주한다. 도미니크회에 속해 있던 부르봉의 에티엔은 1261년에 죽기 전 몇 해 동안 설교자들을 위

---

93) *Ibid.*, pp. 210~11.
*94) 랄프: 케임브리지셔~1227 이후. 에섹스 지방의 코그스홀에 있던 시토 수도원의 수사, 수도원장. 이 수도원에는 영국이 노르만족에게 정복되던 1066년부터 시작되는 연대기가 있었는데, 랄프는 1187~1224년 동안 이 연대기를 계속하여 썼다.
95) 이 이름은 동방의 Pauliciens의 왜곡으로, 서방에서는 아무 종류의 이단이건 가리키는 데에 쓰였다.
96) 라틴어 원문은 *Radulphi de Coggeshall Chronicon anglicanum*, ed. J. Stevenson, London, 1875, pp. 121~25에, 영역문은 Wakefield & Evans, p. 251에 각기 실려 있다.

한 논저를 집필했는데——거기에 대해서는 다시 말하게 될 것이다——거기서 그는 1235년경 발랑스(도피네) 지방의 발도파에 관해 다음과 같이 말한다: "그들은 이생에서 겪는 것 이외의 정화하는 형벌은 없다고 천명한다. 죽은 자들을 위해서는 교회의 선한 미사도, 그들을 위해 할 수 있는 어떤 것도 효력이 없다는 것이다."[97] 도미니크회의 종교 재판 심문관이었던 알렉산드리아(북이탈리아)의 안셀무스Anselme d'Alexandrie는 1266~1270년에 저술한 한 논저에서 발도파와 카타르파를, 그리고 발도파 가운데서도 롬바르디아파les Lombards와 산너머파les Ultramontains(리용의 빈자파)를 구별하고자 한다. 그는 연옥의 부인을 발도파의 두 분파에 공통된 신조들 중 하나로 꼽는다: "산너머파와 마찬가지로 롬바르디아파도 연옥·맹세·정의의 권리 등을 믿지 않는다. 〔……〕 그리고 또한 (양자 모두에게) 연옥이란 존재하지 않는다. 성인들의 무덤에 참배하거나 십자가를 공경하거나 교회를 짓거나 죽은 자들을 위해 기도나 미사나 구제를 하는 것은 아무 득이 없다는 것이다."[98]

14세기초 도미니크회의 베르나르 기Bernard Gui[99]가 그의 말년

---

97) 라틴어 원문은 A. Lecoy de la Marche가 펴낸 *Tractatus de diversis materiis praedicabilibus*의 발췌문들에 편집되어 있다. *Anecdotes historiques, légendes et apologues tirées du recueil inédit d'Etienne de Bourbon, dominicain du XIIIe siècle*, Paris, 1877, pp. 202~99. 영역문은 Wakefield & Evans, p. 347에 실려 있다.

98) 라틴어 텍스트는 A. Dondaine, "La hiérarchie cathare en Italie, II Le *Tractatus de Hereticis* d'Anselme d'Alexandrie, O. P……," in *Archivum fratrum praedicatorum*, XX, 1950, p. 310~24에, 영역문은 Wakefield & Evans, p. 371~72에 실려 있다.

*99) 베르나르 기: 1261년경~1331. 역사가, 종교 재판의 심문관, 주교. 1280년 도미니크회에 들어갔고, 리모주, 알비, 카스트르, 카르카손 등지의 독사(讀師) 및 원장 수사를 지냈다. 1307~1323/4년에 걸쳐 종교 재판의 심문관으로 일했고, 롬바르디아, 토스카냐, 플랑드르 등지에 평화의 사절로 파견되기도 했다. 뒤에 스페인 갈리키아 지방의 투이 주교가 되었다. 역사가로서 그는 탐구욕과 정확성을 보여주며, 대표적 저서로 『연대기의 꽃 *Flores chronicorum*』이 있다. 이단 및 종교 재판에 관한 저서로는 『종교 재판관의 지침서 *Practica officii inquisitionis*』『툴루즈 종교 재판의 판결

에 오랜 경험의 결실로서 저술한 명저 『종교 재판관의 지침서』에 서도 같은 소리를 들을 수 있다:

> 발도파는 이생 뒤에 영혼들을 위한 연옥이 있다는 것을 부인한다. 그리고 따라서 죽은 자들을 위한 기도나 구제나 기타 신자들의 경건한 대도가 아무 소용도 없다고 단언한다. 〔……〕 그들은 또한 신자들에게 진정한 참회와 죄를 위한 연옥은 이생에만 있고 달리는 없다고 말하며 가르친다. 〔……〕 마찬가지로, 그들에 따르면, 영혼들은, 육신을 떠나면 즉시로 낙원(만일 그들이 구원받을 것이라면)이나 지옥(만일 그들이 저주받을 것이라면)으로 가며 이생 뒤에는 천국과 지옥 외에 다른 처소는 없다. 그들은 또한 죽은 자들을 위한 기도는 그들에게 전혀 도움이 안 된다고 한다. 그들이 낙원에 있다면 그런 것이 필요치 않을 것이고, 반면 지옥에 있는 자들에게는 안식이 없기 때문이다.[100]

연옥에 대한 카타르파의 태도는 좀더 복잡했던 것으로 보인다. 그 점에 대해서는 뒤에서 다시 다루기로 하겠다. 구체적인 신앙 특히 몽타이유 Montaillou에서의 신앙에 관한 자료들은 우리에게 상당히 복잡하고 섬세한 입장을 보여준다. 여기서 검토되는 이론적 텍스트들 역시 일반적으로 연옥에 관한 부정적인 태도를 강조한다. 라이네리우스 사코니 Rainerius Sacconi는 본래 이단이다가 베로나의 피에르 Pierre de Vérone를 통해 개종하고 도미니크회에 들어가서 자신도 종교 재판관이 되었으며 피에르의 목숨을 앗아간

집 *Liber sententiarum inquisitionis Tolosanae*」 등이 있다.

100) 베르나르 기는 1261년 아니면 1262년에 리무쟁에서 태어나 1279년에 도미니크회에 들어가서 종교 재판관으로 특히 툴루즈 교구에서 활발히 활동했다. 그는 생애의 말년에 로데브 Lodève의 주교가 되었다. 『종교 재판관의 지침서 *Practica officii inquisitionis*』는 1323~1324년에 완성되었다. 그것은 G. Mollat에 의해 불어로 번역되어 중세 프랑스사의 고전들 *Classiques de l'histoire de France au Moyen Age* 제VIII/IX 권으로 발간되었다. 인용된 텍스트는 제5부 2장에 들어 있다.

음모(그 직후에 피에르는 순교자 성피에르가 되었다)를 모면한 인물인데, 그는 1250년 그의 『카타르파와 리용의 빈자파에 관한 대요 Summa de Catharis et Pauperibus de Lugduno』라는 논저에서 이렇게 쓴다: "그들의 두번째 오류는 신이 아무런 정화적 형벌을 과하지 않는다는 것이다. 왜냐하면 그들은 연옥이나 다른 어떤 일시적 형벌을 부인하기 때문이다. 그들에 의하면 일시적인 형벌은 이생에서 마귀들에 의해 부과되는 것이다."[101]

알반파 les Albaniens/Albanais라고 불리는(이 이름은 때로 알비파 les Albigeois로 혼동되기도 한다) 이탈리아의 카타르파에 관해 아마도 1250~1260년 사이에 프란체스코회 수사에 의해 씌어졌을 것으로 보이는 한 익명의 소론은 그들이 연옥뿐 아니라 지옥도 믿지 않는다고 말하고 있다. 왜냐하면 창세기에 따르면 하나님은 이 세상을 즉 루시퍼를 창조했을 뿐이며 지옥이란 하나님에 의해 창조된 것이 아니기 때문이다. 이러한 관점에서 "그들은 정화하는 불도 연옥도 없다고 말한다."[102]

II. 그리스인들

만일, 목회와 논전의 차원에서, 교회가 사후의 속량을 경멸하는 이단자들과의 싸움을 통해 사후의 징계에 의한 정화의 장소, 즉 연옥에의 신앙을 채택하고 구체화하게 되었다면, 라틴 교회로 하여금 13세기에 연옥에 관한 최초의 교의적 언명을 하게 한 것은 신학적 차원에서의 논쟁들, 라틴과 그리스의 교직자들간의 타협이

---

101) 사코니의 *Summa*는 A. Dondaine에 의해 그의 저작 *Un Traité néo-manichéen du XIIIᵉ siècle: le Liber de duobus principiis, suivi d'un fragment de rituel cathare*, Rome, 1939, pp. 64~78의 서문에 편집되었다. 영역문은 Wakefield & Evans, pp. 333~34에 실려 있다.

102) 이 *Brevis summula contra errores notatos hereticorum*은 Célestin Douais, *La Somme des autorités à l'usage des prédicateurs méridionaux au XIIIᵉ siècle*, Paris, 1896, pp. 125~33에 실려 있다. 영역문은 Wakefield & Evans, pp. 344~56.

었다. 실제의 기초 위에 이론이 자리하는 것이다. 연옥은 그렇듯 열망 가운데서 태어났을 뿐 아니라 싸움 가운데서 태어난 것이기도 하다.

라틴 기독교와 그리스 기독교간의 분열은 늦어도 4세기에는 시작되어 점차로 심화되다가 마침내 1054년의 분리가 일어나지만[103] 그 이후로도 두 교회의 연합을 위한 토론과 협상은 없지 않았다. 그러는 가운데 저승이라는 문제는 애초에는 별다른 역할을 하지 않았었다. 그리스 교회는 연옥에 이르게 될 교의적 형성의 기원에 있었지만 그러한 맹아(萌芽)들을 더 이상 키워내지는 않았다. 그리스 교회는 사후 속량의 가능성과 죽은 자들을 위한 대도 등 라틴 교회와 크게 다르지 않은 관행을 막연히 믿는 것으로 만족했다. 그러나 라틴 신앙이 저승의 제3의 처소를 탄생시키고 저세상의 지리를 근본적으로 변경시키기에 이르자, 연옥이라는 문제는 논쟁과 불화의 표면으로 떠올랐다. 제1단계의 논쟁은 주로 연옥의 불이라는 문제를 에워싸고 일어났다.

13세기만을 놓고 본다면 우선 세기의 전반에는 협상이 고유한 의미에서의 종교적 난점들 외에 특히 정치적인 장애물에 걸린다. 교황청에서는 1204년의 십자군 원정에 의해 콘스탄티노플에 세워진 라틴 제국을 지지하는 반면 그리스인들은 니케아에 칩거해 있는 비잔틴 황제밖에는 인정하지 않는다.

이러한 거래의 와중에서 연옥은 폭발한다. 다니엘 스티어논 Daniel Stiernon 신부가 농조로 하지만 지당하게 말한 대로, "불이라고! 안됐지만 사실이다. 연옥의 불이라는 것도 있으니 이 불이

---

103) 이 문제에 관한 전체적 시각을 얻기 위해서는 Y. M. J. Congar, "Neuf cents ans après. Notes sur le Schisme oriental," in *L'Eglise et les Eglises: neuf siècles de douloureuse séparation entre l'Orient et l'Occident. Etudes et travaux offerts à dom Lambert Beaudoin*, I, Chevetogne, 1954 참조. 그 밖에 좀 덜 넓은 시각에서 행해진 D. M. Nicol의 연구들을 묶은 *Byzantium: Its Ecclesiastical History and Relations with the Western World*, London, 1972도 있다.

일 년 후면 사람들의 정신에 불을 붙일 것이다. 1235년 11월에 그 불똥이 튀었던 푸이으Pouilles에서는 그 불길이 주교좌에까지 이를 것이다. 만일 이 새로운 논쟁에 말려든 게르마노스 2세[104]가 정말로 이 문제에 관한 비방문을 쓴 것이 사실이라면 말이다. 이 얼마나 불타는 문제이며 지울 수 없는 자취를 남기는 것이냐."[105]

사실상 연옥에 관한 그리스-라틴 논쟁의 중요한 최초의 사건은 그보다 약간 이르다. 그것은 1231년말 오트란토Otrante 부근 카솔레Casole에 있던 그리스 수도원에서 코르푸Corfou의 대주교 조르주 바르다네스Georges Bardanès와 교황의 칙사로 와 있던 프란체스코회의 바르텔레미Barthélémy 사이에서 일어났던 논전이다. 이 논전에 대한 아마도 불완전한 기술은 그리스 주교의 것이다. 조르주 바르다네스는 우선 프란체스코회 수사들이 "정화하는 불(πῦρ καθαρτήριον)이 존재하며 고해는 했지만 미처 죄를 참회하기 전에 죽은 자들은 그리로 가서 최후 심판 이전에 정화되며 최후 심판 이전에 죄로부터의 구원을 얻는다고 주장한다"고 선언한다.[106] 프란체스코회에서 내세우는 권위는 "대화자 성그레고리우스"의 그것인데, 그리스인들은 다른 그레고리우스들과 구별하기 위해 대그레고리우스를 그렇게 부르는 것이다.

논쟁은 다음과 같이 전개된다:

---

*104) 게르마노스 2세: 1175년경~콘스탄티노플 1240. 그리스 교회의 수장. 콘스탄티노플이 라틴 서구에 의해 함락되고, 비잔틴 제국 및 교회가 분열의 위기에 처하자 이를 피하기 위해 로마 교황 그레고리우스 9세에게 교회의 연합을 청하고 니케아에서 교황의 사절들을 맞이하나 결국 상호 이해가 불가능함을 인정하게 된다. 그의 연옥에 관한 글은 다분히 반(反)라틴적이다.

105) D. Stiernon, "Le problème de l'union gréco-latine vu de Byzance: de Germain II à Joseph I^{er}(1232~1273)," in *1274. Année charnière. Mutations et Continuités*(colloque de Lyon-Paris, 1974). Paris, C. N. R. S., 1977, p. 147.

106) P. Roncaglia, *Georges Bardanès métropolite de Corfou et Berthélémy de l'ordre franciscain. Les discussions sur le Purgatoire(15 octobre~17 novembre 1231)*. Etude critique avec texte inédit, Rome, 1953, p. 57 sqq.

바르텔레미라는 이름의 라틴인이 제기한 질문은 대강 다음과 같다: "회개를 하지 않고 죽은 자들과 고해사가 명한 고행을 통한 참회와 고행의 실천을 미처 할 시간이 없이 죽은 자들의 영혼들은 어디로 가는지, 나는 당신네 그리스인들에게 묻고 싶소."

우리 그리스인들의 답변은 이랬다: "죄인들의 영혼들은 여기서 바로 영원한 지옥으로 가는 것이 아니오. 왜냐하면 온 세상을 심판하실 이가 아직 그의 영광 가운데 오사 의인들과 죄인들을 구별하시지 않았기 때문이오. 그러기까지 영혼들은 이 죄인들이 겪게 될 고문을 미리 맛보여줄 어두운 처소들로 가게 되오. 왜냐하면 구주께서 말씀하신 바[107] 의인들을 위해 여러 처소 여러 가지 안식이 아버지 집에 준비되어 있듯이, 죄인들을 위해서도 또한 여러 가지 형벌이 존재하기 때문이오."

라틴인: "우리는 그렇게 믿지 않소. 우리는 특이한 양상의 '정화하는'[108] 불이 존재하며 도둑, 간음자, 살인자, 사면 가능한 죄들을 지은 자들처럼 회개치 않고 이승을 떠나는 자들은 이 불 가운데서 일정 기간 동안 고통받으면서 죄의 오예로부터 정결케 되어 뒤에는 징벌에서 구원된다고 믿소."

"그러나, 경애하는 벗이여, 라고 나는 말했다. 그러한 것들을 믿고 가르치는 자들은 내가 보기에는 오리게네스를 그대로 믿는 것이오. 왜냐하면 오리게네스와 그를 따르던 자들은 지옥의 종말이라는 교의를 주장하여 마귀들조차도 몇 년 후에는 용서를 받고 영원한 벌에서 구원되리라고 하였기 때문이오. 그리고, 당신은 당신의 명철에 의지하여 하나님께서 주신 복음의 말씀에 의거하기만 하면 될 것이오. 왜냐하면 주님께서는 의인들은 생명의 부활에 이르나 죄인들은 심판의 부활에 이를 것이라고 하셨기 때문이오.[109] 그리고 또 이렇게 말씀하셨소. "저주를 받은 자들

---

107) 요한복음 14: 3.
108) 바르다네스는 여기서 πουργατόριον이라는 말을 쓰고 있는데, 이것은 라틴어 단어를 번역하기 위한 신조어이다.

아 나를 떠나 악마와 그의 천사들을 위하여 예비된 영영한 불에 들어가라."[110] 그리고 또 다른 데서는 이렇게도 말씀하셨소. "거기서 슬피 울며 이를 갊이 있으리라."[111] "거기는 구더기도 죽지 않고 불도 꺼지지 아니하느니라."[112]

주님께서 이처럼 (참회로써) 정화되지 않은 악행과 죄를 지닌 채 이생을 떠나는 자들에게 많은 경고를 주셨으니, 누가 감히 최후 심판이 결정되기 전에 정화하는 불이나 징벌의 종말이 있다고 말할 수 있겠소? 만일 어떤 죄를 지었든 죄지은 채로 이승을 떠난 자들이 어떤 방식으로든 (최후 심판) 이전에 고문에서 벗어나는 것이 가능하다면, 하나님의 신실한 종 아브라함이 자비심 없는 부자를 꺼지지 않는 불 속에서 건져내는 것을 누가 막았으리오? 부자는 나사로의 손가락 끝으로 단 한 방울의 물이라도 떨어뜨려 그를 서늘케 해달라고 깊이 감동시키는 말로 간청했던 것이오. 하지만 그가 들은 대답은 "너는 살았을 때에 네 좋은 것을 받았고 나사로는 고난을 받았으니 이제 저는 여기서 위로를 받고 너는 고민을 받느니라"[113]는 것뿐이었소. 그리고 그는 부자와 가난한 나사로 사이에는 건널 수 없는 심연이 있다고 하였소.

그러나 프란체스코회 수사는 이 모든 것을 듣고도 납득하지 않았으며 귀를 틀어막았다. 우리는 그의 눈 밑에 하나님을 담은(하나님의 영감을 받은) 교부들의 텍스트들을 갖다 놓았다. 성경에 관한 이 텍스트들을 쓴 대스승들의 권위 앞에서 경외감에 사로잡혀 그가 그의 반대를 포기하도록.

성서의 권위들은 프란체스코회 수사를 움직이지 못했고, 각자

---

109) 요한복음 5:29.
110) 마태복음 24:41.
111) 마태복음 24:30.
112) 마가복음 9:48.
113) 누가복음 16:25.

자기 입장을 고수했다.

교황이 연옥에 관해 내린 최초의 정의(1254)

이노첸티우스 4세[114]가 교황으로 있던 마지막 몇 해 동안 그리스인들과 라틴인들간의 논쟁의 분위기는 바뀌었고, 1254년 교황이 죽었을 때는 어느 정도 화합에의 길이 열린 듯했다. 1254년 3월 6일 그가 죽기 몇 주 전에 교황은 키프로스의 그리스인들에게 그의 특사로 가 있던 추기경 샤토루의 외드Eudes de Châteauroux에게 공문(sub catholicae)을 보냈는데, 이것은 연옥의 역사에서 중요한 계기가 된다. 교황은 그리스인들과 라틴인들 사이에 충분한 공통점이 있다고 생각하며, 사후에 정화하는 불을 거치느냐라는 당시의 첨예한 문제를 어둠 속에 묻어버리고 그리스인들이 다음과 같은 연옥의 정의에 동의해줄 것을 아직까지도 그 권위가 느껴지는 방식으로 요청하였다:

> 복음서의 진리는 만일 누가 성령을 거슬러 말하면 이 죄는 현세에서도 내세에서도 사해지지 않을 것이라고 분명히 하고 있다. 그러므로 우리는 어떤 과실들은 이승에서 또 다른 과실들은 저승에서 사해지는 것이라고 생각할 수 있다. 또한 사도도 각 사람의 공덕은 그것이 어떤 것이든 불로써 시험되며 만일 그것이 탄다면 그것을 지은 자는 상실을 겪겠지만

---

*114) 이노첸티우스 4세: 제노아 12세기말~나폴리 1254. 중세의 가장 위대한 교황들 중 한 사람(1243-54 재위). 그와 신성 로마 제국 황제 프리드리히 2세간의 충돌은 교황권과 황제권간의 갈등의 중요한 국면을 이룬다. 기독교 세계 전역에 관심을 기울여, 팔레스타인에 있는 기독교인들을 구하기 위해 루이 9세의 십자군 원정을 일으켰고, 몽고인들에게 선교사를 파견했으며, 동방 교회와의 접촉을 통해 러시아 및 우크라이나 교회와의 범교파적 연합을 시도했다.

그 자신은 불에서 나오는 것처럼 구원을 얻으리라고 하였다. 그리스인들 자신도 참회를 하였으되 그것을 미처 실행에 옮기지 못하고 죽은 자들이나 치명적인 죄는 없으되 사면 가능한 사소한 죄들을 지은 채 죽은 자들이 사후에 정화되고 교회의 대도에 의해 도움을 받을 수 있다고 진실로 그리고 주저 없이 믿는다 하니, 그리스인들은 그들의 스승들 가운데서 이 정화의 장소를 지명할 아무 이름도 발견치 못하며, 그리고 성스러운 교부들의 전통과 권위에 따르면 그 이름은 연옥이므로, 우리는 앞으로 이 표현이 그들에 의해서도 똑같이 받아들여지기를 바란다. 왜냐하면, 이 일시적인 불 가운데서, 죄들이, 물론 전에 참회로써 사해지지 못했던 중죄는 아니겠지만, 경미한 죄들이 정화되기 때문이다. 만일 그것들이 살아 생전에 사해지지 않는다면, 그것들은 사후에 영혼의 짐이 되는 것이다.[115]

이 편지는 처소로서의 연옥의 교의적 출생 증명서이다.

제2차 리옹공의회와 연옥(1274)

1274년의 제2차 공의회에서는 새로운 진전이 있었다.
아마도 그에 앞서 13세기의 제3사분기 동안 그리스인들과 라틴인들 사이에 있었던 논전의 협상 과정에서의 많은 일화들 중 한 가지를 소개하는 것이 좋을 것이다.

---

[115] 이것은 다소 수정된 번역으로 *Dictionnaire de théologie catholique*, col. 1248 "Purgatoire" 항에 실려 있다. Du Cange는 이 편지를 Purgatorium에 관한 그의 유명한 어휘집에서 인용하였다. 우리에게 중요한 대목의 라틴어 원문은 다음과 같다: *Nos, quia locum purgationis hujus modi dicunt (Graeci) non fuisse sibi ab eorum doctoribus certo et proprio nomine indicatum, illum quidem juxta traditiones et auctoritates sanctorum patrum purgatorium nominantes volumus, quod de caetero apud illos nomine appeletur.*

1263년 토마스 아퀴나스는 그리스인들과의 논전에서 전문가로서 자기 견해를 말하라는 요청을 받았다. "그리스어와 라틴어에 모두 능통한" 크로토나의 주교 뒤라초의 니콜라스Nicolas de Durazzo는 『성령의 발출(發出)과 삼위 일체 신앙에 관련하여 그리스인들의 오류에 반박하는 소책자 *Libellus de processione spiritus sancti et de fide trinitatis contra errores Graecorum*』라는 것을 썼는데, 1262년 그 사본 한 부를 받은 교황 우르바누스 4세가 토마스 아퀴나스의 견해를 구했던 것이다. 특히 성자(聖子)에 관심을 가진『소책자』는 13세기의 그리스인들이 그리스 교회의 교부들에게조차 충실치 못하며 그리스 교부들은 라틴인들과 같은 교의를 표명했으리라는 것을 입증하고자 하였다. 사실상『소책자』는 거짓되고 날조된 인용문들을 모아놓은 것이다.[116] 교황청에서는 그러나 그것을 그리스인들과의 협상을 위한 기본 자료로 삼고자 하였다. 토마스 아퀴나스는『소책자』를 읽고서 마음이 불편했던 것 같다. 그는『소책자』가 인용한 텍스트들의 진정성을 문제시하지는 않았지만, 그들 중 일부의 타당성에 이의를 표했고 종종 다른 권위들에 의거하는 편을 택했다. 그럼에도 불구하고『소책자』의 영향은 1263년 여름 오르비에토에서 토마스가 저술하여 라틴인들이 그리스인들에 맞서는 논거의 보고가 되었던『그리스인들의 오류에 대한 반론 *Contra errores Graecorum*』의 중요성을 감소시켰다.[117] 근본적인 32조항은 성령의 삼위일체 가운데의 발출에 관한 것인 반면, 7개의 짧은 조항 중 5개항은 로마 교황권의 우위에 그리고 나머지 2개 항은 성찬식 때 무교병(無酵餠)의 축성과 연옥에 관한 것이다. 이 마지막 경우에서 토마스는 연옥의 존재를 변론하며, 그 변론 방식은『보유』와『신학대요』에서 다시 사용될 것이다.

---

116) J. A. Weisheipl, *Friar Thomas d'Aquino*, pp. 168~70.
117) A. Dondaine, "Nicolas de Crotone et les sources du Contra errores Graecorum de saint Thomas," in *Divus Thomas*, 1950, pp. 313~40.

그러나 1261년 그리스인들이 콘스탄티노플을 점령하고 비잔틴 제국의 외관상 일체성을 회복한 뒤에 생겨난 정치적 상황은 그리스인들과 라틴인들 사이의 화해의 시도로 이어져 마침내 1274년 리용에서 제2차 공의회가 열리게 되었다.[118]

라틴인들과 그리스인들간의 화해는 여러 가지 정치적 이유에서 바람직한 것이었다. 교황 그레고리우스 10세[119]는 그것이 그가 결성하고자 하는 십자군 운동이 성공하기 위한 전제 조건이라 보았고, 비잔틴 황제 미카일 8세 팔라이올로고스 Michel VIII Paléologue[120]는 앙주백(佰) 샤를 Charles d'Anjou[121]의 침공을 피할 뿐 아니라, 질베르 다그롱 Gilbert Dagron이 잘 지적한 대로, "서양과 동양간의 유기적 연결"이라는 전통적인 정치적 문제를 다시금 다루고자 했다.

야심만만하기는 하지만 사태의 핵심에는 이르지 못하는 채로 논의되던 연합은 황제가 그리스의 관료들을 강제함으로써 1275년 1월 16일 연합을 반대하던 총대주교 조셉 1세가 폐위된 뒤에 마침

---

118) colloque *1274 Année charnière*(publié en 1977 par les éditions du C. N. R. S.)에서 *Byzance et l'Union*(pp. 139~207)에 관한 부분과 앞서 인용되었던 D. Stiernon, J. Darrouzès, J. Gouillard, G. Dagron 등의 논문을 참조. 그 밖에 B. Boberg, *Die Union zwischen der griechischen und der lateinischen Kirche auf den II. Konzil von Lyon*, 1274, Bonn, 1964 참조. 저승에 관한 비잔틴의 태도에 관해서는 Gilbert Dagron의 근간 저서를 기대할 수 있을 것이다. 나는 Evelyne Patlagean이 내게 자신의 연구 "Byzance et son autre monde. Observations sur quelques récits"를 보여준 데에 감사한다. 이 연구는 colloque *Faire croire*(Ecole française de Rome, 1979)에 게재될 것이다.
*119) 그레고리우스 10세: 1210~1276. 182대 교황(1271~1276). 리용공의회를 소집했다.
*120) 미카일 8세: 1224~1282. 니케아와 콘스탄티노플의 비잔틴 황제. 비잔틴의 마지막 왕조의 창건자. 무력과 외교적 수완으로 서방에 대한 투쟁을 벌였다. 교황청과 대적하는 것을 피하고 시칠리아에서 앙주백 샤를을 물리치기 위해 리용공의회에서 양대 교회의 단일성에 조인하고 로마 교회의 우위를 인정했다.
*121) 앙주백 샤를: 1221~포기아 1285. 프랑스왕 루이 8세의 아들. 앙주와 멘의 백작으로 제2앙주가(家)의 창건자. 형 성왕 루이와 함께 제7, 8차 십자군 원정에 참여했다. 나폴리와 시칠리아 왕국을 정복했으며, 동방에 대한 야심에서 예루살렘 왕의 지위를 사기도 했다.

내 선포되었다. 그것은 명문상의 것에 불과했지만, 그로 인해 라틴 교회내에서는 연옥이 한층 확고한 것이 되었다. 채택된 내용은 교황 클레멘스 4세[122]가 1267년 3월 4일 황제 미카일 8세에게 보낸 서한에서 조정된 타협으로, 그레고리우스 10세가 미카일 8세에게 보낸 1272년 10월 24일자의 편지와 황제가 답신으로 보낸 1274년 3월의 신앙 고백에서도 그대로 반복되고 있다. 그것은 1274년 11월 1일 약간의 문장 수정을 거쳐 선포된 공의회의 헌장 *Cum sacrosancta*의 보유가 되었다. 그 어조는 다음과 같다:

> 그러나, 혹자들은 무지 때문에 혹자들은 악의에서 끌어들인 여러 가지 오류들로 인해, (로마 교회는) 선포하는바, 세례받은 뒤에 죄에 빠지는 자들은 다시 세례받을 필요가 없으나 진정한 참회로써 자신의 죄를 사면받아야 한다. 만일 진정으로 참회하였으나 참회에 합당한 열매로써 자신들이 행하거나 미처 행하지 못한 일들을 보속하기 이전에 자비 가운데 죽는다면, 요한 형제가 우리에게 가르쳐준 대로, 그들의 영혼은 죽음 뒤에 정화하는 또는 정결케 하는 형벌들에 의해 정화된다. 그리고 이러한 벌들을 완화시키기 위해 살아 있는 신자들의 대도, 즉 미사와 기도와 보시 및 신자들이 다른 신자들을 위해 교회가 제정한 바에 따라 행하는 기타 경건한 행위들은 그들에게 도움이 된다. 세례를 받은 뒤에 절대로 죄의 더러움에 물들지 않은 자들의 영혼들과 죄의 더러움이 묻기는 하였으나 육신에 거하는 동안 또는 육신을 떠난 뒤에 거기에서 정화된 자들의 영혼들은 위에서 말했던 대로 즉시 하늘에서 받아들여진다.[123]

이 텍스트는 그보다 20년 전인 이노첸티우스 4세의 편지에 비해 뒤처져 있다. 문제되는 것은 "정화하는 또는 정결케 하는 벌들

---

*122) 클레멘트 4세: ~1268, 181대 교황(1265~1268).
123) *Dictionnaire de théologie catholique*, col. 1249~50의 "Purgatoire" 항목에서.

poenis purgatoriis seu catharteriis"이라는 말인데, 여기서는 그리스어화한 라틴말[124]이 라틴어화한 그리스말[125]에 화답하고 있다. 그러나 연옥이라는 말은 나타나지 않으며, 장소도 불도 문제되지 않는다. 이러한 후퇴는 다만 그리스인들의 반대 때문인가 아니면 어떤 서방 신학자들의 조심성 때문인가? 그럴 수도 있다. 실제로 몇몇 자료들은 적어도 비잔틴 황제의 상서국에서는 연옥이라는 말을 받아들일 준비가 되어 있었음을 보여준다. 1277년 미카일 8세가 교황 요한네스 21세,[126] 니콜라우스 3세[127] 등에게 보낸 신앙 고백에서는 정화소(연옥)의 또는 정결소의 *du purgatoire ou du purificatoire* 벌이라는 말을 라틴어본으로나(*poenis purgatorii seu catharterii*) 그리스어본으로나(ποιναῖσ πουργατορίου ητοι καθαρτηρίου) 읽을 수 있는 것이다. 몇 년 뒤 안드로니코스 2세[128]의 신앙 고백에서도 마찬가지이다. 그러므로 제2차 공의회는 1267년의 클레멘스 4세의 편지가 아니라 1254년 이노첸티우스 4세의 편지에서 용어들을 빌린 내용을 선포하였다고 짐작할 수 있다.

연옥과 정신의 태도들: 동방과 서방

그러나 요점은 다른 데 있다.

우선, A. 미셸이 옳게 보았던 대로, "교의적인 관점에서 그리스인들에게 부과된 이 텍스트는 분명 카톨릭 교의를 대변하며, 권위 있는 *ex cathedra* 정의와 등가"[129]라는 점이다. 그것은 연옥은 아니

---

*124) 그리스인들은 purgatorius라는 라틴말을 πουργατόριον이라는 그리스말로 옮겼다.
*125) 라틴인들은 καθαρτήριον이라는 그리스말을 catharterius라는 라틴말로 옮겼다.
*126) 요한네스 21세: 1220~1277. 185대 교황(1276~1277).
*127) 니콜라우스 3세: 1210/20~1280. 186대 교황(1277~1280).
*128) 안드로니코스 2세: 1258~1332. 비잔틴 황제(1282~1328).

더라도 정화적 과정 processus purgatoire에 대한 신앙을 교의로서 선포한 최초의 텍스트이다.

두번째 흥미로운 사실은, 그리스도교에서 연옥 교의를 결정적으로 수립할 두 차례의 모임, 즉 다시금 그리스인들과 대면한 1438~1439년의 페라라-피렌체공의회[130]나 신교도들과 대면한 1563년의 트렌토공의회에서, 교회는 더 이상 교의적·차원에서 연옥을 구체적인 장소나 불로써 정의하지 않으리라는 것이다.

나는 신학자들의 주저나 교회의 신중함에도 불구하고 연옥이 성공한 까닭은 그것이 구체적인 공간으로 상정되었고 상상력이 작용할 충분한 여지를 허용했기 때문이라고 생각한다.

그러나 13세기에 일어난 연옥 le Purgatoire 내지는 정화소 le lieu purgatoire의 "대중적인" 성공을 살펴보기에 앞서, 나는 그리스인들과 라틴인들간의 논쟁과 관련된 한 문헌에서 연옥이 태어나 대중화되는 과정에서 서방 그리스도인들의 심저에 깔린 태도를 조명해주는 한편의 고백을 들추어보고자 한다. 제2차 리용공의회(1274) 뒤에 미카일 8세 팔라이올로고스는 비잔틴 성직자들로 하여금 연합을 존중하게 하고자 노력했다. 아토스Athos의 수도원들은 주요한 저항의 거점들 중 하나였다. 1276년 5월 황제의 경찰은 "아토스 기습"에서 수사들을 내쫓고 그들 중 두 명 니세포러스Nicéphore와 클레멘스Clément를 잡아 가두었다. 황제는 라틴인들에 대한 경의의 표로 그들을 베네치아 선박에 실어 셍-장다크르Saint-Jean d'Acre로 보내어 교황의 특사에게 넘겨주었다. 교황의 특사란 다름아닌 도미니크회 수사 렌티니의 토마스Thomas de Lentini, 약 40년 전에 토마스 아퀴나스를 도미니크 교단에 받아들였던 바로 그 사람이었다.

아크르 주교이자 예루살렘 총대주교였던 특사는 두 명의 그리스

---

129) A. Michel, *ibid.*, col. 1249~50.
130) *De Purgatorio Disputationes in Concilio Florentino Habitae*, ed. L. Petit et G. Hofmann, Rome, 1969.

수사들과 기탄없는 대화를 나누었고 결국 그들을 키프러스에 가택연금시키는 데에 만족하였다.[131] 그들의 토론 가운데는 연옥의 문제도 거론되었으며 사실상 문제되는 것도 연옥(τὸ πουργατοριόν)이었다.

라틴인: 그러면 연옥에 대해서는 어떻게 생각하시오?
그리스인들: 연옥이란 무엇이며 당신들은 어떤 경전에서 그것을 배웠소?
라틴인: 바울에게서지요. 그는 (사람들이) 불에 의해 시험된다고 하였소. "만일 어떤 사람의 공력이 타 없어지면 그는 손해를 입으려니와 그 자신은 구원을 받으리니 마치 불에서 나오는 것과 같으리라"고 말이오.
그리스인들: 진실로 그는 끝없는 벌을 받았소.
라틴인: 우리는 이렇게 생각하오. 만일 어떤 사람이 죄를 지은 뒤 고해를 하러 가서 과실에 대한 참회를 명령받았으나 이 참회를 완수할 시간이 없이 죽는다면 천사들이 그의 영혼을 정화하는 불, 즉 불의 강 속에 던져넣어 그가 (영적) 아버지에게서 명령받은 바에서 남은 시간, 즉 그가 갑작스런 죽음 때문에 완수하지 못한 시간을 채우기까지 머무르게 된다고 말이오. 그는 남은 시간을 채운 뒤 정결케 되어 영생에 드는 것이오. 당신들도 그렇게 믿소? 그렇지 않소?
그리스인들: 보시오. 우리는 공의회의 교부들과 마찬가지로 이것을 받아들이지 않을 뿐 아니라 탄핵하오. 주님은 말씀하시기를 "너희는 성경도 하나님의 말씀도 알지 못하여 헤매도다"라고 하셨소.

사실 그리스인들이 보기에 연옥에 대한 언급이 전혀 없는 성경

---

131) J. Darrouzes, "Les documents grecs concernant le concile de Lyon," in *1274. Année charnière*, pp. 175~76. *Procès de Niciphore*(1277)에 인용된 텍스트는 V. Laurent et J. Darrouzes, *Dossier grec de l'Union de Lyon*(1273~1277), Archives de l'Orient chrétien, 16, Paris, 1976, pp. 496~501에 실려 있다.

을 놓고 라틴인들이 인용할 수 있는 것이라고는 저승의 고문에서 구원되었다고 하는 사람들의 이상뿐이었다. "그러나 사람들이 말하는 꿈이나 환상에 들어 있는 이러한 일들은 헛소리로 가득하며 신빙성이 없다"고 그들은 덧붙인다. 결과적으로 "생전에 선을 행하라, 죽은 뒤에는 아무것도 할 수 없으니, 그러므로 자신의 생전에 선을 행치 않은 자들을 위한 기도는 들어지지 않는다"고 할 밖에 없다. 하지만 렌티니의 토마스는 다시금 토론을 전개한다.

라틴인: 의인들의 영혼들은 지금 어디 있소? 그리고 죄인들의 영혼들은?

그리스인들: 주님의 말씀대로, 나사로와 같은 의인들은 아브라함의 품에 있고, 부자와 같은 죄인들은 가차없이 게헨나의 불 속에 있겠지요.

라틴인: 우리 교회의 많은 단순한 신자들에게 그것은 견디기 어려운 일이오. 그들은 회복 *apocatastase*은 아직 일어나지 않았고 따라서 영혼들은 형벌도 안식도 느끼지 못한다고 생각하오. 그러므로 만일.

원고는 여기서 우리에게 가장 중요한 대목을 빠뜨리고 있다. 내 해석은 그러므로 어느 정도 가정적인 것이다.

우선 이 라틴인이 자신으로서는 역설적이게도 오리게네스의 아포카타스타시스(회복)라는 개념에 의존하고 있다는 사실에 주목할 필요가 있다. 그러나 내가 보기에 중요한 것은 교의가 아니라 렌티니의 토마스가 암시하고 있는 라틴인들의 정신적 성향에 있다. 많은 단순한 신자들은 아브라함의 품과 게헨나라는 대비, 개인적 죽음의 순간부터 지옥과 낙원이라는 극단적인 분리가 생겨나는 데에 더 이상 만족하지 않았다. 죽음과 부활 사이의 마지막 일화로서, 죽음이라는 허망한 경계 너머에서 참회와 구원 과정의 지속으로서 연옥의 필요는 대중 속에 뿌리박은 요구였고 적어도 서방에서는 민중의 목소리 *vox populi*에 의해 터져나온 필요였다.

제9장

사회적 승리: 목회와 연옥

13세기에 연옥은 신학에서나 교의적 차원에서나 승리를 거두었다. 그 존재는 확실한 것이었고, 연옥이란 신앙과 교회의 진리가 되었다. 어떤 형태로든, 아주 구체적인 의미에서건 다소간에 추상적인 의미에서건, 그것은 하나의 장소로서 받아들여졌다. 그것은 공식적인 성격을 띠게 되었고, 죽은 자들을 위한 대도라는 기독교의 아주 오래 된 관행에 온전한 의의를 부여하게 되었다. 그러나 신학자들과 교회 조직은 그것을 통제하고 그것이 신자들의 상상 가운데 멋대로 자라나지 않게끔 제한하였다.

이제 내가 역사가로서 가능한 한 살펴보고자 하는 문제는 연옥이 대중에게, 신도 일반에게, 그리고 중세 사회를 구성하는 다양한 사회적·직업적 집단들에게 어떻게 받아들여졌는가 하는 것이다. 연옥 신앙은 신학자들이나 성직자들에게서보다 이러한 계층에서 한층 인상적으로 발전했다고 할 수 있다.

교회가 상상력의 자원을 동원하여 연옥을 고도의 신학적 추론으로부터 실제적인 목회와 일상적 가르침에로 끌어내렸을 때, 그것은 큰 성공을 거둔 것으로 보인다. 13세기말 연옥은 설교와 유언(아직 조심스럽기는 하지만)과 속어 문학 등 도처에서 나타났다. 1300년의 희년은 연옥의 승리였으니, 거기서 신도 대중의 열망은 교회의 가르침과 하나가 되었다. 지성인들이나 심지어 이단들의 반대들도 무디어져갔다. 다만 연옥과 관련된 이미지들만이 이러한 승리에 여전히 제동을 걸었으니, 이는 성화상(聖畵像) *l'iconographie*의 보수주의 때문인지? 중간적이고 일시적이고 과도적인 세계를 재현하는 것이 어려웠던 때문인지? 아니면 연옥이 두렵기보다 안심할 만한 것으로 생각되는 것을 막기 위해 교회가 연옥을 지옥 가까이에 붙들어두고 심지어는 그것을 "지옥화"하려 했기 때문인지?[1] 연옥은 공간화의 시각에서 태어났다. 왜냐하면 고통받는 영혼들의 방황이란 더 이상 견딜 수 없는 것이 되었고 따라서 정화하는 벌들을 위한 장소가 있어야 했기 때문이다. 그러나, 토마스 아퀴나스가 지적하듯이, 이 장소가 그 자체로서 복잡한 것이라 하더라도, 공간과 시간은 항상 결부된다.

시간의 계수

연옥이란 장소이지만 또한 시간이기도 하다. 왜냐하면 연옥의 한 가지 정의는 그것이 "한시적" 지옥이라는 것이기 때문이다. 그러므로 연옥의 시간이라는 것이 존재하며, 장소로서의 연옥과 마찬가지로 12~13세기의 전환기에 정의된 이 시간은 시간적 구조에 관한 이 시대의 일반적 재성찰 가운데 자리한다.

그때까지 삶과 사고 방식들은 한편으로는 당시의 종교적 이데올로기에, 다른 한편으로는 다양한 시간성의 체험에 의해 지배되었었다. 교회는 세계 역사가 여섯 시대로 이루어지며 인류는 그 여섯번째이자 마지막 시대, 노쇠와 퇴락의 시대에 와 있다고 가르쳤다.[2] 그리고 세계는 과거의 두 가지 큰 사건 즉 창조와 그에 뒤이

---

1) 면밀히 연구해보면 연옥에 관한 성화(聖畵)는 흔히 생각하는 것보다 더 일찍이 생겨났을 수도 있다(보유 III 참조).
*2) "기독교적 역사의 연속적 시간에는 시대 구분의 여러 요인들이 개입한다. 가장 유

은 타락, 그리고 그리스도의 성육신에서 시작된 구속(救贖)이라는 사건들로 구획되는 역사성 가운데 있으며, 시간은 최후 심판이라는 종말을 향해 있다고 보았다. 그리고 나면 시간은 영원 속에 소멸할 것이었다. 교회는 이 종말이 가까웠다고 믿었으며 그렇게 단언했다. 그리고 그 결과 사람들은 개인적 죽음으로부터 육신의 부활 및 일반적 심판에 이르기까지의 아주 짧은 기간에 대해 별로 개의치 않았다. 하지만 물론 이러한 관점에 동의하지 않는 이들도 있었으며, 여러 개인 및 집단들이 보다 엄격한 성서적 근거를 요구하거나 권위에 항거하거나 하면서 이러한 체제 속에 두 가지 변수를 도입했다.

어떤 이들은 세계의 갱신을, 원시 교회 즉 기독교적 형태의 황금 시대 신화로의 회귀를 원했고, 또 다른 이들은——때로는 전자와 동일인들이었는데——계시록대로 세상의 종말에 앞서 적그리스도의 시험이 있으리라고, 그러나 그에 앞서 천년 왕국이라는 긴 정의의 시대가 있으리라고 믿고 바랐다. 13세기초에 천년왕국설은 오래 전부터 교회에 의해 단죄된 것임에도 불구하고 새로운 예언자 피오레의 조아키노를 맞이한다. 그의 사상은 전세기에 걸쳐 수많은 추종자들을, 특히 프란체스코 교단 가운데서 불러일으켰다.[3]

다른 한편으로, 인간들의 삶은 다양한 시간성에 의해 구획되었

력한 시대 구분들 중 하나는 주일을 근거로 한 시대 구분이다. 〔……〕 대우주-속세는 소우주-인간처럼 주일의 6일을 본떠서 여섯 시대를 통과한다. 그것은 관례적으로 아담의 창조, 노아의 법, 아브라함의 소명, 다윗 왕국, 바빌론 유수, 그리스도의 재림 등 6시대로 구분된다. 여기에 유년기・소년기・청년기・장년기・노년기・노쇠기 등 인생의 6시기가 대응된다"(『서양 중세 문명』, pp. 199~200).

3) 피오레의 조아키노와 천년 왕국설에 관해서는 다음 책들을 참조. M. Reeves, *The Influence of Prophecy in the Later Middle Ages. A Study in Joachimism*, Oxford, 1969; Henry Mottu, *La Manifestation de l'Esprit selon Joachim de Fiore*, Neuchâtel, Paris, 1977. 그리고 Norman Cohn, *The Pursuit of the Millenium*, London, 1957(trad. franç., *Les Fanatiques de l'apocalypse*, Paris, 1963)은 이론의 여지가 없지 않지만 영감이 풍부한 저서로 11~16세기에 걸친 천년 왕국 운동에 대한 일반의 관심을 불러일으켰다.

다. 전례적 시간 즉 교회에 의해 고지(告知)되고 통제되며 일상적으로는 종교 기관의 타종(打鐘)에 의해 알려지는 달력의 시간이 있는가 하면, 자연의 리듬과 밀접히 연관된 농경의 시간이 있었고, 이 두 가지 시간은 다소간에 밀접히 연관되었다. 가령, 성탄절에서 공현절(共顯節) l'Epiphanie[4]에 이르는 전통적인 연초의 12일의 기간, 사육제(謝肉祭) Carnaval[5]와 사순절(四旬節) Carême[6] 기간, 삼천기도(三天祈禱) les Rogations[7]에서 성요한 축일[8]에 이르는 기간, 수확기, 등등. 그런가 하면 봄의 군역(軍役) ost[9]과 임대료의 만기 일자에 의해 특징지어지는 봉건적 시간도 있었다. 모두가, 순환적이라고까지는 하지 않더라도, 반복적인 시간이었다.

 그러나 이러한 반복 내지는 순환 가운데서도 선조적인 시간의 부분들, 방향이 부여된 지속들이 모습을 드러낸다. 그것들은 개인적이고 집단적인 기억을 사용하는 새로운 방식에서 생겨난다. 과거의 회상들에 작용하는 기억은, 베르나르 게네 Bernard Guenée가 지적했듯이, 백년 이상으로 거슬러가지 못한다.[10] 권자들이나 귀족

---

*4) 메시아께서 세상에 오셨으며 인간이 되셨다는 놀라운 소식은 이교도인 동방 박사들에게도 알려져, 이들이 베들레헴까지 찾아오게 되었다. 예수 그리스도께서 이처럼 자기 자신을 동방 박사들에게, 그리고 온 세상 사람들에게 보여주신 것을 주의 공현('나타남, 나타내어 보여줌'의 뜻)이라 한다. 교회에서는 이를 기념하여 주의 공현 축일(종전에는 1월 6일, 지금은 매년 첫 주일)로 지내고 있다.
*5) 이는 사순절의 40일간 그리스도를 위하여 금욕·단식·참회·희생을 해야 하므로, 그전에 고기도 먹고 놀고 마시는 데서 유래한다. Carnaval이란 Caro(고기)와 Valens(잔뜩 배불린다)의 합성어이다. 대개 사순절 직전 3일이나 일주일을 즐겼다.
*6) 예수 그리스도의 부활을 기념하기 위하여 40일 동안 통회와 참회와 희생으로 재(齋)를 지키는 기간을 말한다.
*7) 그리스도 승천제 전의 3일간. 이어 승천절·오순절 등이 온다.
*8) 6월 24일의 성요한 축일은 하지(夏至)에 해당하는 절기이다. 이때부터 여름이 시작되어 9월 29일 성미셸 축일까지는 농사일이 가장 바쁜 계절이다.
*9) ost란 '군대'를 뜻한다. 군역 service d'ost은 기마행 chevauchée, 파수 garde와 함께 봉건적 군사 의무의 세 가지 중 하나였다. 군역은 대개 일 년에 40일 정도로 제한되었다.

들에게서는 그러한 기억이 다소간에 우연히 보존된 문서나 가계(家系)의 수립을 위해 만들어진 조상들 및 가문의 창건자들에 관한 전설 등에 의해 명문화된 날짜들과 연결된다.[11] 우리의 연구에 특히 중요한 것은 죽은 자들에 대한 기억이다. 망자들을 추모하는 것은 아직 연옥이라는 장소가 생겨나기 이전인 11~12세기부터 클뤼니 수도회의 각별한 관심사였으며, 이러한 관심은 이른바 추념서 *Libri memoriales*라 불리는 추도문들로 나타난다. 또한 만성절 다음날인 11월 2일을 망자추념일로 정한 것은 죽은 자들에게 구원을 얻게 하려는 배려가 전례화된 것이다.[12]

종말론적 시간과 지상적 시간 사이의 결합은 시간에 대한 13세기의 새로운 태도들의 특징이다. 지상적 시간은 점점 더 선조성을 띠게 되며 점점 더 시간 속의 크고 작은 사건들에 의해 구획되기 시작한다.

이러한 연속적 시간은 말하자면 이야기의 시간 *le temps du récit*과도 같은 것으로, 1150~1200년 사이에 괄목할 만한 발전을 보인 서술 문학에서 특히 잘 드러난다. 서술적 시가 *le lai narratif*, 우화 *le fabliau*, 소설 *le roman* 등이 불과 몇십 년 만에 성공적인 쟝르가 되는 것이다.[13] 연옥의 성공도 이와 시기를 같이한다. 아니, 그

---

10) B. Guenée, "Temps de l'histoire et temps de la mémoire au Moyen Age," in *Bulletin de la Société de l'Histoire de France*, n. 487, 1976~77, pp. 25~36.
11) K. Hauck, "Haus-und Sippengebundene Literatur mittelalterlicher Adelsgeschlechter," in *Mitteilungen des Instituts für Österreichische Geschichtsforschung*, 62, 1954, pp. 121~45(*Geschichtsdenken und Geschichtsbild im Mittelalter*, Wege der Forschung, XXI, 1961에 재수록). G. Duby, "Remarques sur la littérature généalogique en France aux XIe et XIIe siècles," in *Comptes rendus de l'Académie des Inscriptions et Belles-Lettres*, 1967, pp. 123~31; "Structures de parenté et noblesse. France du Nord XIe-XIIe siècles," in *Miscellanea Mediaevalia in memoriam J. F. Niermeyer*, 1967, pp. 149~65(두 편 모두 *Hommes et Structures du Moyen Age*, Paris, 1973, pp. 267~98에 재수록). L. Genicot, *Les Généalogies*, Typologie des Sources du Moyen Age occidental, fasc. 15, Turnhout, 1975.
12) 본서 pp. 251~53에서 인용된 저작들을 참조.

두 가지 현상은 상호 결부되어 있다는 말이 더 옳을 것이다. 연옥은 개인의 구원이라는 이야기 속에 플롯을 도입한다. 그리고 이 플롯은 죽음 뒤에까지 계속되는 것이다.

죽어서 모든 영혼은 종말론적 시간 속으로 들어간다. 곧바로 지옥이나 낙원으로 가든지, 아니면 개인적 죽음과 최후 심판 사이의 기간 동안 내내 유대의 스올 같은 어둑한 중간 지대, 아니면 아브라함의 품 같은 처소에서 기다리든지간에. 그러나 처소들에 관한 이론은 12세기까지는 기독교의 호의를 얻었지만 점차 변모하여 현학적인 것이 되고 만다. 조상들 즉 족장들의 림보는 결정적으로 폐쇄되고 아브라함의 품은 비었으며 지상 낙원에는 에녹과 엘리야 밖에 없었다. 남는 것은 아이들의 림보와 연옥뿐이다.

아우구스티누스로부터 유래하는 몇 가지 주저가 남기는 하지만, 13세기에 연옥은 그 시간적 경계가 거의 확정된다. 거기에 가는 것은 죽은 뒤이며, 정화는 이생에서 시작되지 않는다. 분명 참회에 대한 신앙 및 그 실천이 연옥의 탄생을 도왔다. 그러나 오베르뉴의 기욤이 내린 것과 같은 연옥의 "참회적" 정의는 계승자를 얻지 못한다. 토마스 아퀴나스가 제시한 이론적인 답변에 의하면 참회는 이생에서만 가능하고 죽은 뒤에는 징벌만이 있다. 그러므로 연옥에 들어가는 것은 죽어서뿐이다. 연옥은 더 이상 지상적 시간 속에 선취(先取)되지 않는 것과 마찬가지로 고유한 의미에서의 종말론적 시간 즉 부활 이후를 잠식하지도 않는다. "불"은 최후 심판 동안이 아니라 그 이전에 정화할 것이니까 말이다.

---

13) 이 시대에 서술적 장르들이 성공한 데 대해서는 다음 연구들을 참조. les fascicules 12(*Le Roman* par J.-Ch. Payen et F. N. M. Diekstra, 1975) et 13(*Le Fabliau* par O. Jodogne et Le Lai narratif par J.-Ch. Payen, 1975) de la Typologie des sources du Moyen Age occidental et *La Littérature narrative d'imagination: des genres littéraires aux techniques d'expression*(Colloque de Strasbourg, 1959), Paris, 1961. 중세의 "서술현상 *le phénomène narratif*" 및 그 13세기의 비약적 발전에 관한 전체적 연구는 아직 없다.

가장 중요한 것은 망자 개개인에게 연옥의 시간이 반드시 죽음과 부활 사이의 전기간에 해당하지는 않는다는 사실이다. 연옥에 있는 영혼은 십중팔구 심판 이전에 구원될 것이며, 그 구원의 시기는 정화되어야 할 죄의 성질과 분량에 따라, 그리고 산 자들이 드리는 대도의 강도에 따라 달라질 것이다. 그리하여 저승의 시간은 가변적이고 측량 가능하며 심지어 조정 가능한 것이 된다. 연옥의 영혼들이 나타났다고 하는 이야기들에서, 그리고 그런 이야기에 나오는 영혼들 자신이 산 자에게 하는 말에서, 죽은 뒤 경과한 시간 즉 연옥에서 이미 보내진 시간이 꼭 명시되는 것은 그 때문이다. 때로는 아직 더 정화할 형벌의[14] 기간이나 장차 연옥을 떠나 천국으로 가게 될 시기가 예견되기도 하며, 이는 연옥에서 보내진 시간을 측정하는 것을 가능케 한다.

바로 여기에 자리하게 되는 것이 지상에서 범한 죄의 분량과 이 죄들을 보상하기 위해 행해지는 대도의 분량, 그리고 연옥에서 보내진 시간의 길이 사이의 관계에 대한 계산 내지는 회계이다. 헤일즈의 알렉산더는 비례성에 관한 고찰로써 이러한 계산을 이론적으로 정당화했지만 토마스 아퀴나스는 그것을 저지하고자 했다. 면죄 체계가 발달함에 따라 이러한 회계는 극단적인 양상을 띠게 될 것이다. 하여간 그렇게 해서 지상적 시간과 저승의 시간, 죄의 시간과 정화의 시간 사이의 관계가 수립되었다.

연옥 체계는 그 밖에도 두 가지 매우 중요한 결과를 가져왔다.

우선, 연옥이 생겨남으로 인해 죽음 이전의 기간이 새로운 중요성을 띠게 되었다. 물론 이전부터도 죄인들은 갑작스러운 죽음에 대한 경고와 늦기 전에 지옥을 면할 준비를 하라는 권고를 받아오긴 했지만, 그처럼 중한 저주를 면하기 위해서는 아주 일찍부터

---

[14] 독자는 "형을 치르다"라는 것을 "자신의 형벌을 정화하다 *purger sa peine*"라고 말하는 불어의 이 관용 표현이 연옥 신앙에서 유래하는 것임을 알아차렸을 것이다.

열심히 준비해야 할 것이었고 추문스러운 생활을 하거나 과도한 죄악을 저질러서도 안 되며 죄를 지었다면 가능한 한 속히 모범적인 참회를——가장 좋기로는 머나먼 순례 여행을——해야 할 것이었다. 세속 성직자들이나 귀족, 권자들은 어렵잖게 수도원에 들어갈 수 있었으므로, 노쇠와 퇴락이 오면 수도복을 입는 것이 저주에 대한 좋은 보장이 되었다. 이후로 연옥 체계는 종교적 관행에 있어 보다 미묘한, 그러나 연옥을 모면하기 위해서라면 그만큼 결정적이기도 한 행위들을 정의할 수 있게 한다. 성결한 삶을 살지 못했다면 가장 좋은 수단은 참회——점차 고해가 그에 선행하게 된다——이다. 그러나 이는, 적어도 회개를 시작하기만 하면, 지옥을 모면하고 연옥에 갈 수 있다는 최후의 *in extremis* 희망을 의미한다. 최후의 통회 *la contrition finale*는 점차 연옥의 혜택을 얻기 위한 최후 수단이 되며, 따라서 죽음의 순간은 새로운 중요성을 띠게 된다. 왜냐하면, 대부분의 죽어가는 자들에게 있어 곧장 천국으로 가기에는 이미 너무 늦어버렸다 해도 연옥을 통해 구원받을 기회는 아직 남아 있기 때문이다. 필립 아리에스Philippe Ariès는 『죽음 앞의 인간 *L'Homme devant la mort*』에서 "(14~15세기 이후로) 불멸의 영혼의 운명은 육신적 죽음의 순간에 결정된다"고 하는데, 내가 보기에 이것은 이미 13세기에 시작된 일이다. 연옥이란 죽음의 순간을 이처럼 극적으로 만드는 근본적인 이유들 중의 하나이다.[15]

필립 아리에스는 또 이렇게 말한다. "유령들이 출현할 여지는 점점 줄어들 것이다." 내가 보는 바로도 그렇지만, 이러한 변화 역시 이미 13세기에 일어난 것이다. 예외적으로 아직도 연옥에 있는 소수의 영혼들과 극소수의 선택된, 또는 저주받은 영혼들이 하나님의 "특별한 허락으로" 산 자들에게 잠시 나타나기는 하지만, 그

---

15) Philippe Ariès, *L'Homme devant la mort*, Paris, 1977, p. 110.

소임을 마치고 나면 더 이상 지상을 서성이지 못한다. 1260년경에 씌어진 도미니크 수사 바라체의 야코포의 『황금 전설』과 그로부터 반세기 뒤 종교 재판관들 앞에 선 몽타이유 주민들의 이야기를 비교해보면, 연옥이라는 것을 용인하지 않았던 이 이단 교도들 주변에는 수많은 영혼들이 출몰하는 반면 연옥 신앙을 전파하기에 열심이었던 설교자의 책에는 유령이 전혀 등장하지 않는다는 놀라운 사실을 발견하게 된다.[16]

하지만 르네상스 시대가 되면 유령들이 돌아오게 되는데, 이것은 연옥이 여전히 산 자들과 죽은 자들간의 유대 역할을 하고 이러한 기능을 새로운 형태의 신앙들로써 풍부하게 하기는 하지만 더 이상 영혼들이 갇혀서 형벌을 받는 장소로는 여겨지지 않기 때문이다. 16세기 역사가들은 연옥에서 빠져나온 영혼들이 다시금 떠돌아다니고 지상의 묘지에서 춤추기 시작한다는 사실을 명백히 한 바 있다.[17]

그러나 나는 필립 아리에스의 다음과 같은 부연은 옳다고 생각지 않는다. "반면, 오랫동안 학자들과 신학자들과 시인들의 전유물이었던 대기소(待期所)로서의 연옥에 대한 신앙은 진정 민중적이 될 것이나, 이러한 변화는 17세기 중반 이전에는 일어나지 않는다." 심지어 툴루즈 지방을 위시한 몇몇 지방에서는 연옥의 유행이 18세기부터는 끝나지 않았는가고 묻는 이도 있다.[18]

---

16) H. Neveux, "Les lendemains de la mort au Moyen âge," in *Annales E. S. C.*, 1979, pp. 245~63.
17) Jean Delumeau는 *La peur en Occident du XIVe au XVIIIe siècle*(1978)의 전반부에서, Jean Wirth는 *La jeune fille et la mort*(Recherches sur les thèses macabres dans l'art germanique de la Renaissance, 1979)라는 탁월한 연구에서.
18) Michelle Bastard-Fournié, "Le Purgatoire dans la région toulousaine au XIVe siècle et au début du XVe siècle," in *Annales du Midi*, pp. 5~34(p. 5, n. 2). "역사적 시간에 비하면 연옥의 성공은 일시적인 것이었다. 유언장들만을 놓고 본다면 연옥은 18세기 툴루즈 사람들의 종교적 관심에서 더 이상 중심적인 위치에 있지 않았다."

연옥 체계가 가져온 두번째 결과는 그것이 산 자들과 죽은 자들 간의 관계——대도의 경우 유효한 관계——를 비교적 구체적으로 정의한다는 것이다.

연옥의 영혼들은 누구에게 구원을 청하러 나타나는가? 우선은 그들의 혈육지친이고, 그 다음이 배우자로서, 특히 13세기에는 연옥에 있는 망자들의 과부들이 중요한 역할을 한다. 그 다음으로는 그들의 인위적인 가족, 특히 죽은 자들이 수사였다면 그들이 속했던 또는 속인이었다면 그들이 어떤 식으로든 관계를 맺었던 수도원 교단이다. 끝으로, 죽은 자는 그의 상급자에게도 나타날 수 있으며, 그 명백한 예를 수도원장이나 원장 수사에게 간청하러 왔던 수사에게서 찾을 수 있다. 봉신이나 가속 또는 하인이 자기 영주나 주인에게 나타나는 경우도 있다. 마치 봉건 계약에 의해 수립된 영주의 보호 의무가 죽음 너머 연옥의 시간이라는 이 이질적이고 보완적인 시간 동안에도 계속되는 것처럼 말이다. 나아가 13~16세기에는 연옥의 유대성이 점차 신심회(信心會)라는 새로운 형태의 사회적 유대에로 이어질 것이다. 그러나 여기서 주의해야 하는바, 필립 아리에스는, 비록 그 결정적 순간을 너무 늦게 잡기는 했지만, 연옥이 죽음이라는 경계에 또 다른 의미를 부여한다는 사실을 잘 간파하였다. 연옥은 죄의 사면 가능성을 저승에까지 연장함으로써 죽음이라는 경계를 보다 건너기 쉬운 것으로 만드는 듯이 보이지만, 다른 한편으로 그것은 삶과 죽음이 솔기 없이 이어지는 피륙과도 같아서 이생에서 영원으로——영광스러운 것이든 저주받은 것이든——넘어갈 수 있다는 생각에 종언을 고한다. 가브리엘 르 브라의 용어를 빌자면, 점점 더 많은 망자들에게 이생과 천국의 복락 사이에 저승의 한 "수업기 *stage*"가 열리는 것이다.

유령들에게서 나타나는, 그리고 산 자들과 죽은 자들 사이의 관계에서 드러나는 연옥의 시간적 체제는 다음과 같이 묘사될 수 있을 것이다. 즉, 죽은 지 얼마 안 되었을 때(며칠 혹은 몇 달, 하지만 그 이상일 때는 별로 없다) 연옥에 있는 망자는 그가 지상에서 관계를 맺었던 산 자에게 나타나 그에게 다소간에 상세히 자신의 처지와 저승 일반과 특히 연옥에 대해 알려주며 그나 혹은 다른 어떤 친척이나 친지나 혹은 어떤 공동체가 그를 위해 대도(금식, 기도, 보시, 그리고 특히 미사)를 드려줄 것을 요청한다. 그는 그에게 곧 다시 나타나 드려진 대도가 유효했는지 여부를 알려주겠다고 약속한다. 이 두번째 출현은 한 번 내지 두 번으로 이루어진다. 두 번 나타날 경우 그 첫번째 출현에서 죽은 자는 대개 산 자에게 그의 형벌의 얼마큼이 이미 속량되었는가를 보여준다. 흔히는 그 분량이 절반이라든가 3분의 1이라든가 하는 식으로 간단히 말해지며, "몸"(또는 "옷")이 절반 가량 검다든가(아직 더 속해져야 할 부분) 3분의 1은 희고 3분의 2는 검다든가 하는 식으로 유령의 외관에 의해 물리적으로 나타난다.

놀라운 것은(그리고 아직 일반화된 연옥과 덜 친숙했던 13세기 사람들도 이러한 놀라움을 표명하였다) 연옥에서의 체류가 대개 며칠이나 몇 달 정도로——물론 가장 흥미로운 예에 속하는 리에주의 고리대금업자의 경우 정화는 7년씩 두 번 도합 14년이 걸리기는 하지만[19]——매우 짧다는 것이다. 왜냐하면 혹독한 형벌로 인해 연옥에서는 시간이 매우 길게 느껴지기 때문이다. 어떤 이들에게는, 뒤에서 보게 되겠지만, 하루가 일 년처럼 느껴지기도 한다. 연옥에서의 시간이 갖게 되는 이러한 강도는 여러 가지로 주목할 만하다. 그것은 우선 지상적 시간과 정화적 저승의 시간 사이의 비례성이라는 문제, 같은 척도로 잴 수 없는 시간들 사이에 관계를 설정해야 하는 문제에, 퍽 조야하기는 하지만, 해답을 제공한다. 즉, 동시대 문학의 특징이기도 했던 "심리화 *psychologisation*"와 궤

---

19) 본서 pp. 578~82 참조.

를 같이하는 심리적 개념(지속의 주관적 느낌)에 호소하는 것이다. 끝으로——그리고 이것도 앞의 것들 못지않게 놀랍고 중요한 것인데——연옥의 시간은 민간 전승적 저승의 시간과 역이 되기도 한다. 민간 전승에서 이야기되는 저승의 시간은 아른-톰슨 Aarne-Thompson의 민담 분류[20] 중 제470항의 반대 경우에 그대로 정의되어 있다. "여러 해가 며칠처럼 살아진다. 저세상에서 보내진 여러 해는 망각으로 인해 며칠처럼 보이는 것이다." 왜냐하면 저세상에서의 삶이 즐거운 때문이다. 켈트족의 유쾌한 저승으로부터 연옥이라는 매우 혹독한 저승에로의 전환은 시간에 관한 느낌의 역전을 가져왔으니, 이는 주목할 만한 변화이다. 식자 문명과 민간 문명 사이의 역전에 있어 대개는 후자가 전도(顚倒)된 세상을 상상해내게 마련인데, 여기서는 식자 문명이 민간 전승에서 저승으로부터의 귀환이라는 주제를 차용하여 자기 나름으로 역전시키고 있는 것이다. 여기서도 식자 문명과 민간 문명간의 상호 차용과 대칭적 작업이 발견되며, 나는 이 또한 연옥의 발생에 민간 전승이 연관되어 있다는 증거들 중 하나라고 생각한다.[21] 예컨대 『브란의 여행』의 끝부분에서는 브란과 그의 동료들이 경이로운 섬들——저승——을 일주한 뒤에 그들의 출발지였던 땅으로 돌아오는데, 그들 중 한 사람이 배에서 해변으로 뛰어내리자 재가 되고 만다. "마치 그가 지상에서 수백 년을 살기라도 한 것처럼." 13세기에 이상 문학의 청자 및 독자들은 여전히 그런 이야기들에 넘어가곤 했다. 이후로 저승 여행의 이야기들은 공개적으로, 그리고 명시적으로 연옥에 언급하게 된다.

---

20) A. Aarne & S. Thompson, *The Types of the Folktales*, 2nd revised edition, Helsinki, 1964, p. 161.
21) Jean-Claude Schmitt는 유령에 관한 그의 최근 연구에서 특히 이 점에 대한 관심을 보여준다.

새로운 저승 여행들

세기초에, 클레르보의 수사였다가 에버바흐 Eberbach의 수도원장이 되었던 독일의 시토 수도사 콘라트 Conrad[22]는 『시토 대 기원 혹은 시토 교단의 초창기 이야기 Exordium Magnum Cisterciense Sive Narratio de Initio Cisterciensis Ordinis』라는 제하에 교단의 초창기를 더듬어가며 일련의 기적담과 일화들을 써낸다. 거기에는 유령에 관한 이야기가 여럿 들어 있다. 이 작품은 12세기 역사를 다루는 것이니만큼——연옥은 1180년까지만 해도 아직 존재하지 않았다——연옥에 관한 언급은 별로 없다. 그 중 한 편의 이야기는 1178년 클레르보의 헤르베르트 Herbert de Clairaux에 의해 씌어진 『기적서 Le Livre des miracles』로부터 차용된 것이다. 이 이야기에서 렝스 출신 성주 기즈의 보두엥 Baudouin de Guise은 폭력과 약탈을 일삼으면서도 이그니 Igny의 수도원장 피에르를 경외하는 인물로, 회개하기는 했지만 참회를 수행할 시간을 갖지 못한 채 죽는다. 그는 죽은 날 밤에 피에르에게 나타나 성 베네딕트의 도움을 구하며, 한편 천사가 나타나 시토 공동체가 망자를 위해 대도를 드릴 것을 요청한다. 그 얼마쯤 뒤에 두 천사가 피에르가 지켜보는 앞에서 이그니 수도원의 예배당 제단으로 검지만 좋은 옷을 입은 망자를 데려온다. 수도원장은 검은 옷이란 참회의 표시이지만 이처럼 제단 앞에 나타난 것은 죽은 자가 구원되리라는 것을 예견케 하는 것임을 이해한다. 그는 더 이상 나타나지 않았으므

---

*22) 콘라트: 1105년경~1154. 바바리아의 콘라트라고도 한다. 바바리아공(公) 검은 하인리히의 아들로 쾰른에서 공부하고 1125년 모리몽의 시토 수도원에 들어갔다. 성 베르나르를 따라 클레르보에 가서 수도 생활에 정진하다가, 성지에 가서 은자가 되었다. 말년에 성 베르나르의 곁에서 죽기를 희망하여 서구로 돌아왔으나, 하선하여 성 베르나르의 부음을 듣고는 그곳에 머물러 은둔 생활을 하다가 죽었다.

로, 그가 장차의 구원을 약속하는 정화적 장소들에 *in locis purgatoriis* 받아들여진 것이라고 확신하게 되었다.

여기서 죽은 자가 산 자들에게 다시 나타나 그가 연옥으로부터 천국으로 감을 알리지 않았다는 것은 연옥 체계가 아직 완전히 자리잡히지 않았음을 의미한다.[23]

또 다른 이야기에서는 성아우구스티누스가 클레르보의 한 수사에게 이상 중에 나타나 그를 데리고 무수한 형벌의 장소들을 지나 게헨나의 심연 입구까지 간다.[24]

또 다른 경우에는 콘라트 자신이 연옥 불의 시험 *examen ignis purgatorii*이 얼마나 무시무시한가를 보여주고자 한다. 그는 한 수사가 죽기 전에 영으로 지옥의 처소들에 끌려갔던 이야기를 하면서, 그곳에 관한 짧은 이상과 『성패트릭의 연옥』(그리고 『바울 계시록』)을 많이 접근시킨다. 그리고는 휴식(레프리게리움)의 장소 *ad quemdam refrigerii locum*로 가는데, 죽은 자들은 지은 죄의 성질과 분량에 따라 이르거나 늦게 죄과에서 정화된 뒤에 이 장소에 받아들여진다고 콘라트는 설명한다. 그리고 그는 성베르나르가 클레르보의 원장 수사 욍베르가 죽었을 때 한 설교를 인용한다. 성인은 말하기를 이승에서 지은 죄들은 정화하는 처소들에서 *in purgatoriis locis* 마지막 한푼까지 백 배로 되갚아야 한다고 하였었다.[25]

연옥이 태동하되 아직 존재하기 이전의 유산인 『시토 대 기원』의 이러한 이상들과 유령들에는 예스런 분위기가 있다. 반면 그 얼마 뒤에 영국의 두 베네딕트 수사들이 전하는 이상들에는 연옥

---

23) Conrad d'Eberbach, *Exordium magnum cisterciense*, II, 23, ed. B. Griesser, Rome, 1961, pp. 143-47. 나는 *La Mort cistercienne*에 관한 연구를 준비하고 있는 Philippe Dautrey씨가 내게 이 텍스트를 환기해준 데 대해 감사한다.
24) *Ibid.*, p. 229.
25) *Ibid.*, pp. 332-34.

이 분명히 자리하고 있다. 베다 이래로 켈트족 및 앵글로 색슨족의 대전통을 계승한 이들 중 한 사람은 1236년에 죽은 세인트 알반스 Saint Albans 대수도원의 수사 웬도버의 로저로서, 그는 1206년 그의 『역사의 꽃 Flores historiarum』에서 터칠 Thurchill의 저승 여행을 이야기한다.[26]

런던 교구에 있는 티즈터드 Tidstude 마을의 이 농부는 밭에서 일을 하다가 어떤 사람을 만나는데 그는 자신이 환대 성자 율리아누스 St. Julien l'Hospitalier[27]라고 하면서 다음날 밤 그를 데리러 오겠다고 한다. 농부가 경외하는 수호성인 성야고보에게로 데려가, 하나님의 허락으로, 인간들에게는 숨겨진 비밀을 보여주겠다는 것이다. 다음날 밤 그는 정말로 잠이 든 농부를 깨우러 와서 농부의 영혼이 육신으로부터 빠져나오게 한다. 침상에 꼼짝 않고 누워 있는 육신을 남겨둔 채 농부는 인도자를 따라 크고 찬란한 예배당으로 들어가는데, 그 예배당에는 북쪽의 벽 하나밖에 없다. 예배당지기인 성율리아누스와 성돔니우스 St. Domnius는 터칠에게 예배당을 둘러보게 한다. 그곳은 저주를 받았거나 연옥의 형벌을 거쳐 *per purgatorii poenas* 구원될 죽은 자들을 위해 하나님께서 마련해 두신 처소이다. 벽 가까이에서 터칠은 희고 검은 얼룩이 진 영혼들을 본다. 가장 흰 이들은 벽에서 가장 가까이 있고, 가장 검은 이들은 벽에서 가장 멀리 있다. 벽 옆에는 지옥의 심연이 입 벌리고 있어서 그 악취는 터칠에게까지 풍겨온다. 율리아누스는 그 악

---

26) 보유 IV, pp. 705-07 참조.
*27) 13세기의 전설적 인물. 그의 이야기는 『황금 전설』에 실려 널리 퍼졌고, 현대에는 플로베르의 『세 개의 이야기 Trois Contes』 중 하나에 소재를 제공했다. 전설에 따르면, 그는 귀족이었는데 실수로 부모를 죽였다고 한다. 예기치 못했던 이 죄를 보속하기 위해 그는 강을 건너는 여울목에 살면서 여행자들에게 도움을 베풀었다. 어느 날 얼어 죽게 된 사람(일설에 의하면 문둥병자)을 구해주었더니, 그는 예수 그리스도께서 당신의 죄를 사했노라는 말을 남기고 사라졌다고 한다. 그는 여행자와 뱃사공의 수호성인이다.

취가 경고라고 말한다. 왜냐하면 터칠은 교회에 십일조를 제대로 바치지 않았던 것이다. 그리고 나서 성인은 그에게 예배당의 동쪽에 커다란 정화의 불이 있는 것을 보여준다. 영혼들은 거기를 지나 정화되면 또 다른 정화소, 이번에는 차디찬 연못을 지나게 되며, 그곳을 통과하는 것은 성니콜라스가 감독을 하고 있다(성니콜라스는 앞에서도 연옥의 성인으로 나오는 것을 본 바 있다). 그런 다음에 영혼들은 이르건 늦건간에 날카로운 말뚝과 못들이 박힌 다리를 건너 낙원의 산(환희의 산 mons gaudii)을 향해 가게 된다. 예배당 중앙으로 돌아와서 율리아누스와 돔니우스는 터칠에게 대천사 미가엘과 성베드로와 성바울이 영혼들을 추려내어 무게를 다는 것을 보여준다. 대천사 성미가엘은 완전히 흰 영혼들로 하여금 정화하는 불과 기타 형벌의 장소들로 지나게 하며, 무사히 통과한 영혼들을 낙원의 산으로 인도한다. 검고 흰 얼룩이 진 영혼들은 성베드로의 인도로 정화하는 불 속에 들어가 불꽃 가운데서 정화를 받게 된다. 완전히 검은 영혼들은 성바울과 악마 사이에서 무게 달기의 대상이 된다. 만일 저울이 성바울 쪽으로 기울면 바울은 영혼을 정화하는 불 속에서 정화되도록 이끌고, 악마 쪽으로 기울면 악마는 영혼을 지옥으로 끌고 간다. 터칠은 돔니우스와 함께 사탄의 지배를 받는 지옥을 그 최하층만을 빼고는 모두 구경한다. 환희의 산 입구에 있는 안뜰에 다가가 그는 성미가엘이 대기 중인 영혼들을 그들의 친지들이나 교회가 그들의 해방을 위해 드리는 미사의 수효에 따라 순서대로 나아오게 하는 것을 본다. 그 다음에 그는 성미가엘의 인도로 낙원의 산에 있는 수많은 집들을 서둘러 구경하고 끝으로 지상 낙원을 돌아본다. 성율리아누스가 다시금 그에게 나타나 그가 본 것을 말해보라고 한다. 이후로, 만성절이면 터칠은 자신이 본 이상을 이야기한다. 그는 분명 속어로 그렇게 했을 것이지만, 이전에는 일자무식에 언변도 없던 이 촌사람이 그런 이야기를 하면서 훌륭한 웅변을 토하는 것을 보고는 모

두가 감탄했다.[28]

이 옛스런 이야기에는 낙원·지옥·연옥이라는 저승의 세 처소가 나오지만, 저승의 삼분적 지리는 아직 완성되지 않은 상태이다. 지옥에는 여전히 상층부와 하층부가 있고, 낙원에는 많은 집들이 있으며 그 산은 바벨의 탑을 닮았고, 연옥에는 불과 차디찬 연못과 다리라는 세 부분이 그런대로 끼워맞춰져 있다.

설교에 나오는 연옥: '예화'들

이런 이야기들은 아직 소수의 청자들 즉 수도원내의 청자들만을 대상으로 한 것으로, 일반 대중은 아직 거기 접하지 못하였다.

연옥의 중요한 파급 수단은 설교이며, 설교 가운데서도 설교자들이 이야기의 재미를 통해 교훈을 쉽게 전달하도록 자신들의 훈화에 끼워넣은 짤막한 이야기들이다. 이처럼 짧은 서술 형식에 의존하는 것은 교회가 오랜 전통에 충실하면서도 당대의 기호에 맞추어 사도직을 수행하는 주된 방편들 중의 하나이다. 연옥의 경우, 이 교훈담들 *les anecdotes édifiantes* 내지 예화들 *exempla*은——괄목할 만한 차이가 있기는 하지만——대그레고리우스의 『대화』에 나오는 이야기들과 일맥상통하는 데가 있다. 그런데 이 이야기들은 연옥이 형성되어가는 도정의 중요한 이정표 역할을 한다. 13세기에 연옥과 예화 *exemplum*와의 만남은 여섯 세기 반 이전에 대그레고리우스가 틀을 잡아놓은 각본의 절정이라고나 할 것이다.[29]

---

28) *Chronica sive Flores Historiarum*, t. II, London, 1887, pp. 16~35. 1259년에 죽은 세인트 알반스의 또 다른 수사 마티외 파리스는 그의 『대연대기 *Chronica Majora*』에서 로저가 하던 일을 계속하고 있는데, 거기서 그는 터칠의 이야기를 『역사의 꽃』에 나오는 그대로 베끼고 있다. Matthaei Parisiensis, Monachi Sancti Albani, *Chronica Majora*, t. II, London, 1874, pp. 497~511.

29) exemplum에 관해서는 Cl. Brémond, J. Le Goff, J.-Cl. Schmitt, *Typologie des sources*

설교는 교회의 사도직 수행에서 항상 중요한 위치를 차지해왔으나, 13세기는 새롭고 보다 직접적이며 보다 사실적인 말로써 설교가 부흥하는 세기였으며, 탁발 수도사들은 곧 그 주도역을 맡게 되었다.[30] 설교와 거기에 들어가는 예화들은 13세기의 중요한 대중 전달의 수단이었으며, 그 메시지는, 설령 미사에서——특히 설교 시간에는——빠져나와 교회보다는 술집에 진치기를 더 좋아하는 이들이 있었다 하더라도, 모든 신자들에 의해 받아들여졌다. 예화 많은 설교는 예배의 고대되는 순서였을 뿐 아니라, 정식 예배의 틀을 벗어나서도 나름대로 발전하였다. 설교는 교회뿐 아니라 광장에서도 행해졌으며, 그것은 공공 연설이나 강연의 효시였다. 주로 귀족 청자들을 대상으로 했던 종글뢰르들 les jongleurs[31]과는 달리 인기 있는 대중 설교자들은 기독교 대중의 "우상"이 되었다. 그들은 대중에게 연옥을 보여주었으며, 거기에 대해 가르쳤다.

선구자: 비트리의 자크

비트리의 자크는 이후로 크게 유행하게 될 예화 많은 설교의 창시자들 중 한 사람이다. 13세기초에 파리대학에서 수학한 그는 프

---

       du Moyen Age occidental의 l'exemplum권을 참조.
30) 설교에 관해서는 A. Lecoy de la Marche의 오래 된 저작 *La chaire française au Moyen Age, spécialement au XIIIe siècle*, Paris, 1886, réimpr. Genève, 1974가 여전히 귀중한 정보 및 생각들을 제공한다. 또 J. Le Goff와 J.-Cl. Schmitt의 간략한 연구 "Au XIIIe siècle: une parole nouvelle," in *Histoire vécue du peuple chrétien*(sous la direction de J. Delumeau), vol. I, Toulouse, 1978, pp. 257~79도 참조할 수 있다.
*31) 중세의 가창 시인(歌唱詩人). 악기로 반주를 하며 시를 읊는 이 여흥은 그 자체로 독립된 공연을 이루거나 아니면 기타 곡예들과 함께 어우러지거나 했다. 종글뢰르는 트루베르 trouvère와는 달리 서정적이거나 궁정풍인 노래는 하지 않았고 대개의 경우 노래를 직접 작곡하지도 않았다. 또, 음유 시인 *ménestrel*들이 한 궁정 내지는 도시에 전속되는 것과는 달리 이들은 떠돌이 생활을 했다.

랑스 북부의 우아니 Oignies의 신부가 되어 베긴 수녀들 les béguines[32]―― 이들은 도회지 한복판에 은거하며 속인들과 수녀들의 중간쯤 되는 생활을 하였다――과 교류를 가졌으며, 기독교 세계의 상당 부분, 특히 프랑스에서 유명한 설교자가 되었다. 이어 팔레스티나에 있는 아크르 Acre의 주교를 거쳐 마침내 투스쿨룸 Tusculum의 추기경이 되었으며 1240년에 죽은, 상당히 중요한 인물이었다.[33] 그의 설교집에서 연옥은 그리 중요한 위치를 차지하지 않지만, 그는 이미 새로운 저승 체계를 승인하고 있으며 몇몇 흥미로운 특징들을 보여준다. 그의 연옥 개념을 표현한 설교들의 이론적 부분들은 예화들과의 관계 속에서 잘 이해될 수 있는 것이다.

특히 두 대목이 의미심장하다. 그 첫 대목은 『배우자들에게 *Ad conjugatos*』라는 설교 범례에 나온다. "통회는 지옥의 형벌을 연옥의 형벌로 바꾸어준다. 고해는 그것을 일시적인 형벌로, 적절한 보속은 그것을 무(無)로 바꾸어준다. 죄는 통회 가운데서 죽으며, 고해 가운데서 집 밖으로 옮겨져, 보속 가운데서 땅에 묻힌다."[34] 이는 연옥을 통회 및 참회적 과정과 연결시키고 연옥에 들어가는

---

*32) 베긴회라는 이름으로 알려진 여성 종교 운동은 도시화 및 속인들의 영적 성장과 관계되는 수많은 종교적 움직임들 중 하나로, 주로 플랑드르 지방에서 번성했다. 베긴 수녀들은 정식 수녀와 세속 여성의 중간쯤 되는 신분으로, 비록 종신 허원은 하지 않았지만 옛 수도원의 규율들을 엄격히 지켰다. 그녀들은 공동체를 떠나 결혼을 하거나 자기 재산을 지닐 수 있었으며, 교육, 간호 사업 같은 봉사 활동이나 직조, 레이스 짜기 같은 생산적 노동에 종사했다. 이러한 여성 운동은 그러나 비방의 대상이 되었으며, 비트리의 자크가 그녀들을 위해 교황의 윤허를 얻어준 뒤에도 여전히 이단시되는 경향이 있었다.

33) Jacques de Vitry에 관해서는 Alberto Forni, "Giacomo da Vitry, Predicateur e sociologo," in *La Cultura* XVII/1, 1980, pp. 34~89 참조.

34) Jacques de Vitry, *Sermones vulgares*, Sermo 68 *Ad conjugatos*, inédit. Transcription de Marie-Claire Gasnault surtout d'après les manuscrits Cambrai 534 et Paris BN, ms latin 17509.

것이 지옥으로부터 결정적으로 벗어나는 것임을 강조한 주목할 만한 글이다.

주일 설교의 한 범례에서 비트리의 자크는 연옥에서도 주일은 안식의 날이라는 개념을 환기한다. "많은 성인들이 증거하는 대로, 주님의 날에는 연옥에 있는 망자들의 영혼이 월요일이 되기까지 쉬거나 아니면 덜 힘든 벌을 받는다. 그날 교회는 망자들을 위한 미사를 드림으로써 연민 가운데 그들을 돕는 것이다. 그러므로 이승에서 노예적인 노동과 세간사들을 그만두지 못하여 주일을 거룩히 하지 않은 자들 심지어는 흥청망청 먹고 마시며 춤추고 노래하며 육체의 쾌락에 빠져들어 말다툼과 입씨름, 헛되고 게으른 잡담, 뻔뻔한 험담으로 주일을 더럽히고 욕보이는 자들이 연옥에서 안식의 복을 누릴 수 없다는 것은 당연한 일이다."[35]

이는 지옥에서의 안식일 휴식 le repos sabbatique을 연옥에서의 주일 휴식 le relâche dominicale으로 바꾸고, 이승에서 주일을 지낸 방식과 저승에서 주일 형벌의 분량을 결부시킨 것이다. 교회는 이승에서의 삶과 연옥을 그처럼 병행적인 것으로 가르침으로써 분명 교화적인 목표를 달성하고 있었다.

나는 비트리의 자크의 인간 생활 전반에 대한 설교(sermones vulgares 또는 ad status) 범례들에서 연옥이 중요한 역할을 하는 예는 두 가지밖에 찾을 수 없었다.

그 첫번째 것은 아마도 시토 수사 프로아몽의 엘리낭 Hélinand de Froimont[*36]에게서 차용한 것으로 샤를마뉴에 관한 전설들에서

---

35) Sermon inédit *Sermo communis omni die dominica* (1) d'après le manuscrit 455 de Liège, fol. 2-2 v, communiqué par Marie-Claire Gasnault.

*36) 프로아몽의 엘리낭: 보베지 1160년경~프로아몽 1229 이후, 귀족 출신으로 필립 오귀스트 궁정의 시인이자 유랑학자 *goliard*였던 것으로 속정된다. 1190년경 사고 혹은 병으로 인해 갑자기 회심하여, 1194년 프로아몽의 시토 수도원에 들어갔고, 뒤에 그곳의 원장 수사가 되었다. 28편의 설교를 위시하여 『연대기 *Chronicon universale*』 등 많은 작품을 썼으며, 특히 불어로 된 『죽음의 시 *Vers de la mort*』는

유래한 듯하다. "친척이나 친구들의 죽음을 애도하는 이들"을 대상으로 한 이 설교는 그러므로 산 자들과 죽은 자들간의 새로운 교류 형태와 관련된다. 사라센인들을 정벌하기 위한 스페인 원정에 샤를마뉴를 수행한 기사가 한 친지에게 유언하기를 그가 죽으면 그의 말을 팔아 가난한 자들을 도와주라고 한다. 하지만 무신경한 친지는 말을 팔지 않는다. 일주일 뒤에 죽은 자가 그에게 나타나 자신이 연옥으로부터 구원될 것을 늦어지게 했다고 비난하면서 그 벌로 다음날 당장 그가 비참한 죽음을 당하리라고 예고한다. 다음날 검은 까마귀떼에 의해 공중으로 끌려올라간 그는 바위에 떨어져서 목이 부러져 죽는다.[37] 이러한 이야기는 연옥에 있는 죽은 자들에 대한 산 자들의 책임을 주도히 환기하며 사면 가능한 죄와 치명적인 죄간의 차이를 예시한다. 설교의 목표는 유언 집행자들로 하여금 유언을, 특히 그것이 보상적인 것일 때, 반드시 집행케 하려는 것이다. 그렇게 하지 않는 자들에 대한 위협은 지옥벌의 위험에 연옥이 추가됨으로써 한층 커진다.

두번째 예화는 연옥에 거의 언급하지 않지만, 그럼에도 불구하고 매우 중요한 것이다. 그것은 십자군 운동을 위한 설교에 들어있는 이야기이다. 한 여자가 남편이 비트리의 자크의 십자군 운동 설교를 들으러 가는 것을 만류한다. 그러나 그는 창문을 통해 설교를 듣고, 십자군 운동에 참가함으로써 참회를 하면 연옥의 벌과 게헨나의 벌을 면하고 천국에 이를 수 있다[38]는 말을 듣자, 아내의

장차의 "죽음의 무도 *danse macabre*"를 예고하는 걸작으로 꼽힌다.
37) *The Exempla or Illustrative Stories from the Sermones Vulgares of Jacques de Vitry*, ed. Th. F. Crane, London, 1890, repr. Nendeln, 1967. 이 판본은 귀중한 각주들을 싣고 있기는 하지만 본문은 별로 좋지 않으며 예화들을 설교의 문맥에서 떼어놓고 있으므로 그 의미를 제대로 알기 어렵다. 위에 인용된 exemplum은 n. CXIV, pp. 52~53.
*38) 일찍이 878년 교황 요한 8세는 이탈리아에 침입한 이슬람 교도들에 맞서 기독교인들을 수호하는 군대에게 죄의 사면을 약속했고, 1063년 알렉산더 2세도 스페인의 이슬람 교도들과의 싸움에서 이를 재확인했다. 이러한 전통은 십자군 원정에서 극대화된다.

감시를 벗어나 창문으로 뛰어내려 앞장서서 십자가를 진다. 이처럼 십자군 운동, 면죄, 연옥, 삼중적 저승 체계에의 언급 등은 새로운 저승의 모델을 구축하며, 연옥은 거기서 점점 더 중요해지는 중간적 역할을 하게 된다.

연옥의 대중화에 힘쓴 두 인물

설교와 예화를 통해 연옥의 대대적인 전파자들이 된 것은 도시 사회에 좀더 가까이 접하는 계율 성직자들 *les réguliers*[39]이었다. 그 중에서도 두 사람이 유명하였다. 그들은 비트리의 자크와는 아주 달랐고, 그들 서로간의 차이도 못지않게 컸다. 그들은 둘 다 교단 성직자들이었지만, 한 사람은 시토 수사였고 다른 한 사람은 도미니크 수사였다. 그들은 13세기의 처음 두 삼분기 동안 살았지만, 한 사람은 1240년에, 다른 한 사람은 20년 뒤인 1261년에 죽었다. 한 사람은 독일인으로 쾰른을 지리적·문화적 거점으로 했고, 다른 한 사람은 프랑스인으로 파리에서 대학 교육을 받은 뒤 리용의 도미니크회 수도원을 중심으로 넓은 지역에서 종교 재판의 심문관으로 활동하며 경험을 쌓았다. 그러나 두 사람 모두 직접·간접으로 설교자들을 대상으로 하는 저작들을 썼으며, 두 사람 모두 그들의 논저에 예화를 많이 삽입하여 그들의 작품은 예화집으로 오인되기도 하였다. 특히 그들은, 예화들에서나 예화들이 삽입된 이론적 체계에서나, 연옥을 매우 중요시했다. 그들 두 사람과 더불어 지옥·연옥·천국이 비교적 균형을 이루는 삼중적 저승이 제 모습을 드러내며, 이러한 저승 체계는 『신곡』으로 승화될 것이었다.

---

39) 제4장 주 44 참조.

시토 수사 하이스터바흐의 차이자리우스

의도적으로 대그레고리우스를 상기시키는 대화 형식으로, 시토 수사 하이스터바흐의 차이자리우스는 1219~1223년에 걸쳐 『기적들에 관한 대화 Dialogus miraculorum』라는 일화집을 저술했다. 여기에서 우리는 전통적인 기적담들이 교훈적인 예화로 바뀌어 있는 것을 볼 수 있다.[40] 그런데 이 선집은 기독교인이 최종적인 목표 즉 저승을 향해 가는 순례의 여정으로 편성되어 있다. 『기적들에 관한 대화』의 첫 열두 권(distinctiones)에 해당하는 이 순례의 첫 열두 단계는 회심, 통회, 고해, 시험, 악마, 단순성, 동정녀 마리아, 이상들, 성찬, 기적들, 임종하는 자들, 죽은 자들의 보상 등이다.[41] 이 마지막 장은 예화의 수에 있어서나 작품 구성상으로나 분명 연옥이 가장 충실히 나타나는 장이다.

열두번째이자 마지막 권의 구성은 단순하다. 죽은 자들이 받는 보상은 세 가지이다. 어떤 사람들은 하늘의 영광(천국)을 받고, 그 밖의 사람들은 지옥의 영원한 벌이나 연옥의 일시적인 벌을 받는다. 55편의 예화 중에서, 25편은 지옥, 16편은 연옥, 14편은 천국에 관한 것이다. 이 간단한 집계만으로도 우리는, 차이자리우스가 자유롭고 자비로운 사람이었음에도 불구하고 또 연옥의 지옥화가 세기 후반만큼 강한 추세가 아니었음에도 불구하고, 이미 지옥이 가장 많은 교훈을 끌어내는 처소였음을 알 수 있다. 공포심을 일으키는 것은 가장 중요한 것은 아닐지언정 그의 중요한 관심사에

---

40) Fritz Wagner, "Studien zu Caesarius von Heisterbach," in *Analecta Cistercensia* 29, 1973, pp. 79-95.
41) Césaire de Heisterbach, *Dialogus miraculorum*, éd. J. Strange, Cologne-Bonn-Bruxelles, 1951. F. Wagner는 위의 논문에서 새로운 비평본의 출간을 예고한 바 있다. 내게 고마운 정보들과 의견들을 제시해준 André Duby는 『기적들에 관한 대화』에 관한 중요한 저서를 준비하고 있다.

속하는 것이었다.[42] 하여간, 지옥과 천국 사이에서, 연옥은 사실상 동등한 위치를 획득했다.

그러나 연옥은 『기적들에 관한 대화』의 마지막 권 이전에도 이미 나타난다. 앙드레 뒤비는 『대화』의 처음 열한 권에서 8편의 "연옥 예화들"을 찾아냈으며, 그 중 어떤 것들은 연옥 교의에 관한 차이자리우스의 견해를 잘 보여준다.[43] 왜냐하면, 이제 연옥이 기독교 교의의 마지막, 즉 종말에 관한 대목의 일부를 이루는 이상, 그것은 영적인 삶의 모든 단계에서 이미 예기되는 것이기 때문이다.

나는 먼저 처음 권들에서 중요한 네 편의 예화를 살펴본 뒤에 마지막 권의 연옥 예화들을 한꺼번에 다루고자 한다.

회심을 다루는 제1장에서 하이스터바흐의 차이자리우스는 별로 재능이 없었던 한 학생의 이야기를 한다. 그는 시험에 합격하기

---

42) 그가 기꺼이 내게 보내준 한 중요한 글에서, Alberto Forni는 설교를 듣는 사람들의 입장에서는 연옥이라는 주제가 "두려움의 원천"이었음을 지적한 바 있다. 그것은 사실이지만, 또 다른 문맥에서는 연옥의 지옥화가 그렇게 진전되지 않았다. A. Forni, "Kerigma e adattamento. Aspetti della predicazione cattolica nei secoli XII-XIV"(*Bollettino dell'Istituto Storico Italiano per il Medio Evo*에 게재 예정).

43) 예화 I, 32(이승에 돌아온 모리몽 Morimond의 한 사제가 되살아나 회심한다), II, 2(배교하고 노상 강도가 된 수사가 죽음의 순간에 회개하고 연옥에서의 이천 년을 택한다), III, 24(한 소년과 동성애의 죄를 범하고 깊이 뉘우쳤지만 감히 고해를 하지 못한 채 죽은 고해사가 소년에게 나타나 연옥에서의 고통에 관해 말하며 그에게 고해를 권한다), III, 25(총 고해 *la confession générale*[*평생의 모든 죄를 고백하는 것]를 하기 전에 죽은 시토의 신참 수사가 한 수사의 꿈에 나타나 고해를 함으로써 연옥에서 벗어난다), IV, 30(하이스터바흐의 젊은 수사 크리스티안이 겪는 시험과 이상 중에 성녀 아가타가 나타나 이승에서의 60일이 연옥에서는 60년으로 계수되리라고 경고한다), VII, 16(동정녀 마리아를 열렬히 숭배하는 헤멘로데 Hemmenrode의 수사 크리스티안은 이상 가운데 그의 영혼이 아주 큰 불을 건너 마침내 낙원에 이르는 것을 본다), VII, 58(한 강도가 동정녀를 기념하여 토요일에는 죄를 짓지 않기로 한다, 그는 교수형과 참수형을 당하지만, 그럼으로써 연옥을 모면한다), XI, 11(수도원장 길베르트가 되살린 보조 수사 멘고즈 Mengoz가 자신이 저승에서 죽은 자들을 보았는데 30일 후면 연옥으로부터 풀려나리라던 이야기를 한다) 등등이 그것이다.

위해 악마의 권유대로 마술에 의지하기를 수락한다. 사탄에게서 받은 부적을 손에 지닌 채 그는 시험에서 눈부신 성적을 거둔다. 그러나 그는 병이 나서 죽음의 순간에 신부에게 고해를 하며 신부의 말대로 부적을 멀리 던져버린다. 그는 죽고 그의 영혼은 무시무시한 골짜기로 실려간다. 거기서는 손에 길고 날카로운 손톱이 난 영혼들이 그의 영혼을 공 던지듯 갖고 놀면서 심한 상처를 입힌다. 그러나 하나님께서는 그를 불쌍히 여기사 마귀들에게 이 영혼을 괴롭히기를 그만두라고 명하신다. 영혼은 다시금 학생의 몸으로 돌아오며, 그는 살아난다. 그는 자신이 보고 겪은 일에 두려워진 나머지 회심하여 시토회에 들어간다. 그는 모리몽 Morimond[44]의 수도원장이 될 것이다. 그리하여 이 신참과 수사, 즉 차이자리우스 사이에 대화가 오간다. 신참은 학생이 고통을 당한 곳이 연옥이었는지 지옥이었는지 묻는다. 차이자리우스는 만일 고통의 골짜기가 지옥에 속한다면 그것은 그의 고해가 통회를 수반하지 않은 것임을 의미한다고 대답한다. 사실 학생은 마법의 돌만을 받았을 뿐 마귀에게 충성을 서약한 일은 없었다. 하지만 차이자리우스가 모리몽의 수도원장이 갔던 곳이 연옥이었다고 말하기를 꺼리는 것은 그 이상에 천사들이 아니라 마귀들이 나오기 때문이다. 그런데 쾰른의 학교에서 차이자리우스의 스승이었던 루돌프의 가르침에 의하면 마귀들은 결코 선택된 영혼을 건드리지 못하며 영혼을 연옥으로 인도하는 것은——여기에는 "만일 그 영혼이 연옥에 합당하다면"이라는 단서가 붙거니와, 이러한 표현은 연옥이 천국의 약속이고 희망이며 신의 자비로운 정의의 윤허임을 나타내는 것이다——선한 천사들이다.[45]

---

*44) 시토회의 네번째 수도원. 1115년 프랑스의 Langres 교구내 Moiremont에 세워진 이래, 프랑스는 물론 유럽 전역(특히 독일)에 210개 이상의 사원들이 생겨났다. Morimond이라는 이름은 Mori mundo, 즉 '세상에 대해 죽다'라는 의미이다.

45) I, 32, ed. Strange, I, pp. 36~39.

통회를 다루는 제2장에서 차이자리우스는 한 수사의 이야기를 한다. 그는 자신이 살던 수도원을 떠나 노상 강도가 되었으나 한 성을 공략하다가 치명상을 입는다. 죽기 전에 그는 고해를 하지만, 고해사에게는 그의 죄가 너무 엄청나 보여서 마땅히 권할 만한 참회가 떠오르지 않는다. 죽어가는 자는 연옥에서 이천 년을 보내고 나면 신의 자비를 바랄 수 있겠느냐고 하면서 숨을 거두기 직전에 어떤 주교에게 자신을 위해 기도해달라는 편지를 전해줄 것을 부탁한다. 그는 죽어서 연옥에 간다. 전에 수사였던 그를 아직도 아끼고 있던 주교는 그의 배교에도 불구하고 그를 위해 기도하며 교구내 모든 성직자들로 하여금 일 년 내내 그를 위한 기도를 드리게 한다. 일 년 뒤에 죽은 자가 "창백하고 마르고 여윈 모습에 검은 옷차림으로" 주교에게 나타나 감사한다. 이 일 년 동안의 대도 덕분에 그는 연옥에서의 천년을 감면받았으며, 일 년만 더 그렇게 해주면 연옥으로부터 해방되리라고 한다. 주교 이하 성직자들은 기도를 계속한다. 두번째 해가 지나자 죽은 자가 다시금 나타나는데, 이번에는 "평정한 모습에 두건 달린 흰 수도복"을 그러니까 시토의 수도복을 입고 있었다. 그는 자신이 천국을 향해 출발한다고 하면서 지난 이 년간의 기도로써 연옥에서의 이천 년을 대신해준 것을 감사한다. 신참 수사는 죽은 자의 통회와 그를 자유케 한 기도의 능력에 감탄한다. 차이자리우스는 통회가 대도보다 한층 유효하며 대도는 형벌을 줄일 수는 있지만 영광을 늘리지는 못한다는 점을 지적한다.[46]

『기적들에 관한 대화』의 마지막 권에 다시 나올 하이스터바흐의 젊은 시토 수사 크리스티안의 이야기에도 역시 연옥의 회계에 관한 차이자리우스의 견해를 보여주는 가르침들이 많다. 크리스티안은 살아서부터 마치 성스러운 향기에 둘러싸인 듯한 매우 독실한

---

46) II, 2, ed. Strange, I, pp. 58-61.

수사이지만, 심령이 약하여 동정녀나 천사들이나 심지어 예수님 자신의 이상까지 보는 한편 갖은 시험과 유혹——이를테면 십자가에 입맞출 때 더는 눈물이 나지 않는다든가 하는——도 겪는다. 그의 마지막 시련은 끔찍한 병고였다. 성녀 아가타가 그에게 나타나 이러한 괴로움을 60일간 겪는 것은 연옥에서의 60년에 맞먹는 것이니 이 병고를 경건히 감내하라고 권고한다. 이 이상을 본 60일 뒤인 성녀 아가타의 축일에 그는 죽는다. 차이자리우스는 말하기를 성녀 아가타의 말은 두 가지로 해석할 수 있다고 한다. 즉, 60일간의 병이 연옥에서의 60년만큼이나 그를 죄로부터 정화했다는 뜻이거나, 아니면 그가 60일간의 고통을 감내한 태도가 그에게 60년에 값하는 공덕이 되었다는 뜻이거나이다.[47] 그러니까 차이자리우스는 이승에서의 공덕의 작용을 능동적인 방식으로 해석하는 것이다. 앞의 경우에서와 마찬가지로, 차이자리우스는 수동적 미덕들에 비해 인간의 능동적 의지를 높이 평가한다.

헤멘로데의 수사 크리스티안의 이야기가 강조하고자 하는 것은 동정녀 마리아의 권능이다. 이 크리스티안 역시 퍽 순진한 인물로, 수사가 되기 전 학생 시절과 사제 시절에 여러 가지 유혹을 겪었으며 성녀 막달라 마리아와 동정녀 마리아의 이상을 자주 보았다. 헤멘로데의 수사가 된 그는 연옥의 형벌들에 대해 생각하던 어느 날 이상을 보았다. 한 무리의 동정녀들에 둘러싸인 동정녀 마리아가 죽은 황제 붉은 수염 프리드리히의 옹위를 받으며 크리스티안의 장례를 주관하고 있었다. 그녀는 망자의 영혼을 천국으로 데려갔으며 떼지은 마귀들이 그녀에게 불덩어리를 내뿜으며 그 영혼을 내놓으라 했지만 허사였다. 이어 천사들은 영혼을 아주 커다란 불로 인도하며, 그는 죽어서 이 장소로 돌아올 것이고 그 불을 통과해야 하리라고 일러준다. 이상에서 깨어난 크리스티안은

---

[47] II, 2, ed. Stranger, I, pp. 58-61.

여전히 수도원에서 이상들로 가득한 성스럽고 겸손한 생활을 계속한다. 그가 겸손한 이유는 그가 젊어서 동정을 잃었을 뿐 아니라 두 명의 사생아를 낳았다는 것인데, 그의 두 아들은 모두 시토회에 들어와 있었다. 그러므로 그는 한층 더 동정녀 마리아의 도우심을 필요로 했다. 동정녀께서는 그를 어김없이 도와주셨으며, 그가 죽을 때에는 동정녀와 예수께서 친히 시토회의 수도복 차림으로 나타나사 그를 천국으로 데려가셨다. 연옥 불의 이상은 그러므로 실현되지 않았다.[48]

이 두 크리스티안의 이야기들에서 차이자리우스는 최악의 경우는 결코 확실하지 않음을 보여주고자 하였다. 첫번째 크리스티안은 지옥을 벗어나 연옥에 갔고, 두번째 크리스티안은 연옥을 면제받고 천국으로 갔던 것이다.

열두번째이자 마지막 권의 연옥에 관한 예화들은 전통적인 개념들에 새로운 고찰들을 덧붙인 기준에 따라 첫눈에 세 가지로 분류된다. 우선 연옥이라는 새로운 저승을 죄의 범주들과 연결시키는 것은 당대의 시대 정신을 반영하는 것이었고, 반면 여러 가지 유형의 대도들을 상세히 설명하는 것은 전통에 따른 것이었다. 또한 13세기의 특징적인 것은 차이자리우스처럼 관용이 풍부한 사람에게서조차도 나타나는 바 연옥 벌의 혹독함을 강조하려는 의지이다.

그 첫번째 부류(제24~31편까지, 제8편의 예화)는 탐욕, 방탕, 마술, 불순종, 비뚤어진 고집, 경박, 나태 등이다.

리에주의 고리대금업자: 연옥과 자본주의

내가 보기에 그 첫번째 예화는 특히 중요하다. 리에주의 고리대

---

48) Ⅶ, 16, ed. Strange, pp. 17~23.

금업자에 관한 그 이야기는 다음과 같다:

수사: 우리 시대 일인데, 리에주의 한 고리대금업자가 죽었다. 주교는 그를 묘지에서 추방하게 했다. 그의 아내는 교황청에 가서 그가 성지에 묻히게 해달라고 청원했다. 교황은 거절했고, 그러자 그녀는 남편을 위해 이렇게 탄원했다: "이르기를 남자와 여자는 한몸이며 사도의 말로는 불신자 남편이 신실한 아내에 의해 구원될 수도 있다고 하더이다. 제 남편이 잊고 행하지 않은 것을 그의 몸의 일부인 제가 그 대신 행하겠나이다. 저는 그를 위해 은둔 수녀 *la recluse*[49]가 되어 그의 죄를 속량하겠나이다." 추기경들의 청에 못 이겨 교황은 죽은 자를 묘지에 묻게 한다. 그의 아내는 그의 무덤 근처에 거처를 정하고 은둔 수녀로 갇혀서 보시와 금식과 기도와 철야로써 그의 영혼의 구원을 얻기 위해 밤낮으로 노력한다. 7년 뒤 남편이 검은 옷차림으로 그녀에게 나타나 감사한다: "하나님께서 당신에게 갚아주시기를. 당신의 시련 덕분에 나는 지옥의 심연과 더없이 끔찍한 벌들로부터 벗어났다오. 만일 7년만 더 나를 위해 그런 수고를 계속해준다면 나는 완전히 해방될 것이오." 그녀는 그렇게 했다. 그러자 다시 7년 뒤 그가 나타났는데, 이번에는 흰옷을 입고 행복한 모습이었다. "하나님과 당신 덕분으로 나는 오늘 풀려났다오."

신참: 지옥에는 속량함이 없거늘 어찌 그가 오늘 지옥으로부터 해방되었다는 말씀입니까?

수사: 지옥의 심연이란 연옥의 혹독함을 말하는 것이다. 교회가 망자들을 위해 "영광의 왕 주 예수 그리스도여, 모든 믿는 자들의 영혼을 지옥의 손아귀에서와 심연의 깊음으로부터 건지소서"라고 기도할 때에도 마찬가지 의미이다. 교회는 저주받은 자들을 위해서가 아니라 구원될 수 있는 자들을 위해 기도하는 것이다. 지옥의 손아귀라든가 심연의 깊음이라는 것은 연옥의 혹독함을 말한다. 우리 이야기의 고리대금업자도, 만

---

*49) 세간에서 스스로 격리된 삶을 사는, 은둔 수도의 한 형태.

일 그가 마지막 통회를 하지 않았던들, 그의 형벌에서 풀려나지 못했을 것이다.[50]

이 텍스트의 요점은 다음과 같다. 우선 부부간의 유대가 갖는 힘이 강조되고 있거니와, 이는 당시 가문의 재산을 보전하기 위해 부부 관계의 유일하고 항구적인 성격을 별로 존중하지 않던 남성 중심의 귀족적 결혼 제도에 맞서 두 배우자의 평등에 기초한 일부일처제를 확립하려 하던 교회의 노력을 반영하는 것이다.[51] 연옥에 있는 영혼들을 위한 대도 체계에 있어 문제되는 것은 대개 귀족 가문내의 가계였으며, 거기서 배우자의 역할은 부차적인 것이었다. 반면 여기서처럼 도회적이고 부르주아적인 사회에서는 이승에서나 저승에서나 부부간의 유대가 가장 중요한 것이 된다. 지상의 대도 기간과 연옥 형벌의 기간은 체계적으로 비례하며, 이러한 비례성을 강조하기 위해 망령들은 이 기간을 구획하는 시점에 나타난다. 이를테면 7년씩 두 기간의 대도가 끝날 때마다 각기 검은 옷과 흰옷의 망령이 나타나는 것이다. 보시·금식·기도·철야 등 대도의 장비들이 환기되지만, 여기서는 미사가 빠지는 대신 통공의 극단적인 형태인 은둔 생활이 그것을 대신한다. 도회 한복판에서 은둔하여 참회함으로써 산 자가 대신 참회를 드리는 것이다. 어휘의 차원에서는 지옥과 연옥간의 관계에 대한 정확성이 문제되는데, 성서에서 지옥에 관해 사용되던 어휘들이 새로운 연옥의 어휘들로 바뀌고 있다. 연옥은 지옥을 병합하면서 한시적으로나마 그 혹독함을 이어받는 것이다.

하지만 가장 놀라운 점은 다른 데에 있다. 이 텍스트가 놀라운 것은, 아마도 이 예화의 청자들 및 독자들에게는 그러했을 터인

---

50) XII, 24, ed. Strange, II, pp. 335~36.
51) G. Duby, *Le Chevalier, la femme et le prêtre. Le mariage dans la France féodale*, Paris, 1981.

데, 이 이야기의 주인공이 고리대금업자라는 사실 때문이다. 당시 교회는 고리대금업을 엄히 정죄하고 금지하려는 노력을 제2차 (1139), 3차(1179),[52] 4차(1215) 라테라노공의회와 제2차 리용공의회(1274), 빈공의회(1311) 등에서 거듭하고 있었다. 기독교 세계 전역에서 고리대금업에 반대하는 운동이 전개되었으며 이러한 운동은 특히 13세기 북이탈리아와 툴루즈에서 활발하였다. 그리하여 탐심은 교만을 물리치고 치명적인 죄의 첫번째 자리를 차지하였으며,[53] 신자들은 지옥의 가장 확실한 죄인인 고리대금업자가 불룩한 지갑을 목에 걸고 게헨나로 끌려가는 그림을 늘상 보았었다. 그런데 이런 시대에, 여기서는 아마도 마지막 순간에는 통회했으리라는 가정하에, 아내의 헌신을 이유로, 교황으로 대변되는 교회의 반대에도 불구하고 고리대금업자가 구원되는 것이다.

나는 이러한 예화에서 보듯 13세기의 고리대금업자가 어떤 조건 하에서는 지옥을 벗어나서 연옥을 통해 구원받게 된다는 것을 밝힌 바 있다.[54] 나는 연옥이 고리대금업자의 구원을 허용함으로써 자본주의의 탄생에 기여했다는 도발적인 견해까지 피력했었다. 여기서 내가 특히 지적하고 싶은 것은 사회-직업적 영역에서의 연옥의 역할이다. 왜냐하면 연옥의 기능들 중 한 가지는 죄의 성질이나 비중 때문에, 혹은 특정 직업에 대한 전통적인 적대감 때문에 전에는 지옥으로부터 벗어날 가능성이 거의 없던 자들을 거기서 벗어나게 하는 데 있기 때문이다.

한편으로는 수도원 사회에서의 배교나 방탕 같은 막중한 죄들 les

---

52) 특히 이 회의에서 고리대금업자를 기독교 묘지에 묻는 것을 금지했었다.
53) L. K. Little, "Pride Goes before Avance: Social Change and the Vices in Latin Christendom," in *American Historical Review*, 76(1971), 16-49.
54) J. Le Goff, "The Usurer and Purgatory," in *The Dawn of Modern Banking*(Center for Medieval and Renaissance Studies, University of California, Los Angeles), New Haven-London, 1979, pp. 25-52.

*péchés gravissimes*이 연옥에서의 일정 기간 체류를 대가로 궁극적인 구원을 얻을 수 있게 되었다. 그것들은, 특히 시토에서는, 전성기의 마리아 숭배——절망적으로 보이는 죄인들을 위한 중보자로 동정녀 이상 믿을 만한 이가 또 어디 있겠는가——와 교단의 공동체적 유대에 힘입어, 구원받을 기회가 생겼다. 하지만 다른 한편으로는, 천시되고 배척되던 직업들, 가령 피를 흘리고 돈을 만지고 부도덕으로 더럽혀진 자들이(그리고 아마 불의한 부자들도?), 만일 이승에서 주위 사람들과 충분한 유대를 맺어놓기만 하면, 희망을 가질 수 있게 되었다. 동정녀와 마찬가지로, 이 경우에는 배우자가 기적을 일으킬 수 있었으며, 13세기의 반(反)고리대금업적인 법도 고리대금업자의 과부에게는 특별한 관심을 보이고 있었다.

연옥이란 희망이다

탐욕에 관한 두번째 예화에서는 한 시토의 수녀에게 죽은 지 얼마 안 되는 원장 수사가 낡아빠진 수도복을 입은 부드러운 모습으로 나타난다. 그는 그의 수사들 중 한 사람의 대도 덕분에 다가오는 동정녀 마리아의 기념 축일에는 마침내 연옥에서 풀려나게 되리라고 한다. 수녀는 아연실색한다. 모든 사람이 그를 그토록 "성스러운" 사람이라고 생각했었는데! 그가 연옥을 통과해야만 하는 이유는 그가 탐욕에 눈이 어두운 나머지 수도원 재산을 정도 이상으로 늘린 데 있었다. 여기서는 원장 수사와 수사와 수녀 사이에 시토내의 삼중적 관계의 체계가 이루어진다. 여자들은 연옥이 기능하는 데 있어 중요한 역할을 하며, 특히 시토에서, 그리고 특히 하이스터바흐의 차이자리우스에게 있어서는 그러하다.[55]

---

55) *Dialogus miraculorum*, XII, 25, ed. Strange, II, pp. 336~37.

프리슬란트의 지온 Sion에 살던 수녀는 한층 더한 죄를 짓는다. 그녀는 한 성직자의 유혹을 받았으며 해산중에 죽는다. 그녀는 죽기 전에 아버지와 어머니, 결혼한 자매들, 친사촌 등 육친들에게 사정을 털어놓는다. 그러나 그녀의 죄악은 너무나도 명약관화한 것이므로 이들은 그녀를 구원할 가망이 없다고 포기한 나머지 아무런 대도도 드리지 않는다. 그러자 그녀는 시토의 한 사제에게 나타나며, 사제는 그녀를 알지도 못하던 터라 무척 놀란다. 그녀는 수치스러워하며 자신의 신분이나 지은 죄는 밝히지 않은 채 "적어도 찬송과 미사 몇 번"만이라도 드려줄 것을 조심스레 부탁한다. 마침내 사제는 역시 시토의 수녀로 있던 죽은 여인의 숙모를 만나 모든 사정을 알게 된다. 그리하여 희망을 되찾은 육친들뿐 아니라 그 지방의 모든 수사들과 수녀들이 대도에 동원된다. 이 이야기는 이러한 동원이 어떤 결말을 가져오는지 말하지 않지만, 죄지은 여인이 조속히 구원되리라는 것은 의심할 바 없다. 동정녀는 이 구원에 직접 등장하지 않지만, 여주인공의 이름──그녀가 사제에게 감히 말할 수 있었던 유일한 단서──이 마리아이다. 아주 섬세하게 그리고 심리적으로도 진실성이 있게 서술된 이 짧은 이야기는 13세기초 연옥의 근본적 기능을 부각시켜준다. 불행한 여인의 가족들은 절망하였다가 희망을 되찾는다(*de animae ejus salute desesperantes* 〔……〕 *spe concepta*). 연옥이란 희망인 것이다.[56]

또 다른 예화는 은둔 수녀인 시누이의 꿈에 나타나 자신이 연옥에서 중한 벌을 겪고 있음을 알린 죽은 아내를 위해 기도하는 남편의 이야기이다. 그녀는 겉보기에는 착하고 행실 바른 여자였지만 사실은 남편의 사랑을 받기 위해 마술에 의지하고 있었던 것이다. 이러한 행실의 미신적 측면을 잘 깨닫지 못한 신참자는 그가

---

56) *Ibid.*, XII, 26, pp. 337~38.

보기에는 가벼운 잘못에 지나지 않는 죄들을 하나님께서 그처럼 엄벌하시는 데 놀란다. 마치 텍스트는, 주의하라, 하나님의 관점은 우리의 관점과 늘 같지는 않다, 라고 경고하는 듯하다.[57] 차이자리우스는 한술 더 뜬다. 하나님은 아주 엄격하시며 아주 까다로우시기까지 하다. 수사들이 상급자들의 명령에 전적으로 따르지 않고 고집스레 반항한다면, 그것이 아무리 작은 일이더라도, 하나님께서는 결코 그것을 간과하시지 않는다.[58]

나태함뿐 아니라 그 반대인 고집도 연옥에서 벌을 받는다. 고집 또한 불순종의 한 형태인 것이다. 한 학교 선생이 프루이 Pruilly 수도원의 수사가 되었는데 몹시 고집스러워서 수도원장이 그것을 고치려고 애써보았지만 허사였다. 그가 죽은 뒤, **수도원장**은 찬과(讚課) *les laudes*를 드리려고 교회의 성직자석에 있다가 합창대석에 타는 촛불 모양의 세 인물을 본다. 그는 그들을 알아보았다. 가운데에는 학교 선생이, 양쪽에는 최근에 죽은 다른 보조 수사들이 있었다. 사제는 죽은 수사에게 묻는다. "어떻게 지내시오?" "잘 지내오"라고 죽은 자는 대답한다. 그의 고집을 기억하는 사제는 놀란다. "당신은 불순종으로 인해 아무 벌도 받지 않는다는 말이오?" 망령은 고백한다. "무거운 벌들을 많이 받지요. 하지만 내가 나쁜 뜻으로 그런 것이 아니었으므로, 주님께서는 나를 저주하지 않으셨소." 보조 수사들을 보고 사제는 또 놀란다. 배교했던 이가 흠잡을 데 없던 이보다 한결 빛나는 것이다. 수사는 설명하기를, 전자는 회개하고 열렬한 신앙을 가졌으나, 후자는 미온적인 신앙밖에 없었기 때문이라고 한다. 여기서 흥미로운 세부가 나오는데, 자신의 망령이 나타났다는 확실한 증거를, 연옥이 실제로 존재하며 자신이 거기서 잠시 돌아왔었다는 증거를 남기기 위해, 죽은 수사는

---

57) *Ibid.*, XII, 27, pp. 338–39.
58) *Ibid.*, XII, 28, p. 339.

찬양대가 서는 단 위에 크게 발을 굴러 갈라지게 한다. 그리하여 "성유물(聖遺物) *relique*"이 생겨나는 것이다. 로마에 있는 작은 연옥 박물관에 보존되어 있는 것은, 가장 오랜 것으로는 13세기말에서 가장 최근 것으로는 20세기 중반에 이르기까지, 그러한 유물들이다. 이 예화에서 얻어야 할 교훈은 무엇인가? 차이자리우스와 신참은 성베네딕트의 가치 체계가 입증되었다는 데에 동의한다. 성베네딕트는 경박한 자들뿐 아니라 너무 엄격한 자들도 배격하였다.[59] 이는 베네딕트회의 온건주의를 연옥으로써 검증한 것이라 하겠다. 경박성에 대한 암시는 빌리에 Villiers 수도원의 성당 지기 장의 경우로 넘어가는 좋은 계기가 될 것이다. 그는 종교적이었지만 언행이 *in verbis et signis* 가벼운 사람이었다. 연옥에 가서 그는 그의 수도원장 앞에 나타나며, 수도원장은 겁에 질린다.[60]

끝으로, 연옥에서 벌을 받는 수도원에서의 죄들 가운데서는 게으름 또한 빼놓을 수 없다. 헤멘로데의 한 사제는 교단의 모든 규범을 준수했으나, 다만 형제들과 함께 손으로 일하러 나가는 것만은 싫어했다. 죽기 전에 그는 그가 가장 아끼던 한 수사에게 죽은 뒤 30일 만에 나타나 자신의 처지에 대해 알려주겠노라고 약속했다. 지정한 날짜에 그는 나타나는데, 허리 위로는 찬란하지만 허리 아래로는 온통 새까맣다. 그는 수사들에게 기도를 부탁하고, 다시 나타나 연옥에서 풀려났음을 알린다.[61] 그러자 신참은 대도의 서열에 대해 묻는다. 기도는 보시보다 죽은 자들을 위해 더 효력이 있는가? 어떤 예화들은 거기 대한 답이 될 수 있다.

어떤 예화에서는 죽은 자가 친구에게 나타나 대도의 서열이 다음과 같다고 알려준다. 즉 기도는 실상 미온적인 대도이며, 보시는 그보다 좀 낫고, 미사가 최고라는 것이다. 미사에서는 그리스

---

59) *Ibid.*, XII, 29, pp. 339-40.
60) *Ibid.*, XII, 30, pp. 340-41.
61) *Ibid.*, XII, 31, pp. 341-42.

도께서 친히 기도하시며 그의 살과 피로써 구제하시기 때문이다.[62]

클레르보의 보조 수사가 된 한 귀족 소년이 헛간의 양을 지키고 있었다. 죽은 사촌이 그에게 나타나 극도의 고통에서 자신을 건지기 위해서는 미사를 세 번 드려달라고 청한다. 미사가 세 번 드려졌을 때, 그는 다시 나타나 감사하며 성찬의 효능은 당연한 것이라고 말한다. 짧은 사죄 선언 l'absolution만으로도 어떤 영혼들은 풀려날 수 있는 것이다.[63]

앞에서 나왔던 (IV, 30) 수사 하이스터바흐의 크리스티안의 경우도 마찬가지이다. 그는 수도원장의 부재중에 죽었으나, 7일 뒤 원장이 돌아와 "그가 안식하기를"이라고 말하자 연옥에서 풀려난다.[64]

또한 중보는——아무리 적은 것일지라도——유효한 중재자를 통해 드려져야 한다. 본 Bonn 근처 린도르프 Rindorp에 있는 수도원의 한 베네딕트회 수녀는 복음기자 성요한 Saint Jean l'Évangéliste을 열렬히 숭앙했다. 그는 죽은 뒤 자신의 친자매였던 한 수녀에게 나타나 자신이 연옥에서 풀려나도록 기도해달라고 청한다. 그러나 그녀는 말하기를 자신의 중보자는 성요한이 아니라 그녀를 위해 하나님 앞에 기꺼이 무릎 꿇으신 성베네딕트라고 말한다. 그러므로 수사 및 수녀들은 자기 교단의 창설자인 성인들을 따르는 편이 더 낫다는 것이다.[65]

차이자리우스의 연옥에 관한 마지막 예화들은 연옥 형벌의 혹독함을 강조하려는 목표를 갖는다. 신참은 차이자리우스에게 연옥에서의 가장 작은 벌도 이승에서 상상할 수 있는 어떤 벌보다 더 크다는 것이 사실인가고 묻는다. 차이자리우스는 그가 앞에서 참고

---

62) *Ibid.*, XII, 32, p. 342.
63) *Ibid.*, XII, 33, pp. 342~43.
64) *Ibid.*, XII, 34, p. 343.
65) *Ibid.*, XII, 35, pp. 343~44.

한 신학자의 견해로써 답한다. "그것은 사실이 아니다. 가령 연옥의 불은 어떤 지상의 불보다 강하고 추위는 이승의 어떤 추위보다 심하다든가 하는 같은 종류의 벌을 말하는 것이 아닌 한" 등등. 그러나 연옥에는 어떤 지상의 벌보다는 가벼운 벌들도 있다. 연옥 형벌의 혹독함을 인정하면서도, 온건한 정신의 소유자였던 차이자리우스는 연옥 체계의 유동성을 보여주기 위해 연옥 형벌들의 범위가 매우 넓다는 것을 지적한다. 따라서 연옥에는 온갖 양태의 벌이 있을 수 있는 것이다.

가령 엑스-라-샤펠 Aix-la-Chapelle 부근 몽-생-소뵈르 Mont-Saint-Sauveur 수도원의 아홉 살 난 어린 수녀 제르트뤼드는 예배중에 함께 소곤대곤 했던 자기 또래의 수도원 동무 마르그리트 수녀에게 나타난다. 그녀는 죄를 지은 장소에서 자신의 연옥 시련을 받게끔 정해졌으므로 자기 동무에게는 보이지 않는 채로 수도원의 예배에 네 번을 참석해야 한다. 신참은 이런 벌이라면 지상의 어떤 벌들에 비하면 아무것도 아니라고 한다.[66] 끝으로 차이자리우스는 연옥의 영도(零度) *le degré zéro du Purgatoire*라고나 할 만한 것을 보여주는 한 예화를 들려준다. 순진무구한 어린 소년 기욤은 교단에 들어와서 일 년의 수습 기간 끝에 죽는다. 한 수사에게 나타난 그는 자신이 고통 가운데 있다고 말한다. 수사는 경악한다. "만일 너처럼 순진무구한 아이가 벌을 받는다면 나 같은 죄인은 대체 어떻게 될까?" 죽은 아이는 대답한다. "안심하세요. 내가 받는 고통이란 아직 하나님을 뵐 수 없다는 것뿐이니까." 7일간의 기도 몇 번으로, 다시 나타난 그는 동정녀 마리아의 옷자락에 싸여 천국으로 가는 중임을 보여준다.

차이자리우스는 여기서 아이들의 림보와 매우 유사한 연옥을 보여주며 어린 기욤의 경우가 예외적이 아님을 지적한다. 한 신학자

---

66) *Ibid.*, XII, 36, pp. 344~45.

가 그에게 말한 바로는 티끌만한 사면 가능한 죄밖에는 속죄할 것이 없는 어떤 의인들이 연옥에서 받는 벌은 일정 기간 동안 하나님을 뵙지 못하는 것뿐이라는 것이다.[67]

차이자리우스는 여기서 연옥 교의의 한 극단에 도달한다. 그는 형벌의 가짓수를 최대한으로 늘릴 뿐 아니라, 연옥에 관한 신학적 성찰을 비록 명백하게는 아니지만 종종 그것과 연관되었던 다른 관심사, 즉 지복 직관에 관한 성찰과 결부시키고 있다. 중간적 시기, 죽음의 순간과 부활 및 일반적 심판 사이에 개재하는 기간에 관한 중세의 신학적 성찰의 폭을 온전히 헤아리기 위해서는, 연옥은 아래로 지옥과 잇닿아 있을 뿐 아니라 위로는 천국을 향해 있다는 사실을 이해해야 한다. 따라서 연옥이란 극단적인 경우에는 이 한 가지 근본적인 결여, 즉 지복 직관의 결여로 축소될 수 있는 것이다. 의인들이 개인적 심판을 받는 즉시 지복 직관을 누리게 된다는 교의가 결정적인 모습을 드러내는 것은 바로 13세기의 대신학자들에게서였다.[68] 연옥은 이러한 최상층에서는 최후 심판 이전에 이미 지복 직관이 가능함을 말해주는 결정적인 증거이기도 하다.

---

67) *Ibid.*, XII, 37, pp. 346-47.
68) H. Dondaine, "L'objet et le medium de la vision béatifique chez els théologiens du XIIIe siècle," in *Revue de théologie antique et médiévale*, 19, 1952, pp. 60~130. 14세기에 교황 요한네스 22세가 지복 직관을 부인함으로써 생겨난 위기에 관해서는 M. Dykmans, *Les sermons de Jean XXII sur la vision béatifique*, Rome, 1973 참조(*요한네스 22세는 1331~1332년에 걸쳐 지복 직관에 대한 설교들을 했다. 당시, 성인들의 영혼들은 죽음 직후 낙원에서 하나님을 직접 보며 즐거워한다는 것은 비록 교의로 확정되지는 않았지만 전통적 신앙의 내용에 속했었다. 그런데 교황은 인간은 육체와 영혼으로 이루어져 있으므로 그 마지막 상급은 부활하여 최후의 심판을 받기까지 미루어져야 한다고 주장했다. 그러기까지 성인들은 낙원에 거하되 그리스도의 인성밖에는 볼 수 없으며 아직 지복 직관은 누리지 못한다는 것이다. 또한 마귀들과 저주 받은 자들도 아직 지옥에 간 것은 아니라는 것이 그의 생각이었다. 이러한 의견들은 물론 개인적 의견으로 제출된 것이었으나, 교황의 적들은 그것을 추문으로 만들었다).

차이자리우스의 연옥 탐사는 연옥이 이 세상의 여러 곳에 위치할 수도 있음을 상기시키는 몇몇 이상들로써 끝맺는다. 대그레고리우스는 그 본보기들을 보여준 바 있다. 그러나 가장 신빙성 있는 것은 성패트릭의 연옥 이야기이다. "연옥을 의심하는 자는 아일랜드에 가서 성패트릭의 연옥에 들어가보라. 그러면 더 이상 정화하는 형벌들이 실제로 있음을 의심치 않게 될 것이다."[69]

이제 우리는, 지금까지 살펴본 개별적 양상들의 너머에서, 연옥이라는 처소가 중세 그리스도 교인들의 신앙 가운데 자리해가는 과정의 증인이자 그러한 과정의 적극적 추진자이기도 했던 하이스터바흐의 차이자리우스에게 있어 연옥 체계의 본질이 무엇인가를 정리해볼 수 있을 것이다. 첫째, 연옥은 참회적 과정의 귀결로 여겨졌다. 가령 리에주의 고리대금업자의 경우에서 보았듯이 마지막 통회는 그 필요 충분 조건이 된다. 그러나 그 정상적인 과정은 통회·고해·참회로써 이루어진다. 둘째, 연옥은 그 장소 및 형벌이 차츰 정의되면서 존재하기 시작했다. 이런 것들은 아직 완전히 정착되지는 않았지만, 점차 지상이나 림보나 천국, 그리고 특히 지옥과의 관계에서 개별화되었다. 연옥을 지옥과 구분하는 것은 차이자리우스의 주요한 관심사였다.

차이자리우스에게서는 또한 다소 지나치게 단순한 회계 연습도 발견된다. 그러나 그것은 수도원 고유의 상징적 수 체계와 새로운 회계 관행——상업으로부터 참회에까지 범위를 넓힌——이 어우러져 생겨난 것이다.

무엇보다도 차이자리우스는 산 자들과 죽은 자들간의 연대성, 귀족 사회의 혈연과 종교 공동체의 인위적 인연이 합쳐진 시토의 수도원 사회를 모델로 하는 연대성, 그리고 때로는 리에주의 고리대금업자의 경우에 보듯 부부간의 또는 직업적인 새로운 연대성을

---

69) *Dialogus miraculorum*, XII, 38 et XII, 39, pp. 347~48.

강조한다.

도미니크 수사 부르봉의 에티엔과 연옥의 지옥화

1220년경에 씌어진 시토 수사 하이스터바흐의 차이자리우스의 『기적들에 관한 대화』로부터 1250~1261년 사이에 씌어져 부르봉의 에티엔이 미완성 유작으로 남긴 『설교론(다양한 설교 주제들에 관한 논의) Tractatus de diversis materiis praedicabilibus』에 이르는 동안 연옥의 분위기는 바뀌었으니, 그것은 더 이상 희망이 아니라 공포의 원천이 되었다.

저자 에티엔은 1195년 벨빌-쉬르-손 Belleville-sur-Saône에서 태어나 셍-벵상 드 마송 Saint-Vincent de Maçon과 파리에서 수학한 뒤 도미니크회에 들어갔다. 리옹의 도미니크 수도원으로부터 그는 종종 나와서 설교자이자 종교 재판의 심문관으로서 오베르뉴, 르 포레 le Forez, 부르고뉴, 알프스 등지를 돌아다녔다. 생애의 말년에 그는 설교자들을 위한 대논저의 집필에 착수했으며, 거기에 그 또한 수많은 예화들을 집어넣었다. 그러나 차이자리우스가 주로 자신이 직접 들어서 알게 된 근래의 사건들을 예화로 드는 것과는 달리, 에티엔은 당대의 전승뿐 아니라 책에서 읽은 이야기들도 많이 차용했다. 또한 그는 성령의 일곱 가지 은사에 근거한 구성에 이야기들을 좀더 밀접히 종속시킴으로써 이야기의 독자성을 줄였다.[70] 부르봉의 에티엔은 스콜라 정신에 따라 항목들을 다시금 세부적인 항목들로 구분하곤 하는데, 때로는 이러한 구분이 매우 인위적일 때도 있다. 연옥은 성령의 은사들 중 첫번째인 두려움의

---

70) 12~13세기 성령의 일곱 가지 은사라는 주제에 관해서는(당시에는 일곱이 쌍을 이루는 것이 유행이었다: 일곱 가지 성사, 일곱 가지 대죄, 일곱 가지 자유 학예 등등) O. Lottin, *Psychologie et morale aux XIIe et XIIIe siècles*, t. III, *Problèmes de morale*, Louvain, 1949, chap. XVI, "les dons de Saint-Esprit du XIIe siècle à l'époque de saint Thomas d'Aquin," pp. 327~456 참조.

은사의 제5장의 제목(*De dono timoris*)이다.[71]

『두려움의 은사』에 관한 이 첫째 권은 열 개의 제목으로 나뉜다. 1) 일곱 가지 두려움, 2) 주님을 두려워한 결과, 3) 하나님을 두려워해야 한다는 것, 4) 지옥, 5) 장차의 연옥을 두려워해야 한다는 것, 6) 최후 심판의 두려움, 7) 죽음의 두려움, 8) 죄의 두려움, 9) 현재의 위험을 두려워해야 한다는 것, 10) 인류의 적들(마귀들)의 본질 등.

부르봉의 에티엔에게서 우리는 처음부터 두려움의 기독교를 만나게 된다. 연옥은 종말론적 두려움이라는 맥락에 들어 있으며 지옥과 아주 가까이 놓여 있다.

연옥은 다섯번째 제목에 나온다. 이 제목을 에티엔은 다시금 일곱 개의 장으로 나누는데, 이것은 극히 인위적인 방식으로, 그는 자신의 논저를 상징적인 수들(일곱, 열, 열둘, 등등)에 따라 구성하고 있다. 이 일곱 개의 장은 현재의 연옥, 장차의 연옥, 연옥에 갈 죄인들 및 죄들의 본질, 그리고——3개 장에 걸쳐——연옥을 두려워해야 할 일곱 가지 이유, 연옥에 있는 영혼들을 도울 수 있는 열두 가지 대도 등이다.

---

71) 부르봉의 에티엔의 논저는 파리에 있는 국립문서학교 Ecole nationale de chartes와 사회과학고등연구소 Ecole des Hautes Etudes en sciences sociales의 중세 서양 역사 인류학 분과, 그리고 로마에 있는 이탈리아 중세 역사 연구소 Istituto Storico Italiano per il Medio Evo의 공동 작업으로 발간 준비중이다. *De dono timoris*의 전사는 Georgette Lagarde가 맡고 있는데, 나는 그녀 덕분에 파리 국립도서관 라틴어 필사본 15970을 구해볼 수 있었던 것을 감사한다. 연옥은 그 pp. 156-64에 나온다. 부르봉의 에티엔의 문집에서 뽑은 예화 선집은 지난 세기에 발간되었다: A. Lecoy de la Marche, *Anecdotes historiques, légendes et apologues tirés du recueil inédit d'Etienne de Bourbon, dominicain du XIIIᵉ siècle*, Paris, 1877. 편자는 연옥에 관한 예화를 14편 골랐으며, 30-49페이지에 실려 있다. 도미니크회의 총장인 로망의 욍베르는 그가 은거해 있던 리옹의 도미니크 수도원에서 1263년부터 1277년에 죽기까지 예화집 『두려움의 은사에 관하여 *Liber de dono timoris*』 또는 『예화들의 풍성함에 관한 논저 *Tractatus de habundancia exemplorum*』를 집필했는데, 그것은 부르봉의 에티엔이 쓴 것과 아주 비슷하다.

그의 시대에는 대체로 받아들여지지 않았던 전통적인 개념으로 돌아가, 부르봉의 에티엔은 지상적 삶이 첫번째 연옥으로 간주될 수 있으며, 지상 연옥에서는 열두 가지 방식으로 정화가 이루어진 다고 한다(그것들을 나열하는 일은 생략하겠다). 여기서는 논증이 문제되는 것이 아니라 성서적 권위가 차례로 열거될 뿐이다. 두번째 장은 장차 육신을 벗어버린 영혼들의 연옥이 존재함을 입증하려는 것인데, 그 증거로는 권위들(마태복음 12장, 대그레고리우스의 대화 제4편, 바울의 고린도후서 3장) 외에 장차의 불과 시련에 관해 말하는 구약성서의 전거들도 망라된다. 죽음 뒤에는 죄의 사면이 있어야 하므로, 이 종국적인 정화를 위한 장소가 있어야 하며, 그것은 천국도 지옥도 아니라는 것이다. 에티엔은 "장차의 정화적 고통이란 없다고 말하며" 죽은 자들을 위한 대도를 거부하는 이단들, 특히 발도파를 단죄한다. 그리고는 늘상 하는 버릇대로 이야기를 옆길로 끌고 가, 에티엔은 『법률』에서 문제되는 여덟 가지 형벌에——그것들이 어떻게 연옥과 관계되는지는 밝히지 않는 채—— 언급하며, 연옥을 부인하는 자는 하나님과 성사 전체에 항거하는 것이라고 단언한다.

누가 연옥에서 벌을 받는가? 제3장 첫머리에서 에티엔은 연옥에 갈 죄인들의 세 범주를 다음과 같이 규정한다. 너무 늦게 회심한 자들, 사면 가능한 죄들만을 지니고 죽은 자들, 이승에서의 참회로 충분치 않은 자들. 뒤이어 나오는 짧은 내용은 실제로 고린도후서 3장 10~15절에 관한 간략한 주석이나 다름없다.

제4, 5, 6장은 사람이 연옥의 벌을 두려워해야 할 이유들에 관한 것이다. 그것들은 모두 일곱 가지이다. 혹독함 *acerbitas*, 다양함 *diversitas*, 길이 *diuturnitas*, 보람 없음 *sterilitas*, 해로움 *dampnositas*, 고문의 성질 *tormentorum qualitas*, 그리고 약간의 부수 사항들 *subveniencium paucitas*.

연옥 벌의 이처럼 부정적인 성격들은 주로 예화들을 빌어 설명된다. 그리하여 『성패트릭의 연옥』이 『바울 계시록』에서 유래한 고문의 묘사와 함께 길게 인용되어 형벌의 혹독함과 다양함을 예시한다. 지속 기간에 관해서는, 연옥에서는 영혼들이 겪는 고통 때문에 시간이 아주 더디 가는 느낌을 받는다는 것이 지적된다. 이승과 저승간에는 속량의 등가성이 성립된다. 에티엔은, 다소 유보적으로('아마도 *forte*'라는 말로), 이승에서의 하루로 연옥에서의 일년을 구제할 수 있다고 말한다. 보람 없음이란 죽은 뒤에는 공덕을 쌓을 수 없다는 데서, 해로움이란 하나님을 볼 수 없다는 데서 기인한다. 하나님을 볼 수 없다는 것을 하이스터바흐의 차이자리우스는 연옥에서 겪을 수 있는 가장 적은 벌로 간주하는 반면, 에티엔은 단 한 순간이라도 하나님을 볼 수 없다는 것은 적은 손실이 아님을 상기시킨다. 그는 다음과 같은 아름다운 말을 남긴 바 있다. 성인들은 천국에서 하나님을 못 보는 것보다는 지옥에서 하나님을 보는 것을 택하리라고. 이 다분히 몽매주의적인 글 가운데서 지복 직관에의 이러한 일별은 마치 한 줄기 햇빛이 비쳐드는 것과도 같다.

고문의 성질에 대해 에티엔은 자신이 지옥의 형벌에 관해 말한 바를 상기시키는데, 이는 의미 심장한 일이다. 에티엔의 비관주의에 따르면 연옥의 영혼들을 위한 원조란 극히 적다. "산 자들은 죽은 자들을 망각하며" 죽은 자들은 지옥에서 마치 욥처럼 "나를 불쌍히 여기라, 불쌍히 여기라, 적어도 너희들, 내 벗들은, 왜냐하면 하나님의 손이 나를 치셨으니"라고 또는 "잘살 때의 친구들, 세상의 친구들은 개와 같아서 순례자가 식탁에서 손에 뼈를 들고 있을 때는 사랑하는 척 꼬리를 흔들지만, 손이 비면 아는 척도 하지 않는다"라고 외친다는 것이다. 이 또한 지옥과 비슷한 것이니, "지옥이란 망각이기 때문이다".

끝으로 부르봉의 에티엔은 연옥에 있는 영혼들을 도울 수 있는 열두 가지 대도에 대해 길게 설명한다. 여기서도 예화들이 증거로 제시된다. 여기서 이 도미니크 수사의 설명은 퍽 혼돈스럽지만, 그런대로 열두 가지 대도의 목록은 만들 수 있다. 미사, 경건한 봉헌, 기도, 보시, 참회, 순례, 십자군 원정, 교회에 대한 유증의 집행, 부당히 얻은 재산의 반환, 성인들의 중보, 신앙, 성도들의 통공에 기초한 교회의 일반적 대도 등. 에티엔의 주관심사는 세 가지로 보인다. 즉, 근친(연옥에 있는 영혼들을 위해 가장 도움이 되는 것은 죽은 자의 가족과 친구들이다)의 역할을 강조하고, 선하고 의로운 자들에 의한 대도의 효력을 지적하며, 이러한 대도를 분배하고 통제하는 교회의 역할을 환기하는 것이다.

여기서 에티엔의 39가지 "연옥 예화들"을 일일이 거론할 수는 없다. 또 그 중 상당수는 우리가 이미 살펴본 대그레고리우스, 베다, 존자 피에르, 비트리의 자크 등의 옛 출전에서 온 것이기도 하다.

나는 그 중 세 편만을 인용하겠다. 에티엔은 그것들을 다른 사람에게서 들었다고 하며 "나는 들었다 *audivi*"라는 말을 자주 삽입하고 있다.

그 첫번째는 하지만 틸버리의 저비스가 쓴 『황제의 여가 *Otia Imperialia*』(1210년경)에 나오는 것이므로, 에티엔에게 이야기를 해준 사람이 그것을 읽었거나 아니면 에티엔 자신이 읽었거나일 것이다. 하여간 저비스의 이야기와 에티엔의 이야기를 비교해보는 것도 흥미로운 일이다. 나는 우선 저비스의 이야기를 옮겨보겠다.

시칠리의 카타나 근방에는 유황 불이 타는 산 에트나가 있다. [……] 그곳 사람들은 이 산을 몽지벨 Mondjibel이라고 부르며, 인근 주민들은 그 헐벗은 산기슭에 아서왕이, 우리 시대에, 나타났다고 이야기한다. 어느 날 카타나 주교의 마부가 너무 많이 먹은 나머지 나른해져서, 말에게 빗질을 해주던 중에 말이 달아났다. 마부는 산의 깎아지른 절벽이며 비탈을 샅샅이 뒤져보았으나 허사였다. 그는 점점 초조해져서 산의 어두운 동굴들을 뒤지기 시작했다. 매우 좁지만 평탄한 오솔길을 따라가다 아주 넓고 아름답고 환희에 찬 풀밭에 이르렀다.

거기 마법으로 지은 궁전에서 그는 아더왕이 왕의 침상에 누워 있는 것을 발견했다. 왕은 그가 온 이유를 듣고는 말을 오게 하여 그에게 돌려주며 주교에게 되돌려주라고 일렀다. 그는 옛날 조카 모르드레드와 색슨족의 우두머리 킬데릭에 맞서 싸우다 상처를 입은 그가 어떻게 해서 아주 오래 전부터 거기 누워 끊임없이 다시 터지는 그의 상처를 고쳐줄 이를 기다리고 있는지를 이야기해주었다. 그리고, 내게 이런 이야기를 들려준 원주민의 말로는, 그는 주교에게 선물을 보냈으며, 주교는 그 선물을 보여주어 이 전대미문의 이야기를 듣고 놀란 무리의 감탄을 자아냈다고 한다.[72]

에티엔의 이야기는 다음과 같다:

나는 이 이야기를 사건이 나던 고장에 몸소 있었다고 하는 아풀리아 Apulie 출신의 장이라는 형제로부터 들었다. 한 사람이 주인의 말을 찾으러 카타나 시(市) 부근, 연옥이 있다고들 하는 에트나 산에 갔다. 그는 한 도성에 도착했는데 거기에는 작은 철문을 통해 들어가게 되어 있었다. 그는 문지기에게 자신이 찾고 있던 말에 대해 물었다. 문지기는 대답하기를 자기 주인의 궁정에 가면 주인은 그에게 말을 돌려주거나 아니면 그것에 관한 정보를 주리라고 했다. 그는 문지기에게 자신이 어떻게 해야 하는지 가르쳐달라고 간청했다. 문지기는 그에게 제공되는 어떤 음식도 입에 대지 말라고 하였다. 이 도시에서 그는 지상의 인구만큼이나 많은 온갖 종류 온갖 직업의 사람들을 보았다. 많은 뜰들을 지나 그는 수행들을 거느린 왕자가 있는 뜰에 이르렀다. 사람들은 그에게 수많은

---

72) Gervais de Tilbury, ed. Leibniz, *Scriptores rerum brunsvicensium*, I, 921 et Liebrecht, *Des Gervasius von Tilbury Otia imperialia*, Hanover, 1856, p. 12.

음식들을 차려주며 먹으라고 했으나 그는 맛보기를 사양했다. 사람들은 그에게 네 개의 침대를 보여주며 그 중 하나는 그의 주인을 위해, 그리고 나머지 세 개의 침대는 고리대금업자들을 위해 준비된 것이라고 했다. 왕자가 말하기를 그의 주인과 세 명의 고리대금업자들에게 올 날짜를 정해줄 터인즉 응하지 않으면 그들은 억지로 끌려올 것이라고 했다. 그러면서 왕자는 그에게 금뚜껑으로 덮여 있는 금 대접을 주었다. 그것은 열지 말고 증표로서 주인에게로 가져가 그 속에 든 것을 마시게 하라는 것이었다. 그리고는 말을 돌려주었다. 그는 돌아가서 자기 임무를 수행했다. 대접을 열자 끓는 불길이 솟구쳐나왔으며, 그것을 바다에 던지자 바다가 불붙었다. 고해를 하기는 했으나 진정한 회개에서가 아니라 그저 두려움에서 했던 다른 사람들은 정해진 날에 네 마리 검은 말에 태워져 끌려갔다.[73]

저비스에게서는 아직 이름이 지어지지 않은 장소였던 연옥이 에티엔에게서는 분명히 명명되고 있다. 도성은 더 이상 매혹적인 장소가 아니었으며, 대접에서 솟구치는 불길은 연옥의 불을 예고하고, 예비된 침상들은 더 이상 안식의 침상이 아니라 고문의 침상으로 감지되며, 말은 죽음을 고지하고 영혼을 하계로 데려가는 검은 말들의 전조이다. 아르투로 그라프 Arturo Graf가 잘 지적했듯이, 이 두 텍스트 사이에서 이야기는 지옥화되는 것이다.[74]

또 다른 이야기는 부르봉의 에티엔이 한 늙고 경건한 형제로부터 들은 것이라고 한다. 한때 하나님도 사람도 두려워할 줄 모르는 어떤 원장 대리 *prévôt*가 있었다. 하나님께서는 그를 긍휼히 여기사 중한 병에 걸리게 하셨다. 그는 전재산을 약값이며 그 밖의 치료비로 다 써버렸으나 아무런 효과가 없었다. 5년 뒤에도 여전

---

73) Texte latin dans A. Lecoy de la Marche, *Anecdotes historiquess*……, p. 32.
74) Arturo Graf, "Artù nell'Etna," in *Leggende, miti e superstizioni del Medio Evo*, Turin, 1925.

히 병이 낫지 않은 그는 자리에서 일어날 수도 없었고 더 이상 연명할 방도가 없었으므로, 자신의 가난과 비참과 고통에 절망한 나머지 그렇게 오래 그런 비참 가운데 그를 살려두시는 하나님을 원망하기 시작했다. 그러자 그에게 보내진 천사는 그렇게 불평하는 것을 꾸짖으며 참고 견디라고 격려했다. 2년만 더 견디면 그는 완전히 정화되어 천국에 가리라는 것이었다. 병자는 더 견딜 수 없다, 죽는 것이 낫다, 라고 대답했고, 그러자 천사는 하나님께서 그를 천국에 받아주시기까지 지상에서의 2년간의 고통과 연옥에서의 2일간의 형벌 중 어느 것을 택하겠느냐고 묻는다. 그는 연옥에서의 이틀을 택했고, 천사에게 이끌려 연옥으로 보내진다. 형벌은 어찌나 혹독한지 반나절도 채 지나기 전에 마치 아주 옛날부터 거기에 있었던 것처럼 느껴졌다. 그는 울부짖고 신음하며 천사를 거짓말쟁이라고 욕하고 그것은 천사가 아니라 악마라고 외쳤다. 그러자 천사가 나타나 그에게 참고 견디라고 격려하며 그가 거기 있은 것은 불과 얼마 전부터라고 알려주었다. 그는 천사에게 자신을 이전 상태로 다시 데려가 달라고 애원하며, 만일 그렇게만 해준다면 병고를 2년간이 아니라 최후 심판까지라도 참고 견디겠다고 단언했다. 천사는 그러마 했고 수도원장은 남은 2년 동안 온갖 고통을 참을성 있게 견뎌냈다.[75]

여기서는 연옥의 날수와 지상의 햇수 사이의 기본적인 비례성이 분명히——단순하게는 아닐지라도——드러난다. 연옥의 형벌은 이승의 어떤 고통보다도 혹심한 것이다.

마지막 예화는 이렇다. "나는 들었다, 라고 부르봉의 에티엔은 이야기를 시작한다, 어떤 명문가의 아이가 아홉 살 무렵에 죽었다. 그는 노름을 하기 위해 아버지와 어머니의 가족으로부터 이자 돈을 빌려 썼다. 그는 죽음의 순간 거기에 대해서는 전혀 생각지

---

75) A. Lecoy de la Marche, *Anecdotes historiques* ……, pp. 30-31.

도 않았고, 고해는 했었지만 돈은 갚지 않은 상태였다." 그는 얼마 지나지 않아 가족 중 한 사람에게 나타나 자신이 빚을 갚지 않았기 때문에 엄벌을 받고 있다고 말했다. 그의 망령을 본 그 사람은 사정을 알아보고 모든 빚을 청산했다. 다시 그에게 나타난 아이는 모든 벌에서 풀려났다고 하며 아주 행복한 모습이었다. "이 아이는 부르고뉴 공작의 아들 위그였고, 그의 망령을 본 사람은 공작의 모친, 그러니까 아이의 할머니로서, 그녀가 직접 내게 이야기를 해주었다."[76] 여기서 저자는 연옥에 있는 영혼들이 나타나는 방식을 간략히 도식적으로 설명하고 연옥 벌에서 풀려나기 위한 채무 변제의 중요성을 강조한다. 연옥은 구원의 수단인 동시에 이승의 경제 생활을 관리하는 기능도 갖는 것이다.

부르봉의 에티엔의 논저는 매우 큰 성공을 거두었던 듯하며 그의 예화들은 자주 원용되었다. 그리하여 연옥은 지옥화되고 세속화된 이미지로, 간단한 계산의 대상으로 전파되었다.

연옥 예화의 마지막 본보기로 나는 14세기초에 리에주의 아르놀 Arnold de Liège이 저술하여 14~15세기에 라틴어 및 속어(영어·카탈로니아어·프랑스어)로 된 다소간에 충실한 수많은 사본들로 만들어졌던 『알파벳순(順) 예화집 Alphabetum narrationum』을 참조하기로 하겠다. 그는 연옥 purgatorium 항목 아래 14편의 예화를 싣고 있다. 그것들은 여덟 가지 주제로 나뉜다. 네 편은 연옥의 형벌과 그 강도와 기간, 그것들이 야기하는 공포 등에 관한 것이다. "연옥의 형벌들은 다양하다"(n. 676)라는 것은 그 벌들이 정화하는 불 한 가지만이 아니라는 것이다. "연옥의 형벌은 혹독하고 acerba 매우 오래 걸린다"라는 것은 아우구스티누스가 가르친 것이며, "연옥의 형벌은 그리 오래 걸리지 않지만 오래 걸리는 것 같다"라는 것은 민간 전승이 저승에 부여하는 시간을 뒤집은 것이다. 끝

---

76) *Ibid.*, p. 43.

으로, "연옥은 악인들보다 선인들이 더 두려워한다"라는 것은 그 것을 지옥보다 천국 쪽에 더 가까이 두는 것이나, 동시에 그 가혹함을 입증하는 것이기도 하다. 그 중 두 편은 연옥의 소재를 다루며, 그것이 지상에 위치할 수도 있음을 인정한다. "어떤 이들은 산 자들 가운데서 정화된다." "어떤 이들은 그들이 그 가운데서 범죄한 바로 그 사람들 가운데서 정화된다." 두 편은 대도에 관한 것이다. "연옥의 형벌은 기도에 의해 완화된다." "연옥의 형벌은 미사에 의해 면제된다." 예화들은 대그레고리우스나 존자 피에르, 『성 패트릭의 연옥』, 시토 수사들인 프로아몽의 엘리낭, 하이스터바흐의 차이자리우스, 비트리의 자크, 도미니크 수사인 로망의 욍베르 등에게서 차용되었다. 이 욍베르는 부르봉의 에티엔의 것과 매우 유사한 『두려움의 은사 De dono timoris』의 저자이다.[77]

나는 연옥이 어떻게 13세기의 설교와 예화를 통해 전파되었는가에 관한 이 연구를 한편으로는 초기 도미니크 수사들의 전기와 베긴 수녀들간의 설교를, 다른 한편으로는 연옥 이상의 여전한 정치적 이용을 살펴봄으로써 마치고자 한다.

연옥에서의 도미니크 수사들

13세기 중엽 탁발교단들은 사회의 영적 구성에 있어 시토 교단의 위치를 넘겨받고 있었다. 그러나 프란체스코회에서와 마찬가지로 도미니크회에서도 수사들의 일부는 여전히 수도원적 전통에 가까웠다. 그러므로 부르봉의 에티엔과 동시대인이었던 프라셰의 제

---

77) 나는 *Alphabetum narrationum*의 미발간 사본을 전사한 Colette Ribaucourt가 내게 연옥 예화들을 보내준 것을 고맙게 생각한다. *Alphabetum narrationum*에 관해서는 J. Le Goff, "Le vocabulaire des exempla d'après *l'Alphabetum narrationum*," in *La lexicographie du latin médiéval*(actes du colloque de Paris, 1978), Paris, 1981 참조.

라르Gérard de Frachet는 설교자 수사들의 흥미와는 상당히 다른 연옥 이미지를 제시한다.

프라셰의 제라르가 증언하는 바는 특히 도미니크회 내부에서의 연옥 신앙의 전파라는 점에서 소중하다. 샬뤼스(오트-비엔) Châlus (Haute-Vienne) 출신의 이 리모주인은 1225년 파리에서 설교자 교단에 들어가 리모주의 원장 수사가 되었고 뒤에는 프로방스 관구장 provincial이 되었으며 1271년 리모주에서 세상을 떠났다. 그는 자신의 회고에 기초하여 1203~1254년에 걸친 도미니크 교단의 역사를 썼다. 이 5부작의 제1부는 교단의 시초, 제2부는 성도미니크, 제3부는 성도미니크에 이어 교단의 우두머리가 된 총장 작센의 요르단Jourdain de Saxe, 제4부는 교단의 발전 de progressu ordinis, 제5부는 수도사들의 죽음을 각각 다루고 있다.

이러한 작품의 구성은 의미 심장하다. 마지막 제5부는 교회내의 전통과 혁신을 반영하는 종교 집단의 태도를 잘 보여준다. 죽음은 삶에 의미를 부여하며 지상적 삶과 종말론적 운명이 마주치는 곳에 위치한다. 프라셰의 제라르는 죽음의 순간을 사후(死後)의 일들과 관련하여 바라보는 이러한 시각을 잘 증언해주는바, 이는 또한 연옥의 성공을 설명해주는 것이기도 하다.

『설교자 교단 수도사들의 생애』 또는 『1203~1254년간의 교단 연대기』의 이 제5부를 좀더 자세히 들여다보자. 그것은 수도사들이 맞이할 수 있는 모든 가능한 경우의 죽음의 방식들과 저승에서의 상태들을 망라하고 있다. 우선은 교단의 순교자들, 행복한 죽음들, 죽음에 수반되는 이상 및 계시들이 거론된다. 그리고는 사후의 상황들이 나온다. 여기에서 처음으로 연옥에 있는 형제들이 문제되고, 이어 악마의 궤계, 망자들을 도울 수 있는 방법들, 배교자들의 불행한 운명, 그리고 그와는 반대로 사후에 기적들을 행하여 명성을 얻은 자들의 영광 등이 이야기된다. 연옥에 있는 형제들에 관한 예화들은 그러므로, 마치 연옥 자체가 그러하듯이, 중간적이고 경첩적인 위치를 차지하는 것이다.

프라셰의 제라르는 14편의 예화들, 연옥에 관한 14편의 이야기들을 제출하는데, 이것들은 하이스터바흐의 차이자리우스나 부르봉의 에티엔에게서처럼 논술에 삽입되지는 않는다. 그 목적은 교단의 영예를 드높이고, 내적인 필요에 부응하는 것으로서, 행복하고 영광스러운 이야기들과 수도사들로 하여금 반성을 하게 하는 이야기들이 번갈아 엮어진다. 그것들은 세기초에 에버바흐의 콘라트가 시토 교단을 위해 쓴 『대기원 Exordium magnum』을 생각나게 하며, 특히 차이자리우스에 비하면 매우 전통적인 분위기를 풍긴다.

제1화: 쾰른의 한 수도원에서 나이든 설교자와 신참 수도사가 같은 날에 죽는다. 사흘이 지나 신참이 나타난다. 그는 열렬한 신앙 덕분에 연옥을 아주 짧은 기간내에 지나가게 되었었다. 반면 설교자는 한 달이나 지나서야 나타난다. 그는 세속 성직자들과 타협한 일들로 인해 연옥에서 좀더 오랜 시련을 거쳤지만, 많은 영혼들을 회심케 한 공로의 상으로 받은 보석이 박힌 옷과 금관이 나타내듯이 더 영광스런 자리에로 나아간다.

이어지는 네 편의 이야기들은 모두 영국에서 일어난다. 더비 Derby에서 한 수도사는 죽음의 찰나에 환희와 고뇌 사이를 오간다. 환희는 성에드먼드 Saint Edmond와 동정녀께서 그에게 나타나신 때문이요, 고뇌는 그가 거의 확실히 택함을 받았다는 것을 알기는 하지만 그럼에도 불구하고 경미한 modica 죄들로 인해 저주를 받지나 않을지 두려운 때문이다. 이는 사면 가능한 죄들과 사망에 이르는 죄들 사이, 연옥과 지옥 사이의 경계가 매우 협착함을 상기시켜주는 일화이다.

영국의 독사(讀師) lecteur 리차드 수사는 죽음의 침상에서 처음에는 끔찍한 환영들을 보지만, 도미니크회 형제들은 물론이고 그가 항상 사랑했던 프란체스코회 형제들의 도움 덕분에 구원되리라는 계시를 받는다. 이는 두 교단 사이의 협동을 보여준다.

요크York의 원장 수사 앨런에게도 역시 죽음의 순간에 무서운 환영들이 밀어닥친다. 그는 자신에게 나타난 이러한 악마들의 모습을 다시 보기보다는 차라리 최후 심판까지 무시무시한 불 가운데 있는 편이 낫다고 생각한다. 그러니까 가장 고통스러운 형태의 연옥이 가장 피상적인 지옥보다도 낫다는 것이다.

한 주임 사제 curé는 지옥의 이상으로 인해 공포에 질린 나머지 도미니크 교단에 들어가는데, 죽은 뒤 그의 고해사에게 나타나 자신이 구원을 받았으며 고해사 또한 그러하리라고 알려준다.

다음 두 이야기는 "스페인에서," 산타렘 Santarem(현재는 포르투갈령)에서 일어난다. 그 중 한 이야기는 세속 성직자들이 그의 임종을 지켰다는 이유로 연옥을 거쳐야 하는 한 수사에 대한 것이고, 다른 한 이야기는 노래를 잘한다고 해서 교만해진 나머지 같은 운명을 겪는 또 다른 수사에 관한 것이다.

볼로냐의 한 이탈리아인 수사는 건축에 대해 지나친 열정을 가졌던 나머지 연옥을 거치게 된다. 리스본의 한 포르투갈인 수사는 필사본에 너무 심취한 나머지 역시 연옥 벌을 받으며, 오르테스의 가이야르 Gaillard d'Orthez는 새로운 수도원들을 짓는 데에 지나치게 몰두한 나머지 가슴과 허리가 불에 탄 모습으로 나타나 수사들의 기도를 청한다. 리모주의 장 발레스티에 Jean Ballestier de Limoges는 과실들로 인해 연옥에서 7일을 보내며, 연옥에서는 사면 가능한 죄들에 대해 받는 벌도 매우 혹독한 것임을 증거한다. 그는 자신을 찾으러 와서 천국으로 데려가는 것이 천사들이라고 밝히고 있다.

이러한 지적이 흥미로운 것은 그것이 연옥의 회화적 표현을 예고하기 때문이다. 즉 성화에서는 천사들이 망자들을 연옥으로부터 건져 천국으로 끌어올리기 위해 손을 내밀고 있는 것이다.

툴루즈의 피에르 수사는 자신의 교단에 매우 헌신적이었고 많은 영혼들을 회심시켰지만, 꿈속에 나타나 무엇인가 알 수 없는 죄들로 인해 연옥에서 여러 달을 보냈다고 알려준다.

한 훌륭한 수사가 공포에 찬 얼굴로 세상을 떠났다. 죽은 지 며칠 안 되어 그가 나타났을 때, 그 공포의 이유를 묻자 그는 욥기 41장 16절로써 대답한다. "왜냐하면 그들은 두려움 가운데서 정화될 것이라 *Quia territi purgabuntur.*" 끝으로, 한 형제는 포도주를 아주 좋아하여 물을 타지 않고 마시던 것 때문에 고문을 겪는다.

이러한 예화들은 연옥 체제의 기간, 망령의 출현 등 몇 가지 특징을 보여주는데, 그것들은 특히 설교자 교단내에서의 용도를 드러낸다는 점에서 훈육적이다. 한편으로는 사면 가능한 죄들에 관한 일체의 결의론 *casuistique*이 있으며, 다른 한편으로는 수도사들의 생활이 그려진다. 그들은, 혹자들이 몇몇 위대한 인물들을 예로 들어 주장하는 바와 같은 지적인 성향보다는 수도원 사회의 전통적인 관심사들에 훨씬 더 가깝다.

설교자 형제들에 이어, 새로운 형태의 종교 생활을 하고자 하며 연옥에 관해 명상하도록 권유를 받은 여성들이 있으니, 곧 베긴 수녀들이다.

연옥과 베긴 수녀회

13세기에 베긴 수녀들은 매우 흥미로운 집단을 형성한다. 이 여성들은 각자의 집에 칩거하거나 또는 도시의 같은 구역에 몇몇이 모여 살면서 정식 수녀들과 속세 여성들의 중간쯤 되는 신앙 생활을 한다. 그녀들은 교회의 관심을 끄는 동시에 우려를 야기하며 특별한 감독의 대상이 된다.

1260년경 성왕 루이가 파리에 세운 베긴 수도원의 셍트-카트린 예배당에서 1272~1273년간에 대체로 도미니크회와 프란체스코회의 설교자들에 의해 행해진 설교들을 연구한 니콜 베리우Nicole Bériou는 자주 연옥이 거론되는 것을 발견하였다.[78] 어떤 설교는 예루살렘으로 비유되는 낙원의 영광 가운데 있는 죽은 자들이 애굽으로 비유되는 연옥에 있는 형제들에게 훈계하는 것을 보여준다. 연옥의 벌들은 무거우며, 우리는 연옥에서 고통당하며 무력한 우리 친족들을 배려해야 한다.[79]

또 다른 설교는 베긴 수녀들에게 명하기를 "연옥에 있는 자들을 위해" 하나님께서 "연옥으로부터 그의 수인들을" 풀어주시기를 기도하라고 한다.[80]

여기에서 우리는 연옥에 있는 자들을 위해 기도하는 것이 스스로에게도 유익하다는 생각이 구체화되는 것을 보게 된다. 즉, 그들이 천국에 가면, 자신들을 연옥으로부터 건져준 이들을 위해 기도하리라는 것이다. "그들은 결코 배은망덕하지 않다"고 두번째 설교자는 단언한다. 또 다른 설교는 지옥에 있는 자들이 아니라 연옥에 있는 자들, 주님의 감옥에서 이른바 "울부짖는" 자들을 위해 기도할 것을 촉구한다. 산 자들은 보시와 금식과 기도로써 그들을 풀어주어야 하는 것이다.[81]

또 다른 설교자는 연옥이나 지옥이 닥치기 전에 참회를 수행해야 한다고 지적한다.[82] 그런가 하면 한 프란체스코회 설교자는 평상시에 위해서 기도해야 하는 *pro quibus solet orari* 사람들의 여덟 가지 범주를 들면서 연옥에 있는 자들을 그 중 하나로 꼽는다.[83] 세번째 설교자는 특히 "친족과 친구들을 위해" 그렇게 해야 함을

---

78) Nicole Bériou, "La prédication au béguinage de Paris pendant l'année liturgique 1272~1273," Extrait des *Recherches augustiniennes*, vol. XIII, 1978, pp. 105~229.
79) *Ibid*., p. 124.
80) *Ibid*., p. 124.
81) *Ibid*., p. 129.
82) *Ibid*., p. 138.
83) *Ibid*., p. 143.

강조한다.[84] 그는 참회의 첫번째 결실이 연옥 벌로부터의 구원이라고 하며,[85] 앞서 두번째 설교자는 이렇게 경고한다. "연옥에 가서 참회하리라고 하는 자들은 어리석다. 왜냐하면 연옥 벌은 이승에서의 어떤 벌과도 비교할 수 없기 때문이다."[86] 특히 흥미로운 것은 한 프란체스코회 설교자가 종려 주일에 선포한 것이다. 그는 "영혼의 무게를 다는 자들"인 저 고해사들 중 하나가 되기를 원치 않는다 *non consuevi esse de illis magnis ponderatoribus*. 그들은 혹자를 지옥으로 혹자를 천국으로 보내거니와, "내가 보기에는 가운데 길이 가장 확실한 것 같다. 또한 나는 각 사람의 심중을 알지 못하므로 절망한 나머지 지옥에 보내기보다는 연옥에 보내는 편을 택하겠다. 그 나머지는 우리의 심령을 가르치시는 성령께 맡길 뿐이다."[87] 연옥의 기능을 이보다 더 잘 표현할 수 있겠는가!

파리의 베긴 수녀들에게 행해진 이 설교들은 연옥의 세 가지 본질적인 면을 강조하고 있다. 1) 연옥은 하나님의 감옥이다. 그것은 영혼들이 갇힌 거대한 처소이며, 영혼들이 거기서 풀려나는 것은 산 자들의 기도에 달려 있다. 이는 초기 기독교가 박해받을 때 갇힌 이들을 위해 기도하던 오랜 전통에 속하며 정의와 사랑의 감정에 의해 촉발되는 것이다. 2) 연옥은 산 자들과 죽은 자들간의 유대를 강화하며, 거의 모든 설교자들이 이 점을 강조하고 있다. 3) 연옥은 참회와 긴밀히 연관되어 있으니, 혹은 참회가 연옥으로부터의 구원을 가져오고, 혹은 연옥이 참회를 완성한다.

---

84) *Ibid.*, p. 154.
85) *Ibid.*, p. 160.
86) *Ibid.*, p. 185, n. 253.
87) *Ibid.*, p. 221.

연옥과 정치

14세기초 콜마르Colmar[88]의 도미니크 수도원에서 만들어진 한 연대기에는 연옥이 교회의 정치적 무기였음을 보여주는 이야기가 들어 있다. 그것은 연옥에서 로마인들의 왕 로돌프Rodolphe, roi des Romains의 아들이었던 합스부르크의 로돌프Rodolphe de Habsbourg (1271~1290)[89]를 보았다는 한 무언극 배우의 이야기이다.

도미니크 수도사 오토가 전하는 이 이야기는 뤼체른Lucerne[90]에서 일어난 것으로 되어 있다. 이 도시에는 친구 사이인 대장장이와 잘하르Zalchart라는 이름의 무언극 배우가 살고 있었다. 어느 날 배우는 혼례식장으로 공연을 하러 갔는데 그 사이에 대장장이가 죽었다. 대장장이는 큰 말을 타고 잘하르에게 나타나 그와 그의 교현금(絞弦琴) vielle을 끌고 산으로 갔고, 그러자 산이 열려 그들을 받아들인다. 그들은 거기에서 많은 유명한 죽은 자들을 만나며, 그 중에는 로마인들의 왕 로돌프의 아들이었던 알자스공(公) 로돌프도 있었다. 이 죽은 자들은 잘하르에게 다가와 그들의 아내와 친구들에게 그들이 심한 고통을 겪고 있음을 알려달라고 부탁한다. 혹자는 약탈을 한 죄로, 혹자는 고리대금을 한 죄로 거기에 있었으며, 그들은 살아 있는 친족들에게 그들이 취한 것을 갚아달

---

*88) 프랑스의 알자스 남부 지방의 도시.
*89) 서로마 제국의 몰락 이후 한동안 동로마(비잔틴) 제국의 지배를 받던 로마는 8세기경에는 교황의 직속 관구로서 라틴 교회의 중심이 된다. 한편, 샤를마뉴에 의해 상징적으로 부활된 서로마 제국의 황제 자리는 여러 왕들의 각축의 대상이 된다. 이처럼 교황권과 황제권이 기세를 떨치는 가운데 로마인들 자신 나름대로 군주를 세웠으니, 그것이 본문에서 말하는 "로마인들의 왕"인 듯하다. 하지만 이 "로돌프"들에 관해서는 자세히 알 수 없다.
*90) 스위스 중부 지방의 도시.

라고 청하였다. 로돌프가 잘하르 편에 전언하여 자신의 상속자들에게 부탁하는 것도 우선은 노략한 재산을 돌려주라는 것이다. 그리고 그는 자신의 아버지인 로마인들의 왕에게 그도 곧 죽어서 이 장소에 오게 되리라는 것을 알려달라고 부탁한다. 마치 진정성을 확증이라도 하려는 듯, 그는 두 손가락으로 잘하르의 목에 아픈 자국을 남긴다. 산은 그를 산 자들의 세계로 돌아가게 하였고, 그는 그가 받은 메시지들을 전달하였으나, 목의 자국 intersignum에 염증이 생겨 열흘 만에 죽는다.

이 이야기는 처음부터 끝까지 민담의 분위기를 띠고 있다. 대장장이란 영혼을 하계로 데려가는 마귀이며 무언극 배우란 악마의 바이올린장이인 것이다. 이 연옥으로 말할 것 같으면 온통 지옥화되어 있어서 "당신은 어디 계십니까?"라고 묻는 잘하르에게 로돌프는 "지옥에!"라고 대답한다.[91]

연옥은 또한 성인들이나 성인전의 세계에도 끼여든다. 13세기에는 성인이 되느냐 여부가 교황에게 달려 있었고 더 이상 민중의 목소리 vox populi가 아니라 교회의 목소리 vox Ecclesiae에 달려 있었다.[92] 또한 성인의 개념도 발전하여 성인이 되기 위한 필요 조건인 기적행 외에 덕이나 삶의 질, 영적인 후광 등이 점차 더 중요해졌다. 아시시의 성프란체스코는 순교자들이나 고해사, 기적을 행하는 자들을 넘어서 그리스도 자신을 본받은 새로운 유형의 성인이 되었다.[93] 그러나 민중의 신심, 민중뿐 아니라 지식인들에게까지 영향을 미치는 일반 대중의 신앙심은 성인전의 전통에 뿌리박

---

91) E. Kleinschmidt, "Die Colmarer Dominikaner Geschichtsschreibung im 13. und 14. Jahrhundert," in *Deutsches Archiv für Erforschung des Mittelalters*, 28, Heft 2, 1872, pp. 484~86.
*92) 제8장 주 24 참조.
93) André Vauchez, *La Sainteté en Occident aux derniers siècles du Moyen Age(1198~1431). Recherches sur les mentalités religieuses médiévales*, Rome, 1981.

고 있다. 성인들 개개인의 삶 이외에, 새로운 정신에서 쓰어진 성인전적 전설집들이 유포되었으며, 중세인들 자신은 이러한 전설들을 신(新)전설 *legenda nova*이라고 불렀다. 물론 이 전설집들의 대표적인 독자들은 "공동체를 이루고 사는 성직자들"이었고 "일반 대중"은 이러한 책들의 직접적인 영향을 받지는 않았다. 그러나 설교자들과 예술가들―― 이들은 프레스코화, 세밀화(細密畵) *miniature*, 조각 등을 그리기 위한 영감을 이러한 전설들에서 얻었다――을 매개로 하여 일반 대중 역시 그 영향을 받았다고 할 수 있다. 특히 속어로 된 번역·번안·축역 등의 방대한 작업은 이러한 전설들을 수도원에서도 라틴어를 모르는 계층, 즉 보조 수사나 수녀들도 읽을 수 있게 했으며, 그 전설들이 속인들의 사회에도 전해지는 길을 열어주었다.[94]

『황금 전설』에서의 연옥

이탈리아는 이러한 성인전의 산출에 뒤늦게 참여했으나, 1260년 경 그 범용함에도 불구하고 가장 큰 성공을 거둔 전설집을 낳았으니, 도미니크 수도사 바라체의 야코포(자크 드 보라진)의 『황금 전설』이 그것이다. 『황금 전설』은 다양한 출전들을 뒤섞어 만든 것이지만 그러면서도 신앙의 "현대적" 주제들을 다루고 있다. 그것은 연옥에 대해서도 긍정적인 입장을 취한다.[95] 특히 연옥이 중점적으

---

94) 라틴 전설집들에 대한 탁월한 저서로는 Guy Philippart, *Les légendiers latins et autres manuscrits hagiographiques*, Typologie des sources du Moyen Age occidental, Turnhout, 1977. Jean-Pierre Perrot는 1980년 파리 3대학에서 13세기 불어로 된 전설집 전체에 관한 흥미로운 논문을 발표하였다. 영어 및 독일어로 된 전설집들에 관한 연구들도 계속되고 있다.

95) Th. Graese가 펴낸『황금 전설』의 라틴어 텍스트(Dresde-Leipzig)는 단 한 사본에만 기초한 것이다. 불역본으로는 Roze의 졸역(Paris, 1900; réed. en 1967)보다 구하기는

로 다루어지는 것은 성패트릭에 관한 장과 망자 추념에 관한 장에서이다.

성패트릭의 연옥에 대해서는 다음과 같은 기원이 제시되고 있다:

성패트릭은 아일랜드에서 포교를 했으나 이렇다 할 결실을 거두지 못했으므로 주님께 간구하기를 아일랜드인들에게 경각심을 주어 회개케 할 만한 무슨 징표를 달라고 하였다. 주님의 명령에 따라 그가 어떤 장소에 막대기로 커다란 원을 그렸더니 원 안의 땅이 열리면서 아주 크고 깊은 우물이 거기에 나타났고, 성패트릭에게는 그것이 연옥이 있는 곳임이 계시되었다. 그곳으로 내려가는 자는 다른 참회를 하거나 죄에 대한 다른 정화를 겪을 필요가 없다. 많은 이들이 거기서 돌아오지 못할 것이며, 돌아오는 자는 거기서 아침부터 다음날 아침까지 머물러야 했다. 그런데 많은 이들이 거기로 들어갔으나 돌아오지 못했다.

그리고 나서 바라체의 야코포는 살트리의 H.(비록 이름은 밝히고 있지 않으나)의 소론을 요약하는데, 다만 주인공의 이름이 기사 오웨인에서 니콜라스로 바뀌어 있다.[96]

교회의 전례력에 삽입되어 있는 이 전설에는 전례년의 중요한 절기나 일자에 개략적인 교의 설명이 곁들여져 있는데, 연옥에 관한 것은 11월 2일 망자 추념일에 나온다.[97] 이 설명에는 처음부터 연옥이라는 문제가 거론되어 있다. 망자 추념일이란 특별한 대도의 도움을 얻지 못하는 망자들을 위한 대도의 날인 것이다. 그 기원은 피에르 다미아노에 따르면 클뤼니 수도원장 오딜롱의 주도로 소급된다. 우리가 아는 텍스트는[98] 변형되어 오딜롱은 순례에서 돌

힘들지만 Téodor Wyzewa의 번역(Paris, 1902)이 낫다.
96) *Legenda aurea*, ed. Graese, pp. 213~16.
97) *Ibid.*, pp. 728~39.

아온 수도사의 이야기를 듣는 사람이 아니라 울부짖음의 직접적인 증인이 되는데, 그 울부짖음은 고문당하는 망자들이 아니라 마귀들이 보시와 기도에 의해 죽은 자의 영혼들을 빼앗기는 것을 보고 내는 소리이다.

그리고 나서 바라체의 야코포는 두 가지 질문에 답한다. 1) 연옥에는 어떤 사람들이 있는가? 2) 연옥에 있는 자들을 위해 우리는 무엇을 할 수 있는가?

스콜라식으로 번호 매긴 분류를 즐겨하는 이 리구리아[99] 출신의 도미니크 수도사는 첫번째 질문을 다시 셋으로 구분한다. 1) 어떤 사람들이 정화되어야 하는가? 2) 누구에 의해 정화되는가? 3) 어디에서 정화되는가? 이 맨 첫번째 물음에 답하여 그는 정화되는 자들의 세 범주가 있다고 한다. 1) 참회를 완수하지 못하고 죽은 자들, 2) 고해사가 명한 참회의 분량이 마땅히 해야 할 분량에 미치지 못하므로 연옥에 내려가는 자들 *qui in purgatorium descendunt*, 야코포는 이와 반대로 마땅히 해야 할 분량 이상의 참회를 했을 경우에는 망자에게 영광이 더해지리라고 예견한다. 3) "나무나 마른풀이나 짚을 지닌 자들," 고린도전서에 대한 이 언급을 통해 야코포는 사면 가능한 죄들을 가리키고 있다.

야코포는 이러한 원칙들을 전개하면서 연옥의 산술을 대강 펼쳐 보인다. 가령 "연옥에서 두 달간의 벌을 받아야 한다면, (대도의 도움을 받으면) 한 달 만에도 놓여날 수 있다"든가 하는 식이다. 그는, 아우구스티누스를 본받아, 정화하는 불이라는 벌은 영원하지는 않지만 매우 혹독하고 모든 지상의 벌 이상이며 심지어 순교자들이 당하는 고문보다도 심한 것이라고 한다. 야코포는 연옥에서 망자들을 고문하는 것이 마귀들, 악한 천사들이라고 생각한다

---

*98) 제3장 pp. 253~56 참조.
*99) 이탈리아 북부의 제노아만에 걸친 지방. 야코포는 제노아 출신이다.

는 점에서 연옥의 지옥화를 상당히 밀고 나갔다고 할 수 있다. 사탄과 마귀들이 정화되는 자들의 고통을 즐겨 구경한다고 하는 이들과는 반대로, 그는 선한 천사들이 그들을 지켜보며 위로한다고 한다. 연옥에 있는 죽은 자들에게는 또 다른 위로가 있으니, 그들은 "확신을 가지고서 장차의 영광(천국)을 기다린다"는 것이다. 이 장차의 영광에 대해 그들은 "중간 유형의 *medio modo*" 확신을 가지고 있다 하며, 이는 중간적 범주의 중요성을 강조하는 것이다. 산 자들은 불확실한 대기 상태에 있으며, 선택된 자들은 대기할 필요 없는 확신 가운데 있으나, 연옥에 있는 자들은 대기 상태에 있으되 확신하는 것이다. 그러나 실상 자기 자신의 생각이라고는 없이 다른 사람들의 의견들만을 엮어나가던 야코포는, 마침내, 연옥의 벌은 마귀들에 의해서가 아니라 하나님의 명령에 의해서만 행해진다고 보는 편이 나으리라는 결론을 내린다.

다음 질문, 즉 연옥의 소재에 관해서는, 당대에 지배적이던 견해를 제시한 뒤, 야코포는 그와 모순된 것으로 보이지 않는 다른 견해들도 나란히 소개한다. 공통된 견해에 따르면, "정화는 지옥 가까이, 연옥이라 불리는 곳에서 이루어진다."[100] 그러나 그는 또 이렇게 덧붙인다. "그것이 대부분의 학자들의 *sapientes* 견해 *positio*이다. 그러나 어떤 이들은 그것이 공중에, 그리고 열대 지역에 위치한다고도 한다." 그리고는 이렇게 계속한다. "그러나, 하나님의 허락하심으로, 어떤 영혼들에게는 다양한 장소가 배당되는데, 이는 벌을 완화하기 위해서 혹은 조속한 해방을 위해서 혹은 산 자들에게 교훈을 주기 위해서 혹은 벌이 범과의 바로 그 장소에서 이루어지기 위해서 혹은 성인의 기도 덕분이다." 이 마지막 가정들의 근거로서 그는 몇몇 권위들을 인용하며 특히 대그레고리우스에게서 예화들을 끌어낸다. 또한 성가대장 피에르에게서 나온 것

---

100) *Purgantur in quodam loco juxta infernum posito qui purgatorium dicitur, ibid.*, p. 730.

으로 비트리의 자크나 부르봉의 에티엔도 인용한 바 있는 교사 실로 maître Silo의 이야기도 인용된다. 특히 성인의 중재에 관한 예로는 성패트릭의 연옥을 들고 있다.

대도에 관해 그는 네 종류의 대도가 유효하다는 일반적인 견해를 따르고 있다. 즉 친지들의 기도·보시·미사·금식이 그것들이다. 그는 대그레고리우스(파스카시우스의 이야기를 위시한 여러 예화들), 존자 피에르, 성가대장 피에르, 마카비 제2서, 세기 후반에 파리의 유명한 스승이었던 강(겐트)의 앙리 Henri de Gand(Ghent)[101] 등의 권위를 인용하는데, 한 이야기는 십자군 운동과 관련된 면죄를 거론한다는 점에서 흥미롭다. 여기서 문제되는 것은 이단 알비 종파[102]를 척결하기 위해 동원되었던 십자군 운동[103]이다. "교회의 면죄도 동등한 효력을 갖는다. 예컨대 교황의 특사가 한 전사(戰士)에게 알비에서 교회를 위해 싸워줄 것을 청하면서 그에게 선친에 대한 면죄를 약속했다. 그는 보름간 그곳에서 싸웠으며, 이 기간이 지나자 선친이 눈부신 모습으로 그에게 나타나 자신의 해방에 대해 감사했다."[104]

---

*101) 강(겐트)의 앙리: 강 1217년경~투르네 1293. 스콜라 철학자, 신학자. 투르네와 파리에서 수학했고, 1276~1292년에 걸쳐 파리에서 세기말의 가장 탁월한 교사라는 명성을 얻었다. 투르네 참사원, 브뤼주 부주교, 투르네 부주교 등을 거치면서, 대학과 긴밀한 관계를 유지했다. 그가 행한 강의의 토론들 disputationes로 이루어진 것이 그의 대표작인 전3부의 『신학 대요』로, 신학적 지식의 본질, 유일신, 삼위 일체를 집중적으로 다루고 있다. 널리 읽히고 비판 혹은 옹호되는 가운데, 앙리는 14~18세기의 사상가들에게 상당한 영향을 미쳤다.

*102) 12~13세기 프랑스 남부에서 일어났던 이단 카타르파의 한 분파. '알비파'라는 명칭이 생겨난 것은 12세기말부터이지만, 실제로 이 운동의 중심은 알비가 아니라 툴루즈와 그 인근 지방이었다. 아키텐 공 기욤 9세를 위시한 남불 귀족들의 비호를 받으며 세를 확장하였다. 1119년 툴루즈공의회는 세속 권력이 교회에 협력하여 이 이단을 척결해줄 것을 요청했으나 허사였고, 그 후로도 100년간 더 번성했다. 이노첸티우스 3세도 처음에는 평화로운 회심을 요구했으나 1209년 시토회로 하여금 알비 십자군 원정을 설교하게 했다.

*103) 제7장 주 35 참조.

끝으로 그는 중간 정도로 선한 자들의 범주가 대도의 유익을 입는다고 말한다. 그는 살아 있는 악인들의 대도는 연옥에 있는 영혼들에게 유익이 되지 못한다는 자신의 견해를 번복하여, 미사를 드리는 것이나 죽은 자가 산 자에게 부탁하는 선행을 행하는 것은 비록 산 자가 악할지라도 항상 유익하다고 주장한다.

이 긴 해설은 13세기초 시토 수도사 프로아몽의 엘리낭이 쓴 연대기에서 차용한 예화로써 끝맺고 있다. 이야기는 샤를마뉴 시대 정확히는 807년에 일어난 것으로 되어 있다:

> 한 기사가 샤를마뉴와 무어인들과의 전쟁에 나가면서 한 친척에게 부탁하기를 만일 자기가 전쟁에서 죽으면 자기 말을 팔아 가난한 자들에게 나누어달라고 하였다. 기사가 죽은 뒤에 이 친척은 말이 마음에 들었으므로 그대로 가지고 있었다. 그러자 얼마 지나지 않아 죽은 자가 그에게 해같이 빛나는 모습으로 나타나 이렇게 말했다. "당신이 말을 팔아 그 값을 가난한 자들에게 나누어주지 않았기 때문에 나는 일주일을 연옥에서 보냈소. 그러나 당신은 그 말을 무사히 천국에 가져갈 수 없을 거요 *impune non feres*. 왜냐하면 바로 오늘 마귀들이 당신의 영혼을 지옥으로 데려갈 테니까. 나는 이제 정화되어 하나님의 왕국으로 가오." 곧이어 공중에서는 사자와 곰과 이리가 짖는 듯한 소리가 들리더니 그를 지상에서 데려갔다. [105]

이것은 비트리의 자크의 설교뿐 아니라 셰리통의 외드 Eudes de Chériton 및 캉텡프레의 토마 Thomas de Cantimpré[106]에게서도 찾

---

104) *Ibid.*, p. 736.
105) *Ibid.*, p. 736.
*106) 캉텡프레의 토마: 브라방 1201년경~루벵 1270/2. 성인전 작가, 백과사전 저자. 리에주에서 공부한 뒤, 캉텡프레의 성아우구스티누스 정규 참사회에 들어갔다. 1230년경 루벵에서 도미니크회에 들어갔고, 쾰른의 알베르투스의 문하에서 공부했다.

아볼 수 있는 연옥에 관한 두 예화 중 하나로 예화의 고전에 속하는 것으로, 『황금 전설』에 실림으로써 13세기의 연옥 안내서나 다름없이 될 것이다. 거기에는 아우구스티누스 이래로 연옥에 관한 자료의 근본적인 항목들이 다 들어 있으며, 이론적인 점들을 보강하거나 예증을 들기 위해 좀더 나중의 텍스트들도 덧붙여져 있다.

연옥의 성녀, 루트가르데

성인전 문학은 연옥의 대중성에 대해 놀라운 증언을 해준다.

연옥에 있는 영혼들은 도움이 필요하다. 도움은 특히 친족이나 친구들, 속해 있던 공동체 등으로부터 온다. 그러나 중보자로서의 임무는 성인들, 특정 성인들의 몫이기도 하다. 물론 동정녀는 가장 탁월하고 적극적인 중보자이시다. 성니콜라스도 그가 후원하는 수많은 일들에 덧붙여 연옥의 후원도 맡고 있다. 그러나 특히 주목할 만한 것은 13세기에 나타난 그야말로 연옥의 성녀, 루트가르데에 대한 숭배이다. 그녀는 셍-프롱Saint-Frond에서 교육받은 시토회의 수녀, 아마도 보조 수녀로서, 1246년 나무르Namur 교구 소속 브라방Brabant에 있던 아이위에르Aywières의 수도원에서 장님으로 죽었다. 그녀는 베긴 수녀들과 왕래가 있었던 듯하며, 비트리의 자크(최소한 그에게서 편지 한 통은 받은 적이 있다), 유명한 베긴 수녀 우아니의 마리 Marie d'Oignies[107] (비트리의 자크는 그녀의

1246년경에는 루벵의 부원장 수사가 되었고, 아마도 거기서 죽었다. 그의 저술로는 캉텡프레의 초대 원장이었던 장의 전기, 비트리의 자크가 쓴 우아니의 마리의 전기에 대한 증보, 성루트가르데의 생애 등등이다. 그의 명성은 주로 『사물의 본성에 대하여 De natura rerum』와 『꿀벌들의 책 Liber de apibus』에 의거해 있다. 『사물의 본성』에서는 자연과 피조물들의 특성을 집대성했으며, 『꿀벌들의 책』은 교단 총장의 주문으로 씌어진 것이다.

*107) 우아니의 마리: 브라방 1177~우아니 1213. 14세에 결혼하여 남편을 설득, 재산을

전기를 쓴 바 있다) 등과도 교제가 있었다. 그녀는 특히 몇몇 베긴 수녀들과 함께 성심(聖心) 공경을 추진하여 신비주의 역사에 이름을 남겼다.[108]

유명한 도미니크 수도사 캉텡프레의 토마는 그녀가 죽은 뒤 1246~1248년에 그녀의 전기를 썼다. 그러나 루트가르데는 공식적으로 성인품을 받지는 못했다. 토마가 전하는 바로는, 그녀는 끝내 불어를 말하지 못했고(그녀는 자신의 모국어인 플라망어를 견지함으로써 속인들과의 접촉을 더 친근하게 하려 했던 것 같다) 공식 교회의 눈에는 다소 수상쩍게 비쳤던 듯하다. 이노첸티우스 4세는 캉텡프레의 토마에게 그녀의 전기를 수정하게 하여, 그는 그녀를 "경건한 pia"이라고 할 뿐 결코 "성스러운 sancta, beata"이라는 말은 쓰지 않았다. 그러나 그녀는 "옛날식" 성녀로 추앙되었다. 전기에 따르면, 그녀는 연옥에 있는 영혼들을 풀어주는 것이 특기였다. 그녀가 도와준 인물로는 좋게든 나쁘게든 이름난 이들도 있었다.

첫번째로 등장하는 것은 푸이이 Fouilly의 수도원장이던 시몽이다. 그는 "독실한 사람이었지만 수하의 사람들에게는 매우 심했던" 인물로, 일찍 죽었다. 그가 특히 아끼던 경건한 루트가르데는 그의 죽음에 충격을 받았다. 그녀는 특별한 참회 afflictiones와 금식을 행하고 주님께 죽은 자의 영혼의 해방을 간구했다. 그러자 주께서는 "너를 보아 네가 위해서 기도하는 자에게 호의를 베풀리라"고 대답하셨다. 연옥에 있는 영혼들의 해방을 위해 발벗고 나

나누어주고 금욕하며 집에 문둥병자들을 받아들여 돌보았다. 남편의 동의를 얻어 우아니의 수도원에 들어갔으며, 비범한 영적 능력과 기적들을 행했다. 그녀와 몇몇 베긴 수녀들은 그리스도의 수난 및 성찬에 대한 신앙의 선구로 평가된다.

108) S. Roisin, "Sainte Lutgarde d'Aywières dans son ordre et son temps," in *Collectanea Ordenis Cistercensium reformatorum*, VIII, 1946, pp. 161~72; L. Reypens, "Sint Lutgarts mysticke opgang," in *Ons geest Erf.*, XX, 1946.

선 루트가르데는 이렇게 대답한다. "주여, 저는 제가 대신하여 탄원을 드리는 그의 영혼이 풀려난 것을 보기 전에는 당신의 약속만으로 만족하지 아니하고 울음을 그치지 아니하겠나이다." 그러자 주께서 그녀에게 나타나사 연옥에서 풀려나 주와 함께하는 자의 영혼을 보여주셨다. "그 후로 시몽의 영혼은 자주 루트가르데에게 나타났으며, 그는 만일 그녀가 자비하신 하나님께 자신을 대신하여 기도드리지 않았더라면 연옥에서 사십 년을 지내야 했으리라고 말했다."[109]

죽음의 순간에 복녀 우아니의 마리는 루트가르데의 기도와 금식과 노력에 큰 능력이 있다고 증언했다. 그녀는 예언하기를 "연옥에 있는 영혼들을 기도로써 풀어줄 중보자로서 루트가르데보다 더 신실하고 능력 있는 자는 하늘 아래 없다. 그녀는 살아 생전에 영적인 기적들을 행하거니와, 죽어서는 육적인 기적도 행하리라."[110]

추기경 비트리의 자크 자신도 루트가르데의 중보의 덕을 입었다. 그가 죽은 지 나흘 뒤에, 그의 죽음을 알지 못했던 루트가르데는 하늘로 실려가 천국의 천사들이 비트리의 자크의 영혼을 데려가는 것을 본다. "루트가르데의 영은 그에게 인사하고 물었다. '경애하는 신부님, 돌아가신 줄 몰랐습니다. 언제 육신을 떠나셨습니까?' 그는 '나흘 되었소. 나는 사흘 밤 이틀 낮을 연옥에서 보냈소.' 그녀는 놀랐다. '왜 돌아가신 즉시로 제게 알려주지 않으셨어요? 제가 자매들과 더불어 당신을 고통에서 건지도록 말이에요?' 그는 대답했다. '주님께서는 나의 죽음으로 당신을 슬프게 하기를 원치 않으셨소. 그는 내가 정화를 끝내고 해방되어 영화로워진 것으로 당신을 위로하기를 기뻐하셨소. 그러나 당신도 이제 곧 내 뒤를 따르게 될 것이오.' 이 말을 듣고 루트가르데는 육신으로 돌

---

109) *Vita*, II, 4, *Acta Sanctorum*, 16 juin, *Juin*, IV, ed. Paris-Rome, 1867.
110) *Vita*, II, 9, *ibid.*, p. 198.

아와 크게 기뻐하며 자매들에게 그가 죽고 정화되어 영화로워진 것을 알렸다."캉텡프레의 토마에 따르면, 비트리의 자크가 겪은 이 정화에는 또 다른 증인이 있다고 한다. 그는 자크가 처음 묻혔던 로마의 도미니크 수도원에 있는 한 수사인데, 그에게도 하나님께서 자크의 죽음과 정화와 영화를 알려주셨다고 한다.[111]

끝으로, 복녀(福女) 우아니의 마리도 루트가르데에게 나타나 그들의 친구 바르벵종의 보두엥 Baudouin de Barbenzon을 위해 중보해줄 것을 청했다고 한다. 그는 우아니의 원장 수사이고, 아이위르의 전속 신부 chapelain였는데, 그녀는 그가 죽을 때 도와주기로 약속했다는 것이다.[112]

그리고 나서 캉텡프레의 토마는 이렇게 끝맺는다. "오 존녀(尊女) 마리여, 경건한 루트가르데에게 모든 죽은 자들을 위한 대도를 부탁하러 간 당신의 증언은 얼마나 참되고 당신의 약속은 얼마나 신실한가. 아직 이 땅에 있을 때에도 연옥의 영혼들을 풀어주기에 가장 능력 있는 그녀에게 간청하더니, 이제 천국의 복락을 누리면서도 죽은 벗을 위해 그녀의 도움을 구하는구려!"

산 자들과 죽은 자들: 유언과 기일표

연옥은 또한 13세기에 새로이 나타난 산 자들과 죽은 자들간의 연대성의 주요한 형태들에서도 나타난다.

우선 생각할 수 있는 것은 유언장이다. 13세기의 유언장들에서는 연옥이 미미하게밖에 나타나지 않는다는 것을 인정해야 할 것이다. 그것이 실제로 유언장에서 비중을 차지하는 것은 14세기에

---

111) *Vita*, III, 5, *ibid.*, p. 205.
112) *Vita*, III, 8, *ibid.*, p. 206.

들어서이며, 그것도 지역에 따라 차이가 있다.[113] 예컨대 1296년에 작성된(그리고 1314년의 추가 조항이 첨부된) 몽벨리야르Montbéliard 백작 부르고뉴의 르노Renaud de Bourgogne의 유언장 같은 데서는 장차 망자가 될 이의 빚을 청산함으로써 그의 영혼의 짐을 덜고 매년 "영혼의 치유를 위해"(*pro remedio animae*라는 표현은 유증 문서와 유언장에서 전통적으로 쓰이던 것으로, 12세기부터 다시 쓰이게 되었다) 연례 미사를 드릴 것이 언급된다. 그러니까 사실상 연옥에 있는 망자들을 위한 대도가 문제되는 것이지만, 연옥이라는 말은 아직 나오지 않는다.[114] 연구해보아야 할 것은 탁발 교단들의 태도이다. 그들은 한편으로는 "유언장 포획자 *les captateurs de testaments*"였으며 다른 한편으로는 설교나 예화를 통한 연옥의 전파자들이었던 것이다. 그들은 13세기 동안 연옥의 대중화에 있어 시토의 역할을 이어받지 않았던가?

종교 기관들은 항상 죽은 자들의 추모서를 간직해왔다. 그러나 이전 시대의 망자 명부(亡者名簿) *les nécrologes*는 이른바 기일표(忌日表) *les obituaires*라는 새로운 추모 형식에 의해 대치되었고, 연옥은 직접적으로 등장하지는 않지만 이러한 변화를 통해 크게 발전한다. 그 문제에 관해 전문가 장-루 르메트르Jean-Loup Lemaître는 이렇게 말한다.

12세기말부터는 유언장의 재도입, 교회에 대한 유증의 증가, 연옥 신

---

113) J. Chiffoleau, *La comptabilité de l'Au-delà, les hommes, la mort et la religion dans la région comtadine à la fin du Moyen Age*, Rome, 1981; M. Bastard-Fournie, "Le Purgatoire dans la région toulousaine au XIVe et au début du XVe siècle," in *Annales du Midi*, 1980, 5~34, notamment pp. 14~17(et n. 65).

114) J.-P. Redoutey, "Le testament de Renaud de Bourgogne, Comte de Montbéliard," in *Société d'émulation de Montbéliard*, vol. LXXV, fasc. 102, 1979, pp. 27~57; P. C. Timbal, "Les legs pieux au Moyen Age," in *La Mort au Moyen Age*, colloque de la Société des historiens médiévistes, Strasbourg, 1977, pp. 23~26.

앙의 발전 등에 따라 사망자 명부가 새로운 양상을 띠게 되었다. 추모와 대도로써 기념하기 위해 간단히 이름만을 기재해두던 것이 어떤 예배가 드려져야 하는가를 꼼꼼히 기재하는 것으로 바뀐 것이다. 그때까지만 해도 예외적인 경우에 국한되던 오피키움 플레눔 *officium plenum*[115]이 점차 의례적인 것이 되었다. 죽은 자들을 위한 미사는 장엄하든 않든 가외의 것이었으므로 기금으로써 그 집전을 보장하는 것이 중요했으며, 따라서 사망 기사의 성격도 변했다. 망자의 이름과 그의 신분과 직위 외에 그 기부금의 구성 요소들이 추가되었으며, 이는 대개 연금의 형태를 띠었다. 기금의 기초가 되는 자산, 지불 의무자들, 그들의 후손들이 명시되었고, 때로는 그것을 예배 주관자 및 보조자, 등화(燈火), 타종자(打鐘者) 등에게 어떻게 분배할 것인지도 지정되었다. 심지어 어떤 유형의 예배가 드려져야 하는지를 정하는 때도 있었다. 어떤 경우에는, 기금이 수익자의 생전에 조성되었으며, 그런 기금으로 드려지는 미사는 대개 성모나 성령을 위한 것이다가 그가 죽은 뒤에야 연례 추모 미사로 바뀌었다.

기재의 과정은 그러므로 여러 가지로 바뀌었다. 처음에는 공동체 구성원들 및 영적 동료들의 기일 옆에 연례 미사를 위한 기금과 미사의 지정된 집행 방식 등이 나란히 기재되었다. 하지만 점차로 이러한 기금의 기재가 주(主)가 되었고, 추념해야 할 이름들만을 무보수로 자동적으로 기재하던 방식을 대신하게 되었다. 물론 참사회나 구내 식당에 공동체의 대도가 필요한 망자들의 이름을 알리는 것은 언제라도 가능했으나, 중요한 것은 어떤 미사를 드릴 것인가였고, 그것을 위해서는 얼마만큼의 양식과 돈이 이 미사에 들어가는가가 밝혀져야 했다. 그러므로 명부는 이중적 용도를 띠었고, 공동체내에서도 기금으로 드려지는 기일 미사만을 기록하게 되었다.

이러한 연유로 해서 13세기부터는 점차로 이 명부들에서 공동체의 구성원들이 사라져갔고(특히 수도원 공동체들에서 그러했다), 대신 경건한

---

*115) officium(성무 일과)의 처음부터 끝까지가 다 드려지는 것을 의미하는 듯하다.

기부를 통해 연옥에서의 체류를 단축하고 구원을 확보하려는 부르주아 및 귀족 속인들의 이름이 실리게 되었다. [116]

끝으로, 우리는 동업자 신심회의 구성원들의 관심 속에서 연옥이 차지하는 자리에 대한 명백한 증언을 적어도 한 가지 찾아볼 수 있다. 신심회들은 고대의 장례 조합을 본받아 장례를 주관하고 죽은 구성원들을 위한 대도를 드리는 것을 주요 관심사의 하나로 삼았다. 우리는 1247년 아라스의 이발사 신심회의 헌장에서 거기에 대한 증언을 찾아볼 수 있다.

원본이 속어인 중세 불어로 되어 있는——왜냐하면 약정의 한쪽 당사자들은 라틴어를 알지 못하는 속인 이발사들이었으니까——이 텍스트는 매우 중요한 의의를 지닌다. 연옥을 중심으로 한 이 조합은 새로운 도시 세계에 고유한 일종의 선서 결사로서, 한편으로는 시장이나 읍장 같은 행정형의 선량들에 의해 통솔되는 직업의 남녀 구성원들과 다른 한편으로는 그들의 사도직에 있어 새로운 도시 사회와 긴밀히 연관되어 있던 탁발 수도회들 중 하나인 도미니크회간에 맺어진 것이었다.

지금 있는 사람들이나 앞으로 올 사람들에게 모두 알리는 바 아라스의 설교자 형제들의 수도원장과 상기 형제들의 수도원은 교단 총장의 권위에 의거하여 아라스의 이발사들에게 하나님과 성모와 성도미니크를 기리기 위한 신심회의 결성을 윤허하였다. 입회하여 종신하는 모든 형제 자매들에게는 매년 세 차례의 미사를 윤허하였으니, 첫번째 미사는 성도미니크의 승천일에, 다른 두 미사는 그들의 돌아가신 부모님의 기일에 드려진다. 또한 그들에게는, 입회하여 은혜 가운데 거하는 자들이나 죽을

---

116) J. L. Lemaître, *Répertoire des documents nécrologiques français,* sous la direction de P. Marot, Recueil des historiens de la France, 2 vol., Paris, 1980, pp. 23~24.

자들을 위해 그들의 연옥에서의 고통을 단축시키고 영원한 안식을 앞당기기 위해, 아라스 수도원에서나 기독교 세계 전역에 있는 그들의 교단에서 밤낮으로 행했고 행할 모든 좋은 것들에 참여하는 것이 허락된다. 이상 말해진 모든 것을 수도원장과 수도사들은 이 단체에 들어올 모든 남녀들에게 이발사들이 내세우는 시장과 읍장들의 중개로 윤허하는 바이다. 이를 확실히하고 수립·증명하기 위해, 수도원장과 상기 형제들의 수도원은 이 헌장을 그들의 인장으로 봉한다. 본 문서는 구주 강생(降生) 1247년 4월에 작성되었다.[117]

이 텍스트──이런 종류의 텍스트로는 남아 있는 유일한 것이다──에 대해 나는 기꺼이 두 가지 가정을 제출하겠다. 그 첫째는 망자들에 대한 새로운 태도를 보급하고 연옥 신앙을 일반화했던 탁발 수도사들의 역할이다. 두번째는 연옥에 대한 관심이 천시되던 직종들 중 하나, 육체나 피에 접촉하므로 불명예스러운 직업 *inhonesta mercimonia*으로 치부되던 이 외과의-이발사들에 의해 표출되었다는 점이다. 고리대금업자들에게서 보듯이, 이발사들도 연옥을 지옥에서 벗어날 방도로 여기지 않았던가? 연옥 발전의 결과들 중 하나는 영적으로 취약한 사회-직업적 범주들을 다시금 구원의 구도 속에 복원시키고 그들의 사회적 상승을 종교적으로 지지한 것이 아닌가?

속어로 표현된 연옥: 불어의 경우

또 다른 탐구는 속어 문학 분야에서 이루어져야 한다. 그것은

---

117) 원본은 G. Fagniez, *Documents pour servir à l'histoire de l'industrie en France*, t. I, Paris, 1898에 실려 있다.

새로운 저승이 속인들에 의해 직접적으로 "소비"되던 문학 작품들에서 어떻게 전파되었는가를 보여준다. 물론 연옥은 속어로 된 예화집이나 『렝스의 음유 시인 Ménestrel de Reims』 같은 "만물상(萬物商)" 연대기에서도 찾아볼 수 있다. 그러나 13세기가 되면, 가령 불문학에서는, 작품이 워낙 풍부해져서 표본 조사를 하는 수밖에 없다. 몇몇 박학자들이 추려 뽑은 표본들로 미루어보면[118] 연옥은 다양한 문학 쟝르에서 부차적인 역할을 맡고 있었던 듯하다. 토블러-롬마치 Tobler-Lommatzch의 『중세 불어 어휘집』이 지적하는 대로, 서사시(는, 비록 13세기에도 무훈시가 씌어졌다고는 하나, 연옥 이전의 쟝르이다)에서는 연옥이 거론된 적이 없고 연옥에 언급한 최초의 불문학 작품은 프랑스의 마리가 쓴 『성패트릭의 연옥』이다.

성지 및 키프러스 사건 등에 연루되었던 노바레의 필리포 Philippe de Novare라는 법률가이자 작가였던 이탈리아 기사는 은퇴한 뒤 60세가 넘은 1260년 이후 불어——당시 기독교 세계의 공용어——로 『인간의 네 시절 Les quatre temps d'âge d'homme』이라는 자신의 체험담을 썼다. 필리포에 따르면 젊은이들은 많은 경솔하고 어리석은 짓을 저지르나 이승에서는 별로 참회를 하지 않으며 그 때문에 연옥에서 오래도록 큰 참회를 드리게 된다고 한다.[119]

『세부르의 보두엥 이야기 Roman de Baudouin de Sebourc』에는 이런 대목이 있다:

---

118) 나는 Tobler-Lommatzch, *Altfranzösisches Wörterbuch*, VII, 1969, col. 2096-97의 예들과 J.-Ch. Payen, *Le motif du repentir dans la littérature française médiévale(des origines à 1230)*, Genève, 1968의 참조항들을 대상으로 하되, 명백히 연옥이 언급된 경우에 한했다. 그렇지 않은 경우 예컨대 "경건한 이야기"인 『작은 통(桶)의 기사 *Le chevalier au barisel*』 같은 것은 제외되었다.

119) Philippe de Novare, *IV âges d'omes*, ed. M. de Fréville, Paris, 1888, p. 32(*Si fait li jones po de penitance ou siècle; si estuet qu'il la face grant et longue en purgatoire*).

천국으로 간다네……
연옥을 거치지 않고.[120]

이는 연옥의 중간적 역할 및 통과적 위치를 환기해준다.

운문으로 된 『성모의 기적 Miracles de Notre-Dame』(1223)이라는 풍부하고 유명한 선집의 저자 수아송Soissons의 참사회원 쿠엥시의 고티에Gautier de Coincy는 연옥을 징벌의 장소로 말하고 있다:

연옥에서 결산이라네
생전에 지은 죄업 때문에
그리로 끌려가네.[121]

피카르 영주 주르니의 장Jehan de Journi은 1288년 키프로스에서 쓴 그의 『참회의 십일조 Dîme de pénitence』에서 이렇게 쓰고 있다:

현명한 자는 참을 수 있는 한
절제해야 하며
살아 있는 동안 보시를 해야 하느니
죽어서는 그 덕분에
연옥에 가서
천국을 위해 정결해지리라……[122]

---

120) *Li Romans de Baudouin de Sebourc*, XVI, 843, in Tobler-Lommatzch, VII, 2097.
121) *En purgatoire c'est la somme*
　　Menez en fu por les meffaix
　　Qu'en sa vie out ouvrez et fait(ibid.).
122) *Et sages home amesurer*
　　Se doit si ke puisse durer
　　S'aumosne tant qu'il iert en vie
　　Si qu'a la mort li fache aïe

그러나 이러한 문학 작품들 중 가장 흥미로운 것은 분명 『천국의 안뜰 La Cour de paradis』이라는 우화의 한 대목이다:

> 그래서 만령절 le jour des Ames은
> 만성절 le jour de Tous-Saints 다음이라고 하지요
> 모두들 그 점을 확실히하시기를
> 그녀가 우리에게 이야기하기를
> 연옥의 영혼들은
> 이 이틀 동안 쉬임을 얻는다고
> 그러나 용서를 받지 못하고
> 죄 때문에 저주를 받을 자들은
> 모두들 확실히하시기를
> 쉬임도 거함도 얻지 못하리라고

만성절과 망자 추념일(11월 1일과 2일)간의 연관이 강하게 두드러져 있고 이 두 명절과 연옥과의 관계도 분명히 지적되어 있다. 이 운문의 독창성은, 설령 지옥에서의 안식, 즉 지옥에서 저주받은 자들의 보름마다의 휴식은 부인된다 하더라도, 비트리의 자크에게서 보는 바와 같은 주일 안식의 개념을 대신하는 연옥에서의 이틀간의 휴식이라는 관념이 분명히 나타난다는 데에 있다. 연옥은 게헨나를 위해 상상된 안식이라는 주제가 그리로 옮아갈 만큼 충분히 지옥화되었던 것이다.

13~14세기의 전환점에 일어난 큰 사건은 교회의 의도들과 신자들의 열망간의 만남을 통해 연옥을 승격시켰으니, 1300년의 희년

De li mener en purgatoire
Pour lui poser net en la gloire...
La Dîme de pénitence, 2885(cité par Tobler-Lommatzch, VII, 2097).

이 곧 그것이다.[123]

연옥을 위한 면죄: 1300년의 희년

이 해에 이미 프랑스의 미남왕 필립(필립 4세)[124] 및 그를 통하여 점차로 교황의 구속을 거부하던 세속 기독교 사회와 투쟁을 하고 있던 교황 보니파치우스 8세[125]는 레위기 25장에 나타난 모세법을 기념하는 희년의 선포를 위해 처음으로 모든 신자를 로마로 소집했다. 그것은 일종의 초(超)안식년이었으니, 안식년이란 일곱 해가 일곱 번 지난 뒤 그러니까 50년마다 돌아오는 속죄와 안식, 해방과 귀환의 해였다. 이러한 안식년은 분명 상징적인 것이고 실제로 완전히 이행되지는 않았을 것이다. 여기서 기독교는 다시금 유대교의 전통을 이어받고 있으며, 복음서는 "주님의 은혜의 해"(누

---

123) Arsenio Frugoni, "Il Giubileo di Bonifacio VIII," in *Bollettino dell'Istituto Storico Italiano per il Medioevo e Archivio Maratoriano*, 1950, pp. 1~121, repris dans *Incontri nel Medio Evo*, Bologna, 1979, pp. 73~177.

*124) 프랑스의 필립 4세: 퐁텐블로 1268~1314. 프랑스 왕(1285~1314). 왕권 강화와 영토 확장에 힘썼고, 과중한 세금을 징수하였다(성당 기사단의 재산을 빼앗기 위해 그들을 단죄하고 그들의 영도자 자크 드 몰레이를 화형에 처한 것도 그였다). 특히 성직자들에게 세금을 부과하는 문제로 교황 보니파치우스 8세와 대립하였다.

*125) 보니파치우스 8세: 1235년경~로마 1303. 국민주의와 세속 사회의 힘이 증대되어가던 시대 조류 가운데서 '교황의 전권'을 신봉하여 세속 왕권과 마찰을 일으켰다. 1296년 영국과 프랑스간의 전쟁이 벌어져 전비 마련을 위해 양국이 성직자들에게 세금을 부과하자, 교황의 승인 없이는 성직자들에게 세금을 부과할 수 없다는 제4차 라테라노공의회(1215)의 캐논(그러나 '정당한 전쟁'이 명분인 경우에는 그러한 세금 징수가 묵인되었고, 이 경우에 난점은 양국이 모두 그러한 명분을 주장한다는 것이었다)에 의거하여 양국의 왕들을 파문에 처했다. 그리하여 시작된 프랑스 왕 필립 4세와의 갈등은 그의 세력을 크게 약화시켰고, 1300년 희년의 선포로 잠시 세력을 만회했으나, 프랑스 왕권과의 갈등은 그의 개인적 적들이던 콜로나가(家)와의 갈등과 맞물려 끝내 그를 죽음에까지 몰고 갔다.

가 4: 19)을 선포하고 있다. 일찍이 고중세로부터 희년은, 비록 교회에 의해 실행되지는 않았으나, 몇몇 교회 작가들에 의해 참회와 용서의 새로운 기독교적 개념들 속에 통합되었었다. 그러므로 부활된 희년이 역시, 역사적으로나 이론적으로나, 참회와 연관되었던 최근의 연옥을 만난 것은 자연스러운 일이었다.

세비야의 이지도르는 그의 『어원론』에서 희년을 사면의 해 remissionis annus로 정의한 바 있다.[126] 1300년의 희년을 추진한 이들은 그것이 비단 사면의 해일 뿐 아니라 새로운 시대의 시작이라고 주장했다. 참회의 귀결로서, 그것은 신자들에게 교회 및 교황에 의해 다스려지는 일종의 천년 왕국과도 같은 것을 제공했다.

이 계제에 교황은 로마 순례자들에게 완전 면죄 plenissima venia peccatorum, 그때까지는 십자군에게밖에 주어지지 않았던 죄의 완전한 사면을 허락했으며, 이 면죄의 혜택을 죽은 자들, 즉 연옥에 있는 영혼들에게까지 확대했다. 면죄의 이러한 전대 미문의 확대는 뒤늦게 그리고 다소 간접적인 방식으로 이루어졌다.

1300년 성탄을 기하여 보니파치우스 8세는 도상에서건 로마에서건 순례 동안에 죽은 모든 순례자들과 순례를 완수할 굳은 결심을 가지고 있었으나 장애를 만났던 모든 이들에게 완전 사면을 허용했다.[127] 그러나 이 조치는 엄청난 중요성을 띠게 되었다.

교황은 "연옥에 있는 어떤 영혼들의 모든 벌로부터의 즉각적인 해방"을 결정하는 것처럼 보였다.[128] 물론 이 문제에 있어 교황이 권한을 갖는다는 이론은, 앞서도 보았듯이, 특히 성보나벤투라와 토마스 아퀴나스에 의해 수립되었으나, 한번도 실제로 적용된 적은 없었던 것으로 보인다. 산 자들이 죽은 자들을 해방시킬 가능

---

126) *PL*, 72, 222.
127) *Bullarium Anni Sancti*, ed. H. Schmidt, Rome, 1949, p. 35.
128) A. Frugoni, *Incontri nel Medioevo*, p. 106.

성은 그때까지 대도의 방식으로 *per modum suffragii*, 산 자들이 선행으로써 얻은 공덕을 죽은 자들에게 넘겨줌으로써만 시행되었었다.

연옥에 있는 영혼들을 해방하는 문제에 있어 교황권은 1300년의 이 돌연한 사건 이후로 14세기에도 여전히 이론적인 데 그쳤던 것으로 보인다. 가령 1314년에 죽은 교회법 학자 알레산드로 롬바르도 Alessandro Lombardo는 교황이 연옥에 있는 자들을 면죄로써 간접적으로 또는 "우연히" 도울 수 있다고, 그가 "연옥에 있는 망자들을 위해 기도나 선행을 하는" 모든 이들에게 면죄를 허용할 수 있다고 거듭 말한다. 그러나 우리가 아는 바로는 14세기의 그의 계승자들은 감히 저승에 대해 이처럼 엄청난 권한을 사용할 엄두를 내지 못했다. 그러나 비록 제한적이나마 제1보는 이루어진 셈이었다. 연옥 체계에 면죄를 도입하는 제1단계는 넘어간 것이다.

연옥에 대한 적대감의 잔존

1300년의 희년은 매우 큰 성공이었으며, 이를 통해 13세기 연옥의 승리는 절정에 달했다고 할 수 있다. 그러나 잊지 말아야 할 것은 세기의 이 전환점에 기독교 세계에서 연옥이 지지자만을 얻은 것은 아니었다는 사실이다. 우선 이단들이 있었다.

14세기초 1335년에도 아직 피에몬테의 지아베노 Giaveno에는 많은 발도 교도들이 있었으며, 이들은 도미니크회의 심문관에게 이렇게 선언했다: "내세에는 천국과 지옥밖에는 없으며 연옥이란 이승에서밖에는 존재하지 않소."[129]

---

129) G. G. Merlo, *Eretici e inquisitori nella società piemontese del trecento*, Turin, 1977, pp.

그러나 그 밖의 경우에는 공공연한 이단의 의심을 사거나 이단으로 간주되는 자들도, 연옥을 저승에 관한 민간 신앙의 차원에서 수용했건 연옥이라는 상상 세계에 민감했건간에, 어느 정도 연옥과 타협하는 듯이 보인다.

그것이 1288년 나르본Narbonne에서 심문을 받은 릭센다Rixenda라는 여인의 경우이다. 그녀는 영적 프란체스코회[130]와 연관된 베긴 수녀회에 속했던 듯하다. 그녀는 8년 전 성마태의 축일에 "하늘로 이끌려가 예수께서 서신 것과 앉으신 것을, 그리고 그의 모친 마리아께서 그의 곁에 계시며 그들 가까이에 성프란체스코가 있는 것을 보았다"고 선언한다. 그녀는 덧붙이기를 "내 부모님들께서는 연옥에서 속죄를 하고 있었으며 그녀에게 자신들을 구해달라고 했다. 〔……〕〔여기서 사본에는 누락이 있다〕 그리고 그들은 말하기를 그녀의 기도 덕분에 많은 영혼들이 연옥에서 풀려났으며 특히 그녀의 아버지 어머니와 친사촌 오크라디스Aucradis가 그러했다고 한다. 그녀는 또한 자신의 입신(入神) ravissement 동안에 베지에의 페랄기에르Feralguière de Béziers라는 한 여인을 보았는데, 그녀는 연옥에서 사흘 동안 채찍과 몽둥이에 맞고 있었다. 〔……〕 그녀는 자신의 아버지 어머니가 연옥 문에 있는 것을 보았으며 그들은 곧 그들의 처소에 받아들여졌다." 이튿날 그녀는 연옥에서 나오는 영혼들은 즉시 천국에 가지 않으며 그들의 처소에서 잠시 기다린다고 설명한다. 그러므로 자신이 기도로써 그리고 그들이 빚진 밀을 갚음으로써 연옥에서 해방시킨 아버지 어머니는 천국 문에서 하루

167, 176, 178, 185, 192, 196, 198.

*130) 프란체스코회는 청빈이라는 규율의 해석 문제로 내분이 끊이지 않았다. 그 중에서 절대적 가난을 주장하는 영적 프란체스코회(영성파) les Spirituels는 규율의 완화를 주장하는 전통파 les Conventionnels와 대립했고, 교황은 후자를 선호했다. 이들은 당시 종교적 청빈을 기치로 내세운 반(反)교회적인 속인들의 여러 무리들과 한데 취급, 이단시되는 경향이 있었던 것으로 보인다.

밤낮을 기다려야만 한다는 것이다……[131]

몽타이유의 카타르 교도들에게서도 사정은 같다. 여기서 우리는 엠마뉘엘 르 루아 라뒤리 Emmanuel Le Roy Ladurie의 "이 모든 이야기들에서 연옥은 완전히 잊혀져 있다"는 견해를 다소 가감해야 할 듯싶다. 악스의 레이몽 베시에르 Raimond Vaissière d'Ax의 소송에서 선서한 증인 장 바라 Jean Barra는 이렇게 선언한다. "우리가 둘 다 앙카스텔 Encastel에 있었을 때, 그는 내게 이단자 고(故) 피에르 오티에 Pierre Authié[132]의 이단에 들라고 말했다. 왜냐하면 만일 내가 그렇게 하면 내 영혼은 육신을 떠나 즉시로 낙원에 갈 것이며 지옥도 심연도 연옥도 보지 않을 것이기 때문이다."[133]

엠마뉘엘 르 루아 라뒤리의 주의를 끈 좀더 완전한 예로 아르노 젤리스 Arnaud Gélis[134] 일명 부테이예 뒤 마스-생-앙토넹 Bouteiller du Mas-Saint-Antonin의 경우에는 망령들과 연옥이 공존하며 뒤섞이는 것을 볼 수 있다. 파미에 Pamiers의 참사 회원 고 피에르 뒤

---

131) *Inquisitio in Rixendin fanaticam* in I von Dollinger, *Beiträge zur Sektengeschichte des Mittelalters*, München, 1890, t. II, pp. 706~11.

*132) 몽세귀르의 함락(1244) 이후 카타르 교도들은 각지로 흩어졌다. 악스(아리에주) 출신의 피에르 오티에는 1296년 고향을 떠나 약 4년간 롬바르디아 지방에 있던 카타르교 지도자들과 교유한 뒤 돌아와 카타르교를 부흥시키는 일에 전력했다. 그의 가르침에 특별히 새로운 점이 있었던 것은 아니나, 암울한 시대 분위기 속에서 '앙뒤라(Endura)' 즉 삶의 자발적 포기가 널리 퍼진 데에는 그의 영향이 컸던 것으로 여겨진다. 살려는 의지야말로 영혼을 육신에, 환상의 고리에 묶어놓는 것이라고 믿었던 이들에게 자살이란 오히려 진정한 존재에의 귀환으로 생각되었던 것이다. 본문에서 "피에르 오티에의 이단"이라는 것은 이러한 믿음을 두고 하는 말일 터이다.

133) J. Duvernoy, *Le Registre d'Inquisition de Jacques Fournier*, Paris-La Haye, 1978, I, p. 354.

*134) 아르노 젤리스는 파미에 성당의 옛 성당지기로 술꾼이라서 Bouteiller(술 창고지기)라는 별명을 얻었던 인물이다. 그는 죽은 자들이 자신에게 나타나 산 자들에게 이런저런 메시지를 전하라고 한다든가, 죽은 자들이 밤이면 마을을 돌아다니고 교회를 찾아다니며 참회를 한다든가 하는 횡설수설을 떠벌리며 다니다가 종교 재판을 받았으나 술주정 정도로 간주되어 방면되었던 듯하다.

랑 Pierre Durand의 영혼이 셍-앙토넹 교회에서 그에게 나타났을 때, 그는 친숙하게 의례적인 질문을 했다. "나는 그에게 어떻게 지내느냐고 물었다. 그는 대답하기를, '이제는 꽤 잘 지내오, 하지만 나쁜 곳에도 갔었다오'라고 하였다. 나는 그것이 어떤 곳이냐고 물었다. 그는 대답하기를 '나는 연옥의 불을 지나왔는데, 아주 혹독했소. 그러나 지나오기만 했소.' 그는 내게 자신을 위해 기도해 달라고 부탁했다. 나는 수도원에서 다시 그를 보았다. 〔……〕 나는 수도원에서 또다시 그를 보았고 더는 그를 보지 못했다. 내 생각에 그는 안식에 들어간 듯했다."[135]

아르노 젤리스는 또한 연옥이 어느 정도 지옥의 자리를 차지했다고 말한다. "앞서간 이들은 모두 내게 말하기를 영원한 저주를 두려워할 필요가 없다고 했다. 왜냐하면 기독교 신자이고 고해를 하고 뉘우치기만 하면 저주받지 않는다는 것이다."

그러나 피에르 뒤랑은 예외이다. 아르노 젤리스가 받은 계시들에 의하면 망자들의 영혼들의 정상적인 상태는 방황하며 교회들을 찾아다니는 것이다. "그들은 여러 교회를 돌아다니며 참회를 한다. 어떤 이들은 좀더 빨리 어떤 이들은 좀더 천천히 다닌다. 더 많이 참회해야 하는 이들이 더 빨리 다닌다고 할 수 있다. 그러므로 고리대금업자들은 쏜살같이 다닌다. 어떤 이에게서도 나는 그들이 이렇게 돌아다니는 것 이외의 다른 참회를 하고 있다는 말은 듣지 못했다. 연옥 불을 지나왔다는 저 피에르 뒤랑밖에는. 이 망자들이 내게 말해준 바로는, 그들이 그렇게 교회를 찾아다니기를 마치면, 안식의 장소로 가서 심판 날까지 머문다."[136]

그리하여 아르노 젤리스가 개종했을 때, 그는 연옥에 대해 많은 성찰을 해야만 했다. "첫번째 글에서는 자신이 무엇을 믿고 말했

---

135) *Ibid.*, p. 160.
136) *Ibid.*, p. 163.

든간에 거기에 포함된 오류를 철회하면서 이제 망자들의 영혼은 연옥으로 간다는 것을 굳게 믿는다. 거기서 그들은 세상에서 다하지 못한 참회를 하는 것이다. 참회를 마치면 그들은 주님 그리스도와 성처녀와 천사들과 성인들이 있는 천국에 갈 것이다."[137]

연옥에 대한 저항의 또 다른 형태는 특히 이탈리아의 몇몇 종교인들과 시인들에게서 발견된다.

보수주의자들과 전통주의자들은 지옥/천국이라는 옛 대립항을 견지하기를 원하며, 지적인 신학자들이 만들어낸 이 제3의 처소에 대해 눈을 감으려 한다.

밀라노 출신인 본베신 달라 리마 Bonvesin dalla Riva는 13세기 후반에 살았던 우밀리아티 교단 les Humiliates[138]의 제3회 회원으로서 『세 가지 글의 책 Libro delle Tre Scritture』의 저자이다. 거기서 지옥의 열두 가지 형벌을 묘사하는 "검은" 글과 천국의 열두 가지 영광을 보여주는 "금빛" 글 사이에 존재하는 것은 연옥이 아니라 화육과 구속주의 수난으로, 이는 그리스도의 피로 이루어진 "붉은" 글을 이룬다.

같은 시대에 또 다른 시인, 프란체스코회의 베로나의 자코미노 Giacomino da Verona는 본베신의 "글"들에서 검은 글과 금빛 글만을 채택하여 『천국 예루살렘과 지옥 바빌론』이라는 시를 지었는

---

137) *Ibid.*, p. 167.
*138) 12세기 후반 롬바르디아에서 나타난 속인들의 종교적 청빈 운동. 초대 교회의 순수성으로 돌아가고자 하는 당대의 지배적 사회 추세의 반영이라 할 수 있다. 이들은 대개 안정된 기반을 가진 속인들로, 결혼한 상태로 또는 병립(竝立) 수도원에 살면서, 여자들은 가난한 환자, 특히 나병 환자들을 돌보았고 남자들은 무직자와 극빈자를 돕는 사회 운동을 했다. 참회적 엄격성, 빈번한 금식, 침묵 등을 특징으로 하는 이들은 이단이나 교회의 타락을 고발하는 설교를 했으며, 교회에 대한 공격이 심해지자 교황으로부터 대중 설교를 금지당했으나(1179) 따르지 않다가 결국 파문되었다(1184). 1201년 이노첸티우스 3세는 이들을 병립 수도원에 사는 수사와 수녀들, 금욕하는 속인 남녀들, 속적(俗籍)으로 있는 결혼한 남녀들이라는 세 가지 신분으로 나누어 새로운 교단으로 개편했다.

데, 거기서는 천국의 희락과 지옥의 고통 사이에 중간적 정화를 위한 자리는 없다. 신학자들의 "교활함"에 대한 암시(제19행)와 선악간의 극명한 대비는:

> 악은 이 타락한 천사와 함께 사망에 이르고
> 선은 선하신 예수와 함께 생명에 이르는도다
> (제331~32행)

연옥이라는 중간 차원을 배제하려는 것처럼 보인다.[139]

또 다른 이들에게 있어, 연옥에 대해서는 아닐지라도 연옥과 관련된 몇몇 과장들에 대한 또 다른 적대감들은 그것이 이교적 미신이 아닌가 하는 우려에 기인한다. 그리하여 도미니크 수도사 야코포 파사반티 Jacopo Passavanti는 그의 유명한 저서 『진정한 참회의 거울 Specchio di vera penitenza』에서 "이교의 잔재인 또는 마귀의 거짓 교의에 의해 도입된 헛되고 거짓된 견해들"을 적발하며, "신의 정의를 자신들의 행위나 말이나 봉헌물로써 좌지우지하며 일정 기간 안에 영혼들을 연옥으로부터 끌어낸다고 하는 인간들의 허영과 탐욕"을 공격한다. "그것은 큰 교만이며 위험한 과오이다."[140]

본베신 달라 리바 및 베로나의 자코미노는 흔히 단테의 선구로 간주된다. 『신곡』 시인의 천재와 대담성은 이들과의 대조 가운데 한층 뚜렷이 부각될 것이다.

---

139) Giacomino da Verona, *La Gerusalemme celeste e la Babilonia infernale*, ed. E. Barana, Verona, 1921. 나는 *Poeti del Duecento*, I, Naples, 1960, pp. 627~52에 실린 R. Broggini-G. Contini의 판본을 사용했다.

140) Jacopo Passavanti, *Lo Specchio di vera penitenza*, ed. M. Lenardon, pp. 387~91.

제 10 장

시적인 승리, 『신곡』

연옥은 탄생한 지 백 년이 조금 더 지나 엄청난 행운을 만났다. 1265년 피렌체에서 태어난 단테 알리기에리 Dante Alighieri의 시적 천재 덕분에 연옥은 사람들의 기억 속에 부동의 자리를 얻게 된 것이다. 단테는 1302년 피렌체로부터 추방되어 1321년 라벤나에서 죽을 때까지 『신곡 Divina Commedia』을 썼으며, 볼로냐 학자 조반니 델 비르길리오 Giovanni del Virgilio의 편지가 입증하듯, 그 처음 두 편, 즉 「지옥편」과 「연옥편」은 1319년에 완성되었다.

내가 본 연구를 『신곡』으로써 맺으려 하는 것은 다시금 연옥의 역사에 작용한 우연을 보여주기 위해서만은 아니다. 또 그것은 본서의 말미에서 연옥을 단테가 올려놓은 그 정상에 남겨두기 위해서만도 아니다. 그것은, 무엇보다도, 단테야말로 그의 걸작을 통하여 내가 지금껏 추적해온 주제들의 대부분을 거대한 교향악으로 완성시키고 있기 때문이다. 「연옥편 Il Purgatorio」은 연옥의 오랜 생성이 도달한 숭고한 결론이다. 그것은 또한, 교회가 근본적으로 연옥 교의를 긍정하면서도 기독교인들의 감수성과 상상력에 내맡겨두었던 연옥의 가능하고 때로는 경쟁적인 이미지들 가운데서, 인간 정신이 낳은 연옥의 가장 고귀한 표현이기도 하다.

나로서는 감히 단테 학자들 가운데 끼여들어야 웃음거리밖에는 되지 않을 것이다. 그들의 숱한 주석 가운데서 나는 시의 순진한 독서라는 단순한 길을 따랐으며, 거기에서 내 길잡이가 된 것은 연옥의 탐구에서 『신곡』 이전에 만났던 수많은 텍스트들의 기억이다.[1] 우선 나는 「연옥편」의 줄거리를 되짚어보기로 하겠다.

---

[1] 나는 1965년 단테 700주기 기념으로 발간된 이중 언어본(Libraires associés, Paris, 1965)에 실린 이탈리아 단테협회의 최종판 이탈리아어본, 그리고 Louise Cohen과 Claude Ambroise가 감수한 L. Espinasse-Mongenet의 불역 및 Paul Renucci의 소개를 따랐다. 나는 역시 1965년에 발간된 André Pézard의 풍부하고 독창적인 번역 및 주석(Bibliothèque de la Pléiade)에도 힘입었다. 「연옥편」의 구조는 *Tutte le Opere di Dante*의 *Edizione del Centenario*(a cura di Fredi Chiapelli, Milan, U. Marsia, 1965)에 간명하게 제시되어 있다. *Dante Dictionary*의 "Purgatorio"라는 짧은 기사는 지형학적인 관점 및 이데올로기적인 관점에서 단테의 연옥의 특징을 잘 보여준다. Edoardo Coli의 오래 된 연구 *Il paradiso terrestre dantesco*, Firenze, 1897에서는 연옥의 위치 및 묘사에 관해 흥미로운 지적들을 찾아볼 수 있다. 주석 가운데는 G. A. Scartazzini의 것이 Giuseppe Vandelli에 의해 손질되어 이탈리아 단테협회의 비평본(2^e ed., Milano, 1960)에 실려 있다. André Pézard는 G. Troccoli의 주석 *Il Purgatorio dantesco*를 좋게 보았으며, 나는 Charles A. Singleton, *Dante Alighieri, The Divine Comedy, Purgatorio, 2: Commentary*, Princeton, 1973과 Natalino Sapegno 판본(Firenze, 1956)의 주들도 참고했다. 내가 보기에 중요하다고 생각되는 관점인 신학적 관점에서 Mandonnet의 고전이 된 연구 *Dante, le théologien*, Paris, 1935 및 그와 대칭을 이루는 Etienne Gilson, *Dante et la philosophie*, Paris, 1939를 참고할 수 있다.

저승관 및 저승의 묘사에 있어 단테의 선구자들에 관해서는 H. R. Patch, *The Other World according to Descriptions in Medieval Literature*, 1950 외에, A. d'Ancona, *I precursori di Dante*, Firenze, 1874; M. Dods, *Forerunners of Dante*, Edinburgh, 1903; Diels, "Himmels- und Höllenfahrten von Homer bis Dante," in *Neues Jahrbuch*, XLIX, 1922, p. 239 sqq.; A. Rüegg, *Die Jenseitsvorstellungen vor Dante*, Einsiedeln & Köln, 1945, 그리고 특히 Giosuè Musca, "Dante e Beda," in *Studi Storici in onore di Ottorino Bertolini*, II, 1972, pp. 497~524를 인용할 것이다. 나는 Girolamo Arnaldi의 우정 덕분에 G. Biagi, G. L. Passerini, E. Rostagno, *La Divina Commedia nella figurazione artistica e nel secolare commento*, Torino, 1931에 의한 『신곡』의 오래 된 주석들을 훌륭한 상태로 검토할 수 있었다. 가장 오래 된 주석들은 14세기 것들인데 주로 문헌학적인 것들이다.

단테의 연옥 체계

단테는 「지옥편」의 마지막 구절에서 이미 그 점을 말하였거니와, 시인과 그의 안내자인 베르길리우스는 지옥을 벗어나 "다시금 별을 보게" 된다. 그러니까 연옥은 지하에 있는 것이 아니다. 그것은 지상에, 별 하늘 아래에 있다. 한 노인이 그들을 맞이하는데, 그는 연옥의 안내를 맡고 있는 고대의 현자 우티카의 카토[2]이다. 연옥은 하나의 산으로서, 그 낮은 부분은 아직 고유한 의미에서의 연옥에 들어갈 자격이 없는 자들이 기다리는 대기소이다. 산은 남반구에 솟아 있으며, 단테의 전거인 프톨레마이오스에 의하면, 남반구는 살아 있는 자들은 들어갈 수 없는 메마른 대양(大洋)으로 되어 있다. 산은 예루살렘의 대척점에 위치한다(II, 3, IV, 68 sqq.). 두 순례자가 고유한 의미에서의 연옥에 이르는 것은 제9곡(曲)에서이다. 거기서 베르길리우스는 그의 동반자에게 이렇게 알린다:

그대는 이제 연옥에 이르렀으니
보라 저기 둘러친 성벽을
보라 저기 벽이 열린 곳을. (IX, 49~51)[3]

연옥은 일곱 개의 원 내지는 원반들(*cerchi, cerchie, cinghi, cornici, giri, gironi*)이 포개어져 정상으로 갈수록 반경이 줄어드는

---

*2) 제8장 주 17 참조.
*3) 『신곡』의 인용문들은 불역(저자가 따르고 있는 1965년 단테 700주기 기념 대역판), 영역(영역자가 따르고 있는 John Ciardi의 번역), 한국어 역(허인 역, 중앙출판사, 1992) 등을 참조하였다. 또한 인용문과 관련된 주들은 대부분 허인 주에서 차용하였음을 밝혀둔다.

모양을 하고 있다. 영혼들은 거기서 일곱 가지 대죄를 씻는다. 순서대로 꼽아보면 교만・시기・분노・나태・탐욕・탐식・방탕 등이 그것이다. 산의 정상에서 베르길리우스와 단테는 지상 낙원으로 들어가며 「연옥편」의 마지막 제28~33곡은 그곳에서 펼쳐진다. 베르길리우스는 지상 낙원의 문간에서 안내역을 그만두고 그가 이제까지 인도해온 자에게 이렇게 말한다:

> 이제 더는 내 말이나 손짓을 기대하지 말라
> 네 의지는 자유롭고 바르고 건전하니
> 그 명령에 따르지 않는다면 잘못이리
> 그러므로 나는 너를 네 주인으로 관 씌우노라. (XXVII, 139~42)

시인은 눈물을 흘리며 단테를 남겨두고 사라진다. 곧이어 단테에게는 베아트리체가 나타나 순례의 마지막 단계에서, 세번째 왕국, 즉 천국에서의 안내자가 되어줄 것이다.

이승과 저승에서의 창조 체계의 연관을 단테 이상으로 잘 표현한 이는 없었다. 지옥을 벗어나 중간적이고 일시적인 세계, 즉 지상에 이르며, 거기에서 하늘을 향해 솟아 있는 연옥산의 정상에 지상 낙원이 있다. 지상 낙원은 더 이상 세상 어딘가 잊혀진 곳에 있는 것이 아니라 그 이념적 차원, 즉 연옥에서의 정화를 마치고 천국에서의 영화(榮化)에 들어가기 전의 무오(無汚)의 차원에 위치한다. 여기서 비교적 희생된 듯이 보이는 것은 림보들인데, 13세기 신학자들은 즐겨 거기에 대해 논했지만 신앙 및 실제에 있어 그 뿌리는 깊지 않았던 것으로 보인다. 신자 일반이 받아들였던 진정한 저승 체계는 5대 처소가 아니라 3대 처소인 것이다. 그러나 『신곡』에도 림보들이 나오며, 옛 현인들 및 족장들의 림보와 기독교 세계의 아이들의 림보가 그것이다. 여기서 단테는 한편으로는 이교의 위대한 인물들——베르길리우스를 안내자로 선택한 것은 의미심장하다──에 대한 찬탄과 감사와 애정 및 어린 나이에 죽은 아이들에 대한 동정심과 연민, 그리고 다른 한편으로는 엄격한 기독교 정통주의 사이에서 갈등하는 것을 느낄 수 있다. 아무도 세례를 받지 않고서는 구원받아 천국에 갈 수 없는 것이다. 그러나 순례를 하는 동안 내내 단테의 마음속에서는 양쪽 림보에 있는 사람들이 떠나지 않는다. 그리스도 이전의 현인들과 의인들을 위해서는 두 가지 운명이 있다. 옛 법 아래 살았던 사람들은 족장들의 림보에 해당하는 지옥에 내려가셨던 그리스도에 의해 구원을 받았다.

그리고 그는 그들을 복되게 하셨다. (IV, 61)

그리고 나서 그는 지옥의 이 부분을 영구히 철폐하셨다. 이교도들은 어둠 속에 머물러야 하지만, 하느님께서는 그들에게 지옥의 최상층, 맨 위의 원반에 있는 고상한 성 *nobile castello*을 허락하셨으며, 그들은 거기서 한 옆에 "탁 트이고 환하고 드높은 장소"가 있는 "신선한 녹음이 우거진 초장에서" 산다(「지옥편」 IV, 106 sqq.). 단테가 순례길에서 늘 상기하고 기억하는 고대의 현인들은 「연옥편」에서 한층 분명히 나타난다. 아리스토텔레스와 플라톤, 그 밖에도 많은 이들이 진정한 신에 대한 "보답 없는 동경"을 가지고 있었던 것으로 언급된다(III, 40~45). 베르길리우스가 환기하는 바 "지옥의 림보로" 내려가는 주베날리스Juvénal[4]가 그렇고(XXII, 14), 스승 베르길리우스에게 로마의 위대한 문인들이 저주받았는가를 근심스러이 묻는 스타티우스Stace[5]가 그러하다. 베르길리우

---

*4) 주베날리스: 60?~140? 로마 최대의 풍자 시인. 현존하는 『풍자 시집』의 풍자시 6편에서 세상 인심의 퇴폐를 통탄하고 있는 이 위대한 모랄리스트의 풍모에 접할 수 있으나 단테는 직접 그 시집을 모르고 있었던 것 같다.

*5) 스타티우스: 나폴리 45년경~96. 라틴 시인. 두 편의 서사시 『테바이드』와 『아킬레

스는 그에게 대답하기를, 그들은 그와 더불어 "눈먼 감옥의 첫번째 층에" 있으며, 거기서 그들은 자주 그들의 유모였던 뮤즈들이 사는 연옥산에 대해 이야기하노라고 한다(XXII, 97 sqq.). 하지만 하느님께서는 그들 중 한 사람인 우티카의 카토를 연옥산의 산지기로 세우셨다. 어떤 이들은 이 역할이 이교도 그것도 자살자에게 맡겨진 데에 놀라기도 하지만, 단테는 목숨을 걸고 자유를 수호한 자에게 깊은 존경심을 가지고 있었다(「연옥편」 I, 70~75). 『향연 Convivio』[6]에서 베르길리우스는 그를 시민의 상징이자 시민 생활의 영웅으로 추앙하여, 그는 "자신을 위해서가 아니라 조국과 전 세계를 위해" 태어났다고까지 칭송한다.[7]

세례받기 전에 죽어 원죄밖에 없는 아이들은 이교의 현인들과 함께 지옥 제1층의 이 성에 있다. 베르길리우스는 연옥문 밖에서 만난 음유 시인 소르델로 Sordello[8]에게 그렇다는 것을 밝힌다:

저 아래 슬픔의 곳에는 고통이 아니라
어둠만이 있나니 거기서는 한탄도
울부짖음이 아니라 그저 한숨일 뿐

이드』를 썼다. 『테바이드』는 중세의 『테베 소설 Roman de Thèbes』의 출전이 되기도 했다.

*6) 고향 피렌체로부터 추방된 단테가 자신의 명성을 되찾고 또 자신이 발견한 "천사들의 양식"을 동포들과 나누기 위해 쓴 미덕들에 관한 논저(1305). 그에게 구원의 길이 되어주었던 철학적 지혜를 귀부인으로 의인화하여, 그녀가 베푸는 알레고리적 "향연" 형식으로 되어 있다.

7) Onde si legge [le *De Senectute* de Cicéron] *di Catone che non a sé, ma a la patria e a tutto lo mondo nato esser credea*(*Convivio*, IV, XXVII, 3).

*8) 만토바에서 16킬로미터 떨어진 고이토에서 출생. 모국어가 아니라 프로방스어로 시를 쓴 이탈리아 시인. 리카르도 디 산 보니파치오의 궁정에서 청춘을 보냈다. 그러나 스트라소의 오타와 비밀 결혼을 하고 마르카 드레비지에나를 떠나 프로방스로 갔다. 나중에 앙주백(伯) 샤를이 이탈리아로 진군할 때 그를 따라 되돌아왔다고 전한다.

> 거기서 나는 무죄한 아이들과 함께 거하느니
> 그들은 인간의 범과에서 씻기기 전에
> 사망의 무는 것에 물렸도다. (VII, 28~33)

「천국편」에서도 단테는 지옥의 림보에 붙들려 있는 어린 아이들에 언급한다.

> 그러나 은혜의 시간이 오기 전
> 그리스도의 완전한 세례 이전의
> 이 무죄함이 저 아래 붙들려 있으니. (XXXII, 82~84)

단테가 연옥을 그처럼 풍부한 것으로 만들 수 있었던 것은 그 적극적 중개 역할을 이해했기 때문이며, 그 공간적 구현과 자신이 믿는 바 영적 논리의 형상화를 통해 그것을 구체적으로 보여주었기 때문이다. 단테는 자신의 우주론과 신학을 조화시키는 데에 성공했다. 어떤 주석가들은 그가 1290년 베아트리체가 죽은 뒤 심신을 바쳐 몰두했던, 그 자신의 표현을 빌자면, "종교인들의 학파들 및 철학자들의 논쟁들"에서 얻은 지식들을 『신곡』에 채워넣은 것이라고도 주장한다. 하지만 그의 우주론과 철학과 신학이야말로 그의 시의 소재이며 정신이라는 사실을 어떻게 도외시할 수 있겠는가?

연옥은 지옥과 천국 사이에 있는 "저 두번째 왕국"임에 틀림없다. 그러나 단테는 이 중간적 저승을 매우 역동적이고 영적으로 이해하고 있었다. 연옥은 중립적 중간 지대가 아니라 방향성을 띤 것으로, 장차의 선택된 자들이 죽는 땅으로부터 그들의 영원한 처소인 천국을 향해 있다. 그들은 여정을 거치는 동안 정화되고 한층 더 정결해져서 그들의 목적지인 정상에, 저 높은 곳에 더욱 가까이 나아가게 되는 것이다. 지난 여러 세기의 저승에 관한 상상이 제공하는 모든 지리적 이미지들 가운데서 단테는 연옥의 진정한 논리, 즉 상승의 논리를 표출하는 유일한 이미지인 산을 택하였다. 단테의 종말론은 가장 최근의 것(연옥)과 가장 전통적인 것 (지옥에 대한 공포와 천국에 대한 열망)의 종합이며, 죽음을 둘러싼 감정들은 명확치 않다. 그는 「연옥편」의 제2곡에서 의미심장한 방식으로 그곳을 언급하는 데 그친다. 거기서는 천사가 키를 잡은 배에 타고 영혼들이 "모두 함께 합창으로" 시편 113편 "이스라엘이 애굽에서 나올 때의 노래 *In exitu Israel de Aegypto*"를 부르는데, 이는 중세에 죽은 자들을 그들의 집으로부터 교회로 그리고 묘지로 옮길 때 부르던 노래이다(II, 46~48). 본질적인 것은 이 산을 오르는 데 있다. "오른다"는 말은 「연옥편」 전체에서 반복되며,[9] 때로는 산 자체가 "신성한 산(*il sacro monte*, XIX, 38)" "거룩한 산(*il sancto monte*, XXVIII, 12)"이라고 불리기도 한다. 다음 두 행에서 단테는 여러 가지 의미를 동시에 전달하는 그의 재능을 발휘하여, 이 산을 화산 *poggio*으로, 그리고 목적지인 천국을 향해 솟아 있는 것으로 정의한다:

> 드높은 하늘을 향해 솟아 있는
> 산을 향해 나는 시선을 돌렸네
>
> *e diedi il viso mio incontro al poggio*
> *che'nverso il ciel più alto si dislaga.* (III, 14~15)

아주 높고 깎아지른, 오르기 험한 산. 베르길리우스는 거기로 단테를 끌고 가며, 그들은 네 발로 기어오른다:

---

9) I, 108; II, 60, 122; III, 46; IV, 38, 39; VI, 48; VII, 4, 65; VIII, 57; X, 18; XII, 24, 73; XIV, 1; XV, 8; XIX, 117; XX, 114, 128; XXI, 35, 71; XXII, 123; XXV, 105; XXVII, 74; XXVIII,

우리는 갈라진 바위 틈을 기어올랐네
양쪽에서 암벽은 우리를 우겨싸고
우리 아래 땅은 두 손과 두 발을 요구했네
높은 벼랑 위 가장 높은 꼭대기
탁 트인 장소에 이르렀을 때
스승님, 하고 나는 말했네, 어느 길로 갈까요?
스승은 대답하기를 한 발도 내려가면 안 된다
산 위를 향해서 내 뒤를 따라 앞으로만 나아오라. (IV, 31~38)

산꼭대기는 너무 높아 보이지 않고. (IV, 40)

그 자체로서 하나의 세계를 이루는 이 "두번째 왕국"은 다시 여러 영역들로 나누어지며, 단테는 그 하나하나를 다시금 '왕국'이라고 부른다. 이 "일곱 개의 왕국"을 지나가게 해달라고 베르길리우스는 문지기 카토에게 부탁하는 것이다:

우리가 이 일곱 왕국을 지나가게 해달라. (I, 82)

한 왕국에서 다음 왕국으로, 한 원반에서 위쪽 원반으로, 여행자들은 계단을, 가파른 층계들(*scale, scaglioni, scallo, gradi*, etc.)을 오른다. 예컨대 네번째 원반에서 다섯번째 원반으로 그들은 올라간다:

단단한 두 개의 암벽 사이로. (XIX, 48)

정화의 산

그러나 이 산은 정화의 산이며, 거기서 이루어지는 행위의 본질도 거기 있다. 단테는 이 주제를 처음부터 이렇게 명시한다:

나는 노래하리라 인간의 영혼이 정화되어
천국으로 올라갈 자격을 얻게 되는
이 두번째 왕국을. (I, 4~6)

베르길리우스는 카토에게 이르기를 이 정화를 단테에게 보여주는 것이 그들의 여행중 이 부분의 목표라고 한다:

이제 나는 그에게 보여주려 하오 이 영혼들이
그대의 감독하에 정화되는 것을. (I, 65~66)

정화의 전체적인 양상을 살피면서 단테는 이따금씩 특정 개인들의 정화에도 관심을 갖는다. 예컨대 방탕자들이 속해 있는 제7원반에서 만난 시인 귀도 귀니첼리 Guido Guinizelli[10]의 경우가 그러하다:

나는 귀니첼리인데 벌써 정화를 받고 있다. (XXVI, 92)

산에서의 정화는 세 가지 방식으로 이루어진다. 첫째, 악한 정욕을 징계하고 덕을 고취하는 물질적 형벌에 의해, 둘째, 정화해

---

*10) 1230년 볼로냐에서 출생. 단테 이전에 이탈리아에서 가장 뛰어난 시인이었다. 그의 전기에 대해서는 별로 알려져 있지 않다. 1276년 이전에 죽은 것으로 추정된다.

야 할 죄와 그 반대의 덕에 관한 명상에 의해. 어찌 보면 「연옥편」에는 미덕과 악덕에 관한 논술과도 같은 것이 들어 있다. 그리고 이러한 명상은 각 층에서 만난 유명한 망자들의 예로써 확충된다. 여기서 단테는 연옥에 있는 죽은 자들을 정치적 목적에 사용하는 전통을 이어받아(단테보다 더 정치적인 시인이 또 있겠는가?) 보다 영적인 교훈을 위해 사용하고 있다. 셋째, 정화는 영혼을 정결케 하고 하느님의 은혜 가운데 강하게 하며 그 소망을 표출하는 기도로써 이루어진다.[11]

어떤 영혼들이 연옥의 어떤 층에 가느냐 하는 원칙은 사랑이다. 베르길리우스는 분노자(憤怒者)들의 층인 세번째 원반으로부터 나태자(懶怠者)들의 층인 네번째 원반으로 가는 산의 중턱에서 단테에게 그 메커니즘을 설명해준다.

단테가 단계적으로 받던 영적인 수업은 등정(登頂)을 잠시 쉬면서도 계속되어 그는 인도자에게 이렇게 묻는다:

> 상냥하신 아버지여 우리가 있는 이 층에서
> 어떤 죄가 속(贖)해지고 있는지 가르쳐주십시오
> 우리 걸음은 멈추더라도 가르침은 멈추지 말아주십시오. (XVII, 82~84)

모든 죄의 공통 분모는 하느님, 즉 선(善)에 대한 사랑의 결여이다. 악을 향해 탈선한 사랑, 너무 미지근한 사랑, 증오로 바뀐 사랑, 이런 것들이 죄의 진정한 본질이다. 연옥산 위에서 사람들은 진정한 사랑을 되찾으며, 연옥의 등정은 선을 향한 재전진, 죄로 인해 지연되었던 바 하느님을 향한 순항(巡航)의 재개이다. 산이 바다로부터 솟아 있는 이곳에서 단테는 산과 바다의 은유를 결

---

11) Cf. *Dante Dictionary*, p. 534.

합하고 있다. 베르길리우스의 대답은 이렇다:

> 선에 대한 사랑이 그 임무를
> 게을리한 것이 회복되며
> 잘못 늦추어진 노는 여기서 다시금 젓기를 시작한다. (XVII, 85~87)[12]

전진의 법

연옥 산의 모든 논리는 오르면서 이루어지는 전진에 있다. 영혼은 매걸음 전진하며 좀더 정결해진다. 그것은 육신적이고 영적인 이중의 의미에서의 상승이다. 이 전진의 표지는 벌이 경감된다는 것이다. 영혼이 조금씩 죄를 덜어감에 따라 산은 덜 가파르고 오르기도 더 쉬워지는 듯하다.

연옥문 밖에서 베르길리우스는 단테에게 이렇게 일러주었었다:

> 그러자 그가 내게 말하기를 이 산은 항상
> 처음에 아래서는 힘이 들지만
> 오르면 오를수록 힘이 덜 든다. (IV, 88~90)

그리고 다시금 등정과 순항의 이미지들이 뒤섞인다:

> 그래서 산이 아주 평탄하여
> 마치 배를 타고 물길을 내려가듯
> 수월히 오를 수 있게 되면

---

12) *Ed elli a me: "L'amor del bene scemo
 del suo dever quiritta si ristora,
 qui si ribatte il mal tardato remo."*

그러면 너는 이 길의 끝에 이를 것이다. (IV, 91~94)

첫번째 층(원반)에서부터 이미 고통은 줄어들기 시작하여 좁은 길들은 계단으로 바뀌었다:

오라 여기에 계단이 있어
이제부터 쉬이 오를 수 있다. (XII, 92~93)

이 첫번째 계단 꼭대기에서 단테는 이러한 전진이 영적인 전진과 병행한다는 것을 상기시킨다:

우리는 계단 꼭대기에 있었다
오르는 동안 악을 씻어주는
산이 두번째로 단층을 이루는 곳에. (XIII, 1~3)

다음 층에서 천사는 등반자들에게 좀더 여유로운 가운데 향상이 계속되고 있음을 알려준다:

그는 기쁜 음성으로 우리에게 말했다 이리로 올라오라
이제까지보다 덜 가파른 계단으로. (XV, 35~36)

다섯번째 층에 이르자 얼굴을 땅에 대고 엎드려 울던 망자들은 그들의 도움을 청하면서 상승 가운데 전진이 이루어짐을 말한다:

오 하느님의 택하신 자들이여 정의와
희망을 인하여 고생이 덜 고된 자들이여
저 높이 솟은 층계에로 우리를 이끌어주시오. (XIX, 76~78)

이 짧은 대목은 연옥의 몇몇 기본 여건들을 상기케 한다. 거기에 머무는 영혼들은 천국을 약속받은 자들이라는 것, 그들은 선택된 자들의 영혼이며, 그들은 거기서 고통을 겪으나 하나님의 완전하시며 자비로우신 정의와 연옥 전체를 감싸고 있는 희망은 고통을 경감시킨다는 것, 그리고 이 고통들도 위로 올라감에 따라 완화된다는 것.

세번째 층에서 단테는 자신의 친구 포레제 도나티 Forese Donati[13]에게 그가 있는 산, 베르길리우스가 자신을 데려온 산은 사람을 바르고 의롭게 만들어주는 장소라고 일러준다:

> 그의 격려가 나를 위로 이끌었네
> 세상의 악으로 비뚤어진 그대들을 바로잡는
> 이 산을 나는 돌며 기어올라왔네. (XXIII, 124~126)

연옥과 죄

이 연옥은 물론 속죄를 하는 곳이다. 그러나 단테는 여기서 적어도 부분적으로는 신학자들의 가르침을 간과한 듯하다. 연옥에서 속죄하는 것은 사면 가능한 죄들이 아니며, 단테는 자기 가족을 지나치게 사랑하는 죄──아우구스티누스가 이미 "경미한" 죄의 하나로 꼽았던──를 제외한다면 그러한 죄들에 거의 언급하지 않는다. 연옥의 칠층산에서 정화되는 것은 지옥에서와 매한가지로 일곱 가지 대죄이다. 연옥의 근본 논리를 항상 의식하고 있었던 단테는 연옥을 한시적인 지옥으로 보았다. 그것은 그러한 죄들이 받아 마땅한 지옥의 형벌들을 일시적이고 약화된 방식으로 재연한

---

*13) 단테의 처 젬마의 친척. 단테와 친분이 두터웠던 피렌체인으로, 탐식벽이 있었다.

다. 차이가 있다면 연옥의 죄들은 회개와 참회 덕분에 다소 감면 되었거나 저주받은 자들에게서보다는 덜 고질적이거나 아니면 하느님에 대한 사랑으로 감동된 생애의 극히 일부만을 더럽혔거나 간에 덜 중하다는 것이다.

천사는 연옥의 입구에서 칼끝으로 일곱 번 단테의 이마 위에 P(*peccato*, 죄)라는 글자를 그려보임으로써 그에게 이 일곱 가지 죄들의 상징적인 표지를 둔다.

> 저 안에 들어가거든
> 이 상흔들을 씻도록 하라. (IX, 112~14)

그리고 실제로 매층을 벗어날 때마다 천사가 단테의 이마에 새겨진 상흔들 중 하나, 즉 죄들 중 하나를 지워줄 것이다.

제17곡에서 베르길리우스는 단테에게 사랑에 대한 위반의 목록을 설명해준 뒤, 일곱 가지 대죄의 체계를 이 원칙에 비추어 설명해준다.

선에 대한 사랑이 악에 대한 사랑으로 변질된 최초의 세 가지 형태는 이웃에 대한 증오 내지는 이웃의 불행에 대한 사랑의 세 가지 형태에 해당한다. 그것은 이웃을 밟고 올라서려는 의지, 이웃의 우월함을 참지 못함, 이웃에게 복수하려는 욕망 등이다. 그러므로 대죄의 처음 세 가지는 교만, 시기, 그리고 분노이다(XVII, 112~23).

한편, "선을 지향하나 무절제한" 사랑의 또 다른 세 가지 형태가 있다(XVII, 125 sqq.). 베르길리우스는 단테에게 등정을 계속하는 동안 이 타락한 사랑의 세 가지 형태를 직접 찾아보게 한다. 그것은 탐욕, 탐식, 그리고 방탕이다.

일곱 가지 대죄의 한복판에 있는 것은 해이해진 사랑, 미온적인 사랑, "느린" 사랑 *lento amore*이며, 그것이 산의 중턱에서 속죄되는 죄들이다. 수도원 사회에서 생겨난 이 나태함, 삶에 대한 권태로움 등이 라틴어로 이른바 accedia(이탈리아어로는 accidia)라 하는 것으로, 제4층에서 "슬픈 자들 *tristi*"이 그 죄를 씻고 있다.

보다시피 일곱 가지 대죄의 목록은 단계적인 목록이다. 한 층에서 다른 층으로 올라가면서 영혼들은 전진하는 것이다. 단테는 여기서도 전통적인 동시에 혁신적인 면모를 보여준다. 전통적이라는 것은 대죄들의 으뜸으로 교만을 꼽고 있기 때문이고(13세기에는 대개 탐심을 첫번째로 꼽는다), 혁신적이라는 것은 그가 이웃에 대해 짓는 마음의 죄인 교만·시기·분노를 대체로 자기 자신에 대해 짓는 육신의 죄인 탐심·탐식·방탕보다 더 중한 것으로 간주하기 때문이다. 방탕으로 말하자면 단테는 동성애이든 이성애이든 방탕자들에게 지옥벌을 주는가 하면 연옥의 혜택을 누리게도 한다(XXVI).

연옥에 이르는 죄의 메커니즘 가운데서 단테는 특히 회개의 지연에 민감한 듯하다. 그는 여러 번 그것을 언급한다. 연옥문 밖 *l'anté-purgatoire*에서 만난 벨라콰Belacqua[14]는 연옥문 앞까지 가볼 필요도 없이 문은 그에게 닫혀 있으리라고 생각한다.

> 왜냐하면 나는 마지막까지 회개의 탄식을 미루었던걸세. (IV, 132)

제5곡에서 그들은 급사(急死)를 당한, 따라서 마지막 순간까지 회개치 못한 자들의 무리를 만난다:

> 우리는 모두 급사를 당했고
> 죽기 직전까지 죄인이었다. (V, 52~53)

---

*14) 단테가 알고 지내던 음악인. 탁월한 현악기 제조가였는데, 생전에 영적인 일에나 세상사에나 태만했었다고 한다.

첫번째 층에서 그는 임종의 순간에야 겨우 회개한 자는 도움 없이는 연옥에 들어올 수 없다는 사실을 상기한다(XI, 127~29). 그러므로 단테는 죽은 지 5년이 채 못 된 포레제 도나티를 연옥에서 만나고는 놀라움을 금치 못한다. 그가 회개를 게을리한 것으로 치면 연옥문 밖에 가야 마땅하기 때문이다.

나는 네가 저 현세의 시간과 같은 시간을 보상하기 위해
아직 산 밑에 있는 줄로만 알았다. (XXIII, 83~84)

연옥문 밖

단테의 독창성은 많은 죄인들이 정화의 과정이 이루어지는 장소에 들어가기 전에 산 밑에, 연옥문 밖에 있는 대기 장소에 머물러야 한다는 상상에 있다. 임종시에야 겨우 통회를 한 자들에게까지 연옥이 약속됨에 따라(이러한 사정은 하이스터바흐의 차이자리우스에게서도 발견된다), 단테는 비록 하느님의 자비가 매우 큰 것이라고 믿기는 했지만 그래도 연옥 앞에서의 대기라는 이 보충적 시험이 필요하다고 생각했을 터이다.

그들은 연옥으로 가는 길을 모르는 채 불안해하는 무리로, 베르길리우스와 단테에게 이렇게 묻는다:

만일 그대들이 안다면
우리에게 저 산에 가는 길을 가르쳐주게나. (II, 59~60)

연옥문 밖에서 단테는 친구 카셀라 Casella[15]에게 이렇게 묻고:

그러나 자네는 왜 이렇게 오래 여기 있는 건가?

친구는 대답한다:

내가 부당한 일을 당한 것은 아니야
마음에 드는 자들을 마음에 드는 때에 배에 태우는
천사가 내게 수차 승선을 허락해주지 않았다 해도
왜냐하면 그의 뜻은 하느님의 뜻의 반영이니까. (II, 94~97)

그는 오래 된 전설을 마치 현실인 양 상기시킨다. 전설에 따르면 죽은 자의 영혼들은 저주가 아니라 정화를 받게 되면 테베레 강 하구의 오스티아Ostie에 모인다고 한다:

그래서 내가 테베레 강물이 짜지는 곳에서
바다를 보고 있노라니
그가 친절히도 나를 맞아주더군
그는 바로 지금도 저 강 어귀를 향해 날아갔네
아케론 강으로 내려가지 않는 영혼들은
언제나 그곳에 모이는 걸세. (II, 100~05)

오만한 시에나인 프로벤차노 갈바니 Provenzano Galvani[16]는 굴

---

*15) 단테의 친구로 음악가이며 피렌체 출신이었다. 그 밖의 자세한 기록은 없다.
*16) 프로벤차노 갈바니: 시에나의 기벨리니당의 당수로서, 토스카나에까지 세력을 떨쳤다. 1260년에 몬타페르티 전투에서 승리를 거두고, 1261년 몬타프로치아노의 장관이 되었다. 콜레 전투에서 패하고 포로가 되었다. 탈리아코초 전투에서 나폴리 왕 샤를 1세가 프로벤차노의 친구 크로라디를 포로로 하여 금화 1만 장을 단기간에 몸값으로 요구하자 프로벤차노는 누더기를 입고 시에나 광장에서 시민들의 희사를 애걸하였다. 평소에는 존대한 독재자인 그의 이러한 행위에 시민들이 감동, 기한내에 몸값을 줄 수 있었다고 한다.

욕을 무릅쓰고 구걸 행위를 함으로써 연옥문 밖에서 기다리는 것을 모면하였다. 친구의 몸값을 치르기 위해 그는 도시의 광장에서 구걸을 하였던 것이다:

　　이 행위 덕분에 그는 유형의 벌을 면한 것이오. (XI, 142)

　귀도 귀니첼리 또한 벌써부터 정화를 받을 수 있는 것은

　　내 마지막 날이 이르기 전에 회개를 한 덕분일세. (XXVI, 93)

그러나 단테가 그의 저승 여행을 할 무렵, 연옥문에 이르는 장애물들을 없애고 기다리던 영혼들의 무리를 산으로 밀어넣은 한 사건이 발생했다. 그것이 1300년의 희년을 기한 교황 보니파치우스 8세의 면죄이다. 카셀라는 베르길리우스와 단테에게 사공 카토에 관해 말하던 중 그 이야기를 한다:

　　정말이지 석 달 전부터 그는 아주 선선히
　　누구든 들어가려는 자는 들여보내주고 있어. (II, 98~99)

　보니파치우스 8세의 개혁이 연옥과 관련된 관행들을 어떻게 뒤집어엎었던가에 대해 이보다 더 나은 증언을 찾을 수 있겠는가?
　단테의 연옥이 언제 어떻게 들어갈지 마음대로 되지 않는 것은 물론이지만, 그것은 또한 천국의 예고편 같은 것도 아니다. 연옥의 각 층은 눈물과 신음으로 가득차 있다. 꿈속에서 단테는 거기에 가까이 다가가면서 두려움에 사로잡힌다.

　　마치 공포로 얼어붙은 사람처럼. (IX, 42)

그는 전율하며 창백해져서 베르길리우스가 나서서 그를 안심시켜야만 하는 것이다.
산은 물론 징계의 장소이다. 예컨대, 제2층에서는 시기자(猜忌者)들이 채찍질을 당한다. 물론 그 채찍들이 사랑으로 엮은 것이기는 하지만.

이 층에서는 시기심의 죄를
벌한다네 그 때문에 채찍의 끈들은
사랑으로 엮어져 있지. (XIII, 37∼39)

시기자들의 그림자들은 한층 더 심한 벌을 받는다:

그들은 모두 눈꺼풀이 철사로 꿰매져 있다
마치 사나운 매가 가만히 있지 않으면
그렇게 하는 것처럼. (XIII, 70∼72)

지상에서 지은 죄들과 이 벌들의 강도 및 기간, 특히 연옥문 밖에서 기다리는 시간 사이에는, 죄과가 속해지는 산의 층위(層位) 외에도, 이미 내가 연옥 체계의 특징 중 하나로 지적한 바 있는 비례 관계가 존재한다.
페데리코 2세의 사생아였다가 친자 인지를 받았던 만프레디[17]는

---

*17) 만프레디: 시칠리아 황제 페데리코 2세의 서자(아리고 6세의 아내 코스탄차 황후의 손자). 그는 1232년에 출생했는데, 1250년 그의 아버지가 죽고 형이 독일에 억류되어 있는 동안 나폴리와 시칠리아 왕국의 정권을 장악하고 권모와 지략을 과시했다. 그러다 형 쿠라도가 죽자 그의 아들이 교황 이노첸티우스 4세의 비호하에 등극하고 이어 만프레디는 추방되었으나 나중에 팔레르모에서 왕으로 추대되었다. 그러나 그는 교황청과 계속해서 대립하였다. 교황 클레멘스 4세는 프랑스 왕 루이의 동생 샤를 앙주를 시칠리아의 왕으로 봉하고 1266년 만프레디를 타도케 하였다. 만프레디는 베네벤토에서 전사했다.

파문을 당한 채 죽어 연옥문 밖에서 이렇게 선언한다:

> 성스러운 교회로부터 파문되어 죽은 자는
> 비록 마지막에 뉘우쳤다 하더라도
> 불손하게 지낸 시간의 30배를
> 여기 바깥 기슭에서
> 지내야만 한다는 것이 사실이다. (III, 136~40)

그리고 벨라콰는:

> 먼저 하늘이 내 둘레를 돌기를 내 생전에 했던 만큼
> 하기까지 나는 바깥에서 기다려야 한다네
> 왜냐하면 내가 마지막까지 회개의 탄식을 미루었기 때문이지. (IV, 130~32)

베르길리우스의 찬미자였던 스타티우스는 이 비례성을 뒤엎어 만일 베르길리우스의 시대에 살 수만 있다면 연옥에서 일 년을 더 지내도 좋다고 말한다(XXI, 100~02).

그러나 단테는 연옥의 벌들은 지상의 어떤 벌보다도 무겁다는 아우구스티누스 이래로 내려오는 주장을 견지한다. 그는 자신의 방식대로 연옥의 산이라는 지형을 사용하여 그것을 형상화한다:

> 우리는 그 사이에 산 밑에 다다랐다
> 거기에는 암벽이 깎아지른 듯하여
> 날랜 다리라도 오르기 힘들 것 같았다
> 레리치와 투르비아 사이의 가장 황량하고
> 가장 험히 무너진 길도 이 암벽에 비하면
> 오르기 쉬운 넓은 계단같이 생각되었다. (III, 46~51)

불

종종 단테는 그 이전에 연옥 벌과 다소간에 동일시되었던 불을 환기하곤 한다.

산이 가까워짐에 따라 그를 괴롭히는 악몽 가운데서 단테는 불을 본다:

> 거기서 나는 우리가 타버리는 줄 알았다
> 꿈속의 불이 어찌나 뜨겁던지
> 나는 절로 잠이 깨었다. (IX, 31~33)

그래서 단테는 자신이 지옥으로 돌아간 줄 알았다:

> 지옥의 어둠도, 구름에 뒤덮여
> 별 하나 보이지 않는
> 가련한 하늘 아래 캄캄한 밤의 어둠도
> 우리를 여기서 에워싼 연기만큼
> 두터운 막으로 내 눈을 가린 적은 없었다. (XVI, 1~5)

제7층에서 불은 방탕자들을 태운다(XXV, 137).

> 여기 산허리에서는 불길이 마구 솟구치는데
> 골짜기 아래서부터 바람이 불어올라와
> 불길을 막아세우고 가장자리에 겨우 길을 내었다
> 그래서 우리는 그 좁은 길을 한 사람씩
> 가지 않으면 안 되었다 왼편에는 불이
> 오른편에는 심연이 나를 두렵게 했다. (XXV, 112~17)

이 세찬 불길 때문에 단테는 스승 귀도 귀니첼리의 품에 뛰어들지 못한다:

그러나 불 때문에 나는 더는 나아갈 수 없었다. (XXVI, 102)

한편 트루바두르 아르노 다니엘 Arnaut Daniel[18]은

그를 깨끗케 하는 불 속으로 사라진다. (XXVI, 148)

마침내 연옥을 떠나 지상 낙원으로 가게 되었을 때에도 불의 벽을 지나가야만 한다. 마지막 층의 천사가 그에게 고지(告知)한다:

더 멀리는 가지 못한다 이 불의 무는 것을
겪지 않고는 오 거룩한 영혼들이여 그리로 들어가라. (XXVII, 10~11)

단테는 근심하며 이 불을 바라본다:

팔짱을 낀 채 몸을 굽혀
불을 보았는데 예전에 본 적이 있는
불에 탄 시체가 눈에 선했다. (XXVII, 16~18)

베르길리우스는 그를 안심시킨다:

만일 네가 천년 이상 이 불 속에

---

*18) 아르노 다니엘: 프로방스 출신으로 1180~1210년경에 활약했으나 그의 행적은 명확치 않다. 그러나 단테는 귀도의 입을 빌어 그가 트루바두르뿐만 아니라 트루베르들에게도 비길 자가 없는 뛰어난 시인이라 칭한다.

> 남는다 해도 머리털 하나
> 타지 않을 테니 믿으라. (XXVII, 25~27)

그러나, 베르길리우스가 그의 앞에서 불을 막아서도, 시험은 힘이 든다:

> 내가 불 속으로 들어가자 불길은 기승하여
> 몸을 던지는 편이 나을 성싶었다
> 이곳의 불은 그처럼 끝없는 것이었다. (XXVII, 49~51)

베르길리우스가 그에게 끊임없이 베아트리체에 관해 말하고 피안(彼岸)으로부터 노래하는 음성이 그를 불러주는 덕분에 단테는 간신히 시험을 이겨낸다.

이 불은 지옥을 생각나게 하지만 그와는 분명히 다르다. 베르길리우스는 단테를 떠나면서 그 사실을 상기시킨다:

> 일시적인 불과 영원한 불
> 아들이여 너는 그것들을 보았노라. (XXVII, 127~28)

연옥과 지옥: 회개

물론 연옥은 단테에게 여러 차례 지옥을 기억나게 한다. 연옥 문 밖, 연옥 산의 일곱 층, 지상 낙원 등으로 이루어지는 연옥의 아홉 처소들은 천국의 9층 하늘[19]을 예고하는 것이기도 하지만, 연

---

*19) 단테에 의하면, 아홉 개의 하늘들이 지구 둘레를 돌고 있는데, 가장 낮은 하늘인 월천(月天)부터 시작하여 수성천(水星天)·금성천(金星天)·태양천(太陽天)·화성천(火星天)·목성천(木星天)·토성천(土星天)·항성천(恒星天), 그리고 가장 높은

옥을 올라가는 단테에게는 특히 9층 지옥을 상기시키는 것이다. 그러나 단테는 지옥과 연옥 사이의 근본적 차이를 지적하며 뚜렷이 부각시킨다. 우선 지옥 문이 넓은 것과는 달리 연옥 문은 좁다(IX, 75~76). 이는 복음서에 나오는 구원의 좁은 문을 생각나게 한다: "좁은 문으로 들어가라 멸망에 이르는 길은 넓고 그리로 가는 사람이 많으나 생명에 이르는 문은 좁고 길은 협착하여 그것을 찾는 이는 적으니라"(마태 47: 13~14). 그리고 또 "좁은 문으로 들어가기를 힘쓰라 이르노니 많은 사람이 들어가기를 구하여도 능치 못하리라"(누가 13: 24). 단테는 한층 더 명백히 말한다:

도착하는 이 길들은 얼마나 다른가
지옥의 길들과는 여기서는 노래 한가운데로
들어가건만, 거기서는 쓰라린 비탄 가운데로 가야 했으니. (XII, 112~14)

단테는 연옥을 저승의 중개적 처소로 만드는 데 다른 누구보다도 훌륭히 성공했으며, 그럼으로써 13세기 교회가 지옥화했던 연옥을 제 위치에 돌려놓았다고 할 수 있다. 지옥과 천국이라는 양극 사이에서 천국 쪽으로 약간 더 기울어지는 정통적 연옥의 논리에 보다 충실했던 단테는 연옥을 희망의 장소, 희락이 시작되며 빛을 향해 점진적으로 나아가는 장소로 그려놓았다.

그것은 어떤 의미로 단테가 스콜라 학자들을 넘어, 마치 오베르뉴의 기욤이 지나칠 만큼 그러했듯이, 연옥의 근거를 참회에 두었던 12세기 신학자들의 위대한 전통에 충실했기 때문이다.

연옥문 밖에서 속죄와 정화에 필요한 것은 『미제레레 *Miserere*』[20]

정화천(精華天, 엠피레오)에 이른다(제1장 주 106 참조).
*20) '불쌍히 여기소서'라는 뜻의 라틴어. 시편 제51편 처음에 나오는 말로, "하느님, 선한 이여 나를 불쌍히 여기소서, 어지신 분이여, 내 죄를 없애주소서, 〔……〕 주의

의 노래이다(V, 22~24).

연옥문간을 지날 때의 세 단의 층계가 미묘하고도 완벽한 방식으로 상징하는 바도 바로 그것이다:

> 문 하나가 보였다 그 밑에는 그곳으로 통하는
> 색이 다른 세 단의 돌층계가 있었다
> 문지기가 있었지만 아직 아무 말도 하지 않았다
> [………]
> 우리는 그곳으로 갔다 첫째 단은
> 흰 대리석인데 맑게 닦아놓아
> 내 모습이 거울처럼 그대로 비쳤다
> [………]
> 둘째 단은 붉기보다는 검은 어두운 빛깔인데
> 거칠게 구운 돌로 되었으며
> 가로세로 금이 가 있었다
> [………]
> 셋째 층계가 맨 위층인데, 묵직한 반암으로
> 혈관에서 솟구치는 피처럼
> 불타는 듯이 보였다
> [………]
> 인도자에게 이끌려 나는 그 세 단을 올라갔다
> 길잡이가 내게 말했다 "문을 열어달라고
> 겸손하게 청하여라." (IX, 76~108)

백주년 프랑스어 대역판의 주석은 설명하기를 "이 장면은 참회

인자를 좇아 나를 긍휼히 여기시며" 이는 다윗이 죄를 짓고 나서 읊은 것으로 흔히 통회성시(痛悔聖詩)라고 한다.

(회개)를 형상화한 것이다. 천사는 사제를 나타내는데, 말이 없다. 왜냐하면 죄인이 먼저 그에게 말을 걸어야 하기 때문이다. 색이 다른 세 단은 성사를 이루는 세 가지 행위, 즉 통회와 고해와 참회(보속)를 상징하는바, 이 셋은 상이한 행위들이지만 셋에서 하나의 성사를 이룬다. 마치 세 단의 층계가 단 하나의 문으로 인도하듯이."[21]

첫째 단은 통회 *contritio cordis*를 상징하는 것으로, 이는 참회자를 대리석처럼 희게 만든다. 둘째 단은 고해 *confessio oris*를 나타내는 것으로, 이는 참회자의 마음속에 주홍 같은 수치를 느끼게 한다. 셋째 단은 고유한 의미에서의 참회 곧 보속 *satisfactio operis*을 구현하는 것으로, 참회자의 마음속에 일어나는 사랑의 열화처럼 타는 듯이 붉은 빛깔이다.

정화의 이 문간에서부터 참회하는 망자는

> 죄를 지을 능력이 더 이상 우리 능력에 있지 않은 세계. (XXVI, 131~32)

로 들어가기는 하지만, 여전히 자유 의지를 지닌 인간으로서 정화에 대한 자신의 의지를 표명해야만 한다. 단테는 베르길리우스를 따라 "선한 의지를 가지고서 *di buona voglia*" 연옥으로 가는 것이다.

연옥 한가운데서 스타티우스는 베르길리우스와 단테에게 영혼이 스스로 정화되기를 원해야 함을 상기시킨다.

> 정화의 유일한 증거는 자신의 의지뿐

---

21) 이것은 p. 634의 주에 언급된 Espinasse-Mongenet의 번역이 실린 판본이다. 인용문은 p. 604에 실려 있다.

의지가 문득 영혼에 작용하면
영혼은 자유로이 거처를 바꾸게 된다. (XXI, 61~63)[22]

이것이 연옥 벌이 "의지적인가"에 대한 스콜라 학자들의 추상적인 논의에 대한 단테의 해석이다.

참회에는 또한 그 나름의 쓰라림(신학자들과 목자들이 말하는 acerbitas)도 들어 있다.

가령 제5층의 탐욕자들과 방탕자들은

탐욕의 악은 이곳에서 분명히 드러난다
회심한 영혼들의 정화에서
산 위의 어떤 벌도 이보다 더 쓰라리지 않으리라. (XIX, 115~17)

지상 낙원에서도 노래하고 춤추며 베르길리우스와 단테를 맞이하는 아름다운 마텔다[23]는 시편 제27편의 참회의 노래를 부른다:

죄의 가리움을 받는 자는 복이 있나니

Beati, quorum tecta sant peccata! (XXVIII, 40)

이 참회의 과정에서 회오(悔悟)는 특히 중요하며 그것은 눈물로써 표현되는 것이 좋다.

급사의 희생자들은 숨지기 전에 시간이 얼마 없었음에도 불구하

---

22) *Della mondizia sol voler fa prova*
   che, tutto libero a mutar convento,
   l'alma sorprende, e di voler le giova.
*23) 단테가 꿈에서 보았던 레아의 현신으로(제27곡 참조) 활동적 생활의 표상이다. 지상의 행복은 자신의 선행으로 덕을 쌓는 데 있다는 단테의 생각을 비유적으로 나타내고 있다. 또 이 여인은 지상 낙원의 인격화이며 그 정신을 나타내는 것이기도 하다.

고 연옥문 밖에 있으나 회개할 수 있을 뿐 아니라 그들의 암살자나 처형자를 용서할 수 있다.

> 그리하여 우리는 회개하고 용서하면서
> 하느님과 화해하고 세상을 떠났소
> 그를 뵈오려는 열망이 우리 마음에 불을 붙였소. (V, 55~57)

연옥문 밖에서 부오콘테 데 몬테펠트로 Buonconte de Montefeltro[24]는 그가 임종의 순간에 회개한 덕분에 하느님의 천사의 인도를 받았다고 이야기한다. 지옥의 천사는 한 방울 눈물 때문에 *per una lacrimetta* 그를 놓쳤다는 것이다:

> 하느님의 천사가 나를 붙들자 지옥의 천사는 외치기를
> "오 그대 하늘에서 오는 자여 왜 내 몫을 채가는가?
> 눈물 한 방울 때문에 그에게 있는 불멸의 것을
> 내게서 빼앗아가려는가?" (V, 104~07)

단테는 탐욕자들의 층에서 교황 하드리아누스 5세[25]가 수치스러워 몸을 숨기려는 것을 보고 이렇게 부른다:

> 영혼이여 그대 안의 눈물이 열매 맺으니
> 눈물의 열매 없이는 아무도 하느님께 되돌아가지 못하오. (XIX, 91~92)

---

*24) 봉콘테라고도 함. 「지옥편」 제27곡에 나오는 귀도 디 몬테펠트로의 아들. 기벨리니당의 지도자로, 아레초의 구엘프당을 축출하려고 전자에 여러 번 나갔으나 1299년 캄팔디노에서 전사했다.
*25) 제노아의 귀족 라비니아 가문 출신으로, 1276년에 교황이 되어 재위 38일 만에 죽었다. 그의 탐욕의 죄에 대해서는 고증을 할 수 없다.

제5층에는 심연의 가장자리에 눈물로써 악을 용해시키는 자들의 무리가 모여 있다.

사람들의 눈에서 방울방울 떨어지는 눈물이
온 세상을 채운 악을 녹이고 있었다. (XX, 7~8)

지상 낙원으로 들어가면서, 단테는 이 행복을 맛보기 위해서는 우선 눈물로써 회개해야 한다는 것을 마지막으로 한번 더 상기시킨다(XXX, 145).

희 망

그러나 단테는 연옥이 희망의 장소임을 강조한다. 비물질적인 육신——끌어안을 수 없는 그림자라는 주제는 끊임없이 반복된다[26]——을 부여받은 영혼들은 이미 구원받은 영혼들이다.

희망은 주로 기도 가운데 표명된다. 「연옥편」 전체는 기도와 찬미로 수놓아져 있다. 단테는 스콜라 학자들이 대개 논외로 했던 전례를 작품에 넣었다. 그리고 연옥에서 망자들이 기도하는 이미지는 바로 중세말의 화가들이 연옥과 지옥을 구별하기 위해 택하게 될 이미지이다. 지옥에는 희망이 없으니 기도해서 무엇 하겠는

---

26) 아, 허무한 그림자여, 모습은 보이는데 실체가 없는 것이다!
나는 세 번이나 팔을 그의 등에 둘렀으나
세 번 다 팔은 내 가슴으로 돌아왔다.

oi ombre vane, fuor che nell'aspetto!
Tre volte dietro a lei le mani avvinsi,
tante mi tornai con esse al petto (II, 79~81)

가? 반대로 연옥에서는 구원의 확신이 기도로 나타나며, 기도로 입증되고 재촉되어야 한다. 이 희망은 정결함과 희망의 빛깔인 흰색과 녹색으로써 상징된다.

아직 연옥문 밖에 있는 여행자들의 첫걸음에서부터 흰색이 나타난다.

> 그리고 그의 양쪽에서 나는 알지 못할
> 흰색이 나타나는 것을 보았다 그리고 그 아래서
> 또 다른 흰색이 조금씩 떠올랐다. (II, 22~24)

베르길리우스는 단테를 격려하며 빛을 찾으라고 권고한다:

> 그리고 아들아 너는 네 희망을 굳게 지키라. (III, 66)

위로 오르기 시작한 순례자들은 다시금 빛에 대한 갈망과 희망으로 전진한다:

> 그러나 여기서는 사람이 날아가야겠다
> 날쌘 날개와 크나큰 열망에 부푼 깃털로
> 내게 희망을 주고 그 빛을 내게 비추어주는
> 저 안내자를 따라. (IV, 27~30)

연옥문 밖에서 기도하는 영혼들이 지나간다:

> 저기서 손을 내밀고 기도하누나
> 페데리고 노벨로도 저 피사인도. (VI, 16~17)

거기서 감독하는 천사들은 옷과 날개가 희망의 빛깔로 되어 있

다:

> 그리고 나는 천상에서 하계로 내려오는
> 두 천사를 보았다 그들은 끝이 부러진
> 화염검을 가지고 있었다
> 그들은 녹색 날개를 퍼덕이며
> 새로 핀 나뭇잎 같은 녹색 옷자락을
> 바람에 길게 끌며 펄럭이고 있었다. (VIII, 25~30)

> 녹색 날개가 공기를 가르는 소리를 듣고
> 뱀은 달아났다…… (VIII, 106~07)

그리고 제1층에서는 교만자들이 주기도문을 외우나 악에서 구하옵소서라는 대목은 형식적인 것에 불과하다. 그들은 이제 죄에서 해방되어 더 이상 그런 기도가 필요없기 때문이다:

> 이 마지막 기도는, 사랑하옵는 주여
> 더는 우리를 위해 필요가 없사오니
> 우리 뒤에 남을 자를 위해 드리옵나이다. (XI, 22~24)

단테가 연옥문 밖에서 맨 처음 발견한 영혼들도 이미 "운이 좋은 영혼들"(II, 74), 선택된 영혼들이다:

> 오 그대들 복되게 생을 마친 자들이여, 이미 선택된 자들이여. (III, 73)

하고 베르길리우스는 그들에게 말한다. 제2층의 시기자들에게 단테 역시 이렇게 말한다:

> 오 그대들, 지고의 빛을 볼
> 확신을 지닌 자들이여. (XIII, 85~86)

연옥에 있는 영혼들의 구원은 그들을 벌하시나 또한 은혜와 긍휼이 풍부하신 하나님의 정의에 의해 결정된다. 그것은 또한 영혼들 자신의 나머지 의지에 의해서도 이루어진다. 탐욕자들의 층에서 위그 카페 Hugues Capet[27]는 그 점을 말한다:

> 우리의 걸음을 때로는 느리게 때로는 빠르게
> 행보에 가해지는 박차의 세기에 따라
> 때로는 높은 음성으로 때로는 낮은 음성으로 우리는 말한다. (XX, 118~20)

산 자들의 도움

특히 정화에서의 진전과 천상으로의 상승은 산 자들의 도움에 달려 있다. 단테는 여기서 대도에 대한 신앙을 그대로 받아들이고 있다. 연옥에 있는 망자들의 대부분이 친족이나 친구의 도움을 청하며 어떤 이들은 좀더 넓게 성도들의 통공에 호소한다.

연옥 입구에서 기다리고 있는 만프레디는 시인에게 그가 지상으로 돌아가거든 자기 딸 "상냥한 콘스탄차"에게 자신의 처지를 알려달라고 부탁한다. 그녀는 그가 파문을 당했기 때문에 저주받았으리라고 생각할 것이다.

여기서는 세상에 있는 이들의 도움으로 많이 전진할 수 있기 때문이

---

*27) 위그 카페: 941~996. 프랑스의 왕(987~996). 카페 왕조의 시조.

오. (III, 145)

벨라콰는 곧 연옥에 들어갈 수는 없으리라고 생각한다:

> 살아 있는 심장에서 거룩한 은혜 가운데 솟아난
> 기도가 나를 좀더 일찍 도우러 오지 않는 한. (IV, 133~34)

야코포 델 카세로Jacopo del Cassero[28]는 파노의 모든 주민들의 도움을 청한다:

> 네게 청하노니 혹시 네가 로마냐와
> 나폴리 사이에 있는 나라에 가거든
> 부디 파노에서
> 사람들에게 정중히 부탁해다오
> 내가 이 무거운 죄를 씻을 수 있게
> 나를 위해 기도를 드려주도록. (V, 68~72)

부오콘테 데 몬테펠트로는 아내 조반나와 친척들에게서 버림받았다고 탄식한다:

> 조반나도 다른 누구도 나를 걱정하지 않기 때문에
> 나는 고개를 숙이고 저들 가운데 가고 있지. (V, 89~90)

단테는 연옥문 밖에서 기다리는 이 영혼들의 요구에 거의 압도당한다:

---

*28) 파노의 유력한 구엘프 당원. 볼로냐의 통령(1296~1297) 때 페라라의 후작 에스테 집안의 원한을 샀다. 1298년 밀라노의 통령이 되어 그곳으로 가던 중 에스테 가문의 아초Azzo 8세의 하수인에 의해 암살됨.

거룩해질 시간이 앞당겨지도록
위해서 기도해주기를 청하는
이 모든 그림자들로부터 벗어났을 때. (VI, 25~27)

니노 비스콘티 Nino Visconti[29]도 역시 단테에게 손녀 조반나가 그를 도와주도록 부탁한다:

네가 저 큰 물살 너머에 가거든
내 조반나에게 일러다오 나를 위해 그녀가
무죄한 이들에게 응답하시는 천상에 기도드리도록. (VIII, 70~72)

주기도문을 외우던 교만자들은 산 자들에게 도움을 청한다. 왜냐하면 그들 자신은 힘이 닿는 한 지상에 있는 자들을 위해 기도하기 때문이다(단테는 여기서 공덕의 상호성이라는 길에 접어드는 것 같다) 단테도 그들의 호소에 합세한다.

연옥에서 이처럼 항상 우리를 위해 기도할진대
현세에서 마음 착한 이들은 이 영혼들을 위해
무엇을 말하고 무엇을 해야 할 것인가?
이 땅에서 묻혀간 때를 씻어버리고
정결하고 가볍게 별들이 빛나는 하늘로

---

*29) 피사의 구엘프당 수령(1265?~1296). 조반니 비스콘티와 우골라노 백작의 딸 사이에 태어난 아들. 1285년 조부 우골라노 백작의 청으로 피사에 부임, 당시 구엘프당의 수중에 있던 정부의 장관이 되었다. 본래 조부는 기벨리니당의 세력 만회에 니노를 이용했던 것이므로 피사가 기벨리니당의 수중에 들어가자 조부에게 등을 돌리고 1288년 7월 피사를 탈출하여 구엘프당 동맹군의 총지휘자로 피사와 싸웠다. 니노는 테베레 강을 건너 연옥에 오는 줄로 알고 있다.

날아갈 수 있도록 도와주어야 하리. (XI, 31~36)

그러니까 연옥에는 잊혀진 자들도 있고 도움을 받는 자들도 있다. 시에나의 사피아 Sapia[30]는 뒤늦게야 회개했지만 동향인인 프란체스코회 제3회[31] 회원 피에르 페티나이오 Pier Pettinaio[32]의 도움을 받는다:

죽음이 임박했을 때에야 하느님과
화해하기를 바랐지만 내 빚은
참회만으로는 줄지 않았을 거요
만일 빗장수 피에르가 나를 위해
거룩한 사랑으로 감동된 기도 가운데
나를 기억해주지 않았더라면. (XIII, 124~29)

때로 연옥의 영혼들은 산 자들에게뿐 아니라 하느님께 그들을 위해 간청해달라고 단테에게 부탁한다. 예컨대 분노자들의 층에서 롬바르디아의 마르코 Marco[33]는 이렇게 청한다:

---

*30) 시에나의 명문 살바니 가문 출신의 귀부인. 1210년생으로 1230년경 카스틸리온체를로 성주 기니발도 사라치와 결혼, 1268년에 남편과 사별했다. 1269년 6월 시에나의 기벨리니당과 피렌체인간의 콜레 전투에서, 시에나의 최고 권력자 프로벤찬 살바니의 패배를 원할 만큼 심한 질투심을 갖고 있었다.
*31) 성프란체스코는, 직접 그를 따르며 수도원에서 함께 생활하는 수도자들 외에, 대중 속에서 그를 따르려는 사람들을 위해 재속 형제들의 '프란체스코 제3회'를 만들었다.
*32) '빗장수 페테로'라는 뜻. 시에나의 캄피에서 태어나 프란체스코회의 은둔 수사가 되어 빗을 팔았다고 한다. 신앙이 깊었으며 109세까지 장수하다 1289년 12월에 죽었다. 시에나 시민은 공비로 그의 묘를 세워주었다.
*33) 베네치아의 롬바르디아 가문 출신 마르코라는 것인지, 롬바르디아 지방 출신 마르코라는 것인지, 이 인물에 대해서는 알려진 바가 없다.

> 청컨대
> 네가 천상에 가거든 나를 위해 중재해다오. (XVI, 50~51)

스타티우스가 제5층에서 연옥의 영혼들을 위해 청하는 것도 하느님의 도우심이다:

> 그가 곧 그들을 저 위로 보내주시기를. (XXI, 72)

그러나 물론 연옥에서 고통하는 자들이 청하는 것은 성모와 성인들의 중보이다. 제2층의 시기자들은 이렇게 외친다:

> 나는 들었다 마리아여 저희를 위해 기도해주소서
> 미가엘이여 베드로여 모든 성인들이여 하고 외치는 소리를. (XIII, 50~51)

연옥의 시간

단테와 베르길리우스의 연옥 여행은 부활 주간의 나흘 동안 이루어진다. 부활은 죽음에 대한 승리이자 구원에 대한 약속인 것이다. 부활절 하루는 연옥문 밖에서, 부활 주간의 월요일과 화요일 이틀은 연옥산에서, 나흘째인 수요일은 지상 낙원에서 지내게 된다. 이 여행 내내 단테는 해와 별들의 운행을 꼼꼼히 기록한다. 이러한 천체들은 산을 돌아오르는 그들을 비추어주며 그들과 함께 하시는 그리고 연옥의 영혼들을 천상으로 인도하시는 하느님의 은혜를 상징한다.

「연옥편」에서 우리는 그 밖에도 시간을 나타내는 지표들을 자주 만나게 된다. 「지옥편」에서는 시간의 지표라고는 베르길리우스와 단테의 여행에 관한 것들뿐이었고, 「천국편」에서는 단테의 짧은 통과 동안에도 시간은 사라진다. 반대로 연옥은 시간의 영역이다.[34] 단테는 연옥의 시간이 역사적 시간내에 자리함을 상기시키며, 연옥 체류의 최장 기간은 죽음에서 최후 심판까지이다. 시인은 독자에게 이렇게 말한다:

> 독자여 부채는 갚아야 한다는
> 하느님의 뜻을 들었다 할지라도
> 부디 속죄하기를 겁내지 말라
> 징계의 엄격함을 생각지 말고
> 그뒤에 올 일들을 생각하라 제아무리 고될지라도
> 징계는 최후의 심판 다음까지 계속되진 않을 것이다. (X, 107~11)

그리하여 「연옥편」의 시간은 단테가 여행하는 시간과 그가 지나쳐가는 연옥의 영혼들이 보내는 시간이 한데 어우러지는 것이 되며, 거기에는 이 영혼들이 지상과 천상 사이, 지상적 삶과 영원한 삶 사이에서 겪는 상이한 시간들도 섞여들어간다. 그 시간은 흐름이 빨라지기도 늦어지기도 하고, 산 자들의 기억과 죽은 자들의 조바심 사이를 넘나들기도 하며, 그러면서 여전히 역사에 결부된 시간인가 하면 이미 종말론에 편입된 시간이다.

연옥에서는 시간이 가는 것도 영혼들의 전진에 의해 드러난다. 이 같은 인간적 시간과 신의 영원 사이에서 기적이 일어나는바,

---

34) Luigi Blasucci, "La dimensione del tempo nel *Purgatorio*," in *Approdo Letterario*, 1967, pp. 40~57 참조. 이러한 신학적 여건을 심리학적으로 풀이한 것으로는 A. Momigliano가 자신의 *Purgatorio*, Firenze, 1946에 붙인 섬세한 주석들이 있다. 특히 "*la nostalgia insieme terrena e celeste, che unisce in una medesima malinconia le anime che aspirano alla patria celeste e il pellegrino che ha in cuore la lontana patria terrena*"에 관해.

기적이야말로 연옥에서 일어날 수 있는 유일한 사건이다.

베르길리우스와 단테가 탐욕자들의 층인 제5층에 이르렀을 때, 산이 진동하기 시작한다:

> 우리는 힘이 허락하는 한
> 길을 가려고 애썼다
> 그때 나는 마치 무너질 듯이
> 산이 흔들리는 것을 느꼈다 차디찬 소름이 끼쳐왔다
> 죽음을 향해 가는 이를 덮치는 그런 오한이. (XX, 127~29)

그러나 이상하게도 경쾌한 노래가 올라온다:

> 그리고는 사방에서 외치는 소리가 올라왔다
> 하도 큰 소리여서 스승이 나를 돌아보고 말했다
> "내가 너를 인도하고 있는 이상 걱정할 것은 없다"
> "지극히 높은 곳에서는 주께 영광이오" 하고 모두가
> 목청껏 노래하고 있었다. (XX, 133~37)

다음 곡(曲)에서 스타티우스는 두 순례자에게 이 지진의 의미를 설명해준다:

> (산이) 흔들리는 것은 누군가의 영혼이 스스로 맑게
> 씻긴 것을 깨닫고 일어나 하늘을 향해 오르기 시작하는 때이다
> 그러고 나면 저 합창 소리가 뒤따르는 것이다. (XXI, 58~60).

그러니까 연옥에서 일어나는 가장 큰 사건은 천상에 오를 자격을 얻고 날아오를 힘이 생긴 영혼이 마침내 날아오르는 것이다. 이 지진과 함성은 시간 속의 영혼이 영원에로 옮겨갈 때 생기는

동요이다.

물론 단테의 연옥 역시 여전히 고통과 시련의 시간 속에 있으며, 연옥의 영혼들은 진정한 복락, 즉 지복 직관은 누리지 못한다. 교황 하드리아누스 5세는 이렇게 말한다:

> 우리의 눈은 땅 위의 것들에 홀리어
> 저 높은 곳을 우러르지 못했으니
> 정의는 여기서 우리 눈을 땅에 처박는다. (XIX, 118~20)

빛을 향하여

그러나 연옥은 전적으로 위를 향해 있다. 베아트리체는 제31곡에 나오는 지상 낙원에 이르러서야 베르길리우스를 대신하여 단테를 천국으로 안내할 것이지만, 그러리라는 것을 베르길리우스는 이미 연옥문 밖에서부터 단테에게 예고한다:

> 너는 내 말을 알겠는가 베아트리체 말이다
> 너는 이 산의 꼭대기 저 위에서
> 행복하게 웃음짓는 그녀를 만나리라. (VI, 46~48)

스콜라 학자들은 연옥에 있는 영혼들을 감독하는 것이 마귀들인지 천사들인지 묻는다. 단테는 그것이 선한 천사들, 천상의 천사들, 하느님의 천사들이라고 주저 없이 답한다. 이마에 일곱 가지 대죄의 P자를 일곱 번 새겨준 입구의 천사를 위시하여, 각 층에는 영혼들과 순례자들을 맞이하는 천사가 있으며, 또 각 층을 떠날 때 지나온 층에 해당하는 P자를 지워주는 천사도 있다.

특히, 어둠과 연기와 밤의 일화들에도 불구하고——하지만 이것들은 모두 별 하늘 아래 있다――연옥 산은 오를수록 점차 빛에 싸여간다. 산을 오르는 것은 빛으로 나아가는 것이다. 지옥의 흑암과 천국의 광명 사이에 있는 연옥은 명암 가운데서 점점 더 밝아진다.[35]

처음부터 섬의 기슭 바닷가에서 태양은 떠올라 풍경과 단테의 얼굴에 본래의 빛깔을 되찾아준다:

> 나는 그에게 아직 눈물 젖은 볼을 내밀었다
> 그러자 그는 나를 깨끗케 하여 지옥의 흐린
> 자취 아래서 본래의 안색을 되찾아주었다. (I, 127~29)

이 빛은 얼굴에서 발하는 천상의 빛을 연옥으로 가져오는 천사들로부터도 온다:

> 그들의 금발 머리는 분명히 보였으나
> 얼굴은 눈이 부셔 바라보지 못했다. (VIII, 34~35)

제2층으로 들어가는 순간 베르길리우스는 태양을 바라본다:

> 오 상냥한 빛이여 나는 너를 믿고서
> 새로운 길로 접어든다. 〔……〕
> 〔………〕
> 네 빛은 항상 우리를 인도하느니. (XIII, 16~21)

제2층에서 제3층으로 오르면서 단테는 거의 눈이 부실 지경이

---

35) M. Marti, "Simbologie luministiche nel Purgatorio," in *Realismo dantesco e altri studi*, Milano-Napoli, 1961.

다:

> 〔……〕 나는 전보다 한층 더한
> 빛의 광휘가 이마에 실리는 것을 느꼈다
> 이 알지 못할 것들로 인해 나는 황망할 지경이었다. (XV, 10~12)

그러자 베르길리우스가 그에게 설명한다:

> 천상의 시자(侍者)들이 아직 너를 눈부시게 하더라도
> 놀라지 말라. 〔……〕
> 그는 인간을 더 높이 오르도록 부르러 온 사자(使者)이니라. (XV, 28~30)

지상 낙원은 이미 천상의 빛에 싸여 있다:

> 어둠은 사방으로 달아나고. (XXVII, 112)

마지막 정화가 일어난다. 하나의 샘에서 두 줄기 물이 흘러, 그 하나인 레테[36]는 인간에게서 죄의 기억을 지워주며, 다른 하나인 에우노에 Eunoé(이것은 단테가 지어낸 것이다)는 그가 행한 모든 선의 기억을 새롭게 한다(XXVIII, 127~32). 속죄와 정화의 과정에서는 기억이 그렇게도 중요한 역할을 하므로, 단테는 그 과정의 마지막을 이렇게 끝맺는 것이다. 그것은 죄에서 씻긴 기억의 결정적인 변신이다. 악은 잊혀지고 오직 인간에게 있는 불멸의 것, 즉 선의 기억만이 남는다.

그리하여 단테는 진정한 빛을 만나게 된다:

---

36) 제1장 주 48 참조.

오 영원하고 살아 있는 빛의 찬란함이여

O isplendor di viva luce etterna.
(XXXI, 139)

연옥 여행을 마친 시인은 에우노에의 물을 마시며, 정화된 영혼으로서 「연옥편」의 마지막 행에 이른다:

순수하고 별들을 향해 오를 준비가 되어

puro e disposto a salire alle stelle.

왜 연옥인가

　기독교 사회에서 연옥의 역사는 14세기에 끝나지 않는다. 그것은 기독교와 뒤에는 카톨릭 기독교의 신앙에 깊이 새겨졌고, 그 신앙이 가장 열기를 띠었던 것은 15~19세기였다. 설교, 필사본에 이어 인쇄된 책 등 전통적인 보급 양식에 이미지가 추가되었다.[1] 프레스코화, 세밀화, 판화, 예배당 및 제단의 예술적 장식 등이 마침내 연옥에 구상화(具象化)의 가능성을 제공한다. 몇몇 저승 이상에서 나타나는 것과 같은 문학적 광기의 힘은 없지만, 건축·조각·회화 등은 연옥에 직접적 시각의 매력을 확보해주었고, 연옥이 그 위치, 물질성, 내용 등에 있어 변천해온 과정을 완성시켰다.[2]

　신앙 및 예배 행위라는 차원에서의 발전도 그 못지않게 중요하

---

1) 보유 III 참조.
2) 연옥의 승리가 취한 다양한 형태에 관해서는 Michelle Bastard-Fournié, "Le Purgatoire dans la région toulousaine au XIVe et au début du XVe siècle," in *Annales du Midi*, 1980, pp. 5~7을 참조. 연옥의 성화상에 관해서는 아직 탐구되지 않은 영역이 많으나, Gaby와 Michelle Vovelle의 선구적인 연구 *Vision de la mort et de l'au-delà en Provence d'après les autels des âmes du purgatoire(XVe-XXe siècles)*, Paris, 1970에 언급해야 할 것이다. 나는 아직 Mme A.-M. Vaurillon-Cervoni의 3e cycle 논문 *L'iconographie du Purgatoire au Moyen Age dans le Sud-Ouest, le centre de la France et en Espagne*, Toulouse, 1978을 보지 못했는데, 내가 알기로는 중세말과 16세기를 다룬 것인 듯하다.

다. 처음에는 유언장에서 연옥이 언급되는 일이 흔치 않았지만, 14세기부터는 지방에 따라 시기나 강도에 있어 차이가 있기는 해도, 때로 유행에 가까울 만큼 번져나갔다.[3] 때로는 교회 당국이 유언장에 빠진 것을 채워넣거나 신자들의 관대함에 호소하여 모자라는 것을 보충했다. 심지어, 개별적 심판이라든가 제3의 처소에 대해 저항까지는 아니라 하더라도 상당한 회의가 남아 있던 프랑스의 남부 지방에서도, 교회에서 미사 때 "연옥에 있는 영혼들을 위한 연보 접시"를 돌려 "신자들의 돈"을 거두어서 "연옥 구제 *l'oeuvre du Purgatoire*"라는 특별 계정에 배당하는 것이 관행이 되었다. 그것은 성도들의 통공에 속하는 돈이었다. 구상 예술과 함께 이러한 예배 행위들은 연옥과 관련된 신앙의 확대 및 변천을 잘 보여주는 것이다. 연옥에 있는 영혼들을 위한 제단이나 헌납물 *ex-voto*[4]들은 이후로 이 영혼들이 공덕을 쌓을 수 있을 뿐 아니라 산 자들에게 도움을 되돌려줄 수도 있다는 신앙을 보여준다. 그리하여 12세기와 13세기에는 회의적으로 보이고 대개는 부인되던 공덕의 가역성이 이제 확립되기에 이른다. 연옥을 통하여 산 자들과 죽은 자들의 연대 체계는 완전한 상호성의 흐름이 된다. 원주의 두 끝이 만나 완전한 원이 그려지는 것이다. 한편 "연옥에 있는 영혼들을 위한 연보"라는 제도는 11월 2일로 정해진 망자 추념일 이외에 드려지는 대도 역시, 봉헌을 드리는 신자는 그것이 주로 "자신의" 망자들이 겪는 시련을 단축하는 데 도움이 되리라 생각한다 할지라도,

---

3) M. Bastard-Fournié의 지적, 특히 아비뇽과 브나스크 백작령 Comtat Venaissin에 관한 Jacques Chiffoleau의 훌륭한 연구에 관한 대목을 참조할 것. p. 7, 특히 p. 17, n. 65.

*4) 어떤 서원이나 얻은 은총을 기념하기 위해 교회나 기타 거룩한 장소에 바쳐진 상징적 그림이나 물건. 순례지의 교회들에 많다. 중세에는 밀랍이나 돈을 무늬 압착 세공을 한 은제품이 바쳐졌고, 17세기에는 기증자의 기도하는 모습을 그린 그림(그림 위쪽 한구석 구름 위에 성모나 수호 성인이 그려졌다)이나 모형의 두 가지 형태이다가, 20세기에 들어서는 대리석 팻말이 되었다.

연옥에 있다고 추정되는 모든 망자들에게 미친다는 것을 입증해준다. 성도들의 통공은 완전히 구현되며, 그 적용은 일반화되는 것이다.

13세기에 연옥은 단테의 『신곡』을 제외하고는 영성의 제한된 형태들밖에 낳지 않았다. 성녀 루트가르데는 연옥에 있는 영혼들의 열성적인 조력자였지만, 이러한 신앙을 좀더 깊은 영적 조류, 특히 자신이 그 선도자들 중 한 사람이었던 성심(聖心) 신앙[5]과 명백히 연관시켰던 것으로는 보이지 않는다. 베긴 수녀들에게서 나온 이 신앙은 하데위치 Hadewijch[6]와 마그데부르크의 메크틸데 Mechtilde de Magdebourg[7]와 더불어, 그리고 뒤에는 13세기말의

---

*5) 로마 카톨릭에서는 그리스도의 심장이 흠숭의 대상이 된다. 성심이 인류에 대한 그리스도의 사랑을 나타내는 상징이 되는 것은 몇몇 중세 신비가들의 글에서 찾아볼 수 있다. 1856년 교황 피우스 9세는 성심 축일을 교회의 전례력에 도입하여, 현재는 성령 강림절 후 셋째 주의 금요일로 지켜지고 있다.

*6) 하데위치: 13세기 플랑드르의 여성 문인. 그녀에 대한 역사적 자료는 전무하나, 그녀가 남긴 글의 언어 및 분위기로 보아 브라방(브라반트)의 명문가 출신인 듯하며, 아마도 공식적인 조직 없이 자비와 상호 성화를 위해 모였던 경건한 여성들의 작은 무리들 중 하나에 속했을 것으로 추정된다. 12세기말에 시작된 이러한 무리들은 13세기 후반에는 베긴 수녀회로 발전할 것이지만, 하데위치나 그녀의 동료들은 아직 베긴 수녀의 신분은 아니었다. 그러므로 그녀는 1250년 전에 살았고 주요한 저작들은 1230~1250년에 쓰여졌을 것이다. 동료들을 위해 그녀는 11편의 '이상'들을 기술하였으며, 간혹 하나님과의 합일(그녀는 이것이 지복 직관과 같은 것이라고 생각했다)에 언급하기도 했다. 그 밖에 서한·시 등에서 하나님과 인간의 사랑에 대해 썼다.

*7) 마그데부르크의 메크틸데: 작센 1209년경~헬프타 1282/94. 신비주의적 경향을 지녔던 베긴 수녀. 12세 때 신비적 경험을 했고, 오직 하나님만을 위해 살겠다는 열망으로 1230년 마그데부르크의 베긴 수녀원에 들어가 도미니크회의 지도하에 이후 40년간 기도와 절제의 생활을 했다. 그녀의 비범한 영적 체험과 교회에 대한 준엄한 비판은 시기를 사서 1270년에는 마그데부르크를 떠나야 했다. 병약한 데다 눈이 거의 멀었던 그녀는 헬프타에 있던 시토 수도원에서 하케보른의 메크틸데와 대(大)게르투르데의 영접을 받았고, 거기에 머무르다 세상을 떠났다. 1250~1270년에 쓰여진 그녀의 글들은 친구들에 의해 『하나님의 흘러넘치는 빛 *Das Fliessende Licht der Gottheit*』이라는 제목으로 묶여졌다. 그녀의 글은 신학적인 내용은 별로 없지만 그

베네딕트 수녀들인 하케보른의 메크틸데Mechtilde de Hackeborn[8]와 게르트루데Gertrude de Hackeborn와 더불어 성장하여, 특히 작센 지방의 헬프타Helfta에 있던 수녀들에게 영감을 주었다. 1301~1302년에 죽은 대(大)게르트루데Gertrude la Grande[9]와 더불어 연옥은 가장 고양된 신비주의의 영역에 들어가며, 특히 『연옥론』의 저자인 제노아의 카타리나 성녀[10]에게서 신비주의의 절정에 달하게 된다.

리스도의 사랑과 신비에 대한 깊은 이해를 보여준다. 특히 풍부한 시적 상상력으로 단테에게도 영향을 미쳤으며, 「연옥편」 제27~33곡에 나오는 마텔다가 그녀라는 설도 있다.

*8) 하케보른의 메크틸데: 작센, 헬프타성(城) 1240년경~헬프타 수도원 1298/9. 시토 수녀, 신비가. 7살 때 로다르스도르프 수도원에 있던 언니 하케보른의 게르트루데를 만나고는 자신도 수녀가 되기를 원했다. 수도원장이 된 언니 게르트루데는 수도원을 헬프타로 옮겼는데, 그곳은 곧 학문과 문화와 깊은 영성의 중심지가 되었다. 메크틸데는 언니를 따라 헬프타에 가서 성가대장과 수도원 학교 교장을 맡았고, 대(大)게르트루데의 영적인 어머니가 되었다. 그녀는 전생애 동안 특별한 은총들을 받았으며, 1292년 그녀가 대게르트루데에게 이야기한 내면 생활의 비밀들은 『특별한 은총의 책 Liber specialis gratiae』이라는 제목의 책으로 편집되었다. 마그데부르크의 메크틸데와 함께 단테의 '마텔다'의 원형으로 여겨진다.

*9) 대게르트루데: 1256~헬프타 1302. 독일 수녀, 신비가. 그녀의 출생이나 수도원에 들어가게 된 사정에 대해서는 알려진 바 없다. 5세 때 헬프타 수녀원에 맡겨졌다. 드물게 재능이 뛰어났던 그녀는 학문에 전념하다가 25세 때 신비적 체험을 한 후로는 이상들과 내적 은총들을 누렸다. 아마도 수녀원의 필사자로, 그리고 건강이 허락하는 한 학케보른의 메크틸데와 함께 성가대원으로 봉사했던 듯하다. 이 두 사람의 신비적 체험은 상호 불가분의 것으로, 13세기 시토회의 영적 부흥과 보조를 같이하는 것이지만 헬프타의 수녀들은 시토회에 속하지는 않았다. 그녀들의 체험은 그리스도와의 하나됨을 중심으로 하는 것이었고, 이러한 신앙은 성심 공경으로 발전하였다.

*10) 제노아의 카타리나 성녀: 제노아 1447~1510. 1737년 시성(諡聖). 명문가에 태어나 수준 높은 교육을 받았으나 수녀가 되려던 꿈은 이른 결혼으로 좌절되었다. 여러 해 동안의 불행한 결혼 생활 끝에 한때는 세상적인 생활을 하기도 했으나, 1473년의 신비적 체험을 계기로 하나님과의 긴밀한 유대를 회복, 가난하고 병든 자들에게 헌신하였고, 마침내는 남편도 회심하여 그녀의 일에 동참하였다. 신비적 체험의 결실로 『연옥론 Trattato del Purgatorio』과 『대화집 Dialogo』을 남겼다.

교리 및 신학의 영역에서도 연옥이 결정적으로 카톨릭 교회의 교의로 채택되는 것은 14세기 중반과 17세기초 사이에 이르러서이다. 우선 1439년의 피렌체 공의회에서 그리스 정교에 맞서 확립되었고, 1562년에는 트렌토 공의회에서 프로테스탄트교에 맞서 확립되었다. 목회자들보다는 신학자들과 정치가들의 모임이었던 트렌토 공의회는 연옥을 부동의 교의로 확립하기는 했지만, 13세기에도 그랬던 것처럼, 연옥에 관한 상상에는 거리를 두었다. 연옥에 관한 상상은 트렌토 공의회 이후 교리 문답의 신학에 연옥을 포함시킨 예수회원 벨라르미노와 쉬아레즈의 두 가지 위대한 종합에서도 별로 자리를 차지하지 못한다.[11]

그러나 연옥은 15~19세기에 걸친 위대한 카톨릭 건축 양식들에서 보다 폭넓게 수용되었다. 고딕 플랑부아양 *le gothique flamboyant* 과 데보치오 모데르나 *la devotio moderna*의 연옥이 있는가 하면, 반-종교 개혁 *la contre-Réforme*의 연옥도 있고, 고전 양식의 고딕, 바로크식 고딕, 낭만주의 고딕과 쉴피스식 *sulpicien* 고딕도 있다. 16~20세기의 죽음에 대한 태도를 연구한 주요 역사가들인 필립 아리에스 Philippe Ariès, 피에르 쇼뉘 Pierre Chaunu, 프랑수아 르브렝 François Lebrun, 알베르토 테넨티 Alberto Tenenti, 미셸 보벨 Michel Vovelle 등은 그들의 위대한 저서들에서 연옥에 자리를 할애하였다. 그러나 그것은 우리가 바라는 만큼 명백하지는 못했다.[12] 이 역사가들의 주요한 연구 대상은 죽음에 대한 성찰의 본질

---

*11) 벨라르미노와 쉬아레즈에 관해서는 제1장 주 118, 119를 참조.

12) Ph. Ariès, *L'Homme devant la mort*, Paris, 1977; P. Chaunu, *La Mort à Paris ── XVI*, *XVII*, *XVIII* siècles, Paris, 1978; F. Lebrun, *Les Hommes et la mort en Anjou*, Paris, 1971; M. Vovelle, *Piété baroque et déchristianisation en Provence*, Paris, 1973; Id., *Mourir autrefois. Attitudes collectives devant la mort aux XVII* et XVIII* siècles*, Paris, 1974; Id., "Les attitudes devant la mort: problèmes de méthodes, approches et lectures différentes," in *Annales E. S. C.*, 1976. 내가 이 결론을 쓰던 중에 받아본 책에서 피에르 쇼뉘는 16세기의 연옥을 잘 정의했는데, 이는 나의 연구 *Eglise, culture et*

적인 구성 요소였으며, 연옥은 사후에 대한 기독교적 성찰의 일부이기는 했지만 소멸할 일부로서 역사에서 크게 간과되어온 것이 사실이다. 그러나 내가 앞서 제시했듯이 이미 13세기부터 연옥은 삶의 마지막 순간에 대한 그리스도 교인들의 태도를 변모시켰다. 연옥은 지상적 삶의 이 마지막 단계에 강한 두려움과 희망이 뒤섞인 감정을 부여함으로써 그것을 극적인 것으로 만들었다. 본질적인 것, 지옥이냐 천국이냐의 선택——왜냐하면 연옥은 천국의 확보된 입구였으니까——은 아직도 그 마지막 순간에 의해 좌우되는 것이었다. 마지막 순간이란 최후의 기회였다. 그러므로 나는 14세기에서 20세기에 이르기까지, 연옥과 죽음간의 관계를 밝히는 일이 남아 있다고 생각한다.

이 책에서 나는 4세기에서 14세기에 걸쳐 기독교적 저승 체계, 이념적인 동시에 상상적인 체계가 형성되어간 과정을 제시하고 설명하려 하였다. 책을 마치면서 나는 한 가지 불안을 느낀다. 내 논지는 이러한 체계의 핵심이 천국과 지옥 사이에 자리한 연옥이라는 중간적 요소였다는 것인데, 그것이 과연 사실인가?

오히려 그 원동력이 된 것은 천국이 아니었던가? 천국은 역사가들의 관심을 끈 적이 거의 없었지만, 내가 수집한 자료들은 그것이 흔히 말하듯 그렇게 단조롭고 무미건조한 것만은 아님을 보여

---

société. Essais sur Réforme et contre-Réforme 1517~1620, Paris, 1981의 결과들 특히 트렌토공의회에 관한 pp. 378~80과 합치하는 것이다. 그는 거기서 그의 1978년 저서 (p. 131)에서 말한 바를 재확인하는데, 이는 부분적으로는 내가 1975년의 연구 "La naissance du Purgatoire(XIIe~XIIIe siècles)," in *La Mort au Moyen Age*(colloque de Strasbourg 1975, préface de P. Chaunu), Paris, 1977, p. 710에서 말한 바와도 같다. 그는 이렇게 쓰고 있다: "연옥의 폭발, 정화하는 형벌의 실사화(實辭化)가 일어난 연대는 아주 구체적으로 규정할 수 있다. 그것은, 우리가 참고할 수 있는 잡다한 자료들에 비추어 판단하건대, 1170-1180년 사이에 일어난다. 그것은 변화가 임계량에 달할 때 마치 원자 폭탄처럼 폭발한다." 내 어조는 좀더 온건한 편에 속하는 것이다.

준다. 힘찬 강물들이 흐르고 빛으로 넘치는, 완벽한 화음을 이루는 노래가 들리며 오묘한 향기가 감도는, 그리고 정화천(精華天)의 무한 가운데 계시되는 하나님의 형언할 수 없는 현존으로 가득찬 천국은 아직 발견해야 할 세계로 남아 있다.[13] 연옥과 그 희망 및 구원의 확신 너머에서, 좀더 세밀하고 엄밀한 정의의 요구, "귀환"[14]의 궁극적 단계에 요구되는 완전한 정결함을 위한 좀더 세심한 준비의 너머에서, 전체계를 생동케 하는 것은 십자가에 못박힌 그리스도께서 선한 강도에게 "오늘 너는 나와 함께 낙원에 있으리라" (누가 23: 43)고 하신 약속이 아닌가?

연옥은 그 모든 지옥적 이미지들에도 불구하고 천국 쪽으로 훨씬 더 가까이 쏠려 있다. 그러므로 카톨릭 기독교의 저승 신앙의 원동력은, 연옥의 영혼들이 『신곡』에 나오는 것과 같은 환희에 찬 지진음을 내면서 하느님께로 돌아가는, 그 중단 없는 행렬을 자기 쪽으로 끌어당기는 이 천국의 열망일 것이다.

이렇게 볼 때, 나는 텍스트들의 침묵에 거의 가려져 있는 지복직관이라는 문제를 충분히 밝혀내지 못했을는지도 모른다. 지복직관의 박탈은 연옥의 영도(零度)라기보다 영원으로 가는 마지막 관문일 수도 있다. 그렇다면 연옥의 시공간적 열쇠는 현세적 삶 이후, 피에르 쇼뉘의 이른바 "초지속 *surdurée*"이나 필립 아리에스의 "생애의 보완 *supplément de biographie*" 쪽에서가 아니라, 지복직관 이전, 영원 이전의 필연적인 진공 쪽에서 찾아야 할 것이다. 요한네스 22세가 옳았던 것인가?[15] 연옥은 삶 이후인가 아니면 영원 이전인가?

---

13) R. R. Grimm, *Paradisus Coelestis, Paradisus Terrestris. Zur Auslegungsgeschichte des Paradises im Abendland bis um 1200*, München, 1977.

*14) 토마스 아퀴나스가 말하는 "인간의 신에게로의 귀환 *zedditus*"(제8장 pp. 512~15 참조).

*15) 제9장 주 68 참조.

그러나 내 불안의 근원은 다른 데 있다. 우리가 살펴온 역사 동안 내내 교회의 주요한 관심은 영원한 지옥을 보존하는 것이 아니었던가? 일시적인 정화하는 불은 꺼지지 않는 불을 더욱 강조하기 위한 것이 아니었던가? 연옥이란 지옥의 안전한 발판이 아니었던가? 또는 교회가 영벌(永罰)이라는 절대적 무기를 보존하기 위해 치른 대가가 아니었던가? 그것은 카톨릭교의 한 시대를 조명하는 유황불일 것이며, 장 들뤼모Jean Delumeau의 이른바 공포의 기독교 *Le christianisme de la peur*에 해당하는 것일 터이다.

아마도 이런 식의 관점은 오늘날 대다수의 카톨릭 교도들과 교회의 연옥에 대한 태도를 좀더 잘 이해하게 해줄 것이다.

그 태도는 저승 체계 전체에 관한 것이지만 특히 연옥에 관한 것이다. 오늘날 교회가 직면한 문제는 이전에도 여러 번 제기되었던 문제로, 쇄신·적응 aggiornamento[16]을 어떻게 실현하느냐 하는 것이다. 각자의 신앙에 따라, 어떤 이들은 그것을 느리지만 꾸준히 "이상적" 기독교의 실현을 향해가는 행보, 원천에로의 귀환인 동시에 완수인 행보로 간주할 수도 있고, 또 어떤 이들은 그것을 뒤처진 제도가 역사의 울퉁불퉁한 진행을 따라잡으려는 것이라고 일축할 수도 있다. 하여간 저승에 관한 상상은 다시금 정화의 표지 아래 신앙의 "원시적" 형태들을 거부하는 태도에 희생된다. 과거에 대해 알고 타인을 존중하며 형평을 배려하는 이들이라 할지라도 기껏해야 콩가르 Y. M. Congar 신부처럼 이렇게 말할 것이다: "우리는 다시금 우리의 사고를 숙정하고, 모든 이미지들을 제거할 수는 없다 할지라도——왜냐하면 이미지 없이는 사고할 수 없으며, 개중에는 가치있는 그리고 아름다운 이미지들도 있으니까——적어도 어떤 이미지들은 제거해야 할 것이다."[17] 연옥적이라고

---

*16) '현 시대에의 적응'을 의미한다.

17) Y. Congar, *Vaste monde, ma paroisse. Vérité et dimensions du salut*, Paris, 1966, chap. VII: "Que savons-nous du Purgatoire?," p. 76; Voir aussi Y. Congar, "Le Purgatoire,"

자처하는 하지만 말의 고유한 의미에서 지옥적인 고문들을 제거하자는 데에야 누가 찬성하지 않겠는가? 불행히도 지상에서 사라지지 않고 있는 현세의 관행들은 그러한 고문을 모방하는 듯하다. 위대한 도미니크회 신학자에게서 본받을 만한 한 가지는 역사가 너무 흔히 대립시켜온 두 가지 경향을 통합하려는 의지이다. 즉 신앙을 사회적·정신적 환경의 변천에 적응시키되 인간에게서 그의 기억과 존재의 본질적인 부분을 이루는 상상력을 박탈하지 말자는 것이다. 이성은 이미지로 살찌운다. 역사의 깊은 이해는 그렇다는 것을 밝혀준다.

내가 우려하는 것은 이렇게 숙정을 원하다보면 연옥이, 특히 손실을 입게 되리라는 사실이다. 왜냐하면, 지금까지 살펴보았듯이, 연옥의 탄생과 발전과 전파는 상상력과 워낙 긴밀히 결부되어 있으므로, 콩가르 신부가 현 카톨릭 위계 질서의 관점에서 용인될 수 있게끔 연옥을 보전하려면 오리게네스식의 말투라도 빌려야 할 판이다.

신자들 편에서 보면 연옥에 대한 흥미가 없어진 것은 아마도 정반대의 이유에서일 것이다. 성직자들 편에서는 연옥이 그 지옥적이고 물질적인 성격을 잃어갔던 반면, 신자들이나 종교적 신앙의 변천에 민감한 사람들 편에서는 저승의 중간적 시간에 대한 무관심이 늘어났다. 다시금 우리 시대는, 특히 선진 사회에서는, 사람들의 의문과 희망과 고뇌가 양극화되고 있다. 우선 이승에서, 그리고 극소수의 진짜로 "무관심한" 자들을 제외한다면, 관심은 죽음이라는 지평, 옛 죽음의 모델들이 모두 무산되어버린 지평에 있다. 어떻게 죽을 것인가? 카톨릭 교도들, 모든 신앙의 사람들, 자신의 죽음을 생각해야 하는 모든 사람들에게 있어 선택은 다시금 천국과 지옥, 이승의 꿈들의 투영인 천국과 새로운 상상적 사실성

---

in *Le mystère de la mort et sa célébration*, Lex orandi, 12, Paris 1956, pp. 279~336.

을 얻은 두려움의 투영인 지옥 사이의 것으로 줄어드는 듯하다. 오늘날 핵전쟁이라는 묵시는 그 끔찍한 실험이 이미 이승에서 이루어진 바 있는 묵시이다.[18]

그러나 바라건대 인간의 꿈속에는 섬세함과 공정성과 정확성, 말의 모든 의미에서의 절도, 합리성(오 연옥의 합리성이여!), 그리고 희망의 자리가 항상 있을 것이다. 연옥이란 과거의 것이라는 말을 할 때가 너무 일찍 오지 말았으면 하는 것이 내 바람이다.

---

[18] 나는 아포칼립스의 어원적 의미인 '폭로, 계시' 등을 환기하려는 것이다.

⟨보유 I⟩

연옥의 서지

연옥에 관해 현재까지 나와 있는 문헌은 상당수에 달한다. 그러나 연옥의 역사를 다룬 많은 연구들은 카톨릭과 프로테스탄트간의 논전적인 성격 또는 카톨릭의 옹호적인 성격을 띤 것으로, 충분한 자료 조사에 기초해 있지 않았다. 연옥에 관한 카톨릭의 연구는 벨라르멩Bellarmin과 쉬아레즈Suarez 시절로부터 20세기 전반에 이르기까지 별 진전이 없었던 듯한 인상이 들곤 한다. 1936년에 나온 『카톨릭 신학 사전 Dictionnaire de Théologie catholique』(E. Vacant, E. Mangenot, E. Amann) 제13권 1163~1326단에 실린 미셸 A. Michel의 「연옥Purgatoire」 항목은 매우 풍부하고 방대한 것으로, 여전히 기본적인 자료가 되고 있다. 내가 보기에 간략한 해설 가운데 가장 나은 것은 피올란티A. Piolanti의 「연옥 교의Il dogma del purgatorio」(*Euntes docete*, 6, 1953, pp. 287~311)이다. 1960년에 나온 『신학 및 교회 용어집 Lexicon für Theologie und Kirche』 제4권 49~55단에 실린 「연옥Fegfeuer」 항목은 짧다. 프로테스탄트의 입장에서 쓰어진 플라이샥E. Fleischhak의 『연옥. 죽은 자들의 운명에 관한 기독교적 상상 *Fegfeuer. Die christlichen Vorstellungen vom Geschick der Verstorbenen geschichtlich dargestellt*』(1969)은 프로테스탄트들에게 카톨릭의 입장을 알리려 한 것으로 공감적이지만 사용한 자료가 간접적이고 불충분하며 틀린 곳도 없지 않다.

가장 시사적인 저서는 인류학자이자 역사가인 마르쿠스 란다우 Marcus Landau의 『민중 신앙에 있어 지옥과 연옥, 문학과 교의

Hölle und Fegfeuer in Volksglaube, Dichtung und Kirchenlehre』(Heidelberg, 1909)이다. 다만 그의 자료가 오래 되고 부분적이며 무엇보다도 그가 인류학자로서 연대에 무관심했다는 것이 유감이다.

연옥의 발전에 있어 근본적인 역할을 한 고린도전서 3장의 중세 주석에 관해서는 그닐카 J. Gnilka의 『고린도전서 3장 10절은 연옥에 대한 성서적 근거인가? 주해-역사적 연구 *Ist I Kor. 3, 10 ein Schriftzeugnis für das Fegfeuer? Eine exegetisch-historische Untersuchung*』(Düsseldorf, 1955)를 참조할 수 있다.

연옥의 고대 역사는 죠셉 느테디카 Joseph Ntedika의 『성아우구스티누스에 있어서의 연옥 교의의 발전 *Evolution de la doctrine du Purgatoire chez saint Augustin*』(Etudes augustiniennes, Paris, 1966)과 『죽은 자들을 위한 기도에서 저승의 발전. 라틴 교부 신학과 전례의 연구 *L'Evolution de l'au-delà dans la prière pour les morts. Etudes de patristique et de liturgie latines*』(Louvain, Paris, 1971) 등 탁월한 연구들에서 새로이 다루어졌다.

구베르 J. Goubert와 크리스티아니 L. Cristiani의 『저승에 관한 가장 아름다운 텍스트들 *Les plus beaux textes sur l'au-delà*』에 실려 있는 텍스트들은 그 가치나 수준이 고르지 않지만, 연옥에 관한 몇몇 중요한 텍스트들도 들어 있다.

〈보유 Ⅱ〉

'연옥'이라는 말의 역사

가장 근본적인 사실은 12세기 후반기에 '정화하는 *purgatorius, a, um*'이라는 형용사 외에 '연옥(정화소) *purgatorium*'이라는 명사가 나타났다는 것이다. 내가 보기에는 저승에 관한 신앙의 주요한 발전의 표지가 되는 이 언어학적 사건은 기이하게도 연옥 역사가들의 눈에 띄지 않았거나 거의 관심을 끌지 못했다. 심지어 죠셉 느테디카까지도 'purgatorium'이라는 말을 최초로 사용한 것은 라바르뎅의 일드베르(일명 르망의 일드베르, 1133)라고 잘못 알고 있었다(*Evolution de la doctrine du Purgatoire chez saint Augustin*, p.11, n.7). 『신학 및 교회 용어집』의 「연옥」 항목에서도 같은 오류가 발견된다. 피올란티는 "이 세기(12세기)에는 최초의 연옥론 *De purgatorio*들이 나타나기 시작한다(이후로는 형용사가 명사로 전용된다)"고만 하며(*Euntes docete*, 6, 1953, p.300), 플라이샥은 아무 전거 없이(당연한 일이지만!) "purgatorium이라는 말은 카롤링거 시대부터 사용되었다"(*Fegfeuer*……, 1969, p.64)라고 한다.

내가 주장하듯이 이 말이 1170~1180년 사이에 나타났을 가능성이 높다고 보기 위해서는, 몇몇 텍스트의 잘못된 저자 추정을 바로잡고 1170년 이전으로 추정된 몇몇 텍스트의 편집본을 수정해야 한다. 거기서(특히 '정화하는 불 *ignis purgatorius*,' '정화하는 벌〔들〕 *poena〔e〕 purgatoria〔e〕*,' '정화하는 장소들 *loca purgatoria*,' '정화하는 장소들에서 *in 〔locis〕 purgatoriis*' 같은 대목에서) purgatorium이라는 말이 나타나는 것은 편집본이 1170년 이후의 필사본들에 기초해 있기 때문이다. 필사자는, 자기 시대에는 purgatorium이라는 명사의 사용이 자연스러운 것이 되었으므로, 가령 ignem purgatorium 같은 말을 purgatorium만으로 옮겨 적었을 것이다.

피에르 다미아노(+1072)는 성니콜라스 축일을 위한 그의 설교 제59편에서, purgatorium이라는 말은 쓰지 않았지만, 정화하는 장소를 사람들이 죽어서 갈 수 있는 다섯 가지 영역들 중 하나로 꼽는다. 그 다섯 가지란, 1) 불일치의 영역 *regio dissimilitudinis*(이승), 2) 폐쇄된 낙원 *paradisus claustralis*(이승의 낙원 즉 수도원), 3) 속죄의 영역 *regio expiationis*(즉 연옥), 4) 게헨나의 영역 *regio gebennalis*(지옥), 5) 천상의 낙원 *paradisus supercoelestis*(천상 낙원)이다.

속죄의 영역을 구분하기 위해 그는 정화하는 장소라는 표현을 쓴다(*PL*, 144, col. 838). 그러나 이 텍스트의 저자는 피에르 다미아노가 아니라 성베르나르의 비서였고 위(僞)작가로 이름 높은 클레르보의 니콜라(+1176 이후)임이 인정되었다. 예컨대 드레슬러 F. Dressler는 『피에르 다미아노, 삶과 작품 *Petrus Damiani. Leben und Werk*』(Anselmiana XXXIV, Rome, 1954, Appendice 3, pp. 234~35)에서 피에르 다미아노의 것이 아닐 가능성이 높은 설교 19편의 목록 가운데 설교 제59편을 넣고 있으며, 그것들은 필경 "교활한 위작가 *einem gerissenen Fälscher*" 클레르보의 니콜라의 것이리라고 덧붙인다(Cf. J. Ryan, "Saint Peter Damiani and the sermons of Nicholas of Clairvaux: a clarification," in *Medieval Studies*, 9, 1947, pp. 151~61). 한편 민뉴Migne의 『라틴 교부 전집 *Patrologie latine*』은 피에르 다미아노의 이름과 클레르보의 니콜라의 이름으로 동일한 설교를 두 번 싣고 있다(*PL*, 144, col. 835~39; *PL*, 184, col. 1055~1060). 클레르보의 니콜라는 아마도 성베르나르의 것으로 간주되어온 설교 제42편 "다섯 가지 협상과 다섯 가지 영역 *De quinque negotiationibus et quinque regionibus*"의 실제 저자이기도 할 것이다. 이 설교는 피에르 다미아노의 것과 매우 비슷하나, 3대 처소(5대 처소내에 있는)의 체계와 purgatorium이라는 말이 분명히 나타나는바, 내가 보기에 이는 성베르나르가 죽는 1153년 이전에는 불가능한 일이다: "죽은 자들의 영혼들이 다양한 공덕에 따라 가게 되는 장소들은 지옥·연옥·천국의 세 가지이다 *Tria sunt loca, quae mortuorum animae pro diversis meritis sortiuntuer: infernus, purgatorium, caelum*(Saint Bernard, *Opera Omnia*, ed. J. Leclercq-H. M. Rochais, 6, 1, p.259). 성베르나르『전집』의 편자들인 르클레르크와 로셰는 그들이 여러 논문에서(J. Leclercq, "Les collections de sermons de Nicolas de Clairvaux," in *Revue bénédictine*, 1956; H. M. Rochais, "Enquête sur les sermons divers et les sentences de saint Bernard," in *Analecta SOC*, 1962) 썼던바, 설교 제42편이 성베르나르의 것이라는 확실한 증거도 없지만 성베르나르의 것이 아니라는 결정적 증거도 없다는 것을 서면으로 또 말로 내게 확인해주었다: "우리는 설교 제42편을 성베르나르의 것으로 실었지만 [……] 그러한 판단이 절대로 옳다고 하는 것은 아닙니다. 나는 그것이 성베르나르 자신이 아니라 클레르보의 니콜라를 위시한 여러 사람이 쓴 여러 이본으로 존재하는 텍스트라고 봅니다. 그렇다면 더 나중에 속할 요소들이 들어간 것도 설명이 되겠지요"(1979년 10월 5일자 르클레르크의 편지). 모니크-세실 가랑 Monique-Cécile Garand 여사는 나를 위해 파리 국립도서관의 라틴어 필사본 2571과 캉브레의 169——이들이 아마 가장 오랜 것들이다——를 검토한 끝에, 고문서학의 기준에 따르면 처음 것은 12세기 제3사분기(하지만 성[聖] *sanctus*이라는 말이 제목이 아니라 부록 *ex-libris*에 첨부된 것으로 보아 아마도 성베르나르가 성인품을 받은 1174년 이전)에, 나중 것은 12세기 후반기에 속하리라는 신중한 판단을 내려주었다. 그러므로 그 연대는 1170년 근방이리라고 생각할 수 있다. 나는 그 설교가 성베르나르의 것이 아니며 아무리 일러도 그가 죽은 뒤 20년은 지나서 씌어진 것이라고 본다. 클레르보의 니콜라에 대해서는 G. Constable, *The letters of Peter the Venerable II, Nicholas of Montieramey and Peter the Venerable*, pp.316~30, Cambridge(Mass.), 1967을 참조할 것.

성베르나르 이전에 purgatorium이라는 말은 르망 주교이자 투르 대주교였던 라바르뎅의 일드베르의 것이라는 한 텍스트에서 발견되며, 앞서 지적했듯이, 느테디카는 이 잘못된 작가 귀속을 그대로 받아들이고 있다. 문제의 설교 제85편 "건축되는 예루살렘 *Jerusalem quae aedificatur*"은 1708년 보장드르 Beaugendre가 펴낸 일드베르의 설교집과 민뉴의 『라틴 교부 전집』 171, col. 741(*hi, qui* in purgatorio *poliuntur*[1])에 실려 있는데, Hauréau, "Notice sur les sermons attribués à Hildebert de Lavardin" (*Notices et extraits des manuscrits……*, XXXII, 2, 1888, p. 143)에 의하면 그것은 대식가 피에르의 것이라고 한다(Cf. A. Wilmart, "Les sermons d'Hildebert," in *Revue Bénédictine*, 47, 1935, pp. 12~51). 이 설교가 대식가 피에르의 것이라는 주장은 M. M. Lebreton, "Recherches sur les manuscrits contenant des sermons de Pierre le Mangeur" (*Bulletin d'Informations de L'I.R.H.T.*, 2〔1953〕, pp. 25~44)에서도 확인된다. 프랑소아 돌보 François Dolbeau씨는 자신도 대식가 피에르의 것이라고 보는 이 설교들의 가장 오래 된 사본들(ms 312〔303〕, 247〔238〕 d'Angers, 12세기말)에도 in purgatorio라는 말이 있다고 지적해주었는데, 더 오래 된 사본(12세기 중엽)인 발랑스 시립도서관의 227(218)에는 in purgatorio라는 말이 들어 있는 문장 자체가 없다.

명사 purgatorium은 1176년(보티에 A.-M. Bautier가 제공한 정보에 의하면 1180~1182년 사이) 영국의 베네딕트회 수사 세인트-알반스의 니콜라스가 시토 수사 셀의 피에르에게 보낸 편지에는 분명히 나오는 것으로 보이며(*Porro facto levi* per purgatorium *transitu*

---

*1) 연옥에서 연단받는 자들.

intravit in gaudium Domini sui,[2] *PL*, 202, col. 624), 1179년에 죽은 대식가 피에르는 "건축되는 예루살렘"에서는 명사형 purgatorium을 사용했다 해도 1165~1170년 사이에 씌어진 "성사론 *De sacramentis*"에서는 결코 그 말을 사용하지 않았으므로, purgatorium을 가장 먼저 명사로 쓴 이들은 1170년 직후 클레르보의 니콜라, 세인트 알반스의 베네딕트회 수사 니콜라스, 파리의 노트르담 학교의 세속 교사 대식가 피에르 등이 될 것이다.

여기서 한 가지 나로서는 확실히 해결할 수 없는 문제가 남는다. 민뉴가 편집한 책에 실린 "진실한 참회와 거짓된 참회 *De vera et falsa poenitentia*"라는 익명의 글은 중세에는 그 저자가 성아우구스티누스라고 여겨졌으나, 실제 연대는 11세기말 또는 12세기 전반이다. 그런데 거기에서 명사형의 purgatorium이라는 말이 쓰이고 있는 것이다: *ita quod nec* purgatorium *sentiunt qui in fine baptizantur*[3] (*PL*, 40, 1127). 몇 줄 뒤에서 정화하는 불 *ignis purgatorius*라는 말이 나온다는 것은 아무런 증거도 되지 못하며, 앞에 쓰인 purgatorium이라는 말은 고립된 것이다. 내가 보기에는 그것이 12세기말부터의 필사본들에 남은 것일 뿐, 원문은 '정화하는 불을 *ignem purgatorium*'이었을 것이다. "진실한 참회와 거짓된 참회"가 12세기 중엽 이전의 것이라는 데에는 의심의 여지가 없는 것이, 1160년에 죽은 롬바르디아인 피에르뿐 아니라(*PL*, 192, 883) 1140년경에 씌어진 그라티아누스의 '법령집'에서도(*PL*, 187, 1559, 1561, 1637) 그것이 인용되고 있기 때문이다. 프랑소아 돌보, 아고스티노 파라비치니 바글리아니 Agostino Paravicini Bagliani, 마리-클레르 가스노 Marie-Claire Gasnault 등 여러분이 내 연구를 도와주었음에도 불구하고, 불행히도, 나는 "진실한 참회와 거짓된

---

*2) 그러나 가벼운 행위에 대해서는 연옥으로 통과함으로써 주의 기쁨 안에 들어갔다.

*3) 마지막에 세례받은 자들은 연옥을 느끼지 못하므로 그러하다(또는, 느끼지 못하듯이?).

참회"의 12세기말 이전의 사본을 구해볼 수 없었으며, 내 견해는 가정으로만 남는다. 나로서는 12세기 신학 및 종교 관습의 주요한 주제인 참회의 역사에 있어 더할 나위 없이 중요한 이 텍스트의 객관적인 편집본이 나오기를 바랄 뿐이다(Cf. A. Teetaert, *La Confession aux laïques dans l'Eglise latine depuis le VIIIe siècle jusqu'au XIVe siècle*, Paris, 1926, pp. 50~56; C. Fantini, "Il tratatto ps. agostiniano De vera et falsa poenitentia" in *Ricercche di storia religiosa*, 1954, pp. 200~09).

ignis purgatorius라는 표현이 12세기말부터 purgatorium으로 바뀐 방식, 특히 먼저 텍스트의 형용사와 나중 텍스트의 명사가 같은 격(格)인 경우에 관해서는 다음과 같은 좋은 예가 있다.

헤일즈의 알렉산더는 그의 "롬바르디아의 피에르의 금언집 주석"(1223~1229)에서 셍-빅토르의 리샤르의 "맺고 푸는 권능 *De potestate legandi et solvendi*"을 이렇게 인용한다: *per incendium purgatorii scoria peccati excoquitur*⁴⁾ (*Glossa in IV libros Sententiarum Petri Lombardi*, lib. IV, dist. XX, ed. Quaracchi, t. IV, p. 354). 그런데 리샤르의 원문은 이렇다: *per incendium* purgatorii ignis *scoria peccati excoquitur*⁵⁾ (*PL*, 196, 1177).

12세기말과 13세기초에는 purgatorium과 ignis purgatorius가 거의 동의어처럼, 때로는 동일한 작가에게서도, 쓰인다. 1180년경 세인트-알반스의 니콜라스가 purgatorium에 언급한(성베르나르와 관련하여) 편지를 보냈던 셀의 피에르는 1179년에 씌어진 그의 "폐쇄(수도원)의 훈련 *De disciplina claustrali*"이라는 글에서 ignis purgatorius라는 말밖에 쓰지 않는다(*PL*, 202, col. 1133). 12세기의 여러 작품들의 가장 오랜 사본들이 보존되어 있지 않으므로

---

*4) 연옥의 연소에 의해 죄의 더러움이 불살라진다.
*5) 정화하는 불의 연소에 의해 죄의 더러움이 불살라진다.

purgatorium이라는 말이 쓰인 가장 오랜 용례를 확실히 가려내기란 어려울 것이다.

안-마리 보티에 Anne-Marie Bautier 여사는 연옥의 가장 오랜 정의 중 하나는 최근 프랑소아 돌보가 편집한 모종 Mauzon의 순교자 성빅토르의 생애에서 나온다고 지적해주었다(*Revue historique ardennaise*, t. IX, p.61) : *Purgatorium ergo, locum conflationis, ergastulum purgationis, iste sanctus repperit in gremio ecclesiae in qua conflari injuriis et passionibus meruit, quibus ad remunerationem victoriae laureatus pervenit.*[6) 그러니까 어떤 성인들은(성베르나르도 그랬다고 하거니와) 곧장 낙원으로 가는 것이 아니라 연옥을 거치는 것이다.

끝으로 중세 라틴어 사전 및 어휘집을 찾아보면, 뒤 캉주 Du Cange가 인용하는 purgatorium의 가장 오랜 용례는 이노첸티우스 4세가 샤토루의 외드에게 보낸 1254년의 편지이다. J. F. Niermeyer (*Mediae Latinitatis Lexicon Minus*, Leyde, 1976)는 이렇게 말한다: "중성명사 purgatorium, 연옥, 13세기." A. Blaise는 그의 『중세 작가들의 라틴-불어 사전 *Dictionnaire latin-français des auteurs du Moyen Age*』(Corpus christianorum, Continuatio Maedievalis, Turnhout, 1975, pp. 754~55)에서 그 말은 12세기에 나타났으나 그전에는 purgatorius ignis 같은 우회적인 표현을 썼다고 지적하며, 위-아우구스티누스("진실한 참회와 거짓된 참회"), 13세기초 이노첸티우스 3세의 서한, 대식가 피에르(1179)의 것이 분명한 라바르뎅의 일드베르의 설교 등을 인용한다. 그는 또한 그 의미를 "성패트리스 (패트릭)의 연옥이라고 불리는, 섬에 위치한 참회의 장소"라고 풀이한다.

---

*6) 그러므로 연옥이란 불사름의 장소이며 정화의 교정소이다. 저는 그(교회) 안에서 불의와 정욕으로 인해 (장차) 불살라져 마땅한 (죄를 저지른) 바 교회의 품안에 거룩하게 되어 다시 나타나며, 그곳(연옥)을 통해 면류관을 쓰고 승리의 보상에 이른다.

백스터 J. H. Baxter와 존슨 Ch. Johnson의 『영국 및 아일랜드 출전에서 나온 중세 라틴어 목록 *Medieval Latin Word-List from British and Irish Sources*』(Oxford, 1934)에는 "purgatorium, 연옥(교회 용어), 1200년경"이라고만 나와 있고, 래섬 R. E. Latham의 『영국 및 아일랜드 출전에서 나온 중세 라틴어 목록 개정판 *Revised Medieval Latin Word-List from British and Irish Sources*』(London, 1965)에는 "purgatorium(신학 용어), 1150년경"과 "성패트릭의 연옥 *purgatorium Sancti Patricii*(라우 더그 Lough Derg 소재), 1188년경"이 구별되어 있다. 1150년경이라는 연대는 '성패트릭의 연옥'의 전통 가운데 기사 오웨인의 모험에서 기인하는 것으로 보이는데, 이러한 연대는(그리고 아마도 이야기 자체도) 다분히 허구적인 것이다.

속어들 가운데서는 불어에서 가장 먼저, 프랑스의 마리가 1190년경(또는 F. W. Locke가 *Speculum*, 1965, pp. 641~46에서 주장하는 바에 따르면 13세기초, 1208~1215년 사이)에 쓴 "성패트릭의 연옥 *Espurgatoire Saint Patriz*"의 espurgatoire라는 형태로 purgatoire라는 말이 쓰이기 시작한다.

내 친구 요세프 마체크 Josef Macek는 내게 지적해주기를 체코어에서 연옥을 가리키는 '오치스테크 *Očistec*'라는 말은 1350~1380년 사이 라틴어 텍스트의 번역에서 처음으로 나타났다고 하였다. 그러나 이 연옥은 림보나 지옥과 잘 구별되지 않는다. 얀 후스 Jan Hus[7]에게 있어 연옥이란 "세번째 지옥"(*Vyhlad viery*, Ms M, Bibl. de l'Université de Brno, MK, fol. 16a)이었다. 15세기초까지도 타보르 Tabor[8] 사람들은 연옥을 믿기를 거부했으며, '오치스테크 *očistec*'와 '오쉬스테크 *ošistec*(눈속임)' 간의 말장난을 하거나 연옥

---

*7) (1369~1415). 체코의 종교 개혁자.
*8) 체코슬로바키아의 도시.

을 '푸르가취 *purgač*' 즉 하제(下劑)라고 불렀다. 발도파와 후스파에서 연옥을 거부했던 데 대해서는 Romolo Cegna, "Le De reliquiis et de veneratione sanctorum: De purgatorio de Nicola della Rosa Nera detto da Dresda(di Cerruc), maître à Prague de 1412 à 1415," in *Mediaevalia Philosophica Polonorum*, t. XXIII, Wroclaw-Varsovie-Cracovie-Gdansk, 1977을 참조할 것.

⟨보유 Ⅲ⟩

최초의 이미지들

(pp. 429~32의 삽화들을 참조)

『기독교 성화상(聖畵像)의 어휘집 Lexicon der christlichen Ikonographie』(ed. E. Kirschbaum, vol. II, 1970, col. 17)의 Fegfeuer(연옥) 항목에서 브라운펠스 W. Braunfels는 이렇게 썼다: "중세로부터 14세기말에 이르는 고(古)기독교의 시각 예술에서는 연옥의 어떤 표현도 발견되지 않는다."

연옥의 성화상이 널리 퍼지기 시작한 것은 14세기말부터라 하더라도, 그 이전 세기에도 간간히 연옥을 나타낸 미술 작품은 있었으며, 성화상들을 주의깊게 탐색해보면 연옥을 나타낸 14세기말 이전의 작품들을 상당히 찾아낼 수 있을 것이다.

나는 여기서 세 작품을 제시한다:

1) 기 Gy 신부 덕분에 눈에 뜨인 가장 오랜 작품은 『파리 성무일과서 Bréviaire de Paris』 일명 『미남왕 필립의 성무일과서 Bréviaire de Philippe le Bel』라고 불리는 책의 제49쪽에 들어 있는 세밀화이다(파리 국립도서관 ms latin 1023). 1253~1296년경의, 아마도 형태상의 기준으로는 1296년에 더 가까이 위치시켜야 할 이 사본은 성무일과서였을 것이 거의 확실시되며, 그 삽화들은 1296년 미남왕 필립이 파리의 유명한 화가 오노레 maître Honoré에게 주문한 것으로, 그 사실은 그해의 루브르 회계 장부에 기록되어 있다.

제49쪽의 작은(3.5cm×4cm) 세밀화는 아마도 영혼들의 심판을 나타낸 것이다. 영광 중에 계신 그리스도와 그를 둘러싼 두 스랍 천사가 세밀화의 위쪽 3분의 2가량을 차지하고 있으며, 아래쪽에는 연옥의 네 영혼들이 있는데, 그 중 둘은 아직 불 속에 있으며 다른 둘은 구름 천장을 꿰뚫은 두 명의 천사들에 의해 불에서 끌어내지고 있다. 그림은 모두 네 개의 층으로 나뉘어 있으니, 황금빛 하늘, 구름의 층, 바둑판 무늬의 월하 지대, 그리고 불이다(Cf. V. Leroquais, *Les Bréviaires manuscrits des bibliothèques publiques de France*, t. II, Paris, 1934, n. 487, pp. 465~85).

2) 앞의 그림과 비슷한 동시에 다른 점들을 보여주는 또 하나의 세밀화가 『파리 성무일과서』 일명 『샤를 5세의 성무일과서』에 들어 있는데, 이는 아마도 프랑스 왕가의 여인을 위해 1347~1380년 사이에 제작된 것으로, 따라서 샤를 5세의 장서에 속했던 것으로 추정된다(파리 국립도서관, ms latin 1052, feuillet 556 verso, cf. Leroquais, t. III, pp. 49~56). 이 세밀화 또한 아주 작으며, "망자들을 추념하여" 즉 11월 2일에 들어 있다(앞의 것은 시편 기자가 여호와께 자신을 스올에서 건져주신 것을 감사드리는 시편 제114편의 삽화이다). 앞의 것과는 달리 이 세밀화에서는 그리스도가 보이지 않는다. 두 명의 큰 천사가 두 영혼을 천국 쪽으로 끌어올려 그들의 발만이 불길 속에 있다. 연옥에서 저마다 다른 처지에 놓여 있는 수많은 영혼들(개중에는 교황도, 주교도 있다)을 나타내는 열한 개의 얼굴들이 불 속에 잠겨 있다. 그림은 아주 가느다란 천국(약 10분의 1정도 길이), 길이의 반 이상을 차지하는 빗금 쳐진 중간 지대, 불길 가득한 커다란 구멍이 뚫린 해면암으로 이루어진 지옥, 이렇게 세 부분으로 나뉘어 있다. 내가 이 그림을 알게 되고 또 내 책에 실을 수 있었던 것은 프랑소아 아브릴 François Avril씨의 친절 덕분이다.

3) 연옥의 세번째 그림은 살라만카 옛 성당의 프레스코화에서 찾아볼 수 있다. 여기에는 14세기초 네 개의 영역이라는 개념에

따른 저승 체계가 완전히 표현되어 있다. 우리가 보아 왼쪽이 천국, 오른쪽이 지옥이다. 가운데에서 왼쪽으로는 연옥을, 가운데서 오른쪽으로는 림보를 나타내는 영혼의 처소들이 있다. 연옥의 위쪽 처소에는 한 천사가 천국으로 데려갈 영혼을 찾으러 온다. 써넣은 글씨로 보아 이 그림은 스페인 연대로 1300년 그러니까 1262년의 것이지만, 프랑소아 아브릴씨의 견해로는 그림의 양식으로 보아 이 프레스코화는 14세기 전반 이전의 것일 수가 없다고 한다. 나는 루이스 코르테스 교수의 후의에 힘입어 이 그림을 실을 수 있었다(Cf. José Gudiol Ricart, *Ars Hispanica*〔Madrid, 1955〕, vol. 9, *Pintura Gotica*, p. 47).

⟨보유 Ⅳ⟩

최근 연구들

이 책을 완성하고 나서(1981년 1월), 나는 다소간에 연옥과 관련된 여러 연구들을 알게 되었다.

파올로 산타르칸젤리 Paolo Santarcangeli는 *NEKYIA, La discesa dei poeti agli Inferni*(Milano, 1980)에서, 여러 섬들에 위치한 지옥의 상징적 지리를 논하면서, 아일랜드에 있는 성패트릭의 연옥을 언급하였다(p. 72).

세 편의 중요한 연구가 저승에 관한 이상 및 저승 여행들에 바쳐졌다.

그 첫번째는 미셸 오브룅 Michel Aubrun의 "Caractères et portée religieuse et sociale des *Visiones* en Occident du VIe au XIe siècle" (*Cahiers de civilisation médiévale*, avril~juin, 1980, pp. 109~30)이다. 저자는 이러한 이상들의 종교적 심리적 분위기를 아주 섬세하게 분석하고 있다. 그는 고중세 교회의 꿈에 대한 불신 가운데서 유보와 수용 사이를 오갔던 교직자들의 태도를 날카롭게 파헤친다. 그의 연구가 12세기초에서 끝나는 만큼 그는 연옥이라는 '문제'는 거의 제기하고 있지 않지만, 가령 베다가 전하는 바 드리텔름의 이상 속에 "북동부에는 참회로서의 연옥"이, 그리고 "남동부에는 대기로서의 연옥"이 있음을 옳게 지적한다. 연옥의 이러한 이분법은 켈트 전승에 나오는 바 지옥 또는 천국에 가까운 두 개의 저승에 대응하며, 단테의 「연옥편」에 나오는 연옥의 문전을 예고하는 것이다.

소련의 위대한 중세학자 구르예비치 A. J. Gurjewitsch(그의 『중세 문화의 범주들』[1972]은 'Das Weltbild des mittelalterlichen Menschen' [1978, Dresde]으로 독일어 번역이 나온 데 이어 곧 Gallimard의 Bibliothèque des Histoires에서 불어 번역이 나올 것이다)는 1981년 3월 파리에서 국립과학연구소 Centre national de la Recherche scientifique 가 개최한 "기독교의 시간(4~13세기)"에 관한 심포지엄에 직접 참석하는 대신 중요한 글을 보내주었다. 『아날 Annales E. S. C.』지에 게재될 이 글은 『개인과 저승에 관한 상상』에 대한 것이다. 구르예비치는 피에르 쇼뉘와 특히 필립 아리에스가 연옥에 관한 그들의 생각을 유언장이나 성화상처럼 뒤늦게야 연옥을 받아들인 자료들에 기초하였던 것을 비난하면서, 좀더 근본적인 다른 자료들에 의하면 연옥의 탄생과 전파는 보다 이르게 잡을 수 있다고 한다. 나는 이 다른 자료들 즉 내가 이 책에서 많이 원용했던 저승에 관한 이상이나 예화들이 불가결하며 연옥의 역사를 전혀 달리 보게 해준다는 점에서 그에게 동의한다. 우리 두 사람은 모두 연옥의 탄생에 있어 결정적인 시기가 12세기말에서 13세기초라는 결론에 이르고 있다. 그러나 내 생각에 구르예비치는 신학·전례·종교 행위 들을 간과하고 있는 듯하다. 그와 마찬가지로 나도 이러한 자료들이 보여주는 바 연옥 및 저승 체계 전체는 점차로 죽음 직후의 개인적 심판을 강조하는 죽음 및 저승의 개인화 과정을 보여준다고 생각한다. 그러나 자료들 전체, 특히 대도에 관한 것들은, 내가 입증했듯이, 개인적 구원의 강조가 개인이 속해 있는 공동체들 ─ 그것이 육신적이거나 인위적인 친족성에 근거한 지상적 공동체이든 성도들의 통공이라는 초자연적인 공동체이든 ─ 의 행동과 연결되는 것임을 분명히 보여준다.

1981년 4월 클로드 카로치는 스폴레타에서 고중세 문명의 민족들과 나라들 Popoli e paesi nella cultura altomedievale을 주제로 열린 제29차 중세 연구 이탈리아 센터의 역사 주간 Settimana di

*Storia du Centro Italiano di studi sull'Alto Medioevo de Spolète*에서 "고중세 동안 저승의 지리 및 그 의미"라는 제목으로 괄목할 만한 발표를 했다(그것은 주간 보고 및 토론집에 실리게 될 것이다). 그것은 그가 6~13세기의 이상 문학에 관해 준비하고 있는 논문의 스케치로, 연옥은 그의 논지의 중심을 차지한다. 나는 저승에 관한 신앙의 발전에 있어 지리적 중요성을 강조하고 대그레고리우스의 『대화』와 베다의 드리텔름의 이상, 카롤링거 왕조에 일어난 저승의 정치화, 12세기와 13세기초의 위대한 텍스트들에서 일어난 구체화로의 결정적 발전 등을 그 주요한 단계로 보는 점에서 그에게 동의한다. 그러나 우리는 근본적이라고 생각되는 한 가지 점에서 의견이 갈린다. 클로드 카로치는 6세기부터가 아니라 8세기부터의 연옥에 관해 말한다. 내가 '명목론자'로서 어휘 변화의 근본적 중요성을 믿는 반면, 그는 '사실론자'이며, 따라서 12세기말에는 연옥보다는 오히려 지옥——분명한 영벌의 저승——의 탄생을 보기에 이른다. 이러한 가정은 매우 흥미롭고 시사적이지만, 역사적 현실과는 일치하지 않는 듯하다. 클로드 카로치는 대단한 박학과 지성으로써 문학 쟝르를 연구했다. 연옥의 탄생과 같은 역사적 현상은 그 전체적이고 역사적인 맥락 가운데서 분석되는 자료 전체에 의해 설명되어야 한다. 그러나 내 요약은 클로드 카로치의 논지들을 지나치게 단순화하는 것일지도 모른다. 그의 논문이 완성되고 발표되는 것을 기다려야 하며, 나는 그것이 풍부하고 흥미로운 것이리라 확신한다.

   이 최근의 연구들은 나로 하여금 내가 8~13세기의 보존된 저승 이상들 전체를 다 연구하지 않았음을 상기시켜준다. 내가 이런 자료들을 그것들이 가질 수 있는 흥미에도 불구하고 논외로 한 것은 그것들이 어떤 식으로도 별 도움이 안 되기 때문이었다. 물론 이 텍스트들에서는 연옥이라는 말도 전혀 나타나지 않는다. 나는 방금 인용했던 세 명의 저자들에 의해 분석된 이 이상들 중 몇몇을 왜 다루지 않았는가를 간단히 말하겠다. 그것들은 비록 덜 역사적인 시각에서 덜 자세한 방식으로이긴 하지만 벡커 Becker, 도즈 Dods, 맥컬로우 MacCullogh, 세이머 Seymour, 패취 Patch, 딘젤바허 Dinzelbacher 등 오래 된 연구자들에 의해서도 연구되었다.

고중세: 7세기. 보넬루스의 이상(*PL*, t. 87, col. 433~35)

7세기의 마지막 10년 사이에 죽은 스페인의 수도원장 발레르는 수사 보넬루스의 저승 여행을 이야기한다. 입신 가운데서 그는 천사의 인도로 어떤 처소에 이르렀는데, 만일 그가 그의 고행을 감내하면 장차 가게 될 그곳은 보석들이 찬란한 방이었다. 두번째 입신 때는 한 마귀가 그를 지옥의 우물 속으로 끌고 갔다. 정화에 관해서는 일언반구가 없으나, 몇 가지 세부들은 장차의 연옥 체계를 환기한다. 우선 그 장소는 땅속 깊은 곳에 있으며, 거기에는 무시무시한 불이 있어서 마귀들은 영혼들을 거기에 던져넣는다. 보넬루스는 거기에서 무서운 악마가 사슬에 매인 것을 보았다. 하지만 그 악마는 사탄은 아닌 것이 그에게 "더 강하고 더 잔인한 형벌들이 있는 심연의 더 낮은 우물"을 보여주기만 했기 때문이다. 그가 지상에서 구해준 한 가난한 자가 그에게 도움을 주려 한다――이는 대도 체계를 환기하는 것이다. 그는 십자 성호로써 버텨내는 바, 이는 성패트릭의 연옥에서도 그러할 것이다. 그는 마침내 지상으로 돌아온다. 다시 말하거니와, 여기에는 정화라는 개념이 없으며, 다만 여러 징벌의 장소들이 등급별로 있을 뿐이다. 체계는 이원적이다. 즉 이름 없는 아주 상쾌한 장소와 지옥 *infernus*이라 불리는 심연 *abyssus*이다.

고중세: 7세기. 바론투스의 이상(678/9년, *Monumenta Germaniae Historica, Scriptores Rerum Merovingicarum*, V, pp. 377~94)

론고레투스(부르주 근교 생-시랑) 수도원의 수사인 바론투스는 중병을 앓던 중에 두 명의 마귀에게 끌려가다가 천사장 라파엘과 성베드로에게 구원을 받는다. 이들은 그에게 낙원에 이르는 네 개의 문을 보여주며, 지옥도 잠시 엿보게 해준다. 거기에는 죄의 범주대로 나뉘어 모인 남녀의 무리가 악마들에게 고초를 당하고 있다. 정화는 문제되지 않는다.

고중세: 8세기. 수사 웬록의 이상(717년경, *Monumenta Germaniae Historica Epistolae*, t. 3, pp. 252~57)

테네트의 에아드부르게 여수도원장에게 보내는 편지에서, 성보니파치우스는 슈롭셔에 사는 영국 수사 웬록의 이상을 이야기한다. 천사들은 그에게 세상을 한바퀴 돌게 해준 뒤 지옥의 불못들을 보여주며, 그는 하층 지옥에 있는 영혼들의 신음과 울음 소리를 듣는다. 그들은 또한 그에게 아주 상쾌한 장소를 보여주며 하나님의 낙원이라고 일러준다. 연옥의 전사에 있어 흥미로운 단 한 가지는 불의 강 위에 놓인 다리이다. 거기에서 떨어진 영혼들은 몸의 전부 혹은 일부, 허리나 무릎이나 혹은 겨드랑이까지 강에 빠진다. 천사들은 말하기를, "저들은 현세의 삶을 떠난 뒤 모종의 가벼운 죄들을 다 벗어버리지 못한 영혼들이며, 자비로우신 하나님으로부터 경건한 징계를 당한 뒤에야 하나님 나라에 합당하게 될 것이다"라고 한다. 그러니까 정화라는 말은 없지만 그러한 개념은 있는 것이다. 그러나 이 텍스트는 동시대에 씌어진 베다의 드리텔름의 이상에 비하면 한참 뒤처져 있다.

11세기: 생-템므랑의 오틀로

생-템므랑과 풀다의 오틀로(1010~1070)는 성아우구스티누스의 『고백록』에까지 견주어지는 중세 최초의 자서전을 쓴 작가로서, 그가 쓴 『이상서』(*PL*, t. 146, col. 341~88)는 수도원 전통내에서 그 자신이 겪었거나 『대화』의 대그레고리우스를 위시한 작가들에게서 읽었던 이상들을 적고 있다. 이 기이한 이상들 가운데는 성보니파치우스가 이야기한 웬록의 이상(col. 375~80)이나 베다가 이야기한 드리텔름의 이상(col. 380~83)도 들어 있다. 오틀로의 출전들은 오래 된 것이므로, 이러한 이상들에서는 연옥이 문제되지 않는 것은 물론이고 ignis purgatorius, poenae purgatoriae 등의 표현도 아주 드물게밖에 발견되지 않는다.[9] 예컨대 열네번째 이상에서는 보헤미아의 수사 이삭이 아주 상쾌한 풀밭에서 군터, 모리스, 아달베르트 등의 성인들을 만나며, 그들은 이 레프리게리움으로 오기 전에 "정화하는 불을" 거쳤노라고 말한다. 오틀로는 그러니까 장차의 연옥에 아무 새로운 것도 기여하지 않는다. 그의 이상들에서 흥미로운 점들 중에는 수도원 재산을 탈취한 속인들이 그 죄로 인해 저승에서 벌을 받는다고 주장한 것(일곱번째 이상에서는 그러한 죄를 지은 한 영주가 공중에 말을 타고 그의 아들들에게 나타나는데, 이는 메니 엘르켕 mesnie Hellequin에 관한 가장 오래 된 언급들 중 하나이다), 그리고 이러한 이상들을 정치적 목적으로 사용한 것 등을 꼽을 수 있다. 예컨대 이삭의 이상은 레겐스부르크 주교좌가 프라하 주교좌보다 우월함을 보여주는 목적을 띠기도 한다. 열일곱번째 이상은 오토 2세의 아내이자 오토 3세의 어머니인 테오파노 황후가 한 수녀에게 나타나 자신이 세상에 살 적에 동양 여인들처럼 사치한 치장을 했던 죄로 저승에서 당하고 있는 고통으로부터 건져달라고 애원한다. 이는 동양과 서양간의 문화적 간극을 보여주기 위해 저승을 이용한 좋은 예이다.

13세기초: 터칠의 이상

나는 터칠의 이상으로 돌아간다. 이는 문학적으로도 놀라운 이

---

9) 현대의 편집자는 그가 이상들에 붙인 제목들에서 가끔씩 purgatorium이라는 말을 남용하고 있다.

상이고 몇 년 전 내 세미나에서 다룬 적이 있으나 이 책에서는 충분히 다루지 못한 것이다(본서, pp. 564~67). 왜냐하면 그것은 성 패트릭의 연옥과 거의 같은 연대 혹은 조금 뒤에 나온 것으로, H. 드 살트레이의 논저와는 달리 연옥을 성공시키지 못했기 때문이다. 1206년의 이 이상은 아마도 영국의 시토 수사 코그스홀의 랄프의 작품일 것이다. 그것은 베네딕트 수사 웬도버의 로저가 그의 『역사의 꽃』에, 그리고 1259년에 죽은 마티외 파리스가 그의 『대연대기』에 싣고 있다. 런던 인근의 일개 농부인 터칠은 잠자던 중에 환대 성인 율리아누스와 성돔니우스에게 이끌려 저승에 가며, 이들은 성야고보의 청에 따라 그에게 저승을 구경시켜준다. 수도원의 회랑과도 같이 벽 없는 커다란 바실리카 안에서 그는 "악인들의 형벌의 장소들과 의인들의 처소들"을 방문한다. 연옥에 관한 어휘로는, 13세기초에는 당연한 일이지만, loca poenalia, ignis purgatorius 등 옛스런 표현들과 per purgatorii poenas 같은 말에서 보듯 purgatorium이라는 새로운 명사가 모두 쓰이고 있다. 터칠의 저승 지리는 아직 혼돈스럽고, 다중적인 영혼의 수용처들 *receptacula animarum*이라는 옛스러운 이미지는 아직 통일되어 있지 않다. 여러 정화하는 처소들 중에는 성니콜라스가 다스리는 정화소 *un purgatoire*도 있다(qui huic purgatorio praeerat). 터칠의 이상은 13세기초의 망탈리테를 보여주는 두 가지 특징을 띤다. 즉 고딕 조각에서도 볼 수 있는 영혼의 무게 달기에 부여된 중요성과 연옥을 중죄들(교만자의 징계)과 사회적 범주들의 죄(사제의, 기사의, 법률가의, 징벌들은 사회의 삼분 기능적 체제의 흥미로운 형태이다)들을 혼합한 저승의 형벌 장소들의 주민들의 유형학과 연관시키고 있다는 점이다. 터칠의 이상을 해석함에 있어 특히 주목할 만한 것은 순례자가 마귀들이 보여주는 연옥 주민들의 고문이라는 구경거리 *ludos vestros*를 구경하는 놀라운 일화에서 극치를 이루는 관극적인 성격이다(p. 503). 앙리 레-플로 Henri Rey-Flaud는 터칠의 이상과 당대의 극운동 특히 동시대인이었던 아라스인 장 보델의 성니콜라스 극을 비교하였다(*Pour une dramaturgie du Moyen age*, Paris, 1980, pp. 82~83). 그러나, 성화상에 있어서와 마찬가지로, 연옥의 이러한 극화는 유산되었고 신비극은 여전히 낙원과 지옥이라는 이원적 체계에 따라 기능했던 것으로 보인다.

끝으로, 12~13세기의 전환기에 성패트릭 및 터칠의 이상들과 함께 저승에 관한 세번째 중요한 이상은 수사 에인샴(이브샴)의 이상으로, 이 또한 코그스홀의 랄프가 쓴 『영국 연대기』(ed. J. Stevenson, 1875, pp. 71~72)와 마티외 파리스의 『대연대기』(vol. II, pp. 243~244)에 실려 있다. 그러나 이것은 드리텔름의 이상과 아주 비슷하며, 거기 나오는 연옥은 너무 단편적이어서 나는 굳이 그것을 다루지 않았다.

────프랑소아 돌보는 내게 브라이언 그로건의 「초기 아일랜드 교회의 종말론적 가르침」이라는 논문을 알려주었다(Brian Grogan, "Eschatological Teaching of the Early Irish Church," in *Biblical Studies*, The Medieval Irish Contributions, ed. M. McNamara. Proceedings of the Irish Biblical Association, n. 1, Dublin, 1976, pp. 46~58). 거기서는 연옥이 많이 문제되지만 분명히 말해지지는 않는다. 왜냐하면 때 이르게 연옥을 사용하고 있기 때문에. 그로건은 단언하기를 지옥과 정화하는 불은 12세기말에야 구분되며 성패트릭의 연옥은 아일랜드에 관한 한 연옥이라는 말이 나타나는 최초의 텍스트라고 한다.

────나는 질베르 다그롱 Gilbert Dagron의 "La perception d'une différence: les débuts de la Querelle du Purgatoire" (*Actes du XVe congrès international d'Etudes byzantines*, IV, Histoire, Athènes, 1980, pp. 84~92)를 받기는 했으나 이용하지 못했다.

옮긴이의 말

알려진 대로, 중세 즉 고대와 르네상스 사이에 끼인 어두운 중간기라는 개념은 르네상스 이후 특히 19세기 역사학의 소산이며, 이러한 개념은 20세기에 들어 전면적 재반성의 대상이 되었다. 진척된 역사 연구와 더불어 차츰 그 실상을 드러낸 중세에서는 이전 및 이후 시대와의 단절보다는 오히려 연속성이 발견되었던 것이다. 그리하여 이 책의 저자인 르 고프 같은 역사학자는 5세기에서 19세기에 이르는 기간을 통틀어 '긴 중세'라고 부르며, 좀더 정확히는, 중세란 여러 장기적 지속 현상들의 들쭉날쭉한 전체라고 본다.

그가 연옥을 연구한 것도 이러한 장기적 지속 현상들 중 하나로서이다. 연옥 신앙이란 기독교가 성립하던 고대 말기로부터 19세기까지 지속된 현상인 것이다(이 책에서 그는 단테까지를 다루고 있지만, 이는 그의 초점이 연옥의 '탄생'에 있기 때문이며, 실상 연옥 신앙이 가장 성했던 것은 15~19세기였다고 한다).

그는 우선 고대 종교들의 저승관을 검토하여 거기서 이미 연옥이라는 발상의 가능성이 발견됨을 지적하고, 이어 고대 말기에서 고중세에 이르는 기간 동안의 수많은 문헌들에서 기독교의 연옥을 예고하는 논의들을 찾아낸다(제I부). 그러나 이 긴 탐색 과정에서 그가 거듭 강조하는 것은 "연옥의 가능성은 있지만 아직 연옥은 아니다"라는 것이다. 그에 의하면, 연옥이 탄생하는 것 그러니까 그 이름이 정확한 어형을 갖추고 그 시공간적 위치가 명백히 정의되는 것은 12세기에 이르러서이다(제II부). 나아가 13세기의 스콜라적 체계화를 거치면서 연옥은 그 세부에 이르기까지 규정되고 법제화되어, 신앙의 내용으로 확정된다. 단테의 『신곡』은 그러한 신앙이 이룩해낸 시적 상상력의 결정이다(제Ⅲ부).

그러나 이렇게 연대적 순서를 따르고 있다고 해서, 자칫 연옥이 고대 말기에 발아하여 중세에 개화한, 일종의 진화적 현상이라고 생각한다면 오해이다. 저자의 말을 빌리자면, "역사적 현상들은 아이가 모태에서 나오듯 그렇게 나오는 것이 아니기" 때문이다. 서론에서 이미 전제되듯이, "2세기와 4세기 사이 종말론적 지평에 덜 심취하게 된 기독교가 개인적 죽음과 최후 심판 사이에 영혼들이 처하게 될 상황에 대해 생각하기 시작했을 때"부터 이미 연옥 신앙이 생겨나기 위한 기본적인 여건들은 있었던 것이지만, 중요한 것은 실제로 연옥이 탄생하는 것이 12세기에 이르러서라는 사실이다. 연옥이란 서양 봉건 사회가 그 체제를 갖추어가던 12세기 고유의 산물로서 그 사회의 논리적 체계 및 정신적·영적 요구들의 반영인 것이다.

그렇다면, 고대 말기로부터 중세 초기에 이르는 기간 동안 연옥을 예고하는 숱한 논의들이 있었음에도 불구하고 아직 존재하지 않았던 연옥을 명실상부히 탄생시킨 12세기는 이전 시대들과 어떤 점에서 달라진 것일까? 저자는 12세기야말로 "인류가 지상에 정착한" 시기라고 본다(물론 유럽의 '인류'겠지만). 고대 세계의 붕괴 이후 쇠퇴 일로에 있던 서유럽 즉 라틴 기독교 세계가 급성장하여 "최초의 증산을 체험하는" 이 시기에 이르러, 현세는 더 이상 내세로 가는 관문에 불과한 것이 아니라 그 자체로서 긍정되었고 세계의 종말은 전처럼 임박한 것으로 여겨지지 않았다. 이러한 종말론의 퇴조(이미 2~4세기에 시작되기는 했지만 12세기에 본격화된)와 더불어 개인적 죽음과 집단적 (최후) 심판 사이의 중간 시기는 중요한 성찰의 대상이 되었고, 그 결과가 연옥의 탄생인 것이다. 다시 말해 기독교인들은 현세에 자리잡기 위해 예고된 바 종말을 먼

미래로 연기하게 되었고, 그러면서 최후 심판이 있기까지 갈 곳이 정해지지 않은 그들의 망자들을 위해 연옥이라는 '신세계'를 마련하였던 셈이다. 이 시대에 창궐하던 이단들, 임박한 종말을 선전하던 이단들이 하나같이 연옥을 부인했다는 것은 그 좋은 반증이 될 것이다.

하지만 이렇게 단순히 설명될 수 있는 문제라면 이 두꺼운 연구서는 필요치 않았을 것이다. 저자는 이 간단한 논리가 현실로 성립해가는 역사적이고 구체적인 과정을 보여주며, 그러기 위해 참으로 방대한 자료(신학뿐 아니라 민간 신앙, 민중문학, 교회 전례 등 등에 걸친)를 놀라울 만큼 면밀히 다루고 있다. 역사 연구란 이런 것이구나, 사료(史料)란 이런 것이구나, 하고 감탄하게 되는 대목이 허다하였다.

역사나 신학의 전공자가 아니면서 이 책의 번역을 맡은 것은 중세 문학을 공부하면서 중세사에 관심을 갖게 되었다는 이유도 있지만, 그보다는 기독교회의 평신도로서 연옥이란 퍽 궁금한 문제였고 거기에 대한 자세한 연구를 널리 소개하고 싶었기 때문이다. 전공자만이 가질 수 있는 전체적인 시각 없이, 모르는 부분은 백과사전의 단편적인 지식들로 메워나간 번역이라 송구스럽기 짝이 없다. 하지만 전공자라면 역자의 무지와 실수를 너그러이 고쳐줄 아량이 있을 것이고, 역자와 마찬가지로 비전공자인 독자라면 역자와 함께 사전을 뒤지는 기분으로 귀찮은 각주들을 읽을 수 있으리라 기대한다.

20세기가, 두번째의 천년이 끝나가는 요즈음 다시 종말론이 무성한 것을 본다. 12세기에 '인류가 지상에 정착'한 결과라 할 이 문명의 존속 가능성 자체에 대한 회의도 일고 있다. 정말로 종말이 오려는지? 아니면 이 문명이 다른 어떤 새로운 가능성을 찾아내려는지? 고대 말기와 중세 초기가 이미 연옥을 예고하였듯이, 우리 시대는 또 무엇을 예고하고 있는 것은 아닌지? 이 책과의 만남이 그 전조들을 다시금 생각하는 계기가 되기를 바란다.

『연옥의 탄생』의 번역은 여러 가지로 힘에 넘치는 일이었다. 영역본을 구해 참고할 수 있게 해준 동생 내외, 긴 원고를 꼼꼼히 읽고 서툰 라틴어 번역을 고쳐주었을 뿐 아니라 구석구석 귀중한 조언들을 해준 고전학과의 강대진씨, 마지막까지 남았던 의문점들에 시원히 대답해주신 서강대학교의 성염 교수님, 번역과 교정의 오랜 작업 동안 언제고 답답한 의논의 상대가 되어준 영란 언니, 그리고 이 지리한 작업을 함께 견디어준 가족에게 감사드린다.

1994년, 최애리